改訂９版

職業能力開発促進法

労務行政研究所 編

労働法コンメンタール

❽

労務行政刊

改訂9版はしがき

職業訓練に係る最初の基本法たる職業訓練法は昭和三三年に制定されたものであるが、昭和四四年には経済の高度成長を背景に旧職業訓練法の廃止、新職業訓練法の制定と法の全面的改正が行われ、その後は、安定成長へと経済基調が変容する中で昭和五三年に改正が行われた後、技術革新の進展、高齢化社会の到来等著しい経済社会の変化への対応に迫られる中で、昭和六〇年にさらなる改正が図られ、その名称も職業能力開発促進法と改められた。その後も社会経済情勢の変化に対応して、平成四年、九年、一三年、一八年、二七年と改正を重ね、公共職業訓練の充実・高度化、労働者の自発的な職業能力開発の促進、職業能力評価制度の整備、実習併用職業訓練制度の創設、キャリアコンサルタントの登録制の創設等、法的整備を順次図ってきた。

さらに、令和四年には、デジタルトランスフォーメーションの加速化やカーボンニュートラルの対応など、労働者を取り巻く環境が急速かつ広範に変化していくことが予想される中、精度の高い教育訓練機会の提供や労働者の自律的・主体的かつ継続的な学び・学び直しを促進する観点から、①地域のニーズに対応した職業訓練を推進するための都道府県単位の協議会（地域職業能力開発促進協議会）の設置や、②職業能力の開発及び向上の促進に係る各段階において、並びに労働者の求めに応じてキャリアコンサルティングの機会を確保することを柱とする改正を行ったところである。

本書は、令和四年の改正内容を含め、またその後、令和六年九月一日現在までに施行された職業能力開発促進法の関係法令の改正内容を反映すべく、従来の職業能力開発促進法のコンメンタールにおける本法の解説の改訂を図ったものである。

改訂９版はしがき

本書が職業能力開発の関係者のみならず、広く産業界、教育界等の方々の利用に供され、我が国の職業能力開発の前進にいささかでも役立つことができれば幸いである。

令和七年一月

編　者

目　次

本論

目次

目　次

目　次

目　次

附　則

凡　例

◇本書の記述は、令和六年九月一日現在の法令、通達等に基づくものである。

◇本書に収載した職業能力開発促進法の解説に当たっては、まず「序論」として、職業訓練の意義、本法の全面改正の経緯について述べ、本論においては、各章ごとに冒頭に一般的説明を掲げている。

◇次いで、各条文については、〔趣旨〕において、その概要を明らかにするとともに、特に注釈を必要とする用語の傍らには、1)2)3)……の番号を付し、これらを〔解説〕の項において、それぞれ①②③……として説明を加えた。

◇本法及び本法の施行令・施行規則について用いた略称は、次のとおりである。

旧職業訓練法……職業訓練法（昭和三三年法律第一三三号）

昭和四四年制定法……職業訓練法の一部を改正する法律（昭和五三年法律第四〇号）による改正前の職業訓練法（昭和四四年法律第六四号）

一部改正法……職業訓練法の一部を改正する法律（昭和五三年法律第四〇号）

昭和五三年改正法……職業訓練法の一部を改正する法律（昭和五三年法律第四〇号）による改正後の職業訓練法

施行令……職業能力開発促進法施行令（昭和四四年政令第二五八号）

規則……職業能力開発促進法施行規則（昭和四四年労働省令第二四号）

昭和五三年改正規則……職業訓練法施行規則の一部を改正する省令（昭和五三年労働省令第三七号）による改正後の職業訓練法施行規則

凡　例

◇　解釈例規には、原発番号及び日付をその文末尾の括弧内に示した。なお、これら通達番号に冠した略称は、次のとおりである。

能発・訓発……職業能力開発局（職業訓練局）長通達

序　論

一　「第一一次職業能力開発基本計画」（令和三年度～令和七年度）の概要

一　計画のねらい

中長期的にみると、我が国は少子化による労働供給制約という課題を抱えている。こうした中、我が国が持続的な経済成長を実現していくためには、多様な人材が活躍できるような環境整備を進め、一人ひとりの労働生産性を高めていくことが必要不可欠であり、そのためには、資本への投資に加えて、デジタル化や職業能力開発への投資を推進していくことが重要である。職業能力開発施策をめぐる状況を見ると、産業構造のサービス経済化、Society 5.0（必要なもの・サービスを、必要な人に、必要な時に、必要なだけ提供し、社会の様々なニーズにきめ細かに対応でき、あらゆる人が質の高いサービスを受けられ、年齢、性別、地域、言語といった様々な違いを乗り越え、活き活きと快適に暮らすことのできる社会）の実現に向けた経済・社会の構造改革等が進展している。

また、人生一〇〇年時代を迎え、労働者の職業人生が長期化し、働き方もこれまで以上に多様化し、労働者が生涯を通じて学び続ける必要性が高まっている。あわせて、新卒一括採用や長期雇用等に特徴付けられる日本型の雇用慣行も徐々に変化している。

こうした経済・社会環境の変化を的確に把握するとともに、それに伴う人材ニーズや働き方の変化に機動的に対応するリカレント教育等の職業能力開発施策が求められる。

また、我が国の経済成長の大部分が地域経済の成長に支えられていることを踏まえると、都会から地方への新たな人の流れをつくるなど、地域経済の更なる活性化を図ることが我が国全体の成長にとっても重要となる。

職業能力開発施策の展開に当たっては、企業における労使の職業能力開発の取組を基本として、経済・社会の動向の変化を踏まえつつ、事業主及び労働者の努力を支援するための施策の強化を図るとともに、国や都道府県に加えて、企業、民間教育訓練機関、学校等の地域のアクターを有機的に結びつけ、職業能力開発施策を一体的に実施していくことが重要である。

第一〇次職業能力開発基本計画では、人々が能力を高め、その能力を存分に発揮できる全員参加の社会と人材の最適配置を同時に実現することによって、我が国の経済を量の拡大と質の向上の双方の観点から成長させる「生産性向上に向けた人材育成戦略」と当該計画を位置付け、それに基づいて各施策を推進してきたところである。こうした取組については、その成果の検証や見える化に努めながら、引き続き推進することが重要である。一方、グローバル化による競争激化のほか、新型コロナウイルス感染症の影響によるデジタル技術の社会実装の進展等による労働需要の構造変化の加速化、人生一〇〇年時代の到来による労働者の職業人生の長期化など、労働者を取り巻く環境が大きく変化していくことが予想される中で、労働環境の変化に応じて労働者が主体的に能力の向上やキャリアの形成に取り組み、それを企業、国、都道府県等が支援することによって、一人ひとりの希望するライフスタイルの実現を図ることが重要である。

以上のような観点から、第一一次職業能力開発基本計画（以下「本計画」という。）では、労働者に求められる能力の急速な変化と職業人生の長期化・多様化が同時に進行する中で、企業における人材育成を支援するとともに、労働者の継続的な学びと自律的・主体的なキャリアの形成を支援する人材育成戦略として本計画を位置付け、職業能力開発施策を実施していく。

二　職業能力開発の方向性

1　産業構造・社会環境の変化を踏まえた職業能力開発の推進

(1)　ＩＴ人材の育成強化

近年、Society 5.0 の実現に向けた経済・社会の構造改革が進展している中で、ＩＴ等のデジタル技術を活用した課題解決・業務効率化や他の業務領域との協力・連携を行える人材が不足しており、そうした育成を推進していく必要がある。

また、社会全体のデジタルトランスフォーメーション（以下「ＤＸ」という。）が加速化しており、あらゆる産業分野におけるＩＴの利活用ができる人材（ＩＴ利活用人材）のニーズの高まりを見据えて、全ての働く方々に必要とされるＩＴリテラシーの付与を推進する必要がある。

これらのＩＴ人材の育成に当たっては、十分に裾野を広げる観点から、無料のコンテンツの活用やサブスクリプション（定額制）によるサービス提供など、ＩＴに関する学びのハードルを低くする工夫が重要である。

なお、テレワークへの対応を含め、必要とされる能力の急速な変化に対応できる企業・個人と対応できない企業・個人に二極化する可能性がある点に留意しながら施策を検討していく必要がある。

(2)　ＩＴや新たな技術を活用した職業訓練等の推進

近年、教育分野においてEdTech（教育におけるＡＩ、ビッグデータ等の様々な新しいテクノロジーを活用したあらゆる取組）が進展しており、一人ひとりの能力や適性に応じて個別最適化された学びの実現に向けた取組が進められている。職業能力開発分野においても、受け手の利便性や職業能力開発の効果を高める観点から、国や企業等は、通信環境の変化も踏まえつつ、新しい技術を積極的に取り入れながら職業訓練や企業内研修を進めていく必要がある。

(3)　企業・業界における人材育成の強化

経済・社会環境の変化により、企業は大規模な事業構造又は事業形態の変革を迫られており、長期雇用システムの変容やその中での非正規雇用労働者の増加等の実態がある中で、人材育成の方向性を明確化し、その方向性に沿った継続的な取組を行うことが困難になる等の制約が生じている。こうした状況の変化によって、企業による人材育成への投資がより限定的になっていくことが懸念される中、我が国の人材育成においては引き続き企業の役割が大きく、労働者の実践的な職業能力開発を図る上で、計画的なＯＪＴやＯＦＦ－ＪＴを受けられる機会が確保されることが重要である。また、企業内で事業転換する場合や外部から人材を受け入れる場合等においては、企業や業界が、実習をはじめとしたニーズに即した実践的な教育訓練の機会の提供を行うことや実務経験を通じて労働者の職業能力を高めることが重要であり、国及び都道府県もその取組を支援することが必要である。

2　労働者の自律的・主体的なキャリア形成支援

(1)　キャリアコンサルティングの推進

日本型の雇用慣行が徐々に変化するとともに、急速なデジタル化の進展や労働市場の不確実性の高まり、人生一〇〇年時代の到来による職業人生の長期化等により、労働者に求められる能力も変化していく。このため、労働者は、日々の業務を通じて職業能力の向上を図るとともに、企業任せにするのではなく、若年期から自身の職業能力開発の必要性を継続的に意識しながら、時代のニーズに即したリスキリングやスキルアップを図っていく必要がある。これを支援するため、国や企業においては、労働者がキャリアコンサルティング等を通じて定期的に自身の能力開発の目標や身に付けるべき知識・能力・スキルを確認することができる機会を整備することが重要である。

(2)　自律的・主体的な学びの支援

労働者自身が自らの職業能力開発・キャリア形成に責任を持ち、意欲を持って学び続けるためには、キャリアプランの明確化に加えて、学びに関するコンテンツの充実や情報へのアクセスの改善、学びのための費用や時間の確保、学びによる職業能力の向上を通じて主体的にキャリアを形成できるキャリアパスの整備など幅広い観点からの環境整備を国、都道府県、企業等が連携して進めていく必要がある。その際、労働者の主体的なキャリア形成と企業における職業能力評価・人事労務管理が密接な関わりを持つことについての企業の理解が不可欠であることに留意が必要である。また、経済・社会環境の変化に伴う労働者に求められる能力の変化について、企業や産業界が適切に把握し、それぞれにおける人材育成の取組に反映するとともに、労働者に情報発信することが重要である。

3　労働市場インフラの強化

中長期的な日本型の雇用慣行の変化の可能性や、労働者が自らキャリアを選択していく機会が増加することを視野に、雇用のセーフティネットとしての公的職業訓練、労働者の職業能力の証明・評価のツール等の労働市場インフラの更なる整備を進め、労働者一人ひとりが転職や再就職も含めた希望するライフスタイルの実現を図ることが求められる。

(1)　中長期の人材ニーズを踏まえた人材育成戦略

労働市場インフラの整備に当たっては、我が国の労働力人口が今後急速に減少していくことが見込まれる中、我が国の産業・職業構造の変化を中長期で見据え、将来的に必要となる人材ニーズを把握することが今後五年間の職業能力開発行政を戦略的に進めていくために重要である。

(2)　産業界や地域のニーズを踏まえた公的職業訓練等の実施

現在、公的職業訓練については、国（実施主体は独立行政法人高齢・障害・求職者雇用支援機構）は、都道府県や民間教育訓練機関では的確かつ確実な実施が困難なものづくり分野等の職業訓練をスケールメリットを活かし実施すること、都道府県は、地域の産業における人材ニーズに応じた職業訓練を実施すること、民間教育訓練機関は、介護分野、情報通信分野等の職業訓練を実施することといった役割分担の下に実施しているが、デジタル化の進展等の産業構造の変化及び非正規雇用労働者の増加の中で、雇用のセーフティネットとして、離職者等がそれぞれのニーズ・状況に応じて多様な訓練機会を得られるようにするとともに、中小企業等による労働者の人材育成を支援するため、公的職業訓練を適切に実施する必要がある。

また、国はプレーヤーとして自ら公共職業訓練を提供するだけではなく、コーディネーターとして、他の機関が提供する職業訓練との調整や連携を強化していくことが求められる。その際、情報通信分野をはじめ時代の変化にも対応した職業訓練機会の提供を進めていくため、民間企業等のノウハウ等も活用することが重要である。あわせて、地域の産業構造、資源等の地域特性は個々に異なっていることから、産業界や地域のニーズを踏まえた職業訓練を実施することが必要である。

(3)　技能検定・職業能力評価や職業情報提供サイトの推進

技能検定等の職業能力評価制度や職業情報提供サイトについては、それぞれの職業に必要な能力の把握や能力の客観的な評価に活用できるものであり、労働者のキャリア開発の目標設定・動機付けとして機能することにより、労働者の主体的な能力の向上にも資するものである。

これらの更なる整備を進めるとともに、労働者・企業において十分に活用されるよう、企業をはじめとした社会における認知度の向上に取り組み、有用性・利便性の向上に向けて関連サービスと連携するなど、普及・促進を図る必要がある。

(4)　ジョブ・カードの活用促進

ジョブ・カードは、これまで求職者と求人企業のマッチング等の場面で活用されてきたが、これに加え、現在、個人の生涯を通じたキャリア・プランニング及び職業能力証明のツールとして活用が進んでいる。企業にとっても、個人の職業能力の見える化や人材育成、従業員のモチベーション向上、定着等組織の活性化に役立つツールであり、また、企業内におけるキャリア面談時のコミュニケーションツールとして有用であることから、更に普及を進めていくことが必要である。

(5)　職業能力開発施策に関する情報発信の強化

本計画が目指す方向性や人材開発の重要性、さらには労働者の職業能力開発に向けた施策に関する情報が、それぞれの施策の対象となる在職者、離職者等や企業、業界等に的確に伝わるように、デジタル技術も活用しながら、情報発信を強化していく必要がある。

4　全員参加型社会の実現に向けた職業能力開発の推進

一人ひとりの希望や能力、価値観等に応じた多様な働き方の選択ができ、誰もが活躍できる全員参加型社会の実現のため、全ての者が少しずつでもリスキリングやスキルアップをしていくことが重要であり、個々の特性やニーズに応じた支援策を講ずる必要がある。

(1)　非正規雇用労働者の職業能力開発

企業内における能力開発の機会に恵まれにくい非正規雇用労働者に対して、引き続き、企業が主体となった人材育成を促進することが必要である。また、キャリアアップを目指す非正規雇用労働者においては、その主体的な職業能力開発も重要である。

(2)　女性の職業能力開発

経済・社会の活性化に向けて、職業能力開発施策においても、女性の活躍の推進に向けた取組が重要であり、女性の多様な課題やニーズを捉えたきめ細かな対策を講ずる必要がある。女性の就業率のM字カーブは改善してきているが、就業率という量的な面だけではなく、育児、出産等により一旦離職した後に非正規雇用労働者となる場合や、離職せずに継続就業をした場合であってもキャリアアップの機会が制約される傾向もあることから、雇用の質の面にも焦点を当てていくべきである。

(3)　若者の職業能力開発

若者一人ひとりが主体的に長期的なキャリア形成を図る中で、その能力を発揮し、次代を担うべき存在として社会で活躍できるよう、一人ひとりの状況に応じたきめ細かな就職支援やキャリアアップに向けた職業能力開発を進めることが必要である。

(4)　中高年齢者の職業能力開発

人生一〇〇年時代の到来を踏まえ、これまで様々な就業や社会参加の形態を含めた七〇歳までの就業機会を確保する制度の創設等に取り組んできており、中高年層の強みを発揮できるよう職業能力の蓄積を図るとともに、キャリア転換を希望する中高年齢者の職業能力開発を推進することが必要である。

(5)　障害者の職業能力開発

ハローワークにおける精神障害者等の求職者数が増加を続けている中で、就職の実現に向けて、障害者の障害特性やニーズに応じた環境の整備が必要であるとともに、人生一〇〇年時代の到来による職業人生の長期化を踏まえ、今後は障害者についても雇入れ後のキャリア形成支援を進めていく必要がある。

(6)　就職やキャリアアップに特別な支援を要する方への支援

就職氷河期世代は、希望する就職ができず、不本意ながら不安定な仕事に就いている、無業の状態にあるなど様々な課題に直面しており、一人ひとりの事情に応じた長期的・継続的な支援を行うことが必要である。

また、外国人労働者等の就業に関して特別の支援を必要とする労働者について、その特性に応じた支援を行っていく必要がある。

5　技能継承の促進

労働者の優れた技能は、これまで我が国の経済・社会の発展に大きな役割を果たしてきたところであり、我が国が持続的な経済成長を続けるためには、高度な技能労働者の育成が不可欠である。一方、建設業、製造業等において技能労働者の不足が問題となっており、引き続き、若年層の技能への関心を高め、技能継承に向けた取組や技能労働者の育成をより一層進めていく必要がある。

6　職業能力開発分野の国際連携・協力の推進

経済のグローバル化が進展し、我が国の企業の海外進出等が活発化する中で、グローバル人材の活用・育成が重要となっている。その一方で、国際社会の一員として国際協力を推進することの重要性はますます高まっている。これまでも我が国は、開発途上地域等が自立的発展を実現するための根幹となる人材育成について、自らの経験や知見、教訓及び技術を活かし、技術協力や人材の育成・確保のためのシステム作り等の「質の高い成長」に向けた支援を実施してきたところであり、引き続き、こうした支援を効果的・効率的に推進していく必要がある。

二　現行職業能力開発促進法成立の経緯及びその概要

一　現行職業能力開発促進法成立の経緯

㈠　関係者の協働による「学びの好循環」の実現に向けて（人材開発分科会報告）について（建議）

労働政策審議会人材開発分科会において令和三年一〇月以降、今後の人材開発政策について議論が行われた結果、令和三年一二月二一日、分科会報告「関係者の協働による「学びの好循環」の実現に向けて」が、労働政策審議会に報告された。

労働政策審議会は、同日、厚生労働大臣に対し、「関係者の協働による「学びの好循環」の実現に向けて」の建議を行った。この建議の趣旨に沿い、職業能力開発促進法の一部改正等に向けて検討を行うこととなった。

㈡　労働政策審議会の審議

令和四年一月一三日、厚生労働大臣は、労働政策審議会に対し、職業能力開発促進法の一部改正を含む「雇用保険法等の一部を改正する法律案要綱」について諮問を行った。同要綱について、労働政策審議会の各分科会・部会（職業安定分科会、人材開発分科会、職業安定分科会雇用保険部会、職業安定分科会労働力需給制度部会）で審議が行われた。

同年一月一四日、労働政策審議会は、厚生労働大臣に対して、諮問された同要綱について、「おおむね妥当と認める」旨の答申を行った。厚生労働省は、これを受けて、法律案を作成し、第二〇八回通常国会に提出することとなった。

㈢　国会における審議

厚生労働省は、「雇用保険法等の一部を改正する法律案」を作成し、令和四年二月一日、この法律案について閣議に付議し、閣議決定を経て、同日、同法律案は第二〇八回通常国会に提出された。

同法律案は、まず、衆議院厚生労働委員会に付託され、三月一六日に同委員会、翌三月一七日に衆議院本会議でそれぞれ可決され、また、参議院においても、三月二九日に厚生労働委員会、翌三月三〇日に本会議でそれぞれ可決され、同日に原案どおり成立し、三月三一日に令和四年法律第一二号として公布された。

同法は、一部を除き、令和四年四月一日から施行されることとされた。なお、衆議院厚生労働委員会での後藤茂之厚生労働大臣による提案理由説明は以下のとおりである。

〈提案理由説明〉

雇用保険法等の一部を改正する法律案提案理由説明（令和四年三月四日　衆議院厚生労働委員会）

ただいま議題となりました雇用保険法等の一部を改正する法律案につきまして、その提案の理由及び内容の概要を御説明いたします。

新型コロナウイルス感染症の感染拡大が雇用に大きな影響を与える中、雇用の安定と就業の促進を図ることが重要な課題となっています。また、雇用保険財政の安定運営を図るため、その費用負担について所要の措置を講ずるなどの必要があります。

こうした状況を踏まえ、失業等給付の特例の継続、求人メディア等のマッチング機能の質の向上、地域のニーズに対応した職業訓練の推進等の措置を講ずるとともに、雇用保険について、保険料率の暫定的な引下げ、機動的な国庫負担の仕組みの導入等を行うため、この法律案を提出いたしました。

以下、この法律案の内容につきまして、その概要を御説明いたします。

第一に、雇用保険制度における失業等給付について、雇い止めによる離職者等に係る基本手当の給付日数の特例及び教育訓練支援給付金制度等を継続するほか、離職後に事業を開始した者に係る基本手当の受給期間の特例を創設するとともに、公共職業安定所長が受講を指示する公共職業訓練等の対象に求職者支援制度に基づく訓練を追加することとしています。

第二に、職業安定法における募集情報等提供事業について、その機能強化と事業運営の適正化を図るため、労働者になろうとする者に関する情報を収集して行う募集情報等提供事業に係る届出制の創設や、募集情報等提供事業を行う者に対する求人等に関する情報の的確な表示等の義務づけを行うとともに、必要な指導監督規定の整備等を行うこととしています。

第三に、職業能力の開発及び向上の促進のため、地域の実情に応じた取組が適切かつ効果的に実施されるよう、都道府県の区域ごとに関係者による協議会を組織する仕組みの創設等を行うこととしています。

第四に、雇用保険財政について、令和四年度の保険料率を激変緩和のため引き下げるとともに、雇用情勢や雇用保険財政に応じ、失業等給付に係る国庫負担を機動的に行える仕組みを導入するなどの措置を講ずることとしています。

加えて、新型コロナウイルス感染症等の影響に対応するための国庫負担の特例措置を継続するとともに、積立金から雇用安定事業費に充てるために借り入れた金額について、一定の範囲内で返済の猶予を可能とするなどの措置を講ずることとしています。

最後に、この法律案の施行期日は、一部の規定を除き、令和四年四月一日としています。

以上が、この法律案の提案の理由及びその内容の概要でございます。

御審議の上、速やかに可決していただくことをお願いいたします。

（参考1）

雇用保険法等の一部を改正する法律案に対する附帯決議（令和四年三月一六日　衆議院厚生労働委員会）

政府は、本法の施行に当たり、次の事項について適切な措置を講ずるべきである。

一　雇用保険の各種給付の水準をできる限り維持することを前提に、必要となる財源の確保に努めること。

二　労働政策審議会の委員に対し、雇用情勢及び雇用保険の財政状況の推移を逐次報告するとともに、委員から求めがあった際には審議会を開催し、安定的な労働保険特別会計雇用勘定の運営に向け、これまで以上に臨機応変な検討を行うこと。

三　労働保険特別会計雇用勘定については、必要な積立金の水準を達成するまでの間は、単年度においても黒字となる収支構造を目指し、一般会計からの繰入れ等により必要な積立金水準の確保を図るとともに、積立金が必要な水準に達した後もその水準の維持を図ることを中期的な雇用保険財政の運営方針とすること。

四　令和四年度の失業等給付においては、労働保険特別会計雇用勘定の安定の観点から、機動的に一般会計を雇用勘定に繰り入れられる仕組みの活用も含め、対応に万全を期すこと。

五　社会保障関係費に現在位置付けられている失業等給付の国庫負担について、負担割合を将来的に従来の本則の水準（二十五パーセント）とする措置も含め、国の財政・財源の構造から検討すること。

六　失業等給付の国庫負担割合の判定基準とされる「基本手当受給者実人員七十万人以上」について、新型コロナウイルス感染拡大後の雇用構造も踏まえ、実態に応じて適宜見直しの検討をすること。

七　雇用保険部会報告に示された新たな国庫繰入制度の運用の考え方を尊重し、雇用保険法第七十二条における重要事項として労働政策審議会の意見を聴くとともに、省令等への規定について検討すること。

八　令和六年度までに、育児休業給付等の国庫負担割合の引下げの暫定措置の見直しだけでなく、育児休業給付の財源確保の在り方を含め、雇用労働者に限らず、フリーランスとして就業する者など育児・子育てを広く社会で支援する体制の構築を検討すること。

九　失業者の再就職を促進するためには受け皿となる産業・企業、雇用機会の創出が不可欠であり、厚生労働省においても、雇用政策の一環として、必要な予算措置を行った上で、地域における雇用機会の創出にこれまで以上に取り組むこと。

十　雇用調整助成金等については、特に業況が厳しい企業・地域において、今後も最大十分の十の特例措置を含め、あらゆる必要な制度設計や手続の検討を行うこと。

（参考2）

雇用保険法等の一部を改正する法律案に対する附帯決議（令和四年三月二九日　参議院厚生労働委員会）

政府は、本法の施行に当たり、次の事項について適切な措置を講ずるべきである。

一、国民の雇用の安定と安心を確保することは国の重大な責務であることを再確認し、その実現に万全を期すこと。特に、今般の新型コロナウイルス感染症が雇用に与えた影響や、これまで実施されてきた各種の雇用施策の効果等を十分に検証し、その教訓も踏まえ、今後の雇用安定化施策に活かすこと。

二、雇用保険の各種給付の水準をできる限り維持することを前提に、必要となる財源の確保に努めること。

三、労働政策審議会の委員に対し、雇用情勢及び雇用保険の財政状況の推移を逐次報告するとともに、委員から求めがあった際には審議会を開催し、安定的な労働保険特別会計雇用勘定の運営に向け、これまで以上に臨機応変な検討を行うこと。
四、労働保険特別会計雇用勘定については、必要な積立金の水準を達成するまでの間は、単年度においても黒字となる収支構造を目指し、一般会計からの繰入れ等により必要な積立金水準の確保を図るとともに、積立金が必要な水準に達した後もその水準の維持を図ることを中期的な雇用保険財政の運営方針とすること。
五、令和四年度の失業等給付においては、労働保険特別会計雇用勘定の安定の観点から、機動的に一般会計を雇用勘定に繰り入れられる仕組みの活用も含め、対応に万全を期すこと。
六、社会保障関係費に現在位置付けられている失業等給付の国庫負担について、従来の国庫負担の位置付けについての基本的な考えを堅持した上で、負担割合を将来的に従来の本則の水準（二十五パーセント）とする措置も含め、国の財政・財源の構造から検討すること。
七、失業等給付の国庫負担割合の判定基準とされる「基本手当受給者実人員七十万人以上」について、新型コロナウイルス感染拡大後の雇用構造も踏まえ、実態に応じて適宜見直しの検討をすること。
八、雇用保険部会報告に示された新たな国庫繰入制度の運用の考え方を尊重し、雇用保険法第七十二条における重要事項として労働政策審議会の意見を聴くとともに、省令等への規定について検討すること。
九、超高齢化と人口減少に直面する我が国において、失業の予防、雇用状態の是正、雇用機会の増大等の機能を担う雇用安定事業については、政府の雇用施策の中でもその位置付けや重要度がこれまで以上に高まっていることや、同事業が今般の新型コロナ禍で果たした役割等に鑑み、同事業について、国庫負担の在り方を含めた真摯な議論を早期に開始すること。
十、令和六年度までに、育児休業給付等の国庫負担割合の引下げの暫定措置の見直しだけでなく、育児休業給付の財源確保の在り方を含め、雇用労働者に限らず、フリーランスとして就業する者などを含む全ての働く者の育児・子育てを広く社会で支援する体制の構築を検討すること。あわせて、男性の出生時育児休業及び育児休業の取得促進に向けて、先般の改正法の施行状況を踏まえた上で、更なる施策の充実を検討すること。
十一、失業等給付の積立金からの借入額に係る雇用安定資金からの返済必要額については、労使が拠出した失業等給付に係る保険料を保全する観点から、返済の在り方について、一般会計からの繰入れとの関係も含めて検討すること。その際、雇用保険二事業の実施の状況、使用者側の負荷の状況等を勘案すること。加えて、育児休業給付資金についても、失業等給付の積立金から借入れを行った場合には、同様の検討を行うこと。

十二、失業者の再就職を促進するためには受け皿となる産業・企業、雇用機会の創出が不可欠であり、厚生労働省においても、雇用政策の一環として、必要な予算措置を行った上で、地域における雇用機会の創出にこれまで以上に取り組むこと。

十三、雇用調整助成金等については、特に業況が厳しい企業・地域において、今後も最大十分の十の特例措置を含め、あらゆる必要な制度設計や手続の検討を行うこと。特例として創設された休業支援金制度の効果、適用対象範囲の妥当性及び申請手続の在り方等について検証を行い、休業を余儀なくされた方の支援に関する実効性のある仕組みの検討を行うこと。

十四、改正後の職業安定法の規定により新たに対応が必要となる苦情処理体制の整備や募集情報の的確表示等の措置が全ての募集情報等提供事業者において確実に実施されるよう、従前の募集情報等提供事業者に加え、募集情報等提供事業の定義の拡大により新たに募集情報等提供事業者となる事業者に対しても、改正内容の周知を徹底すること。

十五、募集情報等提供事業者等が求人等に関する情報を正確かつ最新の内容に保つために講ずるべき措置等の内容については、事実と異なる募集情報を信じた結果、不利益を受ける者が生じることのないよう、求職者保護の観点を最大限重視した上で検討を進めること。

十六、虚偽の表示又は誤解を生じさせる表示によって不利益を受けた求職者を適切に救済できるよう、労働局等における相談体制を強化・拡充すること。また、募集情報等の的確性を確保することは労働市場が的確かつ効率的に機能するために重要であることに鑑み、虚偽の表示等を繰り返すような悪質な事業者に対しては、立入検査や助言・指導、改善命令等の措置を躊躇なく実施すること。

十七、業務委託や請負など雇用形態以外の仕事を仲介するサービスを利用して仕事を探す者の適切な保護が図られるよう、改正後の職業安定法の運用によって得られた知見やフリーランス・トラブル一一〇番に寄せられた相談内容等を踏まえて、必要な対策を検討すること。

十八、雇用仲介サービスに係る人工知能の利用に関し、実態の把握及び調査研究を実施し、労働者保護の観点から、必要な対策を検討すること。

十九、職業能力開発施策に係る財源も含めた労働者の職業能力開発機能の在り方について、幅広く労働政策審議会で議論を行うとともに、雇用保険二事業の能力開発事業、すなわち雇用保険制度の枠内での対応には限界もあることから、一般会計等の活用の検討を含め、関係省庁の連携を強化して政府全体で推進していくこと。

二十、改正後の職業能力開発促進法第十五条により法定化される協議会の構成員の選定に当たっては、企業や地域の実情だけでなく、産業構造の変化とそれによる雇用の変化等に対応できるよう留意するとともに、多様な事情を持つ求職者や就労困難者の就職につながる訓練メニューの開発に資するよう、同条第一項第七号に規定する「その他関係機関が必要と認める者」を十分に活用するよう努めること。

右決議する。

（参考3）

関係者の協働による「学びの好循環」の実現に向けて（人材開発分科会報告）について（労働政策審議会建議　令和三年一二月二一日）（抄）

2．見直しの方向性

(1)　基本的な考え方

○　職業能力開発促進法第四条第一項において、「事業主は、その雇用する労働者に対し、必要な職業訓練を行うとともに、その労働者が自ら職業に関する教育訓練又は職業能力検定を受ける機会を確保するために必要な援助その他その労働者が職業生活設計に即して自発的な職業能力の開発及び向上を図ることを容易にするために必要な援助を行うこと等によりその労働者に係る職業能力の開発及び向上の促進に努めなければならない。」とされている。

○　DXの加速化やカーボンニュートラルの対応など、労働者を取り巻く環境が急速かつ広範に変化していくことが予想されるとともに、職業人生の長期化が同時に進行する中で、リスキリング・リカレント教育の重要性が高まっている。労働者がこうした変化に対応して、自らのスキルを向上させるためには、企業主導型の職業訓練の強化とともに、労働者がその意義を認識しつつ、自律的・主体的かつ継続的な学び・学び直しを行うことが必要であり、こうした取組に対する広く継続的な支援が重要となる。

○　そのためには、企業をはじめとする関係者の支援によって、労働者自身も長期的なキャリアを自律的・主体的に考え、新たな学び・学び直しを行うことを後押しすることが重要である。こうした関係者の協働が、新たな価値の創造につながるより高いレベルの学びを呼び込み、労働者のスキル・キャリアの向上を促していくという「学びの好循環」を生み、個人、企業、さらには経済社会の成長と長期的な雇用の安定につながることが期待される。なお、ここでいう関係者には、労使を基本としつつ、労働者の学び・学び直しを支援するという観点で、厚生労働省をはじめとする関係省庁や教育機関等が広く含まれる。

○　労使をはじめとする関係者の協働による「学びの好循環」を実現するためには、

①　職務に必要な能力・スキル等を可能な限り明確化し、学びの目標を関係者で共有すること

②　職務に必要な能力・スキルを習得するための効果的な教育訓練プログラムの開発・設定及び提供

③　労働者の自律的・主体的な学び・学び直しを後押しするための支援策の展開

のプロセスを通じて、経済・社会環境の変化や労働者のライフステージの変化に合わせた形で、労働者が自律的・主体的な学び・学び直しに継続的に取り組み、そのスキル・キャリアの向上を促していくことが重要となる。

○　労使をはじめ国などの関係者の果たすべき役割がより明確になるよう、以下、(2)労働市場全体における人材開発、(3)企業内における人材開発に分けて整理する。

(2)　労働市場全体における人材開発

○　DXの加速化やカーボンニュートラルの対応など急速かつ広範な経済・社会環境の変化が生じ、また、非正規雇用労働者のスキル向上やキャリア転換等も求められている中で、精度の高い教育訓練機会の提供が喫緊の課題となっている。欧米のような市場横断的に職務に必要となる標準的なスキルが十分に示されているとは言えない我が国にあって、こうした課題に的確に対応していくためには、関係者が、できる限り地域の人材ニーズについて共通認識を形成しつつ、受講者の属性やニーズを踏まえた精度の高い教育訓練につなげていくための適切な訓練コース設定及び学習内容を担保するために協働できる「場」が必要である。

○　具体的には、「学びの好循環」のプロセス（(1)①～③）を踏まえ、地域の人材ニーズを良く知る事業主団体、労働者団体、教育訓練を提供する国や都道府県、民間教育訓練機関、大学などの教育機関、そして労働力需給調整を担う労働局、職業紹介事業者等が、連携・協力して、地域の成長分野や人材不足分野などで求められる能力・スキルのニーズを的確に把握するとともに、求職者の属性やニーズも踏まえた訓練コースの設定、訓練カリキュラムの改善・開発、教育訓練の提供を行えるような協議の場を設ける必要がある。

また、この協議の場においては、効果的な教育訓練につなげていくためにも、キャリアコンサルティングや、就職支援

の在り方についても協議できるようにするほか、訓練受講者や就職企業等に対し、個別事例も検証しつつ訓練コースの改善につなげていけるような配慮（構成員に守秘義務を求める等）が重要である。

○　また、公共職業訓練において、効果的な受講や就職につなげていくために、育児や介護等、多様な事情を抱える求職者等が職業訓練を受講できるよう、国及び都道府県は職業訓練の実施に当たり、その実施期間や時間等について配慮することが重要である。

○　さらに、労働者の自律的・主体的な学び・学び直しを促し、キャリアの持続的展開を支援していく上で、「労働市場全体」及び「企業内」双方に関わるキャリアコンサルティングの役割が益々重要となる。キャリアコンサルティングは、働く人にとっての快適な職場づくりに資するとともに、非正規雇用労働者のスキル・キャリアの向上を促す等の観点からも、重要な役割が期待される。また、国家資格であり守秘義務が課されているキャリアコンサルタントが、その専門性・信頼性を一層高めることが期待される。

企業によるキャリアコンサルティングの機会の確保に当たっては、その雇用する労働者の職業人生の節目ごとや労働者の求めに応じてキャリアコンサルティングを受けられるような環境を整備することを明確化することが適当である。また、その際、労働者が安心・信頼して相談できるよう、キャリアコンサルティングは、国家資格であるキャリアコンサルタントが行うことが望ましい。

また、求職者も含め、労働者が広くキャリアコンサルティングを受ける機会を確保するためにも、国・都道府県が事業主や労働者に対して支援を行うことが重要である。

(3)　企業内における人材開発

○　日本企業の多くはＯＪＴを重視した人材開発を行っており、企業の人材育成を考える際にはＯＪＴの機会費用も含めて考えることが重要である。他方、１(1)（編注：省略部分）でも指摘されているように、我が国の教育訓練費（ＯＪＴを除くＯＦＦ-ＪＴの研修費用）は主要国と比較して少なく、民間企業における現金給与を除く労働費用に占める教育訓練費の割合は、一九九〇年代以降横ばい又は低下傾向にあるが、今こそこれを反転させ、人への投資を強化する必要がある。

企業内においても、我が国企業の実情を踏まえつつ、労使の信頼関係の下で、関係者の協働により、労働者が自律的・主体的に学び・学び直しに取り組む「学びの好循環」を強力に作り出し、学び・学び直しの企業文化を醸成していくことが必要である。また、その際には、国等の支援も重要となる。

○　こうした企業内における労働者の自律的・主体的かつ継続的な学び・学び直しの促進に向けて、(1)の基本的な考え方を踏まえつつ、令和三年度中を目途に、

①　基本的な考え方

②　労使が取り組むべき事項

（例：求められる能力・スキル等や学びの目標の明確化・共有、キャリアの棚卸し、学習メニューの提供、時間面や費用面での配慮、キャリアコンサルティング、身につけた能力・スキルの発揮など）

③　国等の支援策

（各種の人材開発支援施策を幅広く示し、活用を促す。）

等を体系的に示したガイドラインを策定することとし、本分科会において、引き続き検討を深めていくこととする。

○　ガイドラインの策定に当たっては

・　主体的な学びは、労働者任せにするということではなく、企業も関与するという視点が重要。

・　労働者の自律的かつ主体的なキャリア形成に向けては、働き手の意識改革が求められ、その上で、そういった働き手を企業や政府がどう支援していくのか考えていくという視点が重要。

・　企業や業界によって多種多様な人材要件やスキルがあったり、スキルが明確化できない場合があったりすることから、多様性にも目配りすることが必要。

・　職業人生が長期化する中で、働き手への効果的な支援の一つにキャリアコンサルティングがある。中小企業や非正規雇用労働者、女性、高齢者などのキャリア形成を考える上でも重要。セルフ・キャリアドックや定期的なキャリアコンサルティングは有効。

・　企業内においてキャリアコンサルタントがどこまでの役割を果たすことができるかは疑問。

・　ジョブ・カードは、自分のスキルがどういうものかを明確化し、自律的・主体的な学びにつながるので効果的。

・　企業のマネジメント層が、部下をサポートする能力を持つことができるようにすることが重要。

・　人手不足の中で、人材こそ中小企業の最重要課題であり、労使による学び直しの促進やそれに対する支援は重要。

などの意見があったことから、こうした意見を踏まえつつ、グッドキャリア企業アワード受賞企業など（中小企業を含む）への企業ヒアリングの結果も参考にしながら、引き続き検討することが適当である。

（参考４）

経済財政運営と改革の基本方針二〇二一（令和三年六月一八日　閣議決定）（抄）

第２章　次なる時代をリードする新たな成長の源泉～四つの原動力と基盤づくり～
５．四つの原動力を支える基盤づくり
(5)　多様な働き方の実現に向けた働き方改革の実践、リカレント教育の充実
（フェーズⅡの働き方改革、企業組織の変革）

　あわせて、公的職業訓練における在職者の訓練の推進、教育訓練休暇の導入促進等を含め、働きながら学べる仕組みを抜本的に見直すとともに、周知を徹底することにより、その活用を図る。また、民間求人メディア等についてマッチング機能の質を高めるためのルール整備やハローワークとの情報共有の仕組みの構築に取り組む。加えて、雇用保険の業務データ等を用いて公共職業訓練等の効果の分析を行い、今後の施策に反映させる。

（リカレント教育等人材育成の抜本強化）

　年代・目的に応じた効果的な人材育成に向け、財源の在り方も含め検討し、リカレント教育を抜本的に強化する。企業を通じた支援のみならず、個人への直接給付も十分に活用されるよう、教育訓練給付の効果検証により、その内容が労働市場のニーズによりマッチするよう不断の見直しを行うなど、その活用を推進する。企業や訓練機関の教育訓練において、一人ひとりの目的・状況に応じたプログラムの柔軟化・多様化を推進する。

　博士号・修士号の取得を促すとともに、これらを有する企業人材やデジタル人材等の高度人材の育成を図る。このため、産学官連携の下、時代や企業のニーズに合ったリカレントプログラムを大学・大学院・専門学校等において積極的に提供する。企業、受講者、大学等に対する具体的なインセンティブ措置を検討し、必要な施策を講じてリカレント教育を推進する。博士号取得者の採用拡大に向け、企業との効果的なマッチング機会を支援する。

　四〇歳を目途に行うキャリアの棚卸しや起業、地方企業への転職、ＮＰＯ等での活躍等に向け、資格取得やキャリアコンサルティング、マッチング等の支援を強化する。オンラインや土日・夜間の講座の拡大を図るとともに、内容の検索機能や情報発信を充実する。

（参考5）**規制改革実施計画**（令和三年六月一八日　閣議決定）（抄）

Ⅱ　分野別実施事項

5．雇用・教育等

(4)　多様で主体的なキャリア形成等に向けた環境整備

No.	事項名	規制改革の内容	実施時期	所管府省
4	自律的・主体的なキャリア形成の支援と職業生活の安定を図るためのセーフティネットの整備	a　厚生労働省は、正社員にとどまらない多様な働き手の自律的・主体的なキャリア形成の促進を主眼に置き、人的資本への投資戦略の重要性、実務につながる教育訓練の実施、働き手の時機に応じたキャリアの棚卸しや企業の人事政策の一環であることを念頭に置いたキャリアコンサルティングの必要性、教育訓練休暇の付与・取得促進など、働き手・企業が取り組む事項や人材開発施策に係る諸制度を体系的に示した「リカレントガイドライン」の策定を行う。その際には、上場企業等に対してはコーポレートガバナンスコードの趣旨や内容も踏まえた連動等も視野に含みつつ、労使からの意見を反映させながら検討を開始し、速やかに必要な措置を行う。 b　厚生労働省は、キャリアコンサルタントの働き手・企業双方にとっての質の向上のため、五年ごとの資格更新に係る研修のみなら		

ず、オンラインによる動画教材を提供しているところであるが、利用者へのヒアリング等を通じ、自律的・主体的なキャリア形成のためのコンサルティング実施に向けて検討を行い、必要な措置を行う。

c　厚生労働省は、令和二年に実施したジョブ・カードの利用者ヒアリングの調査結果を踏まえ、キャリア・プランニング及び職業能力証明ツールとして、労使双方における利便性・利用継続性の向上や、生涯にわたる活用の促進のため、ジョブ・カードをオンライン上で登録できる新たな作成支援サイトの構築を行う。

d　厚生労働省は、「在籍型出向等支援協議会」において事例収集及び、在籍型出向によるキャリア形成・能力開発に係る効果についても調査・把握を行い、横展開を図る。

e　厚生労働省は、必要に応じ関係府省と連携し、フリーランス・トラブル一一〇番に寄せられた相談内容について把握・分析を行うとともに、キャリア形成への支援や労災保険の特別加入の拡大等、フリーランスに対する必要な対応について検討を行う。

f　厚生労働省は、「労働市場における雇用仲介の在り方に関する研究会」において、多種多様となっている人材サービスについて現状

a、b：令和三年度措置
c：令和四年度措置
d：令和三年措置
e、f：令和三年検討開始

厚生労働省

把握を行い、事業者の透明性向上や求職者等の安心感を高めるべく、今後の雇用仲介制度の在り方について、検討を行う。

二　職業能力開発制度の沿革

一　戦前及び戦時中の職業能力開発制度

我が国においても、西欧と同じく徒弟制度が古くから行われていた。徒弟制度は、教育訓練施設のない時代に、年少者が親方の家庭に長年住み込んで、技能のみならず、しつけ、社会常識等の訓練を受け、数年後の年季明けに職人となり、さらに恵まれた者は後に親方になるという私的訓練制度である。徒弟は仕着せ、小遣銭等のほかに給与を受けず、住込みは家庭雑役と先輩の用に使われ、後年に至って技能の訓練が行われるが、それも系統的・組織的なものではなく、また、見よう見まねが多かった。このような制度は、形を変えて最近まで一部残っていた。

明治初年に、すでに高級技術者の養成は始められたが、技能労働者の養成にまでは及ばず、当初、徒弟教育のために設けられた職工学校、徒弟学校等もその特色を失い、次第に知育にかたよって、初級技術者の養成施設である実業学校となった。

工場法は、大正五年から施行されたが、これは、常時一〇人以上の労働者を使用する工場を対象とするものであって、小規模事業所及び徒弟制度の多い手工業職種にはその適用はなかった。また、工場法第一七条に基づき徒弟に関する規定が同法施行令に設けられたが、これは労働者保護の見地から徒弟制度に対し監督を行うことを主たるねらいとし、職業訓練の奨励拡充にはほとんど効果はなかった。しかし、事業主が、企業のなかに私立実業補習学校を設置し、又は職工養成施設を設けることも、大企業ではかなり行われていたし、このほか、職業訓練を実施するものもあった。

公共的職業訓練の一種である失業者に対する職業補導事業は、大正一二年から東京市において行われ、その後各地で次第に行われるようになったが、それは、慈恵的、簡易な職業更生のみちを教え、かつ、精神訓練を施すといったものであった。一方、昭和一〇年、東京府立機械工養成所は、従前の手工業的補導ではなく、中等学校卒業程度の者に対し機械関連職種の本格的な訓練を開始した。その後、軍需生産の拡大に伴い、労働力不足と質の低下に対処して、一三年には、職業紹介所を国営に移すとともに、紹介所に機械工補導所を付設し短期の速成訓練を開始した。これは、全国に多数設置された。

昭和一四年には、国家総動員法に基づき、工場事業場技能者養成令が制定され、中規模以上の工場は長期の熟練工養成を行う義務を課せられ、かつ、補助金を支給されることとなった。これにより一八年中には採用養成工数は一〇万五、〇〇〇人を超え、修了者数は一二万六、〇〇〇人を超えるようになった。一方、従前の実業補習学校は強兵思想の下に青年学校となり、工場事業場の設置する青年学校は、技能者養成施設と密接な関連の下に運営されることとなったが、工場法の施行は、戦時に入って等閑に付され、一八年三月戦時特例法の施行によって一層その機能を失うに至った。

これらの努力も労働力の不足と質の低下を補うに足りず、その後は、女子職業補導所（短期速成）、国民勤労訓練所（転廃業者短期訓練）が設置され、また、傷痍軍人職業補導所も設置された。

昭和一五年には、機械技術者検定令が定められ、五回にわたり受検者四、二〇〇人余に対して検定が行われた。合格者は四七〇人であった。このほか産業報国会等により、技能競錬が行われた。このように、戦時中は、職業訓練に関する努力は、かなり多方面にわたって尽くされた。

二　戦後の職業能力開発制度（旧職業訓練法の制定まで）

戦前から戦中にかけて設けられていた国民勤労訓練所、機械工養成所及び各種の職業補導所のうち幸いにして戦火を免れた施設は、所要の改修整備が施され敗戦後における失業対策としての重要な使命を担って再出発することとなったが、その当時の職業補導は、戦災復旧のための建設工事の活発化に伴い、その重点を建築、木工関係の職種に置いていた。

この間、昭和二二年九月労働省の新設とともに、職業補導事業の主管課として職業安定局に職業補導課が設けられ、さらに、同年一二月職業安定法が制定施行されるに及んで、従来の職業補導所はその名称を公共職業補導所と改められ、国の指導監督の下に都道府県知事が一元的にこれを設置運営することとなった。

昭和二五年六月に勃発した朝鮮動乱は我が国戦後の経済社会にエポックを画するものであったが、我が国の職業補導事業も従来の失業対策的機能から一歩前進して、経済復興に積極的に寄与する方向に焦点が置かれることとなった。すなわち、二六年度以降は、職業補導施設の整備統合によって内容の充実を図ることとし、補導種目についても取捨選択を行い、近代産業としての機械関連職種を増設するとともに、訓練期間も六月ないし一年に延長された。

昭和二八年を迎えるや、我が国経済の規模は貿易部門を除いて戦前水準への復帰を達成した。ここで特筆すべきは総合職業補導所の創設である。すなわち、雇用情勢の好転に支えられて好調に推移してきた失業保険積立金の運用収入を財源に、広大な敷地及び大規模かつ近代的な機械設備を有して、職業訓練の総合センターとしての機能を果たすべき構想の下に、失業保険福祉施設総合職業補導所が新設された。ついで、二九年からは、中小企業からの離職者の増加に加えて、駐留軍撤退に伴う関係離職者の発生及び石炭鉱業等の不振による離転職者の発生の状況に対処すべく、夜間職業補導が開始され、また、三〇年度からは、婦人に対する職業補導を拡充強化すべく家事サービス公共職業補導所及び内職公共職業補導所が設置されることとなった。

他方、戦時中国家総動員法及び工場事業場技能者養成令等に基づいて実施されていた企業内での技能者の養成はすべて終戦と同時に廃止され、さらに、一部の中小企業においてわずかに命脈を保っていた工場法に基づく徒弟制度も著しく減少してしまっていた。昭和二二年に制定された労働基準法は、第七章に「技能者の養成」に関する一章を設けて、戦後の技能者養成を新しい合理的な制度として再出発させることとし、同法に基づいて、二二年一〇月「技能者養成規程」が定められたが、当初の養成対象職種は徒弟の弊害が多くかつ当時の輸出振興の面からみて重要性の高い工芸関係に重点を置いて一五の職種が指定された。しかし、これのみでは日本経済再建のための重要基礎産業を確立し、輸出産業を振興するのに十分ではないので、二三年には三二職種が追加されたが、この時期の訓練生は機械関係が圧倒的に多かった。

ついで、昭和二四年には、労働省に技能者養成を専管する課として技能課が従来の監督課から分離して設けられ、事業場において自発的に技能者の養成を行うような気運を醸成するための啓蒙活動を強化することとなったし、二五年には、我が国最初の技能者養成指導員検定が各地で実施された。同時に、この時期に技能者養成の制度が中小企業にも漸次普及して、いわゆる「共同養成」の発足を各地にみることとなった。さらに、二六年には、労働省労働基準局に中央技能者養成指導官が、各都道府県労働基準局に地方技能者養成指導官が置かれ、他方、指定技能職種も一二〇に拡大され、この年中に実施事業場数、訓練生数ともに飛躍的な増加をみた。

一方、地方においては、地方産業振興のために、地方公共団体が共同養成に対し財政的援助を与える事例が逐年増加していたが、昭和二八年に至って、中小企業の行う共同養成の充実発展を図るための技能者共同養成費補助金制度の創設をみた。また、この時期以降、技能者養成推進の重点を機械、金属、輸送用機械、化学、精密機械等のいわゆる基幹産業に強く指向することとし、二九年には技能者養成規程の全文改正が行われて手続の簡素化と同時に職業補導との連携措置が講ぜられ、また、養成実施優良事業場に対する労働大臣表彰が行われることとなり、三一年からは、共同養成の運営の合理化と養成内容の充実を図るためのモデル共同養成体の育成指導が強力に行われることとなった。

さらに、戦後の職業訓練において、技能者養成、職業補導と並んで特筆すべきは、いわゆるTWI方式による監督者訓練の普及である。すなわち、昭和二二年に施行された職業安定法に工場、事業場が行う訓練の技術援助をする旨が定められており、その内容、方法等について種々研究していたところ、二三年末連合軍総司令部よりTWIに関する資料の提供を受け、労働力の有効活用と労働生産性の向上に極めて有益であると認められたので、二四年五月、これが採用を決定し、同年一二月、第一回の監督者訓練講習会を開催し、さらに、翌二五年三月には第一回の職場補導員養成講習会を開催した。

その後、回を重ねるに従い、その効果が産業界に認められるに至り、労働省としてもこれをさらに推進するため昭和二五年からは労働省職業安定局に監督者訓練指導員を、各都道府県には監督者訓練員を置くこととなったし、さらに、翌二六年には、監督者訓練の主管課として、労働省職業安定局に監督者訓練課が新設された。ＴＷＩは導入以来めざましい発展を示したが、特に二九年からは中小企業に対する普及徹底に行政の重点が指向された。

三　旧職業訓練法による職業訓練制度

(イ)　昭和三〇年、三一年の我が国経済はめざましい拡大を続け、産業界はいわゆる技術革新の時代に入って、これに対応する近代的技能労働者の確保が強く要請されるに至っており、他方、労働省の附属機関である技能者養成審議会は、二七年五月の「技能行政の運営に関する答申」で、技能者養成に関する新たな法令を早急に制定する必要を述べていたし、また、三一年に入ってからは、日本商工会議所、日本経営者団体連盟等の諸団体も相次いで職業訓練に関する単独法の制定を強く要望していた。

このような事情から、労働省においては昭和三二年一月、大臣官房に職業訓練審議室を設け、内外の職業訓練制度の調査、資料の収集等を行うこととした。職業訓練審議室では、学識経験者の意見を聴くため、職業訓練講話会を開催し、問題点を取りまとめ、職業訓練懇談会を開催して、我が国の職業訓練制度の在り方について討議した。このようにして、内外の職業訓練制度に関する総合的な調査及び研究が続けられたが、労働省では、この際、より強力な諮問機関を設けて制度の確立に乗り出すこととし、八月一七日の閣議決定によって臨時職業訓練制度審議会が設置された。同審議会は、政府の行う職業訓練の推進、企業の行う職業訓練の振興、技能検定制度の創設等を主たる内容として職業訓練を振興するための法律制定の急務を説いた「職業訓練制度の確立に関する答申」をまとめ、一二月六日、石田博英労働大臣に答申した。

労働省は、この答申に基づいて職業訓練法案を作成し、昭和三三年二月、第二八回通常国会に提出した。国会においては、衆議院において一部修正が行われて三月三一日に可決され、参議院においては、四月二二日衆議院送付案どおり可決された。旧職業訓練法は、ここに成立をみ、五月二日公布され、三三年七月一日から施行された。

(ロ) 旧職業訓練法は、「総則」「公共職業訓練」「事業内職業訓練」「職業訓練指導員」「技能検定」「職業訓練審議会」及び「雑則」の七章から成り、その概要は次のようなものであった。

(a) 職業訓練法の目的、職業訓練の原則及び職業訓練計画

旧職業訓練法の目的は、職業訓練及び技能検定を行うことにより、工業その他の産業に必要な技能労働者を養成し、もって職業の安定と労働者の地位の向上を図るとともに経済の発展に寄与することであった。この法律では、一般職業訓練所、総合職業訓練所、中央職業訓練所（のち、職業訓練大学校と改称。以下同じ。）、身体障害者職業訓練所等で行う職業訓練（公共職業訓練）と、事業主が、その雇用する労働者に対して実施する職業訓練（事業内職業訓練）の運営について定めていたが、この両者は相互に密接な関係を保って行うべきであるとされていた。また、労働大臣は職業訓練の実施に関する基本的な計画をたて、都道府県知事は当該県について計画を定めることになっていた。

(b) 公共職業訓練

公共職業訓練を実施するものは、主として都道府県及び労働福祉事業団（のち、雇用促進事業団。以下同じ。）であった。

一般職業訓練所は、求職者に対する基礎的な技能の職業訓練を行うことを本来の業務とし、都道府県が設置するものであった。総合職業訓練所は、雇用労働者及び求職者に対して専門的な技能に関する職業訓練を主として行うもので、労働福祉事業団が失業保険施設として設置運営し、中央職業訓練所は、職業訓練に関する調査研究と職業訓練指導員の訓練を主として行うもので、労働福祉事業団が失業保険施設として設置運営するものであった。また、身体障害者職業訓練所は、国及び都道府県が、身体障害者のために特別な職業訓練を行うために設置

運営するものであった。これらの公共職業訓練は、労働省令で定める基準に従って行われなければならないものとされていた。

求職者に対する基礎的な技能の職業訓練については無料とされ、一定の要件に該当する者には手当が支給された。

市町村や労働組合、公益法人等は、労働大臣の認可を受けると、その行う職業訓練は、公共職業訓練とみなされることになっていた。

なお、国は、一般職業訓練所及び都道府県が設置する身体障害者職業訓練所に要する経費の一部を負担する旨の規定も置かれていた。

(c)　事業内職業訓練

事業主がその雇用する労働者に対して行う職業訓練を事業内職業訓練とし（第二条第四項）、事業内職業訓練の基準に適合して行われる職業訓練に対しては、都道府県知事は、その旨申請により認定することとしていた。これは、事業主が単独で行う場合についても（第一五条）、また、共同して行う場合も同様であった（第一六条）。これらの認定を受けた職業訓練に対しては、特別の公的援助が行われ（第一七条）、特に、共同して認定職業訓練を行う団体に対して都道府県が必要な経費の一部を補助した場合、国はその補助に要した経費の一部を補助することができることになっていた（第三四条第二項）。

事業主の行う技能労働者に対する追加訓練、再訓練、職長訓練についても、公的な援助が行われるようになっていた（第二〇条）。

(d)　職業訓練指導員

公共職業訓練及び認定を受けた職業訓練（認定職業訓練）の職業訓練指導員は、労働大臣の免許を受けたものでなければならないものとされ（第二二条第一項）、免許を受けられる者は、職業訓練指導員試験に合格した者、一級技能検定の合格者で一定の訓練を受けた者その他これと同等以上の能力を有すると認められる者が定められていた（第二二条第三項）。

(e)　技能検定

労働大臣は、労働者の技能の向上を図るため、一級と二級に区分し、学科試験と実技試験によって技能検定を行うこととされていた（第二五条）。技能検定を受けるには一定の資格を要することとされ、技能検定合格者は技能士と称することができることとされていた。

(f)　職業訓練審議会

労働大臣又は都道府県知事の諮問に応じて職業訓練及び技能検定に関する重要事項を調査審議するために労働省に中央職業訓練審議会が置かれたが、都道府県には、都道府県職業訓練審議会を置くことができることとされていた。

(g)　労働大臣の助言等

労働大臣は、旧職業訓練法の目的を達成するため必要があると認めるときは、都道府県に対して助言及び勧告をすることができ、労働福祉事業団に対して報告を求め、必要な命令をすることができるものとされていた。

(ハ)　旧職業訓練法の制定に伴い、従来の職業補導及び技能者養成の制度は面目を一新し、文字どおり総合的な職業訓練の制度として発足することとなったが、これと同時に労働本省の機構についても、職業安定局に職業訓練部（管理課及び指導課の二課）が設けられ、従来の職業補導課の事務のほか、労働基準局福利課（昭和三一年の機構改革により労働基準局の給与課と技能課を統合して設置された。）の技能者養成関係の事務を引き継いで七月一日から発足した。

職業訓練制度の整備充実が旧職業訓練法制定に伴う大きな成果であったと同様に、技能検定の創設もまた画期的な制度として、各方面から大きな期待を寄せられていた。旧職業訓練法は、技能検定に関してはごく大筋だけを定めて、その実施の具体的な方法については政令、省令に委任することとしていたので、労働省は、昭和三三年九月二日の第一回中央職業訓練審議会に対し、技能検定の実施についての諮問を行った。中央職業訓練審議会は、慎重な審議を重ねた上、三四年六月二九日、答申を行った。労働省においては、この答申を受けて、七月一〇日に職業訓練法施行令の、同月二〇日に同法施行規則の改正を行い、翌三五年一月一〇日、我が国最初の技能検定が、全国一斉に実施された。なお、これに先立って、三四年四月一日、職業訓練部に技能検定課が設置されて行政体制の整備をみた。

他方、昭和三四年二月一九日には、産業界の技術革新に伴う企業内の再訓練等に対する助成振興対策を強力に推進するため、「職業訓練法に基づく技能労働者に対する追加訓練、再訓練及び職業訓練その他労働者の指導監督に関する訓練並びに職業訓練指導員に対する再訓練」について諮問がなされ、三五年三月二四日付けで答申が行われた。これを機として産業界全般に再訓練等の体系化の動きが現れることとなり、また、この年一〇月には、「国民所得倍増計画」に基づく技能労働者の需要推計をもとにして、「職業訓練長期基本計画」が策定されて、技能労働力の量的確保と質的向上のための長期の指標が示された。

昭和三六年六月には、労働省設置法の一部改正が行われて七月一日から職業訓練局が設置され、また、同じ七月一日には、雇用促進事業団法の制定をみて、従来労働福祉事業団が行っていた総合職業訓練所、中央職業訓練所等の設置運営等の業務を引き継いで雇用促進事業団が発足した。中央職業訓練所もこの年四月開所式を挙行して訓練を開始し、また、二月から三月にかけて、インドネシア、タイ等五カ国からの研修生を迎えて初のコロンボ計画による監督者訓練指導者セミナーが開かれた。さらに、旧職業訓練法の制定以来労働省で行ってきた「技能労働力需給状況調査」による技能労働者の不足数は、この年にはじめて一〇〇万人の大台を超え、一一六万人を記録した。

一方、この頃から次第に問題化され積極的施策の推進が望まれていた中高年齢層の雇用失業問題については、三五年一一月六日に、中央職業訓練審議会に対し、「中年層離職者に対する職業訓練の実施について」の諮問を行ったが、翌年六月二一日、これについて答申が行われた。また、この年からは公共職業訓練の指導員に対する指導員手当の創設、認定職業訓練と学校教育との連携の措置も講ぜられた。

次に、職業訓練の実施面の要となる職業訓練の基準については、法施行以来その整備が要望されていたが、昭和三七年三月三一日旧職業訓練法施行規則の一部改正が行われ、公共及び事業内の職業訓練の基準が全面的に改正されて充実をみたが、同時に、離転職者に対する職業訓練の実施規模の拡大に伴いその強化を要請されていた援護措置についても、職業訓練手当の支給対象の拡大、技能習得手当の創設等によって充実をみた。さらにこの年から、事業内職業訓練共同施設設置費補助の制度も設けられた。

また、この年、第一一回の国際職業訓練競技大会（スペインで開催）に八名の選手を送って初参加したが、金メダル（一位）五個、銀メダル（二位）一個の好成績をあげ、以来、毎年優秀な成績を残している。

公共職業訓練の主要な一面である転職訓練は、技能労働者の不足及び中高年齢失業者の再就職の困難等に鑑み、年々その規模の拡大が図られてきたが、特に、昭和三八年には従来の炭鉱離職者及び日雇労働者に加えて、新たに中高年齢失業者等に対する就職促進の措置の一環としての転職訓練が開始され、これに伴い転職訓練の規模は大幅に拡大され、また、新たに中高年齢失業者等に対する手当制度も創設されたが、さらに、七月一〇日、職業訓練局に新たに転職訓練課が設置され、機構的にも推進体制の整備をみた。なお、この年、中央職業訓練所国際協力部の設置、事業内職業訓練に対する融資制度の創設をみた。

昭和三九年には、労働者の技能習得意欲を増進させて技能水準の向上を図るとともに、国際職業訓練競技大会へ派遣する選手を選抜し、あわせて旧職業訓練法に基づく技能検定の実施促進を図るための初の技能競技大会が開催された。また、中央職業訓練審議会においては、「職業訓練のあり方」について検討することが発議された。

昭和四〇年二月には、従来の中央職業訓練所が職業訓練大学校と改称され、三月には長期訓練の第一期生七八名が巣立っていき、また、この年から将来の工業発展と技能者需要の増加が予定される地域に、該当府県で二カ所目の総合職業訓練所を設置することとなった。

昭和四一年には、雇用対策法が施行されて、国の雇用政策の主要な一翼を担う職業訓練の地位が一段と明確になったが、これに伴い従来の訓練手当等は同法に基づく職業転換給付金に統合され、さらに、扶養手当及び特定職種訓練受講奨励金が新設された。また、職業訓練大学校に通信訓練部が設置され、八月から「職種別再訓練通信講座」が逐次開講されるとともに、一〇月からは生産技能の管理監督に当たる指導的技能者を養成するための「生産技能講座」が開設された。また、技能検定の合格者に対する懸案の「技能士章」の交付も、初回からの合格者にまでさかのぼってこの年から行われ、四二年三月には、公共職業訓練の基準を中心に、法施行後、三四年、三七年の改正に次ぐ三回目の職業訓練の基準の大改正が行われた。さらに、一〇月には国際職業訓練競技大会の日本開催（四五年）が決定された。

昭和四三年には、卓越した技能者の第一回表彰が一月に行われ、以後毎年一〇〇名前後の卓越技能者の表彰が行われている。同年一〇月からは専門的・技術的職業の離職者を対象に、人材セミナーが開設された。また、九月と一一月には、青年ブルーカラー労働者が一〇名ずつ青年技能労働者交流計画に基づきアメリカに派遣されたが、四四年からは、アメリカと旧西ドイツに派遣されることとなった。また、四四年二月には「青天井人事管理方式」の提唱を行った。

四　昭和四四年制定職業訓練法の概要

(イ)　昭和四〇年代に入り、本格的な労働力不足時代を背景に、限られた人的能力の有効活用と技術革新の進展に伴う技能の質的変化等に十分対応できる新しいタイプの技能労働者の養成、確保が必須となり、旧職業訓練法の下での職業訓練制度では、このような時代の要請に十分即応し得ない面が多くなったため、職業訓練制度の改正の動きが具体化してきた。すなわち、四二年六月二八日労働大臣から中央職業訓練審議会に対して「最近の労働経済の変化及び技術革新の進展に対応すべき今後の職業訓練制度のあり方について」の諮問がなされ、同審議会では、四二年一二月二三日に「当面措置すべき事項について」の中間報告を行い、また、四二年一〇月には全国八ブロックにおいて公聴会を開催するなど、慎重な審議を重ねた結果、四三年七月二九日「今後の職業訓練制度のあり方について」の答申を小川平二労働大臣に対して行った。

この答申をもとに、労働省では、職業訓練法案要綱（案）を取りまとめ、昭和四四年二月五日、同審議会に対して諮問した。同審議会においては、三月には東京で公聴会を開催する等慎重に審議を行い、三月一五日、その内容については前回行った答申の趣旨におおむね沿っており、妥当なものである旨原健三郎労働大臣に答申した。労働省は、この答申に基づいて職業訓練法案の原案を固め、関係省庁と意見の調整を行った上で、三月二八日の閣議に提出し、決定をみた。

職業訓練法案は、三月三一日に第六四回通常国会に提出（内閣提出法案第九一号）され、四月二〇日に衆議院の社会労働委員会に付託、四回の質疑を経て、五月一四日同委員会において、翌一五日衆議院本会議において、自民、民社、公明の各党が賛成し、原案のとおり可決された。

職業訓練法案は、五月一三日参議院に送付され、同日社会労働委員会付託、三回の質疑を経て、七月三日同委員会において、翌四日参議院本会議において、自民、民社、公明の各党が賛成し、原案どおり可決され、成立した。

昭和四四年制定職業訓練法は、七月一八日公布、一部施行された後、同年一〇月一日から全面的に施行された。

(ロ)　昭和四四年制定職業訓練法は、「総則」「職業訓練計画」「職業訓練」「職業訓練団体」「技能検定」「技能検定協会」「職業訓練審議会」「雑則」及び「罰則」の九章から成り、その概要は、次のとおりであった。

(a)　職業訓練法の目的

昭和四四年制定職業訓練法の目的は、技能労働者の職業に必要な能力を開発し、及び向上させるために職業訓練及び技能検定を行うことによって、職業人として有為な労働者を養成し、もって、職業の安定と労働者の地位の向上を図るとともに、経済及び社会の発展に寄与すること（第一条）であった。

(b)　職業訓練及び技能検定の原則

職業訓練及び技能検定の原則として、職業訓練は労働者の職業生活の全期間を通じて段階的かつ体系的に行われるべきこと、職業訓練は、学校教育との重複を避けるとともにこれとの密接な関連の下に行われるべきこと、職業訓練及び技能検定は、相互に密接な関連の下に行われるべきこと等を規定していた（第二条）。

(c)　関係者の責務

職業訓練の関係者の責務については、事業主は、その雇用する労働者に対し、必要な職業訓練を実施するよう努力する義務があるとするとともに、国、都道府県及び雇用促進事業団は、事業主その他の関係者に対して必要な援助を行う等、職業訓練の振興を図るように努める義務があることとしていた（第四条）。

(d)　職業訓練計画

職業訓練及び技能検定の計画的な実施を図るため、労働大臣は職業訓練基本計画を、都道府県知事は都道府県職業訓練計画を策定し、この両者には、技能労働力の需給の動向、職業訓練及び技能検定の実施目標、職業訓練及び技能検定について講じようとする施策の基本となるべき事項を定めることとされた。

また、その策定に当たっては、経済の動向、労働市場の推移等の長期見通しに基づき、技能労働力の産業別・職種別・企業規模別等の需給状況、労働者の労働条件及び労働能率の状況等に配慮すべきこととされた（第五条第一項、第二項、第三項及び第六条第一項、第二項）。

職業訓練基本計画については、中央職業訓練審議会の意見を聴くほか、関係行政機関の長及び都道府県知事の意見を聴くこととされ、都道府県職業訓練計画は、都道府県職業訓練審議会の意見を聴いた上で策定されることとされた（第五条第五項及び第六条第二項）。

これらの計画が策定された場合には、その概要を公表することとされ（第五条第六項及び第六条第三項）、また、労働大臣又は都道府県知事は、関係事業主団体に対し、職業訓練の実施に関する勧告を発することができることとされた（第七条）。

(e)　職業訓練の体系

法定職業訓練（公共職業訓練施設の行う職業訓練及び認定職業訓練を総称する。）の種類は、①養成訓練（新規学校卒業者等に対し、職業に必要な基礎的な技能及び知識を習得させ、技能労働者としての能力を養成する訓練）、②向上訓練（養成訓練を受けた労働者その他職業に必要な相当程度の技能及び知識を有する労働者に対し、より高度の技能及び知識を習得させ、技能労働者としての能力を向上させる訓練）、③能力再開発訓練（新たな職業に就こうとする離転職者等に対し、従前の職業等を考慮して、新たな職業に必要な技能及び知識を習得させることによって、技能労働者としての新たな能力を開発する訓練)、④再訓練（養成訓練、向上訓練又は能力再開発訓練を受けた労働者その他これらの者と同程度の技能及び知識を有する労働者に対し、その職業に必要な技能及び知識を補充することによって、技能労働者としての能力を確保させるために行われる訓練)、⑤指導員訓練（職業訓練指導員になろうとする者又は職業訓練指導員に対し、必要な技能及び知識を付与することによって、職業訓練指導員を養成し、又はその能力を向上させる訓練）の五種類であった（第八条)。

法定職業訓練は、労働省令で定める訓練課程に区分して行われることとされ、特に、養成訓練については、専修訓練課程及び高等訓練課程に区分して行われることとされていた（第九条)。また、法定職業訓練の受講資格及び法定職業訓練に係る教科、訓練期間、設備その他の事項に関する基準は、訓練課程ごとに労働省令で定められることとされた（第一〇条)。

法定職業訓練のうち養成訓練及び能力再開発訓練については、労働大臣の認定した教科書又は労働大臣の作成する教科書を使用するよう努力する義務が課せられた（第一一条)。

高等訓練課程の養成訓練については、その実施者は、訓練生に対し、訓練修了時に技能照査を行わなければならないこととされ、その合格者には、技能士補の称号を与えることとされた（第一三条)。

(f)　公共職業訓練施設等

国、都道府県、市町村及び雇用促進事業団が職業訓練を行うために設置する施設を公共職業訓練施設というものとし、その種類は、①専修職業訓練校（原則として、都道府県が設置し、専修訓練課程の養成訓練、向上訓練、能力再開発訓練、再訓練、事業主等の行う職業訓練についての援助等の業務を行うもの)、②高等職業訓練校（原則として、雇用促進事業団が設置し、高等訓練課程の養成訓練、向上訓練、能力再開発訓練、再訓練、事業主等の行う職業訓練についての援助等の業務を行うもの)、③職業訓練大学校（雇用促進事業団が設置し、職業訓練に関する調査及び研究、指導員訓練、向上訓練、再訓練等の業務を行うもの)、④身体障害者職業訓練校（原則として、国が設置し、身体障害者等で、①から③までの公共職業訓練施設において職業訓練を受けることが困難なものに対して、その能力に適応した職業訓練を行うもの。その運営は都道府県に委託することができる。）とされ（第一四条から第一八条まで)、公共職業訓練施設でないものは、これらの名称の使用を禁止されていた（第二二条）。

なお、労働大臣の認可を受けて、都道府県は高等職業訓練校又は身体障害者職業訓練校を、市町村は専修職業訓練校又は高等職業訓練校を設置することができることとされていた（第一九条）。

公共職業訓練施設の長には、職業訓練に関し高い識見を有する者をもってあてるべきこととされ（第二〇条）、その運営については、関係地域における職業訓練の振興に資するように運営されなければならないこととされていた（第二一条）。また、法定職業訓練のうち、公共職業訓練施設において行うことが困難又は不適当であるものの実施については、他の的確な訓練能力を有するものに、その訓練の一部を委託することができることとされていた（第二一条第二項）。

専修職業訓練校における養成訓練及び能力再開発訓練並びに身体障害者職業訓練校における法定職業訓練は、求職者に対するものについては無料であり、雇用対策法の規定に基づいて訓練手当等を支給することができることとされていた（第二三条）。

(g)　職業訓練の認定等

都道府県知事は、事業主及び事業主の団体、その連合団体、職業訓練法人、職業訓練法人連合会及び職業訓練法人中央会並びに民法法人、法人である労働組合その他の非営利法人の申請に基づいて、その行う職業訓練について、職業訓練に関する基準に適合するものである旨の認定を行うことができることとされた（第二四条）。

認定職業訓練を行う事業主等は、公共職業訓練施設の名称を使用することができ（第二五条）、国、都道府県及び雇用促進事業団は、認定職業訓練を行う事業主等に対して、公共職業訓練施設における受託訓練の実施その他技術的援助を積極的に行うこととしていた（第二七条）。

(h)　職業訓練指導員

法定職業訓練を担当する者を職業訓練指導員といい（第八条第六項）、養成訓練及び能力再開発訓練における職業訓練指導員は、労働大臣の免許を受けた者でなければならないこととされ、免許資格者としては、指導員訓練の一定の訓練課程の修了者、職業訓練指導員試験の合格者等とされた（第二八条）。

職業訓練指導員試験は、労働大臣が実技試験及び学科試験によって行うこととされ、受験資格者は、技能検定合格者その他とされた（第三〇条）。

(i) 職業訓練団体

職業訓練団体の種類は、職業訓練法人、職業訓練法人連合会及び職業訓練法人中央会の三種類で、いずれも法人であるとされ、それらの名称使用制限の規定が置かれていた（第三二条）。

職業訓練法人は、認定職業訓練を行う社団又は財団とされ（第三一条）、認定職業訓練を行うほか、職業訓練に関する調査研究、情報及び資料の提供その他訓練に関し必要な業務を行うことができることとされた（第三三条）。職業訓練法人を設立しようとする者は、定款又は寄附行為をもって所要の事項を定め、都道府県知事の認可を受けなければならないとされた（第三五条）。

職業訓練法人、認定職業訓練を行う事業主又は事業主の団体等は、都道府県知事の認可を受けて都道府県の区域を地区とする職業訓練法人連合会を設立することができることとされ（第四五条第一項、第四七条第一項、第四九条、第五一条）、職業訓練法人連合会等は、労働大臣の認可を受けて、労働大臣の定める産業ごとに、職業訓練法人中央会を設立することができることとされていた（第四五条第二項、第四七条第二項、第四九条、第五一条）。

職業訓練法人連合会及び職業訓練法人中央会は、会員の行う職業訓練に関する業務についての指導連絡、職業訓練に関する情報資料の提供、広報、調査研究、その他職業訓練に関し必要な業務を行うこととされた（第四六条）。

(j) 技能検定

技能検定は、労働大臣が政令で定める職種ごとに労働省令で定める等級に区分して、実技試験及び学科試験によって行うものとされた（第六二条）。

技能検定の受検資格者は、法定職業訓練を修了した者で、労働省令で定める実務経験を有するもの及びこれに準ずる者で労働省令で定めるものであるとされた（第六三条）。

労働大臣は、毎年、技能検定の実施職種、期日等について実施計画を定め、関係者に周知させることとされ、また、労働大臣は、技能検定試験の実施その他政令で定める業務を都道府県知事に行わせるものとされた（第六四条第一項及び第二項）。また、労働大臣は、技能検定に係る試験問題、試験実施要領の作成、その他の業務の一部を中央技能検定協会に行わせることができるものとされ（第六二条第一項から第三項まで）、都道府県知事は、技能検定試験の実施その他の業務の一部を都道府県技能検定協会に行わせることができることとされた（第六二条第四項）。

技能検定に合格した者には、合格証書が授与され（第六五条）、技能士と称することができることとされ（第六六条第一項）、技能士の名称の使用制限に関する規定が置かれた（第六六条第二項）。

(k)　技能検定協会

技能検定協会は、中央技能検定協会及び都道府県技能検定協会の二種類とされ、いずれも法人であり、これらの協会の名称の使用制限規定が置かれていた（第六七条、第八七条）。

中央技能検定協会は、労働大臣の認可を受けて設立されることとされ（第七四条）、技能検定試験に関する労働大臣の業務の一部を行うほか、技能検定に関する調査研究、広報、技能検定を通じての国際協力、その他技能検定に関し必要な業務を行うこととされていた（第六九条）。

中央技能検定協会の会員の資格を有するものは、都道府県技能検定協会、全国的な事業主団体で技能検定の推進のための活動を行うもの、その他とされており（第七〇条）、都道府県技能検定協会は、すべて中央技能検定協会の会員となることとされた（第七一条）。

なお、中央技能検定協会の役員や職員又はこれらの職にあった者は、その職務に関し知り得た秘密を保持すべき義務が課せられた（第八五条）。

都道府県技能検定協会は、都道府県知事の認可を受けて設立されることとされ（第九四条）、技能検定試験に関する都道府県知事の業務の一部を行うほか、技能検定に関する公報その他技能検定に関し必要な業務を行うこととされていた（第八九条）。

都道府県技能検定協会の会員の資格を有するものは、認定職業訓練を行うもの、その他であるとされた（第九〇条）。

なお、都道府県技能検定協会の役職員等についても、中央技能検定協会の場合と同様に秘密保持義務を課せられた（第九四条）。

(l)　職業訓練審議会

中央職業訓練審議会は、労働大臣の諮問に応じて、職業訓練基本計画その他職業訓練及び技能検定に関する重要事項を調査審議する等のために設置するものであり、公・労・使の三者で構成されることとされた（第九五条）。

都道府県職業訓練審議会は、都道府県知事の諮問に応じて、職業訓練及び技能検定に関する重要事項を調査審議するため都道府県に必置するものとされた（第九七条）。

(m)　雑　則

労働大臣は、この法律の目的を達成するために必要があるときは、職業訓練に関する事項について、都道府県に対しては助言及び勧告を、雇用促進事業団に対しては報告を求め及び命令をすることができることとされた（第九八条）。

国は、都道府県が設置する専修職業訓練校及び身体障害者職業訓練校に要する経費の一部を負担することとされた（第九九条）。

職業訓練に関する労働大臣の権限のうち、政令で定めるものについては、都道府県知事に委任することとしていた（第一〇一条）。

労働大臣又は都道府県知事は、必要な限度において、認定職業訓練を実施するものから報告を求めることができることとされた（第一〇二条）。

(n)　罰　則

公共職業訓練施設の名称、技能士その他の名称の使用禁止、検定試験に関する秘密保持義務、職業訓練団体及び技能検定協会の監督に関する規定についての違反者に対する罰則が設けられていた（第一〇三条から第一〇八条まで）。

五　昭和四四年の職業訓練法の制定後から雇用保険法の制定前まで

昭和四四年制定職業訓練法は、七月一八日に公布、一部施行された後、九月三〇日に職業訓練法施行令が改正され、一〇月一日には職業訓練法施行規則が改正される等関係法令の整備を経て、一〇月一日から全面的に施行された。これにより、労働力不足時代に即応した技能労働者の養成・確保のための職業訓練及び技能検定の実施体制の制度的基盤が確立されるところとなった。一一月一日には、労働大臣の設立認可及び登記手続を経て、中央技能検定協会が設立され、四四年度後期の技能検定から試験問題作成等の業務が開始された。

また、法の全面施行と同時に職業訓練局長から学識経験者に対して、職業訓練基本計画作成の方法論、同計画の内容等職業訓練に関する基本的問題について調査研究が委嘱され、これを受けて昭和四五年八月「職業訓練計画調査研究会報告書」が提出された。その後、同報告書は同計画案の策定のため数次の検討に付されたが、同年九月二九日労働大臣から同計画の策定について中央職業訓練審議会に対して諮問が行われ、同審議会は調査審議の結果、四六年三月三〇日労働大臣あて同計画案がおおむね妥当であるとの答申を行った。この答申を受け、関係行政機関の長及び都道府県知事の意見を聴いた後、職業訓練基本計画は四月一〇日労働大臣により策定された。

昭和四五年四月には農業構造の近代化を図る総合農政推進の一環として、農業以外の産業へ就業することを希望する者に対して農業者転職訓練制度が発足し、六月には、雇用対策法施行規則の一部改正により、離農転職者に対しても訓練手当が支給されることとなった。また、一一月には、アジアでは初めて我が国で技能五輪国際大会が一五カ国の参加を得て盛大に行われ、我が国は金メダル一七、銀メダル四、銅メダル三と優秀な成績をあげた。

昭和四六年には、前年の技能五輪国際大会の開催を記念して、一一月一〇日が技能の日と定められ、一一月が技能尊重月間とされ、各種行事が催されることとなった。四六年七月には技術革新の進展等に伴いますます高度化する訓練ニーズに対応するため法定職業訓練の訓練職種の見直しが行われ、職業訓練法施行規則を一部改正して、向上訓練については二級技能検定に合格した者等を対象とする生産技能訓練課程が新設された。また、再訓練については従来の再訓練課程を技能追加訓練課程と技能補習訓練課程に区分しその拡充が図られた。

昭和四七年四月には技能者育成資金制度が創設された。これは、公共職業訓練施設の行う養成訓練又は長期指導員訓練課程の指導員訓練を受ける者であって、成績が優秀であり、かつ、経済的理由により当該訓練を受けることが困難なものに対して雇用促進事業団が低利で貸付けを行う制度である。同年一一月には㈳心身障害者雇用促進協会の主催により第一回全国障害者技能競技大会（アビリンピック）が開催された。また、㈶日本ＩＬＯ協会を実施団体とし開発途上国から民間ベースによる技能研修生を受け入れ、三カ月間のオリエンテーションを実施した後、民間企業に委託して職業実習訓練を行う「国際技能開発計画」が策定され、実施されるところとなった。一方、技能検定の今後の在り方については随時検討されてきたが、四七年に中央職業訓練審議会において本格的な審議が行われ、一二月八日「技能検定職種のたて方について」の意見が提出されるとともに、翌四八年四月九日には「今後の技能検定のあり方について」の答申が労働大臣あて提出された。これを受けて、従来の技能検定職種のうち、技能の内容、工具、機械装置、材料、製品等が共通あるいは類似するものについては、可能な限り一つの技能検定職種に包括することとされ、一三五あった従来の職種が六一職種に整理統合された。また、四八年三月まで婦人少年局において家事サービス訓練として実施されていた婦人就職促進訓練は、同年四月に職業訓練局に移管され、専修職業訓練校において当該訓練が行われるところとなった。また、同年四月には事業内における職業訓練の振興を図り、在職労働者の訓練ニーズに対処するため、公共職業訓練施設を開かれた施設として広く労働者の利便に供する施策の試みがなされ、一方では、事業主等の行う教育訓練への施設設備等の提供、技術的援助、事業主等の委託による成人訓練の実施、技能検定及び技能競技大会への会場提供等を行うための施設として都道府県立の専修職業訓練校に人材開発センターが付設され、この人材開発センターに職業訓練推進員を置き、当該地域における成人訓練の実施の普及振興が図られるところとなった。他方、中小企業の在職労働者で養成訓練を受ける機会のない労働者を企業からの委託を受けて、高等職業訓練校又は専修職業訓練校において無料で訓練（受託生訓練）を行うこととされるとともに、定年前職業訓練制度も発足させ、企業内の多様な訓練ニーズにもきめ細かな施策の対応がみられるところとなった。五月には、共同職業訓練団体の全国的組織である㈳全国共同職業訓練団体中央協議会が設立され、事業主等の行う職業訓練の振興が一層図られることとなった。なお、一〇月一一日から技能審査認定制度が設けられている。

六　雇用保険法の制定に伴う職業訓練法の一部改正の概要

昭和四九年一二月雇用保険法が制定され、能力開発事業が、雇用保険における三事業の一つとして実施されることとなった。同時に雇用保険法の施行に伴う関係法律の整備等に関する法律（昭和四九年法律第一一七号）により、昭和四四年制定職業訓練法の一部が次のように改正された。

(イ)　関係者の責務

昭和四四年制定職業訓練法の下では、事業主はその雇用する労働者に対して職業訓練を行うように努めることとされていたが、これに加え、事業主は労働者が職業訓練を受けることを容易にするために必要な配慮をするように努めなければならないこととされた（第四条）。

(ロ)　法定職業訓練の訓練課程の拡充

養成訓練の訓練課程に高等学校卒業者を対象として特に高度の知識と技能の付与を目的とする特別高等訓練課程が設けられた（第九条）。

(ハ)　技能照査

特別高等訓練課程についても技能照査を行わなければならないこととされた（第一二条）。

(ニ)　公共職業訓練施設

昭和四四年制定職業訓練法では、公共職業訓練施設として専修職業訓練校、高等職業訓練校、職業訓練大学校及び身体障害者職業訓練校を設置することとされていたが、これに加え、職業訓練短期大学校及び技能開発センターを設置することとされた（第一四条）。

職業訓練短期大学校では、特別高等訓練課程の養成訓練のほか、向上訓練、能力再開発訓練及び再訓練が行われ（第一六条の二）、技能開発センターでは向上訓練、能力再開発訓練及び再訓練が行われることとされた（第一六条の三）。

職業訓練短期大学校及び技能開発センターは雇用促進事業団が設置するものとされたが、労働大臣の認可を受けて、都道府県も設置することができることとされ（第一九条）、また、名称の使用の制限について規定が整備された（第二二条及び第二五条）。

(ホ)　その他

名称の使用の制限について経過措置が設けられた。

また、雇用保険法における能力開発事業の内容は、次のとおりである。

(a)　事業主等に対する助成援助

認定職業訓練を行う事業主等について認定職業訓練助成事業費補助金を交付し、職業訓練に関する広報その他の職業訓練の推進のための活動を行う全国的な団体に対して職業訓練推進事業費補助金を交付すること。

(b)　公共職業訓練施設の設置運営

公共職業訓練施設を設置又は運営すること及び公共職業訓練施設を設置又は運営する都道府県に対して補助を行うこと。

(c)　職業講習及び職場適応訓練の実施

退職を予定する者に対する再就職を容易にするための職業講習及び求職者に対する作業環境に適応させるため

の訓練（職場適応訓練）を実施すること。

(d)　有給教育訓練休暇の奨励

職業人としての資質の向上その他職業に関する教育訓練を受ける労働者に有給休暇（年次有給休暇を除く。）を与える事業主に対して有給教育訓練休暇奨励給付金を支給すること。

(e)　職業訓練の受講及び派遣の奨励

職業訓練又は職業講習を労働者が受けやすく、かつ、事業主が受けさせやすくするため、公共職業訓練又は職業講習を受ける定年退職予定者等に対して職業訓練等受講給付金、その雇用する労働者に通常の賃金を支払って公共職業訓練を受けさせる事業主に対して職業訓練派遣奨励等給付金を支給すること。

(f)　技能検定の財政基盤の強化

中央技能検定協会に対して中央技能検定協会費補助金、都道府県技能検定協会に対して都道府県技能検定協会費補助金を交付すること。

(g)　その他の能力開発事業

その他の事業として、事業主に対する事業転換訓練費助成金の支給、卓越した技能者の表彰、職業訓練関係者の国際交流等を行うこと。

七　雇用保険法の制定後から昭和五三年の職業訓練法の一部改正前まで

昭和五〇年四月から、雇用保険法に基づき、労働協約等に基づき雇用する労働者の申出により自己啓発のための教育訓練を有給で受けさせる中小企業事業主に対して有給教育訓練休暇奨励給付金が支給され、また、雇用する労働者に有給で公共職業訓練施設の行う職業訓練を受けさせる中小企業事業主に職業訓練派遣奨励給付金が支給されることとなった。また、四月には、職業訓練法施行規則の一部改正等が行われ、労働力の高学歴化及び技術革新の進展に伴う高度技能労働力の養成確保等に対処するため、特別高等訓練課程の訓練基準が新設されるとともに、専修訓練課程の訓練時間の弾力化、専修訓練課程、高等訓練課程、職業転換訓練課程及び二級技能士訓練課程の訓練時間の見直しが行われた。また、第一次職業訓練基本計画が四六年度から五〇年度までを計画期間とされていたのであるが、今後の職業訓練の在り方についての基本方針を定める第二次職業訓練基本計画の策定について、一〇月二日に中央職業訓練審議会に対し諮問を行い、五一年六月三日に労働大臣あて答申が行われ、関係各省、都道府県知事の意見を聴いた上、六月一八日、五一年度から五五年度までを計画期間とする第二次職業訓練基本計画が策定された。この計画では、生涯職業訓練、生涯技能評価の体制の確立を基本理念とし、職業訓練が進められるべきこととされている。一一月には職業訓練法施行規則の一部改正が行われ、向上訓練に一級技能士となるのにふさわしい知識を得させるための一級技能士訓練課程が設けられるとともに、技能尊重のため物をつくる運動が展開された。

八　昭和五三年の職業訓練法の一部改正

(イ)　昭和五三年の職業訓練法の一部改正の経緯

昭和四四年に制定された職業訓練法は、高度経済成長の時期である四〇年代前半において、実質国民総生産は毎年一〇パーセント以上の拡大を続け、労働市場においても、技能労働力や若年労働力の不足が著しく、労働力需給のひっ迫基調が続いていたという背景の下に制定されたものであった。

しかし、昭和四〇年代後半以降、職業訓練を取り巻く社会経済状況は、四〇年代前半とは著しく変容しており、職業訓練制度は、雇用情勢及び産業構造の変化、年齢、学歴及び産業、職業別の就業者の構成割合の変化等に対応して、新たな役割を果たすことが求められるようになってきた。特に、産業社会の質的変化に対応し、今後増大し多様化する労働者、事業主の職業訓練ニーズを充足しつつ、生涯訓練、生涯技能評価体制を確立する上で、次の事項についての職業訓練の積極的な推進が強く要請されてきた。

①　きびしい雇用情勢に対応した離転職者の再就職等のための職業訓練の機動的実施

②　今後の高齢化社会に対応した中高年齢者の職業能力の開発向上のための職業訓練の拡充

③　今後の業種、職種の動向等に対応し、労働者、事業主が必要とする多様な内容の成人訓練の拡充

④　きびしい内外の経済環境に対応し、我が国産業が必要とする高度の技能労働者の養成、確保のための職業訓練の拡充

このような職業訓練を取り巻く産業社会の質的転換に対応するよう職業訓練制度を見直す必要があることから、昭和五二年八月三日、労働大臣の諮問機関である中央職業訓練審議会（会長　鳳　誠三郎）は、公・労・使一〇名の委員（公四名、労・使各三名）で構成する総括部会を設置し、「今後における職業訓練制度のあり方について」検討を行うこととした。総括部会においては、五二年中に八回にわたる検討を重ね、その間、全国共同職業訓練中央会、中央技能検定協会、全国職業訓練校長会、全国総合高等職業訓練校労働組合及び都道府県職業訓練指導員の各代表から意見を聴取するとともに、公共職業訓練施設及び認定職業訓練施設の状況について現地視察を行った。

こうした検討経過、都道府県からの意見等を踏まえ、労働省では、早急に法的措置を講ずべき事項について検討を行い、昭和五三年二月二日、藤井勝志労働大臣は中央職業訓練審議会に対し、「職業訓練法の一部を改正する法律案要綱」について諮問を行った。諮問を受けた同審議会は、同年二月二七日に「諮問の内容である『職業訓練法の一部を改正する法律案要綱』は、おおむね妥当であると認められる」との答申を藤井労働大臣に提出した。

労働省は、この答申に基づいて職業訓練法の一部を改正する法律案の原案を固め、関係省庁と意見の調整を行った結果、三月七日の閣議で「職業訓練法の一部を改正する法律案」の国会提出が決定された。

閣議決定された「職業訓練法の一部を改正する法律案」は、三月八日第八四回通常国会に提出され（内閣提出第五五号）、三月二三日に衆議院の社会労働委員会に付託され、同月二八日の同委員会において藤井労働大臣が同法律案の提案理由説明を行った。同委員会では、二回にわたって質疑が行われ、四月一八日の質疑終了後、直ちに採決を行った結果、全会一致で原案のとおり可決された。

同法律案は同日（四月一八日）衆議院本会議において原案どおり可決され、直ちに参議院に送付、同日参議院の社会労働委員会に付託された。

参議院においては、四月二〇日の社会労働委員会で藤井労働大臣が提案理由説明を行った。同委員会においては、四月二七日に質疑が行われ、そのあと直ちに採決を行った結果、全会一致で可決された。同法律案は翌四月二八日の参議院本会議において全会一致で原案どおり可決され、ここに「職業訓練法の一部を改正する法律」が成立し、五月八日、「職業訓練法の一部を改正する法律」（昭和五三年法律第四〇号）として公布され、一部を除き、同年一〇月一日から施行された（職業能力開発協会に関する部分は、昭和五四年四月一日から施行された。）。

(ロ)　職業訓練法改正の概要

(a)　今後における職業訓練の在り方に関し、

①　職業訓練及び技能検定の基本理念である生涯訓練、生涯技能評価を目標とする旨を明確に規定するとともに、労働者は、養成訓練、向上訓練及び能力再開発訓練その他多様な職業訓練を受けることができるように配慮されるものであることを明らかにしたこと。

②　職業訓練の実施体制について、事業主は、その雇用する労働者に対する必要な職業訓練の実施等に努めるべきものとし、国及び都道府県は、事業主等の行う職業訓練の振興及び内容の充実を図るように努めるとともに、離転職者等に対する職業訓練その他必要とされる職業訓練の実施に努めなければならないものとしたこと。

(b)　公共職業訓練の整備に関し、

①　国及び都道府県が行う職業訓練について、離転職者に対する職業訓練を機動的に実施するため、必要に応じ、他の適切な施設に訓練を委託することとしたこと。

②　また、職業訓練の実施に当たっては、関係地域における労働者の職業の安定及び産業の振興に資するよう十分配慮するものとしたこと。

③　職業訓練施設について、現行職業訓練法による専修職業訓練校及び高等職業訓練校の区分をやめ、ともに、

職業訓練校として、名称を統一しその質的向上を図るほか、職業訓練施設のそれぞれの役割及び設置主体の分担を整備したこと。

④　また、現在雇用促進事業団が設置している高等職業訓練校については、関係地域の事情を考慮しつつ、技能開発センター又は職業訓練短期大学校へ転換させるよう努めることにより、離転職者及び中高年齢者に対する職業訓練の拡充並びに今後必要となる高度の技能労働者の養成のための施設の整備を図ることとしたこと。

(c)　民間における職業訓練の振興に関し、

①　国は、職業訓練に関する調査・研究及び情報の収集・整理を行い、事業主等の利用に供するように努めるものとしたこと。

②　国及び都道府県は、事業主等に対し、認定職業訓練以外の職業訓練についても広く援助を行うように努めなければならないものとしたこと。

③　事業主等に対する助成等についても明確に規定することとしたこと。

(d)　職業訓練及び技能検定の推進を目的とする団体の育成に関し、現行職業訓練法による職業訓練法人中央会及び中央技能検定協会、都道府県の職業訓練法人連合会及び技能検定協会をそれぞれ統合強化し、民間による職業訓練及び技能検定の推進のための中核的団体として、中央及び地方の職業能力開発協会を設立することとしたこと。

(e)　その他、単一等級技能検定の導入及び技能検定委員の地位について所要の規定を設けることとしたこと。

九　昭和五三年の職業訓練法の改正から昭和六〇年の職業訓練法の改正前まで

昭和五四年七月には、新しい職業訓練法に基づいて中央職業能力開発協会が設立された。また、同年九月には、地方産業都市を中心とした地域において中小企業事業主や事業主団体がその雇用する労働者に対して多種多様な教育訓練を行うために必要な施設として「地域職業訓練センター」を設置した（愛知県一宮市）。地域職業訓練センターは、その後逐年増設され、六〇年度までに四一センターが設置された。さらに、五九年一一月には、国立中央身体障害者職業訓練校（国立職業リハビリテーションセンター）が開設され、厚生省が同一敷地内に設置した国立身体障害者リハビリテーションセンターと有機的・一体的運営を行うことにより、身体障害者に対する先駆的な職業評価、職業訓練を行うとともに、職業訓練を通じての訓練技法、リハビリテーション技法等の実践的研究開発及び関係職員に対する研修等を開始した。

昭和五五年一月には、藤波孝生労働大臣の私的な諮問機関として「日本人の職業生涯と能力開発を考える懇談会」が発足し、同懇談会からは同年七月に報告書が提出された。また、同年一一月には中央職業能力開発協会により、人材カレッジが東京都豊島区池袋において開設された。

昭和五六年一月には、雇用保険法の一部を改正し、各種給付金の整理統合を行うため「雇用に関する給付金等の整備充実を図るための関係法律の整備に関する法律案要綱」が作成され、同要綱中職業訓練に関する事項について中央職業訓練審議会に諮問し、答申が得られた。この結果、同年四月には職業訓練法の一部改正が行われた。

また、同年四月には、昭和五六年度から六〇年度までの五カ年間を計画期間とする第三次職業訓練基本計画が策定された。この計画は、五三年改正の職業訓練法の趣旨にのっとり、産業構造の転換、技術革新の進展、高齢化社会への移行等の経済社会の進展に対応するため、労働者が職業生活の全期間を通じて必要な段階で適切な職業訓練が受けられるようにする「生涯訓練体制の整備」を目標としている。

昭和五六年一〇月には、国際身体障害者技能競技大会（国際アビリンピック）が日本において開催された。

昭和五七年一月には、第一回一級技能士全国技能競技大会（技能グランプリ）が東京において開催された。また、同年四月からは「生涯職業訓練促進給付金制度」が創設され、同年一一月には㈶海外職業訓練協会（ＯＶＴＡ）が設立された。

昭和五八年度に入ると、四月から職業訓練大学校に「福祉工学科」が開設され、同年六月には社内検定等制度研究会から「認定検定制度の導入に向けて」とする報告書が提出された。

一〇　昭和六〇年の職業訓練法の一部改正

(イ)　職業能力開発局の設置

昭和五六年、中曾根内閣の下で設置された臨時行政調査会において行政改革が推進され、中央省庁の行政組織体制の全般的な見直しに伴い、労働行政組織についても見直しが行われた。この結果、五八年三月一四日、臨時行政調査会第五次答申において、「職業訓練局については、産業構造の変化、技術革新を効果的に推進することとし、その名称を『職業能力開発局』（仮称）に改める」旨の答申が出された。

この方針を受けて、昭和五九年六月には労働省組織令の改正を行い、職業能力開発局を設置し、五九年七月一日から発足した。

職業能力開発局には、管理課、能力開発課、技能振興課、海外協力課の四課と企画室が設置された。

(ロ)　昭和六〇年の職業訓練法の一部改正の経緯

技術革新の進展、高齢化社会の到来等経済社会の変化は著しいものがあり、このような環境条件の変化に対応して労働者の職業生活の充実と産業社会の一層の発展を図るため、労働者の職業能力の開発及び向上がその職業生活の全期間を通じて段階的かつ体系的に行われる必要性が高まってきた。このため、労働省では、次の四つの課題を主たるテーマとして、今後の公共職業訓練の在り方について検討を行い、昭和五九年六月には「公共職業訓練のあり方等研究会報告書」が取りまとめられた。

①　急進展する技術革新に対応する公共職業訓練の在り方
②　本格的な高齢化社会に対応する公共職業訓練の在り方
③　第三次産業の増大に対応する公共職業訓練の在り方
④　変化する企業と労働者のニーズを公共職業訓練に的確に反映する方途

また、一方で、職業能力開発の一方の柱である企業内における職業能力開発の方向を「企業内教育研究会」において集中的に検討し、昭和五九年一一月、「新時代の企業内職業能力開発の課題と方向」と題する報告書が取りまとめられた。

労働省においては、昭和五九年八月、中央職業訓練審議会に対し、職業訓練法の改正についての検討を依頼し、同審議会は、これを受けて、企業内教育研究会の報告書が提出された同年一一月から五回にわたって総括部会を開催して、職業訓練法改正の骨子について検討を行った。

総括部会における検討結果は、昭和六〇年一月、総括部会長報告として取りまとめられ、この検討結果を踏まえ、同年一月一〇日、労働大臣から中央職業訓練審議会長に対し、「職業訓練法の一部を改正する法律案要綱」について諮問がなされた。

同審議会はこれについて審議した結果、昭和六〇年一月二四日、「職業訓練法の一部を改正する法律案要綱」について、おおむね妥当と認められるとの答申を労働大臣に提出した。

労働省は、この答申に基づいて「職業訓練法の一部を改正する法律案」の原案を作成し、関係省庁との意見調整を行った後、昭和六〇年二月一二日の閣議において「職業訓練法の一部を改正する法律案」として決定され、二月一四日に国会に提出された。

国会に提出された「職業訓練法の一部を改正する法律案」は、二月二六日、衆議院社会労働委員会において、山口敏夫労働大臣が提案理由説明を行い、審議が開始された。同委員会では、二回にわたって質疑が行われ、四月二日の質疑終了後直ちに採決を行った結果、職業訓練法の一部を改正する法律案は、共産党を除く賛成多数で可決された。

参議院社会労働委員会においては、四月一一日に提案理由説明を行った後、同月一八日に質疑が行われ、その後直ちに採決を行った結果、職業訓練法の一部を改正する法律案は、共産党を除く賛成多数で可決された。

この結果、職業訓練法の一部を改正する法律案は、昭和六〇年五月一〇日に可決、成立し、同年六月八日に公布された。

改正法の施行は、同日から施行された「交付金」等の関係規定を除き昭和六〇年一〇月一日からとされた。

(ハ)　職業訓練法改正の概要

(a)　法律の題名・目的等

①　職業能力開発を促進するという今回の改正の趣旨にあわせて、法律の名称を「職業訓練法」から「職業能力開発促進法」に改めることとしたこと。

②　職業能力開発の促進の基本理念について、職業生活の全期間を通じて段階的かつ体系的に行われるものとして明確にするとともに、職業訓練は訓練を受ける労働者の自発的な努力を助長するように配慮して行われるものとしたこと。

③　国及び都道府県の責務について、事業主その他の関係者の自主的な努力を尊重しつつ、事業主の講ずる措置の奨励に努めなければならないものとしたこと。

(b)　事業主等が行う職業能力開発促進の措置等

①　事業主がその雇用する労働者に対して行う職業能力開発促進の措置について、多様な方法により職業訓練を実施するほか、必要に応じ、他の者の設置する施設により行われる職業に関する教育訓練を受けさせること又は有給教育訓練休暇の付与その他必要な援助を行うこと等の措置を講ずることにより、労働者の職業能力の開発及び向上を促進することとしたこと。

②　事業主はこのような措置に関する計画を作成するように努めなければならないものとするとともに、計画の作成、実施及びこれらの措置に関する相談、指導等の業務を担当する職業能力開発推進者の制度を新たに設け、事業内において職業能力開発を促進する体制を整備することとしたこと。

③　国及び都道府県が事業主等に対して行う援助の措置についても、職業能力開発推進者に対する講習の実施、情報、資料の提供、相談等を適切かつ効果的に行うために必要な施設の設置などについての規定を設け、その充実を図ることとしたこと。

(c)　国及び都道府県が行う職業訓練

公共職業訓練施設について、委託訓練制度の積極的活用を図るとともに、訓練基準の弾力化を図るよう改正し、また、職業訓練指導員についても、有能な人材を登用できるよう規定を整備し、より円滑かつ効果的な運営を図ることとしたこと。

(d)　職業訓練施設の経費に対する補助方式

都道府県立職業訓練施設の運営費についての補助方式を、これらの施設が地域の実情に応じて一層自主的かつ弾力的に運営されるようその機能の強化を図るため、負担金方式から交付金方式に改めることとしたこと。

一一　昭和六〇年の職業訓練法の改正から平成四年の職業能力開発促進法の改正まで

昭和六〇年四月には、生涯職業訓練奨励給付金を生涯能力開発給付金に改め、六一年四月には、能力開発給付金の自己啓発に対する助成部分と有給教育訓練休暇給付金を整理統合し、自己啓発助成給付金を創設した。

また、一一月には、大阪市を中心として我が国では二回目となる技能五輪国際大会が開催され、過去最大の三四職種に分かれて競技が行われた。

昭和六一年五月には、昭和六一年度から平成二年度までの五カ年間を計画期間とする第四次職業能力開発基本計画が策定された。この計画は、生涯学習社会への移行が見込まれるなかにあって、生涯訓練体制の整備の考え方をさらに発展させ、すべての労働者が、その職業生涯の全期間にわたって、必要な時期に適切な職業能力開発の機会が得られるよう、生涯職業能力開発体制を総合的に充実強化することをねらいとしている。

昭和六二年四月には、中小企業において、事業転換や事業多角化に伴って必要となる職業能力開発が円滑に行われるよう、中小企業事業転換等能力開発給付金制度が創設された。また、同年四月には、高齢期における雇用の安定に資するため、高年齢労働者等受講奨励金制度を創設し、年齢要件の緩和により、平成二年度にはその名称を中高年齢労働者受講奨励金に改めた。

昭和六二年度より、情報化社会を担う情報処理従事者の育成についてより積極的な対策を講じるため、情報処理技能者養成施設（コンピュータ・カレッジ）の設置を進めることとした。

平成元年六月には、通産省と共管の「地域ソフトウェア供給力開発事業推進臨時措置法」が制定され、同年八月より地域におけるシステムエンジニアの育成を行う地域ソフトウェア供給力開発事業が実施された。

平成二年度には、地域の中小企業が共同して長期的な視点から事業内容の高度化に対応した職業能力開発を計画的に行うことを援助するため、中小企業人材育成プロジェクトを創設した。

平成三年度には、建設業における認定職業訓練実施のための準備活動を行う団体に対し助成する中小企業若年建設技能労働者育成援助事業を創設した。

平成三年二月には、職業訓練の内容の改善、設備及び教材の充実、職業訓練指導員体制の整備等を内容とする「職業訓練基準等のあり方研究会報告書」が提出された。

同年六月には、平成三年度から七年度までの五カ年間を計画期間とする第五次職業能力開発基本計画が策定された。この計画は、二一世紀に向けて、個々の労働者が豊かさやゆとりを実感でき、働きがいと生きがいをもてる社会を実現していくため、今後の経済社会の変化に的確に対応して、すべての労働者の職業生涯の全期間にわたる職業能力開発を促進するとともに、「人づくり」面で国際社会への貢献を行っていくこと等をねらいとしている。

同年九月には、外国人研修生受入れ企業等に対する指導・援助体制を確立するため、労働省及び法務、外務、通産の各省が共管する財団法人として、㈶国際研修協力機構（略称「ＪＩＴＣＯ」）が設立された。

また、昭和三八年の第一回大会以来、首都圏を中心とした地域で開催されていた技能五輪全国大会について、平成三年の第二九回大会では中央職業能力開発協会と愛知県の共催で初めて地方で開催されることとなり、この後、各県で実施されている。

一二　平成四年の職業能力開発促進法の一部改正

(イ)　平成四年の職業能力開発促進法の一部改正の経緯

若年労働力の大幅減少等に伴い、構造的に労働力不足基調に推移することが見込まれる一方、技術革新・情報化等が急速に進展する中で、経済社会の変化に柔軟に対応できる人材の育成と、労働者の職業の安定を図るためには、労働者の職業能力の開発及び向上を一層促進する必要が高まっていた。また、若年者を中心に、いわゆる「技能離れ」の風潮が強まるなかで、技能を尊重する社会を形成することが重要となってきており、さらには、我が国の職業能力開発のノウハウを生かした国際協力への期待から、外国人研修生等への支援が急務となってきたことなどに伴って、新たな法的整備による関係施策の展開が望まれていた。

労働省においては、こうした課題に適切に対処していくため、職業能力開発促進法の改正を行うこととし、平成三年一〇月七日に中央職業能力開発審議会に対して検討を依頼した。

中央職業能力開発審議会は、これを受けて、同年一〇月二八日から五回にわたって総括部会を開催し、職業能力開発促進法改正の骨子について検討を行った。

総括部会における検討結果は、平成四年一月一六日、総括部会報告として取りまとめられ、この検討結果を踏まえ、同日、労働大臣から中央職業能力開発審議会に対し、「職業能力開発促進法の一部を改正する法律案要綱」について諮問が行われた。中央職業能力開発審議会はこれについて審議した結果、同年一月二三日に「おおむね妥当と認められる」との答申を行った。

労働省では、中央職業能力開発審議会の答申を踏まえ、「職業能力開発促進法の一部を改正する法律案」の原案を作成した。この案は関係省庁との意見調整を行った後、平成四年三月六日に閣議決定（閣法第五八号）され、同月七日に第一二三回通常国会に提出された。

国会に提出された「職業能力開発促進法の一部を改正する法律案」は、同日、参議院労働委員会に付託され、四月一六日、参議院労働委員会において、近藤鉄雄労働大臣が同法律案の提案理由説明を行った。同委員会では、四月二三日に質疑が行われ、質疑終了後、直ちに採決を行った結果、全会一致で原案どおり可決された。同法律案は、四月二四日、参議院本会議において全会一致で原案どおり可決され、直ちに衆議院に送付、同日、衆議院労働委員会に付託された。

衆議院においては、五月二二日の衆議院本会議において近藤労働大臣が提案理由説明を行った。同委員会においては、五月二七日に質疑が行われ、質疑終了後、直ちに採決を行った結果、全会一致で原案どおり可決された。

同法律案は翌五月二八日の衆議院本会議において全会一致で原案どおり可決され、ここに「職業能力開発促進法の一部を改正する法律」が成立し、六月三日に平成四年法律第六七号として公布され、公布日施行の部分を除き、平成五年四月一日から施行された。

(ロ)　職業能力開発促進法改正の概要

(a)　国及び都道府県による職業能力開発促進の措置

国及び都道府県は、事業主等のほか労働者に対しても、職業能力に関する情報及び資料の提供、相談援助の実施に努めなければならないこととするとともに、公共職業訓練施設は、職業訓練を行うほか、事業主、労働者その他の関係者に対し、情報及び資料の提供、相談その他必要な援助を行うように努めなければならないこととしたこと。

(b)　公共職業訓練施設の名称変更

公共職業訓練施設について、職業訓練と並んで情報提供、相談援助等各種の援助業務を行う、職業能力開発に関する総合的な施設として位置づけることにかんがみ、施設の名称を、職業訓練校については職業能力開発校に、職業訓練短期大学校については職業能力開発短期大学校に、技能開発センターについては職業能力開発促進センターに、障害者職業訓練校については障害者職業能力開発校にそれぞれ改めるとともに、公共職業能力開発施設と総称することとしたこと。

(c) 公共職業能力開発施設以外の施設で行うことができる職業訓練の実施

労働者の職務内容の高度化・専門化が進むなかで、知識の習得に重点を置いた職業訓練に対する需要が高まっていることに対応して、国及び都道府県は、公共職業能力開発施設以外の施設で、主として知識の習得のための職業訓練を行うことができることとしたこと。

(d) 職業訓練の体系の再編

① 労働者、産業界の多様なニーズに応じつつ、その変化に柔軟に対応できる人材を育成する職業能力開発を促進するため、準則訓練について、従来の対象者の属性別の訓練体系である養成訓練、向上訓練及び能力再開発訓練の三区分から、習得させようとする技能及び知識の程度と期間に基づく柔軟な訓練体系として、「普通職業訓練」及び「高度職業訓練」並びに「長期間」及び「短期間」の区分に改めることとしたこと。

② 高度技能労働者に対するニーズの増大に対応して、職業能力開発短期大学校において、在職労働者を主たる対象とした短期間の高度な職業訓練を実施できることとしたこと。

(e) 技能を尊重する社会の形成

① 事業主がその雇用する労働者の職業能力開発を促進する場合に講ずる措置として、労働者に各種の職業能力検定を受けさせることを規定するとともに、国及び都道府県が事業主等の行う職業能力検定に対する援助等を行うことにより、その普及促進を図ることとしたこと。

② 国は、技能を尊重する社会を形成するため、技能の重要性について事業主その他国民一般の理解を高めるために必要な広報その他の啓発活動等を行うこととしたこと。

(f) 国際協力の推進

公共職業能力開発施設等は、その業務の遂行に支障のない範囲内で、外国人研修生等に対しても、職業訓練又は指導員訓練に準ずる訓練を行うことができることを明確にすることとしたこと。

(g)　その他

職業訓練指導員免許制度の改善、技能検定の受験資格の弾力化等を図ることとしたこと。

一三　平成四年の職業能力開発促進法改正から平成九年の職業能力開発促進法改正まで

平成五年四月には、開発途上国における人材育成に協力するため、我が国の企業に外国人研修生を受け入れ、一定期間の研修を経た後、研修成果の評価を行い、一定の水準に達したこと等の要件を満たした場合に、その後雇用関係の下で、より実践的な技術、技能又は知識を習得させる技能実習制度が創設された。

同年一〇月には、ホワイトカラーの段階的かつ体系的な専門的知識・能力の習得を支援する職業能力習得制度（ビジネス・キャリア制度）が創設された。

平成七年一一月には、企業における製品等の高付加価値化や新分野展開を担える高度な職業能力を有する人材の育成（人材高度化）に必要な職業訓練等の能力開発を体系的・計画的に推進する事業主団体等の取組を支援するため、人材高度化支援事業が創設された。

同年一二月には、個人主導の職業能力開発を推進するための企業、教育訓練機関等関係者の取組や行政の講ずるべき施策の方向等を内容とする「個人主導の職業能力開発の推進に向けて」（自己啓発推進有識者会議報告書）が提出された。

平成八年二月には、平成八年度から一二年度までの五カ年間を計画期間とする第六次職業能力開発基本計画が策定された。この計画は、新しい経済社会を支える基盤としての人材の育成等を推進するため、労働者、事業主、行政等の一体となった取組を積極的に展開することにより、来るべき二一世紀に向け、あらゆる労働者がその職業生涯のすべての期間において、「各人の個性を活かしつつ経済社会の変化に的確な対応を図る職業能力開発の実現」が図られることをねらいとしている。

平成八年度には、産業構造の転換、労働力のミスマッチに対応するため、従前の構造転換能力開発事業と地方転職求職者能力開発事業を統合し、新たに事業主団体等への委託訓練を中心とした機動的な職業訓練を行う事業として就職支援能力開発事業が創設された。

一四　平成九年の職業能力開発促進法の一部改正

(イ)　平成九年の職業能力開発促進法の一部改正の経緯

急激な産業構造の変化のなかで、企業は製品等の高付加価値化や新分野への展開を図ることが必要となってきており、これらを担っていく高度な知識・技能・技術や企画・開発能力、応用能力等高度で多様な職業能力を有する人材の育成が急務となってきていた。

このため、産業界や地域のニーズに応じ、高付加価値化等を担う高度な人材を育成するための公共職業訓練の高度化に伴い、その実施体制の整備を図るとともに、企画・開発能力や応用能力等は創造性など労働者個人に依存する要素が高いことから、個人主導による職業能力開発の取組を支援することが必要となってきていた。

労働省においては、こうした課題に適切に対応していくため、第六次職業能力開発基本計画を踏まえ、必要な法的整備を行うこととし、平成八年九月一九日に中央職業能力開発審議会に対し検討を依頼した。

中央職業能力開発審議会は、これを受けて、同年一〇月三一日から五回にわたって総括部会を開催し、職業能力開発促進法等の改正を含めた職業能力開発制度の改善について検討を行い、平成九年一月一六日、その検討結果について、総括部会長から同審議会に対して報告がなされた。

これを受けて、同年一月一六日、労働大臣から中央職業能力開発審議会に対し、「職業能力開発促進法及び雇用促進事業団法の一部を改正する法律案要綱」について諮問が行われた。中央職業能力開発審議会はこれについて審議した結果、一月二三日に開催された総会において妥当である旨、労働大臣に答申を行った。

労働省では、中央職業能力開発審議会の答申を踏まえ、「職業能力開発促進法及び雇用促進事業団法の一部を改正する法律案」の原案を作成した。この案は関係省庁との意見調整を行った後、平成九年二月七日に閣議決定（閣法第二八号）され、同日、第一四〇回通常国会に提出された。

同法律案は、まず、衆議院労働委員会に付託され、四月一八日に同委員会、同月二二日に衆議院本会議でそれぞれ可決され、また、参議院においても、四月二四日に労働委員会、同月二五日に本会議でそれぞれ可決され、同日成立し、五月九日に平成九年法律第四五号として公布された。

そして、同法のうち、労働者の自発的な職業能力の開発・向上の促進に係る部分の施行の日は、公布の日から三月を超えない範囲内において政令で定める日とされており、平成九年政令第二二四号により同年七月一日から施行された。一方、公共職業訓練の高度化に伴う高度職業訓練の実施体制の整備に係る部分については一一年四月一日に施行されることとされた。

(ロ)　職業能力開発促進法改正の概要

(a)　公共職業訓練の高度化に伴う高度職業訓練の実施体制の整備

①　職業能力開発大学校の設置

現行の職業能力開発短期大学校で行っている高度職業訓練に加え、さらに専門的・応用的な職業能力の開発・向上のための長期間の訓練課程の高度職業訓練を行う施設として、職業能力開発大学校を国が設置することとしたこと。

また、都道府県及び事業主等においても、職業能力開発短期大学校と同様、職業能力開発大学校を設立できることとしたこと。

②　職業能力開発総合大学校の設置

現行の職業能力開発大学校で行っている職業訓練指導員の養成及び職業能力の開発・向上に関する調査・研究に加え、公共職業訓練等の実施の円滑化に資する新技術等に対応した先導的職業訓練の実施など、職業能力の開発・向上に資する業務を総合的に行う施設として、職業能力開発総合大学校を国が設置することとしたこと。

(b)　労働者の自発的な職業能力の開発・向上の促進

①　基本的理念及び関係者の責務

職業能力の開発・向上の促進は、労働者の自発的な職業能力開発・向上のための努力を助長するよう配慮しつつ行われることを基本理念とし、事業主及び国・都道府県の責務を明確化したこと。

②　事業主の行う職業能力開発促進の措置

事業主は必要に応じ、有給教育訓練休暇、長期教育訓練休暇その他の休暇の付与や教育訓練を受ける時間を確保する措置を講ずるなど、その雇用する労働者の自発的な職業能力の開発・向上を促進することとしたこと。

③　事業主等に対する国等の援助等

国等は、労働者が自ら教育訓練等を受ける機会を確保するための援助を講ずる事業主等に対して、必要な援助等を行うこととしたこと。

一五　平成九年の職業能力開発促進法の改正から平成一三年の職業能力開発促進法の改正まで

平成九年度には、高度熟練技能を活用し、時代の後継者の育成を支援する「高度熟練技能活用促進事業」及び技能人材の育成・確保に取り組む地域を支援する「地域人材育成総合プロジェクト」が創設された。

平成九年七月には、ホワイトカラーの職業能力開発を総合的に支援する生涯職業能力開発促進センター（アビリティーガーデン）が開設された。

平成一〇年一二月には、雇用保険制度において労働者の主体的な能力開発（自己啓発）を支援するために、労働者が自ら負担した教育訓練の費用を給付する教育訓練給付制度が創設された。制度の内容は、一定の条件を満たす雇用保険の一般被保険者（在職者）又は一般被保険者であった者（離職者）が、厚生労働大臣の指定する教育訓練を受講し修了した場合、本人が教育訓練施設に支払った教育訓練経費の八〇パーセントに相当する額（上限三〇万円。制度創設当時は上限二〇万円）をハローワーク（公共職業安定所）から支給するものである。

平成一一年一〇月には、行政改革により雇用促進事業団が廃止され、雇用促進事業団が展開していた職業能力開発事業を中心とした事業を行う雇用・能力開発機構が設立された。

同年には、一〇年に閣議決定のなされた「地方分権推進計画」にのっとり、職業能力開発促進法についても整備法によって関係規定の改正がなされた。

具体的には、従前の機関委任事務が、自治事務又は法定受託事務のいずれかに整理され、職業訓練の認定に関する事務や技能検定に関する事務などが都道府県の自治事務とされた。

平成一三年一月には、国家行政組織法の一部改正及び厚生労働省設置法により、中央省庁の再編が行われ、厚生省と労働省が統合され、厚生労働省が発足した。

一六　平成一三年の職業能力開発促進法の改正

(イ)　平成一三年の職業能力開発促進法の一部改正の経緯

ＩＴ化等によるさらなる技術革新、産業構造の変化、労働者の就業意識の多様化等により、労働移動が増加し、企業主導の長期的かつ体系的な能力開発では対応できなくなり、労働者に求められる職業能力も企業内外を問わず通用するものへと変化してきた。これらの職業能力のミスマッチの拡大等に的確に対応するためには、我が国の労働市場の整備を着実に進める必要があり、労働者個々人のキャリア形成支援、適正な職業能力評価の推進等のシステム整備をはじめとした総合的かつ体系的な対応が不可欠となっていた。

このような背景の下、平成一二年七月一二日に開催された中央職業能力開発審議会において、第七次職業能力開発基本計画の策定を含め今後の職業能力開発施策の在り方について検討することとされたことを受けて、中央職業能力開発審議会総括部会において同年八月より七回にわたり検討を重ね、同年一二月七日、総括部会長報告「今後の職業能力開発施策の在り方について」が中央職業能力開発審議会に報告された。

中央職業能力開発審議会は、同日、労働大臣に対し、「今後の職業能力開発施策の在り方について」の建議を行った。労働省は、この建議の趣旨に沿い、職業能力開発促進法の一部改正及び第七次職業能力開発基本計画の策定へ向けて検討を行うこととなった。

省庁再編後の平成一三年一月三〇日、厚生労働大臣は、労働政策審議会に対し、職業能力開発促進法の一部改正を含む「経済社会の変化に対応する円滑な再就職を促進するための雇用対策法等の一部を改正する等の法律案要綱」について諮問を行った。法案要綱のうち、雇用対策法等の改正部分については、同審議会の職業安定分科会で、職業能力開発促進法の改正部分については、同審議会の職業能力開発分科会でそれぞれ審議が行われた。

同年二月五日、労働政策審議会は、厚生労働大臣に対して、諮問された同要綱について、「妥当と認める」旨の答申を行った。厚生労働省は、これを受けて、法律案を作成し、第一五一回通常国会に提出することとなった。

なお、答申においては、職業能力開発分科会より「改正法の施行については、中央職業能力開発審議会の平成一二年一二月七日付け建議の趣旨を踏まえて適切に対処されたい」旨の意見が付された。

厚生労働省は、「経済社会の変化に対応する円滑な再就職を促進するための雇用対策法等の一部を改正する等の法律案」を作成し、平成一三年二月一六日、これらの法律案の国会提出について閣議に付議し、閣議決定を経て、同日、第一五一回通常国会に提出された。

同法律案は、まず、衆議院厚生労働委員会に付託され、三月三〇日に同委員会、四月三日に衆議院本会議でそれぞれ可決され、また、参議院においても、四月一二日に厚生労働委員会、四月一八日に本会議でそれぞれ可決され、同日に原案どおり成立、四月二五日に平成一三年法律第三五号として公布された。同法は、一部を除き、平成一三年一〇月一日に施行された。

(ロ)　職業能力開発促進法改正の概要

(a)　労働者の職業生活の設計に即した自発的な職業能力開発の促進

①　基本理念

職業能力の開発及び向上の促進は、労働者の職業生活設計に配慮しつつ行われることを基本理念とするものとすること。

②　関係者の責務

事業主及び国・都道府県は、労働者が職業生活設計に即して自発的な職業能力の開発・向上を図ることを容易にするための援助等に努めなければならないものとすること。

③　事業主の講ずる措置

労働者の職業生活設計に即した自発的な職業能力開発を促進するために事業主が講ずべき措置として、業務に必要な職業能力についての情報提供、相談その他の援助及び労働者の配置その他の雇用管理に係る配慮を追加するとともに、事業主が講ずべき措置の有効な実施を図るために必要な指針を策定することとしたこと。

(b)　職業能力評価制度の整備

民間機関の活用による適正な職業能力評価を促進するため、技能検定試験に関する業務を行わせることができる民間試験機関の範囲及び当該民間試験機関に行わせることができる業務の範囲を拡大することとしたこと。

一七　平成一三年の職業能力開発促進法の改正から平成一八年の職業能力開発促進法の改正まで

平成一三年五月には、平成一三年から一八年までの五カ年間を計画期間とする第七次職業能力開発基本計画が策定された。この計画は、近年の技術革新の進展、産業構造の変化、労働者の就業意識の多様化等に伴う労働移動の増加、職業能力のミスマッチの拡大等に的確に対応した今後の職業能力開発の目標及び基本的な考え方を明確にし、計画的な職業能力開発施策の推進を通じて、労働者の職業の安定、社会的な評価の向上等を図ることをねらいとしている。

平成一四年四月には、起業や新分野への事業展開を希望する労働者等に能力開発面での支援を行うことにより雇用機会の創出を図ることを目的とした「起業・新分野展開支援センター（創業サポートセンター）」が開設された。

平成一五年五月には、若者を中心に職業意識の効率的かつ効果的な形成等を図るため、さまざまな職業体験機会、体系的な職業情報及び相談等をワンストップで提供する「私のしごと館」が開設された。

平成一六年二月には、労働者の能力を客観的に評価する仕組みとして、業種横断的な事務系職種の職業能力評価基準が策定された。以後、毎年業種別の職業能力評価基準の策定を進めている。

同年三月には、行政改革により雇用・能力開発機構が廃止され、雇用・能力開発機構が展開していた職業能力開発事業を中心とした事業を行う㈱雇用・能力開発機構が設立された。

同年四月には、若者の実践的で効果的な職業能力開発を支援するため、企業実習と座学を連結させた「日本版デュアルシステム」が創設された。

なお、同月には、「社会基盤としての職業能力評価制度」の整備の一環として、技能検定試験の受検資格要件の抜本的緩和及び若年者向け技能検定職種の大幅拡大が実施された。

また、同月には、雇用・就業を希望する障害者の増大に対応し、障害者の態様に応じた多様な委託訓練が開始された。

さらに、同月には、若年者の就職促進を図ることを目的とした「若年者就職基礎能力支援事業（ＹＥＳプログラム）」が創設された。

平成一八年四月には、若者の自立を支援するため、地方自治体との緊密な連携の下、「地域における若者自立支援ネットワーク整備モデル事業」が実施され、地方自治体の推薦による地域の民間団体のうち適切と認められる団体に対して、国から直接事業委託を行う「地域若者サポートステーション」事業が創設された。

同年六月には、公益法人制度改革に伴い、職業能力開発促進法についても整備法によって関係規定の改正がなされた（施行は平成二〇年一二月一日）。具体的には、用語等の改正に加え、「第四章　職業訓練法人」の規定については民法の規定を準用していたところ、公益法人制度改革関連法により、民法から当該規定が削除されることに伴い、現行の民法の規定を書き下ろすなど、所要の整備を行った。

一八　平成一八年の職業能力開発促進法の改正

(イ)　平成一八年の職業能力開発促進法の一部改正の経緯

技術革新、労働移動の増加等のさまざまな変化のなかで雇用の安定・拡大を図るためには、労働者自らがその適性や職業能力を的確に把握しつつ、人材ニーズの変化に伴う求められる職業能力の変化に柔軟に対応し、効果的に職業能力を開発・向上するとともに、これを十分に発揮することができるようにするための施策の推進が重要な課題となっていた。

このような背景の下、平成一七年七月より労働政策審議会職業能力開発分科会において、職業能力開発促進法の改正及び第八次職業能力開発基本計画の策定を含め今後の職業能力開発施策の在り方について検討が行われた。この結果、同年一二月二一日に、労働政策審議会から厚生労働大臣に対し、「今後の職業能力開発施策の在り方について」の建議が行われた。

厚生労働省は、この建議の趣旨に沿い、職業能力開発促進法の一部改正及び第八次職業能力開発基本計画の策定に向けて検討を行うこととなった。

平成一八年二月一日、厚生労働大臣は、労働政策審議会に対し、「職業能力開発促進法及び中小企業における労働力の確保及び良好な雇用の機会の創出のための雇用管理の改善の促進に関する法律の一部を改正する法律案要綱」について諮問を行った。法案要綱のうち、職業能力開発促進法の改正部分については、同審議会の職業能力開発分科会で、中小企業労働力確保法の改正部分については、同審議会の職業安定分科会でそれぞれ審議が行われた。

同年二月九日、労働政策審議会は、厚生労働大臣に対して、諮問された同要綱について、「妥当と認める」旨の答申を行った。厚生労働省は、これを受けて、法律案を作成し、第一六四回通常国会に提出することとなった。

厚生労働省は、「職業能力開発促進法及び中小企業における労働力の確保及び良好な雇用の機会の創出のための雇用管理の改善の促進に関する法律の一部を改正する法律案」を作成し、平成一八年三月七日、この法律案の国会提出について閣議に付議し、閣議決定を経て、同日、同法律案は第一六四回通常国会に提出された。

同法律案は、まず、参議院厚生労働委員会に付託され、五月一一日に同委員会、翌五月一二日に参議院本会議でそれぞれ可決され、また、衆議院においても、六月九日に厚生労働委員会、六月一三日に本会議でそれぞれ可決され、同日に原案どおり成立、六月二一日に平成一八年法律第八一号として公布された。同法は、一八年一〇月一日に施行された。

(ロ)　職業能力開発促進法改正の概要

(a)　実習併用職業訓練制度（実践型人材育成システム）の創設

事業主が講ずる措置として、実習併用職業訓練を実施することを追加したほか、実習併用職業訓練を実施しようとする事業主が作成する実施計画の厚生労働大臣による認定制度を創設したこと。

(b)　若者等の熟練技能の習得促進

熟練技能に関する情報を体系的に管理し、提供すること等を事業主の配慮規定として追加したこと。

(c)　労働者の自発的な職業能力開発の促進

事業主が講ずる措置として、勤務時間の短縮、再就職準備休暇の付与について追加したこと。

一九　平成一八年の職業能力開発促進法の改正から平成二七年の職業能力開発促進法の改正まで

平成一八年七月には、平成一八年から二三年までの五カ年間を計画期間とする第八次職業能力開発基本計画が策定された。この計画は、若年失業者やフリーターの趨勢的な増加、自発的な職業能力開発に取り組む上での時間面・情報面における制約の強まり、我が国経済を支えてきた「現場力」の低下等の課題に的確に対応し、働く者一人ひとりの職業キャリアの持続的な発展を実現するため、企業をはじめ社会における人材育成環境を再構築することをねらいとしている。

平成二〇年四月には、「ジョブ・カード構想委員会最終報告」（平成一九年一二月一二日）を受けて、座学と実習を組み合わせた実践的な職業訓練からなる職業能力形成プログラム等を通じ、非正規雇用労働者など職業能力形成機会に恵まれない者の職業能力を向上させ、安定的な雇用への移行を促進することを目的に「ジョブ・カード制度」が創設された。

平成二〇年一二月には、「雇用・能力開発機構の廃止について」（平成二〇年一二月二四日閣議決定）において、民間等への委託訓練について、「委託内容が定型化しているものやモデルカリキュラム等に従えば実施できるものについては、都道府県に移管する。」とされ、二一年度から段階的に都道府県へ実施規模が移管された。これは、「独立行政法人整理合理化計画」（平成一九年一二月二四日閣議決定）において、㈱雇用・能力開発機構について、「雇用のセーフティネットとしての職業能力開発施設の設置・運営業務について、ものづくり分野を重点に、地域の民間では実施していないものに特化するとの観点から、その必要性について評価を行い、その結果を踏まえ、法人自体の存廃について一年を目途に検討を行う。」と明記されたことを踏まえ、講じられたものである。

平成二一年一一月には、行政刷新会議において「若年者就職基礎能力支援事業（YESプログラム）」及び「ビジネス・キャリア制度」について議論が行われ、この議論等も踏まえ、「若年者就職基礎能力支援事業（YESプログラム）」については、二一年度限りで事業を終了することとされ、「ビジネス・キャリア制度」については、二二年度以降は中央職業能力開発協会の自主事業として実施することとされた。

平成二二年三月三一日には、㈱雇用・能力開発機構が運営主体となって一五年に開設された「私のしごと館」については、同機構の廃止に伴い閉館となった。その後、厚生労働省の管理する国有財産となった「私のしごと館」は二六年四月一日、総合特別区域法の一部改正に基づき、京都府へ無償譲与された。

平成二三年四月には、平成二三年から二七年までの五カ年間を計画期間とする第九次職業能力開発基本計画が策定された。この計画は、少子高齢化や産業構造の変化、グローバル化等の社会経済環境の変化を背景に、労働力の需給両面にわたる構造的な変化が著しく進行したこと、職業能力形成機会に恵まれない非正規雇用労働者の数や就業者に占める割合が増加等に対して、持続可能な活力ある経済社会を構築するために、若年者、女性、高齢者、障害者、非正規雇用労働者を含めた一人ひとりが職業訓練等を通じて能力を高め、生産性を向上させることをねらいとしている。

平成二三年一〇月には、「独立行政法人雇用・能力開発機構法を廃止する法律」の施行に伴い、㈱雇用・能力開発機構は廃止され、その職業訓練関係業務は㈱高齢・障害・求職者雇用支援機構に引き継がれた。これは、既述の「独立行政法人整理合理化計画」（平成一九年一二月二四日閣議決定）における指摘を受け、厚生労働省職業能力開発局長が有識者の参集を求めて開催した「雇用・能力開発機構のあり方検討会」での議論も踏まえ、職業訓練関係業務に特化したものである。

平成二五年四月には、「独立行政法人の事務・事業の見直しの基本方針」（平成二二年一二月七日閣議決定）で「職業能力開発総合大学校については、平成二五年度以降、相模原校（相模原キャンパス）を廃止し、附属校である東京校（小平市）（小平キャンパス）へ集約する」とされたことを受け、職業能力開発総合大学校の施設が小平市に集約された。

平成二七年九月には、「日本再興戦略改訂二〇一四」（平成二六年六月二四日閣議決定）等を踏まえて、「ジョブ・カード制度」が、個人のキャリアアップや、多様な人材の円滑な就職等を促進することを目的に、生涯を通じたキャリア・プランニング及び職業能力証明のツールとして活用されるよう見直され、二七年一〇月から新制度へ移行した。

二〇　平成二七年の職業能力開発促進法の改正

(イ)　平成二七年の職業能力開発促進法の一部改正の経緯

少子高齢化に伴う人口減少やグローバル化による産業構造の変化の中で、我が国の将来を支える若者を始めとした人材の最適配置を図り、その能力を最大限いかすためには、職業訓練や職業能力評価制度、これらを機能させる労働者の主体的なキャリア形成を支援する仕組みの整備等が求められていた。

このような背景の下、平成二六年九月より労働政策審議会職業能力開発分科会において、職業能力開発促進法の改正を含め今後の職業能力開発施策の在り方について検討が行われ、この結果、「労働者の職業能力の開発及び向上を促進する労働市場インフラの戦略的強化について」を厚生労働大臣に建議すべきとの報告が労働政策審議会に対して行われた。

また、同審議会職業安定分科会雇用対策基本問題部会において、若者の雇用対策について検討が行われ、この結果、「若者の雇用対策の充実について」を厚生労働大臣に建議すべきとの報告が労働政策審議会に対して行われた。これを受け、平成二七年一月二三日に、労働政策審議会から厚生労働大臣に対し、「若者の雇用対策の充実等について」の建議が行われた。

厚生労働省は、この建議の趣旨に沿い、職業能力開発促進法の一部改正等に向けて検討を行うこととなった。平成二七年二月二七日、厚生労働大臣は、労働政策審議会に対し、「勤労青少年福祉法等の一部を改正する法律案要綱」について諮問を行った。

法案要綱は、職業能力開発施策及び職業安定施策にまたがる内容であることから、同審議会の職業能力開発分科会及び職業安定分科会雇用対策基本問題部会でそれぞれ審議が行われた。

同日、労働政策審議会は、厚生労働大臣に対して、諮問された同要綱について、「おおむね妥当と認める」旨の答申を行った。

厚生労働省は、これを受けて、法律案を作成し、第一八九回通常国会に提出することとなった。

厚生労働省は、「勤労青少年福祉法等の一部を改正する法律案」を作成し、平成二七年三月一七日、この法律案の国会提出について閣議に付議し、閣議決定を経て、同日、同法律案は第一八九回通常国会に提出された。

同法律案は、まず、参議院厚生労働委員会に付託され、四月一六日に同委員会、翌四月一七日に参議院本会議でそれぞれ可決され、また、衆議院においても、九月四日に厚生労働委員会、九月一一日に本会議でそれぞれ可決され、同日に原案どおり成立、九月一八日に平成二七年法律第七二号として公布された。同法は、平成二七年一〇月一日に一部を除き施行されることとされた。

(ロ)　職業能力開発促進法改正の概要

(a)　基本理念の改正

労働者は、職業生活設計を行い、その職業生活設計に即して自発的な職業能力の開発及び向上に努めるものとしたこと。

(b)　職務経歴等記録書の普及

国は、労働者の職務の経歴、職業能力その他の労働者の職業能力の開発及び向上に関する事項を明らかにする職務経歴等記録書の様式を定め、その普及に努めなければならないものとしたこと。また、国は、その様式を定めるに当たっては、青少年の職業生活設計に即した自発的な職業能力の開発及び向上が促進されるように、その特性にも配慮するものとしたこと。

(c)　キャリアコンサルタントの登録制の創設

①　「キャリアコンサルティング」とは、労働者の職業の選択、職業生活設計又は職業能力の開発及び向上に関する相談に応じ、助言及び指導を行うことをいうものとしたこと。

②　事業主が必要に応じ講ずる措置として、労働者が自ら職業能力の開発及び向上に関する目標を定めることを容易にするために、業務の遂行に必要な技能等の事項に関し、キャリアコンサルティングの機会の確保その他の援助を行うことを追加したこと。

③　キャリアコンサルタントは、キャリアコンサルタントの名称を用いて、キャリアコンサルティングを行うことを業とするものとしたこと。

④　キャリアコンサルタント試験は厚生労働大臣が行うものとし、厚生労働大臣の登録を受けた法人に、キャリアコンサルタント試験の実施に関する業務を行わせることができるものとしたこと。また、登録の要件その他所要の規定を設けたこと。

⑤　キャリアコンサルタント試験に合格した者は、キャリアコンサルタント名簿に、氏名、事務所の所在地その他厚生労働省令で定める事項の登録を受けて、キャリアコンサルタントとなることができるものとし、その登録は、五年ごとにその更新を受けなければ、その期間の経過によって、効力を失うものとしたこと。また、厚生労働大臣は、厚生労働大臣の指定する者に、キャリアコンサルタントの登録の実施に関する事務を行わせることができるものとするとともに、指定の要件その他所要の規定を設けたこと。

⑥　キャリアコンサルタントは、キャリアコンサルタントの信用を傷つけ、又はキャリアコンサルタント全体の不名誉となるような行為をしてはならないものとしたこと。また、キャリアコンサルタントは、その業務に関して知り得た秘密を漏らし、又は盗用してはならないものとしたこと。

⑦　キャリアコンサルタントでない者は、キャリアコンサルタント又はこれに紛らわしい名称を用いてはならないものとしたこと。

⑧　公共職業能力開発施設の長は、公共職業訓練を受ける求職者が自ら職業能力の開発及び向上に関する目標を定めることを容易にするために、必要に応じ、キャリアコンサルタントによる相談の機会の確保その他の援助を行うように努めなければならないものとしたこと。

(d)　職業訓練の実施に関する計画策定における意見聴取

厚生労働大臣は、国が設置する公共職業能力開発施設が行う職業訓練等の実施に関する計画を定めるに当たっては、あらかじめ、関係行政機関の長その他の関係者の意見を聴くものとしたこと。

(e)　職業能力検定の規定の整備

①　技能検定の実技試験の実施方法について、検定職種ごとに厚生労働省令で定めるものとしたこと。

②　厚生労働大臣は、職業能力検定の振興を図るため、事業主その他の関係者が職業能力検定を適正に実施するために必要な事項に関する基準を定めるものとしたこと。

(f)　その他、所要の罰則の改正を行ったこと。

二一　平成二七年の職業能力開発促進法の改正から令和四年の職業能力開発促進法の改正まで

平成二八年四月には、平成二八年度から令和二年度までの五カ年を計画期間とする第一〇次職業能力開発基本計画が策定された。この計画は、人口減少社会、グローバル化の進展、AI、ビッグデータ解析などの技術進歩を背景に、ビジネス環境や就業環境が変化していく中で、人々が能力を高め、その能力を存分に発揮できる全員参加の社会と人材の最適配置とを同時に実現し、我が国の経済を、量の拡大と質の向上の双方の観点から成長させていくことをねらいとしている。

平成二八年一一月二八日、外国人の技能実習の適正な実施及び技能実習生の保護に関する法律が公布された（平成二九年一一月一日に施行）。

平成二九年四月、㈱高齢・障害・求職者雇用支援機構が設置・運営する職業能力開発促進センター等の公共職業能力開発施設に、生産性向上人材育成支援センターを設置し、中小企業等における生産性向上のための総合的な支援を実施するとともに、当該支援を実施する中で把握した地域の中小企業等における生産性向上に関する課題及び人材育成ニーズに対応した訓練（生産性向上支援訓練）を開始した。

平成二九年度をもって、職業能力開発サービスセンターが廃止となった。これに伴い、平成三〇年度から「事業内職業能力開発計画の作成」及び「職業能力開発推進者の選任」に関する支援窓口が、都道府県労働局（助成金窓口）に変更になるとともに、「キャリアコンサルティングに関する支援」については「セルフ・キャリアドック普及拡大加速化事業」において、支援の一部を継承することとされた。

令和元年六月二一日、「経済財政運営と改革の基本方針二〇一九～『令和』新時代：『Society 5.0』への挑戦～」（骨太方針二〇一九）が閣議決定され、「就職氷河期世代支援プログラム」（三年間の集中支援プログラム）が取りまとめられた。

令和三年三月には、令和三年度から令和七年度までの五カ年を計画期間とする第一一次職業能力開発基本計画が策定された。この計画は、グローバル化による競争激化のほか、新型コロナウイルス感染症の影響によるデジタル技術の社会実装の進展等による労働需要の構造変化の加速化、人生一〇〇年時代の到来による労働者の職業人生の長期化など、労働者を取り巻く環境が大きく変化していくことが予想される中で、労働環境の変化に応じて労働者が主体的に能力の向上やキャリアの形成に取り組み、それを企業、国、都道府県等が支援することによって、一人ひとりの希望するライフスタイルの実現を図ることをねらいとしている。

二二　令和四年の職業能力開発促進法の改正

(イ)　令和四年の職業能力開発促進法の一部改正の経緯

ＤＸの加速化やカーボンニュートラルの対応など、労働者を取り巻く環境が急速かつ広範に変化していくことが予想される中で、労働者がこうした変化に対応して、自らのスキルを向上させるためには、企業主導型の職業訓練の強化とともに、労働者がその意義を認識しつつ、自律的・主体的かつ継続的な学び・学び直しを行うことが必要であることから、こうした取組に対する支援が求められていた。

このような背景の下、令和三年一〇月より労働政策審議会人材開発分科会において、今後の人材開発政策について検討が行われ、この結果、「関係者の協働による「学びの好循環」の実現に向けて」を厚生労働大臣に建議すべきとの報告が労働政策審議会に対して行われた。

厚生労働省は、この建議の趣旨に沿い、職業能力開発促進法の一部改正等に向けて検討を行うこととなった。令和四年一月一四日、厚生労働大臣は、労働政策審議会に対し、職業能力開発促進法の改正も含む「雇用保険法等の一部を改正する法律案要綱について」について諮問を行った。

法律案要綱は、人材開発施策及び職業安定施策にまたがる内容であることから、同審議会の人材開発分科会及び職業安定分科会雇用対策基本問題部会でそれぞれ審議が行われた。

同日、労働政策審議会は、厚生労働大臣に対して、諮問された同要綱について、「おおむね妥当と認める」旨の答申を行った。

厚生労働省は、これを受けて、法律案を作成し、第二〇八回通常国会に提出することとなった。

厚生労働省は、「雇用保険法等の一部を改正する法律案」を作成し、令和四年二月一日、この法律案の国会提出について閣議に付議し、閣議決定を経て、同日、同法律案は第二〇八回通常国会に提出された。

同法律案は、まず、衆議院厚生労働委員会に付託され、三月一六日に同委員会、翌三月一七日に参議院本会議でそれぞれ可決され、また、参議院においても、三月二九日に厚生労働委員会、三月三〇日に本会議でそれぞれ可決され、同日に原案どおり成立、三月三一日に令和四年法律第一二号として公布された。同法は、令和四年四月一日から一部を除き施行されることとされた。

(ロ)　職業能力開発促進法改正の概要

(a)　地域ごとの協議会の設置

職業訓練に地域のニーズを適切に反映すること等により、効果的な人材育成につなげるため、訓練コースの設定や検証等について関係者間で協議する都道府県単位の協議会（地域職業能力開発促進協議会）を法定化したこと。

(b)　キャリアコンサルティングの推進

①　事業主は、その雇用する労働者の職業生活設計に即した自発的な職業能力の開発及び向上を促進するため必要に応じ講ずる措置として行うキャリアコンサルティングの機会の確保について、職業能力の開発及び向上の促進に係る各段階において、並びに労働者の求めに応じて行うこととし、また、キャリアコンサルタントを有効に活用するように配慮するものとしたこと。

②　国及び都道府県が行うように努めなければならない事業主等及び労働者に対する援助について、キャリアコンサルティングの機会の確保に係るものを含むことを明確化したこと。

二三　令和四年の職業能力開発促進法の改正以降

令和四年六月には、「規制改革実施計画」（令和三年六月一八日閣議決定）等を踏まえて、「職場における学び・学び直し促進ガイドライン」が策定された。ガイドラインでは、職場における人材開発の抜本的な強化を図るため、基本的な考え方や、労使が取り組むべき事項、公的な支援策等が体系的に示されている。

令和五年一二月、就職氷河期世代支援の推進に関する関係府省会議が開催され、「就職氷河期世代支援プログラム」を着実に実行するための「就職氷河期世代支援に関する行動計画二〇二四」が取りまとめられた。

令和六年三月、社内検定認定規程（昭和五九年労働省告示第八八号）について、告示名を「職業能力検定認定規程」に変更するとともに、検定を実施する事業主等が雇用する労働者以外の者も対象とできるよう対象者の制限が撤廃された。

令和六年五月、多様な働き方を効果的に支える雇用のセーフティネットの構築、「人への投資」の強化等のため、雇用保険の対象拡大、教育訓練やリ・スキリング支援の充実、育児休業給付に係る安定的な財政運営の確保等の措置を講ずる、雇用保険法等の一部を改正する法律（令和六年法律第二六号）が公布された。同法は、令和七年四月一日より一部規定を除き施行されることとなった。

令和六年六月二一日、技能実習制度を発展的に解消し、新たに人材育成と人材確保を目的とした「育成就労制度」を創設すること等を盛り込んだ、出入国管理及び難民認定法及び外国人の技能実習の保護に関する法律の一部を改正する法律が公布された（令和六年法律第六〇号。一部規定を除き、施行日は公布から三年を超えない範囲で政令で定める日）。

本　論

第一章　総　則

本章においては、本法の目的（第一条）、用語の定義（第二条）、職業能力開発促進の基本理念（第三条）並びに職業能力の開発及び向上の促進に関する関係者の責務（第四条）について定めている。

すなわち、職業能力開発促進法は、職業訓練及び職業能力検定の内容の充実強化とその実施の円滑化のための施策並びに労働者が自ら職業に関する教育訓練又は職業能力検定を受ける機会を確保するための施策等について定めているが、この章の規定は、これらに関する基本的な事項に関するものである。

（目的）

第一条　この法律は、労働施策の総合的な推進並びに労働者の雇用の安定及び職業生活の充実等に関する法律（昭和四十一年法律第百三十二号）と相まつて[1]、職業訓練[2]及び職業能力検定[3]の内容の充実強化及びその実施の円滑化のための施策[4]並びに労働者が自ら職業に関する教育訓練又は職業能力検定を受ける機会を確保するための施策等[5]を総合的[6]かつ計画的[7]に講ずることにより、職業に必要な労働者[8]の能力[9]を開発し、及び向上させることを促進し、もつて、職業の安定と労働者の地位の向上[10]を図るとともに、経済及び社会の発展に寄与することを目的とする。

趣旨

本条は、職業能力開発促進法の目的が、直接的には職業訓練及び職業能力検定の内容の充実強化及びその実施の円滑化のための施策並びに労働者が自ら職業に関する教育訓練又は職業能力検定を受ける機会を確保するための施策等を総合的かつ計画的に講ずることであり、究極的には、職業に必要な労働者の能力を開発し、及び向上させ、職業の安定と労働者の地位の向上を図るとともに、経済及び社会の発展に寄与することであることを明らかにしている。

職業能力開発促進法の目的は、究極的には、職業訓練法の目的と同様に、職業能力の開発及び向上により、労働者の職業の安定と地位の向上を図り、経済社会の発展に寄与することである。

しかし、直接的には、かつての職業訓練法が「職業訓練及び技能検定を普及し、及び振興」することを目的としていたのに対し、本法では「職業訓練及び職業能力検定の内容の充実強化及びその実施の円滑化のための施策並びに労働者が自ら職業に関する教育訓練又は職業能力検定を受ける機会を確保するための施策等を総合的かつ計画的に講ずること」を目的としており、法律の目的についても拡充強化が図られている。

すなわち、本法においては、従来の職業訓練及び技能検定に関する施策に加えて、①専修学校、各種学校等の行う教育訓練を活用した職業能力開発の促進、②有給教育訓練休暇の付与等による労働者への自発的な能力開発に対する援助等の施策についても規定している。また、職業能力の評価に関しては、技能検定の実施のみならず、①事業主が社内検定を実施すること、あるいは②事業主がその雇用する労働者に対して各種の職業能力検定を受けさせることを奨励すること等の施策も、本法の目的の範囲に含まれている。

なお、この趣旨を明確にするため平成四年改正において、本条の「技能検定」が「職業能力検定」に改められた。

また、平成九年改正において、労働者が自発的な能力開発、すなわち、自ら職業に関する教育訓練又は職業能力検定を受ける機会を確保するための施策が、本条に規定する目的を達成するための施策としても明確化された。

職業能力開発促進法は、日本国憲法の規定する職業選択の自由、健康で文化的な最低限度の生活を営む権利、能力に応じてひとしく教育を受ける権利、勤労の権利等の基本的人権の実質的な内容の実現に寄与するものである。

このような職業能力開発促進法の目的とするものは、他の雇用政策の諸立法の諸目的と共通するところが多い。このため、雇用政策の基本法である労働施策の総合的な推進並びに労働者の雇用の安定及び職業生活の充実等に関する法律と相まって、職業能力開発促進法の目的を追求することが合理的であり、適切であるとされている。

解説

① 労働施策の総合的な推進並びに労働者の雇用の安定及び職業生活の充実等に関する法律……と相まって

労働施策の総合的な推進並びに労働者の雇用の安定及び職業生活の充実等に関する法律（昭和四一年法律第一三二号）の目的は、「国が、少子高齢化による人口構造の変化等の経済社会情勢の変化に対応して、労働に関し、その政策全般にわたり、必要な施策を総合的に講ずることにより、労働市場の機能が適切に発揮され、労働者の多様な事情に応じた雇用の安定及び職業生活の充実並びに労働生産性の向上を促進して、労働者がその有する能力を有効に発揮することができるようにし、これを通じて、労働者の職業の安定と経済的社会的地位の向上とを図るとともに、経済及び社会の発展並びに完全雇用の達成に資すること」にあるとされている（同法第一条第一項）。この点に関しては、職業能力開発促進法も第一条において「職業の安定と労働者の地位の向上を図る」ことを目的としており、両法は、その目的について一致している。

さらに、その目的を達成するために国が講じなければならない施策の一つとして、「各人がその有する能力に適し、かつ、技術の進歩、産業構造の変動等に即応した技能及びこれに関する知識を習得し、これらにふさわしい評価を受けることを促進するため、職業訓練及び職業能力検定に関する施策を充実すること」が掲げられており（同法第四条第一項第三号）、これに基づき、同法第四章「職業訓練等の充実」に職業訓練の充実（同法第一六条）及び職業能力検定制度の充実（同法第一七条）に関する規定が設けられている一方、同法第五章「職業転換給付金」に職業転換給付金の一つとして「求職者の知識及び技能の習得を容易にするための給付金」（同法第一八条第二号）が定められている。このように、労働施策の総合的な推進並びに労働者の雇用の安定及び職業生活の充実等に関する法律は総合的な雇用政策の基本法として、雇用対策の観点から職業訓練及び職業能力検定の事業を積極的に行うこととしており、具体的に講ずる施策等の内容は、本法の規定するところに委ねている関係にある。

したがって、職業能力開発促進法が、労働施策の総合的な推進並びに労働者の雇用の安定及び職業生活の充実等に関する法律と相まって、「諸施策」を講じて「諸目標」を達成することを目的とするとは、共通の目的をもつ労働施策の総合的な推進並びに労働者の雇用の安定及び職業生活の充実等に関する法律の諸規定、諸施策と連携して、その施策を進め、諸目標を追求することが効率的かつ合理的であることを明らかにしたものである。

②　職業訓練

本法には職業訓練についての特別の定義規定はない。しかしながら、本法が、広く「職業に必要な労働者の能力を開発し、及び向上させる」ことを目的としていることから、職業訓練とは、労働者に対し、職業に必要な技能及びこれに関する知識を習得させることによって、労働者としての能力を開発し、向上させるために行う訓練をいうものと解される。

③　職業能力検定

「職業能力検定」とは、一定の職業能力評価のための基準によって、労働者の有する技能及びこれに関する知識の程度を調べ、これを判定する諸制度をいう。職業能力検定によって各労働者の職業能力を客観的に明らかにする仕組みの整備は、求められる能力の変化に対する労働者の適応性を増大させ、企業内における職務の転換や企業間での労働移動を円滑に進めるために極めて重要な課題である。このため、平成一三年改正において、職業能力開発促進の基本理念として、職業能力検定の整備に係る考え方を明らかにするとともに（第三条の二第五項）、厚生労働大臣の行う職業能力検定として本法第五章第一節に規定されている技能検定制度について、民間機関に委託できる試験業務の範囲を拡大する等の所要の整備を行ったところである。

また、民間における職業能力検定の振興を図るための制度として職業能力検定認定制度が設けられている。職業能力検定認定制度は、職業能力検定認定規程（昭和五九年労働省告示第八八号）に基づいて、事業主又は事業主の団体若しくはその連合団体が実施する検定のうち、一定の基準を満たすものを厚生労働大臣が認定する制度である。

④　内容の充実強化及びその実施の円滑化のための施策

本法は、職業能力開発を図るための基本的手段として、職業訓練及び職業能力検定の内容の充実強化及びその実施の円滑化のための施策等を規定するものである。

内容の充実強化のための施策とは、公共及び民間で実施される職業訓練の種類、職種、課程、基準、技法等を生涯職業能力開発の理念にのっとった適切なものとするための開発、研究、指導、普及、啓蒙等の施策並びに職業能力検定の職種、基準、技法等を生涯職業能力評価の理念にのっとった適切なものとするための開発、研究、指導、普及、啓蒙等の施策をいうものである。

実施の円滑化のための施策とは、職業訓練及び職業能力検定がさかんに行われ、すべての労働者にその必要とする多様な職業訓練受講機会及び職業能力検定受検機会を確保するための施策をいうものであり、本法では、事業主等に対する援助助成及び職業訓練法人、職業能力開発協会の設置等を規定している。

⑤　機会を確保するための施策等

本法においては、この施策として、自発的な職業能力開発に関する事業主、労働者等に対する相談援助、情報・資料の提供や有給教育訓練休暇、長期教育訓練休暇の付与及び始業・終業時刻の変更等の労働者が職業に関する教育訓練等を受ける機会を確保するために必要な措置が事業主によって講ぜられることを奨励するための事業主に対する助成などが規定されている（第一五条の二、第一五条の三〈一九七・二〇四ページ〉参照）。

なお、「施策等」の「等」とは、第一〇条第一号に規定する事業主が各種の教育訓練施設の行う職業に関する教育訓練を受けさせることを促進するための施策等をいうものである。

⑥ 総合的

これらの施策を「総合的」に実施するとは、職業訓練及び職業能力検定の内容の充実強化及びその実施の円滑化のための施策並びに労働者が自ら職業に関する教育訓練又は職業能力検定を受ける機会を確保するための施策等が密接な関係をもちつつ実施されることを意味している。

具体的には、例えば、職業能力の開発に関しては、①国及び都道府県の行う職業訓練と事業主の行う専修学校、各種学校等に労働者を派遣して行う教育訓練が、労働者各人の職業生活の段階に応じて的確に実施されるとともに、②これらの教育訓練を受けた労働者が、さらにその職業能力を開発向上させるための自助努力を行う場合、自発的な能力開発に対する援助策が効果的に講ぜられることを意味するものである。また、職業能力の評価に関しては、技能検定と事業主の行う社内検定制度あるいは事業主が労働者に対して各種の技能検定を受けさせるための措置が有機的連携の下に講ぜられることを意味するものである。さらに、例えば、技能検定が職業訓練の目的となるとともに、職業訓練の結果についての公証制度となって、相互に補完し合うことも意味するものである。

⑦ 計画的

これらの施策を「計画的」に実施するとは、職業能力開発基本計画又は都道府県職業能力開発計画等において、国、都道府県等の行う施策の内容、実施時期等を明確にし、各施策間に重複や齟齬を来さないようにすることを意味するものである。

⑧ 労働者

職業能力開発促進法は、単に生産技能工程に従事する労働者のみならず、職種の如何を問わず広く雇用労働者及び求職者全般の職業に必要な能力の開発及び向上を図るためのものである。

⑨ 職業に必要な労働者の能力

職業に必要な労働者の能力は、「職業能力」と称されており、本法の中心概念である。「職業能力」とは、すなわち、業務の遂行に必要な労働者の能力であり、その職業における課題を処理する能力を意味するものである。

職業能力を機能的に分類すれば、①情報処理、②対人処理及び③対物処理の三つの機能から成っていると考えられる。具体的職業にこの分類を当てはめてみると、例えば、①研究者は情報処理の機能が多く必要であり、②カウンセラーは対人処理の機能が多く必要であり、また、③トラック運転手は対物処理の機能が多く必要であるといえる。

機能的には、このように分類できるとしても、さらに進んで「職業能力」がどのような構成要素から成り立っているかについては、現段階では必ずしも学問的に明らかにされているとは言い難いが、一般的には、「職業能力」は、「技能」「知識」及び「態度」の三要素によって構成されていると考えられる。この場合、「技能」「知識」及び「態度」の意味するところと三者の関係を見ると、次のとおりであると考えられる。

①　「技能」とは、身についたわざをいうこと。
②　「知識」とは、概念化された言語のストック及び科学の法則に基づいて整序されたデータ体系のストックをいうこと。
③　「態度」とは、与えられた仕事に取り組む態度（一所懸命取り組むこと等）をいうこと。

これら三者の関係を見ると、「態度」は「知識」及び「技能」を発揮するための前提条件となるものであり、「知識」が「職業能力」として発揮されるためには問題に応じて「知識」を検索し、実際に応じて適応できる「技能」が必要であるという関係が成り立っている。

なお、「技能」は、前述のように、伝統的に「身についたわざ」といわれ、経験によって習得され、身体的な動作によって発揮されるもので属人的性格が強いものと考えられてきた。したがって、技能労働者というと、第二次産業の生産過程に従事する労働者をいうと考えられてきた。しかし、技術革新の進展に伴って必要とされる技能も変化し、科学的知識との関連を強くもち、複数の機械を扱う多能工や技術的な判断力に基づいて機械のメンテナンス等の作業ができるテクニシャン（高度技能者）が現れてきた。また、「技能」とは従来運動技能すなわち身体的動作を中心に考えられてきたが、最近では、運動的機能と客観的な環境条件の変化に従い情報を処理し、判断するという機能とが一体となったものとしての技能を考える必要が生じている。こうした最近の動きから、これまでの伝統的な「技術」に加えて、知識との関連や判断を含んだ高度な「技能」の概念を考える必要がある。

⑩　労働者の地位の向上

「労働者の地位の向上」とは、単に経済的な地位の向上だけでなく、社会的な地位の向上等も含むものである。

（**定義**）

第二条　この法律において「労働者」とは、事業主[1]に雇用[2]される者（船員職業安定法（昭和二十三年法律第百三十号）第六条第一項に規定する船員[3]を除く。第九十五条第二項において「雇用労働者」という。）及び求職者[4]（同法第六条第一項に規定する船員となろうとする者[5]を除く。以下同じ。）をいう。

２　この法律において「職業能力[6]」とは、職業に必要な労働者の能力をいう。

３　この法律において「職業能力検定[7]」とは、職業に必要な労働者の技能及びこれに関する知識についての検定（厚生労働省の所掌に属しないものを除く。）をいう。

４　この法律において「職業生活設計[8]」とは、労働者が、自らその長期にわたる職業生活における職業に関する目的を定めるとともに、その目的の実現を図るため、その適性、職業経験その他の実情[9]に応じ、職業の選択、職業能力の開発及び向上のための取組その他の事項[10]について自ら計画することをいう。

5　この法律において「キャリアコンサルティング」[11]とは、労働者の職業の選択、職業生活設計又は職業能力の開発及び向上に関する相談に応じ、助言及び指導を行うことをいう。

趣旨

本条は、この法律で用いられる「労働者」「職業能力」「職業能力検定」「職業生活設計」及び「キャリアコンサルティング」という用語について定義したものである。

「労働者」とは、雇用労働者及び求職者を総称するものであるが、他の労働立法とほぼ同様に、船員及び船員になろうとする者は除かれている。

また、本法では、求職者も雇用労働者とあわせて労働者とし、本法の対象としてとらえているので、労働基準法等での労働者の概念（労働基準法第九条など参照）と異なり、また労働組合法にいう労働者の概念（労働組合法第三条）ともニュアンスを異にする。

「職業能力」「職業能力検定」及び「職業生活設計」については、平成一三年改正において、労働者の自発的な職業能力の開発及び向上の意義を改め、新たに労働者の職業生活設計に即した自発的な職業能力開発を促進することとするため、その内容を明確化するための定義規定を設けたものである。

「キャリアコンサルティング」については、平成二七年改正において、キャリアコンサルタントの登録制度を創設したことに伴い、キャリアコンサルタントが「キャリアコンサルティング」を業とするものであることから、定義規定を設けたものである。なお、キャリアコンサルタントに係る規定以外でも用いる必要のある概念であることから、総則に規定している。

解説

①　**事業主**

「事業主」とは、事業を行っている人又は法人（公法人を含む。）をいう。

②　**雇　用**

「雇用」とは、民法第六二三条の雇用に限らず、これに類似した公法上の勤務関係などが含まれ、いわゆる使用従属関係にあって賃金を支払われる労働関係に該当するものとして、広く解する。

③　**船員職業安定法……に規定する船員**

船員職業安定法にいう「船員」とは、船員法（昭和二二年法律第一〇〇号）による船員及び同法による船員でない者で日本船舶以外の船舶に乗り組むものをいう（船員職業安定法第六条第一項）。

船員法（抄）（昭和二二年九月一日法律第一〇〇号）

（**船員**）

第一条　この法律において「船員」とは、日本船舶又は日本船舶以外の国土交通省令で定める船舶に乗り組む船長及び海員並びに予備船員をいう。

②　前項に規定する船舶には、次の船舶を含まない。

一　総トン数五トン未満の船舶

二　湖、川又は港のみを航行する船舶

三　政令の定める総トン数三十トン未満の漁船

四　前三号に掲げるもののほか、船舶職員及び小型船舶操縦者法（昭和二十六年法律第百四十九号）第二条第四項に規定する小型船舶であつて、スポーツ又はレクリエーションの用に供するヨット、モーターボートその他のその航海の目的、期間及び態様、運航体制等からみて船員労働の特殊性が認められない船舶として国土交通省令の定めるもの

③　前項第二号の港の区域は、港則法（昭和二十三年法律第百七十四号）に基づく港の区域の定めのあるものについては、その区域によるものとする。ただし、国土交通大臣は、政令で定めるところにより、特に港を指定し、これと異なる区域を定めることができる。

第二条　この法律において「海員」とは、船内で使用される船長以外の乗組員で労働の対償として給料その他の報酬を支払われる者をいう。

②　この法律において「予備船員」とは、前条第一項に規定する船舶に乗り組むため雇用されている者で船内で使用されていないものをいう。

船員法施行規則（抄）（昭和二二年九月一日運輸省令第二三号）

（適用船舶の範囲）

第一条　船員法（以下「法」という。）第一条第一項の国土交通省令で定める船舶は、日本船舶以外の次の各号に掲げる船舶とする。

一　船舶法（明治三十二年法律第四十六号）第一条第三号及び第四号に掲げる法人以外の日本法人が所有する船舶

二　日本船舶を所有することができる者及び前号に掲げる者が借り入れ、又は国内の港から外国の港まで回航を請け負つた船舶

三　日本政府が乗組員の配乗を行なつている船舶

四　国内各港間のみを航海する船舶

職業能力開発促進法の規定が適用されない船員に対しては、㈱海技教育機構において船員養成及び船員職業補導が行われている（船員職業安定法第五条第四号、独立行政法人海技教育機構法第三条）。

なお、船員については、労働基準法はほとんど適用されておらず（労働基準法第一一六条第一項）、また、職業安定法も適用されていない（職業安定法第六二条第一項）。

④　**求職者**

対価を得るために自己の労働力を提供して他人に雇用されようとし、その意思を表明している者をいう。この意思

の表示は、職業紹介機関等に対する求職の申込みにとどまらず、広く、就こうとする職業に必要な能力を積極的に開発、向上させようと努めることにも認められる。したがって、求職者には、現に失業している者のみならず、就業しているが他の職場にかわることを希望している者及び学校卒業者のように新たに職業に就こうとする者も含まれる。

⑤　船員となろうとする者

「船員」とは、③に述べた船員職業安定法第六条第一項に規定する船員であり、これになろうとする者とは、船員になろうとして、その意思を表明している者をいう。

⑥　職業能力

第一条⑨〈一〇二ページ〉参照。

⑦　職業能力検定

第一条③〈九九ページ〉参照。

⑧　職業生活設計

労働者の自発的な職業能力開発が、産業構造の変化、技術の進歩等に的確に対応したものとなるためには、労働者自身が、自らの長期にわたる職業生活における職業に関する目的を定めるとともに、その目的を実現するために、各般の事情を考慮して、自らの職業生活の設計を行い、これに基づいて、計画的な自己啓発等に取り組むことが必要であるとともに、事業主の行う職業能力開発にあっても、労働者の職業生活の設計の内容について十分に配慮することが必要である。

このため、職業生活の設計を労働者個々人の職業能力開発促進に係る基本的な指針として位置づけることが適当であることから、その内容を明確化するため、定義規定を設けたものである。

なお、この法律における職業生活の設計は、労働者の自発的な職業能力開発や、これに対して事業主が様々な配慮を行う際のよりどころとなるものであり、その内容が適切であることが必要であることから、職業生活設計を行うに当たっては、労働者の適性、職業経験その他の事情に応じて内容が定められることが必要であることから、かかる趣旨を含めた定義がなされているところである。

⑨　その他の実情

具体的な例としては、地理的条件（通勤が困難である場合など）、経済的条件（養育費等のために当面は当該目的とする職業とは関係が薄いが高い収入を望める職業に就く場合）、家庭的事情（家族の介護を行う必要性から当面の間は教育訓練機関への通学はあきらめる場合）等の職業選択又は職業能力の開発及び向上の制約となる実情が考えられる。

⑩　その他の事項

具体的な例としては、住宅の移転、資金の調達、介護サービスの利用等の計画といった、職業の選択又は職業能力の開発及び向上のための取組そのものではないが、これらの制約条件となり得る実情に対する取組の計画が考えられる。

⑪　キャリアコンサルティング

労働者の職業生活設計に即した自発的な職業能力開発が、社会経済情勢の動向に応じた適切な内容のものとなるためには、労働者本人の適性や社会経済情勢への認識が不可欠である。適性への認識が不十分、必要な情報が収集できない等、労働者個人だけでは効果的な職業能力開発が困難な場合、相談、助言及び指導による支援が重要となる。

こうした支援は、職業の選択、職業生活設計又は職業能力の開発及び向上と、個々の労働者の状況に応じ、職業生活全般にわたって実施されることが必要であり、こうした支援の内容をキャリアコンサルティングとして明確化するため、定義規定を設けたものである。

（職業能力開発促進の基本理念）

第三条　労働者がその職業生活の全期間を通じてその有する能力を有効に発揮できるようにすることが、職業の安定及び労働者の地位の向上のために不可欠であるとともに、経済及び社会の発展の基礎をなすものであることにかんがみ、この法律の規定による[1]職業能力の開発及び向上の促進は、産業構造の変化、技術の進歩その他の経済的環境の変化による業務の内容の変化に対する労働者の適応性を増大させ[2]、及び転職に当たつての円滑な再就職に資するよう、労働者の職業生活設計に配慮しつつ、その職業生活の全期間を通じて段階的かつ体系的に[3]行われることを基本理念[4]とする。

趣旨

本条は、職業能力の開発及び向上の促進についての基本理念を定めたものであり、職業能力開発の促進は、「産業構造の変化、技術の進歩その他の経済的環境の変化による業務の内容の変化に対する労働者の適応性を増大させ、及び転職に当たつての円滑な再就職に資するよう、労働者の職業生活設計に配慮しつつ」、労働者の「職業生活の全期間を通じて段階的かつ体系的に行われ」なければならないこととされている。

なお、平成九年改正により、労働者が自発的に職業能力開発を行う機会を確保するために事業主が行う援助を促進することから、従来、職業訓練について配慮するとされていた労働者の自発的な努力の助長が、職業能力開発促進の全体について配慮することとされた。

さらに、平成一三年改正において、労働者の自発的な職業能力開発の促進の意義を拡充し、その職業生活設計に配慮する旨を明確化するなどの一部改正を行った。

従来、職業訓練法においては、職業訓練及び技能検定についての基本理念が定められており、「職業能力開発促進の基本理念」は、これを踏まえつつ、さらにその整備を図ったものである。

職業能力開発促進の基本理念は、国、都道府県及び事業主等が職業能力の開発及び向上の促進のために講ずる施策のあるべき方向を示すものであり、その社会的定着が図られるとともに、関係者が理解し、遵守するようにされるべきものである。

解説

① この法律の規定による

本法に基づいて、職業能力の開発及び向上を促進するために講ぜられる施策全般を意味するものであり、大別すると、①職業能力を開発し、及び向上させるための施策と、②職業能力を評価するための施策がある。

職業能力の開発及び向上のための施策としては、職業訓練の実施及びその普及促進のための施策のみならず、専修学校、各種学校等の教育施設を活用した施策、労働者の自発的な能力開発に対する援助、助成等の施策がある。また、職業能力の評価のための施策としては、国による技能検定の実施及びその普及促進のための施策のみならず、事業主等による社内検定等の実施あるいは技能検定の受検促進のための援助又は助成の実施等の施策がある。

② 産業構造の変化、技術の進歩その他の経済的環境の変化による業務の内容の変化に対する労働者の適応性を増大させ

職業能力の開発及び向上の促進のための施策は、すべての労働者が社会経済情勢の動向に応じた適切な内容のものとする必要があることを明らかにしたものである。

すなわち、職業能力開発は、産業界の労働力需要に対応し、また、労働者の職業の安定に資するものであるよう労働市場の状況、技術の進歩、産業構造の推移に見合ったものとなるよう十分配慮していく必要がある。

このため、事業主にあっては、労働者がその職業能力を十分に発揮できるよう技術の進歩等に対応して自ら職業訓練を実施すること、各種の教育訓練施設における労働者の能力開発を行うこと、さらには、労働者の職業生活設計に即した自発的な能力開発の活動に対して援助を行うことが求められる。また、公共職業能力開発施設においても、技能労働者の不足状況、就業者構成の変化、職務内容の変化等を考慮しつつ、設備の更新、訓練科目の改廃、新増設、

訓練技法の開発等を進め、公共職業訓練が時代の要請に十分応え得るよう努めていく必要がある。

③ 労働者の職業生活設計に配慮しつつ、その職業生活の全期間を通じて段階的かつ体系的に

職業能力開発は、すべての労働者が職業生活設計に従い、入職から退職に至るまでその長い職業生活の全期間を通じて、必要な時期に、適切な職業能力開発の機会を系統的に確保できるようにする必要があることを明らかにしたものである。

労働者がその職業生活において、職業能力開発を必要とする段階としては、一般に雇用との関係では、就職前、採用時、在職時、離職時等の段階が、年齢との関係では、若年期、壮年期、中高年齢期等の段階が、職業能力の水準との関係では、当該職業能力の有無及びその程度ごとの段階が考えられる。これらは個々人により相当差異があるものであるが、それらの段階ごとに、その段階で必要とされる適切で体系的な訓練が行われるようにする必要がある。

これらの段階で行われるべき職業能力開発の具体的な内容は、②で述べたような観点を踏まえて多様なものであることが必要である。なお、本法では、公共職業能力開発施設等の行う職業訓練を習得させようとする技能及びこれに関する知識の「程度」（普通職業訓練及び高度職業訓練）と「期間」（長期間及び短期間）に応じた訓練課程に区分している。

④ 基本理念

本条にいう「基本理念」とは、尊重され、目指されなければならない考え方、方向をいうものである。本法では、職業能力の開発及び向上の促進の社会的機能の重要性に鑑み、社会一般にそのあるべき姿を定着させることが必要であることから、その基本理念を宣明したものである。したがって、本法の各規定が基本理念に即して解釈、運用されなければならないことはもちろん、職業能力の開発及び向上の促進に関するすべての施策、措置が基本理念の実現に資するものでなければならないものである。

第三条の二　労働者の自発的な職業能力の開発及び向上の促進は、前条の基本理念に従い、職業生活設計に即して、必要な職業訓練及び職業に関する教育訓練を受ける機会が確保され、並びに必要な実務の経験がなされ、並びにこれらにより習得された職業に必要な技能及びこれに関する知識の適正な評価を行うことによつて図られなければならない。

2　職業訓練は、学校教育法（昭和二十二年法律第二十六号）による学校教育[1]との重複を避け[2]、かつ、これとの密接な関連の下に[3]行われなければならない。

3　青少年[4]に対する職業訓練は、特に、その個性に応じ、かつ、その適性を生かすように配慮する[5]とともに、有為な職業人として自立しようとする意欲を高めることができるように[6]行われなければならない。

4　身体又は精神に障害がある者等[7]に対する職業訓練は、特にこれらの者の身体的又は精神的な事情等に配慮して[8]行われなければならない。

5　技能検定その他の職業能力検定[9]は、職業能力の評価に係る客観的かつ公正な基準の整備及び試験その他の評価方法の充実が図られ、並びに職業訓練、職業に関する教育訓練及び実務の経験を通じて習得された職業に必要な技能及びこれに関する知識についての評価が適正になされるように行われなければならない。

趣旨

本条は、職業能力の開発及び向上の促進のための施策として、その中心的な役割を果たすべき職業訓練及び職業能力検定に関する基本理念を特に定めたものである。

第一項は、労働者の自発的な職業能力の開発及び向上のためには、第三条の基本理念に従い、教育訓練の機会の確保、実務の経験、技能及び知識の評価等が、職業生活設計に即して行われる必要があることを規定している。

すなわち、労働者が、教育訓練や実務経験、技能の評価等を通して自発的な職業能力の開発及び向上を行うためには、事業主から適切な配置その他の雇用管理に関する配慮を受ける必要がある。このため、自発的な職業能力の開発及び向上を促進するための規定として、第一〇条の三第一項第二号において事業主が労働者の配置及びその他の雇用管理について配慮すること、第一〇条の四第一項において事業主が教育訓練又は職業能力検定を受ける機会を確保するために必要な援助を行うことについて規定している。

第二項は、職業訓練は、学校教育と内容、方法等の点で、できるだけ重複を避けて無駄を省くとともに、学校教育と密接な連携を保って行うことによって、国全体の人的能力開発施策が調和を得て実施されるべきことを規定したものである。

学校教育のうち特に普通教育は、幅広い知識と教養を身につけることや豊かな情操と道徳心を培うことなどに重点が置かれているのに対し、職業訓練は、原則として学校教育の修了者を対象として、特定の職業に必要な技能及び知識を習得させることに重点を置くものである。職業訓練と学校教育とはその内容、方法等の面において調整されつつ、その独自の特色を最大限に発揮するとともに、労働者の職業能力の開発向上の視点から両者が相互に連携することが必要である。

なお、職業訓練及び高等学校教育との連携については、昭和三七年に設けられた「技能連携制度」によって一時期を画された。すなわち、この制度によって、高等学校の定時制又は通信制に在学する訓練生については、当該訓練施設がその所在地の都道府県の教育委員会の指定するものであれば、職業訓練での教科の一部を高等学校での教科の一部の履修とみなし、当該訓練生の学習上の負担を軽減することとしている。

第三項は、青少年に対する職業訓練が職業能力の基礎を与えるものであることに鑑み、訓練生の個性を伸ばし、適性を生かすように配慮するとともに、有為な職業人として自立しようとする意欲を高めることができるように行われなければならないことを定めたものである。青少年をめぐる状況を踏まえ、平成一八年改正により「有為な職業人として自立しようとする意欲を高めること」が盛り込まれたところである。

すなわち、青少年に対して職業訓練を行う場合には、単に当面の職業に必要な技能及び知識を付与することのみでなく、その前提として、青少年が適性に応じた職業を選択することができるようにするための職業指導を充実することが必要であり、また、その内容面においても、多様で不断に変化する仕事に自らを適応させることのできる基礎的な能力と、一見簡単な作業の背後に潜む複雑な機械の動きを理解できる科学的・技術的知識を幅広く備えることができるよう留意する必要がある。

また、あわせて、青少年がこれからの職業生涯において職業生活設計に主体的に取り組む姿勢を身につけられるような配慮を行うことも必要である。

第四項は、身体又は精神に障害がある者等で障害者でない者に比して不利な事情のある者に対する職業訓練は、内容、方法等の点で、特にこれらの者の身体的又は精神的な事情等に配慮して行われなければならないことを定めたものである。特に、都道府県及び指定都市は、職業能力開発校、職業能力開発短期大学校などで障害者でない者等とともに職業訓練を受けることが困難な障害者を対象とする障害者職業能力開発校を設置することができることとされている（第一六条第二項）。

第五項は、職業能力が適正に評価されるためには、業務に必要な職業能力をできる限り網羅的に抽出し、その内容を職種・業種間に共通化し、又は各々の対応関係を明確にすることにより、客観的かつ公正、正確な基準が整備される必要があること、さらに、当該基準に基づいて職業能力を的確に判断するための試験その他の職業能力の評価方法の充実を図る必要があることを定めたものである。

また、実務経験により習得した能力を含め、多様な機会、方法により習得した職業能力を総合的に評価することが必要であることから、職業能力評価の対象が、職業訓練、職業に関する教育訓練及び実務の経験を通じて習得された技能、知識であることを明らかにしている。

平成一三年改正前の基本理念においては、職業能力検定は、職業能力の到達した段階ごとの評価が適正になされ、かつ、職業訓練と相まって行われなければならないこととされているのみであったことから、客観的かつ公正な基準の整備及び評価方法の充実や実務経験による習得能力を含めた評価について、同改正において法律上明確にしたものである。

また、平成二七年改正において、職業能力検定に関する基準の整備について規定したことを踏まえ、職業能力検定が技能検定の上位概念であることを明確化したものである。

解説

① 学校教育法……による学校教育

学校教育法による学校とは、「幼稚園、小学校、中学校、義務教育学校、高等学校、中等教育学校、特別支援学校、大学及び高等専門学校」（同法第一条）をいい、同法による学校教育とは、これらの学校において行われる教育をいう。

これらのうち、中学校は、「小学校における教育の基礎の上に、心身の発達に応じて、義務教育として行われる普通教育を施すことを目的」とし（同法第四五条）、その達成すべき目標の一つとして「職業についての基礎的な知識と技能、勤労を重んずる態度及び個性に応じて将来の進路を選択する能力を養うこと」を掲げている（同法第二一条第一〇号）。

義務教育学校は、「心身の発達に応じて、義務教育として行われる普通教育を基礎的なものから一貫して施すことを目的」としている（同法第四九条の二）。

高等学校は、「中学校における教育の基礎の上に、心身の発達及び進路に応じて、高度な普通教育及び専門教育を施すことを目的」とし（同法第五〇条）、その達成すべき目標として、「義務教育として行われる普通教育の成果を更に発展拡充させて、豊かな人間性、創造性及び健やかな身体を養い、国家及び社会の形成者として必要な資質を養うこと」「社会において果たさなければならない使命の自覚に基づき、個性に応じて将来の進路を決定させ、一般的な教養を高め、専門的な知識、技術及び技能を習得させること」及び「個性の確立に努めるとともに、社会について、広く深い理解と健全な批判力を養い、社会の発展に寄与する態度を養うこと」を挙げている（同法第五一条）。

中等教育学校は、「小学校における教育の基礎の上に、心身の発達及び進路に応じて、義務教育として行われる普通教育並びに高度な普通教育及び専門教育を一貫して施すことを目的」としている（同法第六三条）。

高等専門学校は、「深く専門の学芸を教授し、職業に必要な能力を育成することを目的」としている（同法第一一五条第一項）。

また、大学は、「学術の中心として、広く知識を授けるとともに、深く専門の学芸を教授研究し、知的、道徳的及び応用的能力を展開させることを目的」としている（同法第八三条第一項）。

なお、同法による学校教育には専修学校及び各種学校における教育は含まれない（同法第一二四条、第一三四条第一項）。

②　重複を避け

「重複を避け」るとは、これらの学校における教育と同一内容の教習を制度的に重複して行うことを避ける意味であるが、労働者の職業に必要な能力の開発向上のための訓練に必然的に伴う学理、関連する知識、応用的能力の涵養などは、現象として同一、同種の内容のものとなって重複することはやむを得ない。なお、学校教育法の関係各項中にある「基礎的な知識及び技能を習得させる」（同法第三〇条第二項）、「特別の技能教育を施す」（同法第五八条第三項、第九一条第三項）、「職業に必要な能力を育成する」（同法第一一五条第一項）、「応用的能力を展開させる」（同法第八三条第一項）等の語句は、職業訓練に類似したものであるが、職業訓練は「職業に必要な能力」の開発向上に専心するものである。

③　密接な関連の下に

「密接な関連の下に」とは、職業訓練が学校教育と有機的な関連をもって、職業人として有為な労働者を育成すべきことをいう。特に、新たな学校卒業者を対象として行う職業訓練は、卒業した学校での教科内容を一応の前提として訓練を開始するとともに、その卒業した学校の直近の上級学校に訓練生が同時に在学する場合には、この上級学校との教育上の連携を保って、訓練生の必要以上の二重負担を避けるようにすべきである。このことは、中学校卒業者について「技能連携制度」による解決が図られている。

（技能連携制度に関連して）

学校教育法（抄）（昭和二二年三月三一日法律第二六号）

第五十五条　高等学校の定時制の課程又は通信制の課程に在学する生徒が、技能教育のための施設で当該施設の所在地の都道府県の教育委員会の指定するものにおいて教育を受けているときは、校長は、文部科学大臣の定めるところにより、当該施設における学習を当該高等学校における教科の一部の履修とみなすことができる。

②　前項の施設の指定に関し必要な事項は、政令で、これを定める。

学校教育法施行令（抄）（昭和二八年一〇月三一日政令第三四〇号）

（指定の申請）

第三十二条　技能教育のための施設の設置者で法第五十五条の規定による指定（第三十三条の二並びに第三十四条第二項及び第三項を除き、以下「指定」という。）を受けようとするものは、当該施設の所在地の都道府県の教育委員会に対し、その指定を申請しなければならない。

（指定の基準）

第三十三条　指定の基準は、次のとおりとする。

一　設置者が、高等学校における教育に理解を有し、かつ、この政令及びこの政令に基づく文部科学省令を遵守する等設置者として適当であると認められる者であること。
二　修業年限が一年以上であり、年間の指導時間数が六百八十時間以上であること。
三　技能教育を担当する者（実習を担任する者を除く。）のうち、半数以上の者が担当する技能教育に係る高等学校教諭の免許状を有する者又はこれと同等以上の学力を有すると認められる者であり、かつ、実習を担任する者のうち、半数以上の者が担任する実習に係る高等学校教諭の免許状を有する者若しくはこれと同等以上の学力を有すると認められる者又は六年以上担任する実習に関連のある実地の経験を有し、技術優秀と認められる者であること。
四　技能教育の内容に文部科学大臣が定める高等学校の教科に相当するものが含まれていること。
五　技能教育を担当する者及び技能教育を受ける者の数、施設及び設備並びに運営の方法が、それぞれ文部科学省令で定める基準に適合するものであること。

（連携科目等の指定）

第三十三条の二　都道府県の教育委員会は、法第五十五条の規定による指定をするときは、連携科目等（当該指定に係る技能教育のための施設における科目のうち同条に規定する措置の対象となるもの及び当該科目の学習をその履修とみなすことができる高等学校の教科の一部（文部科学省令で定める区分によるものとする。）をいう。以下同じ。）を併せて指定しなければならない。

（指定の公示）

第三十三条の三　都道府県の教育委員会は、指定をしたときは、当該指定を受けた技能教育のための施設（以下「指定技能教育施設」という。）の名称、所在地及び連携科目等を公示しなければならない。

（内容変更の届出等）

第三十四条　指定技能教育施設の設置者は、当該指定技能教育施設の名称、所在地、技能教育の種類その他の文部科学省令で定める事項を変更しようとするときは、あらかじめ、当該指定技能教育施設について指定をした都道府県の教育委員会（以下「施設指定教育委員会」という。）に届け出なければならない。

2　指定技能教育施設の設置者は、連携科目等の追加、変更又は廃止をしようとするときは、施設指定教育委員会に対し、それぞれその指定、指定の変更又は指定の解除を申請しなければならない。

3　施設指定教育委員会は、第一項の規定による届出（名称又は所在地の変更に係るものに限る。）があつたとき又は前項の規定による指定、指定の変更若しくは指定の解除をしたときは、その旨を公示しなければならない。

（廃止の届出）

第三十五条　指定技能教育施設の設置者は、当該指定技能教育施設を廃止しようとするときは、廃止しようとする日の三月前までに、施設指定教育委員会に対し、その旨及び廃止の時期を届け出なければならない。

2　施設指定教育委員会は、前項の規定による届出があつたときは、その旨を公示しなければならない。

（指定の解除）

第三十六条　施設指定教育委員会は、その指定に係る指定技能教育施設が第三十三条各号に掲げる基準に適合しなくなつたときは、その指定を解除することができる。

2　施設指定教育委員会は、前項の規定による指定の解除をしたときは、その旨を公示しなければならない。

（調査等）

第三十七条　施設指定教育委員会は、その指定に係る指定技能教育施設について、第三十三条各号に掲げる基準に適合しているかどうかを調査し、及び当該指定技能教育施設の設置者に対し、当該指定技能教育施設における技能教育に関する報告又は資料の提出を求めることができる。

（文部科学省令への委任）

第三十八条　第三十二条から前条までに規定するもののほか、指定の申請の手続その他指定に関し必要な事項は、文部科学省令で定める。

（中等教育学校の後期課程の定時制の課程又は通信制の課程に係る技能教育施設）

第三十九条　第三十二条から前条までの規定は、中等教育学校の後期課程の定時制の課程（法第四条第一項に規定する定時制の課程をいう。）又は通信制の課程に係る技能教育のための施設について準用する。この場合において、第三十三条第一号及び第四号並びに第三十三条の二中「高等学校」とあるのは、「中等教育学校の後期課程」と読み替えるものとする。

技能教育施設の指定等に関する規則（昭和三七年三月三一日文部省令第八号）

（施設指定の申請）

第一条　学校教育法施行令（昭和二十八年政令第三百四十号。以下「令」という。）第三十二条の規定による指定（以下「指定」という。）を受けようとする者は、当該施設の所在地の都道府県の教育委員会（以下「施設所在地教育委員会」という。）の定めるところにより、施設所在地教育委員会に申請しなければならない。

（文部科学大臣が定める高等学校の教科等）

第二条　令第三十三条第四号の文部科学大臣が定める高等学校の教科は、高等学校の職業に関する教科とする。

2　令第三十三条第五号の文部科学省令で定める基準は、次のとおりとする。

一　技能教育を担当する者の数が、技能教育を受ける者の数を二十をもつて除して得た数以上であること。

二　科目ごとに同時に技能教育を受ける者の数が、十人以上であること。

三　高等学校の教科に相当する内容の技能教育を行なうために必要な施設及び設備を有すること。

四　運営の方法が適正であること。

（文部科学省令で定める高等学校の教科の区分）

第三条　令第三十三条の二の文部科学省令で定める区分による教科の一部は、教科に属する科目とする。

（内容変更の届出事項）

第四条　令第三十四条の規定により内容変更の届出をしなければならない事項は、次の各号に掲げる事項とする。

一　技能教育のための施設の名称及び所在地

二　設置者の氏名及び住所（法人にあつては、名称及び主たる事務所の所在地並びに代表者の氏名及び住所）

三　技能教育の種類

四　技能教育の種類ごとの修業年限及び科目ごとの年間の指導時間数

五　技能教育を受ける者の数

六　その他施設所在地教育委員会が定める事項

2　令第三十四条の規定による届出は、届出書に、変更の理由及び時期を記載した書類を添えてしなければならない。

（連携措置をとることができる科目）

第五条　高等学校の校長は、第二条第一項の教科に属する科目について学校教育法（昭和二十二年法律第二十六号）第五十五条の規定による技能教育のための施設における学習を高等学校の教科の一部の履修とみなす措置（以下「連携措置」という。）をとることができる。高等学校のその他の教科に属する科目で、指定を受けた技能教育のための施設（以下「指定技能教育施設」という。）における技能教育の科目に対応するものとして文部科学大臣が適当と認めるものについても、同様とする。

２　前項後段の文部科学大臣が適当と認める科目は、官報で告示する。

（連携）

第六条　連携措置をとろうとする高等学校の校長及び指定技能教育施設の設置者は、協議して、あらかじめ、令第三十三条の二の連携科目等の指導計画その他連携措置に必要な計画を定めなければならない。

２　高等学校の校長は、指定技能教育施設における科目のうち連携措置の対象となるもの（次条において「連携措置に係る科目」という。）の学習に関し、当該指定技能教育施設の設置者に対して、必要な指導及び助言を与えることができる。

（単位の修得の認定等）

第七条　高等学校の校長は、当該高等学校の定時制の課程又は通信制の課程に在学する生徒が、あわせて指定技能教育施設において前条の計画に基づき連携措置に係る科目を学習し、その成果が試験その他の方法により当該科目に対応する高等学校の科目の目標に達していると認めるときは、所定の単位の修得を認定することができる。

２　前項の規定により校長が修得を認定することのできる単位数の合計は、当該高等学校が定めた全課程の修了を認めるに必要な単位数の二分の一以内とする。

（中等教育学校の後期課程に係る技能教育施設の指定等）

第八条　第一条から前条までの規定は、中等教育学校の後期課程に係る技能教育のための施設について準用する。この場合において、「高等学校」とあるのは「中等教育学校の後期課程」と読み替えるものとする。

④　青少年

青少年の雇用の促進等に関する法律（昭和四五年法律第九八号）第八条に基づく、青少年雇用対策基本方針（令和三年厚生労働省告示第一一四号）のなかで、青少年の対象年齢については、「三五歳未満」とされており、個々の施策・事業の運用状況等に応じて、おおむね「四五歳未満」の者についても、その対象とすることは妨げないとされている。

第三項は、「青少年」に対する職業訓練について、特別な配慮を求めているものである。

⑤　その個性に応じ、かつ、その適性を生かすように配慮する

「その個性に応じ」とは、青少年のもっている個々人固有の素質、性格、能力等に適応した訓練の方法がとられるべきであることをいい、その適性を生かすようにとは、青少年の有する職種や職業上の地位に適した素質、能力、性格等を活用して職業生活を営み得るように訓練の方向が向けられるべきであることをいう。

⑥　有為な職業人として自立しようとする意欲を高めることができるように

青少年に対する職業訓練について、若者が職業生活を開始する段階において基礎的能力や職業生活設計に主体的に取り組む姿勢を身につけられるよう配慮することとしたものである。

⑦　身体又は精神に障害がある者等

「身体又は精神に障害がある者等」とは、身体障害者、知的障害者、精神障害者等、その有する障害のために、障害者でない者に比して、職業訓練の実施上及び就業上支障の多い者をいう。

なお、障害者の雇用の促進等に関する法律（昭和三五年法律第一二三号）では、「障害者」とは、身体障害、知的障害、精神障害（発達障害を含む。）その他の心身の機能の障害があるため、長期にわたり、職業生活に相当の制限を受け、又は職業生活を営むことが著しく困難な者をいうこととされている（第二条第一号）。

身体又は精神に障害がある者等に対する職業訓練については、本法第一五条の七、第一六条及び第二三条を参照のこと。

⑧　身体的又は精神的な事情等に配慮して

「身体的又は精神的な事情等」とは、身体障害者、知的障害者、精神障害者等の職業訓練の実施上又は就業上支障となる障害の状況、健康状態等をいう。「身体的又は精神的な事情等に配慮して」とは、身体障害者、知的障害者、精神障害者等の有する能力の態様に応じてその活用を図るとともに、これらの者の就職は、障害者でない者に比較して困難な場合が多いことから、職種選択上の配慮がなされるべきほか、訓練方法、訓練環境等についても、障害の種類、程度等によって実習時間に余裕をもつ教程の作成、特別の訓練施設、作業用補助具の使用、社会生活や職業生活への適応のためのカウンセリング、訓練手当の支給等の各種の配慮を行うことをいう。

⑨　職業能力検定

第一条〔解説〕③〈九九ページ〉参照。

第三条の三　労働者は、職業生活設計を行い、その職業生活設計に即して自発的な職業能力の開発及び向上に努めるものとする。

趣旨

本条は、労働者自らの職業能力の開発及び向上に関する基本理念を特に定めたものである。

第三条の二第一項において労働者の自発的な職業能力の開発及び向上の促進のためには、職業生活設計に即した職業訓練機会の確保等が行われる必要があることを規定しており、この基本理念を具現するため、第四条において事業主、国及び都道府県の責務を規定しその役割を明らかにしている。しかし、産業構造の変化、技術革新の進展等により、労働者に求められる職業能力が変化し、労働者が蓄積した技能の陳腐化が生じやすくなっているとともに、事業主自身も長期的な展望がもてない状況が生じている。このため、基本理念として個々の労働者においても、事業主等が提供するキャリアパスに依存するだけでなく、労働者自身の能力を発揮するために、職業生活設計を行い、職業能力の開発及び向上に努めることが重要であることから、平成二七年改正によって労働者自らの能力開発に係る責務を規定したものである。

（関係者の責務）

第四条　事業主[1]は、その雇用する労働者[2]に対し、必要な職業訓練[3]を行うとともに、その労働者が自ら職業に関する教育訓練又は職業能力検定を受ける機会を確保するために必要な援助[4]その他その労働者が職業生活設計に即して自発的な職業能力の開発及び向上を図ることを容易にするために必要な援助を行うこと等[6]によりその労働者に係る職業能力の開発及び向上の促進[5]に努めなければならない。

２　国及び都道府県[8]は、事業主その他の関係者[9]の自主的な努力を尊重[10]しつつ、その実情に応じて必要な援助等を行う[11]ことにより事業主その他の関係者の行う職業訓練及び職業能力検定の振興並びにこれらの内容の充実並びに労働者が自ら職業に関する教育訓練又は職業能力検定を受ける機会を確保するために事業主の行う援助その他労働者が職業生活設計に即して自発的な職業能力の開発及び向上を図ることを容易にするために事業主の講ずる措置等[12]の奨励に努めるとともに、職業を転換しようとする労働者その他職業能力の開発及び向上について特に援助を必要とする者[13]に対する職業訓練の実施、事業主、事業主の団体等により行われる職業訓練の状況等にかんがみ必要とされる職業訓練の実施[14]、労働者が職業生活設計に即して自発的な職業能力の開発及び向上を図ることを容易にするための援助[15]、技能検定の円滑な実施等[16][17]に努めなければならない。

趣旨

本条は、職業能力の開発及び向上に関する、①事業主、②国及び都道府県の責務について規定したものである。職業能力開発促進の基本理念の実現のためには、関係者の責務及び役割の範囲、分担を明確にし、公共・民間一体となった総合的な実施体制を確立する必要がある。

このため、本条は、職業能力の開発及び向上の促進を図るため労働者に対して責務を負うのは、事業主と、公共機関としては国及び都道府県であるとするとともに、それぞれの責務及び役割の範囲、分担を合理的に区分づけ、それぞれが自らの責務及び役割を果たすとともに十分な連携を取り、両者が一体となった職業能力開発体制の確立を目指すこととしている。

なお、産業構造や就業構造の変化等に伴い、仕事がより高度化・複雑化あるいは専門化するなかで、創造性を発揮するなど労働者個人のもつ職業能力が重要になっており、労働者の自発的な職業能力開発を促進する観点から、平成九年改正において、事業主の責務として、その雇用する労働者が自ら職業に関する教育訓練又は職業能力検定を受ける機会を確保するために必要な援助を行うこと、国及び都道府県の責務として、①労働者が自ら職業に関する教育訓練又は職業能力検定を受ける機会を確保するために事業主の行う援助の奨励、②労働者が自ら職業に関する教育訓練又は職業能力検定を受ける機会を確保するための援助を行うことを明示した。

第一項は、その雇用する労働者に対して、事業主は職業訓練を行うとともに、その労働者が自ら職業に関する教育訓練又は職業能力検定を受ける機会を確保するために必要な援助その他その雇用する労働者が職業生活設計に即して自発的な職業能力の開発及び向上を図ることを容易にするために必要な援助を行うこと等により職業能力の開発及び向上の促進に努めるべきことを義務づけたものである。

労働者の職業能力の開発向上は、企業経営に資するものであるところから、職業訓練は、まず、事業主が行うべきものであることを明らかにするとともに、職業訓練、職業能力検定、労働者の自発的な職業能力開発等に関し労働者に対して必要な援助を行うこと等が求められているものである。

これは、事業主が、職業能力開発の促進のため、労働者に対して職業訓練及び職業能力検定に関してのみならず、それ以外の必要な援助を行うこと等、幅広い責務を負うことを期待したものである。

第二項は、国及び都道府県の職業能力の開発及び向上の促進に関する責務を定めている。

労働者の職業能力の開発及び向上の促進は、労働者の職業の安定及び地位の向上を図る上で不可欠なものであるとともに、経済及び社会の発展の基礎をなすものであることから、事業主のみならず、国及び都道府県も大きな責務、役割を果たすことが求められる。

この趣旨から本項は、国及び都道府県は、事業主その他の関係者の自主的な努力を尊重しつつ必要な援助等を行うことにより、①事業主その他の関係者の行う職業訓練及び職業能力検定の振興並びにこれらの内容の充実を図ること、②労働者が自ら職業に関する教育訓練又は職業能力検定を受ける機会を確保するために事業主の行う援助の奨励に努めること、③労働者が職業生活設計に即して自発的な職業能力の開発及び向上を図ることを容易にするために事業主の講ずる措置等の奨励に努めること、④離転職者その他職業能力の開発向上について特に援助を必要とする者に対する職業訓練及び事業主等により行われる職業訓練の状況等に鑑み必要とされる職業訓練を実施すること、⑤職業生活設計に即して自発的な職業能力の開発及び向上を図ることを容易にするための援助を行うこと、⑥技能検定を円滑に実施すること等に努めなければならないこととしている。

第一項及び第二項により職業能力開発の実施の分担については、在職労働者に対しては事業主が第一次的な責務を負い、国及び都道府県が第二次的な責務を補完的に果たすことを建前とし、離転職者その他職業能力の開発向上について特に援助を必要とする者に対しては、国及び都道府県が責務を負うというように整理される。

なお、職業能力の開発及び向上の促進を図る上での関係者としては、事業主、国及び都道府県のほか、㈱高齢・障害・求職者雇用支援機構及び職業能力開発協会があるが、㈱高齢・障害・求職者雇用支援機構は、本条の国の責務を代行するものであり、職業能力開発協会は、事業主、国及び都道府県が本条に規定する責務を果たすために講ずる施策、措置の一環であり、いずれも、事業主、国及び都道府県に比べて二次的な立場にあるので、本条では、それらの責務について、特に規定を設けていないものである。

解説

①　事業主

第二条〔解説〕①〈一〇五ページ〉参照。

②　雇用する労働者

第二条〔趣旨〕及び同条〔解説〕②〈一〇五ページ〉参照。

③　必要な職業訓練

「必要な職業訓練」とは、生涯職業訓練の観点から事業主が雇用する労働者に対して行うべき職業訓練をいうものであり、労働者の個性や適性、その者の職務や職業能力の発展段階、企業及び産業の需要等に応じて適切な内容をもつ職業訓練をいう。

④　労働者が自ら職業に関する教育訓練又は職業能力検定を受ける機会を確保するために必要な援助

自発的な職業能力開発を行う労働者に対する相談援助、情報・資料の提供、教育訓練の受講費用の援助、有給教育訓練休暇、長期教育訓練休暇、再就職準備休暇の付与及び始業・終業時刻の変更、勤務時間の短縮、フレックスタイム制の導入など労働者が職業に関する教育訓練又は職業能力検定を受ける機会を確保するための援助をいう。

労働者が自発的な職業能力開発を行うに当たっては、「時間がない（忙しい）」「費用がかかり過ぎる」「情報が少ない」等の障害の存在が指摘されており、こうした障害を除去するためには「時間面」での支援をはじめとする事業主の労働者に対する支援が不可欠である。

そのため、職業能力開発の促進に関する事業主の責務として、労働者の自発的な職業能力開発に対する援助を規定したものである。

⑤　職業生活設計に即して自発的な職業能力の開発及び向上を図ること

労働者が職業訓練及び職業能力検定を受けるのみならず、その労働者が職業生活設計に即して専修学校、各種学校等の行う教育を受けること、各種の機関が行う検定、試験等を受けることをいう。

⑥　必要な援助を行うこと等

事業主が業務命令によって、教育訓練や職業能力検定等を受けさせること、事業主が自ら労働者の職業能力評価のための検定を行うこと等をいう。

⑦　その労働者に係る職業能力の開発及び向上の促進

第三条〔解説〕①〈一一〇ページ〉参照。

⑧　国及び都道府県

職業能力の開発及び向上の促進に関し労働者に対して第一次的な責務を負うのは事業主と、公共機関としては国及び都道府県である。

㈱高齢・障害・求職者雇用支援機構及び認可法人である職業能力開発協会の責務とその役割は、国及び都道府県のそれに比して二次的であるので、本条には規定されていない（本条の〔趣旨〕参照）。

また、市町村の責務とその役割についても特に明記されていないが、これは、①現実に市町村においてはその規模、能力等から見て国及び都道府県と同様に職業訓練の実施について責務を負うことが困難であること、②職業訓練に関する行政は、労働者対策、産業振興対策として広域的な見地から取り扱われることが適当であり、最小単位の行政主体である市町村になじまないこと等から職業訓練及び職業能力検定に関する市町村の責務、役割は二次的なものとして位置づけることが適当であるからである。もちろん、市町村のうちには、住民福祉対策等の見地から、職業訓練に関し積極的に施策を講じているところもあり、国及び都道府県が職業訓練に関する責務、役割を果たす上での市町村の協力が大いに期待されているところであり、また、必要なことであることは言うまでもない。

⑨　事業主その他の関係者

「事業主その他の関係者」とは、第一三条に規定する「事業主等」の範囲（第一三条〔解説〕①から⑤まで〈一八九・一九〇ページ〉参照）よりも広い概念であり、事業主、事業主の団体、事業主団体の連合団体、職業訓練法人、中央及び都道府県の職業能力開発協会、民法による法人、法人である労働組合、その他の非営利法人のほか、広く労働者の職業に必要な能力の開発及び向上のための教育訓練の活動を行うものや、職業訓練の対象となる労働者、職業能力開発に関し資料の提供、調査研究その他の事業や活動をする個人又は法人、団体などを含むものと解される。すなわち、職業能力の開発向上に関係のある個人又は法人、団体を広く包括するものである。

⑩　自主的な努力を尊重

職業能力開発を経済社会情勢の変化に即応し、かつ、地域におけるニーズに対応して的確に行うため、事業主その他の関係者の自主的な努力を国及び都道府県が尊重すべきであることを明らかにしたものである。

このため、例えば、職業訓練の基準の弾力化を図ること、事業主に対する給付金の支給についても事業主の策定した計画を尊重しつつ給付金制度の充実が図られている。

⑪　必要な援助等を行う

国及び都道府県が、事業主その他の関係者に対して「必要な援助等を行う」とは、事業主その他の関係者の行う職業能力開発のために国及び都道府県は必要な施策を適切に講ずることをいうものであり、「必要な援助等」とは、人的・物的・金銭的援助を広く指すものである。

本法においては、第三章第二節に国及び都道府県による職業能力開発促進の措置に関する規定を設け、その第一五条の二から第一五条の六までにおいて次のような援助等を行うこととしている。

(イ)　事業主その他の関係者に対する援助

国及び都道府県は、事業主等の行う職業訓練及び職業能力検定並びに労働者が自ら職業に関する教育訓練又は職業能力検定を受ける機会を確保するために必要な援助その他労働者が職業生活設計に即して自発的な職業能力の開発及び向上を図ることを容易にする等のために事業主の講ずる措置に関して、①キャリアコンサルティングに関する講習の実施、②職業能力開発の計画の作成及び実施に関する助言及び指導、③職業能力開発に関する技術的事項について相談その他の援助（キャリアコンサルティングの機会の確保に係るものを含む。）、④情報及び資料の提供、⑤職業能力開発推進者に対する講習の実施等、⑥職業訓練指導員の派遣、⑦委託職業訓練の一部の実施、⑧公共職業能力開発施設を使用させる等の便益を提供すること、等の各種の援助を行うこととしている（第一五条の二〔趣旨〕及び〔解説〕〈二〇〇ページ〉参照）。

(ロ)　事業主等に対する助成等

国は、事業主等の行う職業訓練及び職業能力検定の振興、有給教育訓練休暇の奨励、職業訓練派遣の奨励等を目的として、事業主等に対して助成を行うこととしている（第一五条の三〔趣旨〕及び〔解説〕〈二〇五ページ〉参照）。

(ハ)　職務経歴等記録書の普及

国は、労働者の職業生活設計に即した自発的な職業能力の開発及び向上を促進するため、職務経歴等記録書（ジョブ・カード）の様式を定め、その普及に努めなければならないとされている。また、様式を定めるに当たっては、青少年の職業生活設計に即した自発的な職業能力の開発及び向上が促進されるようにその特性に配慮することとされている（第一五条の四〔趣旨〕及び〔解説〕〈二一四ページ〉参照）。

(ニ)　職業能力開発に関する調査研究等

国は、職業能力開発に関する調査研究等及び事業主、労働者等に対する職業能力開発関係情報の提供等を行うこととしている（第一五条の五〔趣旨〕及び〔解説〕〈二一六ページ〉参照）。

(ホ)　職業に必要な技能に関する広報啓発等

国は、職業に必要な技能について事業主その他国民一般の理解を高めるために必要な広報その他の啓発活動等を行うこととしている（第一五条の六〔趣旨〕及び〔解説〕〈二一八ページ〉参照）。

⑫　事業主の講ずる措置等

労働者が職業訓練、職業能力検定等を受けることを容易にするために事業主の講ずる措置に加えて、①事業主が業務命令によって労働者に各種の教育訓練や職業能力検定を受けさせること、②事業主が自ら労働者の職業能力評価のための検定を行うことをいう。

本条〔解説〕⑥参照。

⑬ **職業能力の開発及び向上について特に援助を必要とする者**

「職業能力の開発及び向上について特に援助を必要とする者」とは、その者に対する職業訓練の実施を、事業主の責務とすることが困難又は不適当と考えられるものを指すものであり、具体的には、離転職者のほか、身体又は精神に障害がある者、寡婦その他国及び都道府県が職業の安定及び地位の向上について特に配慮すべき者をいう。

⑭ **必要とされる職業訓練の実施**

労働者の職業の安定及び地位の向上又は産業の振興を図る上で行わなければならない職業訓練であって、事業主、事業主の団体等により行われる職業訓練の状況等から見て不十分なものを補完的に実施することをいうものである。例えば、現実に事業主等が自ら職業訓練を実施することが困難である労働者に対する職業訓練、民間における職業訓練の実施がいまだ十分に普及、整備されていない在職労働者（特に中高年齢者）に対する職業訓練、今後必要となる高度の技能労働者の養成確保のための職業訓練等があり、これらについて国及び都道府県は大きな役割を果たしていくことが必要である。

⑮ **労働者が職業生活設計に即して自発的な職業能力の開発及び向上を図ることを容易にするための援助**

本条〔解説〕④参照。

国及び都道府県が、労働者が職業生活設計に即して自ら職業に関する教育訓練又は職業能力検定を受ける機会の確保について、事業主のみならず、直接労働者に対しても、相談援助、情報・資料の提供等の援助を行うことをいうものである（第一五条の二〔趣旨〕及び〔解説〕⑱〈二〇三ページ〉参照）。

⑯ **技能検定の円滑な実施**

技能検定は厚生労働大臣が行うものとされ（第四四条第一項）、その実施に関する業務の一部は都道府県知事が行うこととされている（第四六条第二項）。

⑰　**等**

国及び都道府県は、自ら職業訓練又は技能検定の実施に努めるほか、各種の職業能力検定の実施等労働者の職業能力の開発及び向上のために必要な措置を講ずる必要があることをいうものである。

第二章　職業能力開発計画

　本章においては、職業能力開発基本計画（第五条）、同計画の実施促進のために事業主団体に対して行う勧告（第六条）及び都道府県職業能力開発計画等（第七条）について定めている。

　職業訓練及び職業能力検定等は、個々の労働者や企業の利益のためのものであると同時に、社会全体の利益のためのものである。このため、国、都道府県等が公共的立場から自ら職業訓練を行うほか、民間で行われる職業能力の開発及び向上の促進の措置に対する援助を行うなど、職業能力の開発全体の振興を図ることとしている（第四条第二項参照）。

　このような観点から、国等の行う職業訓練、職業能力検定その他職業能力の開発及び向上の促進のための施策を全体として整合的、かつ、効率的に実施するとともに、事業主等の行う職業能力の開発及び向上の促進の措置の実施上の指針を示す必要があるので、厚生労働大臣は、産業経済や労働経済をはじめ、技能労働力等の労働力の需給状況、労働者の労働条件等を十分考慮の上、職業訓練、職業能力検定等の実施上の前提条件となる技能労働力等の労働力の需給の動向を勘案、推計し、職業訓練、職業能力検定等の実施目標を明らかにし、このために必要となる職業訓練、職業能力検定等に関して講ずる施策の基本的事項を定めることとしている。

　都道府県においても、同様の観点から、厚生労働大臣の策定する職業能力開発基本計画に基づき、当該都道府県の区域内において行われる職業訓練、職業能力検定等に関して講ずる施策の基本的事項を定めることとされていたが、地域主権戦略大綱（平成二二年六月二二日閣議決定）を踏まえ、地方公共団体の自主性及び自立性を高めるため、平成二三年第二次地方分権一括法により努力義務とされた。

国、都道府県等の行う職業訓練は、当然これに沿って行われるべきものであり、第九三条の規定によって厚生労働大臣は、都道府県に対し助言及び勧告を行い、また、独立行政法人通則法第二九条及び第三五条の規定によって、厚生労働大臣は、(独)高齢・障害・求職者雇用支援機構が実施すべき中期目標を定め、中期目標の期間の終了時には、(独)高齢・障害・求職者雇用支援機構に対し、勧告等所要の措置を講じ、その行う職業訓練の積極的な推進を図ることとしている。また、民間において事業主等の行う職業能力の開発及び向上の促進の措置については、国、都道府県等が各種の援助、助成を行うほか、事業主団体に対して勧告を行い、職業能力開発の適正な実施を図ることとしている。

（職業能力開発基本計画）

第五条　厚生労働大臣は、職業能力の開発（職業訓練、職業能力検定その他この法律の規定による職業能力の開発及び向上をいう。次項及び第七条第一項において同じ。）に関する基本となるべき計画[1]（以下「職業能力開発基本計画」という。）を策定するものとする。

2　職業能力開発基本計画に定める事項は、次のとおりとする。

一　技能労働力等の労働力の需給の動向[2]に関する事項

二　職業能力の開発の実施目標に関する事項

三　職業能力の開発について講じようとする施策の基本となるべき事項

3　職業能力開発基本計画は、経済の動向、労働市場の推移等[3]についての長期見通し[4]に基づき、かつ、技能労働力等の労働力の産業別、職種別、企業規模別、年齢別等の需給状況[5]、労働者の労働条件及び労働能率の状態等[6]を考慮して定められなければならない。

４　厚生労働大臣は、必要がある場合には[7]、職業能力開発基本計画において、特定の職種等に係る職業訓練[8]の振興を図るために必要な施策を定めることができる。

５　厚生労働大臣は、職業能力開発基本計画を定めるに当たつては、あらかじめ、労働政策審議会[9]の意見を聴くほか、関係行政機関の長[10]及び都道府県知事の意見を聴くものとする。

６　厚生労働大臣は、職業能力開発基本計画を定めたときは、遅滞なく、その概要を公表しなければならない。

７　前二項の規定は、職業能力開発基本計画の変更[11]について準用する。

趣旨

本条は、職業能力開発基本計画について、①厚生労働大臣が策定すべきこと、②計画に定める事項、③策定に当たっての考慮事項、④策定の手続、⑤変更の手続などについて定めたものである。

第一項は、全国にわたっての職業訓練、職業能力検定等の総合的かつ計画的な推進を図るため、職業訓練及び職業能力検定その他職業能力の開発及び向上に関する基本となるべき計画を厚生労働大臣が策定することとしており、この計画を職業能力開発基本計画と称することとしたものである。

すなわち、厚生労働大臣は、職業訓練、職業能力検定等の主管大臣として、労働者の職業に必要な能力の開発向上のため、国全体の職業訓練、職業能力検定等の普及、振興を図る責務を有しており、かかる施策の推進のため、職業訓練、職業能力検定等の根幹的・基礎的な事柄に関する計画を策定すべきことを厚生労働大臣の任務としたものである。

第二項は、職業能力開発基本計画に定める事項は、①技能労働力等の労働力の需要及び供給の変化の動向に関する事項、②職業能力の開発の実施目標に関する事項、③職業能力の開発のために講じようとする施策の基本となるべき事項としている。

職業能力開発基本計画に、「技能労働力等の労働力の需給の動向に関する事項」を定めるのは、職業能力の開発の実施目標やこれに関する施策が、妥当な規模やテンポをもって、また、適切な職種、業種について、総合的に設定されるようにするためである。したがって、必ずしも定量的な記述及び業種別等の記載をすることは要しない。

「職業能力の開発の実施目標に関する事項」が定められるのは、職業訓練、職業能力検定等は、抽象的に職業能力の開発及び向上を行うのみならず、技能労働力等の労働力の需給を背景としてどの程度の訓練又は検定を行うかを把握することが必要であるからである。

「職業能力の開発について講じようとする施策の基本となるべき事項」としては、技能労働力等の労働力の需給の動向を背景として職業能力の開発の実施目標を達成するため、あるいは職業能力の開発を振興するために必要な施策等の基本的事項を定めるものである。

第三項は、第二項に定める内容を有する職業能力開発基本計画が、単に技能労働力の需給の動向の枠内で数字合わせを行うに終わることのないよう、経済全体の変化や労働力一般の需給の変動等についての長期にわたる展望を踏まえて、これらと有機的な関連をもったものでなくてはならず、また、技能労働力については、産業別・職種別・企業規模別・年齢別等の需要供給関係の現況を考慮して、その問題点を解決するようにするとともに、労働者の主体的側面については、その労働条件や労働生産性の状況等を勘案して定めなければならないこととしたものである。

第四項は、第二項に定めるもののほか、厚生労働大臣は、客観的に見て必要がある場合には、職業能力開発基本計画のなかに、企業規模別あるいは特定の職種や業種などに関する職業訓練を図るために必要な施策を定めることができることを定めたものである。

すなわち、例えば、特定の職種について労働力不足が著しく、その状況がますます深刻化することが予測される場合には、それらの職種に係る技能労働者の育成の振興を図り、また、国策の変更や産業構造の変動によって特定産業の著しい衰退が生じた場合には、これらの産業からの離職者の円滑な再就職を図るため、職業訓練の重点的な実施を図るなどの各種の施策を定めることができるのである。

第五項は、厚生労働大臣は、職業能力開発基本計画を定めるに当たっては、あらかじめ、労働政策審議会に諮って関係使用者の代表、関係労働者の代表、学識経験者の意見を聴くとともに、関係行政機関の長や都道府県知事の意見を聴くものとしており、職業能力開発基本計画を関係者の意見を考慮した妥当な内容を有するものとすることを要請している。

関係行政機関の長の意見を聴くこととしたのは、職業能力開発の対象とする職種は種々の産業に及ぶので、これらの職種に係る職業訓練、職業能力検定等は、各産業政策の展開の方向と有機的な関連をもって推進される必要があり、また、職業訓練は、学校教育等との密接な関連をもって行われる必要がある（第三条の二第二項及び第三項参照）などの理由によって、職業能力開発基本計画の策定に当たっては他の行政機関の行う諸施策と十分調整を行う必要があるからである。

また、都道府県知事の意見を聴くこととしたのは、厚生労働大臣の策定する職業能力開発基本計画は、将来の職業能力の開発及び向上の促進のための基本的な方向を示すものであり、全国的な経済の動向、労働市場の推移等についての長期見通しに基づくなどして合理的に策定されるべきものであるとともに、公共職業能力開発施設を自ら運営し、また、事業主等の行う職業訓練の認定業務を行っている各都道府県知事の意見を聴くことにより、地域の実情に即したものとする必要があるからである。

さらに、この計画は単に行政庁内部の業務運営方針にとどまらず、事業主、労働者が職業能力の開発向上を図る場合の指針となるもので、第六項は、厚生労働大臣は、職業能力開発基本計画を定めたときは、遅滞なくその概要を公表しなければならないこととしている。

第七項は、第五項及び第六項を、職業能力開発基本計画の変更について準用することとしたものである。すなわ

ち、職業能力開発基本計画の変更について、

① 厚生労働大臣は、職業能力開発基本計画を変更するに当たっては、あらかじめ、労働政策審議会の意見を聴くほか、関係行政機関の長及び都道府県知事の意見を聴くものとする

② 厚生労働大臣は、職業能力開発基本計画を変更したときは、遅滞なく、その概要を公表しなければならないこととしたものである。

職業能力開発基本計画は、経済の動向、労働市場の推移等についての長期見通しに基づいて、労働力の需給の動向や職業能力の開発の実施目標に関する事項等を定めるものである。したがって、同計画に基づいて行われる職業訓練、職業能力検定等の実施状況やこれらについて講じられる施策の実施状況並びにその効果については常に検討が加えられ、比較的に短期の労働力の需給の動向にも十分留意するとともに、経済、労働市場の情勢、労働力需給の動向、職業訓練実施状況その他の事情が計画策定段階における事情と異なってきた場合などには、その変更が行われることとなる。本項は、その変更については策定の手続と同様に慎重に関係者の意見を聴くこと等の手続を経ることとしたものである。

なお、職業訓練基本計画は、昭和四六年四月（第一次）、昭和五一年七月（第二次）及び昭和五六年五月（第三次）に策定されている。

本法に基づく職業能力開発基本計画は、昭和六一年度（第四次）、平成三年度（第五次）、平成八年度（第六次）、平成一三年度（第七次）、平成一八年度（第八次）、平成二三年度（第九次）、平成二八年度（第一〇次）、令和三年度（第一一次）に策定された。

解説

① 職業能力の開発（職業訓練、職業能力検定その他この法律の規定による職業能力の開発及び向上をいう。……）に関する基本となるべき計画

「職業訓練」とは、労働者の技能及びこれに関する知識を習得させるためのすべての訓練をいい〔第一条〔解説〕②〈九九ページ〉参照〉、「職業能力検定」とは、労働者の有する技能及びこれに関する知識を評価し、これを判定する制度をいう。その他この法律の規定による職業能力の開発及び向上とは、職業訓練及び職業能力検定以外の職業能力の開発及び向上を促進するための措置であって、本法の規定によるものをいう。すなわち、各種教育訓練施設の行う職業に関する教育訓練のうち、知識、技術等の付与を内容とするものを受けさせ、あるいは有給教育訓練休暇の付与等労働者に自己啓発の機会を与えることによる職業能力の開発及び向上のほか、知識、技術等に関する検定等を受けさせることによる職業能力の開発及び向上を含むものである。

② 技能労働力等の労働力の需給の動向

「技能労働力等の労働力の需給の動向」とは、技能労働者等の労働者に関する需要と供給の関係の将来における変化の展望をいう。

③ 経済の動向、労働市場の推移等

技能労働力の需給の動向その他職業能力の開発及び向上の在り方に基本的な影響を与えるものとして経済の動向及び労働市場の推移を例示したものである。経済の動向は、特に労働力の需給を基本的に決定するものであり、労働市場の推移は、労働力一般の需給関係の変化を求人、求職の関係として示すものである。ここに、労働市場とは、労働力が、一定の労働条件の下に取引される仕組み又は機構をいい、労働力の売手は求職者、買手は求人者である。

労働力の供給を規定するものとしては人口の出生率や平均余命、高校や大学への進学率、職業訓練以外の教育訓練によって供給される労働力の動向等が考えられ、これらも、経済の動向及び労働市場の推移に準じて、技能労働力の需給の動向その他職業能力の開発の在り方に基本的な影響を与えるものの一例と考えられる。

④ 長期見通し

「長期見通し」とは、長期間にわたる見通しの意であり、職業能力開発基本計画の計画期間や見通しの得られる資料の精密度に応じた適切な期間についての見通しであると解する。

⑤　技能労働力等の労働力の産業別、職種別、企業規模別、年齢別等の需給状況

技能労働力等の労働力の需給については、本条〔解説〕②〈前ページ〉参照。労働力の需給状況をできる限り分析的に見ようとするもので、産業別・職種別・企業規模の大小の別、年齢別のほか、技能程度や技能の種類の別などが考えられよう。

⑥　労働者の労働条件及び労働能率の状態等

その現況などが、労働力の需給の動向や職業能力の開発の在り方に影響を及ぼすものとして、職業能力開発基本計画策定の際、考慮される必要のあるものを例示したもので、労働条件は特に賃金など労働に対する供給に影響を及ぼすものとして挙げられており、また、労働能率は、労働生産性に深い関連を有するものであるが、機械化・IT化等による労働の変化、職業訓練、職業能力検定等によって開発、向上されるべき技能の水準等について影響を及ぼすものとして挙げられている。

これらのほか、外国での職業訓練、職業能力検定等の動向等が基本計画の策定に当たって考慮されるべき事項の例として考えられよう。

⑦　必要がある場合には

「必要がある場合には」とは、職業能力開発計画中に、特定の職種等に係る職業訓練等の振興を図るために必要な施策を定めることが客観的に見て必要があると認められる場合であり、例えば、特定の職種の労働力不足が著しく、通常の施策のみではその不足がますます深刻化することが予想される場合などはこれに該当するものである。

⑧　特定の職種等に係る職業訓練

特別の振興施策を必要とする一定分野の職業訓練で、特定の職種に係る職業訓練のほか、特定の産業、特定の企業規模、特定の技能程度、特定の職業訓練の種類に係るものなどが考えられる。

⑨　労働政策審議会

労働政策審議会は、厚生労働大臣の諮問機関であって、労働者の代表、使用者の代表、公益の代表の三者によって構成され、厚生労働大臣の諮問に応じて労働政策に関する重要事項の調査審議を行い、これらに関して意見を述べるものである（厚生労働省設置法第九条）。また、同審議会の下には人材開発分科会が置かれ、同じく三者を代表する委員等により構成され、職業能力開発等に関する重要事項の調査審議等を行うこととされている（労働政策審議会令第六条）。

⑽　関係行政機関の長

本条にいう行政機関は、都道府県知事と区別して用いられている点を考えると、国の行政機関を指すものと解される。すなわち、省、委員会及び庁で国家行政組織法（昭和二三年法律第一二〇号）別表第一に定めるものがこれに当たる（同法第三条参照）。これらの行政機関の長は、それぞれ内閣総理大臣、各省大臣、委員長及び長官である（同法第五条及び第六条参照）。したがって、関係行政機関の長とは、産業の担当省庁など職業能力開発基本計画に盛り込まれる事項がその所管する行政分野に関係する行政機関の長である各省大臣、委員長又は長官をいう。

⑾　職業能力開発基本計画の変更

職業能力開発基本計画の部分的又は全面的な改定をいう。

（勧告）

第六条　厚生労働大臣は、職業能力開発基本計画を的確に実施するために必要があると認めるとき[1]は、労働政策審議会の意見を聴いて[2]、関係事業主の団体[3]に対し、職業訓練の実施その他関係労働者に係る職業能力の開発及び向上を促進するための措置の実施に関して必要な勧告[4]をすることができる。

趣旨

本条は、職業能力開発基本計画を的確に実施する上で必要があると判断するときは、厚生労働大臣は、労働政策審議会の意見を聴いて、これらの職業能力開発基本計画の的確な実施上の問題点に関係のある事業主の団体に対して、職業訓練の実施その他職業能力の開発及び向上を促進するための措置について必要な勧告をすることができることを規定したものである。

本法においては、第四条第一項において、事業主の雇用労働者に対する職業能力開発の実施の努力義務を一般的に規定し、また、厚生労働大臣及び都道府県は第五条及び第七条の規定に基づく職業能力開発基本計画及び都道府県職業能力開発計画を策定して職業能力の開発の実施目標を示し、あるいは第二四条の規定に基づき職業訓練の認定を行い、第一五条の二及び第一五条の三の規定に基づく事業主等の行う職業能力開発に対する指導、援助、助成等を行うこととしているが、行政庁が事業主に対して職業訓練実施等に関して具体的に指示又は命令をするという方式を採ることは予定していない。

この結果、国家的見地から定めた職業能力の開発に関する計画の実施の上で支障となるべき事情が、事業主の分担すべき分野において起こり得るが、民間における職業能力開発等の現況に関し、厚生労働大臣の判断ないし意見を公式に表明せしめて、計画の効果的な達成を図り、公共・民間を通じた生涯職業能力開発の確立を図るように努める必要がある。この具体的手段が「勧告」である。

この勧告は、個々の事業主を対象とするものではなく、事業主の団体に限られている。このことは、当該勧告が事業主の自主的な判断に対する具体的な干渉となることを避け、かつ、当該産業界の注意を喚起する趣旨によるものである。また、この勧告は、あくまでも公共の立場から必要な事項を示し、当該事項を実施すべきことを勧めるものであって、専ら事業主の自覚と世論の喚起によってその実効を期そうとするものである。

解説

①　職業能力開発基本計画を的確に実施するために必要があると認めるとき

職業能力開発基本計画の定める事業主、事業主の団体等の行う職業能力開発の実施目標と実際の達成状況との間において、実施規模、方向、内容等についての乖離が著しい場合であって、技能労働力の需給の動向、さらには、経済の動向、労働市場の推移等から見て、職業能力開発基本計画を変更するのではなく、事業主、事業主の団体等の行う職業能力開発の実施の規模、方向、内容等を変更する必要があると厚生労働大臣が判断するときをいう。

②　労働政策審議会の意見を聴いて

労働政策審議会は厚生労働大臣の諮問機関であり（厚生労働省設置法第九条）、厚生労働大臣が労働政策審議会に対し、職業能力の開発に関する重要事項についてその意見を聴くべきことは当然のことであるが、本条の定める勧告については、特に労働政策審議会の意見を聴くことを要件としているものであって、その趣旨は、当該勧告を行うに当たっては、特に慎重な態度を保持する必要があるからである。

③　関係事業主の団体

「関係事業主の団体」とは、職業能力開発基本計画又は都道府県職業能力開発計画を的確に実施する上で問題点があり、必要な措置を採るべき事項について関係の深い事業主の団体をいう。例えば、特定の職種や産業分野での技能労働力不足が甚だしい場合に、厚生労働大臣が勧告する対象の団体としては、当該職種又は産業分野に深い関係を有する業種別等の事業主の団体がこれに該当しよう。

④　職業訓練の実施その他関係労働者に係る職業能力の開発及び向上を促進するための措置の実施に関して必要な勧告

「職業訓練の実施その他関係労働者に係る職業能力の開発及び向上を促進するための措置の実施に関して必要な勧告」とは、職業能力開発基本計画の的確な実施を図るに必要な範囲において、職業訓練等が行われていない場合には何らかの組織的・体系的職業訓練等が開始されることを、また、すでに職業訓練等が行われている場合にはこれを充実強化するとともにその成果を一層高めるように改めることを勧告することをいう。この場合、職業能力開発を、いかなる規模で、いかなる方法で、いかなる者を対象とし、いかなる時間や期間で、いかなる教科について行うべきであるか等具体的な事項をあわせて勧告する場合もあろう。

（都道府県職業能力開発計画等）

第七条　都道府県は、職業能力開発基本計画に基づき[1]、当該都道府県の区域内において行われる職業能力の開発に関する基本となるべき計画（以下「都道府県職業能力開発計画」という。）を策定するよう努めるものとする。

2　都道府県職業能力開発計画においては、おおむね第五条第二項各号に掲げる事項について定めるものとする。

3　都道府県知事は、都道府県職業能力開発計画の案を作成するに当たつては、あらかじめ、事業主、労働者その他の関係者の意見を反映させるために必要な措置[2]を講ずるよう努めるものとする。

4　都道府県知事は、都道府県職業能力開発計画を定めたときは、遅滞なく、その概要を公表するよう努めるものとする。

5　第五条第三項及び第四項の規定は都道府県職業能力開発計画の策定について、前二項の規定は都道府県職業能力開発計画の変更[3]について、前条の規定は都道府県職業能力開発計画の実施について準用する。この場合において、第五条第四項中「厚生労働大臣」とあるのは「都道府県」と、前条中「厚生労働大臣」とあるのは「都道府県知事」と、「労働政策審議会の意見を聴いて」とあるのは「事業主、労働者その他の関係者の意見を反映させるために必要な措置を講じた上で」と読み替えるものとする。

趣旨

本条は、都道府県職業能力開発計画について、①職業能力開発基本計画に基づいて都道府県知事が策定するよう努めること、②策定の手続として、事前に事業主、労働者その他の関係者の意見を反映させるために必要な措置を講ずるよう努めること、③計画に定める事項、策定に当たっての考慮事項、策定手続、変更手続などについては、職業能力開発基本計画に準じて行うものとすることを定めたものである。

第一項は、都道府県は、厚生労働大臣の策定した職業能力開発基本計画による全国的な職業能力の開発の基本的な方向に即応して、当該都道府県の区域内において行われる職業能力の開発に関する基本となるべき計画を策定するよう努めるべきこととしており、この計画を都道府県職業能力開発計画と称することとしたものである。

すなわち、都道府県は、都道府県段階の職業訓練及び職業能力検定の実施、助成促進等を図ることについて重要な責務を担っているので、国と都道府県、厚生労働大臣と都道府県知事が職業能力の開発について協力することが必要であり、このような観点から、厚生労働大臣の策定する職業能力開発基本計画に基づいて、当該都道府県の区域内において行われる職業能力の開発の基本的方向づけを与える計画を策定することが望ましいため、都道府県の努力義務としたものである。

第二項は、都道府県職業能力開発計画で定める事項を例示するものである。従前は、職業能力開発基本計画に関する第五条第二項を準用し、都道府県職業能力開発計画に定める事項を定めていたが、平成二三年第二次分権一括法により、地方公共団体の自主性及び自立性を高める観点から、計画で定める事項は例示とされた。

第三項は、都道府県知事は、都道府県職業能力開発計画を定めるに当たっては、あらかじめ、事業主、労働者その他の関係者の意見を反映させるために必要な措置を講ずるよう努めるものとしており、都道府県職業能力開発計画が関係者の意見を慎重に考慮した妥当な内容を有するものとすることを要請している。なお、従前は、職業能力の開発に関する重要事項を調査審議し、建議を行う審議会等合議制の機関を、都道府県ごとに設置するものとし（平成一八年改正前の第九一条第一項）、都道府県職業能力開発基本計画についてもこの審議会等の意見を聴くものとしていたが、平成一八年改正により都道府県ごとに設置を義務づけることをやめ、実質的に関係者の意見を反映させる措置を講ずればよいこととした。さらに、平成二三年第二次分権一括法により、当該措置は努力義務とした。

第四項は、都道府県職業能力開発計画の公表について定めている。従前は、職業能力開発基本計画に関する第五条第六項を準用し、その概要を公表することとしていたが、平成二三年第二次分権一括法により、公表は努力義務とされた。

第五項は、職業能力開発基本計画に関する第五条第三項及び第四項の規定を都道府県職業能力開発計画の策定について準用し、都道府県職業能力開発計画の策定に関する本条第三項及び第四項の規定を都道府県職業能力開発計画の変更について準用するとともに、職業能力開発基本計画に関する第六条の規定を都道府県職業能力開発計画の実施について準用することとし、これに伴う所要の読替規定を定めたものである。すなわち、本条の規定するところは次のとおりである。

まず、都道府県職業能力開発計画の策定については、

① 都道府県職業能力開発計画は、経済の動向、労働市場の推移等についての長期見通しに基づき、かつ、技能労働力等の労働力の産業別、職種別、企業規模別、年齢別等の需給状況、労働者の労働条件及び労働能率の状態等を考慮して定められなければならない

② 都道府県は、必要がある場合には、都道府県職業能力開発計画において、特定の職種等に係る職業訓練の振興を

図るために必要な施策を定めることができる

こととし、次いで、都道府県職業能力開発計画の変更については、

① 都道府県職業能力開発計画を変更するに当たっては、あらかじめ、事業主、労働者その他の関係者の意見を反映させるために必要な措置を講ずるよう努めるものとする

② 都道府県知事は、都道府県職業能力開発計画を変更したときは、遅滞なく、その概要を公表するよう努めるものとする

こととしたものである。

また、都道府県職業能力開発計画の実施については、都道府県知事は、都道府県職業能力開発計画を的確に実施するために必要があると認めるときは、事業主、労働者その他の関係者の意見を反映させるために必要な措置を講じた上で、関係事業主の団体に対し関係労働者に係る職業能力の開発及び向上を促進するための措置の実施に関して必要な勧告をすることができる。

なお、都道府県職業能力開発計画の策定及び同計画の的確な実施のために必要な勧告については、従来、都道府県知事の機関委任事務とされていたが、これらの事務を都道府県の団体事務とする内容を含む法律（地方公共団体の執行機関が国の機関として行う事務の整理及び合理化に関する法律）が昭和六一年三月第一〇四回通常国会に提出され、昭和六一年一二月法律第一〇九号として公布された。この法律は、臨時行政改革推進審議会の答申で指摘された機関委任事務及び国・地方を通ずる許認可権限等の整理合理化事項について、答申の趣旨に沿って所要の措置を講じたものである。職業能力開発計画の策定及び同計画の的確な実施のために必要な勧告については、長年にわたり都道府県の事務として職業訓練校の設置・運営がなされてきたことにより都道府県が自主的に職業能力開発行政を展開できる基盤ができたこと等を踏まえ、地方公共団体の自主性・自律性を強化しつつ、地域の実情に合った行政を実現する見地から都道府県への団体事務化を図ったものである。

解説

① 職業能力開発基本計画に基づき

「職業能力開発基本計画に基づき」とは、厚生労働大臣が定める職業能力開発基本計画（第五条〈一三四ページ〉参照）に示される職業能力の開発の全国的な基本方向と整合性を保って都道府県職業能力開発計画が策定されるべきことをいう。したがって、技能労働力等の労働力の需給の動向、職業能力の開発の実施目標については、都道府県職業能力開発計画は職業能力開発基本計画で定めるところとその方向を一にするものであるべきであるし、職業能力の開発に関し講じようとする施策の基本的事項もまた、基本計画の定める基本的方向に従って、かつ、各都道府県の特別事情（産業構造、就業構造等の特殊性など）を考慮して合理的に定められるべきである。

② 事業主、労働者その他の関係者の意見を反映させるために必要な措置

審議会等の合議制の機関で意見を聴くなど、実質的に関係事業主、関係労働者等の意見を反映させる手続を行うことが必要である（第九一条第一項〈六八三ページ〉参照）。

③ 都道府県職業能力開発計画の変更

都道府県職業能力開発計画の部分的又は全面的な改定をいう。

第三章　職業能力開発の促進

本章は、職業能力開発の促進に関し全般的な規定を設けたものであり、本法の最も中心的な章の一つである。すなわち、第一節は今後職業能力開発を進めていく上で重要性を増す事業主等の行う職業能力開発促進の措置について、第二節は国及び都道府県による職業能力開発促進の措置について、第三節は国及び都道府県等による職業訓練の実施等について、第四節は事業主等の行う職業訓練の認定の手続等について、第五節は実習併用職業訓練実施計画の認定等について、第六節は職業能力開発総合大学校について、第七節は職業訓練指導員等について、第八節はキャリアコンサルタントについて、規定している。

昭和六〇年の職業訓練法の改正では、第一節を事業主等の行う職業能力開発促進の措置、第二節を国及び都道府県等による職業訓練の実施等としていたが、平成四年の職業能力開発促進法の改正により、援助業務を職業訓練の実施と並ぶ公共の措置として明確に位置づけるため、新たに第二節として国及び都道府県による職業能力開発促進の措置を設けた。また、平成二七年の職業能力開発促進法の改正では、キャリアコンサルタントの登録制度等に関する規定として、新たに第八節としてキャリアコンサルタントの登録制度のための規定や、名称の使用制限等の規定を設けた。

第一節　事業主等の行う職業能力開発促進の措置

本節は、多様な職業能力開発の機会の確保（第八条から第一〇条の五まで）、計画的な職業能力開発の促進（第一一条）、職業能力開発推進者（第一二条）、熟練技能等の習得の促進（第一二条の二）、認定職業訓練の実施（第一三条）、認定実習併用職業訓練の実施（第一四条）の一二条から構成されており、事業主等の行う職業能力開発促進の措置について、その内容、方法、実施体制等を規定している。

事業主等の行う職業能力開発促進の措置に関する法律上の位置づけは、時代の推移とともに変化している。すなわち、昭和三三年に制定された職業訓練法においては、公共職業訓練に関する規定の後に、認定職業訓練に関する規定等事業内職業訓練に関する規定が設けられており、また、職業訓練の基準も公共職業訓練と事業内職業訓練とでは別の訓練基準が定められていた。

これは、職業訓練法制定前の職業補導の制度、あるいは労働基準法の下における技能者養成制度の考え方を色濃く引き継ぎ、国又は都道府県が公共職業訓練により職業訓練の在り方を示し、これにならって事業主が職業訓練を行うことにより、我が国全体として必要な技能労働者の養成確保が図られると考えられたためであろう。

しかし、その後、高度経済成長期を経て、事業主の行う教育訓練も充実され、事業主は企業経営の置かれている環境条件に応じて、それぞれの創意工夫によりその雇用する労働者に対し質量ともに多様な職業訓練を行うようになってきた。

このような実情を踏まえ、昭和四四年の職業訓練法の制定及び昭和五三年の職業訓練法の改正を通して、関係者の責務に関する規定が整備され、事業主は、「その雇用する労働者に対し、必要な訓練を行うとともに、その労働者が職業訓練又は技能検定を受けることを容易にするために必要な援助を行うように努め」（昭和五三年改正法第四条）ることとされてきた。

具体的に、職業訓練の基準、修了証書等に関する規定を見ても、公共職業訓練と認定職業訓練とは同一の規定に従うところとなっており、事業主の行う職業訓練の重要性が観取される。

昭和六〇年の改正において、事業主に関する規定を「事業主等の行う職業能力開発促進の措置」という節を設け最初に置くこととしたのも、従来の考え方を踏まえるとともに、さらに一歩前進させ、より一層事業主の行う多様な職業能力開発促進の措置を重視する趣旨を明確にしたものである。

また、平成四年の改正においては、第二節に国及び都道府県による職業能力開発促進の措置をまとめ、ここに改正前の第一四条（事業主等に対する援助）、第一四条の二（事業主等に対する助成等）及び第一四条の三（職業能力の開発に関する調査研究等）を移動した。これは、援助の対象に労働者を明示することとしていること及び公共職業能力開発施設の援助機能を強化して総合的能力開発センター化を図る前提として、援助業務を職業訓練の実施と並ぶ公共の措置として明確に位置づけるためである。

平成九年の改正においては、「労働者が自ら職業に関する教育訓練又は職業能力検定を受ける機会を確保するため」に事業主の行う援助について、新たに独立の条を設け、その手法としても有給教育訓練休暇のみならず、長期教育訓練休暇の付与や始業・終業時刻の変更等労働時間面での配慮を新たに明示した。これは、個人主導の職業能力開発の取組が重要になってきているなかで、従来、その手法として有給教育訓練休暇の付与が例示されているに過ぎなかった労働者の自発的な職業能力開発の機会を確保するために事業主が行う援助に関して、その普及促進を図る観点から、新たに独立の条を設けて、事業主が自ら職業訓練を行うことと並ぶ位置づけにするとともに、その多様な手法について明確に示したものである。

平成一三年の改正においては、労働者の職業生活設計に即した自発的な職業能力の開発及び向上を促進するため、事業主が講ずべき措置を定めるとともに、その有効な実施を図るために必要な指針を定めている。これは、産業構造の変化、技術の進歩その他の経済的環境の変化による業務の内容の変化に対する労働者の適応性を高め、円滑な再就職の促進等を図るためには、労働者自身が適切な職業生活の設計に即して自発的に職業能力の開発及び向上を図り、これを事業主が支援する必要があるためである。

さらに、平成一八年改正において、現場における実習と教育訓練機関における座学とを効果的に組み合わせて実施する実習併用職業訓練を、事業主が労働者の実践的な職業能力の開発及び向上を図るための措置として位置づけ、また、厚生労働大臣の認定制度を設けてこれを推進するとともに、労働者が熟練した技能等を円滑に習得することを促進するために事業主が講ずべき措置を明確化することとした。これは、人口減少社会を迎えるなかで、我が国経済社会の活力を維持向上していくためには、今後の経済社会を支える青少年の実践的な職業能力を高め、その雇用の安定を図るとともに、団塊の世代が職業生活からの引退過程に入ることに伴う二〇〇七年問題に的確に対処し、我が国の産業の発展に不可欠な現場力を強化すること等が喫緊の課題となっており、これに対処することとしたものである。

今後、技術革新の進展、我が国人口の減少等の社会経済情勢の変化に対応して職業能力開発を行うためには、約六、〇〇〇万人に及ぶ雇用労働者に対し、可能な限り広く必要な教育訓練が行われなければならない。そのためには、公共職業訓練の充実もさることながら、事業主等の行う職業能力開発のための措置を振興する必要があり、各企業は、非正規労働者も含め、その雇用する労働者に対し積極的に計画的な職業能力開発を実施していくことが必要である。

（多様な職業能力開発の機会の確保）

第八条　事業主[1)]は、その雇用する労働者[2)]が多様な職業訓練を受けること等[3)]により職業能力の開発及び向上を図ることができるように、その機会の確保[4)]について、次条から第十条の四までに定める措置[5)]を通じて、配慮するものとする。

趣旨

本条は、事業主は、労働者が多様な職業訓練を受ける等職業能力開発の機会の確保について、第九条から第一〇条の四までに定める措置を通じて配慮するものとしたものである。

産業経済社会の質的変化のなかにおいて、労働者がその職業の安定と地位の向上を図る上で、その職業能力を開発し向上させることはますます重要となっており、労働者の職業能力開発の機会の確保は社会的要請となっている。同時に、労働者の職業能力開発に対するニーズは極めて多様なものとなっており、労働者の必要とする内容の職業能力開発が適時適切に行われることが重要となってきている。

このため、第九条においては職業訓練の実施について多様な方法が例示されるとともに、第一〇条においては専修学校、各種学校等各種の教育訓練施設の活用等による職業能力開発の方法、第一〇条の二においては座学と実習を組み合わせた実践的な職業訓練を通じた職業能力開発の方法、第一〇条の三においては情報の提供、キャリアコンサルティングの機会の確保などの援助及び労働者の配置等の配慮を通じた労働者の職業生活設計に即した自発的な職業能力開発促進の方法、第一〇条の四においては労働者が職業生活設計に即して自ら教育訓練等を受ける機会を確保するための援助を通じた職業能力開発の方法が例示されており、事業主は、これらの方法を活用して労働者の職業能力開発を行うよう配慮するものとされている。

平成四年職業能力開発促進法改正前のこの規定には、養成訓練、向上訓練及び能力再開発訓練の三区分が事業主に対する基本的例示として規定されていたが、事業主については、すでに多様な職業訓練が行われており、これらの三区分を例示する意味が乏しくなったことに加えて、公共職業訓練については、三区分から新たな区分に再編したことから、事業主の職業訓練に係る三区分の例示が削られている。

【参　考】（平成四年改正前の三区分について）

○養成訓練

「養成訓練」とは、①新規に学校を卒業して職業生活を開始しようとする者をはじめとして労働者一般に対し、②職業に必要な基礎的な技能を習得させるために行われる訓練である。

養成訓練は、一般的には、労働者の職業生活の最初の段階における職業訓練であり、古くから諸外国においても徒弟訓練として行われた場合が多いが、今日においては、徒弟制度の弊害を防止するためその近代化が図られ、各国において労働保護法で種々の規制を設ける一方で、職業訓練の奨励立法が定められたり、学校制度において養成訓練が行われたりしている。いずれにしても職業訓練の最も古くから存在し、かつ、基幹的な部分を形成するものであるといえる。我が国においては、旧職業訓練法の制定以前に技能者養成制度として労働基準法の体系に所要の規制と奨励策が定められていた。旧職業訓練法においては、この事業内での技能者養成制度を認定職業訓練制度とするとともに、公共の職業訓練施設においても養成訓練を開始した。

○向上訓練

「向上訓練」とは、①職業に必要な相当程度の技能を有する労働者に対し、②その有する技能の程度に応じてその職業に必要な技能を追加して習得させるための職業訓練である。

昭和四四年制定職業訓練法においては、職業に必要な技能を有する労働者に対する職業訓練について、「より高度の技能を習得させる」ための向上訓練と「その職業に必要な技能を補完させる」ための再訓練とに区分していた。

この区分は、理論的には正確なものということができるが、現実には、同一内容の訓練が一方の労働者には向上訓練となり他方の労働者には再訓練となることがある関係にあり、職業訓練の実施に当たって混乱を招きやすいものであった。このこともあって、両訓練は在職労働者に対する訓練として一般に「成人訓練」と俗称されてきたところである。平成四年改正前においては、このような現状に鑑み、訓練担当者及び受講者の混乱を避けるため、両訓練を「その有する技能の程度に応じてその職業に必要な技能を追加して習得させる」ための訓練として統合し、向上訓練と名づけることとしていた。

したがって、向上訓練は、①生産機構の複雑化・厖大化等の結果重要となった訓練として、養成訓練等により相当程度の技能を習得している労働者に対して、その有する能力をさらに高度の段階のものとしたり、管理・監督的又は専門的な職務に就くことを可能にしたりする職業生活における上向移動に関する訓練と、②技術革新の進展等によって重要になった訓練として、各種の訓練の修了等にもかかわらず、生産技術の変化に伴う技能労働の態様の進歩、変転によって役に立たなくなった技能や知識を補充する訓練という二つの性格をあわせもつものである。

なお、昭和五三年改正職業訓練法においては、向上訓練の対象者として「養成訓練を受けた労働者」が例示されていたが、昭和六〇年改正に際し、幅広い職業訓練を実施する観点から養成訓練においても短期間の訓練を実施することとしたところであるが、短期課程の養成訓練を修了しても、必ずしも「職業に必要な相当程度の技能を有する労働者」であるとは言い難いため、向上訓練の対象者について表現を改めていたものである。

○能力再開発訓練

「能力再開発訓練」とは、①技術革新の進展、構造不況による企業の合理化あるいは産業の再編成等のための離職等により職業の転換を必要とする労働者に対し、②新たな職業に必要な技能を習得させるための職業訓練である。

能力再開発訓練は、歴史的には当初失業者問題に対処するための職業補導として開始され、産業経済社会の質的転換に伴い、構造的不況業種を中心に多量に発生している中高年齢失業者等に対する訓練として非常に重要となっていた。

また、労働市場に再流入してくる女性層や離農を希望する農民、炭鉱離職者その他国策の変更等に伴って発生する離職者に対する訓練や事業内での職場配置転換に伴う訓練、あるいは自発的に離職して転職のために訓練を受けようとする人々に対する訓練もある。こうした種々の訓練を総称するものとして能力再開発訓練の概念が構成されていた。職業生活における水平移動に関する訓練であったといえる。

解説

1 事業主

第二条〔解説〕1〈一〇五ページ〉参照。

2 労働者

本法第二条〈一〇三ページ〉参照。

3 多様な職業訓練を受けること等

「多様な職業訓練」とは、幅広い労働者の職業能力の開発向上のための職業訓練をいうものである。

職業訓練については特に定義は設けられていないが、労働施策の総合的な推進並びに労働者の雇用の安定及び職業生活の充実等に関する法律の規定等に鑑みると、技能及びこれに関する知識の習得のための訓練であると解される。技能及びこれに関する知識の習得のための訓練であれば、すなわち、民間教育訓練施設、企業、団体により行われる職業訓練、講習、研修等を含むものであり、それが行われる施設、場所、期間、方法等を問わないものである。また、職業訓練を担当する者に対する訓練についてもこのなかに含まれるものである。

昭和四四年職業訓練法においては、本法の対象とする職業訓練の範囲を、内容が法律又は省令により定められていた法定職業訓練である養成訓練、向上訓練、能力再開発訓練及び再訓練並びに指導員訓練を中心として職業訓練の体系が組み立てられていたが、昭和五三年職業訓練法においては、社会経済情勢の変化のなかで労働者の職業訓練ニーズがその職業生涯の各段階において極めて多様なものとなっており、労働者の必要とする内容の職業訓練が適時適切に行われることが重要になっているため、幅広い職業訓練を対象とするよう制度の体系が改められた。

さらに、昭和六〇年の職業能力開発促進法への改正に際し、職業訓練以外の方法による職業能力開発についても規定することとし、その表現も「多様な職業訓練を受けること等」と改められたところであり、その内容としては、専修学校、各種学校等における教育を受けること、有給教育訓練休暇を得て自己啓発に努めること等が含まれる。

④ その機会の確保

職業能力の開発及び向上を図るための機会の確保をいう。

具体的には、第九条から第一〇条の四までにおいて、例えば、次のような機会の確保が図られることとされている。

① その労働者の業務の遂行の過程内において又は当該業務の遂行の過程外において、自ら又は共同して職業訓練を行うこと。

② 公共職業能力開発施設その他の職業訓練施設に委託して職業訓練を行うこと。

③　他の者の行う職業に関する教育訓練を受けさせること。

④　実習と座学とを組み合わせた実践的な職業訓練を行うこと。

⑤　労働者に対し、業務の遂行に必要な技能及びこれに関する知識の内容及び程度等に関し、情報を提供すること。

⑥　職業能力の開発及び向上の促進に係る各段階において、並びに労働者の求めに応じてキャリアコンサルティングの機会を確保すること。

⑦　有給教育訓練休暇、長期教育訓練休暇の付与等の労働者の自発的な職業能力開発の機会を確保するための援助を行うこと。

5　次条から第十条の四までに定める措置

本法第九条、第一〇条、第一〇条の二、第一〇条の三及び第一〇条の四参照。

第九条　事業主[1]は、その雇用する労働者[2]に対して職業訓練[3]を行う場合には、その労働者の業務の遂行の過程内[4]において又は当該業務の遂行の過程外[5]において、自ら又は共同して[6]行うほか、第十五条の七第三項に規定する公共職業能力開発施設その他職業能力の開発及び向上について適切と認められる他の者の設置する施設[7]により行われる職業訓練を受けさせることによつて行うことができる。

趣旨

本条は、事業主が、その雇用する労働者に係る職業能力開発を行う方法として、職業訓練について規定したものである。

すなわち、本条においては、事業主がその雇用する労働者に対して職業訓練を行う場合には、業務の遂行の過程内において又は業務の遂行の過程外において、自ら又は共同して行うほか、公共職業能力開発施設その他職業能力の開発及び向上について適切と認められる他の者の設置する施設により行われる職業訓練を受けさせることによって行うことができることとしたものであり、事業主の行う職業訓練の方法について多様な例示を設けることにより、積極的な職業訓練の推進を図ろうとするものである。

従来、職業訓練法においても、職業訓練の実施方法として自ら又は共同して行うこと、公共職業能力開発施設等に委託して行うことは例示されていたが、本法においては、これらに加えてその労働者の業務の遂行の過程内において行われる職業訓練、すなわち、オン・ザ・ジョブ・トレーニング（ＯＪＴ）についても職業訓練の方法として明確な位置づけが与えられていることに留意する必要がある。

なお、「公共職業能力開発施設」は、従来「公共職業訓練施設」と規定されていたが、平成四年職業能力開発促進法改正により職業訓練のみならず情報提供、相談援助業務を積極的に行う総合的能力開発センター化を図ることに伴い名称が変更された。

解説

① 事業主

第二条〔解説〕①〈一〇五ページ〉参照。

② 雇用する労働者

本法にいう労働者は、雇用される者及び求職者をいうが、本条ではそのうち雇用される者について規定している（第二条〔趣旨〕及び〔解説〕②〈一〇五ページ〉参照）。

③ 職業訓練

第一条〔解説〕②〈九九ページ〉参照。

④　業務の遂行の過程内

労働者が、自らの業務を遂行しながら職業訓練を受けることをいう。一般的にはオン・ザ・ジョブ・トレーニング（ＯＪＴ）と称されている。

戦後日本経済の発展を支えてきた人材育成の基本は、ＯＪＴ、すなわち、「業務の遂行の過程内」における職業訓練であったといわれている。ＯＪＴは、単に「見よう見まねの訓練」ではなく、明確な訓練目標が立てられ、担当する者もはっきりと定められていること等が必要である。これまで、ＯＪＴを効果的な学習法として成立させている要件としては、我が国が後期中等教育の普及率が極めて高く、労働者がＯＪＴを受け入れる素地を有していたことのほか、ＯＪＴをリードする者の養成が組織的かつ計画的に行われていること等いくつかの要件が指摘されている。技術革新の進展に伴い、ＯＪＴのみでは習得困難な知識技能や思考力が求められるようになってきているが、現状においてはなお、我が国の人材育成システムの基軸がＯＪＴに置かれているといえるであろう。

⑤　業務の遂行の過程外

労働者が、自らの業務の遂行の過程を離れて職業訓練の実施のために特別の時間、場所等を確保された上で職業訓練を受けることをいう。例えば、労働者を一カ所に集合させて職業訓練を行う集合訓練の実施、他の者の行う教育訓練施設に派遣して職業訓練を受けさせること等の方法がある。

⑥　自ら又は共同して

自ら行う職業訓練とは、事業主が単独で行う職業訓練であり、共同して行う職業訓練とは、職業訓練法人その他の団体において行う職業訓練のほか、随時事業主が集合して実施する職業訓練をいうものである。

⑦　公共職業能力開発施設その他……施設

公共職業能力開発施設のほか、他の事業主、事業主の団体、職業能力開発協会、法人等の設置する労働者の職業能力の開発向上に役立つすべての施設をいうものである。

第十条　事業主[1]は、前条の措置[2]によるほか、必要に応じ、次に掲げる措置を講ずること等により、その雇用する労働者[3]に係る職業能力の開発及び向上を促進するもの[4]とする。

一　他の者の設置する施設により行われる職業に関する教育訓練[5]を受けさせること。[6]

二　自ら若しくは共同して[7]行う職業能力検定[8]又は職業能力の開発及び向上について適切と認められる他の者の行う職業能力検定を受けさせること。

趣旨

本条は、職業能力の開発及び向上を促進するための措置として、職業訓練以外に、①専修学校、各種学校等の行う職業に関する教育訓練を受けさせること、②厚生労働大臣が行う職業能力検定以外に多様な職業能力検定を受けさせること等を例示したものである。

近年、専修学校、各種学校等の行う教育は充実しており、事業主がその雇用する労働者の能力開発を託するに足りるものも少なくない。また、大学においても在職労働者をリカレント教育の一環として受け入れる場合もあり、さらに、各企業の設置する教育訓練施設や研究施設における教育訓練の活用も労働者の能力開発の方法としては極めて有効である。

本条第一号及び第二号では、こうした他の施設により行われる教育訓練を受けさせることを、職業能力開発の方法として明示するとともに、職業能力検定の機会を一層増大することにより、労働者の処遇改善等を促進し、また、いわゆる「技能離れ」の風潮に歯止めをかけるという要請にも応えるため、事業主自身が行うことも含め、多様な職業能力検定の促進のための規定としている。

解説

①　事業主

第二条〔解説〕①〈一〇五ページ〉参照。

②　前条の措置

第九条〔趣旨〕及び〔解説〕〈一五八ページ〉参照。

本条の措置は、第九条の措置と相まって、職業能力の開発及び向上を効果的に促進することとなるものである。

③　雇用する労働者

第九条〔解説〕②〈一五八ページ〉参照。

④　職業能力の開発及び向上を促進する

第三条〔解説〕②〈一一〇ページ〉参照。

⑤　他の者の設置する施設により行われる職業に関する教育訓練

専修学校又は各種学校により行われる職業に関する教育、大学における教育、事業主の設置する研修施設における教育訓練等、労働者の職業能力の開発及び向上に資する教育訓練をいう。したがって、職業に関しない教育訓練、すなわち、趣味、娯楽、スポーツ、健康の維持増進のための教育訓練は除かれる。

⑥　受けさせる

事業主が労働者に命令して受けさせることをいう。労働者が自ら自発的に事業主に申し出て職業に関する教育訓練等を受けることを規定した第一〇条の四に規定する「援助」とは、この点において異なるものである。

⑦　自ら若しくは共同して

第九条〔解説〕⑥〈一五九ページ〉参照。

⑧　職業能力検定

第一条〔解説〕③〈九九ページ〉参照。

第十条の二　事業主は、必要に応じ、実習併用職業訓練[1]を実施することにより、その雇用する労働者の実践的な職業能力の開発及び向上を促進するもの[2]とする。

2　前項の実習併用職業訓練とは、事業主が、その雇用する労働者の業務の遂行の過程内[3]において行う職業訓練と次のいずれかの職業訓練又は教育訓練[4]とを効果的に組み合わせることにより実施するものであつて、これにより習得された技能及びこれに関する知識についての評価[5]を行うものをいう。

一　第十五条の七第三項に規定する公共職業能力開発施設により行われる職業訓練

二　第二十四条第三項に規定する認定職業訓練

三　前二号に掲げるもののほか、当該事業主以外の者の設置する施設であつて職業能力の開発及び向上について適切と認められるものにより行われる教育訓練

3　厚生労働大臣は、前項に規定する実習併用職業訓練の適切かつ有効な実施を図るため事業主が講ずべき措置に関する指針[6]を公表するものとする。

趣旨

本条は、「実習併用職業訓練」について規定したものである。

すなわち、実習併用職業訓練とは、事業主が、その雇用する労働者の業務の遂行の過程内において行う職業訓練（実習）とそれ以外の職業訓練又は教育訓練（座学等）とを効果的に組み合わせることにより実施する職業訓練であって、その修了時に、技能・知識の習得度について評価を行うものをいう。

厚生労働大臣は、実習併用職業訓練の適切かつ有効な実施を図るために事業主が講ずべき措置について、指針を公表することとされている。

我が国が人口減少社会を迎えるなか、一人ひとりの労働者の職業能力の開発及び向上を図っていくことが必要であるが、特に「現場力」の衰退が指摘されるなかで、実践的な職業能力の開発及び向上を図りつつ、現場の中核人材を確保する取組を進めていくことが求められる。こうしたことから、平成一八年の改正において本規定を追加し、企業が主体となって「自らの企業における雇用関係の下での実習」と「教育訓練機関等における座学等」とを組み合わせ、実践的な職業能力を習得させることを目的とする実習併用職業訓練を法律上に位置づけ、その普及・定着を図ることとした。

解説

⑴ 実習併用職業訓練

実習併用職業訓練とは、企業内において実施する実習（ＯＪＴ）と、教育訓練機関等で実施する座学等（Ｏｆｆ－ＪＴ）とを効果的に組み合わせ、その成果について評価を行う職業訓練である。

もとより、事業主の行う職業能力開発の方法は自由であるが、職業能力開発促進法においては、そうした方法について多様な例示を設けることにより、その積極的な推進を図ることとしており、「実習併用職業訓練」についても、職業能力開発促進の例示の一つとして位置づけられるものである。

② 実践的な職業能力の開発及び向上を促進する

実習併用職業訓練は、企業の現場における実習があらかじめ組み込まれていることから、仕事への興味や問題意識を喚起しながら、理論面での学習に取り組みつつ、現場の生きた技能・技術を習得させるという点で、通常の職業訓練と異なっており、より実践的かつ体系的な知識・技能を習得できる訓練といえる。

③ 業務の遂行の過程内

第九条〔解説〕④〈一五九ページ〉参照。

④ 次のいずれかの職業訓練又は教育訓練

実習併用職業訓練で組み合わせる職業訓練又は教育訓練は、次のいずれかである。

① 公共職業能力開発施設により行われる職業訓練

② 認定職業訓練

③ ①②のほか、事業主以外の者の設置する施設であって職業能力の開発及び向上について適切と認められるものにより行われる教育訓練

具体的な職業訓練又は教育訓練としては、例えば③については、専修学校等において、訓練を受講する労働者を雇用するソフトウェア関係企業との協議を経て行うプログラマー養成コースなどが考えられる。

⑤ これにより習得された技能及びこれに関する知識についての評価

第三項に基づく指針においては、事業主が講ずべき措置として、職業能力の評価の方法について、教育訓練機関と十分に協議すること、客観的かつ公正な基準によって行われるものとすることとされており、具体的にはジョブ・カードを活用した職業能力の評価や、技能検定、職業能力評価基準、法律に基づく資格制度等を活用した職業能力の評価が想定される。

【参　考】（ジョブ・カード）

ジョブ・カードとは、個人のキャリアアップや、多様な人材の円滑な就職等を目的として、「生涯を通じたキャリア・プランニング」及び「職業能力証明」のツールとしてキャリアコンサルティング等の個人への相談支援の下、求職活動、職業能力開発などの各場面において活用するために職務経歴等を記録する様式であり、「キャリア・プランシート」「職務経歴シート」「職業能力証明シート」から成るものである。平成二七年改正により、職務経歴等記録書として法律上に位置づけられた（第一五条の四〈二一三ページ〉参照）。

⑥ 実習併用職業訓練の適切かつ有効な実施を図るため事業主が講ずべき措置に関する指針

実習併用職業訓練の概要については本条第二項に規定しているところであるが、これを適切かつ有効に実施するために事業主が講ずべき措置について、指針を定めており、その概要は次のとおりである（「実習併用職業訓練の適切かつ有効な実施を図るため事業主が講ずべき措置に関する指針」（平成一八年厚生労働省告示第五一四号））。

(イ) 事業主が講ずべき措置

① その雇用する労働者の業務の遂行の過程内において行う職業訓練と法第一〇条の二第二項各号のいずれかに該当する職業訓練又は教育訓練（以下「教育訓練」という。）とが相互に密接な関連を有すると認められるものとすること。

② 実習併用職業訓練の期間、内容、職業能力の評価の方法その他当該実習併用職業訓練の実施に関し必要な事項について、教育訓練を実施する機関（以下「教育訓練機関」という。）と十分に協議すること。

③ 実習併用職業訓練を担当する者を選任し、教育訓練機関との緊密な連絡体制を整えること。

④ 実習併用職業訓練の期間、実施場所、訓練の職種、職業能力の評価の方法、費用の負担その他実習併用職業訓練の実施に関する事項を明らかにする書面を事前に当該実習併用職業訓練を受けようとする者に交付すること。

⑤ 職業能力の評価の方法は、客観的かつ公正な基準によって行われるものとすること。

(ロ) 事業主が留意すべき事項

事業主は、実習併用職業訓練の実施に当たり、労働基準法、労働者災害補償保険法、最低賃金法、労働安全衛生法等の労働関係法令等を遵守するものとすること。

(ハ)　その他

事業主は、実習併用職業訓練の実施に当たり、当該実習併用職業訓練の内容及び当該実習併用職業訓練修了時の職業能力の評価の方法に対する技術的な助言その他の支援措置等の効果的な活用を図るものとすること。

第十条の三　事業主は、前三条の措置によるほか、必要に応じ、次に掲げる措置を講ずることにより、その雇用する労働者の職業生活設計に即した自発的な職業能力の開発及び向上を促進するものとする。

一　労働者が自ら職業能力の開発及び向上に関する目標を定めることを容易にするために、業務の遂行に必要な技能及びこれに関する知識の内容及び程度その他の事項[1)]に関し、情報を提供すること、職業能力の開発及び向上の促進に係る各段階において、並びに労働者の求めに応じてキャリアコンサルティングの機会を確保することその他の援助[2)]を行うこと。

二　労働者が実務の経験を通じて自ら職業能力の開発及び向上を図ることができるようにするために、労働者の配置その他の雇用管理[3)]について配慮すること。

2　事業主は、前項第一号の規定によりキャリアコンサルティングの機会を確保する場合には、キャリアコンサルタント[4)]を有効に活用するように配慮するものとする。

趣旨

本条は、労働者の職業生活設計に即した自発的な職業能力の開発及び向上の促進のため、事業主が必要に応じて行う措置を定めたものである。

第一項は、職業能力の開発及び向上を促進するための措置として、第九条及び第一〇条に掲げる措置のほか、①業務の遂行に必要な技能及びこれに関する知識の内容等についての情報を提供すること、職業能力の開発及び向上の促進に係る各段階において、並びに労働者の求めに応じてキャリアコンサルティングの機会の確保することその他の援助を行うこと、②労働者が実務の経験を通じて職業能力開発を図るため、労働者の配置等雇用管理についての配慮を行うこと等を示したものである。

第二項は、前記①により、キャリアコンサルティングの機会を確保する場合には、キャリアコンサルタントを有効に活用するように配慮するものとすることを定めたものである。

解説

1 その他の事項

具体的には、当該企業又は事業所における昇進基準、配置方針等に係る情報提供や、労働者がその職業能力開発に係る計画を策定するために必要な相談を行うための専門家の配置、人事労務担当者の研修、外部の専門機関に相談するための時間的配慮などが考えられる。

2 業務の遂行に必要な技能及びこれに関する知識の内容及び程度……の援助

例えば、当該事業主に係る事業所における業務を適切に分類し、当該業務の単位ごとに、必要とされる技能及び知識の内容及び程度に係る情報を記載した文書を作成し、事業所に備え、又は社員研修等においてこれを活用するなどにより、当該情報を提供することなどが考えられる。

また、企業内外を問わず、キャリアの棚卸しや職業に関する教育訓練に関し、キャリアコンサルティングを受けることができるようにすることも、援助の一つである。

③ その他の雇用管理

具体的には、社内公募制の採用その他の労働者の自発性を尊重した人事配置や、労働者の自発性を尊重した業務遂行に当たっての研修などが考えられる。

④ キャリアコンサルタント

第三〇条の三〔解説〕①〈四五四ページ〉参照。

第十条の四　事業主[1]は、第九条から前条までに定める措置[2]によるほか、必要に応じ、その雇用する労働者[3]が自ら[4]職業に関する教育訓練[5]又は職業能力検定[6]を受ける機会を確保するために必要な次に掲げる援助を行うこと等[7]によりその労働者の職業生活設計に即した自発的な職業能力の開発及び向上を促進するもの[8]とする。

一　有給教育訓練休暇、長期教育訓練休暇、再就職準備休暇その他の休暇[9]を付与すること。

二　始業及び終業の時刻の変更、勤務時間の短縮その他職業に関する教育訓練又は職業能力検定を受ける時間を確保するために必要な措置[10]を講ずること。

2　前項第一号の有給教育訓練休暇[11]とは、職業人としての資質の向上その他職業に関する教育訓練を受ける労働者に対して与えられる有給休暇（労働基準法（昭和二十二年法律第四十九号）第三十九条の規定による年次有給休暇[12]として与えられるものを除く。）をいう。

3　第一項第一号の長期教育訓練休暇[13]とは、職業人としての資質の向上その他職業に関する教育訓練を受ける労働者に対して与えられる休暇であつて長期にわたるもの（労働基準法第三十九条の規定による年次有給休暇として与えられるもの及び前項に規定する有給教育訓練休暇として与えられるものを除く。）をいう。

4　第一項第一号の再就職準備休暇[14]とは、再就職のための準備として職業能力の開発及び向上を図る労働者に対して与えられる休暇（労働基準法第三十九条の規定による年次有給休暇として与えられるもの、第二項に規定する有給教育訓練休暇として与えられるもの及び前項に規定する長期教育訓練休暇として与えられるものを除く。）をいう。

趣旨

産業構造や就業構造の変化等に伴い、仕事がより高度化・複雑化あるいは専門化するなかで、創造性を発揮するなど労働者個人のもつ職業能力が重要になってきている。

特に、①実力重視の傾向等雇用慣行が変化していること、②パート等就業形態の多様化が進んでいること、③急速な技術革新、情報化の進展に対し、企業内の指導者のみでは必要な技能・知識の付与が十分にできないこと等により企業内の教育訓練だけでは十分対応できず、個人主導による職業能力開発の重要性が高まってきている。

こうしたなかで、労働者個人が自発的に職業能力開発を進めるためには、時間がない、費用がかかる、情報が少ない等の障害を軽減、除去する必要があるが、特に最も障害となっている時間面については、当該労働者を雇用する事業主が、有給教育訓練休暇のみならず、長期の休暇を含めた各種の休暇の付与や、労働時間面での配慮を行う等の日常的な援助等を行うことが不可欠なものである。

このため、平成九年の職業能力開発促進法の改正において、労働者の自発的な職業能力の開発及び向上を促進する観点から、労働者の自発的な職業能力開発を促進する措置とその手法を内容とする規定を、独立の条として構成し、事業主が自ら職業訓練を行うことと並ぶ位置づけにするとともに、手法の内容として、有給教育訓練休暇のみならず、長期教育訓練休暇の付与や始業・終業時刻の変更等労働時間面での配慮を明示したものである。

解説

①　事業主

第二条〔解説〕①〈一〇五ページ〉参照。

②　第九条から前条までに定める措置

第九条、第一〇条、第一〇条の二及び第一〇条の三〔趣旨〕及び〔解説〕参照。

③　雇用する労働者

第九条〔解説〕②〈一五八ページ〉参照。

④　自　ら

労働者が、自ら進んで自発的に教育訓練や職業能力検定を受けることをいう。

⑤　職業に関する教育訓練

労働者が職業生活を継続する上で、その業務の遂行に必要となる教育訓練をいう。したがって、趣味、娯楽、スポーツ、健康の維持増進等のための教育訓練は除かれる。

⑥　職業能力検定

第一条〔解説〕③〈九九ページ〉参照。

⑦ **等**

自発的な職業能力開発を行おうとする労働者に対する相談援助、情報提供や入学料、受講料、交通費の支給等の費用面での援助、教科書その他の教材の貸与等物的な援助等をいう。

⑧ **職業能力の開発及び向上を促進する**

第三条〔解説〕②〈一一〇ページ〉参照。

⑨ **その他の休暇**

ここで例示されている休暇以外では、短期間の教育訓練のための休暇などが挙げられる。

⑩ **必要な措置**

フレックスタイム制の導入、時間外労働の削減等の措置をいう。

⑪ **有給教育訓練休暇**

労働者の自発的な努力を助長するため、事業主が、労働者の申出に基づいて与える有給の教育訓練のための休暇をいう。

【参　考】

有給教育休暇に関する条約（第一四〇号）（未批准　仮訳）（抄）

第一条

この条約において、「有給教育休暇」とは、労働時間中に一定の期間教育上の目的のために労働者に与えられる休暇であつて、十分な金銭的給付を伴うものをいう。

第二条

各加盟国は、次の目的のための有給教育休暇の付与を国内事情及び国内慣行に適合する方法によつて、かつ、必要な場合には段階的に促進するための政策を策定し及び適用する。

(a)　あらゆる段階での訓練
(b)　一般教育、社会教育及び市民教育
(c)　労働組合教育

第三条

前条の政策は、必要に応じて各種の方法で、次の事項に寄与することを目的とする。
(a)　職業上及び職務上必要な技能の取得、向上及び適応並びに科学技術の発展と経済的及び構造的な変化という事情の下での雇用の促進及び保障
(b)　企業及び地域社会の活動に対する労働者及び労働者代表の十分かつ積極的な参加
(c)　労働者の人間的、社会的及び文化的向上
(d)　一般的には、現代の諸要請に対する労働者の適応を援助する適当な継続的な教育及び訓練の促進

第四条

第二条の政策は、国及び各種の活動部門の発展段階及び特殊な必要を考慮に入れるものとし、また、適当な場合には労働時間又は業務量の季節的変動に対し正当な考慮が払われた上で、雇用、教育及び訓練に関する一般政策並びに労働時間に関する政策と調整される。

第五条

有給教育休暇の付与は、国内法令、労働協約、仲裁裁定又は国内慣行に適合するその他の方法によつて行う。

（以下　略）

⑫ 年次有給休暇

労働基準法第三九条において、年次有給休暇については次のように定められている。

（年次有給休暇）

第三十九条　使用者は、その雇入れの日から起算して六箇月間継続勤務し全労働日の八割以上出勤した労働者に対して、継続し、又は分割した十労働日の有給休暇を与えなければならない。

② 使用者は、一年六箇月以上継続勤務した労働者に対しては、雇入れの日から起算して六箇月を超えて継続勤務する日（以下「六箇月経過日」という。）から起算した継続勤務年数一年ごとに、前項の日数に、次の表の上欄に掲げる六箇月経過日から起算した継続勤務年数の区分に応じ同表の下欄に掲げる労働日を加算した有給休暇を与えなければならない。ただし、継続勤務した期間を六箇月経過日から一年ごとに区分した各期間（最後に一年未満の期間を生じたときは、当該期間）の初日の前日の属する期間において出勤した日数が全労働日の八割未満である者に対しては、当該初日以後の一年間においては有給休暇を与えることを要しない。

六箇月経過日から起算した継続勤務年数	労働日
一年	一労働日
二年	二労働日
三年	四労働日
四年	六労働日
五年	八労働日
六年以上	十労働日

③ 次に掲げる労働者（一週間の所定労働時間が厚生労働省令で定める時間以上の者を除く。）の有給休暇の日数については、前二項の規定にかかわらず、これらの規定による有給休暇の日数を基準とし、通常の労働者の一週間の所定労働日数として厚生労働省令で定める日数（第一号において「通常の労働者の週所定労働日数」という。）と当該労働者の一週間の所定労働日数又は一週間当たりの平均所定労働日数との比率を考慮して厚生労働省令で定める日数とする。

一 一週間の所定労働日数が通常の労働者の週所定労働日数に比し相当程度少ないものとして厚生労働省令で定める日数以下の労働者

二 週以外の期間によつて所定労働日数が定められている労働者については、一年間の所定労働日数が、前号の厚生労働省令で定める日数に一日を加えた日数を一週間の所定労働日数とする労働者の一年間の所定労働日数その他の事情を考慮し

て厚生労働省令で定める日数以下の労働者

④　使用者は、当該事業場に、労働者の過半数で組織する労働組合があるときはその労働組合、労働者の過半数で組織する労働組合がないときは労働者の過半数を代表する者との書面による協定により、次に掲げる事項を定めた場合において、第一号に掲げる労働者の範囲に属する労働者が有給休暇を時間を単位として請求したときは、前三項の規定による有給休暇の日数のうち第二号に掲げる日数については、これらの規定にかかわらず、当該協定で定めるところにより時間を単位として有給休暇を与えることができる。

一　時間を単位として有給休暇を与えることができることとされる労働者の範囲

二　時間を単位として与えることができることとされる有給休暇の日数（五日以内に限る。）

三　その他厚生労働省令で定める事項

⑤　使用者は、前各項の規定による有給休暇を労働者の請求する時季に与えなければならない。ただし、請求された時季に有給休暇を与えることが事業の正常な運営を妨げる場合においては、他の時季にこれを与えることができる。

⑥　使用者は、当該事業場に、労働者の過半数で組織する労働組合がある場合においてはその労働組合、労働者の過半数で組織する労働組合がない場合においては労働者の過半数を代表する者との書面による協定により、第一項から第三項までの規定による有給休暇を与える時季に関する定めをしたときは、これらの規定による有給休暇の日数のうち五日を超える部分については、前項の規定にかかわらず、その定めにより有給休暇を与えることができる。

⑦　使用者は、第一項から第三項までの規定による有給休暇（これらの規定により使用者が与えなければならない有給休暇の日数が十労働日以上である労働者に係るものに限る。以下この項及び次項において同じ。）の日数のうち五日については、基準日（継続勤務した期間を六箇月経過日から一年ごとに区分した各期間（最後に一年未満の期間を生じたときは、当該期間）の初日をいう。以下この項において同じ。）から一年以内の期間に、労働者ごとにその時季を定めることにより与えなければならない。ただし、第一項から第三項までの規定による有給休暇を当該有給休暇に係る基準日より前の日から与えることとしたときは、厚生労働省令で定めるところにより、労働者ごとにその時季を定めることにより与えなければならない。

⑧　前項の規定にかかわらず、第五項又は第六項の規定により第一項から第三項までの規定による有給休暇を与えた場合にお

いては、当該与えた有給休暇の日数（当該日数が五日を超える場合には、五日とする。）分については、時季を定めることにより与えることを要しない。

⑨　使用者は、第一項から第三項までの規定による有給休暇の期間又は第四項の規定による有給休暇の時間については、就業規則その他これに準ずるもので定めるところにより、それぞれ、平均賃金若しくは所定労働時間労働した場合に支払われる通常の賃金又はこれらの額を基準として厚生労働省令で定めるところにより算定した額の賃金を支払わなければならない。ただし、当該事業場に、労働者の過半数で組織する労働組合がある場合においてはその労働組合、労働者の過半数で組織する労働組合がない場合においては労働者の過半数を代表する者との書面による協定により、その期間又はその時間について、それぞれ、健康保険法（大正十一年法律第七十号）第四十条第一項に規定する標準報酬月額の三十分の一に相当する金額（その金額に、五円未満の端数があるときは、これを切り捨て、五円以上十円未満の端数があるときは、これを十円に切り上げるものとする。）又は当該金額を基準として厚生労働省令で定めるところにより算定した金額を支払う旨を定めたときは、これによらなければならない。

⑩　労働者が業務上負傷し、又は疾病にかかり療養のために休業した期間及び育児休業、介護休業等育児又は家族介護を行う労働者の福祉に関する法律第二条第一号に規定する育児休業又は同条第二号に規定する介護休業をした期間並びに産前産後の女性が第六十五条の規定によつて休業した期間は、第一項及び第二項の規定の適用については、これを出勤したものとみなす。

⑬　**長期教育訓練休暇**

労働者の自発的な努力を助長するため、事業主が、労働者の申出に基づいて与える教育訓練のための休暇のうち長期にわたるものをいう。

⑭　**再就職準備休暇**

労働者の職業生活が長期化するなかで、特に高齢者については、働く意欲と能力に応じた多様な就業機会を設けることが重要であり、労働者が退職後の再就職・就業や地域活動等に向けた準備を行いやすい環境の整備が求められている。このため、平成一八年の改正において、労働者が再就職後の職務に必要な職業能力開発を行うなどの再就職の準備をする場合、休暇を付与することを事業主の行う職業能力開発促進の措置に追加したものである。

第十条の五　厚生労働大臣は、前二条の規定により労働者の職業生活設計に即した自発的な職業能力の開発及び向上を促進するために事業主が講ずる措置に関して、その適切かつ有効な実施を図るために必要な指針を公表するものとする。

趣旨

本条は、労働者の職業生活設計に即した自発的な職業能力の開発及び向上を促進するために事業主が講ずべき措置の適切かつ有効な実施を図るために、厚生労働大臣が必要な指針を作成することとしたものである。

解説

前二条において、労働者の自発的な職業能力開発を促進するために事業主が講ずべき措置を明確化したところであるが、この措置の的確な実施を図るため、厚生労働大臣が指針を公表するものとされた。この指針は「労働者の職業生活設計に即した自発的な職業能力の開発及び向上を促進するために事業主が講ずる措置に関する指針」（平成一三年厚生労働省告示第二九六号）として厚生労働大臣より告示されている。

指針の概要については次のとおりである。

(イ)　情報の提供、相談の機会の確保その他の援助に関する事項（第一〇条の三第一号）

①　職業能力の開発及び向上に関する目標を定めるために必要な情報の提供
・職務等の内容及びその遂行に必要な職業能力に関する情報
・労働者の配置に係る基本的方針及びその運用状況に関する情報
・人材育成に係る基本的方針及びこれに基づき行う職業訓練、職業能力検定等に関する情報
②　各種情報伝達手段の活用等による雇用する労働者への公平かつ効果的な情報提供の実施
③　キャリアコンサルティングの実施
・キャリアシートの活用による職業経験及び適性の把握、職業生活設計の援助等
④　キャリアコンサルティングを適切かつ効果的に行うための措置
・定期的実施、職務に対する理解の促進、職業能力検定の有効活用
・キャリアコンサルティングの担当者に対する講習
・キャリアコンサルティングの専門家等の活用、個人情報の適正な管理

(ロ)　配置その他の雇用管理についての配慮に関する事項（第一〇条の三第二号）
①　労働者の配置等については、当該労働者の職業生活設計に即した実務経験の機会の確保に配慮すること。
②　必要に応じて、社内公募制等の導入等、労働者の自発性、適性及び能力を重視した的確な配置及び処遇上の配慮が可能となる制度の整備を図ること。
③　職業訓練等を通じて開発及び向上が図られた職業能力の十分な発揮が可能となるよう、職務への配置等について配慮すること。

(ハ)　休暇の付与に関する事項（第一〇条の四第一項第一号）
有給教育訓練休暇、長期教育訓練休暇、再就職準備休暇その他の休暇については、労働協約若しくは就業規則又は事業内職業能力開発計画において、対象労働者、教育訓練の範囲等を明記し、労働者に周知すること等により、休暇の活用の促進を図ること。

①　教育訓練の受講のための休暇のほか、職業能力検定、キャリアコンサルティングを受けるための休暇等労働者自らによる多様な職業能力開発の促進に資する休暇を与えるよう配慮すること。
②　休暇の付与の対象となる教育訓練等の範囲については、労働者の希望及び適性に応じた多様な選択が可能となるよう配慮すること。
③　長期にわたる休暇について、キャリアコンサルティングとの組合せ、定期的に付与する仕組みの導入等その効果的な付与に配慮すること。

(ニ)　教育訓練等を受ける時間の確保（第一〇条の四第一項第二号）
①　労働者が受講を希望する教育訓練の実施時間と就業時間とが重複する場合等については、始業及び終業の時刻の変更、勤務時間の短縮、時間外労働の制限等の適切な措置を講ずること。
②　当該措置については、労働協約若しくは就業規則又は事業内職業能力開発計画に明記し、内容を労働者に周知すること等により、その活用の促進を図ること。

(ホ)　その他
①　職業能力開発推進者を適切に選任し、その積極的な活用を図ること。
②　キャリアコンサルティングの担当者に対し、自発的な職業能力の開発及び向上を促進するために事業主が講ずる措置について意見を述べる機会を与えるよう努めること。
③　キャリアコンサルティングの実施に関する技術的な助言、人材開発支援助成金等の支援措置等の効果的な活用を図ること。
④　(イ)の①の情報については、可能な限り、求職者にも提供すること。
⑤　事業主は、その雇用する労働者の職業能力の開発及び向上が、青年期、壮年期及び高齢期を通じて段階的かつ体系的に行われるよう努めること。

（計画的な職業能力開発の促進）

第十一条　事業主[1]は、その雇用する労働者[2]に係る職業能力の開発及び向上が段階的かつ体系的[3]に行われることを促進するため、第九条から第十条の四までに定める措置[4]に関する計画[5]を作成するように努めなければならない。

2　事業主は、前項の計画を作成したときは、その計画の内容をその雇用する労働者に周知させるために必要な措置を講ずることによりその労働者の職業生活設計に即した自発的な職業能力の開発及び向上を促進するように努めるとともに、次条の規定により選任した職業能力開発推進者を有効に活用することによりその計画の円滑な実施に努めなければならない。

趣旨

本条は、事業主が、労働者の職業能力の開発及び向上を段階的かつ体系的に行うことを促進するために必要な計画を作成するように努めなければならないことを定めたものである。

第九条から第一〇条の四までにおいては、労働者の職業能力の開発及び向上を図るために、事業主の講ずる措置として、

① 業務の遂行の過程内において又は当該業務の遂行の過程外において、自ら又は共同して職業訓練を行うこと

② 公共職業能力開発施設その他職業能力の開発及び向上について適切と認められる施設により行われる職業訓練を受けさせること

③ 他の者の設置する施設により行われる職業に関する教育訓練を受けさせること

④　企業内での実習と座学とを効果的に組み合わせた職業訓練を受けさせること
⑤　業務の遂行に必要な技能及びこれに関する知識の内容及び程度その他の事項に関する情報を提供すること、キャリアコンサルティングの機会を確保することその他の援助を行うことや、労働者の配置その他の雇用管理について配慮すること
⑥　有給教育訓練休暇、長期教育訓練休暇の付与等その労働者が自ら職業に関する教育訓練等を受ける機会を確保するために必要な援助を行うこと

等の方法が明示されている。

これらの方法が、事業内において有効に機能するためには、いつ、どのような内容の教育訓練を行うかについて必要な計画を定め、当該計画の内容を労働者に周知しておく必要がある。

しかしながら、現在、事業主の行う教育訓練の実施状況を見ると、計画的に教育訓練を行っている企業は少なく、大半の企業は必要の都度教育訓練を行っている状況にある。このため、本条においては、事業主による職業能力の開発及び向上が、さらに段階的かつ体系的に行われることを促進するため、事業内における職業能力開発計画の作成を、事業主の努力義務として規定したものである。

解説

①　事業主

第二条〔解説〕①〈一〇五ページ〉参照。

②　雇用する労働者

第九条〔解説〕②〈一五八ページ〉参照。

③　段階的かつ体系的

第三条〔解説〕③〈一一一ページ〉参照。

④ 第九条から第十条の四までに定める措置

第九条、第一〇条、第一〇条の二、第一〇条の三及び第一〇条の四〔趣旨〕及び〔解説〕参照。

⑤ 計　画

当該事業所における職業能力の開発及び向上の促進を段階的かつ体系的に進めるための計画をいう。計画に定めるべき内容は、規則第一条において次のように定められている。

（法第十一条第一項の計画）

第一条　職業能力開発促進法（以下「法」という。）第十一条第一項の計画は、常時雇用する労働者に関して、次に掲げる事項その他必要な事項を定めるものとする。

一　新たに職業生活に入る者に対する職業に必要な基礎的な能力の開発及び向上を促進するための措置に関する事項

二　前号の措置を受けた労働者その他職業に必要な相当程度の能力を有する労働者に対する職業能力の開発及び向上を促進するための措置に関する事項

2　前項の計画を作成するに当たつては、事業主は、中高年齢者に対する職業能力の開発及び向上の促進のための措置の充実強化に特に配慮するものとする。

本条における計画の作成は努力義務であるが、雇用保険法に基づく能力開発事業として行われる人材開発支援助成金制度においては、事業内職業能力開発計画の作成が当該助成金の支給要件とされている（雇用保険法施行規則第一二五条）。

（職業能力開発推進者）

第十二条　事業主は、厚生労働省令で定めるところにより[1]、次に掲げる業務を担当する者（以下「職業能力開発推進者」という。）を選任する[2]ように努めなければならない。

一　前条第一項の計画の作成及びその実施に関する業務[3]

二　第九条から第十条の四までに定める措置に関し、その雇用する労働者に対して行う相談、指導等の業務4)

三　事業主に対して、国、都道府県又は中央職業能力開発協会若しくは都道府県職業能力開発協会（以下この号において「国等」という。）により前条第一項の計画の作成及び実施に関する助言及び指導その他の援助等が行われる場合にあつては、国等との連絡に関する業務5)

趣旨

本条は、職業能力開発推進者の選任について規定したものである。

事業内における職業能力開発を円滑に推進するためには、能力開発の推進役となるキー・マンの存在が不可欠である。第一一条第一項の規定により事業内における職業能力開発計画が作成されても、その計画を積極的に実施する者がいなければ、計画は画餅に帰してしまうであろう。

現在の我が国企業における教育訓練の実施体制を見ると、必ずしも実施部門が明確になっているとは言い難く、今後、事業内における教育訓練を計画的に推進するためには、必ずしも専任体制である必要はないが、少なくとも当該企業の教育訓練の中核となる組織を明らかにしておく必要がある。

また、労働者の自己啓発意欲に応えるためには、職業能力開発の措置に関して、相談、指導等を行う体制を確立する必要がある。

さらに、国、都道府県あるいは職業能力開発協会等が、事業主に対して職業能力開発に関して指導、援助等を効果的に行うためには、事業主側の担当者が明確になっている必要がある。

本条においては、こうした必要性に鑑み、事業主は、職業能力開発推進者を選任するように努めなければならないこととされている。

職業能力開発推進者の担任すべき職務は、選任の必要性からも明らかなとおり、次の三種である。

第一は、事業内における職業能力開発計画を作成し、その円滑な実施を図ることである。多様な教育訓練の手段を有効に組み合わせて効果的な職業能力の開発を図るためには、各種の施策を適切に選択してその企業に適した職業能力開発計画を作成することが必要であり、職業能力開発推進者には、当該企業の直面する問題点と十分関連づけて、職業能力開発計画を作成することが期待されている。

第二は、その雇用する労働者に対して、職業能力開発に関して相談、指導を行うことである。ここでは、職業能力開発推進者には、職業能力開発に関するカウンセラーとしての役割が期待されている。

第三は、国、都道府県、中央職業能力開発協会、都道府県職業能力開発協会との連絡に当たることである。ここでは、職業能力開発推進者には、職業能力開発行政機関との連絡窓口としての役割が期待されている。

解説

① 厚生労働省令で定めるところ

規則第二条において次のように定められている。

（**職業能力開発推進者の選任**）
第二条　法第十二条の職業能力開発推進者の選任は、キャリアコンサルタントその他の同条各号の業務を担当するための必要な能力を有すると認められる者のうちから、事業所ごとに行うものとする。
2　常時雇用する労働者が百人以下である事業所又は二以上の事業主が共同して職業訓練を行う場合その他その雇用する労働者の職業能力の開発及び向上を共同して図ることが適切な場合における常時雇用する労働者が百人を超える事業所については、法第十二条の職業能力開発推進者は当該事業所の専任の者であることを要しないものとする。

② 選　任

平成三〇年七月の職業能力開発促進法施行規則等の改正によって、職業能力開発推進者は、キャリアコンサルタント等の職業能力開発推進者の業務を担当するための必要な能力を有する者から、選出するものとされた（平成三一年四月一日施行）。すなわち、キャリアコンサルタントのほか、当該事業所の労働者の職業能力の開発及び向上に関する措置の企画及び実施について所要の権限を有する者のうちから選任されることが望ましい。したがって、教育訓練部門の組織が確立されている事業所にあっては当該組織の部課長、それ以外の事業所にあっては労務・人事担当部課長等が選任されることが望ましい。

職業能力開発推進者の選任基準は、次のとおりとされている。

① 職業能力開発推進者の選任は、原則として事業所単位で、当該事業所について一名とすること。

② しかし、常時雇用する労働者数が一〇〇人以下の小規模な事業所については、当該事業所に専任の職業能力開発推進者を選任することが適切でない場合もあるので、関係事業所ごとに専任であることを要せず、こうした場合には、本社の職業能力開発推進者等が複数の事業所の職業能力開発推進者を兼ねることができるものであること。

③ また、二以上の事業主が共同して職業訓練を行う場合その他事業主がその雇用する労働者の職業能力の開発及び向上を共同して図る場合については、関係各事業所ごとに専任の者であることを要しないものであること。具体的には、認定職業訓練を共同して行う場合又は二以上の事業主が商工会議所、商工会、業種別団体等を通じて地域別・業種別等に共同して職業能力の開発及び向上を図る場合等がこれに該当する。

③ 計画の作成及びその実施に関する業務

事業内における職業能力開発計画に定めるべき内容としては、第九条から第一〇条の四までに規定されている措置のすべてが含まれる。また、計画の作成には、その変更も含まれるものと解される。

円滑な実施を図るための業務としては、当該計画に従って具体的に教育訓練の実施場所を定め、教育訓練の担当者を確保すること等の業務がある。

④ **相談、指導等の業務**

当該事業所の労働者に係る職業能力の開発及び向上を図るため、各種の相談、指導、周知等の活動を行うことをいう。

⑤ **国等との連絡に関する業務**

国、都道府県等が、事業主に対して助言、指導等を行う場合は、その連絡の相手方となることをいう。

（熟練技能等の習得の促進）

第十二条の二 事業主は、必要に応じ、労働者がその習得に相当の期間を要する熟練した技能及びこれに関する知識（以下この条において「熟練技能等」という。）に関する情報を体系的に管理し、提供することその他の必要な措置を講ずることにより[1]、その雇用する労働者の熟練技能等の効果的かつ効率的な習得による職業能力の開発及び向上の促進に努めなければならない。

2 厚生労働大臣は、前項の規定により労働者の熟練技能等の習得を促進するために事業主が講ずる措置に関して、その適切かつ有効な実施を図るために必要な指針[2]を公表するものとする。

趣旨

本条は、事業主が、労働者の熟練技能等の習得の促進に努めなければならないこと及び厚生労働大臣が事業主による適切かつ有効な実施を図るために必要な指針を公表することを定めたものである。

若者のものづくり離れが見られるなかで、団塊の世代が引退過程に入ることに伴い、ものづくり等の現場を支える熟練技能等の維持・継承が大きな課題となっており、我が国競争力の源泉となっている熟練技能等を労働者に円滑に習得させていくことが求められていた。

そこで、平成一八年の改正により、労働者の熟練技能等の習得を促進するために事業主が講ずる措置として、労働者が熟練技能等を効果的かつ効率的に習得することを促進する旨の規定を置くとともに、厚生労働大臣が、労働者の熟練技能等の習得を促進するために事業主が講ずる措置に関して、その適切かつ有効な実施を図るために必要な指針を公表することとすることで、熟練技能等の円滑な継承を図ることとしたものである。

解説

① 労働者が……に関する情報を体系的に管理し、提供することその他の必要な措置を講ずること

この規定は、その習得に相当の期間を要する熟練技能等を後継者となるべき労働者が効果的かつ効率的に習得できるようにするための事業主が講ずるべき必要な措置を例示したものである。なお、その他の必要な措置としては、退職した熟練技能労働者を指導者として活用することなどが考えられる。

② 必要な指針

その雇用する労働者の熟練技能等の効果的かつ効率的な習得による職業能力の開発及び向上を促進するために事業主が講ずる措置に関して、その適切かつ有効な実施を図るために必要な事項については「労働者の熟練技能等の習得を促進するために事業主が講ずる措置に関する指針」（平成一八年厚生労働省告示第五一六号）が定められており、概要は次のとおりである。

(イ)　熟練技能等に関する情報の体系的管理及び提供その他の必要な措置に関する事項

事業主は、労働者が効果的かつ効率的に熟練技能等を習得することができるようにするために、熟練技能等に関し、次のような情報の管理及び提供その他の必要な措置を講ずるよう努めること。

① 労働者が習得する熟練技能等の目標を定めることを容易にするために、当該事業主の雇用する労働者が有する

熟練技能等に関する情報の体系的管理及び提供に当たって、次の事項に配慮すること。

(i)　労働者が段階的かつ体系的に熟練技能等を習得することができるよう、労働者が従事する業務に要する熟練技能等の程度ごとに情報を管理し、熟練技能等の習得の状況に応じ、当該情報を提供すること。

(ii)　労働者の熟練技能等の継承に係る基本方針、当該基本方針に基づく熟練技能等の継承の取組の実施に関する計画及びこれらに基づき実施する職業訓練、職業能力検定等に関する情報を提供すること。

(iii)　熟練技能等の習得に資する教育訓練、職業能力検定等に関する情報を提供すること。

②　法第一一条第一項の計画を作成するに当たっては、労働者が段階的かつ体系的に熟練技能等を習得することができるように配慮するものとすること。

③　労働者が実務の経験等を通じて熟練技能等を習得することができるようにするために、労働者の配置その他の雇用管理について、次の事項に配慮するものとすること。

(i)　労働者が熟練技能等を必要とする業務に従事する機会の確保

(ii)　労働者が業務の遂行の過程内において又は当該業務の遂行の過程外において、熟練技能等を習得することができるようにするため、熟練技能等を有する労働者の配置、定年の引上げ、継続雇用その他の雇用管理

(iii)　労働者が習得した熟練技能等の有効活用を図るため、当該熟練技能等の十分な発揮が可能となるような的確な配置及び処遇

④　熟練技能等を習得する意欲を高めるため、その雇用する労働者に職業能力検定を受けさせること、その雇用する労働者を技能に関する競技大会に参加させること等の適切な措置を講ずるように配慮するものとすること。

(ロ)　事業主が労働者の熟練技能等の習得を促進するための措置を講ずるに当たって留意すべき事項

①　法第一五条の七第三項に規定する公共職業能力開発施設により行われる職業訓練、法第二四条第三項に規定する認定職業訓練その他熟練技能等の習得について適切と認められる他の者の設置する施設により行われる教育訓練を効果的に活用するものとすること。

② その雇用する労働者の熟練技能等の効果的かつ効率的な習得に関する技術的な助言、人材開発支援助成金その他の支援措置等の効果的な活用を図るものとすること。

（認定職業訓練の実施）

第十三条　事業主[1]、事業主の団体若しくはその連合団体[2]、職業訓練法人若しくは中央職業能力開発協会若しくは都道府県職業能力開発協会又は一般社団法人若しくは一般財団法人[3]、法人である労働組合[4]その他の営利を目的としない法人[5]で、職業訓練を行い、若しくは行おうとするもの[6]（以下「事業主等」と総称する。）は、第四節及び第七節に定めるところ[7]により、当該事業主等の行う職業訓練が職業訓練の水準の維持向上のための基準に適合するものであることの認定[8]を受けて、当該職業訓練を実施することができる。

趣旨

本条は、事業主等の行う職業訓練の認定について本法上の位置づけを明らかにしたものである。すなわち、事業主等の行う職業訓練は、事業主又は事業主の団体等が、その雇用する労働者に対して必要な技能及びこれに関する知識を習得させ、又は向上させるために行う訓練であり、その領域は広く、事業主等によって多種多様な職業訓練が行われている。

職業能力開発促進法は、このような事業主等の行う職業訓練について、その内容の充実を図り、その計画的・体系的な実施とその普及を促進するため、これらの職業訓練のうち厚生労働省令で定める職業訓練の基準に合致したものを認定し、さまざまな助成を行うことにしている。

認定職業訓練制度は、職業訓練に対する社会的な評価を確立すること、事業主等の行う職業訓練の質的水準を確保することと等をねらいとしたもので、訓練期間、訓練時間、職業訓練指導員等に関し、厚生労働省令で定める基準に従って行われる職業訓練に対し、事業主等からの申請に基づき、都道府県知事が認定を与える制度である。

従来、職業訓練法において実施されていた認定職業訓練については、都道府県知事による認定手続等のみが規定され、事業主等の行う職業能力開発の促進の措置のなかでどのような位置づけが与えられているかについて必ずしも明確にされていなかった。本法では、この点をも明らかにすることとし、認定職業訓練に関する規定を第一節（事業主等の行う職業能力開発促進の措置）中に設け、その手続等については第四節及び第七節に譲ることとしたものである。

解説

①　事業主

第二条〔解説〕①〈一〇五ページ〉参照。

②　事業主の団体若しくはその連合団体

事業主の団体には、中小企業等協同組合法に基づく事業協同組合等の法人格を有するもののほか、中小企業の事業主が共同して職業訓練を行うために結成する団体その他の法人格のない団体を含む。また、事業主の団体の連合団体とは事業主団体を構成員とする団体をいい、例えば、中小企業等協同組合法の都道府県中小企業団体中央会、全国中小企業団体中央会等の法人格を有する団体のみならず、法人格のない団体をも含むものである。

③　一般社団法人若しくは一般財団法人

一般社団法人及び一般財団法人に関する法律（平成一八年法律第四八号）に基づいて設立された社団法人又は財団法人のことをいう。一般社団法人又は一般財団法人は、剰余金の分配を目的としない社団及び財団について、その行う事業の公益性の有無にかかわらず、準則主義により簡便に法人格を取得することができる一般的な法人制度を設ける趣旨で創設されたものであり、従来の公益法人のような主務官庁による許可の必要はなく、設立の登記をすることによって成立する。

④　法人である労働組合

労働組合法第二条の規定による労働組合で、同法第五条第二項の規定に適合し、同法第一一条の規定により、労働委員会の証明を受けて登記した労働組合をいう。

⑤　その他の営利を目的としない法人

営利を目的とする法人には、会社法（平成一七年法律第八六号）に基づく会社（株式会社、合名会社、合資会社又は合同会社）や各種の士業に関する法律に基づく法人などがあり、専ら構成員の私益の追求を目的とし、したがって、その利益を構成員に分配するもので社団に限られる。一方で、営利を目的としない法人とは、本条に規定している職業訓練法人、中央職業能力開発協会、都道府県職業能力開発協会又は一般社団法人若しくは一般財団法人、法人である労働組合のほか、特定非営利活動促進法（平成一〇年法律第七号）に基づく特定非営利活動法人や各種の共同組合等がこれに属する。

⑥　職業訓練を行い、若しくは行おうとするもの

現に職業訓練を行っているもののほか、今後職業訓練を開始しようとするものをいう。

⑦　第四節及び第七節に定めるところ

第四節においては、都道府県知事による認定手続等が定められており、第七節においては、認定に係る指導員訓練について定められている。

⑧　認　定

「認定」とは、事業主等の行う職業訓練が職業訓練の水準の維持向上のための基準に適合していることの確認であり、第二四条の規定により都道府県知事が行うこととされている。

（認定実習併用職業訓練の実施）

第十四条　事業主[1]は、第五節に定めるところにより、当該事業主の行う実習併用職業訓練（第十条の二第二項に規定する実習併用職業訓練をいう。以下同じ。）の実施計画が青少年（厚生労働省令で定める者に限る。[2]以下同じ。）の実践的な職業能力の開発及び向上を図るために効果的であることの認定[3]を受けて、当該実習併用職業訓練を実施することができる。

趣旨

本条は、事業主の行う「実習併用職業訓練」の認定について、本法上の位置づけを明らかにしたものである。実習併用職業訓練は、多様な職業能力開発の機会の確保を促進するため、事業主が行う職業訓練の一形態として法定されたものであるが、特に、青少年の安定した雇用を実現する就職促進策として有効であることから、青少年を対象として、実習併用職業訓練の内容が一定の要件に合致することを担保する仕組みを創設し、これを実施する事業主の取組を支援することとしたものである。

なお、実習併用職業訓練として一定の内容が担保されていることの認定は、訓練担当者の募集の特例等の支援措置（第二六条の五、第二六条の六）のほか、助成金等により国が支援するための基礎ともなるものである。

解説

1　事業主

第二条〔解説〕1〈一〇五ページ〉参照。

② 青少年（厚生労働省令で定める者に限る

法第一四条に定める青少年は、一五歳以上四五歳未満である者（一五歳に達する日以後の最初の三月三一日までの間にある者を除く。）としている（規則第二条の二）。

③ 青少年……の実践的な職業能力の開発及び向上を図るために効果的であることの認定

認定は、事業主の申請に基づき、事業主が作成する実習併用職業訓練の実施計画を、厚生労働大臣が認定することにより行う。

認定に係る基準は、第二六条の三〔解説〕⑤〈三三七ページ〉参照。

第二節　国及び都道府県による職業能力開発促進の措置

本節は、多様な職業能力開発の機会の確保（第一四条の二）、協議会（第一五条）、事業主その他の関係者に対する援助（第一五条の二）、事業主等に対する助成等（第一五条の三）、職務経歴等記録書の普及（第一五条の四）、職業能力の開発に関する調査研究等（第一五条の五）、職業に必要な技能に関する広報啓発等（第一五条の六）から成り、事業主等に対する国及び都道府県による援助、助成等の内容を規定している。

国及び都道府県は、事業主その他の関係者の自主的な努力を尊重しつつ、その実情に応じて必要な援助等を行うことにより事業主その他の関係者の行う職業訓練及び職業能力検定の振興並びにこれらの内容の充実並びに労働者が自ら職業に関する教育訓練又は職業能力検定を受ける機会を確保するために事業主の行う援助その他労働者が職業生活設計に即して自発的な職業能力の開発及び向上を図ることを容易にするために事業主の講ずる措置等の奨励に努める（第四条第二項前段）とされており、本節は、そのために必要な援助等を行うこととしたものである。

（多様な職業能力開発の機会の確保）

第十四条の二　国及び都道府県は、労働者が多様な職業訓練を受けること等[1]により職業能力の開発及び向上を図ることができるように、その機会の確保[2]について、第十三条に定めるもの[3]のほか、この節及び次節に定める措置[4]を通じて、配慮するものとする。

趣旨

本条は、国及び都道府県は、労働者が多様な職業訓練を受けること等により職業能力の開発及び向上を図ることができるように、その機会の確保について配慮することとしたものである。

解説

① 多様な職業訓練を受けること等

第八条〔解説〕③〈一五五ページ〉参照。

② その機会の確保

職業能力の開発及び向上を図るための機会の確保をいう。

労働者の職業能力の開発及び向上を図るための方法としては、職業訓練の実施、各種の教育訓練の受講、自己啓発の実施等の方法があるが、国及び都道府県は、事業主等に対しては助成、援助等を行い、自らは職業訓練を行うことにより、職業能力開発の機会を確保することとしたものである。

③ 第十三条に定めるもの

第一三条においては、認定職業訓練の実施について規定している。これは、事業主等の行う職業能力の開発及び向上を図るための措置を促進するものであるところから、第一節に位置づけているところであるが、一面から見ると国及び都道府県の行う職業能力開発のための措置でもあるところから、本条において第一三条の規定を引用し、その位置づけの明確化を図ることとしたものである。

④　この節及び次節に定める措置

この節（国及び都道府県による職業能力開発促進の措置）及び次節（国及び都道府県等による職業訓練の実施等）に定める措置については、関係規定参照。

本条は、これら国及び都道府県の行う措置についてのいわゆるインデックス規定の性格を有するものである。

（協議会）

第十五条　都道府県の区域において職業訓練[1]に関する事務及び事業を行う国及び都道府県の機関（以下この項において「関係機関」という。）は、地域の実情に応じた職業能力の開発及び向上の促進のための取組が適切かつ効果的に実施されるようにするため、関係機関及び次に掲げる者により構成される協議会（以下この条において単に「協議会」という。）を組織することができる。

一　第十五条の七第三項に規定する公共職業能力開発施設を設置する市町村

二　職業訓練若しくは職業に関する教育訓練[2]を実施する者又はその団体[3]

三　労働者団体

四　事業主団体

五　職業安定法（昭和二十二年法律第百四十一号）第四条第十項に規定する職業紹介事業者若しくは

同条第十一項に規定する特定募集情報等提供事業者又はこれらの団体

六　学識経験者

七　その他関係機関が必要と認める者[4)]

2　協議会は、職業能力の開発及び向上の促進に有用な情報を共有し、その構成員の連携の緊密化を図りつつ、都道府県の区域における職業訓練及び職業に関する教育訓練の需要及び実施の状況その他の地域の実情に応じた適切かつ効果的な職業訓練及び職業に関する教育訓練の実施並びにキャリアコンサルティングの機会の確保その他の職業能力の開発及び向上の促進のための取組について協議を行うものとする。

3　協議会の事務に従事する者又は協議会の事務に従事していた者は、正当な理由なく、協議会の事務に関して知り得た秘密を漏らしてはならない。[5)]

4　前三項に定めるもののほか、協議会の組織及び運営に関し必要な事項は、協議会が定める。

趣旨

DXの加速化への対応や、非正規雇用労働者のスキル向上・キャリア転換等の課題に的確に対応していくためには、関係者が、できる限り地域の人材ニーズについて共通認識を形成しつつ、受講者の属性やニーズを踏まえた精度の高い職業訓練等につなげていくための適切な訓練コース設定及び学習内容を担保するために協働できる「場」が必要である。

そこで、本条は、地域のニーズに対応した職業訓練等の推進のため、国及び都道府県が、地域の関係者・関係機関を参集し、職業能力に関する有用な情報を共有し、地域の実情やニーズに即した公的職業訓練や教育訓練の設定や個別事例の効果検証を含む職業訓練効果の把握・検証、キャリアコンサルティングの機会の確保等について協議を行う都道府県単位の協議会を組織するとともに、その構成員に守秘義務を課すことを法定化したものである〔令和四年法律第一二号により追加〕。

解説

1　職業訓練

第一条〔解説〕2〈九九ページ〉参照。

2　職業に関する教育訓練

教育訓練は、大学、短期大学、専修学校、各種学校等で行われるものを含むおおよそ労働者の職業能力の開発向上に役立つすべてのものを射程としており、例えば労働者の職業に必要な技能に直接関連のない教養に係る講座等も含まれ得る。このため、本協議会における議論の対象として、「職業に関する」教育訓練に限定している。教育訓練については、第十五の七〔解説〕18〈二二八ページ〉参照。

3　職業訓練若しくは職業に関する教育訓練を実施する者又はその団体

地域職業能力開発促進協議会実施要領において、次の①から④については必ず構成員とするが、このうち②から④については団体又は団体が推薦する者とする、また、⑤については、社会人を対象とするコースを設置している大学等であって協議会への参画を希望する者を構成員とすることと定めている。

①　独立行政法人高齢・障害・求職者雇用支援機構都道府県支部

②　都道府県専修学校各種学校協会

③　都道府県職業能力開発協会

④　一般社団法人全国産業人能力開発団体連合会
⑤　リカレント教育を実施する大学等

④　その他関係機関が必要と認める者

地域職業能力開発促進協議会実施要領において、協議会の開催ごとに定めることとしているが、特に以下の者については積極的に構成員としての参画を求めることと定めている。

①　職業訓練を受講する求職者のニーズ等を把握するための関係者

効果的な職業訓練の実施に当たって、利用する求職者のニーズ等を踏まえることも有用であることから、協議会が取り上げるテーマに沿って、その都度、当事者又は支援団体等の参画を求めること。

②　職業訓練を積極的に設定する成長分野等の専門家

地域における今後の産業展開も踏まえた訓練コースを設定するに当たり、デジタル化、DXなど成長分野の職業訓練について協議する場合は、当該分野の専門家や地域において先進的取組を実施している企業等の参画を求めること。

⑤　協議会の事務に従事する者又は協議会の事務に従事していた者は、……秘密を漏らしてはならない

本項に違反して秘密を漏らした者については、一年以下の懲役又は五〇万円以下の罰金に処するという罰則の適用がある（第九九条の三）。

（事業主その他の関係者に対する援助）

第十五条の二　国及び都道府県は、事業主等[1]の行う職業訓練[2]及び職業能力検定[3]並びに労働者が自ら職業に関する教育訓練又は職業能力検定を受ける機会を確保するために必要な援助[4]その他労働者が職業生活設計に即して自発的な職業能力の開発及び向上を図る[5]ことを容易にする等のために事業主の講ずる措置[6]に関し、次の援助を行うように努めなければならない。
一　第十条の三第一項第一号のキャリアコンサルティングに関する講習の実施[7]
二　第十一条の計画の作成及び実施に関する助言及び指導[8]を行うこと。
三　職業能力の開発及び向上の促進に関する技術的事項について相談その他の援助を行うこと[9]（キャリアコンサルティングの機会の確保に係るものを含む。[10]）。
四　情報及び資料を提供[12]すること。[11]
五　職業能力開発推進者に対する講習[13]の実施及び職業能力開発推進者相互の啓発の機会[14]の提供を行うこと。
六　第二十七条第一項に規定する職業訓練指導員を派遣すること。[15]
七　委託を受けて職業訓練の一部を行う[16]こと。
八　前各号に掲げるもののほか、第十五条の七第三項に規定する公共職業能力開発施設を使用させる[17]等の便益を提供すること。

2　国及び都道府県は、職業能力の開発及び向上を促進するため、労働者に対し、前項第三号及び第四号に掲げる援助を行う[18]ように努めなければならない。

3　国は、事業主等及び労働者に対する第一項第二号から第四号までに掲げる援助を適切かつ効果的に行うため必要な施設の設置等特別の措置[19]を講ずることができる。

4　第一項及び第二項の規定により国及び都道府県が事業主等及び労働者に対して援助を行う場合に

は、中央職業能力開発協会又は都道府県職業能力開発協会と密接な連携の下に行うものとする。[20]

趣旨

本条は、国及び都道府県が事業主その他の関係者に対して必要な援助等を行うように努めるべきこととした第四条第二項の規定を受けて、事業主等の講ずる職業能力の開発及び向上の促進のための措置に関する援助及び労働者に対する援助について規定している。

事業主は、その雇用する労働者に係る職業能力開発を進める場合、例えば、教育訓練を実施するための施設・設備や資金の不足、教育訓練を進めるための情報及び資料の不足等数多くの困難な問題を抱えている。こうした問題を一つ一つ解決しなければ、その雇用する労働者の職業能力開発を事業主の責務とし、職業能力開発の方法を規定してもその実効を期し難い。

このため、国及び都道府県は、事業主等が職業訓練を行う場合、あるいは労働者が職業訓練、職業能力検定等を受けやすくするために事業主が講ずる各種の措置を奨励するため必要な援助を行うこととされている。

また、国及び都道府県は、自主的な職業能力開発を促進するため、労働者に対しても、情報提供・相談援助を行うこととされている。

第一項は、国及び都道府県は、事業主等に対して、①キャリアコンサルティングに関する講習の実施、②助言・指導、③技術的事項の相談その他の援助、④情報・資料の提供、⑤職業能力開発推進者に対する講習等の実施、⑥職業訓練指導員の派遣、⑦受託訓練の実施、⑧公共職業能力開発施設の使用等の便益の提供を行うこととしたものである。このうち、③については、令和四年法律第一二号によって、キャリアコンサルティングの機会の確保に係るものを含むことを明確化している。

第二項は、国及び都道府県は、労働者に対して、①技術的事項の相談その他の援助（キャリアコンサルティングの機会の確保に係るものを含む。）、②情報・資料の提供を行うように努めなければならないこととしたものである。

第三項は、国は、助言・指導、技術的事項の相談その他の援助及び情報・資料の提供を行うため必要な施設の設置等特別の措置を講ずることができることとしたものである。

第四項は、国及び都道府県が事業主等及び労働者に対して援助を行う場合には、中央職業能力開発協会又は都道府県職業能力開発協会と密接な連携の下に行うこととしたものである。

なお、本条第一項各号は、国及び都道府県の行う事業主等に対する援助の主要な形態を例示したものであり、必要に応じこれ以外の援助を積極的に行うことを禁止する趣旨のものではない。

解説

① 事業主等

第一三条〔解説〕①から⑤まで〈一八九・一九〇ページ〉参照。

② 職業訓練

労働者の職業能力の開発向上に資するすべての職業訓練をいう（第八条〔解説〕③〈一五五ページ〉参照）。なお、本条〔趣旨〕参照。

③ 職業能力検定

第一条〔解説〕③〈九九ページ〉参照。

④ 労働者が自ら職業に関する教育訓練又は職業能力検定を受ける機会を確保するために必要な援助

第四条〔解説〕④〈一二七ページ〉参照。

⑤ 労働者が職業生活設計に即して自発的な職業能力の開発及び向上を図る

第四条〔解説〕⑤〈一二八ページ〉参照。

⑥　容易にする等のために事業主の講ずる措置

事業主が、労働者の自発的な職業能力の開発及び向上に資するため、各種の情報の提供、相談その他の援助を行うこと、有給教育訓練休暇、長期教育訓練休暇を付与すること等をいう。なお、事業主が業務命令によって、教育訓練や職業能力検定等を受けさせること、事業主が自ら労働者の職業能力評価のための検定を行うこともこれに含まれる。

⑦　第十条の三第一項第一号のキャリアコンサルティングに関する講習の実施

事業主に対して、キャリアコンサルティングに関する講習を実施することをいう。

⑧　第十一条の計画の作成及び実施に関する助言及び指導

事業主に対して、その雇用する労働者に係る職業能力の開発及び向上を段階的かつ体系的に行うため、教育訓練の対象者の選定、教育訓練の内容及び期間、ＯＪＴ、集合訓練、自己啓発等活用すべき教育訓練の方法等について、事業内職業能力開発計画の作成の過程及びその実施の段階において助言し、指導することをいう。

⑨　職業能力の開発及び向上の促進に関する技術的事項について相談その他の援助を行う

事業主等に対して、職業能力開発の実施体制の在り方、事業主が団体を設立して共同で職業訓練を行う場合は団体の運営組織の在り方、経費の確保、職業訓練指導員、訓練施設の確保の方法等について相談、助言及び指導を行うとともに、教科の編成の仕方、具体的な指導内容及び方法等事業主等の行う職業能力開発のうちその技術的な部分について援助を行うことである。

⑩　キャリアコンサルティングの機会の確保に係るものを含む

国及び都道府県が行うように努めなければならない事業主等及び労働者に対する援助について、キャリアコンサルティングの機会の確保に係るものを含むことを明確化したものである。

⑪　情報及び資料を提供する

提供すべき情報又は資料としては、例えば、各職業の業務内容及び求められる職業能力の内容等職業に関する基本的な情報、人材ニーズの動向に関する情報、公共及び民間における訓練機関及び訓練コースに関する情報、訓練技法、指導者、教材に関する情報、教育訓練給付、キャリア形成促進助成金等の助成制度に関する情報、技能検定その他の職業能力評価に関する情報がある。

また、提供すべき資料としては、例えば、職業訓練用教材及び職業能力開発に係る各種の調査、研究成果等がある。

⑫　**職業能力開発推進者**

⑬　**講　習**

第一二条〔趣旨〕及び〔解説〕〈一八三ページ〉参照。

職業能力開発推進者には、その職務を全うするために、事業内職業能力開発計画に盛り込むべき事項その他の作成、周知等に要する知識、従業員に対するキャリアコンサルティング技法、人材開発支援助成金の受給手続等に関して必要な知識及び技法の習得が不可欠である。このため、職業能力開発推進者に対し、国は、中央職業能力開発協会及び都道府県職業能力開発協会に委託して講習を行い、こうした知識を付与することとしている。

⑭　**相互の啓発の機会**

職業能力開発推進者にその業務を的確に遂行させるためには、講習の実施により一律に所要の知識を習得させることも必要であるが、さらに、高度の役割を果たさせるためには、同業他社の実態、異業種の実態、同規模企業の実態等について幅広い知識を有することが必要である。このため、職業能力開発推進者が、相互に経験を交流するための機会を設けることとしたものである。具体的には、例えば、職業能力開発協会において職業能力開発推進者経験交流プラザが開催されている。

⑮　**職業訓練指導員を派遣する**

事業主等の行う職業訓練の学科及び実技の訓練に当たらせ、又は事業主の行う職業訓練を担当する職業訓練指導員その他職業訓練に従事する者に対して指導方法全般について助言するため、公共職業能力開発施設等の職業訓練指導員を派遣することをいう。

⑯　委託を受けて職業訓練の一部を行う

国、都道府県及び㈱高齢・障害・求職者雇用支援機構が事業主等から委託を受けて、公共職業能力開発施設等を使用して事業主等の行う職業訓練の学科又は実技等その一部を実施することをいう。

⑰　公共職業能力開発施設を使用させる

事業主等の行う職業訓練等を実施する上で必要な教室、実習場等として公共職業能力開発施設を貸与することをいう。職業訓練の実施については適格な訓練施設の確保が重要な要素であるので、職業訓練の効果的な推進を図るため、職業訓練を行う事業主等から施設使用の希望がなされた場合、できるだけこれに応えるよう定められたものである。

また、技能検定をはじめとする職業能力検定を行う場合、実技試験には広い試験会場や多くの機械器具が必要であることから、公共職業能力開発施設の教室、実習場その他の施設設備を職業能力検定の実施のために貸与することも含まれる。

⑱　労働者に対し……援助を行う

労働者が職業生活設計に即して自発的な職業能力の開発及び向上を図ることを容易にする等のために、労働者に対して、これに資する職業能力の開発及び向上の促進に関する相談その他の援助並びに情報及び資料の提供を行うことをいう。

例えば、労働者が職業生活設計を行い、又はその職業生活設計に即して自発的に職業訓練や職業能力検定を受けようとする場合において、その労働者に対して、人材ニーズ等労働市場の動向に関する情報、各職業に求められる能力の内容等職業の現状に関する情報、各種教育訓練機関及びコースの設定状況等職業訓練の実施に関する情報、職業能力検定の実施計画等職業能力評価に関する情報等を提供するとともに、キャリアコンサルティング技法等を用いてその職業生活設計を行い及びこれに即した適切な職業訓練の選択等に関する相談に応じることである。

⑲ **必要な施設の設置等特別の措置**

国は、本条第一項第二号から第四号までに掲げる援助を適切かつ効果的に行うため必要な施設の設置その他の措置を講ずることができるものであることを確認的に規定したものである。

⑳ **中央職業能力開発協会……連携の下に**

国及び都道府県の行う事業主等に対する援助は、事業主等及び労働者の必要に適切に対応したものとして実施されることが肝要である。このため、事業主等に対する援助を行う場合には、中央職業能力開発協会又は都道府県職業能力開発協会と密接な連携の下に行うものとしている。

（事業主等に対する助成等）

第十五条の三　国は、事業主等の行う職業訓練及び職業能力検定の振興を図り[1]、及び労働者に対する第十条の四第二項に規定する有給教育訓練休暇の付与その他の労働者が自ら職業に関する教育訓練又は職業能力検定を受ける機会を確保するための援助その他労働者が第十五条の七第三項に規定する公共職業能力開発施設等の行う職業訓練、職業能力検定等を受けることを容易にするための援助等の措置が事業主によつて講ぜられることを奨励するため[2]、事業主等に対する助成[3]その他必要な措置を講ずる[4]ことができる。

趣旨

本条は、職業能力開発に関し国が事業主等に対して行う助成等の措置について規定している。

本条は、事業主等に対する助成等の内容として、有給教育訓練休暇の付与の奨励その他、労働者の自発的な職業能力開発に対する援助の奨励等を例示的に掲げているが、事業主等に対する助成等がこれらに限定されるものではなく、前条が物的又は人的な援助を定めているのに対し、本条は主として金銭的な援助の根拠を定めるものである。

本条に基づく助成等の措置は、雇用保険法第六三条に規定する能力開発事業として具体化されることとされており（第九六条〈七〇〇ページ〉参照）、現在、人材開発支援助成金等の事業主等に対する助成金の支給等が行われている。

昭和四四年制定職業訓練法においては、事業主等に対する助成等の措置について規定するところがなく、それらは、雇用保険法に基づく能力開発事業として、職業訓練法の体系と離れて実施されていた。昭和五三年改正職業訓練法は、生涯職業訓練及び生涯技能評価を推進するため、事業主等の行う職業訓練の振興を図ることを大きな柱の一つとし、民間・公共一体となった総合的な職業訓練の実施体制を確立するための一貫した職業訓練制度の体系を整備しようとするものであったところから、事業主等に対する助成等についても職業訓練法に基づく施策として位置づけ、総合的な職業訓練施策の推進を図ることとしたものである。

昭和六〇年職業能力開発促進法制定以降においても、基本的にこの考え方を引き継ぐとともに、助成等の対象を職業訓練のみでなく、職業能力の開発及び向上の推進のための措置に拡大しているのである。

解説

① 事業主等の行う職業訓練及び職業能力検定の振興を図り

事業主等については、第一三条〔解説〕①から⑤まで〈一八九・一九〇ページ〉参照。

職業訓練の振興を図るための国が行う助成等の措置としては、雇用保険法第六三条第一項第一号、第四号、第五号、第六号及び第九号に基づき、次のような事業（事業の概要については、③④参照）が実施されている。

① 広域団体認定訓練助成金

② 人材開発支援助成金

③　認定訓練助成事業費補助金

④　労働者の職業能力の開発及び向上に関する情報及び資料の提供並びに助言及び指導その他労働者の職業生活設計に即した自発的な職業能力の開発及び向上に係る技術的な援助を行う事業

②　労働者に対する……容易にするための援助等の措置が事業主によって講ぜられることを奨励するため

有給教育訓練休暇については、第一〇条の四〔解説〕⑪〈一七一ページ〉参照。

労働者が自ら職業に関する教育訓練又は職業能力検定を受ける機会を確保するための援助については、第四条〔解説〕④〈一二七ページ〉参照。

労働者に対する有給教育訓練休暇の付与その他の労働者が自ら職業に関する教育訓練又は職業能力検定を受ける機会を確保するための援助その他労働者が公共職業能力開発施設等の行う職業訓練、職業能力検定等を受けることを容易にするための援助等の措置が事業主によって講ぜられることを奨励するために国が講ずる措置としては、雇用保険法第六三条第一項第一号、第四号、第五号及び第九号に基づき、人材開発支援助成金が設けられている（事業の概要については③④参照）。

③　事業主等に対する助成

事業主等に対する助成措置としては、雇用保険法第六三条に規定する能力開発事業として、次のような助成措置が設けられている。

(イ)　広域団体認定訓練助成金（雇用保険法第六三条第一項第一号、同法施行規則第一二二条）

広域団体認定訓練助成金は、その構成員又は連合団体を構成する団体の構成員である中小企業事業主のために本法第二四条第三項（同法第二七条の二第二項において準用する場合を含む。）に規定する認定職業訓練を実施する中小企業事業主の団体（その構成員が二以上の都道府県にわたるものに限る。）又はその連合団体であって、認定職業訓練を振興するために助成を行うことが必要であると認められるものに対して、支給するものとされている。

本助成金の額は、認定職業訓練の運営に要する経費に関し、職業訓練の種類、規模等を考慮して厚生労働大臣が定める基準に従って算定した額（その額が当該経費につき当該年度において要した金額を超えるときは、当該金額とする。）の二分の一（全国的な中小企業事業主の団体の連合団体にあっては、三分の二）の額とされている。

(ロ)　人材開発支援助成金（雇用保険法第六三条第一項第一号、第四号、第五号及び第九号、同法施行規則第一二五条、附則第三四条、附則第三五条）

人材開発支援助成金は、人材育成支援コース、教育訓練休暇等付与コース、建設労働者認定訓練コース、建設労働者技能実習コース、人への投資促進コース及び事業展開等リスキリング支援コースに分けられている。

人材開発支援助成金の支給を受けることができる事業主等は、次のすべてに該当することが必要である。

①　雇用保険適用事業所の事業主等であること

②　対象労働者（訓練を受講する者）は、事業主等が設置する雇用保険適用事業所の雇用保険被保険者であること

(a)　人材育成支援コース

雇用する労働者に対し、①一〇時間以上のＯＦＦ-ＪＴ、②中核人材を育てるために実施するＯＪＴとＯＦＦ-ＪＴを組み合わせた六カ月以上の訓練、③有期契約労働者等の正社員転換を目的として実施するＯＪＴとＯＦＦ-ＪＴを組み合わせた二カ月以上の訓練を行った事業主等に対して助成する。

【賃金助成】

一人一時間当たり七六〇円〈二〇〇円〉〔中小企業以外三八〇円〈一〇〇円〉〕

【経費助成】

①の場合

・正規雇用労働者　実費相当額の四五％〈一五％〉〔中小企業以外三〇％〈一五％〉〕

・非正規雇用労働者　実費相当額の六〇％〈一五％〉

・正社員化した場合　実費相当額の七〇％〈三〇％〉

②の場合

実費相当額の四五％〈一五％〉〔中小企業以外三〇％〈一五％〉〕

③の場合

・非正規雇用労働者　実費相当額の六〇％〈一五％〉

・正社員化した場合　実費相当額の七〇％〈三〇％〉

【OJT実施（定額）助成】

②の場合

一人一訓練当たり二〇万円〈五万円〉〔中小企業以外一一万円〈三万円〉〕

③の場合

一人一訓練当たり一〇万円〈三万円〉〔中小企業以外九万円〈三万円〉〕

※〈　〉内は、訓練終了後、労働者に毎月決まって支払われる賃金を五％以上増額させた場合や、資格等手当の支払を就業規則等に規定した上で、訓練修了後に訓練受講者に対して当該手当を支払うことにより賃金が三％以上増額している場合に加算（以下、(b)教育訓練休暇等付与コースから(f)事業展開等リスキリング支援コースについても同じ）。

(b)　教育訓練休暇等付与コース

有給の教育訓練休暇制度を導入し、労働者が当該休暇を取得して訓練を受けた場合に助成する。

【定額助成】　三〇万円〈六万円〉

(c)　建設労働者認定訓練コース

①職業能力開発促進法による認定訓練を行った中小建設事業主又は中小建設事業主団体（広域団体認定訓練助成金の支給又は認定訓練助成事業費補助金の交付を受けた中小建設事業主又は中小建設事業主団体に限る。）、②雇用する建設労働者に認定訓練を受講させた中小建設事業主（人材開発支援助成金「人材育成支援コース」の支給決定を受けた中小建設事業主に限る。）に対して助成する。

【経費助成】

①の場合、広域団体認定訓練助成金の支給又は認定訓練助成事業費補助金における助成対象経費の六分の一

【賃金助成】

②の場合、一人当たり日額三、八〇〇円

【賃金向上助成・資格等手当助成】

②の場合、【賃金助成】の支給対象一人当たり日額〈一、〇〇〇円〉

(d) 建設労働者技能実習コース

雇用する建設労働者に、労働安全衛生法に基づく特別教育・安全衛生教育・教習・技能講習や、建設業法施行規則に基づく登録機関技能講習などのうち、建設工事における作業に直接関連する実習を受講させた建設事業主または建設事業主団体に対して助成する。

【経費助成（建設事業主）】

（雇用保険被保険者数二〇人以下の中小建設事業主）　支給対象費用の四分の三

（雇用保険被保険者数二一人以上の中小建設事業主）

三五歳未満の建設労働者に技能実習を受講させた場合　支給対象費用の一〇分の七

三五歳以上の建設労働者に技能実習を受講させた場合　支給対象費用の二〇分の九

（中小建設事業主以外の建設事業主）　支給対象費用の五分の三（女性の建設労働者に技能実習を受講させた場合に限る。）

【経費助成（建設事業主）　賃金向上助成・資格等手当助成】

支給対象費用の二〇分の三

【経費助成（建設事業主団体）】

（中小建設事業主団体）　支給対象費用の五分の四

（中小建設事業主団体以外の建設事業主団体）　支給対象費用の三分の二（女性の建設労働者に技能実習を受講させた場合に限る。）

【賃金助成】（最長二〇日間）

（雇用保険被保険者数二〇人以下の中小建設事業主）　一人当たり日額八、五五〇円（九、四〇五円※）

（雇用保険被保険者数二一人以上の中小建設事業主）　一人当たり日額七、六〇〇円（八、三六〇円※）

※建設キャリアアップシステム技能者情報登録者の場合。

【賃金助成　賃金向上助成・資格等手当助成】

（雇用保険被保険者数二〇人以下の中小建設事業主）　支給対象一人当たり日額〈二、〇〇〇円〉

（雇用保険被保険者数二一人以上の中小建設事業主）　支給対象一人当たり日額〈一、七五〇円〉

(e)　人への投資促進コース

雇用する労働者に対し、

①㋑高度デジタル人材の育成のための訓練や、㋺大学院での訓練

②ＯＦＦ-ＪＴ＋ＯＪＴを組み合わせた六カ月以上の訓練（ＩＴ分野関連の訓練）

③定額制訓練（サブスクリプション型の研修サービス）による訓練

④労働者の自発的な訓練費用を事業主が負担する訓練

⑤長期教育訓練休暇等制度の導入等

を実施した場合に助成する。

①の場合

【経費助成】

㋑実費相当額の七五％〔中小企業以外六〇％〕、㋺実費相当額の七五％

【賃金助成】

㋑一人一時間当たり九六〇円〔中小企業以外四八〇円〕、㋺一人一時間当たり九六〇円（国内の大学院での訓練のみ対象）

②の場合

【経費助成】

実費相当額の六〇％〈一五％〉〔中小企業以外四五％〈一五％〉〕

【賃金助成】

一人一時間当たり七六〇円〈二〇〇円〉〔中小企業以外三八〇円〈一〇〇円〉〕

【ＯＪＴ実施（定額）助成】

一人一訓練当たり二〇万円〈五万円〉〔中小企業以外一一万円〈三万円〉〕

③の場合

【経費助成】

実費相当額の六〇％〈一五％〉〔中小企業以外四五％〈一五％〉〕

④の場合

【経費助成】

実費相当額の四五％〈一五％〉

⑤の場合

【制度導入助成】

二〇万円〈四万円〉

【賃金助成】

一人一時間当たり九六〇円〔中小企業以外七六〇円〈二〇〇円〉〕（有給の休暇を取得させた場合のみ対象）

(f)　事業展開等リスキリング支援コース

事業展開等に伴い新たな分野で必要となる知識や技能を習得させるための訓練を実施した場合に助成する。

【経費助成】

実費相当額の七五％〔中小企業以外六〇％〕

【賃金助成】

一人一時間当たり九六〇円〔中小企業以外四八〇円〕

④ その他必要な措置を講ずる

事業主等に助成を行う都道府県に対して国が補助する等の間接的な金銭的援助、あるいは施設の設置・貸与等の施設的援助など、「助成」以外の援助措置を広く指すものである。

具体的には、次のようなものが実施されている。

(イ) 認定訓練助成事業費補助金（雇用保険法第六三条第一項第一号、同法施行規則第一二三条）

中小企業事業主又は中小企業事業主の団体若しくはその連合団体等であって、本法第二四条第一項の認定を受けたものの行う職業訓練を振興するために必要な助成又は援助を行う都道府県に対して、運営費及び施設・設備費について、都道府県が行う助成又は援助に係る額の二分の一に相当する額を交付するものとされている。

(a) 認定職業訓練助成事業費補助金（運営費）（職業能力開発校設備整備費等補助金交付要綱）

認定職業訓練助成事業費補助金（運営費）は、中小企業事業主又は中小企業事業主の団体若しくはその連合団体等が行う認定職業訓練に要する経費のうち、次に掲げるものについて都道府県が補助した場合、当該補助に要した経費の一部について、当該都道府県に対して交付される。

① 集合して行う学科又は実技の訓練を担当する職業訓練指導員、講師及び教務職員の謝金・手当に要する経費

② 集合して学科又は実技の訓練を行う場合に必要な建物の借上げ及び維持に関する経費並びに機械器具等の設備に要する経費

③ 職業訓練指導員の研修及び訓練生の合同学習に要する費用

④　集合して学科又は実技の訓練を行う場合に必要な教科書その他教材に要する経費

⑤　集合して学科又は実技の訓練を行う場合に必要な管理運営に要する経費その他厚生労働大臣が必要かつ適切と認める経費

(b)　認定職業訓練助成事業費補助金（施設及び設備費）（職業能力開発校設備整備費等補助金交付要綱）

認定職業訓練助成事業費補助金（施設及び設備費）は、都道府県、市町村、中小企業事業主の団体等が認定職業訓練のための施設及び設備を設置又は整備する場合に要する経費のうち、集合して行う学科又は訓練に使用する教室、実習場等の施設及び機械等の設置又は整備に要する経費であって、次に掲げる経費の一部について、都道府県に対して交付される。

①　都道府県が設置又は整備する場合は、それに要する経費

②　市町村（特別区及び一部事務組合を含む。）が設置又は整備する場合において、都道府県がその経費の一部を補助したときは、当該補助に要した経費

③　中小企業事業主の団体等が設置又は整備する場合において、都道府県がその経費の一部を補助したときは、当該補助に要した経費

（職務経歴等記録書の普及）

第十五条の四　国は、労働者の職業生活設計に即した自発的な職業能力の開発及び向上を促進するため、労働者の職務の経歴、職業能力その他の労働者の職業能力の開発及び向上に関する事項[1)]を明らかにする書面（次項において「職務経歴等記録書」という。）の様式を定め、その普及に努めなければならない。[2)]

2　国は、職務経歴等記録書の様式を定めるに当たつては、青少年の職業生活設計に即した自発的な職業能力の開発及び向上が促進されるように、その特性にも配慮するものとする。[3)]

趣旨

本条は、平成二七年改正により追加された条文で、労働者の職業能力の開発及び向上に関する事項を明らかにする職務経歴等記録書（ジョブ・カード）の普及について規定したものである。

労働者の自発的な職業能力の開発及び向上の促進を図る上で、労働者の有する職業能力の明確化を行い、労働者が職業人生を通じて職業能力を高めていくことができるようにすることが必要である。

このため、労働者が自らの職務の経歴、職業能力等の蓄積を踏まえ、職業生活設計を行い、これに即して職業能力の開発及び向上を図ることを支援する仕組みとして書面の様式を定め、長期的・安定的にその普及を図るものである。

解説

①　労働者の職務の経歴、職業能力その他の労働者の職業能力の開発及び向上に関する事項

職務経歴等記録書で明らかにする事項は、労働者の職業能力の開発及び向上の促進に資する事項であり、職務の経歴、職業能力のほか、労働者の職業生活設計の内容、学校生活等における経験、労働者が受けた職務経歴等記録書を活用したキャリアコンサルティングに関する事項等が該当する。

②　様式を定め、その普及に努めなければならない

労働者の職業能力の開発及び向上には、事業主、公共職業能力開発施設、キャリアコンサルタント、公共職業安定

所等の多様な者が関係しているところ、労働者の自発的な職業能力の開発及び向上を支援するに当たり、支援する仕組みとしての書面が異なる様式では非効率であることから、国は、職務経歴等記録書の様式を定め、その普及に努める責務を負うこととしたものである。

職務経歴等記録書の様式は、「職業能力開発促進法第十五条の四第一項の規定に基づく職務経歴等記録書の様式」（平成三〇年厚生労働省告示第一二七号）で定められており、キャリア・プランシート、職務経歴シート及び職業能力証明シートから、労働者が状況に応じて必要なシートを選択し活用することとなっている。当該様式は、労働者本人が職務の経歴、職業能力等の蓄積を行うだけでなく、必要な情報を抽出し就職活動時の応募書類として使用することや、公共職業訓練の受講の機会や雇用保険法に基づく専門実践教育訓練の受講前のキャリアコンサルティングの際に記載内容を利用する等の幅広い活用を想定している。

③ 青少年の職業生活設計に……配慮するものとする

職務経歴等記録書は、その趣旨から鑑みれば、労働者が職業生活のできるだけ早期に作成し、活用を図っていくことが望ましいことから、当該様式の策定に当たっての国の青少年に対する配慮規定を設けたものである。具体的には、就業経験だけでなく学校経験についても整理できるシートを設ける等の配慮が考えられる。

（職業能力の開発に関する調査研究等）

第十五条の五　国は、中央職業能力開発協会の協力[1)]を得て、職業訓練、職業能力検定その他職業能力の開発及び向上に関し、調査研究及び情報の収集整理[2)]を行い、事業主、労働者その他の関係者が当該調査研究の成果及びその情報を利用することができるように努めなければならない。

趣旨

本条は、国の職業能力開発に関する調査研究及び情報、資料の提供について規定したものである。

事業主等の行う職業能力開発の促進を図る上で、事業主、労働者等に対し、職業能力開発に関する適切な資料、情報を提供することが重要である。すなわち、事業主特に中小企業事業主にあっては、職業能力開発の重要性についていまだ十分な認識がなかったり、また、技能の高度化等に対応した職業訓練のやり方も複雑化していたりすることから職業訓練を行おうとしてもどのように行うべきものかについて正確な知識、情報がないためせっかく実施している職業訓練が不十分なものとなっているものも多く見られる。したがって、事業主等に対し、労働者の職業能力の開発向上を体系的・段階的にかつ効率的に進めるための職業能力開発の手段、方法等の事項について十分普及、啓蒙することが重要となっている。

また、労働者についても、その適切な職業生活設計を行い及びこれに基づく的確な職業能力の開発向上を図っていくことに資する正確な知識、情報を与えていくことが重要である。

これらに鑑み、国は、職業能力開発の実施方法等について広く調査研究、情報の収集、整理を行い、その結果を職業能力開発関係情報として整理して事業主、労働者等に統一的に提供していく体制を拡充していくように努めるべきものとしたものである。

この規定に基づき、昭和五三年度に職業訓練大学校（現行の職業能力開発総合大学校）に職業訓練研究センターが付設され、平成一一年四月に能力開発研究センターと改称された（平成二四年四月に、基盤整備センターに改称）。

解説

① 中央職業能力開発協会の協力

国が行う職業能力開発に関する調査研究等及び情報、資料の提供について、中央職業能力開発協会がすべきことを規定したものである。

中央職業能力開発協会は、民間における職業能力開発の推進の中核的指導団体として、職業能力の開発及び向上の促進に関する情報及び資料の提供並びに広報、職業訓練、職業能力検定その他職業能力の開発に関する調査及び研究の業務を行うこととされており（第五五条第一項参照）、本条に基づき国が調査研究等及び情報、資料の提供を行う場合には、中央職業能力開発協会のこれらの業務と密接な連携の下に行うことが合理的であり、かつ、職業能力開発の推進のための調査研究等の実施体制及び情報、資料の提供体制をより適切かつ総合的なものとして確立するためにも必要なことである。

具体的には、中央職業能力開発協会は、国の職業能力開発に関する調査研究、情報の収集整理が円滑かつ適切に行われるように、中央職業能力開発協会の有する情報、資料の提供その他調査研究等の実施について協力するとともに、国の行う調査研究の成果並びに国の収集整理する情報がそれを必要とする事業主、労働者その他の関係者に十分利用されるように、自らあるいは中央職業能力開発協会の会員である都道府県職業能力開発協会、全国的な事業主の団体等を通じてそれらの周知普及について協力することを要請されるものである。

②　調査研究及び情報の収集整理

本条に基づき国が行うべき職業能力開発に関する調査研究、情報の収集整理及び情報資料の提供は、職業能力開発行政機関が行うほか、職業能力開発総合大学校に付設された基盤整備センターが行っており、今後一層これらの調査研究機能を充実強化していく必要がある。

なお、基盤整備センターについては第二七条〔解説〕⑤〈三六〇ページ〉参照。

（職業に必要な技能に関する広報啓発等）

第十五条の六　国は、職業能力の開発及び向上が円滑に促進されるような環境を整備するため、職業に必要な技能について事業主その他国民一般の理解を高めるために必要な広報その他の啓発活動等を行うものとする。[1]

趣旨

本条は、国による技能振興に関する広報啓発等の実施について規定している。

若者を中心とした「技能離れ」が我が国の将来に深刻な影響を及ぼすことが危惧されているなか、それを防止し、技能労働者の育成を図ることが重要となっていることから、平成四年の職業能力開発促進法の改正により規定を新設し、国は、技能振興に関して事業主その他国民一般の理解を高めるために必要な広報啓発等を行うこととしたものである。

解説

① 広報その他の啓発活動等を行う

技能の重要性に関する事業主、労働者等の意識の高揚、労働者の技能の適正な評価及び処遇への反映の促進、技能競技大会の開催又はその援助、顕彰事業等の技能振興に関する事業を行うことをいう。

第三節　国及び都道府県等による職業訓練の実施等

本節は、国及び都道府県の行う職業訓練等（第一五条の七）、職業訓練の実施に関する計画（第一五条の八）、公共職業能力開発施設（第一六条）、名称使用の制限（第一七条）、国、都道府県及び市町村による配慮（第一八条）、職業訓練の基準（第一九条）、教材（第二〇条）、技能照査（第二一条）、修了証書（第二二条）及び職業訓練を受ける求職者に対する措置（第二三条）から成り、国、都道府県等の行う公共職業訓練について規定している。

国及び都道府県は、職業を転換しようとする労働者その他職業能力の開発及び向上について特に援助を必要とする者に対する職業訓練の実施、事業主、事業主の団体等により行われる職業訓練の実施状況等に鑑み必要とされる職業訓練の実施等に努めなければならない（第四条第二項後段）とされており、本節は、そのために設置される公共職業能力開発施設、職業訓練の基準等を定め、段階的かつ体系的な職業訓練の実施等を図ることとしたもので、平成四年の職業能力開発促進法の改正により、整備されたものである。

（国及び都道府県の行う職業訓練等）

第十五条の七　国及び都道府県は、労働者が段階的かつ体系的に職業に必要な技能及びこれに関する知識を習得することができるように、次の各号に掲げる施設を第十六条に定めるところにより設置して、当該施設の区分に応じ当該各号に規定する職業訓練を行うものとする。ただし、当該職業訓練のうち主として知識を習得するために行われるもので厚生労働省令で定めるもの（都道府県にあつては、当該職業訓練のうち厚生労働省令で定める要件を参酌して条例で定めるもの）[1]については、当該施設以外の施設においても適切と認められる方法により行うことができる。

一　職業能力開発校[2]（普通職業訓練[3]（次号に規定する高度職業訓練以外の職業訓練をいう。以下同じ。）で長期間及び短期間の訓練課程のものを行うための施設をいう。[4]以下同じ。）

二　職業能力開発短期大学校[5]（高度職業訓練[6]（労働者に対し、職業に必要な高度の技能及びこれに関する知識[7]を習得させるための職業訓練をいう。以下同じ。）で長期間及び短期間の訓練課程（次号の厚生労働省令で定める長期間の訓練課程を除く。）のものを行うための施設をいう。以下同じ。）

三　職業能力開発大学校[8]（高度職業訓練で前号に規定する長期間及び短期間の訓練課程のもの並びに高度職業訓練で専門的かつ応用的な職業能力を開発し、及び向上させるためのものとして厚生労働省令で定める長期間の訓練課程のもの[9]を行うための施設をいう。以下同じ。）

四　職業能力開発促進センター[10]（普通職業訓練又は高度職業訓練のうち短期間の訓練課程のものを行うための施設をいう。以下同じ。）

五　障害者職業能力開発校[11]（前各号に掲げる施設において職業訓練を受けることが困難な身体又は精神に障害がある者等に対して行うその能力に適応した[12]普通職業訓練又は高度職業訓練を行うための施設をいう。以下同じ。）

2　国及び都道府県が設置する前項各号に掲げる施設は、当該各号に規定する職業訓練を行うほか、事業主、労働者その他の関係者に対し、第十五条の二第一項第三号、第四号及び第六号から第八号までに掲げる援助を行うように努めなければならない。[13]

3　国及び都道府県（第十六条第二項の規定により地方自治法（昭和二十二年法律第六十七号）第二百五十二条の十九第一項の指定都市（以下「指定都市」という。）が職業能力開発短期大学校、職業能力開発大学校、職業能力開発促進センター又は障害者職業能力開発校（次項及び第十六条第二項において「職業能力開発短期大学校等」という。）を設置する場合には、当該指定都市を、市町村が職業能力開発校を設置する場合には、当該市町村を含む。以下この項において同じ。）が第一項各号に掲げる施設を設置して職業訓練を行う場合には、その設置する同項各号に掲げる施設（以下「公共職業能力開発施設」という。）[15]内において行うほか、国にあつては職業を転換しようとする労働者等[14]に対する迅速かつ効果的な職業訓練を、都道府県にあつては厚生労働省令で定める要件[16]を参酌して条例で定める職業訓練を実施するため必要があるときは、職業能力の開発及び向上について適切と認められる他の施設[17]により行われる教育訓練[18]を当該公共職業能力開発施設の行う職業訓練とみなし[19]、当該教育訓練を受けさせることによつて行うことができる。

4　公共職業能力開発施設は、第一項各号に規定する職業訓練及び第二項に規定する援助（指定都市が設置する職業能力開発短期大学校等及び市町村が設置する職業能力開発校に係るものを除く。）を行うほか、次に掲げる業務を行うことができる。

一　開発途上にある海外の地域において事業を行う者に当該地域において雇用されている者の訓練を担当する者になろうとする者又は現に当該訓練を担当している者に対して、必要な技能及びこれに関する知識を習得させるための訓練を行うこと。[20]

二　前号に掲げるもののほか、職業訓練その他この法律の規定による職業能力の開発及び向上に関し必要な業務で厚生労働省令で定めるもの[21]を行うこと。

趣旨

本条は、国及び都道府県の行う職業訓練等について規定している。

第一項は、国及び都道府県は、労働者が段階的かつ体系的に職業に必要な技能及びこれに関する知識を習得することができるよう、職業能力開発校、職業能力開発短期大学校、職業能力開発大学校、職業能力開発促進センター及び障害者職業能力開発校を設置して所定の職業訓練を行うこととするとともに、職業訓練のうち主として知識を習得するために行われるものについては、公共職業能力開発施設以外の施設においても適切と認められる方法により行うことができることとしたものである。

第二項は、公共職業能力開発施設は、職業訓練を行うほか、事業主、労働者その他の関係者に対し情報及び資料の提供等の援助を行うように努めなければならないこととしたものである。

これは、公共職業能力開発施設を総合的職業能力開発センターとして位置づけたものである。すなわち、公共職業能力開発施設は、民間では対応が困難な分野の職業訓練を主として担当するものであるが、同時に職業能力開発協会、専修学校、職業高校等と一層連携を密にし、民間活力を十分引き出し、労働者が職業生涯を通じて段階的かつ体系的な職業能力開発の機会を確保することができるよう地域における職業能力開発のシステムの中心として機能させることとしたものである。

第三項は、委託訓練について規定したものである。すなわち、国、都道府県及び市町村が離転職者等に対する職業訓練を迅速かつ効果的に行うため、公共職業能力開発施設内において実施するほか、必要に応じ他の適切な施設に委託してその行う教育訓練を受けさせることができるものとした。本項により、離転職者の発生状況等に応じて積極的に委託訓練を活用することができることとするとともに、委託することができる施設についても専修学校、各種学校等にまでその対象を拡大し、弾力的に取り扱うことができることとしたものである。

第四項は、公共職業能力開発施設は、それぞれの施設に応じて第一項の職業訓練及び第二項の援助を行うほか、職業能力の開発及び向上のために必要な業務を行うこととしたものである。

すなわち、①海外の開発途上地域における訓練担当者の訓練及び②その他厚生労働省令で定める業務を行うこととしている。

解説

① 厚生労働省令で定めるもの（都道府県にあつては、……定めるもの）

短期課程の普通職業訓練（第一九条〈二四二ページ〉参照）に準ずる職業訓練で、その教科の全ての科目について簡易な設備を使用して行うことができるものとされている（規則第三条）。

第一五条の七第一項ただし書の職業訓練としては、例えば、雇用管理担当者に対する雇用管理に関する知識主体の職業訓練等が考えられる。

また、都道府県についても、従来は職業訓練のうち厚生労働省令で定めるものについて公共職業能力開発施設以外の施設においても行うことができることとされていたが、地域主権戦略大綱（平成二二年六月二二日閣議決定）を踏まえ、地方公共団体の自主性及び自立性を高めるため、平成二三年第二次地方分権一括法により、当該基準を都道府県の制定する条例に委任することとされた。

なお、全国的見地から一定レベルの訓練水準を維持する必要があるため、条例制定の基準について「参酌すべき基準」として要件を定めており、

① 主として知識を習得するために行われる職業訓練であること
② 短期課程の普通職業訓練に準ずる職業訓練であること
③ その教科の全ての科目について簡易な設備を使用して行うことができる職業訓練であること

のいずれにも該当するものであることとされている（規則第三条の二）。

② 職業能力開発校

職業能力開発校は、長期間の訓練課程（普通課程）及び短期間の訓練課程（短期課程）の普通職業訓練を行う、地域における職業訓練の基盤となる職業能力開発施設として設置されるものである。

昭和四四年制定職業訓練法による専修職業訓練校と高等職業訓練校はいずれも職業訓練校（現行の職業能力開発校）となるものとされ（昭和五三年改正職業訓練法附則第二条第一項）、平成四年職業能力開発促進法改正により職業能力開発校と改称された。

なお、平成五年改正職業能力開発促進法施行規則の施行の際、現に昭和四四年制定職業訓練法による専修訓練課程の養成訓練の訓練科を設置していた職業能力開発校においては、当該訓練科についてのみ暫定的に従前の専修訓練課程で実施できるものとされている（昭和五三年改正規則附則第二条第一項参照）が、地域の実情に応じて短期課程等に漸次移行することとされている。

③ 普通職業訓練

職業能力開発校で行われる普通職業訓練は、第二号に規定する高度職業訓練以外の職業訓練をいい、現在のところ、長期間の訓練課程として普通課程があり、短期間の訓練課程として短期課程の普通職業訓練及び昭和五三年改正職業訓練法施行規則附則第二条第一項の専修訓練課程の普通職業訓練がある。なお、第一九条〈二四二ページ〉参照。

④ 行うための施設をいう

職業能力開発校は、地域のニーズに沿って職業訓練を行うため、地域の状況によっては普通課程、短期課程等の普通職業訓練のうちいずれかがないこともあり得る。このような場合にまでもこれらの訓練すべてを行わなければならないとするのは非効率的であるので、「行うための施設をいう」として、各号に掲げる職業訓練を行うための施設であるという施設の性格を表すこととし、職業能力開発校が弾力的に職業訓練を実施することができることとしたものである。

また、ここでいう施設は、国、都道府県及び市町村並びに㈱高齢・障害・求職者雇用支援機構が設置する施設をいう。

⑤ 職業能力開発短期大学校

職業能力開発短期大学校は、長期間の訓練課程の高度職業訓練（専門課程）を行うほか、短期間の訓練課程の高度職業訓練（専門短期課程及び応用短期課程）を行う職業能力開発施設として設置されるものであり、平成四年職業能力開発促進法改正により、従来の職業訓練短期大学校が改称されたものである。

短期間の訓練課程の高度職業訓練については、平成四年職業能力開発促進法改正により、新たに行うこととされた。

これは、自ら職業訓練を行うことが困難な中小企業等で働く在職労働者に対して、多様な職業訓練の機会を積極的に提供していくとともに、技術革新・情報化の急速な進展、産業経済活動の高度化・複合化に伴い、高度の知識と技能をあわせもった高度技能労働者に対するニーズが増大していることに対応していくためである。

⑥ 高度職業訓練

高度職業訓練には、長期間の訓練課程として専門課程及び応用課程があり、短期間の訓練課程として専門短期課程及び応用短期課程がある。なお、第一九条〈二四二ページ〉参照。

職業能力開発短期大学校においては、このうち、応用課程以外の高度職業訓練を行うこととされている。

ところで、高度職業訓練と普通職業訓練とは、単にその目指す技能・知識の程度・難易度が異なるのではなく、訓練の目標・内容自体がもともと質的に異なっていると考えられる。具体的には、前者がいわゆるテクニシャン等の技術面を兼ね備えた技能労働者の育成を目指すものであり、後者が習熟の積重ねによる熟練労働者の育成を目指すものといえよう。

⑦ 職業に必要な高度の技能及びこれに関する知識

習熟の積重ねによる熟練労働者でなく、いわゆるテクニシャン等高度な技術的知識と実践的技能をあわせもった適応力の豊かな技能及びこれに関する知識をいう。

⑧ 職業能力開発大学校

職業能力開発大学校は、高付加価値化を担う高度な人材を育成するための公共職業訓練の高度化を推進するため、従来、職業能力開発短期大学校において行っていた高度職業訓練（専門課程）に加え、専門的・応用的な職業能力開発・向上のための新たな高度職業訓練（応用課程）を行う施設として、平成九年の職業能力開発促進法の改正（平成一一年四月一日施行）により、新たな公共職業能力開発施設として本条に追加されたものである。

⑨ 厚生労働省令で定める長期間の訓練課程のもの

職業能力開発大学校においては、職業能力開発短期大学校で行う高度職業訓練に加え、専門的かつ応用的な職業能力を開発・向上させるための高度職業訓練を行うこととされているところであり、応用課程がこれに相当する長期間の訓練課程として規定されている（規則第三条の二）。なお、第一九条〈二四二ページ〉参照。

⑩ 職業能力開発促進センター

技術革新の進展に対処して、労働者の職業生活の全期間を通じて職業能力を開発向上させ、その適応性を増大させるためには、現に職業に従事している労働者等を対象として、短期間の職業訓練を積極的に実施する必要がある。また、産業構造の変化等に伴う離転職者に対する短期間の職業訓練を充実していくことが重要である。

このため、職業能力開発促進センター（平成四年職業能力開発促進法改正により技術開発センターから改称）においては、これらの者を主な対象として短期間の訓練課程の普通職業訓練（短期課程）又は短期間の訓練課程の高度職業訓練（専門短期課程及び応用短期課程）を行うこととしている。

⑪ 障害者職業能力開発校

身体障害者、知的障害者、精神障害者等の身体的事情等に応じてその有する能力等を活用し、職業能力の回復、増進、付与等を可能にするための職業訓練を行う施設である。特に職業訓練上特別な支援を要する障害者（特別支援障害者）を重点的に受け入れることが求められている。平成四年職業能力開発促進法改正により、障害者職業訓練校から改称された。

⑫ **その能力に適応した**

障害者職業能力開発校の長は、厚生労働大臣の定めるところにより訓練生の身体的又は精神的な事情等に配慮して職業訓練の訓練基準の一部を変更できることとされている（規則第二〇条）。

⑬ **第十五条の二第一項第三号……努めなければならない**

公共職業能力開発施設を総合的職業能力開発センター化し、事業主、労働者その他の関係者に対し、職業能力開発に関する情報、ノウハウの提供や相談を行うとともに、必要に応じて職業訓練指導員の派遣、受託訓練の実施、施設の貸与等の援助を行うこととしている（第一五条の二〈一九七ページ〉参照）。

⑭ **職業を転換しようとする労働者等**

職業を転換しようとする労働者のほか、母子家庭の母、障害者等、職業能力の開発及び向上について特に援助を必要とする者を指している。

なお、職業を転換しようとする労働者については、失業して職業の転換を必要とする労働者のほか、在職していても配置転換などにより職業の転換を必要とする労働者も含んだ概念である。

⑮ **迅速かつ効果的**

国、都道府県及び市町村が公共職業能力開発施設を設置して職業訓練を実施する場合には、施設及び設備の整備、あるいは職業訓練指導員の養成確保のための時間が必要であり、一度に大量の離職者が急に発生した場合等では対応に遅れることも懸念されるが、この点委託訓練にあっては迅速な職業訓練が可能である。

また、離転職者等の人数、希望職種、就職可能時期等から見て、委託訓練を行うほうが技能の早期習得及び早期再就職等のために効果的である場合も多い。

⑯ **厚生労働省令で定める要件**

委託訓練を行うことができる基準について、都道府県が条例を定めるに当たり参酌する要件について、規則では、職業を転換しようとする労働者等に対する迅速かつ効果的な職業訓練であること、としている（規則第三条の四）。

これは、従来は都道府県の委託訓練についても、国が委託訓練を行うことができる職業訓練と同様の基準であったが、地域主権戦略大綱（平成二二年六月二二日閣議決定）を踏まえ、地方公共団体の自主性及び自立性を高めるため、平成二三年第二次地方分権一括法により、当該基準を都道府県の制定する条例に委任することとされたため、条例を定めるに当たり参酌する要件として位置づけられたものである。

⑰ **他の施設**

認定職業訓練施設（第二五条〈三二七ページ〉参照）、学校教育法に基づく学校等（専修学校及び各種学校を含む。）のほか、国、都道府県、市町村あるいは民間団体等が設置する施設で労働者の職業能力の開発向上に適切と認められるすべての施設をいうものである。

⑱ **教育訓練**

公共職業能力開発施設で行われるもののほか、大学、短期大学、専修学校、各種学校等で行われるものを含むおよそ労働者の職業能力の開発向上に役立つすべてのものである。「職業訓練」は学校等における「教育」とは区分されるので、本項では両者を統合した概念として「教育訓練」の用語を使用している。

⑲ **当該公共職業能力開発施設の行う職業訓練とみなし**

国、都道府県及び市町村が他の教育訓練施設に委託して教育訓練を行った場合に、当該教育訓練に係る本法上の効果は公共職業能力開発施設の行う職業訓練と同じこととしたものである。つまり、第二三条第二項の訓練手当の支給、第四五条の技能検定の受検資格等について公共職業訓練と同様の効果をもつものである。

⑳ **開発途上にある海外の地域において……訓練を行う**

開発途上国においては、自国経済の持続的拡大と雇用開発を図るためには、自国への技術・技能の移転定着が不可欠であるとの考え方が一般化してきており、外国企業の進出の条件として、①一定率以上の現地人労働者の雇用、②現地人労働者に対する職業訓練の実施等を条件とする傾向が強まっており、また、プラント輸出あるいは建設工事の受注に当たっては、契約の一部として職業訓練の実施を義務づけられることが多くなってきている。

このため、開発途上国の労働者に対する職業訓練を担当する日本人指導者の養成・確保が急務となっており、公共職業能力開発施設においても、企業の行う海外技術協力に対する援助について積極的な取組を推進することとしたものである。

㉑ 厚生労働省令で定めるもの

公共職業能力開発施設の行う業務について、規則は、①職業訓練の実施に関する調査研究を行うこと、②その他職業能力の開発及び向上に関し必要な業務を行うことと定めている（規則第四条）。

なお、職業能力開発短期大学校及び職業能力開発大学校にあっては、短期課程の普通職業訓練を行うことができることとされているが、これらの業務は、公共職業能力開発施設の本来の役割分担に鑑みるとき例外的なものである。

（職業訓練の実施に関する計画）

第十五条の八　国が設置する公共職業能力開発施設の行う職業訓練及び国が行う前条第一項ただし書に規定する職業訓練は、厚生労働大臣が厚生労働省令で定めるところにより[1)]作成する当該職業訓練の実施に関する計画に基づいて実施するものとする。

2　厚生労働大臣は、前項の計画を定めるに当たつては、あらかじめ、関係行政機関の長その他の関係者の意見を聴くものとする。[2)]

趣旨

本条第一項は、独立行政法人雇用・能力開発機構法（平成一四年法律第一七〇号）の制定に伴い追加された規定である。

すなわち、国が設置する公共職業能力開発施設の行う職業訓練及び公共職業能力開発施設以外の施設において適切と認められる方法により国が行う職業訓練は、国が、雇用対策の観点から、その内容や対象者の数等を定め、国の責任において、その実施を担保しなければならない業務であり、従前は、特殊法人である雇用・能力開発機構に対して、厚生労働大臣による予算の認可権限や一般監督権限（廃止前の雇用・能力開発機構法（平成一一年法律第二〇号）第三三条）に基づき、その実施を担保してきた。

しかしながら、雇用・能力開発機構を廃止し、国の行う公共職業訓練を新たに創設される㈱高齢・障害・求職者雇用支援機構に行わせるに当たり、このような監督権限により職業訓練の実施を担保することが不可能となった。このため、㈱高齢・障害・求職者雇用支援機構に対して確実に履行させることのできるよう、国が行うべき公共職業訓練は、厚生労働大臣があらかじめ定める計画に基づいて実施する旨の規定を置くこととしたものである。

現在、㈱雇用・能力開発機構は、独立行政法人雇用・能力開発機構法を廃止する法律（平成二三年法律第二六号）により解散し、職業能力開発業務は㈱高齢・障害・求職者雇用支援機構に承継されている。

第二項は、平成二七年改正により追加された規定である。より効果的な職業訓練を実施するためには、地域や産業界のニーズを適切に反映させていく必要があることから、当該計画の策定に当たっては、あらかじめ、関係者の意見を聴取する旨の規定を置くこととしたものである。

解説

１　厚生労働省令で定めるところにより

職業訓練の実施に関する計画は、次に掲げる事項について定めることとされている（規則第四条の二）。

①　計画の期間

②　計画の期間中に実施する職業訓練の対象者の数

③ 計画の期間中に実施する職業訓練の内容

④ その他必要な事項

2 計画を定めるに……聴くものとする

計画を策定するに当たっては、各産業分野を所管する省庁のほか、地方公共団体、労使団体、民間の職業訓練実施機関等の職業訓練に係る関係者から意見を聴取することを定めたものである。職業訓練は、当該計画に基づき実施されるものだけでなく、事業主や地方公共団体において実施するもの、職業訓練の実施等による特定求職者の就職の支援に関する法律（平成二三年法律第四七号）に基づき実施される職業訓練等の多様な提供主体が存在するところ、効果的な職業訓練を提供するためには、こうした関係者の意見を踏まえ、職業訓練分野や役割分担の設定を行い、社会経済状況や雇用ニーズ等に即した実効的な計画を策定することが重要となる。

（公共職業能力開発施設）

第十六条　国[1]は、職業能力開発短期大学校、[2]職業能力開発大学校、[3]職業能力開発促進センター[4]及び障害者職業能力開発校[5]を設置し、[6]都道府県は、職業能力開発校[7]を設置する。[8]

2　前項に定めるもののほか、都道府県及び指定都市は職業能力開発短期大学校等を、市町村[9]は職業能力開発校を設置することができる。

3　公共職業能力開発施設の位置、名称その他運営について必要な事項[10]は、国が設置する公共職業能力開発施設については厚生労働省令[11]で、都道府県又は市町村が設置する公共職業能力開発施設については条例で定める。

4　国は、第一項の規定により設置した障害者職業能力開発校のうち、厚生労働省令で定めるもの[12]の運営を独立行政法人高齢・障害・求職者雇用支援機構に行わせるものとし、当該厚生労働省令で定めるもの以外の障害者職業能力開発校の運営を都道府県に委託することができる。

5　公共職業能力開発施設の長は、職業訓練に関し高い識見を有する者でなければならない。

趣旨

本条は、公共職業能力開発施設の設置、運営等について規定したものである。

第一項は、国は職業能力開発短期大学校、職業能力開発大学校、職業能力開発促進センター及び障害者職業能力開発校を設置し、都道府県は職業能力開発校を設置することとし、公共職業能力開発施設の設置について国と都道府県間の役割分担の原則を定めたものである。

第二項は、都道府県及び指定都市は職業能力開発短期大学校、職業能力開発大学校、職業能力開発促進センター又は障害者職業能力開発校を、市町村は職業能力開発校を設置することができることとし、これらの公共職業能力開発施設の設置を希望する都道府県及び市町村の要請に応える途を開いたものである。

第三項は、公共職業能力開発施設の位置、名称その他運営について必要な事項は、厚生労働省令又は条例で定めることとしたものである。

第四項は、国が設置した障害者職業能力開発校の運営の方法について規定したものである。

第五項は、公共職業能力開発施設の長の資格要件について規定したものである。

国が設置する職業能力開発施設と都道府県又は市町村が設置する職業能力開発施設の役割分担は、昭和五三年改正職業訓練法により再編され、明確にされた。すなわち、従来、公共職業訓練は、新規中学校卒業者に対する養成訓練を主体に実施されてきたが、進学率の上昇等によりその面での公共職業訓練に対する職業訓練ニーズは減少しており、一方、今後能力再開発訓練、向上訓練及び高度の養成訓練の実施体制を拡充する必要があることに対処するため、従来の養成訓練の実施については都道府県が分担するものとし、国については、従来実施してきた養成訓練を廃止し、能力再開発訓練、向上訓練及び高度の養成訓練の実施を分担するものとすることにより、全体として公共職業訓練における従来の養成訓練の規模を縮小し、能力再開発訓練、向上訓練及び高度の養成訓練の規模を拡充しようとするものである。

また、平成四年職業能力開発促進法改正により、職業訓練体系の再編が行われたが、この役割分担については基本的に変更はない。

なお、平成四年から都道府県立の職業能力開発短期大学校の設置及び運営に要する経費の補助を行っているが、これは高度技能労働者に対するニーズの現状における奨励的な性格の補助であり、国と都道府県の役割分担の変更をもたらすものではない。

さらに平成九年の職業能力開発促進法の施行により、国の設置する公共職業能力開発施設として職業能力開発大学校が追加されるとともに、都道府県も、労働大臣の認可を受けて職業能力開発大学校を設置することができることとされ、平成一一年四月一日から施行された。

また、労働大臣による認可制度については、平成一一年に制定された地方分権一括法により、地方分権の趣旨を踏まえ、労働大臣への同意を要する協議制度に改められた。このため、平成一三年の中央省庁等改革を経て、地方公共団体による公共職業能力開発施設の設置に当たっては、あらかじめ、厚生労働大臣に協議し、その同意を得なければならないこととされていたが、地域主権戦略大綱（平成二二年六月二二日閣議決定）を踏まえ、地方公共団体の自主性及び自立性を高めるため、平成二三年第二次地方分権一括法により、当該協議及び同意は廃止された。

さらに、平成二六年に制定された第四次地方分権一括法により、市町村のうち地方自治法第二五二条の一九第一項の指定都市については、その希望に応じ、職業能力開発校だけでなく、職業能力開発短期大学校等についても設置できることとした。なお、当該改正は、指定都市の権限を拡大するものの、職業訓練の実施の責務を課すものではなく、基本的な役割分担を変更するものではない。

こうした累次の改正の結果、公共職業能力開発施設の設置に関する国と地方公共団体の間の役割分担は次のとおりとなった。

(イ)　国は、職業能力開発短期大学校、職業能力開発大学校、職業能力開発促進センター及び障害者職業能力開発校を設置するものとした。また、職業能力開発短期大学校、職業能力開発大学校及び職業能力開発促進センターについては、現実には国に代わって㈱高齢・障害・求職者雇用支援機構が設置するものである（〔解説〕①参照）。なお、旧雇用促進事業団が設置していた昭和四四年制定職業訓練法による高等職業訓練校は、職業能力開発短期大学校又は職業能力開発促進センターに転換するものとされていた（昭和五三年改正職業訓練法附則第三条参照）ところであったが、平成六年をもってすべての高等職業訓練校が職業能力開発短期大学校又は職業能力開発促進センターに転換されたところである。

(ロ)　都道府県は、職業能力開発校を設置するものとするほか、職業能力開発短期大学校、職業能力開発大学校、職業能力開発促進センター及び障害者職業能力開発校を設置できるものとした。

解説

①　国

本条において公共職業能力開発施設の設置主体は国、都道府県及び市町村とされているが、国による公共職業能力開発施設（障害者職業能力開発校を除く。）の設置及び運営は、第九六条により雇用保険法第六三条第三項の規定に基づき、㈱高齢・障害・求職者雇用支援機構が国に代わって実施することとされている。

②　職業能力開発短期大学校

第一五条の七〔解説〕⑤〈二二五ページ〉参照。

③　職業能力開発大学校

第一五条の七〔解説〕⑧〈二二六ページ〉参照。

④ 職業能力開発促進センター

第一五条の七〔解説〕⑩〈二二六ページ〉参照。

⑤ 障害者職業能力開発校

第一五条の七〔解説〕⑪〈二二六ページ〉参照。

⑥ 国は……設置し

職業能力開発短期大学校、職業能力開発大学校、職業能力開発促進センター及び障害者職業能力開発校は、原則として国が設置するものであることを明らかにしている。この場合、管理運営に関しては明文の規定はないが、本条第四項の規定をもあわせ考え、設置者が当然管理運営を行うべき法意と解される。なお、①参照。

⑦ 職業能力開発校

第一五条の七〔解説〕②〈二二四ページ〉参照。

⑧ 都道府県は……設置する

職業能力開発校は、原則として都道府県が設置するものであることを明らかにしている。この場合の管理運営については、国と同様に設置者が管理運営を行うことが基本となるが、「「明日の安心と成長のための緊急経済対策」における構造改革特区に係る過去の未実現提案等についての政府の対応方針」（平成二二年一月二九日構造改革特別区域推進本部決定）を踏まえ、都道府県又は市町村が設置した公共職業能力開発施設について、地方自治法（昭和二二年法律第六七号）第二四四条の二第三項の規定に基づく指定管理者制度により、当該都道府県又は市町村以外の者が管理運営することができることとなった。この際、当該都道府県又は市町村は、公共職業能力開発施設の管理運営に係る責任を有する者として、条例の制定や指定管理者との協定等の締結に当たり、指定管理者が職業能力開発促進法における職業訓練基準等を遵守して適切な公共職業訓練を実施するよう、必要な措置を講じることが求められる。

⑨ 市町村

市町村については、本法上、職業訓練の実施について特段の責務は課せられておらず、予算上の措置も講ぜられていないが、職業訓練の実施を希望する市町村についてはこれを拒むことなく、職業能力開発校を設置することができることとしたものである。なお、一度設立した職業能力開発校については、本法の関係規定が適用されるものであることは言うまでもない。

この場合の管理運営については、⑧参照。

なお、市町村のうち地方自治法に規定する指定都市については、職業能力開発短期大学校等についても設置することができることとしているが、職業訓練の実施について責務を課すものではなく、職業訓練の実施を希望する指定都市については、人口や担う事務の大きさを鑑み、設置可能な公共職業能力開発施設の種類を拡大したものである。

⑩　その他運営について必要な事項

「必要な事項」とは、訓練科名、訓練定員、訓練校の組織、その他公共職業能力開発施設の運営に関する細目をいう。

⑪　厚生労働省令

国が設置する公共職業能力開発施設の位置、名称その他運営について必要な事項として次のように定めている（規則第八条及び別表第一）。

規則別表第一（第八条関係）

名称	位置	名称	位置
北海道障害者職業能力開発校	北海道砂川市	大阪障害者職業能力開発校	大阪府堺市
宮城障害者職業能力開発校	宮城県仙台市	兵庫障害者職業能力開発校	兵庫県伊丹市
中央障害者職業能力開発校	埼玉県所沢市	吉備高原障害者職業能力開発校	岡山県加賀郡吉備中央町
東京障害者職業能力開発校	東京都小平市	広島障害者職業能力開発校	広島県広島市

神奈川障害者職業能力開発校	神奈川県相模原市	福岡障害者職業能力開発校	福岡県北九州市
石川障害者職業能力開発校	石川県野々市市	鹿児島障害者職業能力開発校	鹿児島県薩摩川内市
愛知障害者職業能力開発校	愛知県豊川市		

⑫ 厚生労働省令で定めるもの

中央障害者職業能力開発校及び吉備高原障害者職業能力開発校が定められている（規則第八条第二項）。

（名称使用の制限）

第十七条　公共職業能力開発施設でないもの（第二十五条の規定により設置される施設[1]を除く。）は、その名称中に職業能力開発校、職業能力開発短期大学校、職業能力開発大学校、職業能力開発促進センター又は障害者職業能力開発校という文字を用いてはならない。[2]

趣旨

本条は、公共職業能力開発施設でないものの名称使用制限について規定したものである。

解説

① 第二十五条の規定により設置される施設

認定職業訓練を行う事業主等が、都道府県知事の承認を受けて設置する職業能力開発校、職業能力開発短期大学校、職業能力開発大学校又は職業能力開発促進センターをいう。

② 用いてはならない

公共職業能力開発施設でないものは、職業能力開発校、職業能力開発短期大学校、職業能力開発大学校、職業能力開発促進センター又は障害者職業能力開発校の名称を用いてはならないこととし、内容を伴わない職業訓練のための施設によってこれらの名称が乱用され、誤った社会的評価の生ずることを避けようとする趣旨である。なお、本条に違反した場合には、一〇万円以下の過料という罰則の適用がある（第一〇八条）。

（国、都道府県及び市町村による配慮）

第十八条　国[1]、都道府県及び市町村は、その設置及び運営について、公共職業能力開発施設が相互に競合することなくその[2]機能を十分に発揮することができるように配慮するものとする。

2　国、都道府県及び市町村は、職業訓練の実施に当たり、関係地域[3]における労働者の職業の安定及び産業の振興に資するように、職業訓練の開始の時期[4]、期間[5]及び内容等[6]について十分配慮するものとする。

3　国、都道府県及び市町村は、職業訓練の実施に当たり、労働者がその生活との調和を保ちつつ、職業能力の開発及び向上を図ることができるように、職業訓練の期間及び時間等[7]について十分配慮するものとする。

趣旨

本条は、公共職業能力開発施設の運営及び職業訓練の実施に関して、国、都道府県及び市町村が配慮すべき事項を定めたものである。

第一項は、公共職業能力開発施設が相互に競合することなくその機能を十分発揮できるよう、国、都道府県及び市町村は配慮することとしたものである。

公共職業能力開発施設は、それぞれの施設の特色を十分に生かして労働者及び事業主が必要とする職業訓練を的確に行わなければならない。

しかしながら、従来、ややもすれば、地域的に近接する都道府県立の職業能力開発施設と国（独高齢・障害・求職者雇用支援機構）立の職業能力開発施設との間で類似の職業訓練が重複して行われ、効率的な職業訓練の実施に問題を生ずる場合も見られたため、この規定を設けたものである。

第二項は、国、都道府県及び市町村は、職業訓練の実施に当たり、関係地域における労働者の職業の安定及び産業の振興に資するよう職業訓練の開始の時期・期間及び内容等について十分配慮することとしたものである。

具体的には、国、都道府県及び市町村の行う職業訓練は、単位制（モジュール）訓練方式の導入、随時入校制の普及、訓練科目の切替え、委託訓練・速成訓練の実施等により職業訓練の開始の時期、実施の期間及び内容等について関係地域の労働者及び事業主の職業訓練ニーズに沿ったものとなるように実施していくこととしたものである。

第三項は、国、都道府県及び市町村は、職業訓練の実施に当たり、労働者がその生活との調和を保ちつつ、職業能力の開発及び向上を図ることができるように、職業訓練の期間及び時間等について十分配慮することとしたものである。公共職業訓練において、効果的な受講や就職につなげていくために、育児や介護等、多様な事情を抱える求職者等が職業訓練を受講できるよう、職業訓練の実施に当たり、その実施期間や時間等について配慮することを示したものである。

解説

①　国

国のほか、国に代わって公共職業能力開発施設を設置運営する㈱高齢・障害・求職者雇用支援機構を含むものである。

②　競合することなく

当該地域の労働市場の状況、訓練対象者の状況等から見て、公共職業能力開発施設間の訓練科、募集対象者等について重複を生じないことをいう。公共職業能力開発施設の効率的な活用を図ることを目的とするものである。

③　関係地域

公共職業能力開発施設には、公共職業安定所のような行政管轄区域（行政機関がその権限を行使できる範囲）はないが、当該公共職業能力開発施設の訓練生の募集や事業主等の行う職業訓練についての援助その他の観点から考慮して当該公共職業能力開発施設の業務を遂行する上で関係の深いと認められる地域である。

④　開始の時期

訓練生に対して職業訓練を開始するときをいう。

従来、職業訓練の開始の時期は、養成訓練（現行の長期間の訓練課程の職業訓練）については四月、機動的に訓練を行う必要がある能力再開発訓練（現行の短期間の訓練課程の普通職業訓練）についてさえ四月と一〇月が多かった。このため、本項により随時入校制、単位制（モジュール）訓練方式の導入、委託・速成訓練等を行い訓練開始時期の多様化を図ることとしたものである。

【参　考】　単位制（モジュール）訓練方式導入の趣旨

能力再開発訓練（現行の短期間の訓練課程の普通職業訓練）の実施に当たって、訓練生個々の既得技能、習得能力等を考慮し、現実の雇用の場に適合した一定水準の技能を的確に付与するため、訓練の対象となる職種ごとに必要とされる技能及びこれが習得に必要な知識を基本的な作業単位（「モジュール・ユニット」という。）に分割し、そのモジュール・ユニットを各地域、各業界における雇用可能性に合わせて種々組み合わせ、モジュール・ユニットごとに所定の技能水準への到達を確認しつつ訓練を行う方式（「単位制訓練方式」という。）を導入し、もって入校時期の多様化と離転職者の再就職の促進を図るものとする（昭五三・一・二六　訓発第一四号）。

⑤ **期　間**

職業訓練の開始の時期から終了の時期までをいう。

公共職業訓練については、それぞれ訓練期間が定められているが、特に短期間の訓練課程の職業訓練については機動的な訓練の実施の必要性もあることから訓練期間についても弾力的に運用し、関係地域の労働者及び事業主のニーズに十分対応していくこととしている。

⑥ **内容等**

職業訓練のための施設、設備、教科、訓練技法等をいう。

公共職業訓練の内容等については、それぞれの訓練課程ごとに定められているが、短期間の訓練課程の職業訓練のみならず、長期間の訓練課程の職業訓練についても、新しい訓練技法の導入、訓練科目の見直し等により、雇用、産業の動向を踏まえつつ、関係地域の労働者及び事業主のニーズに十分対応していくこととしている。

⑦ **時間等**

職業訓練の期間、時間、実施の方法等をいう。就業構造の多様化が進展する中で多様な事情を抱える労働者が増加していることを踏まえ、国・都道府県・市町村の責務として、職業訓練の実施に当たり、労働者がその生活との調和を保ちつつ、職業能力の開発及び向上を図ることができるよう、職業訓練の期間や時間、実施の方法等について配慮することとしており、具体的には、短期間・短時間の訓練コースや土日・夜間の訓練コース、オンラインによる訓練コースの設定の促進を想定している。

（職業訓練の基準）

第十九条　公共職業能力開発施設は、職業訓練の水準の維持向上のための基準[1]として当該職業訓練の訓練課程[2]ごとに教科、訓練時間、設備その他の厚生労働省令で定める事項に関し厚生労働省令で定める基準[3]（都道府県又は市町村が設置する公共職業能力開発施設にあつては、当該都道府県又は市町村の条例で定める基準）に従い、普通職業訓練又は高度職業訓練を行うものとする。

2　前項の訓練課程の区分は、厚生労働省令で定める。[4]

3　都道府県又は市町村が第一項の規定により条例を定めるに当たつては、公共職業能力開発施設における訓練生の数については同項に規定する厚生労働省令で定める基準[5]を標準として定めるものとし、その他の事項については同項に規定する厚生労働省令で定める基準[6]を参酌するものとする。

趣旨

本条は、職業訓練の基準について定めたものである。

職業訓練が経済社会の変化に応じ、あるいは地域の実態に即して的確に行われるためには、職業訓練の実施の基準となっている訓練基準が経済的・社会的あるいは地域的なニーズに応えられるものとなっていなければならない。

このため、訓練基準について幾多の改正が行われてきた。しかし、従来は、基本的には各訓練課程ごとに訓練科を増設し、又は既設の訓練科の基準を時代のニーズに即して改正するという方法によりニーズに応じた職業訓練を行おうとするものであった。

しかし、訓練課程ごとに訓練科を増改設し、公共職業訓練及び認定職業訓練の基準としていく方式では、激しい技術革新等に即応した訓練を行うためには基本的に次のような困難がある。

第一に、既設の訓練科のなかで、例えば、機械科において新たに開発された産業用ロボットに関する訓練を行うこと、事務系の訓練科においてパーソナルコンピュータに関する訓練を行うことなどは、それぞれ機械科及び事務系の訓練科に産業用ロボット又はパーソナルコンピュータに関する教科が導入されて初めて可能となってくる。

第二に、地場産業的な性格の強い業種に必要な技能、開発された直後でいまだ全国的に普及していない先端産業に必要な技能などに関しては訓練科が設定されていないために、公共職業訓練又は認定職業訓練として実施することが困難である。

こうした困難性を打開していくためには、職業訓練を実施する国、都道府県あるいは事業主等が、その実施すべき職業訓練の内容を自主的に決定することができる途を開く必要がある。

こうした観点から、第一項は、公共職業能力開発施設は「訓練課程ごとに教科、訓練時間、設備その他の厚生労働省令で定める事項に関し厚生労働省令で定める基準に従い」職業訓練を行うものと規定し、職業訓練の基準に関しては、訓練基準として定めるべき事項及び各事項に関して定めるべき内容のいずれもが厚生労働省令に委ねられている。

なお、職業訓練の基準では、教科の科目、訓練時間等の具体的な内容については必要なもののみを定め、地域ニーズ等を勘案した弾力的な職業訓練が展開できるようにしている。

従来、都道府県及び市町村が設置する公共職業能力開発施設における職業訓練の実施についても、厚生労働省令で定める基準に従うものとされていたが、地域主権戦略大綱（平成二二年六月二二日閣議決定）を踏まえ、地方公共団体の自主性及び自立性を高めるため、平成二三年第二次地方分権一括法により、当該基準は、都道府県又は市町村の制定する条例に委任することとされた。

第二項は、訓練課程の区分も厚生労働省令で定めることとしたものである。

第三項は、平成二三年第二次地方分権一括法により、都道府県及び市町村が設置する公共職業能力開発施設における職業訓練の実施に関する基準を、都道府県又は市町村の制定する条例に委任することに伴い、条例制定の基準を定めたものである。

解説

①　職業訓練の水準の維持向上のための基準

本法において職業訓練の基準を定めるのは、職業訓練の水準を維持向上させ、労働者の職業生活の全期間にわたって段階的かつ体系的な職業訓練が実施できるようにしようとするものである。

②　訓練課程

普通職業訓練及び高度職業訓練について、これらの職業訓練を効果的・効率的に行うため、習得させようとする技能及びこれに関する知識の「程度」と「期間」に基づいてさらに区分したものである。

訓練課程の区分は厚生労働省令で定めることとされている（第二項）。

具体的には、訓練課程は職業訓練の種類に応じて右下表のように定められている（規則第九条）。

職業訓練の種類	長期間の訓練課程	短期間の訓練課程
普通職業訓練	普通課程	短期過程
高度職業訓練	専門課程 応用過程	専門短期過程 応用短期過程

③　厚生労働省令で定める事項に関し厚生労働省令で定める基準

職業訓練の基準及びその運用方針は、規則第一〇条から第二一条まで及び関係通達において次のように定められている。

一　普通課程の普通職業訓練の運用方針

1　普通課程の普通職業訓練の概括的な訓練基準

(1)　訓練の対象者

中学校卒業者若しくはこれと同等以上の学力を有すると認められる者（以下「中学校卒業者等」という。）又は高等学校卒業者若しくはこれと同等以上の学力を有すると認められる者（以下「高等学校卒業者等」という。）であること。

「中学校卒業者」及び「高等学校卒業者」は、新規に中学校又は高等学校を卒業した者に限る趣旨ではなく、既卒者を含むものである。また、中学校卒業者と同等以上の学力を有すると認められる者には、外国において中学校の課程に相当する課程を修了した者等が含まれ、高等学校卒業者と同等以上の学力を有すると認められる者は、中学校卒業者等を対象とする普通課程を修了した者、外国において高等学校の課程に相当する課程を修了した者、昭和二三年文部省告示第四七号第二一号の規定による専修学校の高等課程の修業年限三年以上の課程を修了した者、大学入学資格検定規程（昭和二六年文部省令第一三号）により文部科学大臣の行う大学入学資格検定に合格した者、高等学校卒業者と同等以上の技能習得能力を有すると認められる者等が含まれるものであること。

なお、年少者労働基準規則（昭和二九年労働省令第一三号）等の法令により、一定の者に対し、特定の業務に就業することを制限している場合（職業訓練に関し当該就業制限の特例が規定されている場合を除く。）は、当該業務に関する訓練を含む訓練科の対象者の資格を当該法令に基づいて定めるものとし、また、自動車整備士等の公的資格制度のある職種に係る訓練科については、対象者の資格を当該制度の資格要件に基づいて定めるものとすること。

(2)　教　科

イ　その科目が将来多様な技能及びこれに関する知識を有する労働者となるために必要な基礎的な技能及びこれ

に関する知識を習得させるために適切と認められるものであること（規則第一〇条第一項第二号）。

ロ　訓練の対象となる技能及びこれに関する知識の範囲を設定し、当該技能及びこれに関する知識の範囲に係る多様な技能及びこれに関する知識を有する労働者の素地としての技能及びこれに関する知識の水準に到達させるものであること。

ハ　学科の科目及び実技の科目を含まなければならないこと。

ニ　学科の科目について、社会、体育、数学、物理、化学、実用外国語、国語等の普通学科を行う場合にあっては、原則として、専門学科（規則別表第二（以下単に「別表第二」という。）に定めるところによる訓練を行う場合にあっては、系基礎学科及び専攻学科。以下同じ。）と区分して行うこと。

ホ　普通学科を行う場合は、主として専門学科の理解の基礎となる科目を選定することとするが、訓練生の自主性を助長しつつ、ボランティア活動及びコミュニケーション能力（意思疎通、協調性及び自己表現能力から構成される能力）等職業人としての素養を身に付けるのにふさわしい科目も設定するよう努めること。

また、生活指導、ホームルーム活動、体育祭等は、普通学科として取り扱って差し支えない。

また、キャリア・コンサルティングについては、生活指導の一環として普通学科として行うことができるものとし、自己理解や職業理解の促進、希望職種の明確化、具体的な求職活動の支援など、訓練段階に応じた支援を行うものとすること。ただし、キャリア・コンサルティング時間が予め定める時間を超過し、他の学科又は実技の訓練時間に影響する場合には、その学科又は実技について補講を行うこと。

普通学科の訓練時間は専門学科の訓練時間より少ない時間数とすること。

なお、中学校卒業者等を対象とする場合の普通学科の訓練時間は、二〇〇時間以上とし、かつ、専門学科の訓練時間より少ない時間数とすること。

また、入所式及び修了式は訓練時間に含めないこと。

ヘ　専門学科は、実技の習得に必要な知識を付与するものであって、原則として安全衛生の科目を含むものであること。

専門学科の科目の内容については、訓練を行う実技の科目の内容及びその程度に応じて決定すべきものであり、訓練の実施に当たっては実技の科目の内容と遊離して行われることのないよう留意すること。

また、専門学科の訓練時間は、中学校卒業者等を対象とする場合にあっては、おおむね三〇〇時間以上、高等学校卒業者等を対象とする場合にあっては、おおむね二四〇時間以上であること。

ト　実技の科目には、原則として安全衛生の科目を含むものであり、また、実技の訓練時間は総訓練時間の三〇パーセントに相当する時間以上であること。

なお、実技の科目の実施に当たっては、インターンシップ（訓練生が訓練期間中に自らの専攻、将来のキャリアに関連した就業体験を行うこと。以下同じ。）の活用を含め、実際の現場での実習を設定するよう努めること。

(3)　訓練の実施方法

学科の科目については、通信の方法によっても行うことができること。

実技の科目については、同時双方向オンライン（テレビ会議システム等を使用し、職業訓練指導員と訓練生が映像・音声によりお互いにやりとりを行う等の同時かつ双方向に行われるものとし、職業訓練施設において、通所の訓練に相当する訓練効果を有すると認めた方法。以下において同じ。）によって行うことができること。

通信制訓練（通信の方法により教材等を配付し、添削指導及び面接指導を行うもの。以下同じ。）の場合には、3（通信制訓練における添削指導及び面接指導）に定めるところにより、添削指導及び面接指導を行うこと。

また、通信の方法により行う通信制訓練以外の訓練の場合には、同時双方向オンラインによるものであることと。この場合、原則、通所による訓練時間（集合訓練、個別指導、面接指導等による時間を含む。）を総訓練時間の二〇パーセント以上確保すること。

(4)　訓練期間

中学校卒業者等を対象とする場合にあっては二年、高等学校卒業者等を対象とする場合にあっては一年であること。ただし、訓練の対象となる技能及びこれに関する知識の内容、訓練の実施体制等によりこれにより難い場合には、中学校卒業者等を対象とするときにあっては二年以上四年以下、高等学校卒業者等を対象とするときにあっては一年以上三年（別表第二に定める保健医療系臨床検査科にあっては四年）以下の期間内で当該訓練を適切に行うことができると認められる期間とすることができるものであること（規則第一〇条第一項第四号）。

ここで、「訓練の対象となる技能及びこれに関する知識の内容、訓練の実施体制等によりこれにより難い場合」とは、訓練の対象となる技能及びこれに関する知識の内容について、広い範囲若しくは高い習熟の程度を必要とする場合その他これらに準ずる場合又は訓練の実施体制について、夜間の特別な時間若しくは期間において訓練を行う場合（以下「夜間訓練等の場合」という。）をいうものであること。

(5)　訓練時間

一年につきおおむね一、四〇〇時間であり、かつ、総訓練時間が中学校卒業者等を対象とする場合にあっては二、八〇〇時間以上、高等学校卒業者等を対象とする場合にあっては一、四〇〇時間以上であること。ただし、訓練の実施体制等によりこれにより難い場合には、一年につきおおむね七〇〇時間まで短縮することができること（規則第一〇条第一項第五号）。

ここで、「訓練の実施体制等によりこれにより難い場合」とは、夜間訓練等の場合をいうものであり、これにより一年当たりの訓練時間を短縮したときは、当該訓練時間の短縮に応じて訓練期間を延長することにより、これらの最低限の総訓練時間数を満たす必要があること。

これらの場合の訓練時間の算出方法は、五〇分間（休憩時間を除く。）を一時間として算定して差し支えないこと。

(6)　設　備

教科の科目に応じ当該科目の訓練を適切に行うことができると認められるものであること（規則第一〇条第一項第六号）。

(7)　訓練生の数

訓練を行う一単位につき五〇人以下であること（規則第一〇条第一項第七号）。

(8)　職業訓練指導員

訓練生の数、訓練の実施に伴う危険の程度及び指導の難易に応じた適切な数であること（規則第一〇条第一項第八号）。

具体的には、訓練科ごとに訓練を行う一単位の訓練生につき三人（三〇人を超える訓練生を一単位とする場合には、四人）を標準とし、訓練生の数、訓練の実施に伴う危険の程度又は指導の難易に応じて増減した数とすること。

(9)　試　験

学科試験及び実技試験に区分し、訓練期間一年以内ごとに一回行うこと。ただし、最終の回の試験は、技能照査をもって代えることができること（規則第一〇条第一項第九号）。

なお、学科試験において、普通学科の科目については省略することができること。

(10)　その他

訓練科名は、別表第二に定めるところによる訓練以外の訓練にあっては、訓練の内容を適切に表した訓練科の名称を定めること。

したがって、当該訓練科の名称は、別表第二の訓練科の欄に定める訓練科の名称とは異なるものとすること。

2　別表第二に定める訓練科に係る訓練の訓練基準

別表第二に定める訓練科に係る訓練については、1に定めるもののほか、同表に定めるところにより行われるものを標準とすることとしたこと（規則第一〇条第二項）。

なお、別表第二は、訓練の対象者が、高等学校卒業者等を原則として定めていること。

具体的には、1に定めるもののほか、次によること。

(1)　高等学校卒業者等を対象とする場合の訓練基準は、次のとおりであること。

イ　教　科

(イ)　訓練科は、訓練系及び専攻科からなるものとし、訓練科ごとの教科について最低限必要とする科目は、別表第二の教科の欄に定める科目であること。

(ロ)　(イ)に定める科目のほか、必要に応じ各訓練施設におけるニーズ等を考慮しつつ、それぞれの訓練科ごとに適切な科目を追加することができること。

なお、普通学科は、この科目として追加して行って差し支えないが、普通学科の訓練時間は系基礎学科及び専攻学科の訓練時間を合計した時間よりも少ない時間とすること。

(ハ)　労働安全衛生法及び作業環境測定法による資格取得に係る訓練科については、別に定めるところにより、当該資格を付与するにふさわしいものとなるよう教科の科目を定めること。

ロ　訓練期間

訓練科ごとの最低限の訓練期間は、別表第二の訓練期間及び訓練時間の欄に定めるとおりであること。

ハ　訓練時間

(イ)　通信制訓練以外の訓練の訓練科ごとの最低限の総時間並びに系基礎学科、系基礎実技、専攻学科及び専攻実技の科目ごとに行うべき最低限の訓練時間は、別表第二の訓練期間及び訓練時間の欄に定めるとおりであること。

(ロ)　通信制訓練の面接指導のための最低限の訓練時間は、別表第二の訓練期間及び訓練時間の欄に定める系基礎学科及び専攻学科の訓練時間のそれぞれ二〇パーセントに相当する時間であること。加えて、別表第二の訓練期間及び訓練時間の欄に定める系基礎実技及び専攻実技の訓練時間については、集合訓練、個別指導、面接指導等のための最低限の訓練時間を、それぞれ二〇パーセントに相当する時間とすること。

ニ　設　備

訓練科ごとに最低限必要な設備は、別表第二の設備の欄に定めるとおりであること。

公共職業能力開発施設の設備は、別途定められる訓練科ごとの設備の細目を標準として、地域業界のニーズ等に応じたものを整備すること。

(2) 中学校卒業者等を対象とする場合の訓練基準は、次のとおりであること。

イ　教　科

(イ) 訓練科は、訓練系及び専攻科からなるものとし、訓練科ごとの教科について最低限必要とする科目は、別表第二の教科の欄に定める科目であること。

(ロ) (イ)に定める科目のほか、社会、体育、数学、物理、化学、実用外国語、国語等の普通学科の科目のうち必要なものを追加して行うこと。

普通学科の訓練時間は二〇〇時間以上とし、系基礎学科及び専攻学科の訓練時間を合計した時間よりも少ない時間とすること。

(ハ) (イ)及び(ロ)に定める科目のほか、必要に応じ、各訓練施設におけるニーズ等を考慮しつつ、それぞれの訓練科ごとに適切な科目を追加することができること。

(ニ) 労働安全衛生法及び作業環境測定法による資格取得に係る訓練科については、当該資格を付与するにふさわしいものとなるよう教科の科目を定めること。

ロ　訓練期間

訓練科ごとの最低限の訓練期間については、それぞれ別表第二の訓練期間及び訓練時間の欄に定める訓練期間に一年を加えて得た期間であること。

ハ　訓練時間

(イ) 通信制訓練以外の訓練の訓練科ごとの最低限の総時間は、別表第二の訓練期間及び訓練時間の欄に定める総時間に一、四〇〇時間を加えて得た時間とし、系基礎学科、系基礎実技、専攻学科及び専攻実技の科目ごとに行うべき最低限の訓練時間は、別表第二の訓練期間及び訓練時間の欄に定めるとおりとすること。

(ロ)　通信制訓練の面接指導のための最低限の訓練時間は、別表第二の訓練期間及び訓練時間の欄に定める系基礎学科及び専攻学科の訓練時間並びにイ(ロ)に定める普通学科の訓練時間のそれぞれ二〇パーセントに相当する時間であること。加えて、別表第二の訓練期間及び訓練時間の欄に定める系基礎実技及び専攻実技の訓練時間については、集合訓練、個別指導、面接指導等のための最低限の訓練時間を、それぞれ二〇パーセントに相当する時間とすること。

ニ　設　備

訓練科ごとに最低限必要な設備は、別表第二の設備の欄に定めるとおりであること。

公共職業能力開発施設の設備は、厚生労働大臣が定める訓練科ごとの設備の細目を標準として、地域業界のニーズ等に応じたものを整備すること。

3　通信制訓練における添削指導及び面接指導

(1)　添削指導

添削指導は、質疑応答の回数を除き、三回以上行うこと。

イ　設問解答

添削指導における設問は、あらかじめ配布した教科書等の内容に応じ、教科の科目ごとに、二問以上とすること。

当該設問に対する解答は、訓練実施者の定めた計画に基づき提出させるものとし、当該解答の提出が遅延している訓練生に対しては、速やかに提出するよう督促すること。

ロ　添削指導

提出された解答は、一定期間内に添削指導を行い、速やかに返付すること。

ハ　質疑応答

教科書及び設問解答に関する質疑が適宜行えるようにその手続を定めるとともに、提出のあった質疑に対しては、速やかに回答を作成して返付すること。

(2)　面接指導

面接指導は、訓練期間一年につき一回以上行うこと。また、所定の添削指導を終了したときは、面接指導を行うこと。

面接指導の内容は、当該教科の科目の重要事項、添削指導で把握された問題点等について指導すること。

所定の添削指導の終了前及び終了後に行うべき面接指導の標準の訓練時間は、次の表のとおりとすること。なお、同表中の通常訓練時間とは、通信の方法以外の方法により行った科目の訓練時間を合計した時間をいうこと。

		訓練の対象者	面接指導の訓練時間
別表第二に定めるところにより行う訓練以外の訓練	普通学科を行う場合であって、当該教科のすべての科目を通信の方法により行う場合	中学校卒業者等	四〇時間以上
	普通学科を行う場合であって、当該教科の一部の科目を通信の方法により行う場合	中学校卒業者等	二〇〇時間から普通学科に係る通常訓練時間を差し引いた残りの時間の二〇パーセントに相当する時間（当該時間が三時間より少ない場合は、三時間）以上
	専門学科のすべての科目を通信の方法により行う場合	中学校卒業者等	六〇時間以上
		高等学校卒業者等	五〇時間以上
	専門学科の一部の科目を通信の方法により行う場合	中学校卒業者等	三〇〇時間から専門学科に係る通常訓練時間を差し引いた残りの時間の二〇パーセントに相当する時間（当

			該時間が三時間より少ない場合は、三時間）以上
		高等学校卒業者等	二四〇時間から専門学科に係る通常訓練時間を差し引いた残りの時間の二〇パーセントに相当する時間（当該時間が三時間より少ない場合は、三時間）以上
別表第二に定めるところにより行う場合	普通学科のすべての科目の通信方法により行う方法	中学校卒業者等	四〇時間以上
	普通学科の一部の科目を通信の方法により行う場合	中学校卒業者等	二〇〇時間から普通学科に係る通常訓練時間を差し引いた残りの時間の二〇パーセントに相当する時間（当該時間が三時間より少ない場合は、三時間）以上
	系基礎学科及び専攻学科のすべての科目を通信の方法により行う場合	中学校卒業者等及び高等学校卒業者等	別表第二の訓練期間及び訓練時間の欄に定める系基礎学科及び専攻学科の訓練時間のそれぞれの二〇パーセントに相当する時間以上
	系基礎学科及び専攻学科の一部の科目を通信の方法により行う場合	中学校卒業者等及び高等学校卒業者等	別表第二の訓練期間及び訓練時間の欄に定める系基礎学科の訓練時間から系基礎学科に係る通常訓練時間を差し引いた残りの時間及び専攻学科の訓練時間から専攻学科に係る通常訓練時間を差し引いた残りの時間の

			それぞれの二〇パーセントに相当する時間（当該時間が三時間より少ない場合は、三時間）以上

規則別表第二（第十条関係）

普通課程の普通職業訓練

一　教科

1　訓練科（次の表の訓練科の欄に定める訓練系及び専攻科からなる訓練科をいう。）ごとの教科について最低限必要とする科目は、次の表の教科の欄に定める系基礎学科、系基礎実技、専攻学科及び専攻実技の科目とする。

2　中学校卒業者若しくは義務教育学校卒業者若しくは中等教育学校前期課程修了者又はこれらと同等以上の学力を有すると認められる者（以下この表において「中学校卒業者等」という。）を対象とする訓練の訓練科については、1に定めるもののほか、社会、体育、数学、物理、化学、実用外国語、国語等普通学科の科目のうちそれぞれの訓練科ごとに必要なものを追加するものとする。

3　1及び2に定めるもののほか、必要に応じ、それぞれの訓練科ごとに適切な科目を追加することができる。

二　訓練期間

1　訓練科ごとに最低限必要とする訓練期間は、次の表の訓練期間及び訓練時間の欄に定めるとおりとする。ただし、中学校卒業者等を対象とする訓練の訓練科ごとに最低限必要とする訓練期間については、それぞれ次の表の訓練期間及び訓練時間の欄に定める訓練期間に一年を加えて得た期間とする。

2　1に定める訓練期間は、一年（中学校卒業者等を対象とする訓練であつて、1に定めるところによる訓練期間が二年となるものにあつては、二年）を超えて延長することはできない。

3　中学校卒業者等を対象とする訓練であつて、1に定めるところによる訓練期間が四年となるものについては、2にかかわらず、当該訓練期間を延長することはできない。

三　訓練時間

1　通信制訓練以外の訓練の訓練科ごとに最低限必要とする総時間及び教科ごとに最低限必要とする訓練時間は、次の表の訓練期間及び訓練時間の欄に定めるとおりとする。ただし、二1のただし書に定める訓練科ごとに最低限必要とする総時間は、同表の訓練期間及び訓練時間の欄に定める総時間に千四百時間を加えて得た時間とする。

2　一2の普通学科について最低限必要とする訓練時間は、二百時間とする。

3　通信制訓練の面接指導のために最低限必要とする訓練時間は、次の表の訓練期間及び訓練時間の欄に定める系基礎学科及び専攻学科の訓練時間並びに2に定める普通学科の訓練時間のそれぞれ二十パーセントに相当する時間とする。

四　設備

1　訓練科ごとに最低限必要とする設備は、次の表の設備の欄に定めるとおりとする。

2　1に定めるもののほか、公共職業能力開発施設の設備の細目は、厚生労働大臣が別に定めるとおりとする。

訓練科		訓練の対象となる技能及びこれに関する知識の範囲	教科	訓練期間及び訓練時間（単位は時間とする。）	設備	
訓練系	専攻科				種別	名称
一　園芸サービス系	園芸科	植物の取扱いにおける基礎的な技能及びこれに関する知識	一　系基礎 1　学科 ①　植物学概論 ②　栽培法概論 ③　生産工学概論	訓練期間　一年 訓練時間 総時間　一、四〇〇 二六〇	建物その他の工作物 機械 その他	教室 実習場 園芸用機械類 器工具類 計測器類 教材類

	草花、野菜、果樹等の栽培における技能及びこれに関する知識	④ 植物病理学及び農薬 ⑤ 土及び肥料 ⑥ 農業機械 ⑦ 安全衛生 2 実技 ① 農業機械操作実習 ② 土及び肥料準備実習 ③ 栽培基本実習 ④ 安全衛生作業法 二 専攻 1 学科 ① 生物工学概論 ② 温室管理 ③ 栽培法 2 実技 ① 器工具使用実習 ② 栽培実習 ③ 荷造及び出荷実習	二〇〇 二〇〇 二五〇		
造園科	植物の取扱いにおける基礎的な技能	一 系基礎 1 学科	訓練期間 一年 訓練時間 総時間 一、四〇〇 二六〇	建物その他の工作物 機械 その他	教室 実習場 造園用機械類 器工具類 計測器類

		及びこれに関する知識	園芸サービス系園芸科の系基礎学科の①から⑦までに掲げる科目			教材類
			2 実技 園芸サービス系園芸科の系基礎実技の①から④までに掲げる科目	二〇〇		
		庭園等の築造における技能及びこれに関する知識	二 専攻 1 学科 ① 庭園概論 ② 材料 ③ 設計及び製図法 ④ 造園法 ⑤ 測量法 ⑥ 仕様及び積算 ⑦ 関係法規	二〇〇		
			2 実技 ① 根掘り及び植栽実習 ② 造園実習 ③ 庭園管理実習 ④ 養生 ⑤ 製図実習	二五〇		

（以下　略）

二　短期課程の普通職業訓練の運用方針

1　短期課程の普通職業訓練の概括的な訓練基準

短期課程の普通職業訓練は、管理監督者コースの訓練（規則別表第三（以下単に「別表第三」という。）に定めるところにより行う訓練をいう。以下同じ。）、技能士コースの訓練（規則別表第五（以下単に「別表第五」という。）に定めるところにより行う訓練をいう。以下同じ。）等を含むものであるが、これらを含む概括的な訓練基準は、次のとおりである。

(1)　訓練の対象者

職業に必要な技能（高度の技能を除く。）及びこれに関する知識を習得しようとする者であること（規則第一一条第一項第一号）。

この訓練課程においては、柔軟で多様な訓練を行うことができるものとし、在職労働者、高齢者、パートタイム労働を希望する者、離転職者、技能検定の受検を目的とする者、一年の訓練期間で訓練を希望する中学校卒業者等の様々な者が対象となりうるものであり、訓練の対象となる者にも十分配慮した多様な訓練科の設定が図られるよう留意すること。

なお、法令により、一定の者に対し、特定の業務に就業することを制限している場合（職業訓練に関し当該就業制限の特例が規定されている場合を除く。）にあっては、当該業務に関する訓練を含む訓練科の対象者の資格を当該法令に基づいて定め、また、公的資格制度に係る訓練科については、対象者の資格を当該制度の資格要件に基づいて定めるものとすること。

(2)　教　科

その科目が職業に必要な技能（高度の技能を除く。）及びこれに関する知識を習得させるために適切と認められるものであること（規則第一一条第一項第二号）。

また、キャリア・コンサルティングについては、生活指導の一環として普通学科として行うことができるものとし、自己理解や職業理解の促進、希望職種の明確化、具体的な求職活動の支援など、訓練段階に応じた支援を行うものとすること。ただし、キャリア・コンサルティング時間が予め定める時間を超過し、他の学科又は実技の訓練時間に影響する場合には、その学科又は実技について補講を行うこと。

なお、入所式及び修了式は訓練時間に含めないこと。

(3)　訓練の実施方法

学科の科目については、通信の方法によっても行うことができること（管理監督者コースの訓練を除く。）。

実技の科目については、同時双方向オンラインによって行うことができること（管理監督者コースの訓練を除く。）。

規則別表第四（以下単に「別表第四」という。）に定める訓練における通信制訓練については3(9)に定めるところにより、技能士コースの訓練における通信制訓練については4(11)に定めるところにより、添削指導及び面接指導を行うこと。また、これら以外の訓練における通信制訓練については、添削指導を二回以上（面接指導を三時間以行う場合にあっては、一回以上）行うこと。

また、通信の方法により行う通信制訓練以外の訓練の場合には、同時双方向オンラインによるものであること。この場合、原則、通所による訓練時間（集合訓練、個別指導、面接指導等による時間を含む。）を総訓練時間の二〇パーセント以上確保すること。

(4)　訓練期間

六月（訓練の対象となる技能及びこれに関する知識の内容、訓練の実施体制等によりこれにより難い場合にあっては、一年）以下の適切な期間であること（規則第一一条第一項第四号）。

(5)　訓練時間

総訓練時間が一二時間以上であること（管理監督者コースの訓練を除く。）（規則第一一条第一項第五号）。

この場合の訓練時間の算定方法は、五〇分を一時間として算定して差し支えないこと。

(6)　設　備

教科の科目に応じ当該科目の訓練を適切に行うことができると認められるものであること（規則第一一条第一項第六号）。

(7)　その他

訓練科名は、別表第三から別表第五までに定めるところによる訓練以外の訓練にあっては、訓練の内容を適切に表した訓練科の名称を定めること。

したがって、当該訓練科の名称は、原則として、別表第三から別表第五までの訓練科の欄に定める訓練科の名称とは異なるものとすること。

2　管理監督者コースの訓練の訓練基準

管理監督者コースの訓練は、1に定めるもののほか、別表第三に定めるところにより行うものを標準としたこと（規則第一一条第二項）。

具体的には、1に定めるもののほか、次によること。

(1)　訓練の対象者

訓練の対象者は、企業における部長、課長、係長、職長、組長等の管理又は監督の職務に従事しようとする者又は従事している者であること。

(2)　教　科

別表第三の教科の欄に定めるとおりであること。

なお、教科の科目の細目については、第一科、第二科、第三科及び第四科については「監督者訓練（ＴＷＩ）方式」により、第五科については「訓練計画の進め方訓練（ＰＤＩ）方式」により、第六科については「問題解決の仕方訓練（ＰＳＴ）方式」によりそれぞれ定められているとおりであること。

(3)　訓練時間
別表第三の訓練時間の欄に定めるとおりであること。
この場合の訓練時間の算定方法は、六〇分を一時間として算定すること。
(4)　設　備
訓練に必要な机、いす、黒板等を備えた教室とすること。
(5)　訓練生の数
訓練を行う一単位の訓練生の数は、訓練科ごとに七人以上一〇人以下とすること。
(6)　職業訓練指導員
管理監督者コースの訓練を担当する職業訓練指導員は、監督者訓練員等特別な訓練を受けたものであること。

規則別表第三（第十一条関係）

管理監督者コースの短期課程の普通職業訓練

一　訓練の対象者
管理者又は監督者としての職務に従事しようとする者又は従事している者であることとする。
二　教科
訓練科ごとの教科は、次の表の教科の欄に定めるとおりとし、その細目については厚生労働大臣が別に定めるところによるものとする。
三　訓練時間
訓練科ごとの訓練時間は、次の表の訓練時間の欄に定めるとおりとする。
四　設備

訓練に必要な机、いす、黒板等を備えた教室とする。

訓練科	教科	訓練時間（単位は時間とする。）
監督者訓練一科	仕事の教え方	一〇
監督者訓練二科	改善の仕方	一〇
監督者訓練三科	人の扱い方	一〇
監督者訓練四科	安全作業のやり方	一二
監督者訓練五科	訓練計画の進め方	四〇
監督者訓練六科	問題解決の仕方	四〇

3　別表第四に定める訓練科に係る訓練の訓練基準

別表第四に定める訓練科に係る訓練については、1に定めるもののほか、同表に定めるところにより行うものを標準とすること（規則第一一条第二項）。

具体的には、1に定めるもののほか、次によること。

(1)　教　科

訓練科ごとの教科の科目は、別表第四の教科の科目の欄に定める科目であること。

なお、別表第四に示す訓練科については、安全衛生等の資格取得に関連するものに限って定めたものであるので、当該資格を付与するにふさわしい教科の内容となるようにすること。

(2)　訓練の実施方法

通信の方法によって行う場合は、(9)に定めるところにより添削指導及び面接指導を行うこと。

(3)　訓練期間

イ　訓練科ごとの訓練期間は、別表第四の訓練期間及び訓練時間の欄に定めるとおりであること。

ロ　イの訓練期間は延長して訓練を実施することができるが、これを延長した場合であっても一年を超えることはできないこと。

(4)　訓練時間

イ　通信制訓練以外の訓練の訓練科ごとの総時間及び教科ごとの訓練時間は、別表第四の訓練期間及び訓練時間の欄に定めるとおりであること。

ロ　通信制訓練の面接指導のための訓練時間は、別表第四の訓練期間及び訓練時間の欄に定める学科の訓練時間の二〇パーセントに相当する時間とすること。加えて、別表第四の訓練期間及び訓練時間の欄に定める実技の訓練時間については、集合訓練、個別指導、面接指導等のための最低限の訓練時間を、二〇パーセントに相当する時間とすること。

(5)　設　備

訓練科ごとの必要な設備は、別表第四の設備の欄に定めるとおりであること。

(6)　訓練生の数

訓練を行う一単位につき五〇人以下とすること。

(7)　職業訓練指導員

職業訓練指導員の数は、訓練科ごとに訓練を行う一単位の訓練生につき三人（三〇人を超える訓練生を一単位とする場合には、四人）を標準とし、訓練生の数、訓練の実施に伴う危険の程度又は指導の難易に応じて増減した数とすること。

別表第四に定める訓練科に係る訓練のほか、従来の職業転換課程に相当する訓練における職業訓練指導員の数についても同様とすること。

(8)　試　験

訓練の修了時に行うこと。

(9)　添削指導及び面接指導

別表第四に定める訓練科に係る訓練の通信制訓練における添削指導及び面接指導は次の基準により行うこと。

イ　添削指導

添削指導は、質疑応答の回数を除き、二回以上行うこと。

(イ)　設問解答

添削指導における設問は、あらかじめ配布した教科書等の内容に応じ、教科の科目ごとに、二問以上とすること。

当該設問に対する解答は、訓練実施者の定めた計画に基づき提出させるものとし、当該解答の提出が遅延している訓練生に対しては、速やかに提出するよう督促すること。

(ロ)　添削指導

提出された解答は、一定期間内に添削指導を行い、速やかに返付すること。

(ハ)　質疑応答

教科書及び設問解答に関する質疑が適宜行えるようにその手続を定めるとともに、提出のあった質疑に対しては、速やかに回答を作成して返付すること。

ロ　面接指導

面接指導は、訓練期間中に一回以上行うこと。また、所定の添削指導を終了したときには面接指導を行うこと。

面接指導の内容は、当該教科の科目の重要事項、添削指導で把握された問題点等について指導すること。所定の添削指導の終了前及び終了後に行う面接指導の標準の訓練時間は、次の表のとおりとすること。なお、同表中の通常訓練時間とは、通信の方法以外の方法により行った科目の訓練時間を合計した時間をいうこと。

学科のすべての科目を通信の方法により行う場合	別表第四の訓練期間及び訓練時間の欄に定める学科の訓練時間の二〇パーセントに相当する時間以上
学科の一部の科目を通信の方法により行う場合	別表第四の訓練期間及び訓練時間の欄に定める学科の訓練時間から学科に係る通常訓練時間を差し引いた残りの時間の二〇パーセントに相当する時間(当該時間が三時間より少ない場合は、三時間)以上

規則別表第四（第十一条関係）

短期課程の普通職業訓練

一　教科

訓練科ごとの教科の科目は、次の表の教科の欄に定める学科及び実技の科目とする。

二　訓練の実施方法

通信の方法によつて行う場合は、適切と認められる方法により、必要に応じて添削指導若しくは面接指導又はその両方を行うこととする。

三　訓練期間

1　訓練科ごとの訓練期間は、次の表の訓練期間及び訓練時間の欄に定めるとおりとする。

2　1に定める訓練期間は、これを延長した場合であつても一年を超えることはできない。

四　訓練時間

1　通信制訓練以外の訓練の訓練科ごとの総時間及び教科ごとの訓練時間は、次の表の訓練期間及び訓練時間の欄に定めるとおりとする。

2　通信制訓練の面接指導のための訓練時間は、次の表の訓練期間及び訓練時間の欄に定める学科の訓練時間の二十パーセントに相当する時間とする。

五　設備

1　訓練科ごとに必要な設備は、次の表の設備の欄に定めるとおりとする。

2　1に定めるもののほか、公共職業能力開発施設の設備の細目は、厚生労働大臣が別に定めるとおりとする。

六　訓練生の数

訓練を行う一単位につき五十人以下とする。

七　職業訓練指導員

訓練生の数、訓練の実施に伴う危険の程度及び指導の難易に応じた適切な数とする。

八　試験

訓練の修了時に行うこととする。

訓練科	訓練の対象となる技能及びこれに関する知識の範囲	教科	訓練期間及び訓練時間（単位は時間とする。）	設備	
				種別	名称
林業機械運転科	林業機械等による森林造成、木材伐出及び作業道の施工等における技能及びこれに関する知識	1　学科 ①　林業機械概論 ②　林業機械の構造 ③　森林施業 ④　森林土木施工法 ⑤　伐出及びはい作業法 ⑥　点検及び整備法 ⑦　安全衛生	訓練期間　四月 訓練時間 総時間　四七〇 一八〇	建物その他の工作物	黒板、いす等を備えた実習場 屋外実習場
				機械	林業用機械類 測量及び測樹用機械類
				その他	器工具類 計測器類 製図器及び製図用具類 教材類

⑧ 関係法規		
2 実技 ① 運転実習 ② 森林施業実習 ③ 森林土木施工実習 ④ 伐出及びはい作業実習 ⑤ 点検及び整備実習 ⑥ 安全衛生作業法	二九〇	

（以下　略）

4　技能士コースの訓練の訓練基準

技能士コースの訓練は、それぞれ別表第五第一号から第三号までに定める一級技能士コースの訓練の基準、二級技能士コースの訓練の基準及び単一等級技能士コースの訓練の基準によること。

(1)　訓練の対象者

各コースに応じて、次のとおりであること。

イ　一級技能士コース

訓練科に関し、普通課程の普通職業訓練若しくは専門課程若しくは特定専門課程の高度職業訓練を修了した者若しくは二級の技能検定に合格した者であって、その後相当程度の実務の経験を有するもの又はこれと同等以上の技能及びこれに関する知識を有すると認められる者であること（規則別表第五第一号1）。

ロ　二級技能士コース

訓練科に関し、普通課程の普通職業訓練若しくは専門課程若しくは特定専門課程の高度職業訓練を修了した者であって、その後相当程度の実務の経験を有するもの又はこれと同等以上の技能及びこれに関する知識を有すると認められる者であること（規則別表第五第二号1）。

ハ　単一等級技能士コース

訓練科に関し、普通課程の普通職業訓練若しくは専門課程若しくは特定専門課程の高度職業訓練を修了した者であって、その後相当程度の実務の経験を有するもの又はこれと同等以上の技能及びこれに関する知識を有すると認められる者であること（規則別表第五第三号1）。

なお、イ、ロ及びハの場合における「相当程度の実務の経験を有するもの」とは、当該訓練コース及び訓練科に関し、当該訓練の修了時において、規則第六四条の二、第六四条の三、又は第六四条の六に定める資格を有する者であること。

(2)　教　科

訓練科ごとの教科について最低限必要とする科目は、各コースに応じて別表第五第一号から第三号までの各表の各訓練科の教科の欄に定めるとおりであること。

なお、必要に応じ、同表に定められた教科以外の科目又は実習を追加することができるが、この場合においては、その科目又は実習に必要な訓練時間を総訓練時間に追加しなければならないこと。

(3)　訓練の実施方法

通信の方法によっても行うことができること。この場合には、(11)に定めるところにより、添削指導及び面接指導を行うこと。

(4)　訓練期間

通信制訓練以外の訓練について最低限必要とする訓練期間は、一月以上六月以下の期間内において定めることとし、通信制訓練の訓練時間は、おおむね一年とする。

(5)　訓練時間

通信制訓練以外の訓練について最低限必要とする訓練時間及び通信制訓練について最低限必要とする面接指導のための訓練時間は、各コースに応じて別表第五第一号から第三号までの各表のそれぞれ訓練時間及び面接指導時間の欄に定めるとおりとすること。

(6)　設　備

最低限必要とする設備は、訓練に必要な机、いす、黒板等を備えた教室又は視聴覚訓練のための機材を整備した視聴覚教室とする。

(7)　訓練生の数

訓練科ごとに一〇人以上五〇人以下を、通信制訓練における面接指導は、訓練科ごとに三〇人以下を標準とすること。

(8)　訓練用教科書

全国的に訓練内容の水準を同一のものに維持するため、原則として厚生労働大臣が認定した一級技能士コース、二級技能士コース又は単一等級技能士コース用の教科書（指導書を含む。）が出版されている場合は、原則として当該教科書を使用すること。

また、厚生労働大臣の認定に係る教科書を使用しない場合においても、これらの教科書と同程度の水準の教科書を使用すること。

(9)　職業訓練指導員

当該訓練科の教科の科目について詳細で、かつ、実務に即した知識を有するとともに、その内容について的確に指導できる者でなければならないこと。

(10)　試　験

イ　試験は、訓練の修了時に行うこと。

ロ　試験の水準は、熟練技能労働者として通常要求される作業方法、能率の維持等に関する必要な知識を有するか否かを判定できる水準において行うとともに、本訓練コースの修了者は、規則第六五条第二項、第三項及び第六項に定めるところにより、各訓練コース及び訓練科に相当する技能検定において学科試験が免除されるところから、各訓練コース及び訓練科に相当する技能検定の学科試験と同程度の水準とすること。

ハ　全国的に同一の試験水準を維持するため、厚生労働省において各訓練コース及び訓練科について基準問題を作成すること。

ニ　訓練の実施主体は、厚生労働省が作成した基準問題に準じた試験問題を一〇〇問程度作成し、採点、配点及び合否判定の基準等を定めておくこと。
試験問題は、採点者の主観により採点が左右されないよう十分配慮されたものでなければならないこと。

ホ　認定職業訓練の実施主体は、試験を行おうとする日の二〇日前までに試験問題、合否判定の基準、実施年月日及び実施場所について、当該訓練に係る認定を受けた都道府県知事あて届け出ること。
都道府県知事は届け出された試験問題等についての適否を検討し、その結果を試験実施予定日の七日前までに当該届出をした者に通知すること。

ヘ　訓練の実施主体は、厳正な試験を行い、適正、かつ、公平に採点すること。

⑾　添削指導及び面接指導
各技能士コースの通信制による訓練における添削指導及び面接指導は、次の基準により行うこと。

イ　添削指導

(イ)　設問解答
添削指導における設問は、あらかじめ配布した教科書等の内容に応じ、教科の科目ごとに、二問以上とすること。

当該設問に対する解答は、訓練実施者の定めた計画に基づき提出させるものとし、当該解答の提出が遅延している訓練生に対しては、速やかに提出するよう督促すること。

(ロ)　添削指導
提出された解答は、一定期間内に添削指導を行い、速やかに返付すること。

(ハ)　質疑応答

教科書及び設問解答に関する質疑が適宜行えるようにその手続を定めるとともに、提出のあつた質疑に対しては、速やかに回答を作成して返付すること。

ロ　面接指導

(イ)　対象者

面接指導は、すべての教科の科目について添削指導を修了した者に対して行うこと。

(ロ)　内　容

面接指導の内容は、当該教科の科目の重要事項、添削指導で把握された問題点、受講者から提出された疑問点等について指導、質疑応答等を行うこと。

ハ　試　験

修了時の試験は、面接指導の最終日に行うこと。

規則別表第五（第十一条関係）

一　一級技能士コースの短期課程の普通職業訓練の基準

1　訓練の対象者

次の表の訓練科の欄に掲げる訓練科に関し、普通課程の普通職業訓練若しくは専門課程若しくは特定専門課程の高度職業訓練を修了した者若しくは二級の技能検定に合格した者であつて、その後相当程度の実務の経験を有するもの又はこれと同等以上の技能及びこれに関する知識を有すると認められる者であることとする。

2　教科

訓練科ごとに最低限必要とする教科は、次の表の教科の欄に定めるとおりとする。

3　訓練の実施方法

通信の方法によつても行うことができることとする。この場合には、適切と認められる方法により、必要に応じて添削指導若しくは面接指導又はその両方を行うこと。

4　訓練期間

通信制訓練以外の訓練について最低限必要とする訓練期間は、一月以上六月以下の期間内において定めるものとし、通信制訓練の訓練期間は、おおむね一年とする。

5　訓練時間

通信制訓練以外の訓練について最低限必要とする訓練時間は、次の表の訓練時間の欄に定めるとおりとし、通信制訓練について最低限必要とする面接指導のための訓練時間は、次の表の面接指導時間の欄に定めるとおりとする。

6　設備

最低限必要とする設備は、訓練に必要な机、いす、黒板等を備えた教室又は視聴覚訓練のための機材を整備した視聴覚教室とする。

7　試験

訓練の修了時に行うこととする。

訓練科	教科	訓練時間（単位は時間とする。）	面接指導時間（単位は時間とする。）
ビル設備管理科	ビル設備一般 ビル設備管理法 関係法規 安全衛生	一五〇	二一

（以下　略）

二　二級技能士コースの短期課程の普通職業訓練の基準

1　訓練の対象者

次の表の訓練科の欄に掲げる訓練科に関し、普通課程の普通職業訓練若しくは専門課程若しくは特定専門課程の高度職業訓練を修了した者であつて、その後相当程度の実務の経験を有するもの又はこれと同等以上の技能及びこれに関する知識を有すると認められる者であることとする。

2　教科

訓練科ごとに最低限必要とする教科は、次の表の教科の欄に定めるとおりとする。

3　訓練の実施方法

通信の方法によつても行うことができることとする。この場合には、適切と認められる方法により、必要に応じて添削指導若しくは面接指導又はその両方を行うこととする。

4　訓練期間

通信制訓練以外の訓練について最低限必要とする訓練期間は、一月以上六月以下の期間内において定めるものとし、通信制訓練の訓練期間は、おおむね一年とする。

5　訓練時間

通信制訓練以外の訓練について最低限必要とする訓練時間は、次の表の訓練時間の欄に定めるとおりとし、通信制訓練について最低限必要とする面接指導のための訓練時間は、次の表の面接指導時間の欄に定めるとおりとする。

6　設備

最低限必要とする設備は、訓練に必要な机、いす、黒板等を備えた教室又は視聴覚訓練のための機材を整備した視聴覚教室とする。

7　試験

訓練の修了時に行うこととする。

訓練科	教科	訓練時間（単位は時間とする。）	面接指導時間（単位は時間とする。）
ビル設備管理科	ビル設備一般 ビル設備管理法 関係法規 安全衛生	一五〇	二一

（以下　略）

三　単一等級技能士コースの短期課程の普通職業訓練の基準

1　訓練の対象者

次の表の訓練科の欄に掲げる訓練科に関し、普通課程の普通職業訓練若しくは専門課程若しくは特定専門課程の高度職業訓練を修了した者であつて、その後相当程度の実務の経験を有するもの又はこれと同等以上の技能及びこれに関する知識を有すると認められる者であることとする。

2　教科

訓練科ごとに最低限必要とする教科は、次の表の教科の欄に定めるとおりとする。

3　訓練の実施方法

通信の方法によつても行うことができることとする。この場合には、適切と認められる方法により添削指導及び面接指導を行うこと。

4　訓練期間

通信制訓練以外の訓練について最低限必要とする訓練期間は、一月以上六月以下の期間内において定めるものとし、通信制訓練の訓練期間は、おおむね一年とする。

5　訓練時間

通信制訓練以外の訓練について最低限必要とする訓練時間は、次の表の訓練時間の欄に定めるとおりとし、通信制訓練について最低限必要とする面接指導のための訓練時間は、次の表の面接指導時間の欄に定めるとおりとする。

6　設備

最低限必要とする設備は、訓練に必要な机、いす、黒板等を備えた教室又は視聴覚訓練のための機材を整備した視聴覚教室とする。

7　試験

訓練の修了時に行うこととする。

訓練科	教科	訓練時間（単位は時間とする。）	面接指導時間（単位は時間とする。）
溶射科	溶射一般 電気 安全衛生 次の科目のうち必要とするもの 　防食溶射法 　肉盛溶射法	一五〇	二一

（以下　略）

三　専門課程の高度職業訓練の運用方針

1　専門課程の高度職業訓練の概括的な訓練基準

(1)　訓練の対象者

高等学校卒業者又はこれと同等以上の学力を有すると認められる者であること。

「高等学校卒業者」は、新規に高等学校を卒業した者に限るものではなく、既卒者を含むものである。また、「これと同等以上の学力を有すると認められる者」には、中学校卒業者等を対象とする普通課程を修了した者、外国において高等学校の課程に相当する課程を修了した者、昭和二三年文部省告示第四七号第二一号の規定による専修学校の高等課程の修業年限三年以上の課程を修了した者、大学入学資格検定規程（昭和二六年文部省令第一三号）により文部科学大臣の行う大学入学資格検定に合格した者、高等学校卒業者と同等以上の技能習得能力を有すると認められる者等が含まれるものであること。

なお、法令により、一定の者に対し、特定の業務に就業することを制限している場合（職業訓練に関し当該就業制限の特例が規定されている場合を除く。）は、当該業務に関する訓練を含む訓練科の対象者の資格を当該法令に基づいて定めるものとし、また、公的資格制度のある職種に係る訓練科については、対象者の資格を当該制度の資格要件に基づいて定めるものとすること。

(2)　教　科

イ　その科目が将来職業に必要な高度の技能（専門的かつ応用的な技能を除く。）及びこれに関する知識を有する労働者となるために必要な基礎的な技能及びこれに関する知識を習得させるために適切と認められるものであること（規則第一二条第一項第二号）。

ロ　訓練の対象となる技能及びこれに関する知識の範囲を設定し、当該技能及びこれに関する知識の範囲に係る多様な技能及びこれに関する知識を有する労働者の素地としての技能及びこれに関する知識の水準に到達させるものであること。

ハ　学科の科目及び実技の科目を含まなければならないこと。

ニ　学科の科目について、人文科学、社会科学又は自然科学に係る科目、外国語、体育等の普通学科を行う場合にあっては、原則として、専門学科（規則別表第六（以下単に「別表第六」という。）に定めるところによる訓練を行う場合にあっては、系基礎学科及び専攻学科。以下同じ。）と区分して行うこと。

ホ　普通学科を行う場合は、主として専門学科の理解の基礎となる科目を選定することとするが、訓練生の自主性を助長しつつ、ボランティア活動やコミュニケーション能力等職業人としての素養を身に付けるのにふさわしい科目も設定するよう努めること。

また、キャリア・コンサルティングについては、生活指導の一環として普通学科として行うことができるものとし、自己理解や職業理解の促進、希望職種の明確化、具体的な求職活動の支援など、訓練段階に応じた支援を行うものとすること。ただし、キャリア・コンサルティング時間が予め定める時間を超過し、他の学科又は実技の訓練時間に影響する場合には、その学科又は実技について補講を行うこと。

なお、入所式及び修了式は訓練時間に含めないこと。

ヘ　専門学科は、実技の習得に必要な知識及び創造的な能力、管理的な能力等の基礎となる知識を付与するものであって、原則として安全衛生の科目を含むものであること。

専門学科の科目の内容については、訓練を行う実技の科目の内容及びその程度に応じて決定すべきものであり、訓練の実施に当たっては実技の科目の内容と遊離して行われることのないよう留意すること。

また、専門学科の訓練時間は、おおむね九〇〇時間以上とすること。

ト　実技の科目には、原則として安全衛生の科目を含むものであり、また、実技の訓練時間は総訓練時間の三〇パーセントに相当する時間以上であること。

なお、実技の科目の実施に当たっては、インターンシップの活用を含め、実際の現場での実習を設定するよう努めること。

(3)　訓練の実施方法

学科の科目については、通信の方法によっても行うことができること。

実技の科目については、同時双方向オンラインによって行うことができること。

通信の方法によって行う場合には、同時双方向オンラインによるものであること。また、原則、通所による訓練時間（集合訓練、個別指導、面接指導等による時間を含む。）を総訓練時間の二〇パーセント以上確保すること。

(4) 訓練期間

二年であること。ただし、訓練の対象となる技能及びこれに関する知識の内容、訓練の実施体制等によりこれにより難い場合には、一年を超えない範囲内で当該期間を延長することができること（規則第一二条第一項第四号）。

ここで、「訓練の対象となる技能及びこれに関する知識の内容、訓練の実施体制等によりこれにより難い場合」とは、訓練の対象となる技能及びこれに関する知識の内容について、広い範囲若しくは特に高度な内容若しくは高い習熟の程度を必要とする場合その他これらに準ずる場合とする。

(5) 訓練時間

一年につきおおむね一、四〇〇時間であり、かつ、総訓練時間が二、八〇〇時間以上であること（規則第一二条第一項第五号）。

この場合の訓練時間の算定方法は、五〇分間（休憩時間を除く。）を一時間として算定して差し支えないこと。

(6) 設　備

教科の科目に応じ当該科目の訓練を適切に行うことができると認められるものであること（規則第一二条第一項第六号）。

(7) 訓練生の数

訓練を行う一単位につき四〇人以下であること（規則第一二条第一項第七号）。

(8) 職業訓練指導員

職業訓練指導員の数は、訓練生の数、訓練の実施に伴う危険の程度及び指導の難易に応じた適切な数であること（規則第一二条第一項第八号）。

また、教科の科目の編成、教科の指導方法の決定その他訓練の実施のために必要な指導調整に関する業務を担当するため、原則として訓練科ごとに、当該職業訓練指導員のうち一名以上は以下のいずれかに該当する者を配置すること。

イ　博士若しくは修士の学位（外国において授与されたこれに該当する学位を含む。）を有する者若しくは応用研究課程若しくは研究課程の職業訓練指導員訓練を修了した者又は研究上の業績がこれらの者に準ずる者であって、教育訓練に関し適切に指導することができる能力を有すると認められるもの

ロ　学校教育法による大学又は職業能力開発総合大学校、職業能力開発大学校若しくは職業能力開発短期大学校において、教授又はこれに相当する職員としての経歴を有する者

ハ　学校教育法による大学又は職業能力開発総合大学校、職業能力開発大学校若しくは職業能力開発短期大学校において、助教授若しくは専任講師又はこれに相当する職員としての経歴を有する者で、研究上の能力又は教育訓練に関し適切に指導することができる能力を有すると認められるもの

ニ　研究所、試験所等に一〇年以上在職し、研究上の業績があり、かつ、教育訓練に関し適切に指導することができる能力を有すると認められる者

ホ　別に定める職業訓練施設において指導の経験を有する者であって、特に優れた技能又は専門的な知識を有すると認められるもの

(9)　試　験

教科の科目ごとに、訓練期間一年以内ごとに一回行うこと。

なお、普通学科の科目については省略することができるものとする。

(10)　その他

訓練科名は、別表第六に定めるところによる訓練以外の訓練にあっては、訓練の内容を適切に表した訓練科の名称を定めること。

したがって、当該訓練科の名称は、別表第六の訓練科の欄に定める訓練科の名称とは異なるものとすること。

2　別表第六に定める訓練科に係る訓練の訓練基準

別表第六に定める訓練科に係る訓練については、1に定めるもののほか、同表に定めるところにより行われるものを標準とすること（規則第一二条第二項）。

具体的には、1に定めるもののほか、次によること。

(1)　教　科

イ　訓練科は、訓練系及び専攻科からなるものとし、訓練科ごとの教科について最低限必要とする科目は、別表第六の教科の欄に定める科目とすること。

ロ　イに定める科目のほか、必要に応じ、それぞれの訓練科ごとに適切な科目を追加することができること。

ハ　労働安全衛生法及び作業環境測定法による資格取得に係る訓練科については、別に定めるところにより、当該資格を付与するにふさわしいものとなるよう教科の科目を定めること。

(2)　訓練期間

イ　訓練科ごとの最低限の訓練期間は、別表第六の訓練期間及び訓練時間の欄に定めるとおりであること。

ロ　イに定める訓練期間は、一年を超えて延長することができないこと。

(3)　訓練時間

訓練科ごとの最低限の訓練の総時間及び教科ごとの訓練時間は、別表第六の訓練期間及び訓練時間の欄に定めるとおりとすること。

(4)　設　備

訓練科ごとに最低限必要な設備は、別表第六の設備の欄に定めるとおりとすること。

公共職業能力開発施設の設備は、別に定める訓練科ごとの設備の細目を標準として、地域業界のニーズ等に応じたものを整備すること。

規則別表第六（第十二条関係）

専門課程の高度職業訓練

一　教科

1　訓練科（次の表の訓練科の欄に定める訓練系及び専攻科からなる訓練科をいう。）ごとの教科について最低限必要とする科目は、次の表の教科の欄に定める系基礎学科、系基礎実技、専攻学科及び専攻実技の科目とする。

2　1に定めるもののほか、必要に応じ、それぞれの訓練科ごとに適切な科目を追加することができる。

二　訓練期間

1　訓練科ごとに最低限必要とする訓練期間は、次の表の訓練期間及び訓練時間の欄に定めるとおりとする。

2　1に定める訓練期間は、一年を超えて延長することはできない。

三　訓練時間

訓練科ごとに最低限必要とする訓練の総時間及び教科ごとの訓練時間は、次の表の訓練期間及び訓練時間の欄に定めるとおりとする。

四　設備

1　訓練科ごとに最低限必要とする設備は、次の表の設備の欄に定めるとおりとする。

2　1に定めるもののほか、公共職業能力開発施設の設備の細目は、厚生労働大臣が別に定めるとおりとする。

訓練科		訓練の対象となる技能及びこれに関する知識の範囲	教科	訓練期間及び訓練時間（単位は時間とする。）	設備	
訓練系	専攻科				種別	名称
一　機械シ	生産技術科			訓練期間	建物その	教室

ステム系		機械加工並びに機械及び計測の制御における基礎的な技能並びにこれに関する知識	一　系基礎	二年 訓練時間 総時間 二、八〇〇	他の工作物	実習場 測定室 製図室 実験室 情報処理実習室
			1　学科 ①　制御工学概論 ②　電気工学概論 ③　情報工学概論 ④　材料工学 ⑤　力学 ⑥　基礎製図 ⑦　生産工学 ⑧　安全衛生工学	三五〇	機械	工作用機械類 実験用機械類 情報処理用機器類
			2　実技 ①　基礎工学実験 ②　電気工学基礎実験 ③　情報処理実習 ④　安全衛生作業法	二一五	その他	器工具類 計測器類 製図器及び製図用具類 教材類 ソフトウェア類
		数値制御加工機械による工作、CAD・CAMによる設計及び製造等機械加工における技能及びこれに関する知識	二　専攻 1　学科 ①　機構学 ②　機械加工学 ③　数値制御 ④　油圧・空圧制御 ⑤　シーケンス制御	三五〇		

		⑥ 測定法 ⑦ 機械設計及び製図 2 実技 ① 機械加工実習 ② 制御工学実習 ③ 測定実習 ④ 設計及び製図実習	六一〇		
制御技術科	機械加工並びに機械及び計測の制御における基礎的な技能並びにこれに関する知識 機械及び計測の制御並びにメカトロニクス機器の設計及び製作における	一 系基礎 1 学科 機械システム系生産技術科の系基礎学科の①から⑧までに掲げる科目 2 実技 機械システム系生産技術科の系基礎実技の①から④までに掲げる科目 二 専攻 1 学科 ① 機械工学 ② メカトロニクス工学	訓練期間 二年 訓練時間 総時間 二、八〇〇 三五〇 二一五 三一五	建物その他の工作物 機械 その他	教室 実習場 測定室 製図室 実験室 情報処理実習室 工作用機械類 実験用機械類 情報処理用機器類 器工具類 計測器類 製図器及び製図用具類

		技能並びにこれに関する知識	③ 制御工学 ④ 計測工学 ⑤ 電子工学 ⑥ コンピュータ制御 ⑦ システム設計			教材類 ソフトウェア類
			2 実技 ① 機械工学実験・実習 ② メカトロニクス実習 ③ 制御工学実験 ④ 電子工学実験 ⑤ コンピュータ制御実習 ⑥ 設計及び製図実習	六一〇		

(以下　略)

四　専門短期課程の高度職業訓練の運用方針

1　訓練の対象者

職業に必要な高度の技能（専門的かつ応用的な技能を除く。）及びこれに関する知識を習得しようとする者であること（規則第一三条第一号）。

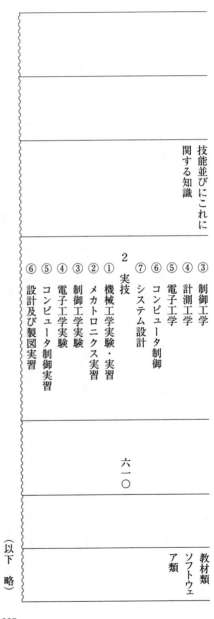

これには、高度の技能（専門的かつ応用的な技能を除く。）及びこれに関する知識の習得を目的としている在職者等が対象となりうるものであること。このため、訓練の実施曜日、時間帯等について、訓練の対象者に十分に配慮した実施方法をとるよう留意すること。

なお、法令により、一定の者に対し、特定の業務に就業することを制限している場合（職業訓練に関し当該就業制限の特例が規定されている場合を除く。）は、当該業務に関する訓練を含む訓練科の対象者の資格を当該法令に基づいて定めるものとし、また、公的資格制度のある職種に係る訓練科については、対象者の資格を当該制度の資格要件に基づいて定めるものとすること。

2　教　科

その科目が職業に必要な高度の技能（専門的かつ応用的な技能を除く。）及びこれに関する知識を習得させるために適切と認められるものであること（規則第一三条第二号）。

3　訓練の実施方法

学科の科目については、通信の方法によっても行うことができること。

実技の科目については、同時双方向オンラインによって行うことができること。

通信制訓練の場合には、必要に応じて添削指導、面接指導を行うこと。ただし、添削指導については、二回以上（面接指導を三時間以上行う場合にあっては、一回以上）行うこと。

また、通信の方法により行う通信制訓練以外の訓練の場合には、同時双方向オンラインによるものであること。この場合、原則、通所による訓練時間（集合訓練、個別指導、面接指導等による時間を含む。）を総訓練時間の二〇パーセント以上確保すること。

4　訓練期間

六月（訓練の対象となる技能及びこれに関する知識の内容、訓練の実施体制等によりこれにより難い場合にあっては、一年）以下の適切な期間であること（規則第一三条第四号）。

5　訓練時間

総訓練時間が一二時間以上であること（規則第一三条第五号）。

この場合の訓練時間の算定方法は、五〇分間（休憩時間を除く。）を一時間として算定して差し支えないこと。

6　設　備

教科の科目に応じ当該科目の訓練を適切に行うことができると認められるものであること（規則第一三条第六

号)。

7　職業訓練指導員
訓練に係る教科につき、高度の技能又は知識を有し、教育訓練に関し、適切に指導することができる能力を有すると認められる者であること。

五　応用課程の高度職業訓練の運用方針

1　応用課程の高度職業訓練の概括的な訓練基準

(1)　訓練の対象者
専門課程の高度職業訓練を修了した者又はこれと同等以上の技能及びこれに関する知識を有すると認められる者であること（規則第一四条第一項第一号)。

「専門課程の高度職業訓練を修了した者」は、新規に同課程を修了した者に限るものではなく、既に修了している者も含むものである。

また、「これと同等以上の技能及びこれに関する知識を有すると認められる者」は、学歴等により制限するものではなく、試験の実施等により専門課程の高度職業訓練修了者と同等以上の技能、知識を有すると認められれば足りるものである。具体的には、工科系の大学、短期大学若しくは高等専門学校の卒業者、専修学校の専門課程を修了した者等のほか、これらの学歴を有さない者であっても、実務の経験等により専門課程の高度職業訓練修了者と同等以上の技能・知識を有すると認められるものを含むものであるので留意すること。

なお、法令により、一定の者に対し、特定の業務に就業することを制限している場合（職業訓練に関し当該就業制限の特例が規定されている場合を除く。）は、当該業務に関する訓練を含む訓練科の対象者の資格を当該法令に基づいて定めるものとし、また、公的資格制度のある職種に係る訓練科については、対象者の資格を当該制度の資格要件に基づいて定めるものとすること。

(2)　教　科

イ　その科目が将来職業に必要な高度の技能で専門的かつ応用的なもの及びこれに関する知識を有する労働者となるために必要な基礎的な技能及びこれに関する知識を習得させるために適切と認められるものであること（規則第一四条第一項第二号）。

なお、「将来職業に必要な高度の技能で専門的かつ応用的なもの及びこれに関する知識」とは、専門的かつ応用的な職業能力を有する高度技能労働者となるために必要な技能及びこれに関する知識であり、「基礎的な技能及びこれに関する知識」とは、当該技能及びこれに関する知識のうち必要最低限習得させることが必要なものをいう。

ロ　訓練の対象となる技能及びこれに関する知識の範囲を設定し、当該技能及びこれに関する知識の範囲に係る多様な技能及びこれに関する知識を有する労働者の素地としての技能及びこれに関する知識の水準に到達させるものであること。

ハ　学科の科目及び実技の科目を含まなければならないこと。

ニ　学科の科目について、人文科学、社会科学又は自然科学に係る科目、外国語、体育等の普通学科を行う場合にあっては、原則として、専門学科（規則別表第七（以下単に「別表第七」という。）に定めるところによる訓練を行う場合にあっては、専攻学科。以下(2)において同じ。）と区分して行うこと。

ホ　普通学科を行う場合は、主として専門学科の理解の基礎となる科目を選定することとするが、訓練生の自主性を助長しつつ、ボランティア活動及びコミュニケーション能力等職業人としての素養を身に付けるのにふさわしい科目も設定するよう努めること。

また、キャリア・コンサルティングについては、生活指導の一環として普通学科として行うことができるものとし、自己理解や職業理解の促進、希望職種の明確化、具体的な求職活動の支援など、訓練段階に応じた支援を行うものとすること。ただし、キャリア・コンサルティング時間が予め定める時間を超過し、他の学科又は実技の訓練時間に影響する場合には、その学科又は実技について補講を行うこと。

なお、普通学科の訓練時間は専門学科の訓練時間より少ない訓練時間数とすること。

また、入所式及び修了式は訓練時間に含めないこと。

ヘ　専門学科は、応用的な高度の技能の習得に必要な応用的能力、問題解決能力、創造的能力、管理能力等の基礎となる科目とし、原則として安全衛生の科目を含むものであること。
　専門学科の科目については、特定の専門分野に特化するだけではなく、実際のものづくりに則して、関連する専門分野についても幅広く複合した科目構成とすることとし、その内容については、訓練を行う実技の科目の内容及びその程度に応じて決定すべきものであり、訓練の実施に当たっては実技の科目の内容と遊離して行われることのないよう留意すること。

ト　実技の科目には、原則として安全衛生の科目を含むものとし、実技の訓練時間は、総訓練時間の六〇パーセントに相当する時間以上とすること。
　実技の科目の内容については、実際の現場に準じて、複数の専門分野が複合した課題を設定し、訓練生の自主性を助長しつつ、グループによる仕事の進め方等を体験できるような方法をとること。この場合、インターンシップの活用も含め実際の現場での実習を設定するよう努め、施設内で行う場合にあっては、専門の異なる訓練生で構成されるグループで行うよう配慮すること。特に、同一系の訓練科が複数存在しない場合には実際の現場での実習の実施について十分配慮すること。

(3)　訓練の実施方法
学科の科目については、通信の方法によっても行うことができること。

実技の科目については、同時双方向オンラインによって行うことができること。

通信の方法によって行う場合には、同時双方向オンラインによるものであること。また、原則、通所による訓練時間（集合訓練、個別指導、面接指導等による時間を含む。）を総訓練時間の二〇パーセント以上確保すること。

(4)　訓練期間

二年であること。ただし、訓練の対象となる技能及びこれに関する知識の内容、訓練の実施体制等によりこれにより難い場合には、二年以上四年以下の期間内で当該訓練を適切に行うことができると認められる期間とすることができる（規則第一四条第一項第四号）。

ここで、「訓練の対象となる技能及びこれに関する知識の内容、訓練の実施体制等によりこれにより難い場合」とは、訓練の対象となる技能及びこれに関する知識の内容について、広い範囲若しくは特に高度で専門的かつ応用的な内容若しくは高い習熟の程度を必要とする場合その他これらに準ずる場合又は夜間訓練等の場合をいうものであること。

(5)　訓練時間

一年につきおおむね一、四〇〇時間であり、かつ、総訓練時間が二、八〇〇時間以上であること。ただし、訓練の実施体制等によりこれにより難い場合には、一年につきおおむね七〇〇時間とすることができる（規則第一四条第一項第五号）。

ここで、「訓練の実施体制等によりこれにより難い場合」とは、夜間訓練等の場合をいうものであり、これにより、一年当たりの訓練時間を短縮したときは、当該訓練時間の短縮に応じて訓練期間を延長することにより、これらの最低限の総訓練時間数を満たす必要があること。

なお、この場合の訓練時間の算定方法は、五〇分間（休憩時間を除く。）を一時間として算定して差し支えないこと。

(6)　設　備

教科の科目に応じ当該科目の訓練を適切に行うことができると認められるものであること（規則第一四条第一項第六号）。

(7)　訓練生の数
訓練を行う一単位につき四〇人以下であること（規則第一四条第一項第七号）。

(8)　職業訓練指導員
職業訓練指導員の数は、訓練生の数、訓練の実施に伴う危険の程度及び指導の難易に応じた適切な数であること（規則第一四条第一項第八号）。

訓練内容が、実際のものづくりに則して、関連する専門分野を幅広く複合した構成とすることから、それに適切に対応できるよう職業訓練指導員の構成を図ること。

また、教科の科目の編成、教科の指導方法の決定その他訓練の実施のために必要な指導調整に関する業務を担当するため、原則として訓練科ごとに、当該職業訓練指導員のうち一名以上は以下のいずれかに該当する者を配置すること。

イ　応用研究課程の指導員訓練を修了した者であって、教育訓練に関し適切に指導することができる能力を有すると認められるもの

ロ　職業能力開発総合大学校又は職業能力開発大学校において、教授又はこれに相当する職員としての経歴を有する者

ハ　学校教育法による大学又は職業能力開発短期大学校において、教授又はこれに相当する職員としての経歴を有する者であって、教育訓練に関し適切に指導することができる能力を有すると認められるもの

ニ　博士の学位（外国において授与されたこれに該当する学位を含む。）を有する者若しくは研究課程の指導員訓練を修了した者又は研究上の業績がこれらの者に準ずる者であって、教育訓練に関し適切に指導することができる能力を有すると認められるもの

ホ　研究所、試験所等に一〇年以上在職し、研究上の業績があり、かつ、教育訓練に関し適切に指導することができる能力を有すると認められる者

へ　別に定める職業訓練施設において指導の経験を有するものであって、特に優れた技能又は専門的な知識を有すると認められるもの

(9)　試　験

教科の科目ごとに、訓練期間一年以内ごとに一回行うこと。

なお、普通学科の科目については省略することができること。

(10)　その他

訓練科名は、別表第七に定めるところによる訓練以外の訓練にあっては、訓練の内容を適切に表した訓練科の名称を定めること。

したがって、当該訓練科の名称は、別表第七の訓練科の欄に定める訓練科の名称とは異なるものとすること。

2　別表第七に定める訓練科に係る訓練の訓練基準

別表第七に定める訓練科に係る訓練については、1に定めるもののほか、同表に定めるところにより行われるものを標準とすること（規則第一四条第二項）。

具体的には、1に定めるもののほか、次によること。

(1)　教　科

イ　訓練科は、訓練系及び専攻科からなるものとし、訓練科ごとの教科について最低限必要とする科目は、別表第七の教科の欄に定める科目とすること。

ロ　イに定める科目のほか、必要に応じ、それぞれの訓練科ごとに適切な科目を追加することができること。

ハ　労働安全衛生法及び作業環境測定法による資格取得に係る訓練科については、別に定めるところにより、当該資格を付与するにふさわしいものとなるよう教科の科目を定めること。

(2)　訓練期間

イ　訓練科ごとの最低限の訓練期間は、別表第七の訓練期間及び訓練時間の欄に定めるとおりとすること。
ロ　イに定める訓練期間は、二年を超えて延長することはできないこと。
(3)　訓練時間
訓練科ごとの最低限の訓練の総時間及び教科ごとの訓練時間は、別表第七の訓練期間及び訓練時間の欄に定めるとおりとすること。
(4)　設　備
訓練科ごとに最低限必要とする設備は、別表第七の設備の欄に定めるとおりとすること。
公共職業能力開発施設の設備は、別に定める訓練科ごとの設備の細目を標準として、地域業界のニーズ等に応じたものを整備すること。

規則別表第七（第十四条関係）

応用課程の高度職業訓練

一　教科
1　訓練科（次の表の訓練科の欄に定める訓練系及び専攻科からなる訓練科をいう。）ごとの教科について最低限必要とする科目は、次の表の教科の欄に定める専攻学科、専攻実技及び応用の科目とする。
2　1に定めるもののほか、必要に応じ、それぞれの訓練科ごとに適切な科目を追加することができる。
二　訓練期間
1　訓練科ごとに最低限必要とする訓練期間は、次の表の訓練期間及び訓練時間の欄に定めるとおりとする。
2　1に定める訓練期間は、二年を超えて延長することはできない。
三　訓練時間
訓練科ごとに最低限必要とする訓練の総時間及び教科ごとの訓練時間は、次の表の訓練期間及び訓練時間の欄に定めるとおりとする。

四　設備

1　訓練科ごとに最低限必要とする設備は、次の表の設備の欄に定めるとおりとする。

2　1に定めるもののほか、公共職業能力開発施設の設備の細目は、厚生労働大臣が別に定めるとおりとする。

訓練科		訓練の対象となる技能及びこれに関する知識の範囲	教科	訓練期間及び訓練時間（単位は時間とする。）	設備	
訓練系	専攻科				種別	名称
一　生産システム技術系	生産機械システム技術科	機械装置の設計、試作、組立及び検査並びに生産設備の自動化における技能及びこれに関する知識	一　専攻 1　学科 ①　技術英語 ②　生産管理 ③　経営管理 ④　企画開発 ⑤　機械設計応用 ⑥　精密加工 ⑦　計測制御 ⑧　自動化機器 ⑨　生産情報	訓練期間 二年 訓練時間 総時間 二、八〇〇 四二〇	建物その他の工作物	教室 実習場 測定室 実験室 実習室 情報処理実習室
					機械	工作用機械類 実験用機械類 情報処理用機器類
					その他	器工具類 計測器類 製図器及

	自動化機器等の企画及び開発並びに生産システムの設計、製作等における技能及びこれに関する知識	⑩　安全衛生管理 2　実技 ①　電気・電子機器実習 ②　情報機器実習 ③　CAD／CAM／CAE実習 ④　精密加工応用実習 ⑤　計測制御応用実習 ⑥　自動化機器応用実習 ⑦　生産情報応用実習 ⑧　生産機械設計・製作実習 ⑨　安全衛生管理実習 二　応用 自動化機器等企画開発、生産システム設計・製作等実習	五五〇 七〇〇		び製図用具類 教材類 ソフトウェア類
生産電子システム技術科	電子装置の設計、試作及び試験並び	一　専攻 1　学科	訓練期間　二年 訓練時間 総時間 二、八〇〇 三五〇	建物その他の工作物 機械	教室 実験室 実習室 情報処理実習室 電子機器工作用機

		に生産設備の自動化における技能及びこれに関する知識	①技術英語 ②生産管理 ③経営管理 ④企画開発 ⑤機械工学概論 ⑥応用電子回路 ⑦計測制御 ⑧情報通信 ⑨安全衛生管理		その他	械類 実験用機械類 情報処理用機器類 器工具類 計測器類 教材類 ソフトウェア類
			2　実技 ①機械工作実習 ②情報機器実習 ③実装設計応用実習 ④電子装置設計応用実習 ⑤CAD／CAM応用実習 ⑥制御技術応用実習 ⑦通信技術応用実習 ⑧計算機応用実習 ⑨電子制御装置設計・製作実習 ⑩安全衛生管理実習	七七〇		
		自動化機器等の企画及び開発並びに生産システムの設計、製作等における技能及びこれに	二　応用 自動化機器等企画開発、生産システム設計・製作等実習	七〇〇		

関する知識

（以下　略）

六　応用短期課程の高度職業訓練の運用方針

1　訓練の対象者

職業に必要な高度の技能で専門的かつ応用的なもの及びこれに関する知識を習得しようとする者であること（規則第一五条第一号）。

これには、高度の技能で専門的かつ応用的な技能及びこれに関する知識の習得を目的としている在職者等が対象となりうるものであること。このため、訓練の実施曜日、時間帯等について、訓練の対象者に十分に配慮した実施方法をとるよう留意すること。

なお、法令により、一定の者に対し、特定の業務に就業することを制限している場合（職業訓練に関し当該就業制限の特例が規定されている場合を除く。）は、当該業務に関する訓練を含む訓練科の対象者の資格を当該法令に基づいて定めるものとし、また、公的資格制度のある職種に係る訓練科については、対象者の資格を当該制度の資格要件に基づいて定めるものとすること。

2　教　科

その科目が、職業に必要な高度の技能で専門的かつ応用的なもの及びこれに関する知識を習得させるために適切と認められるものであること（規則第一五条第二号）。

なお、事業主等のニーズに応じた課題訓練により、応用的能力、問題解決能力、創造的能力、管理能力等を習得させるのにふさわしい内容とすること。

3　訓練の実施方法

学科の科目については、通信の方法によっても行うことができること。

実技の科目については、同時双方向オンラインによって行うことができること。

通信の方法によって行う場合には、同時双方向オンラインによるものであること。また、原則、通所による訓練時間（集合訓練、個別指導、面接指導等による時間を含む。）を総訓練時間の二〇パーセント以上確保すること。

4　訓練期間
一年以下の適切な期間であること（規則第一五条第四号）。

5　訓練時間
総訓練時間が六〇時間以上であること（規則第一五条第五号）。

この場合の訓練時間の算定方法は、五〇分間を一時間として算定して差し支えないこと。

6　設　備
教科の科目に応じ当該科目の訓練を適切に行うことができると認められるものであること（規則第一五条第六号）。

7　職業訓練指導員
訓練に係る教科につき、高度で専門的かつ応用的な技能又は知識を有し、教育訓練に関し、適切に指導することができる能力を有すると認められる者であること。

④　**厚生労働省令で定める**
本条〔解説〕②参照。

⑤⑥　**厚生労働省令で定める基準**
本条〔解説〕③参照。

なお、全国的見地から訓練のサービス水準を確保する必要があることから、条例制定の基準については、訓練生の数に関する規定は安全面の問題から「標準」とし、教科、訓練時間、設備その他の事項に関する規定は、より地域のニーズに即したものとする一方で、一定レベルの訓練水準を維持する必要があるため、「参酌すべき基準」としている。

（教材）

第二十条　公共職業能力開発施設の行う普通職業訓練又は高度職業訓練（以下「公共職業訓練」という。）においては、厚生労働大臣の認定[1]を受けた教科書[2]その他の教材[3]を使用するように努めなければならない。[4]

趣旨

本条は、公共職業訓練における厚生労働大臣が認定した教科書その他の教材の使用について規定したものである。職業訓練ニーズの多様化に対応し、効果的な職業訓練の実施を図るためには職業訓練の基準に応じた内容の優れた教材が必要となってくる。このため、広く民間で作成された優良な教材を職業訓練用教材として認定する制度を設け、職業訓練用教材の整備を図るとともに、公共職業能力開発施設の行う普通職業訓練又は高度職業訓練においては、厚生労働大臣の認定した教科書その他の教材を使用するよう努力義務を課したものである。

昭和四四年制定職業訓練法においては、養成訓練及び能力再開発訓練のための教科書についてのみ労働大臣が認定することとされていたが、中高年離転職者に対する能力再開発訓練、在職労働者に対する向上訓練等訓練対象者と訓練ニーズの多様化に対応し効果的な職業訓練を実施するためには、教科書のみならず視聴覚教材、シミュレーター、模型等の幅広い教材を積極的に導入する必要があるため、昭和五三年改正職業訓練法では、向上訓練を含めたすべての公共職業訓練について、そのための教科書及び教科書以外の視聴覚教材等の教材が広く労働大臣による教材認定の対象とすることとされた。

なお、平成四年改正職業能力開発促進法では、養成訓練、能力再開発訓練及び向上訓練の区分は廃止され、公共職業訓練は普通職業訓練及び高度職業訓練とされた。

解説

1 認　定

本条の認定は、厚生労働大臣が職業訓練用教材として適切な内容を有することを確認することをいう。

本条の認定に類似する概念として、学校教育用の教科用図書について行われている検定がある（学校教育法第三四条）が、本条による認定教材は、学校教育用検定教科書のように、その使用を義務づけられるものではない。

本法の教科書その他の教材の認定の手続等としては、次のような規定が規則に定められている。

(イ)　認定の対象となる教材の種類は、①教科書、②映画、ビデオ、スライド、録音テープその他映像又は音声を用いた教材、③シミュレーター、模型、プログラムその他職業訓練の実施に効果的な教材となっている（規則第二二条）。

(ロ)　教材の認定を受けるに当たっては、当該教材の著作者若しくは製作者又は発売者は、当該教材又はその原稿若しくは見本を添えた教材認定申請書（規則様式第一号）に、①教材の種類、②教材名、③定価（教科書その他の著作物に限る。）、④著作者又は製作者の氏名、⑤発売者名、⑥職業訓練の種類及び訓練課程名、⑦使用目的、⑧教材等の体裁等を記入の上、厚生労働大臣に提出しなければならない（規則第二三条）。

(ハ)　厚生労働大臣は、認定申請教材が本法の趣旨に適合する等職業訓練の効果的な実施のために適切な内容を有すると認めるものについて、当該教材を使用することが適当であると認められる職業訓練の種類、訓練課程等を示して教材認定を行うこととされている（規則第二四条）。

(ニ)　厚生労働大臣の認定を受けると、その教材には厚生労働省認定教材という文字を表示することができることとなっている。表示する場合には当該認定のあった年月日、当該認定に係る職業訓練の種類、訓練課程等を併せて明示しなければならないこととなっている（規則第二五条）。

(ホ)　厚生労働大臣の認定の効力は、改定（軽微な改定を除く。）を加えた教材には及ばないこととなっているが、改定について厚生労働大臣の承認を受けた場合、この限りではない（規則第二七条第一項）。

ここでいう改定とは、教材の内容の変更をいい、その一部を変更する場合も全部を変更する場合も含まれる。なお、軽微な改定とは、表現の変更に伴う改定、法令又は規格の改正に伴って必要となる内容の改定等、改定事項を理解するに当たって専門的知識が不要なものをさすとされている（平六・三・二九　能発第六二号）。

(ヘ)　改定の承認を受けようとする場合は、その教材の著作者若しくは製作者又は発売者は、当該改定を加えた教材又はその原稿若しくは見本を添えた教材改定承認申請書（規則様式第一号）に、①教材の種類、②教材名、③定価（教科書その他の著作物に限る。）、④著作者又は製作者の氏名、⑤発売者名、⑥職業訓練の種類及び訓練課程名、⑦改定の概要及びその理由、⑧教材等の体裁、⑨認定年月日、⑩認定番号等を記入の上、厚生労働大臣に提出しなければならない（規則第二七条第二項）。

(ト)　なお、厚生労働大臣は、認定教材が適切な内容を有しなくなったと認めるときは、当該認定教材に係る認定を取り消すものとされている（規則第二八条）。

2　教科書

本条の「教科書」とは、職業訓練において教科の主たる教材として訓練に用いられる図書をいう。

3　教　材

本条において「教材」とは、職業訓練において使用される教材をいう。この種類については1を参照。

4　努めなければならない

公共職業訓練においては、厚生労働大臣が認定した教材を使用するよう努力義務を課したものである。努力義務であるから、本条の違反には罰則はないが、当事者は認定教材に沿った職業訓練の実施に最善の努力をすべきものであり、また、認定教材を基本としつつ、必要に応じ、より適切な職業訓練の実施のためのその他の教材の活用を図っていくべきものである。

（技能照査）

第二十一条　公共職業能力開発施設の長[1]は、公共職業訓練（長期間の訓練課程[2]のものに限る。）を受ける者に対して、技能及びこれに関する知識の照査[3]（以下この条において「技能照査」という。）を行わなければならない[4]。

2　技能照査に合格した者は、技能士補[5]と称することができる。

3　技能照査の基準[6]その他技能照査の実施に関し必要な事項[7]は、厚生労働省令で定める。

趣旨

本条は、技能照査の実施義務、技能照査合格者の名称及び技能照査の基準等技能照査の実施に関し必要な事項について規定したものである。

第一項は、公共職業能力開発施設の長は、公共職業訓練（長期間の訓練課程のものに限る。）を受ける者に対し、必要な技能及びこれに関する知識を習得したかどうかを検証するために、技能の照査を行わなければならないこととするとともに、以下この「技能及びこれに関する知識の照査」を「技能照査」と称することとしたものである。

第二項は、技能照査に合格した者は、技能士補と称することができることとし、職業訓練修了者に対する社会的評価、認識の向上を図ることとしたものである。

第三項は、技能照査の基準、実施の時期その他技能照査の実施に関し必要な事項は、厚生労働省令で定めることとしたものである。この制度は、職業訓練の効果を確認することにより、効率的な職業訓練の実施を図ること、技能士補の資格取得という目標を設定することにより訓練生の技能習得意欲を高めること、訓練修了者の技能水準についての社会的な評価の確立を図ること、技能士補に対する二級技能検定試験の一部免除等により職業訓練に魅力をもたせることにより、職業訓練の振興に寄与することを期待するものである。

中央職業訓練審議会の「今後の職業訓練制度に関する答申」（昭和四三年七月二九日）において「訓練効果の確保、向上を図るため、養成訓練修了時に技能照査を実施し、その合格者に対しては特定の称号（例えば「技能士補」等）を与える制度を創設する……」（第三4(5)ニ）と述べられており、この制度はこの答申を受けて創設されたものである。

解説

① 公共職業能力開発施設の長

第一六条第五項〈二二三一ページ〉参照。

② 長期間の訓練課程

「長期間の訓練課程」とは、普通課程の普通職業訓練並びに専門課程及び応用課程の高度職業訓練をいう。

技能照査実施要領において、「技能照査の対象者は、普通課程の普通職業訓練又は専門課程若しくは応用課程の高度職業訓練を受けている者であって、訓練修了時までに、訓練を行うものが定める当該訓練の教科ごとの訓練時間の八〇パーセント以上を受講できる見込みがあり、かつ、当該訓練の総時間の八〇パーセント以上を受講できる見込みがある者であること。ただし、通信の方法により訓練を行う場合は、面接指導を終了しており、かつ、通信の方法以外の方法により行った科目の訓練時間を合計した時間の八〇パーセント以上を受講できる見込みがある者であること」とされている。

③ 技能及びこれに関する知識の照査

本条の技能照査は、技能に関する一定の基準の下に、訓練生がその水準に達しているか否かを判定するものである。

国が基準を設定している点などから、単なる訓練修了時試験とも異なって、実質的には技能検定（第四四条〈五六五ページ〉参照）に類似する性格のものである。しかし、技能照査は、職業訓練の修了時にその訓練において習得すべき技能と知識を判定するものであること、その実施は、職業訓練を実施するものの責任において行われる点などで技能検定との相違がある。

④ 行わなければならない

訓練生から請求があると否とにかかわらず、技能照査を行うことが訓練実施責任者の義務であることを意味する。

⑤ 技能士補

技能照査合格者に与えられる称号である。技能検定合格者は技能士という称号を与えられているが（第五〇条〈六〇四ページ〉参照）、技能士補は、技能士への途の一段階を歩むものとして位置づけられる称号といえよう。

なお、当該検定職種に相当する専門課程の高度職業訓練に係る訓練科に関し、的確に行われたと認められる技能照査に合格した後、当該検定職種に関し四年以上の実務の経験を有する者には、一級の技能検定の学科試験の全部が免除され（規則第六五条第二項）、当該検定職種に相当する訓練科に関し、的確に行われたと認められる技能照査に合格した者には、二級の技能検定の学科試験の全部が免除される（規則第六五条第三項）。

また、当該検定職種に相当する専門課程の高度職業訓練に係る訓練科に関し、的確に行われたと認められる技能照査に合格した後、当該検定職種に関し一年以上の実務の経験を有する者と当該検定職種に相当する普通課程の普通職業訓練に係る訓練科に関し、的確に行われたと認められる技能照査に合格した後、当該検定職種に関し二年（総訓練時間が二、八〇〇時間以上の訓練を修了した者にあっては、一年）以上の実務の経験を有する者には、単一等級の技能検定の学科試験の全部が免除される（規則第六五条第六項）。

⑥ 技能照査の基準

技能照査において技能及びこれに関する知識を判定するための尺度となるものをいう。

規則第二九条においては、技能照査は、普通課程の普通職業訓練又は専門課程若しくは応用課程の高度職業訓練において習得すべき技能及びこれに関する知識を有するかどうかを判定するため、教科の各科目について行うこととしている。

⑦ その他技能照査の実施に関し必要な事項

規則において技能照査の合格証書について規定している。すなわち、公共職業能力開発施設の長は、技能照査に合格した者に対して技能照査合格証書（規則様式第三号）を交付しなければならないこととされている（規則第二九条の二）。

このほか、技能照査の実施に関しては、技能照査実施要領に次のような事項が定められている。

(イ)　実施日

実施日は、原則として訓練修了前二カ月の間の日とする。ただし、認定職業訓練を行うもので、やむを得ない理由がある場合は、訓練修了前二カ月の間にかかわらず、技能照査実施年度の訓練時間の総時間の三分の二以上の訓練をした後であれば実施して差し支えないこと。

やむを得ない理由としては、技能照査実施場所の確保が困難な場合、地域によって技能照査（特に実技試験）の実施が困難な場所である場合等を指すものであること。

(ロ)　試験問題

(a)　規則別表第二、第六及び第七の訓練科の欄に定める訓練科については、別に定めている「普通課程の普通職業訓練を受ける者に対する技能照査の基準の細目」及び「専門課程の高度職業訓練を受ける者に対する技能照査の基準の細目」に掲げられた全項目にわたり、各項目に示された技能又は知識の水準に達しているか否かを判定し得る内容のものとすること。

ただし、実技試験については訓練科により細目に掲げられた全項目にわたることが困難な場合には、その一部について実施しなくてもやむを得ないが、この場合にもできる限り多くの項目を包含するよう配慮するものとすること。

(b) 規則別表第二、第六及び第七の訓練科の欄に定める訓練科以外の訓練科については、それぞれ教科の各科目について、習得すべき技能又は知識の水準に達しているか否かを判定し得る内容のものとすること。

(c) 試験問題は、原則として実施者が作成するものとするが、職業訓練を推進する団体等にあらかじめ試験問題の作成を委託し、又はこれらの団体があらかじめ作成した試験問題を利用することができるものであること。

(d) 試験問題の作成に当たっては、次の事項に留意するとともに、厚生労働省が作成した技能照査標準問題集のある訓練科については、その問題例を参考とすること。

(i) 一般事項

① 試験問題の内容が所定の訓練内容と遊離したものでないこと。

② 試験問題は訓練生が各科目の内容をどの程度習得したかを判定できるものでなければならないが、必ずしも各科目ごとに別個の問題を作成しなければならないものではないこと。

③ 試験問題の形式は自由であるが、採点者の主観的な判断により評価のなされるようなものを極力避け、客観的な基準による採点が行い得るものとするよう努めること。

(ii) 学科試験に関する事項

① 学科試験は、技能の裏づけとなる関連知識の習得の程度を調べるため実施するものであるから、試験問題はその習得程度の判定に直接関係のある主要な事項で構成すること。

② 学科試験には、生産活動の場で解決を迫られている頻度の高い事例を試験問題として取り上げる等具体性のあるものを含めるよう努めること。

③ 普通学科は専門学科の理解を助けるために訓練するものであるから、学科試験のうちの普通学科の試験に

ついては省略しても差し支えないこと。

④　所要時間は、普通課程の普通職業訓練にあっては二時間程度のもの、専門課程及び応用課程の高度職業訓練にあっては、四時間程度のものとすること。

(iii)　実技試験に関する事項

①　実技試験は、主として製品を製作させて審査する方式等の実技作業によることとするが、このような方式によることが困難な訓練科については、単に口述、記述にとどまらず観察、実験等によって技能習得の程度を的確に評価し得る方法を導入するなど、適正な評価を行うよう努めること。

②　所要時間は長期観察、実験等による場合を除き、普通課程の普通職業訓練は一日で終了する程度のもの、専門課程の高度職業訓練にあっては二日で終了する程度のもの、応用課程の高度職業訓練にあっては三日で終了する程度のものとすること。

（修了証書）

第二十二条　公共職業能力開発施設の長[1]は、公共職業訓練を修了した者[2]に対して、厚生労働省令で定めるところにより、[3]修了証書[4]を交付しなければならない。[5]

趣旨

本条は、公共職業訓練の修了証書について定めたものである。

すなわち、本条は、公共職業能力開発施設の長は、公共職業訓練の修了者に対して、厚生労働省令で定める要件に従った修了証書を交付しなければならないことを義務づけたものである。

解説

①　公共職業能力開発施設の長

第一六条第五項〈二三二ページ〉参照。

②　公共職業訓練を修了した者

職業訓練に係る基準に従い、所定の訓練期間、訓練時間によって所定の教科の訓練を受け終わった者をいう。

③　厚生労働省令で定めるところにより

規則第二九条の三には、修了証書は次の事項を記載したものでなければならないとされている。

①　職業訓練を修了した者の氏名及び生年月日

②　修了した職業訓練の種類、訓練課程、訓練科の名称及び総訓練時間並びに規則別表第二から第四まで、別表第五各号、別表第六又は別表第七による場合にはその旨

③　修了証書を交付するものの氏名又は名称

④　修了証書を交付する年月日

④　修了証書

所定の教科を修め終えた事実を証する書面をいう。

⑤　交付しなければならない

所定の教科を修了した本人からの請求があると否とを問わず、修了証書を交付することが、公共職業能力開発施設の長の義務であることを意味するものである。

（職業訓練を受ける求職者に対する措置）

第二十三条　公共職業訓練のうち、次に掲げるものは、無料とする。[1)]

一　国が設置する職業能力開発促進センターにおいて職業の転換を必要とする求職者その他の厚生労働省令で定める求職者[2)]に対して行う普通職業訓練（短期間の訓練課程で厚生労働省令で定めるもの[3)]に限る。）

二　国が設置する障害者職業能力開発校において求職者に対して行う職業訓練

三　都道府県又は市町村が設置する公共職業能力開発施設の行う職業訓練（厚生労働省令で定める基準[4)]を参酌して当該都道府県又は市町村の条例で定めるものに限る。）

2　国及び都道府県は、公共職業訓練のうち、職業能力開発校及び職業能力開発促進センターにおいて職業の転換を必要とする求職者その他の厚生労働省令で定める求職者に対して行う普通職業訓練（短期間の訓練課程で厚生労働省令で定めるものに限る。）並びに障害者職業能力開発校において求職者に対して行う職業訓練を受ける求職者に対して、労働施策の総合的な推進並びに労働者の雇用の安定及び職業生活の充実等に関する法律の規定[5)]に基づき、手当[6)]を支給することができる。

3　公共職業能力開発施設の長は、公共職業安定所長との密接な連携の下に、公共職業訓練を受ける求職者の就職の援助に関し必要な措置[7)]を講ずるように努めなければならない。

4　公共職業能力開発施設の長は、公共職業訓練を受ける求職者が自ら職業能力の開発及び向上に関する目標を定めることを容易にするために、必要に応じ、キャリアコンサルタントによる相談の機会の確保その他の援助[8]を行うよう努めなければならない。

趣旨

本条は、公共職業能力開発施設において職業訓練を受ける求職者に対する措置について規定したものである。

第一項は、国が設置する職業能力開発促進センターにおいて職業の転換を必要とする求職者等に対して行う短期課程の普通職業訓練のうち厚生労働省令で定めるもの、国が設置する障害者職業能力開発校において行われる準則訓練で、求職者に対するもの及び都道府県又は市町村が設置する公共職業能力開発施設の行う職業訓練であって厚生労働省令で定める基準を参酌して当該都道府県又は市町村の条例で定める職業訓練は、無料とすることを規定している。

従前は、都道府県又は市町村が設置する公共職業能力開発施設の行う職業訓練のうち、職業能力開発校及び職業能力開発促進センターにおいて職業の転換を必要とする求職者に対して行う短期課程の普通職業訓練のうち厚生労働省令で定めるもの並びに障害者職業能力開発校において求職者に対して行う職業訓練は無料としていた。しかし、地域主権戦略大綱（平成二二年六月二二日閣議決定）を踏まえ、地方公共団体の自主性及び自立性を高めるため、平成二三年第二次地方分権一括法により、無料の公共職業訓練の対象者に関する基準を都道府県又は市町村の制定する条例に委任された。

第二項は、公共職業訓練のうち、職業能力開発校及び職業能力開発促進センターにおいて職業の転換を必要とする求職者等に対して行う短期課程の普通職業訓練のうち厚生労働省令で定めるもの並びに障害者職業能力開発校において求職者に対して行う職業訓練を受ける求職者に対して、労働施策の総合的な推進並びに労働者の雇用の安定及び職業生活の充実等に関する法律の規定に基づいて訓練手当を支給することができることを規定している。

第三項は、訓練生に対する就職の援助について規定している。

すなわち、従来、訓練生の就職の援助に関しては、公共職業能力開発施設においては職業指導を行ってきたが、職業紹介については職業安定機関に委ねており、職業訓練法上訓練生の就職に関する規定はなかった。

しかしながら、訓練生及び職業訓練指導員が求人を的確に把握して訓練を行うことにより訓練の効果が上がるとともに、就職も円滑に行われると考えられ、公共職業能力開発施設が訓練生の就職に関してこれまで以上に積極的に関与していくことが必要である。このため昭和六〇年改正職業能力開発促進法により訓練生の援助に関し規定を置き、法律上の位置づけを明確にしたものである。

第四項は、公共職業能力開発施設の長に対し、訓練生に職業能力の開発及び向上に関する目標を定めるための援助を行う努力義務を規定している。

これは、訓練生がキャリアコンサルタントによる相談等の援助を受けることにより、職業訓練の目的を明確化され、訓練の効果がより高まると考えられることから、平成二七年改正におけるキャリアコンサルタントの登録制度の創設に伴い、規定が追加されたものである。

解説

①　無料とする

訓練を受けるための料金（学校における入学金・授業料に相当するもの）は、不要であることを原則とする意であるが、教科書、教材等訓練生の所有物となるものまでも無償とする趣旨ではない。

この求職者に対する訓練を無料とするのは、技能労働者を養成するという国民経済的・労働力政策的考慮と通常求職者であることに伴う経済的事情を考慮し、その負担を軽くしようとする社会政策的配慮に基づくものである。

平成二三年第二次地方分権一括法により、地方公共団体が行う無料の公共職業訓練の対象者の基準については、都道府県又は市町村の制定する条例に委任された（④参照）。

なお、昭和四四年制定職業訓練法では、専修職業訓練校における養成訓練及び能力再開発訓練並びに身体障害者職業訓練校における法定職業訓練で、求職者に対して行うものは無料とするものとされていたが、昭和五三年改正職業訓練法では、職業訓練校における養成訓練（労働省令で定めるものに限る。②参照）及び能力再開発訓練、技能開発センターにおける能力再開発訓練並びに身体障害者職業訓練校における準則訓練で、求職者に対して行うものは無料とするものとされた。これにより、従来の高等職業訓練校で職業訓練校になったものの行う能力再開発訓練及び技能開発センターの行う能力再開発訓練が法律上は新たに無料の対象となった。なお、平成四年改正職業能力開発促進法において公共職業訓練体系の改正に伴い、訓練課程の名称等が変更されたが、無料とする範囲についての実質的な変更はない。

② 厚生労働省令で定める求職者

規則第二九条の四第一項及び平成五年二月一二日労働省告示第五号「職業訓練を無料とする求職者を定める告示」において、職業の転換を必要とする求職者その他新たな職業に就こうとする求職者をいうこととされている。

③ 厚生労働省で定めるもの

規則第二九条の四第二項に規定する短期課程（職業に必要な相当程度の技能及びこれに関する知識を習得するためのものに限る。）及び昭和五三年改正規則附則第二条第三項における昭和五三年改正規則附則第二条第一項に規定する専修訓練課程をいう。

④ 厚生労働省令で定める基準

都道府県又は市町村が行う無料の公共職業訓練の対象者の基準を、当該都道府県又は市町村が条例で定める場合に、参酌する基準として、規則第二九条の五において、職業能力開発校及び職業能力開発促進センターにおいて職業の転換を必要とする求職者その他厚生労働大臣が定める求職者に対して行う短期課程の普通職業訓練並びに障害者職業能力開発校において求職者に対して行う職業訓練とされている。

これは、平成二三年第二次地方分権一括法により、無料の公共職業訓練の対象者の基準が都道府県又は市町村の定める条例に委任されたことに伴い、従来の基準については、参酌する基準として位置づけられたものである。

⑤　労働施策の総合的な推進並びに労働者の雇用の安定及び職業生活の充実等に関する法律の規定

労働施策の総合的な推進並びに労働者の雇用の安定及び職業生活の充実等に関する法律は次のとおり規定している。

労働施策の総合的な推進並びに労働者の雇用の安定及び職業生活の充実等に関する法律（昭和四一年法律第一三二号）

（職業転換給付金の支給）

第十八条　国及び都道府県は、他の法令の規定に基づき支給するものを除くほか、労働者がその有する能力に適合する職業に就くことを容易にし、及び促進するため、求職者その他の労働者又は事業主に対して、政令で定める区分に従い、次に掲げる給付金（以下「職業転換給付金」という。）を支給することができる。

一　（略）

二　求職者の知識及び技能の習得を容易にするための給付金

三～六　（略）

この労働施策の総合的な推進並びに労働者の雇用の安定及び職業生活の充実等に関する法律に基づいて、次の法令上の規定が定められている。

労働施策の総合的な推進並びに労働者の雇用の安定及び職業生活の充実等に関する法律施行令（昭和四一年政令第二六二号）

（職業転換給付金の支給）

第一条　職業転換給付金の支給は、次の区分に従い、国及び都道府県が行うものとする。

一・二　（略）

三　法第十八条第二号及び第五号に掲げる給付金であつて、前号に規定する者以外の者に係るもの　都道府県

労働施策の総合的な推進並びに労働者の雇用の安定及び職業生活の充実等に関する法律施行規則（昭和四一年労働省令第二三号）

（訓練手当）

第二条　法第十八条第二号に掲げる給付金は、基本手当、技能習得手当（受講手当及び通所手当とする。）及び寄宿手当（以下「訓練手当」という。）とする。

２～７　（略）

⑥　手　当

労働施策の総合的な推進並びに労働者の雇用の安定及び職業生活の充実等に関する法律第一八条第二号の規定に基づく手当として、訓練手当がある。訓練手当は、基本手当、技能習得手当（受講手当及び通所手当）及び寄宿手当から成る。

支給金額はそれぞれ、基本手当（日額）については一級地では四、三一〇円、二級地では三、九三〇円、三級地では三、五三〇円、技能実習手当については受講手当（日額）は五〇〇円、通所手当（月額限度額）は四万二、五〇〇円、寄宿手当（月額）については一万七〇〇円となっている。

また、雇用保険の基本手当の受給資格者が公共職業安定所の指示により職業訓練を受ける場合には、訓練を受ける期間中、雇用保険の給付として基本手当（訓練延長給付）及び技能習得手当が支給されるので、訓練手当は支給されない。

訓練手当の支給対象者は、公共職業安定所の指示により公共職業能力開発施設の行う職業訓練を受けている次の各号のいずれかに該当する求職者である。

(イ)　高年齢者等の雇用の安定等に関する法律第二二条の中高年齢失業者等求職手帳の発給を受けている者

(ロ)　雇用保険法第二五条第一項に規定する広域職業紹介活動により職業のあっせんを受けることが適当であると公共職業安定所長により認定された者

(ハ)　激甚な災害を受けた地域において就業していた者であって、当該災害により離職を余儀なくされたもの

「激甚な災害を受けた地域」は、災害救助法が適用された地域その他激甚な災害の発生した地域のうち、雇用失業情勢が悪化した地域が、厚生労働省職業安定局長によってそのつど指定されるものである。

(ニ)　学校、専修学校、職業能力開発促進法第一五条の七第一項各号に掲げる施設又は職業能力開発総合大学校を新たに卒業した者であって、激甚な災害を受けた地域内に所在する事業所に雇用される旨が約され、その後当該災害により取り消され、又は撤回されたもののうち、当該災害により求職活動が困難となり、卒業後において安定した職業に就いていない者（当該取消し又は撤回後において新たに雇用される旨が約されていない者に限る。）

(ホ)　へき地又は離島に居住している者

現に安定した職業に就いている者及び学校卒業後一年を経過しない者は除かれる。

「へき地、離島」とは、辺地に係る公共的施設の総合整備のための財政上の特別措置等に関する法律第二条第一項の「辺地」に該当する地域及び沖縄振興特別措置法第三条第三号の「離島」に該当する地域をいう。

(ヘ)　次の(a)から(d)までのいずれにも該当する者、すなわち、

(a)　四五歳以上の者又は次のいずれかに該当する者

(i)　障害者の雇用の促進等に関する法律第二条第二号の身体障害者

(ii)　更生保護法（平成一九年法律第八八号）第四八条各号又は第八五条第一項各号に掲げる者であって、その者の職業のあっせんに関し保護観察所長から公共職業安定所長に連絡があったもの

(iii)　その他社会的事情により就職が著しく阻害されている者

(b)　常用労働者として雇用されることを希望している者であって、誠実かつ熱心に就職活動を行う意欲を有すると認められるもの

(c)　安定した職業に就いていない者

(d)　職業安定局長が定めるところにより算定したその者の所得の金額（配偶者（届出をしていないが、事実上婚姻関係と同様の事情にある者を含む。）に所得があるときは、職業安定局長が定めるところにより算定したその配偶者の所得の金額を加えた金額）に対し、所得税法の規定により計算した所得税の額（この所得税の額を計算する場合には、同法第七二条から第八二条まで、第八三条の二、第九二条及び第九五条の規定を適用しないものとする。）が職業安定局長が定める額

を超えない者

(ト)　障害者雇用促進法第二条第四号に規定する知的障害者であって、公共職業安定所による職業のあっせんを受けることが適当であると公共職業安定所長により認定されたもの

(チ)　障害者雇用促進法第二条第六号に規定する精神障害者のうち、公共職業安定所による職業のあっせんを受けることが適当であると公共職業安定所長により認定されたもの

(リ)　母子及び父子並びに寡婦福祉法第六条第一項に規定する配偶者のない女子であって、二〇歳未満の子若しくは別表に定める障害がある状態にある子又は同項第五号の精神若しくは身体の障害により長期にわたって労働の能力を失っている配偶者（婚姻の届出をしていないが、事実上婚姻関係と同様の事情にある者を含む。）を扶養しているもののうち当該事由に該当することとなった日の翌日から起算して三年以内に公共職業安定所に出頭して求職の申込みをした者（前述(へ)(d)の要件に該当するものに限る。）

(ヌ)　児童扶養手当法第四条第一項に規定する児童扶養手当を受けている同項に規定する児童の父である者のうち、当該児童が同法第四条第一項第二号に該当することとなった日の翌日から起算して三年以内に公共職業安定所に出頭して求職の申込みをした者

(ル)　中国残留邦人等の円滑な帰国の促進並びに永住帰国後の自立の支援に関する法律第一〇条の永住帰国した中国残留邦人等及びその親族等であって、本邦に永住帰国した日から起算して一〇年を経過していないもの

(ヲ)　北朝鮮当局によって拉致された被害者等の支援に関する法律第二条第一項第五号に規定する帰国被害者等であって、本邦に永住する意思を決定したと認められる日から起算して一〇年を経過していないもの及び同号に規定する帰国した被害者であってその配偶者（婚姻の届出をしていないが、事実上婚姻関係と同様の事情にある者を含む。）、子及び孫が北朝鮮内にとどまっていること等永住の意思を決定することにつき困難な事情があると認められるもの

(ワ)　沖縄失業者求職手帳所持者

(カ)　漁業離職者求職手帳所持者

(ヨ)　一般旅客定期航路事業等離職者求職手帳所持者

(タ)　港湾運送事業離職者

(レ)　農業構造の改善に伴い農業従事者以外の職業に就こうとする農業従事者（他の安定した職業に就いているものを除く。）で(ヘ)(b)(d)に該当するもの（以下「離農転職者」という。）であって、公共職業能力開発施設の行う短期課程の普通職業訓練を受け、又は公共職業安定所長の指示により作業環境に適応させる訓練を受けているもの

(ソ)　次の(a)から(c)のいずれにも該当する駐留軍関係離職者等臨時措置法第二条に規定する駐留軍関係離職者であって、公共職業能力開発施設の行う職業訓練を受け、又は公共職業安定所長の指示により作業環境に適応させる訓練を受けているもの

(a)　当該離職の日が昭和三二年六月二二日以後であること。

(b)　駐留軍関係離職者等臨時措置法第二条第一号に掲げる者に該当する労働者若しくはこれに相当する労働者であって日本国とアメリカ合衆国との間の相互協力及び安全保障条約第六条に基づく施設及び区域並びに日本国における合衆国軍隊の地位に関する協定第一五条第一項(a)に規定する諸機関が雇用するもの、同法第二条第二号に規定する契約に基づき国が雇用する労働者又は同条第三号に規定する諸機関が雇用する労働者として一年以上在職していたこと。

(c)　駐留軍関係離職者等臨時措置法の一部を改正する法律の施行（同法附則第一項ただし書の規定による施行をいう。）の日以後において新たに安定した職業に就いたことのないこと。

(ツ)　沖縄県の区域内に居住する三〇歳未満の求職者で(ヘ)(b)から(d)までのいずれにも該当するものであって、公共職業安定所長の指示により職場適応訓練を受けているもの

⑦　必要な措置

必要な措置の内容としては、職業安定機関との密接な連携の下に公共職業能力開発施設が主体となって訓練生に対して就職に関する情報の提供等を行うことがある。また、公共職業能力開発施設において訓練生の職業紹介を行うこ

とについては、公共職業能力開発施設が訓練生の就職に積極的に関与するという趣旨に沿うとともに、大学、高等専門学校、高等学校が職業紹介を行っていることとのバランス上も望ましいものである。

従来、公共職業能力開発施設の長が職業紹介を行うためには、職業安定法第三三条の規定により労働大臣の許可が必要であったが、昭和六〇年七月五日「労働者派遣事業の適正な運営の確保及び派遣労働者の就業条件の整備等に関する法律の施行に伴う関係法律の整備等に関する法律」（昭和六〇年法律第八八号）が公布されて同法第二条の規定により職業安定法が改正され、職業能力開発促進法第一五条の七第一項各号の公共職業能力開発施設の長は、新たに、厚生労働大臣への届出という簡便な事務手続で無料の職業紹介を行うことができることとなった。

職業安定法（昭和二二年法律第一四一号）（抄）

（学校等の行う無料職業紹介事業）

第三十三条の二　次の各号に掲げる施設の長は、厚生労働大臣に届け出て、当該各号に定める者（これらの者に準ずる者として厚生労働省令で定めるものを含む。）について、無料の職業紹介事業を行うことができる。

一　学校（小学校及び幼稚園を除く。）　当該学校の学生生徒等

二　専修学校　当該専修学校の生徒又は当該専修学校を卒業した者

三　職業能力開発促進法第十五条の七第一項各号に掲げる施設　当該施設の行う職業訓練を受ける者又は当該職業訓練を修了した者

四　職業能力開発総合大学校　当該職業能力開発総合大学校の行う職業訓練若しくは職業能力開発促進法第二十七条第一項に規定する指導員訓練を受ける者又は当該職業訓練若しくは当該指導員訓練を修了した者

②～⑧（略）

職業安定法施行規則（昭和二二年労働省令第一二号）（抄）

（法第三十三条の二に関する事項）

第二十五条の二　法第三十三条の二第一項の厚生労働省令で定めるものは、次のとおりとする。

一（略）

二　学校又は専修学校の長が無料の職業紹介事業を行う場合にあつては、当該学校又は専修学校において職業能力開発促進法第十五条の七第三項の規定により公共職業能力開発施設の行う職業訓練とみなされる教育訓練を受けている者及び修了した者

2〜6　（略）

⑧　キャリアコンサルタントによる相談の機会の確保その他の援助

訓練生に対しキャリアコンサルタントの資格を持った者による相談の機会を提供するだけでなく、職業訓練指導員によるキャリアコンサルティング等の訓練生の職業訓練における目標の明確化に向けた幅広い援助を含むものである。

第四節　事業主等の行う職業訓練の認定等

本節は、都道府県知事による職業訓練の認定（第二四条）、事業主等の設置する職業訓練施設（第二五条）、事業主等の協力（第二六条）、準用（第二六条の二）から成り、事業主等の行う職業訓練の認定等について規定している。

事業主、事業主の団体若しくはその連合団体、職業訓練法人若しくは中央職業能力開発協会若しくは都道府県職業能力開発協会又は一般社団法人若しくは一般財団法人、法人である労働組合その他の営利を目的としない法人で、職業訓練を行い、若しくは行おうとするもの（以下「事業主等」と総称する。）は、第四節及び第七節に定めるところにより、当該事業主等の行う職業訓練が職業訓練の水準の維持向上のための基準に適合するものであることの認定を受けて、当該職業訓練を実施することができる（第一三条）とされており、本節は認定の制度及び職業訓練を行う施設等について定め、段階的かつ体系的な職業訓練の実施等を図ることとしたもので、昭和六〇年の職業訓練法の改正により、整備されたものである。

（都道府県知事による職業訓練の認定）

第二十四条　都道府県知事は、事業主等[1]の申請[2]に基づき、当該事業主等の行う職業訓練について、第十九条第一項の厚生労働省令で定める基準[3]に適合するものであることの認定[4]をすることができる。ただし、当該事業主等が当該職業訓練を的確に実施することができる能力[5]を有しないと認めるときは、この限りでない。

2　都道府県知事は、前項の認定をしようとする場合において、当該職業訓練を受ける労働者が労働基準法第七十条の規定に基づく厚生労働省令[6]又は労働安全衛生法（昭和四十七年法律第五十七号）第六十一条第四項の規定に基づく厚生労働省令の適用を受けるべきものであるときは、厚生労働省令で定める場合を除き[7]、都道府県労働局長の意見を聴く[8]ものとする。

3　都道府県知事は、第一項の認定に係る職業訓練（以下「認定職業訓練」という。）が第十九条第一項の厚生労働省令で定める基準に適合しなくなつたと認めるとき、又は事業主等が当該認定職業訓練を行わなくなつたとき、若しくは当該認定職業訓練を的確に実施することができる能力を有しなくなつたと認めるときは、当該認定を取り消す[9]ことができる。

趣旨

本条は、事業主等の行う職業訓練に対する都道府県知事の認定の制度について規定している。

第一項は、都道府県知事は、事業主等の申請に基づき、当該事業主等の行う職業訓練について第一九条第一項の規定による職業訓練の基準に適合するものであることの認定をすることができることとしたものである。ただし、当該事業主等が設備、指導能力等の面から見て当該職業訓練を的確に遂行するに足りる能力を有しないと認めるときは、認定しないこととしている。

第二項は、都道府県知事は、認定しようとする職業訓練を受ける労働者が労働基準法第七〇条の規定に基づく契約期間、危険有害業務の就業制限、坑内労働の禁止及び坑内業務の就業制限に関する特例、又は労働安全衛生法第六一条第四項の規定に基づくクレーン運転等の業務に係る就業制限の特例の適用を受けるべきものであるときは、原則として都道府県労働局長の意見を聴いて認定することとしたものである。

第三項は、都道府県知事は、認定職業訓練が職業訓練の基準に適合しなくなったとき、又は事業主等が当該認定職業訓練を行わなくなったとき、若しくは当該認定職業訓練を的確に行う能力を有しなくなったと認めるときは、認定を取り消すことができることとしたものである。

なお、職業訓練の認定については、機関委任事務として、従来から国の指導・助言の下に都道府県において実施してきたところであり、特に高度職業訓練については、各都道府県においてそのノウハウが十分に蓄積されていないため、認定の適正を担保する観点から、認定に当たり国が主体となってきた。このため、平成一一年の地方自治法（昭和二二年法律第六七号）の改正により、国と地方公共団体は対等な関係とされるとともに、機関委任事務が廃止され、職業訓練の認定及びその取消しに係る事務が都道府県の自治事務とされた後においても、都道府県知事は、高度職業訓練について職業訓練の認定を行おうとする又はその取消しを行おうとするときは、事前に厚生労働大臣に協議し、その同意を得なければならないこととされていた。しかし、地域主権戦略大綱（平成二二年六月二二日閣議決定）を踏まえ、地方公共団体の自主性及び自立性を高めるため、平成二三年第二次地方分権一括法により、当該協議は廃止された。

本来、事業主等がその責任と負担において行う職業訓練の内容は自由であり、本法は、多様な形態の職業訓練の適切な実施の普及、振興を図るものであるが、職業訓練の認定は、民間で行う職業訓練が厚生労働省令で定める基準に準拠したものであることを確認するものである。このことは認定職業訓練に対する各種の助成・援助措置とも相まって、民間において、職業訓練が合理的・効果的な訓練方法によって行われることを期待するものである。

この認定を受けることの特典としては、現在のところ、

① 中小企業の事業主及び中小企業事業主団体等が認定職業訓練を行う場合は、国及び都道府県からその訓練経費の一部につき補助金が受けられること。さらに、中小企業事業主及び中小企業事業主の団体等が認定職業訓練のための施設又は設備を設置又は整備する場合は、施設・設備費の一部について補助金が受けられること

② 都道府県又は市町村が設置する共同職業訓練施設を利用できること

③ 労働基準法第七〇条又は労働安全衛生法第六一条第四項の特例を受け得ること

④ 最低賃金について特例措置を講じ得ること

⑤ 認定職業訓練の修了者は、技能検定を受検する場合又は職業訓練指導員の免許を取得しようとする場合、有利に取り扱われること。また、他の法令による試験免許についても特典が認められていること

⑥ 普通課程又は専門課程の職業訓練の訓練生で技能照査に合格したものは、技能士補と称することができること

などが挙げられる。

解説

1 事業主等

第一三条〔解説〕1から5まで〈一八九・一九〇ページ〉参照。

2 申請

申請を行うに当たっては、所定の職業訓練認定申請書（規則様式第四号）に、①事業の概要（事業主にあっては事業の種類、事業の内容、常用労働者数、団体にあっては団体の種類、団体設立年月日、団体構成員数）、②職業訓練の概要（職業訓練の種類、訓練課程名、訓練科名、訓練の対象となる技能及びこれに関する知識の範囲、訓練開始年月日、訓練生数）、③訓練期

間、教科及び訓練時間（訓練期間、一年度期別教科の科目及び訓練時間）、④設備及び職業訓練指導員（設備、職業訓練指導員の免許職種、資格等）、⑤訓練実施方法及び試験（学科実技別の訓練実施方法、試験）、⑥職業訓練の実施を他に委託する場合の訓練委託先（委託先の施設、事業所又は団体の名称、認定年月日及び認定番号、所在地）、⑦職業訓練施設の概要（職業訓練施設の名称、所在地、自己所有又は借用の別、職業訓練施設の長の氏名、構造設備の概要等）を記入の上、事業主については、その事業所の所在地を、その他のものについてはその主たる事務所の所在地をそれぞれ管轄する都道府県知事に提出しなければならない。この場合、事業主、職業訓練法人、中央職業能力開発協会及び都道府県職業能力開発協会以外のものにあっては、定款、寄附行為等その組織や運営の方法等を明らかにする書面を、構成員を有する団体にあっては構成員名簿（規則様式第五号）を提出しなければならない（規則第三〇条並びに第三一条第一項）。

③　厚生労働省令で定める基準

第一九条〈二四二ページ〉参照。

④　認　定

「認定」とは、事業主等の行う職業訓練について厚生労働省令で定める一定の基準に適合して行われるものであることの確認である。

認定は、一度受ければこれを取り消されることがない限り有効である。認定の取消しは、当該職業訓練が厚生労働省令で定める基準に適合しなくなった場合又は当該認定職業訓練が行われなくなったとき若しくは当該認定職業訓練を的確に実施することができる能力を有しなくなった場合に行われる。

なお、認定を受けた事項について変更があれば、都道府県知事に届出を要することとされ（規則第三三条）、また、実施状況の報告をすることとされている（規則第三五条の四）。

⑤　職業訓練を的確に実施することができる能力

事業主等の認定申請に対して、都道府県知事が認定するかどうかを判断する場合、当該職業訓練が訓練基準に適合して行われるものか否かを検討する必要があると同時に、この訓練が継続的に訓練基準に従って実施され所期の訓練成果を確保できるものであるかどうかを判定する必要がある。この能力の判定は、事業主等の職業訓練に対する熱意、資力、設備又は指導能力等の面から見て、永続性をもって職業訓練を行い得る能力をもっているかどうかについて行われる。この職業訓練の遂行能力の判定基準としては、次の事項等が挙げられている。

① 事業主の場合にあっては、当該事業の内容等から勘案して職業訓練の永続性があると認められること。

② 事業主、職業訓練法人、中央職業能力開発協会及び都道府県職業能力開発協会以外の場合にあっては、定款等に規則第三一条第二項の事項が記載されているとともに、その業務又は事業の一つとして職業訓練について明確な定めがあるほか、職業訓練に要する年間経費の主たる収入源等から勘案して職業訓練について永続性があると認められること。特に法人格のない団体については、当該団体が職業訓練を遂行し得る能力を現実に有する団体であるかどうかについて留意すること。

③ 都道府県労働局長の許可（労働基準法第七〇条の職業訓練に関する特例）を受けられないため、職業訓練の実施に支障を来すと認める場合には認定を行わないこと。

④ 普通課程の普通職業訓練の訓練生数は、事業主の場合は総数で三人以上、事業主以外の団体の場合は一訓練科につき、三人以上であること。

⑤ 管理監督者コースの短期課程の普通職業訓練については、監督者訓練員等特別の訓練を受けた職業訓練指導員が担当するものであること。

⑥ 労働基準法第七十条の規定に基づく厚生労働省令

労働基準法第七〇条は、認定職業訓練を受ける労働者について必要がある場合においては、契約期間（労働基準法第一四条第一項）、危険有害業務の就業制限（同法第六二条及び第六四条の三）、坑内労働の禁止（同法第六三条）及び坑内業務の就業制限（同法第六四条の二）に関する規定について厚生労働省令で別段の定めをすることができる旨を規定し、これを受けて、同法施行規則においては第三四条の二の五から第三四条の五までの各条で認定職業訓練に限って長期契約、就業制限業務のうち就業してよい業務と就業させるための方法を具体的に定めるとともに、これら労働基準法の特例許可申請手続について定めている。

すなわち、労働契約については、期間の定めのないものを除き、一定の事業の完了に必要な期間を定めるもののほかは、三年を超える期間について締結してはならないのであるが、訓練期間が三年以上四年以下の期間である普通課程の普通職業訓練又は応用課程の高度職業訓練を行う場合には、その訓練期間の範囲内で長期契約を締結できるよう措置されている。

また、満一八歳に満たない者（妊産婦を除く。）については、一定の危険有害業務について就業が制限され又は原則として坑内労働が禁止されているが、普通職業訓練及び高度職業訓練の教科のうち実技の訓練を行う場合は、危害を防止するために必要な措置を講じた上で、満一八歳に満たない訓練生を一定の危険有害業務に就かせ、又は満一六歳以上の男性である訓練生を坑内労働に就かせることができるよう措置されている。

次に、労働安全衛生法第六一条第四項は、認定職業訓練を受ける労働者について必要がある場合においては、クレーン運転等の業務の就業制限（同条第一項）に関する規定について厚生労働省令で別段の定めをすることができる旨を規定し、労働安全衛生規則第四二条において、具体的な特例措置の内容について定めている。

この特例措置の対象となる業務は、次のとおりである（労働安全衛生法施行令第二〇条）。

① 制限荷重が五トン以上の揚貨装置の運転の業務（同条第二号）

② ボイラー（小型ボイラーを除く。）の取扱いの業務（同条第三号）

③ ボイラー（小型ボイラー及び次に掲げるボイラーを除く。）又は第六条第一七号の第一種圧力容器の整備の業務（同条第五号）

イ　胴の内径が七五〇ミリメートル以下で、かつ、その長さが一、三〇〇ミリメートル以下の蒸気ボイラー

ロ　伝熱面積が三平方メートル以下の蒸気ボイラー

ハ　伝熱面積が一四平方メートル以下の温水ボイラー

ニ　伝熱面積が三〇平方メートル以下の貫流ボイラー（気水分離器を有するものにあっては、当該気水分離器の内径が四

○○ミリメートル以下で、かつ、その内容積が○・四立方メートル以下のものに限る。）

④　つり上げ荷重が五トン以上のクレーン（跨《こ》線テルハを除く。）の運転の業務（同条第六号）

⑤　つり上げ荷重が一トン以上の移動式クレーンの運転（道路交通法（昭和三五年法律第一〇五号）第二条第一項第一号に規定する道路（以下この条において「道路」という。）上を走行させる運転を除く。）の業務（同条第七号）

⑥　つり上げ荷重が五トン以上のデリック運転の業務（同条第八号）

⑦　可燃性ガス及び酸素を用いて行う金属の溶接、溶断又は加熱の業務（同条第一〇号）

⑧　最大荷重（フォークリフトの構造及び材料に応じて基準荷重中心に負荷させることができる最大の荷重をいう。）が一トン以上のフォークリフトの運転（道路上を走行させる運転を除く。）の業務（同条第一一号）

⑨　機体重量が三トン以上の別表第七第一号、第二号、第三号又は第六号に掲げる建設機械で、動力を用い、かつ、不特定の場所に自走することができるものの運転（道路上を走行させる運転を除く。）の業務（同条第一二号）

⑩　最大荷重（ショベルローダー又はフォークローダーの構造及び材料に応じて負荷させることができる最大の荷重をいう。）が一トン以上のショベルローダー又はフォークローダーの運転（道路上を走行させる運転を除く。）の業務（同条第一三号）

⑪　最大積載量が一トン以上の不整地運搬車の運転（道路上を走行させる運転を除く。）の業務（同条第一四号）

⑫　作業床の高さが一〇メートル以上の高所作業車の運転（道路上を走行させる運転を除く。）の業務（同条第一五号）

⑬　制限荷重が一トン以上の揚貨装置又はつり上げ荷重が一トン以上のクレーン、移動式クレーン若しくはデリックの玉掛けの業務（同条第一六号）

すなわち、これらの業務に従事するに当たっては、あらかじめそれぞれの業務に係る免許あるいは資格を取得していることが必要であるが、次の措置を講じたときは、認定職業訓練の開始後六月（訓練期間が六月の訓練科の場合は、五月（①から⑥）又は三月（⑧から⑬））を経過した後は（⑩の業務については、訓練開始後直ちに）訓練生をこれらの業務に就かせることができるものとされている（労働安全衛生規則第四二条）。

(イ)　訓練生が当該業務に従事する間、訓練生に対し、当該業務に関する危険又は健康障害を防止するため必要な事項を職業訓練指導員に指示させること。

(ロ)　訓練生に対し、当該業務に関し必要な安全又は衛生に関する事項について、あらかじめ、教育を行うこと。

⑦　厚生労働省令で定める場合を除き

都道府県知事は、認定しようとする職業訓練を受ける労働者が、⑥で既に説明した労働基準法第七〇条又は労働安全衛生法第六一条第四項の規定に基づく厚生労働省令の適用を受けるべきものであるときは、原則として都道府県労働局長の意見を聴くものとされているが、この例外として厚生労働省令で定める場合は意見を聴く必要がない。

現在は、この規定を受けた厚生労働省令は定められていない。

⑧　意見を聴く

労働基準法による特例許可が円滑に行われるよう、認定の可否を決定するに際して、事前に都道府県労働局長に対し、特例許可の可能性の有無についてその見解をただすことをいい、事業主等が認定を受けても労働基準法の特例許可が得られないような事態を生じないようあらかじめ両者間の調整を図るために設けられた制度である。

⑨　認定を取り消す

本条において、「認定の取消し」とは、当初の認定を行った後発生した事由により認定の効果を持続させることが適当でなくなった場合に、将来に向かってその効力を失わせることをいう。

なお、事業主等は、認定職業訓練を行わなくなったときは、廃止届を管轄都道府県知事に提出しなければならない(規則第三四条)。

(事業主等の設置する職業訓練施設)

第二十五条　認定職業訓練を行う事業主等は、厚生労働省令で定めるところにより[1)]、職業訓練施設として職業能力開発校、職業能力開発短期大学校、職業能力開発大学校又は職業能力開発促進センターを設置することができる。

趣旨

本条は、認定職業訓練を行う事業主等が設置する職業訓練施設は職業能力開発校、職業能力開発短期大学校、職業能力開発大学校又は職業能力開発促進センターとしたものである。

解説

① 厚生労働省令で定めるところにより

規則第三五条に、次のとおり規定されている。

（事業主等による職業訓練施設の設置）

第三十五条　認定職業訓練を行う事業主等は、職業訓練施設として職業能力開発校、職業能力開発短期大学校、職業能力開発大学校又は職業能力開発促進センターを設置しようとするときは、管轄都道府県知事に申請し、その設置について承認を受けなければならない。

2　管轄都道府県知事は、前項の申請があつた場合には、次の各号に掲げる職業訓練施設の種類に応じ、それぞれ当該各号に定めるところに適合するものと認めるときでなければ同項の承認をしてはならない。

一　職業能力開発校又は職業能力開発促進センター

イ　教室のほか、当該認定職業訓練の必要に応じた実習場等を備えていること。

ロ　教室の面積は、同時に訓練を行う訓練生一人当たり一・六五平方メートル以上あること（訓練生の数の増加に応じて職業訓練上支障のない限度において減ずることができる。）。

ハ　建物の配置及び構造は、訓練を実施する上で適切なものであること。
ニ　教科、訓練生の数等に応じて必要な教材、図書その他の設備を備えていること。
二　職業能力開発短期大学校又は職業能力開発大学校
イ　教室、実習場及び図書室を職業訓練専用施設として備えるほか、当該認定職業訓練の必要に応じた施設を備えていること。
ロ　教室の面積は、同時に訓練を行う訓練生一人当たり二平方メートル以上あること（訓練生の数の増加に応じて職業訓練上支障のない限度において減ずることができる。）。
ハ　実習場その他の施設の面積は、訓練を実施する上で適切な面積であること。
ニ　建物の配置及び構造は、訓練を実施する上で適切なものであること。
ホ　教科、訓練生の数等に応じて必要な教材、図書その他の設備を備えていること。

なお、規則第三五条第二項第一号に掲げられた施設基準の運用は、おおむね次によるものとされている。

(イ)　教室、実習場等（規則第三五条第二項第一号イ）

少なくとも教室を備えているほか、当該認定職業訓練を実施する上において専ら職業訓練のための実習場又は運動場が必要と認められる場合は、それらの施設を備えているものであること。

なお、教室等の施設を借用している場合においても、将来にわたって職業訓練施設としてその継続性が認められるものであれば差し支えないものであること。

(ロ)　教室の面積（規則第三五条第二項第一号ロ）

一教室において同時に職業訓練を行う訓練生一人当たりの面積は、公共職業能力開発施設の基準に準じて、原則として一・六五平方メートル以上必要であるが、訓練生の数の増加に応じて職業訓練上支障のない限度で減ずることができること。

(ハ)　建物の配置及び構造（規則第三五条第二項第一号ハ）

建物の配置については訓練生の通所の便、安全衛生上又は風紀上の付近の環境を考慮するものとし、建物の構造は、堅ろう度、換気、採光、照明、保温、防湿、清潔、避難その他訓練生の安全衛生等を考慮するものとすること。

(ニ)　教材、図書等（規則第三五条第二項第一号ニ）

当該訓練の実施に必要な教材、図書等の設備は職業訓練上支障のないよう備えられているものであること。

規則第三五条第二項第二号に掲げられた施設基準の運用は、次によるものとされている（平五・四・一　能発第九一号）。

(イ)　教室、実習場等（規則第三五条第二項第二号イ）

教室及び実習場を必ず職業訓練専用施設として備えているほか、必要に応じたその他の施設を備えていること。なお、職業訓練専用施設は、専門課程の高度職業訓練の実施に支障がない限り、それ以外の教育訓練に使用しても差し支えないものであること。

おって、教室等の施設を借用している場合は、将来にわたって職業訓練施設設備としてその継続性が認められるものであれば差し支えないこと。

(ロ)　教室の面積（規則第三五条第二項第二号ロ）

教室の面積は、同時に訓練を行う訓練生一人当たり二平方メートル（訓練生の数の増加に応じて職業訓練の実施に当たり支障のない限りにおいて減ずることができる。）以上であること。

(ハ)　実習場（規則第三五条第二項第二号ハ）

実習場、その他の施設等の面積は、各訓練科ごとの実技等の訓練に最低限必要な面積を確保すること。

(ニ)　建物の配置及び構造（規則第三五条第二項第二号ニ）

職業訓練施設には最低限一つは、予備教室を設置することとし、その面積は、最も訓練生の多い訓練科の全訓練生を同時に訓練することができる広さであること。

(ホ)　教科、図書等（規則第三五条第二項第二号ホ）

職業訓練施設には必ず図書室を設置することとし、訓練生の自発的学習に供するため訓練科ごとに専門図書及び専門雑誌等を系統的に整理して備えること。

（事業主等の協力）

第二十六条　認定職業訓練を行う事業主等は、その事業に支障のない範囲内で[1]、認定職業訓練のための施設[2]を他の事業主等の行う職業訓練のために使用させ、又は委託を受けて他の事業主等に係る労働者[3]に対して職業訓練を行うように努めるものとする。

趣旨

本条は、認定職業訓練を行う事業主等がその事業に支障のない範囲内で他の事業主等の行う職業訓練に対して協力を行うように勧奨する趣旨の規定である。これによって認定職業訓練を行う事業主等が、例えば、系列下にある企業あるいは関連企業の事業主等の行う職業訓練に対して援助を行うこと等を期待している。

我が国の民間における職業訓練の実施状況はいまだ十分とはいえないものがあり、この点からも認定職業訓練を行う事業主等が、他の事業主等の行う職業訓練に対して積極的に協力援助を行い、我が国の職業訓練の一層の促進を図るために民間分野において中心的な役割を果たしていくことが望ましい。また、認定職業訓練は厚生労働省令で定める基準に適合して的確に行われるものであり、これを行う事業主等が他の事業主等の行う職業訓練に対して援助を行うことは、それにより援助を受ける側の職業訓練について一定の訓練水準を確保することも期待できるものである。

なお、本条の規定は、あくまでも訓示的なものであって、その勧奨に当たっても強制又は干渉がましくあってはならない。

解説

①　その事業に支障のない範囲内で

自らの職業訓練を行う上で妨げとなるかならないかということだけでなく、企業の経営活動あるいは団体の運営管理上の都合等についての事情も含まれる。

②　認定職業訓練のための施設

学科教室、実習場、機械設備等をいう。

このような施設の提供に伴って、使用料を支弁させるか否かという問題については、関係事業主等の間で相互に決められるべきものであるが、本条の趣旨からいって、使用料を取る場合でも、できるだけ実費程度の金額にとどめることが望ましい。

③　他の事業主等に係る労働者

事業主等（第一三条〈一八八ページ〉参照）のそれぞれについて、次の者をいう。

①　事業主　その雇用労働者など。
②　事業主の団体　構成事業主の雇用労働者など。
③　事業主団体の連合団体　構成事業主団体に係る②に記する者など。
④　職業訓練法人　会員である事業主の雇用労働者その他当該法人の目的とする職業訓練の対象者など。
⑤　都道府県職業能力開発協会　会員である職業訓練法人に係る④に記する者など。
⑥　中央職業能力開発協会　会員である都道府県職業能力開発協会に係る⑤に記する者など。
⑦　一般社団法人又は一般財団法人　会員である事業主の雇用労働者その他当該法人の目的とする職業訓練の対象となる者など。
⑧　労働組合　組合員である労働者など。

⑨　その他の非営利法人　会員である事業主の雇用労働者その他当該法人の目的とする職業訓練の対象となる者など。

（準用）

第二十六条の二　第二十条から第二十二条までの規定[1]は、認定職業訓練[2]について準用する。この場合において、第二十一条第一項及び第二十二条中「公共職業能力開発施設の長」とあるのは、「認定職業訓練を行う事業主等」と読み替えるものとする。

趣旨

認定職業訓練を行う事業主等についても、公共職業訓練と同様に、教材の使用（第二〇条）、技能照査の実施（第二一条）、修了証書の交付（第二二条）に関する規定を適用することとしたものである。

解説

1 第二十条から第二十二条までの規定

(イ)　第二〇条の規定の準用

認定職業訓練においては、厚生労働大臣の認定を受けた教科書その他の教材を使用するように努めなければならないこととされる。なお、第二〇条〔趣旨〕及び〔解説〕2から4まで〈三〇一ページ〉参照。

(ロ)　第二一条の規定の準用

認定職業訓練を行う事業主等は、認定職業訓練（長期間の訓練課程のものに限る。）を受ける者に対して、技能照査を行わなければならないこととされる。

技能照査については、第二一条〔趣旨〕及び〔解説〕〈三〇三ページ〉参照。

特に、事業主等については、規則第三五条の三において、次のとおり、届出が求められている。

（技能照査の届出等）

第三十五条の三　認定職業訓練を行うものは、技能照査を行おうとするときは、その行おうとする日の十四日前までに当該技能照査に係る訓練課程、訓練科の名称、試験問題、合格判定の基準、実施年月日及び実施場所を管轄都道府県知事に届け出なければならない。

2　都道府県知事は、認定職業訓練を行うもので技能照査合格証書を交付したもの又は技能照査合格証書の交付を受けた者の申請があつた場合において、当該技能照査合格証書に係る技能照査が的確に行われたものと認めるときは、当該技能照査合格証書にその旨の証明を行うことができる。

なお、この都道府県知事の証明があることにより、的確に行われたと認められる専門課程の高度職業訓練の技能照査に合格した後、当該検定職種に関し四年以上の実務の経験を有する者又は応用課程又は特定応用課程及び特定専門課程の高度職業訓練の技能照査に合格した後、当該検定職種に関し二年以上の実務の経験を有する者には一級技能検定の学科試験の全部が免除される（規則第六五条第二項）。

また、都道府県知事の証明があることにより的確に行われたと認められる専門課程の高度職業訓練又は普通課程の普通職業訓練の技能照査合格者について二級技能検定の学科試験の全部免除が行われるものである（規則第六五条第三項）。

(ハ)　第二二条の規定の準用

認定職業訓練を行う事業主等は、認定職業訓練を修了した者に対して、厚生労働省令で定めるところにより、修了証書を交付しなければならないこととされる。

修了証書については、第二二条〔趣旨〕及び〔解説〕〈三〇八ページ〉参照。

② 認定職業訓練

第二四条〔趣旨〕及び〔解説〕〈三一二ページ〉参照。

第五節　実習併用職業訓練実施計画の認定等

本節は、平成一八年の改正により、事業主が主体となって労働者に実践的な職業能力を習得させることを目的とする「実習併用職業訓練」について、その実施計画の認定等に係る規定を整備したものである。

具体的には、第二六条の三では実施計画の認定手続、第二六条の四ではその変更手続及び認定の取消しについて定め、第二六条の五では労働者の募集における表示、第二六条の六及び第二六条の七では中小企業事業主に係る委託募集の特例について規定している。

（実施計画の認定）

第二十六条の三　実習併用職業訓練[1]を実施しようとする事業主[2]は、厚生労働省令で定めるところにより[3]、実習併用職業訓練の実施計画（以下この節において「実施計画」という。）を作成し、厚生労働大臣の認定を申請することができる。

2　実施計画には、実習併用職業訓練に関する次に掲げる事項を記載しなければならない。

一　対象者

二　期間及び内容

三　職業能力の評価の方法
四　訓練を担当する者
五　その他厚生労働省令で定める事項[4)]

3　厚生労働大臣は、第一項の認定の申請があつた場合において、その実施計画が青少年の実践的な職業能力の開発及び向上を図るために効果的な実習併用職業訓練に関する基準として厚生労働省令で定める基準[5)]に適合するると認めるときは、その認定をすることができる。

趣旨

本条は、実習併用職業訓練の実施計画に係る認定手続を定めたものである。

事業主は、実習併用職業訓練の実施期間、内容、訓練担当者、職業能力の評価方法等を記載した実施計画を作成し、当該実施計画について厚生労働大臣の認定を申請することができることとし、厚生労働大臣は、当該申請があった場合、当該実施計画が、青少年の実践的な職業能力の開発及び向上に資するものとして、職業訓練の内容に関する厚生労働省令で定める基準に適合している場合、その旨の認定をすることができることとしたものである。

解説

1　実習併用職業訓練

第一〇条の二〔解説〕1〈一六三ページ〉参照。

2　事業主

第二条〔解説〕①〈一〇五ページ〉参照。

③　厚生労働省令で定めるところにより

実習併用職業訓練の実施計画の認定を申請しようとする事業主は、実施計画認定申請書に、実施計画及び実施計画に記載されている内容が確認できる、①実習併用職業訓練に係る教育訓練の教育課程又は職業訓練の訓練課程を記載した書類、②職業能力の評価の方法を記載した書類を添付して、その主たる事業所の所在地を管轄する都道府県労働局長に提出しなければならない（規則第三五条の五）。

④　その他厚生労働省令で定める事項

規則第三五条の六において、次のように定められている。

①　実習併用職業訓練並びにこれを行う上で必要となる実習及び講習の総時間数

②　総時間数のうち、

(i)　業務の遂行の過程内において行われる職業訓練及びこれを行う上で必要となる実習（実習等）の時間数

(ii)　職業訓練又は教育訓練及びこれを行う上で必要となる実習及び講習（座学等）の時間数

⑤　厚生労働省令で定める基準

実施計画に盛り込まれた実習併用職業訓練が、青少年の実践的な職業能力の開発及び向上を図るために効果的であると認定するための基準について、規則第三五条の七において次のように定めている。

①　実習併用職業訓練の実施期間が六月以上二年以下であること。

②　職業能力の評価の方法が実習併用職業訓練により習得された技能及びこれに関する知識を客観的かつ公正に行うに足りるものであること。

③　総時間数を一年間当たりの時間数に換算した時間数が八五〇時間以上であること。

④　実習等の時間数の総時間数に占める割合が二割以上八割以下であること。

（実施計画の変更等）

第二十六条の四　前条第三項の認定を受けた事業主（以下「認定事業主」という。）は、当該認定に係る実施計画を変更しようとするときは、[1]厚生労働大臣の認定を受けなければならない。[2]

２　厚生労働大臣は、前条第三項の認定に係る実施計画（前項の規定による変更の認定があつたときは、その変更後のもの。以下この節において「認定実施計画」という。）が、同条第三項の厚生労働省令で定める基準[3]に適合しなくなつたと認めるとき、又は認定事業主が認定実施計画に従つて実習併用職業訓練を実施していないと認めるときは、その認定を取り消すことができる。

３　前条第三項の規定は、第一項の認定について準用する。[4]

趣旨

本条は、実習併用職業訓練の実施計画の変更に係る手続及び認定の取消しについて規定したものである。既に認定を受けた実習併用職業訓練の実施計画の内容が変更された場合に、変更後の計画が認定基準に合致していることを改めて確認することが必要となる。このため、事業主が認定実施計画を変更した場合にあっては、厚生労働大臣の認定を受けなければならないこととしたものである。

また、実施計画が認定基準に合致しなくなった、あるいは実習併用職業訓練が実施計画に従って行われていないと認められる場合には、認定を取り消すことができることとしたものである。

解説

①　変更しようとするとき

実施計画を変更した場合には、いかなる変更であっても再認定の手続を行わなければならないのではなく、実施計画の趣旨の変更を伴わない軽微な変更については認定を要しない（規則第三五条の八第三項）。ただし、この場合は変更の日から三〇日以内に、実施計画変更届出書を所轄都道府県労働局長に届け出なければならない（規則第三五条の八第四項）。

②　認　定

既に認定を受けた実施計画を変更しようとする事業主は、実施計画変更認定申請書を所轄都道府県労働局長に提出することにより、認定の申請を行わなければならない（規則第三五条の八第一項）。この際、①実習併用職業訓練に係る教育訓練の教育課程又は職業訓練の訓練課程、②職業能力の評価の方法のいずれかに変更があった場合は、その変更に係る書類を添付しなければならない（規則第三五条の八第二項）。

③　同条第三項の厚生労働省令で定める基準

第二六条の三〔解説〕⑤〈三三七ページ〉参照。

④　準用する

実施計画の変更について認定するに当たっても、変更後の実施計画に盛り込まれた実習併用職業訓練が青少年の実践的な職業能力の開発及び向上を図るために効果的であるか否かについて、通常の認定と同様の基準に基づき判断することとなる。

（表示等）

第二十六条の五　認定事業主[1]は、認定実施計画[2]に係る実習併用職業訓練（以下「認定実習併用職業訓練」という。）を実施するときは、労働者の募集の広告その他の厚生労働省令で定めるもの[3]（次項において「広告等」という。）に、厚生労働省令で定めるところにより、当該認定実習併用職業訓練が実施計画の認定を受けている旨の表示を付することができる。

2　何人も、前項の規定による場合を除くほか、広告等に同項の表示又はこれと紛らわしい表示を付してはならない。[4]

趣旨

認定実習併用職業訓練を実施する事業主は、事業主として、青少年の実践的な職業能力の開発及び向上を促進するという法律に基づく要請に積極的に応え、社会的責任を果たすものであり、そうした取組を奨励するため、認定実習併用職業訓練に係る表示制度を設けたものである。

具体的には、認定実習併用職業訓練を実施する事業主は、労働者の募集の広告等に実施計画が厚生労働大臣の認定を受けている旨の表示を付することができることとし、同時に当該表示の信頼性を確保する観点から、当該事業主等以外の者が紛らわしい広告表示等を行うことを禁止している。

解説

①　認定事業主

実習併用職業訓練の実施計画について厚生労働大臣の認定を受けた事業主である（第二六条の四第一項参照）。

② 認定実施計画

厚生労働大臣の認定を受けた実施計画（変更の認定を受けた場合は、変更認定後の実施計画）である（第二六条の四第二項）。

③ 厚生労働省令で定めるもの

実施計画が厚生労働大臣の認定を受けている旨の表示を付することのできるものは、次のとおりである（規則第三五条の九第一項）。

① 労働者の募集の広告又は文書
② 事業主の広告
③ 事業主の営業所、事務所その他の事業場
④ インターネットを利用した方法により公衆の閲覧に供する情報

なお、事業主が表示する文字は「認定実践型人材養成システム」とされている（規則第三五条の九第二項）。

④ 表示を付してはならない

実施計画が厚生労働大臣の認定を受けている旨の表示の信頼性を確保する観点から、当該事業主等以外の者については紛らわしい広告表示等を行うことを禁止しており、これに違反した者は、三〇万円以下の罰金が科される（第一〇二条第一号参照）。

（委託募集の特例等）

第二十六条の六　承認中小事業主団体[1)]の構成員である中小事業主（認定事業主[2)]に限る。以下同じ。）が、当該承認中小事業主団体をして認定実習併用職業訓練を担当する者（以下「訓練担当者」という。）

の募集を行わせようとする場合において、当該承認中小事業主団体が当該募集に従事しようとするときは、職業安定法第三十六条第一項及び第三項の規定は、当該構成員である中小事業主については、適用しない。[3)]

2　この条及び次条において、次の各号に掲げる用語の意義は、当該各号に定めるところによる。

一　中小事業主　中小企業における労働力の確保及び良好な雇用の機会の創出のための雇用管理の改善の促進に関する法律（平成三年法律第五十七号）第二条第一項第一号から第三号までに掲げる者[4)]をいう。

二　承認中小事業主団体　事業協同組合、協同組合連合会その他の特別の法律により設立された組合若しくはその連合会であつて厚生労働省令で定めるもの[5)]又は一般社団法人で中小事業主を直接又は間接の構成員とするもの（厚生労働省令で定める要件[6)]に該当するものに限る。以下この号において「事業協同組合等」という。）であつて、その構成員である中小事業主に対し、認定実習併用職業訓練の適切かつ有効な実施を図るための人材確保に関する相談及び援助を行うものとして、当該事業協同組合等の申請に基づき厚生労働大臣がその定める基準[7)]により適当であると承認したものをいう。

3　厚生労働大臣は、承認中小事業主団体が前項第二号の相談及び援助を行うものとして適当でなくなつたと認めるときは、同号の承認を取り消すことができる。[8)]

4　第一項の承認中小事業主団体は、当該募集に従事しようとするときは、厚生労働省令で定めるところにより、[9] 募集時期、募集人員、募集地域その他の訓練担当者の募集に関する事項で厚生労働省令で定めるもの[10]を厚生労働大臣に届け出なければならない。

5　職業安定法第三十七条第二項の規定は前項の規定による届出があつた場合について、同法第五条の三第一項及び第四項、第五条の四第一項及び第二項、第五条の五、第三十九条、第四十一条第二項、第四十二条、第四十八条の三第一項、第四十八条の四、第五十条第一項及び第二項並びに第五十一条の規定は前項の規定による届出をして訓練担当者の募集に従事する者について、同法第四十条の規定は同項の規定による届出をして訓練担当者の募集に従事する者に対する報酬の供与について、同法第五十条第三項及び第四項の規定はこの項において準用する同条第二項に規定する職権を行う場合について準用する。[11] この場合において、同法第三十七条第二項中「労働者の募集を行おうとする者」とあるのは「職業能力開発促進法第二十六条の六第四項の規定による届出をして同条第一項に規定する訓練担当者の募集に従事しようとする者」と、同法第四十一条第二項中「当該労働者の募集の業務の廃止を命じ、又は期間」とあるのは「期間」と読み替えるものとする。

6　職業安定法第三十六条第二項及び第四十二条の二の規定の適用[12]については、同項中「前項の」とあるのは「被用者以外の者をして職業能力開発促進法第二十六条の六第一項に規定する訓練担当者の募集に従事させようとする者がその被用者以外の者に与えようとする」と、同条中「第三十九条に規定する募集受託者」とあるのは「職業能力開発促進法第二十六条の六第四項の規定による届出をして同条第一項に規定する訓練担当者の募集に従事する者」と、「同項に」とあるのは「次項に」とする。

7　厚生労働大臣は、承認中小事業主団体に対し、第二項第二号の相談及び援助の実施状況について報告を求めることができる。

趣旨

本条は、認定実習併用職業訓練に係る委託募集の特例について規定したものである。

厚生労働大臣の認定を受けた実施計画に基づく実習併用職業訓練を実施する中小事業主が、あらかじめ厚生労働大臣の承認を受けた承認中小事業主団体に訓練担当者の募集を委託する場合については、職業安定法第三六条第一項及び第三項の規定を適用せず、厚生労働大臣の許可又は届出を要しないこととし、募集の受託者である承認中小事業主団体による届出で足りることとしたものである。

具体的には、中小事業主団体が、単に募集を行うだけではなく、募集後雇用された訓練担当者に係る労働条件について募集時の労働条件との相違がないか等をチェックし、これらの点について中小事業主からの相談等に応ずることができる団体として厚生労働大臣の承認を受けた場合、その構成員である中小事業主が認定実習併用職業訓練に係る訓練担当者の募集を委託して行わせる際に委託募集の特例を認めることとしている。

これに伴い、委託募集に係る職業安定法の規定を職業能力開発促進法において準用することとしたものである。

解説

(1)　承認中小事業主団体

第二六条の六第二項第二号〈三四二ページ〉参照。

(2)　認定事業主

第二六条の五〔解説〕①〈三四〇ページ〉参照。

③　職業安定法第三十六条第一項及び第三項の規定は、……適用しない

職業安定法第三六条第一項及び第三項は、労働者を雇用しようとする者が、その被用者以外の者により労働者の募集に従事させようとするときは、報酬を与えて行うときは厚生労働大臣の許可が、報酬を与えることなく行うときは届出が必要であるとしているが、承認中小事業主団体の構成員である認定事業主が、当該承認中小事業主団体に訓練担当者の募集を行わせようとする場合に限り、厚生労働大臣の許可又は届出を要しないこととしている。

④　中小企業における労働力の確保及び良好な雇用の機会の創出のための雇用管理の改善の促進に関する法律……第二条第一項第一号から第三号までに掲げる者

中小企業における労働力の確保及び良好な雇用の機会の創出のための雇用管理の改善の促進に関する法律（平成三年法律第五七号）第二条第一項は次のとおり規定している。

（**定義**）

第二条　この法律において「中小企業者」とは、次の各号のいずれかに該当する者をいう。

一　資本金の額又は出資の総額が三億円以下の会社並びに常時使用する従業員の数が三百人以下の会社及び個人で、製造業、建設業、運輸業その他の業種（次号から第二号の三までに掲げる業種及び第三号の政令で定める業種を除く。）に属する事業を主たる事業として営むもの

二　資本金の額又は出資の総額が一億円以下の会社並びに常時使用する従業員の数が百人以下の会社及び個人で、卸売業（第三号の政令で定める業種を除く。）に属する事業を主たる事業として営むもの

二の二　資本金の額又は出資の総額が五千万円以下の会社並びに常時使用する従業員の数が百人以下の会社及び個人で、サービス業（第三号の政令で定める業種を除く。）に属する事業を主たる事業として営むもの

二の三　資本金の額又は出資の総額が五千万円以下の会社並びに常時使用する従業員の数が五十人以下の会社及び個人で、小売業（次号の政令で定める業種を除く。）に属する事業を主たる事業として営むもの

三　資本金の額又は出資の総額がその業種ごとに政令で定める金額以下の会社並びに常時使用する従業員の数がその業種ご

とに政令で定める数以下の会社及び個人で、その政令で定める業種に属する事業を主たる事業として営むもの

四～六　(略)

2　(略)

5 厚生労働省令で定めるもの

規則第三五条の一〇では、次のものを掲げている。

① 事業協同組合及び事業協同組合小組合並びに協同組合連合会

② 水産加工業協同組合及び水産加工業協同組合連合会

③ 商工組合及び商工組合連合会

④ 商店街振興組合及び商店街振興組合連合会

⑤ 農業協同組合及び農業協同組合連合会

⑥ 生活衛生同業組合であって、その構成員の三分の二以上が中小事業主であるもの

⑦ 酒造組合及び酒造組合連合会であって、その直接又は間接の構成員たる酒類製造業者の三分の二以上が中小事業主であるもの

6 厚生労働省令で定める要件

法第二六条の六第二項第二号の厚生労働省令で定める要件は、その直接又は間接の構成員の三分の二以上が中小事業主である一般社団法人であることとしている(規則第三五条の一一)。

7 厚生労働大臣がその定める基準

厚生労働大臣が事業協同組合等の申請に基づき承認を行うための基準については、厚生労働大臣より告示されており、概要は次のとおりである(「職業能力開発促進法第二十六条の六第二項第二号の規定に基づき厚生労働大臣が定める基準」(平成一八年厚生労働省告示第五一七号))。

(イ) 認定実習併用職業訓練の適切かつ有効な実施を図るための人材確保に関する相談及び援助として、次に掲げる事

業を実施し、又は実施することを予定していること。

① 認定実習併用職業訓練を担当する者の確保を容易にするための、好事例の収集及び提供に係る事業

② 訓練担当者が雇用される事業所における雇用管理等に係る講習会の開催、相談指導、先進的な事例に関する見学会の開催等の事業

(ロ) (イ)の事業を行うのに適当と認められる事務処理の体制が整備されていること。

(ハ) その構成員たる中小事業主の三分の一以上が、実習併用職業訓練を実施し、又は実施することを予定していること。

(ニ) 構成中小事業主の委託を受けて訓練担当者の募集を行うに当たり、その募集に係る労働条件その他の募集の内容が適切なもので、かつ、労働者の利益に反しないことが見込まれること。

⑧ 承認を取り消すことができる

委託募集の特例を認めることが適当でなくなった場合においても特例の効力が維持されることは適当でないため、当該規定を設けているものである。

⑨ 厚生労働省令で定めるところにより

規則第三五条の一三において、承認中小事業主団体の届出に係る区分や届出先等、届出の手続に係る事項を規定している。

⑩ 厚生労働省令で定めるもの

規則第三五条の一四において、訓練担当者の募集に関して届出すべき事項を次のとおりとしている。

① 募集に係る事業所の名称及び所在地
② 募集時期
③ 募集職種及び人員
④ 募集地域

⑤　訓練担当者の実習併用職業訓練に係る業務の内容
⑥　賃金、労働時間その他の募集に係る労働条件

⑪　準用する

本条は、委託募集の特例に係る事項について職業安定法の規定を準用し、必要な読替規定を設けたものである。すなわち、これらの準用によって定められた事項は、次のとおりである。

①　厚生労働大臣は、承認中小事業主団体から訓練担当者の募集に関する事項の届出があった場合においては、募集時期、募集人員、募集地域その他募集方法に関し必要な指示をすることができる（職業安定法第三十七条第二項の準用）。

②　①の届出をして訓練担当者の募集に従事する承認中小事業主団体は、次に掲げるところによらなければならない。

・訓練担当者の募集に当たり、募集に応じて訓練担当者になろうとする者に対し、その者が従事すべき業務の内容及び賃金、労働時間その他の労働条件を明示しなければならない（職業安定法第五条の三第一項の準用）。

・労働条件の明示に当たり、業務内容、契約期間、就業場所、労働時間、賃金、社会保険の適用等に関する事項については、これらの事項が明らかとなる書面又は電子メールによる交付により行わなければならない（職業安定法第五条の三第四項の準用）。

・訓練担当者の募集に当たり、広告等により募集に関する情報を提供するときは、虚偽の表示又は誤解を生じさせる表示をしてはならない（職業安定法第五条の四第一項の準用）。

・訓練担当者の募集に当たり、広告等により募集に関する情報を提供するときは、正確かつ最新の内容に保たなければならない（職業安定法第五条の四第二項の準用）。

・訓練担当者の募集に関し、募集に応じて訓練担当者になろうとする者の個人情報を収集し、保管し、又は使用するに当たっては、その業務の目的の達成に必要な範囲内で、インターネットの利用その他適切な方法により当該

目的を明らかにして当該者の個人情報を収集し、並びに当該収集の目的の範囲内でこれを保管し、及び使用しなければならない。ただし、本人の同意がある場合その他正当な事由がある場合は、この限りでない。また、訓練担当者になろうとする者の個人情報を適正に管理するために必要な措置を講じなければならない（職業安定法第五条の五の準用）。

・募集に応じた者から、その募集に関し、いかなる名義でも、報酬を受けてはならない（職業安定法第三九条の準用）。

・業務の運営に当たっては、その改善向上を図るために必要な措置を講ずるように努めなければならない（職業安定法第四二条の準用）。

③　訓練担当者の募集を行う中小事業主は、訓練担当者の募集に従事する承認中小事業主団体に対し、賃金、給料その他これに準ずるものを支払う場合又は厚生労働大臣の認可を受けた報酬を与える場合を除き、報酬を与えてはならない（職業安定法第四〇条の準用）。

④　厚生労働大臣は、①の届出をして訓練担当者の募集に従事する承認中小事業主団体が職業安定法若しくは労働者派遣法の規定又はこれらの規定に基づく命令若しくは処分に違反したときは、期間を定めて訓練担当者の募集の業務の停止を命ずることができる（職業安定法第四一条第二項の準用）。

⑤　厚生労働大臣は、①の届出をして訓練担当者の募集に従事する承認中小事業主団体が訓練担当者の募集に関し職業安定法又はこれに基づく命令の規定に違反した場合において、当該業務の適正な運営を確保するために必要があると認めるときは、訓練担当者の募集に従事する承認中小事業主団体に対し、当該業務の運営を改善するために必要な措置を講ずべきことを命ずることができる（職業安定法第四八条の三第一項の準用）。

⑥　①の届出をして訓練担当者の募集に従事する承認中小事業主団体が職業安定法又はこれに基づく命令の規定に違反する事実がある場合においては、当該募集に応じた者は、厚生労働大臣に対し、その事実を申告し、適当な措置をとるべきことを求めることができる。また、厚生労働大臣は、当該申告があったときは、必要な調査を行い、そ

の中告の内容が事実であると認めるときは、職業安定法に基づく措置その他適当な措置をとらなければならない（職業安定法第四八条の四の準用）。

⑦　行政庁は、職業安定法を施行するために必要な限度において、訓練担当者の募集に従事する承認中小事業主団体に対し、報告すべき事項及び報告をさせる理由を書面により通知して必要な事項を報告させるとともに、所属の職員に、承認中小事業主団体の事業所その他の施設に立ち入り、関係者に質問させ、又は帳簿、書類その他の物件を検査させることができる。なお、立入検査に当たっては、職員は、その身分を示す証明書を携帯し、関係者に提示することが義務づけられており、立入検査の権限は、犯罪捜査のために認められたものと解釈してはならない（職業安定法第五〇条の準用）。

⑧　訓練担当者の募集に従事する承認中小事業主団体は、その業務上取り扱ったことについて知り得た人の秘密を漏らしてはならない。そのほか、その業務に関して知り得た個人情報その他法人である雇用主に関する情報を、みだりに他人に知らせてはならない。訓練担当者の募集に従事する者でなくなった後においても、同様とする（職業安定法第五一条の準用）。

⑫　職業安定法第三十六条第二項及び第四十二条の二の規定の適用

本条第六項において読み替えられた職業安定法第三六条第二項及び第四二条の二の規定に定められている事項は、次のとおりである。

①　中小事業主が訓練担当者の募集に従事しようとする承認中小事業主団体に与えようとする報酬の額については、あらかじめ、厚生労働大臣の認可を受けなければならない（職業安定法第三六条第二項）。

②　中小事業主及び訓練担当者の募集に従事する承認中小事業主団体は、労働争議に対する中立の立場を維持するため、同盟罷業又は作業所閉鎖の行われている事業所における就業を内容とする労働者の募集をしてはならない。また、労働委員会が公共職業安定所に対し、事業所において、同盟罷業又は作業所閉鎖に至る虞の多い争議が発生していること及び労働者を無制限に募集することによって、当該争議の解決が妨げられることを通報した場合におい

ては、公共職業安定所は、その旨を中小事業主及び承認中小事業主団体に通報するものとし、当該通報を受けた中小事業主又は承認中小事業主団体は、当該事業所における就業を内容とする労働者の募集をしてはならない。ただし、当該争議の発生前、通常使用されていた労働者の員数を維持するために必要な限度まで労働者を募集する場合は、この限りでない（職業安定法第四二条の二）。

第二十六条の七　公共職業安定所は、前条第四項の規定による届出をして訓練担当者の募集に従事する承認中小事業主団体[1)]に対して、雇用情報及び職業に関する調査研究の成果を提供し、かつ、これらに基づき当該募集の内容又は方法について指導することにより、当該募集の効果的かつ適切な実施の促進に努めなければならない。[2)]

趣旨

本条は、公共職業安定所による雇用情報等の提供等について規定したものである。

承認中小事業主団体が訓練担当者の募集に従事する場合、当該委託を行った中小事業主が必要とする訓練担当者の募集を効果的に行う必要があり、そのためには、中小企業一般における労働時間や賃金水準等の労働条件、求職者の動向など労働市場の状況等の諸情報を十分に知っていることが必要となるが、承認中小事業主団体が常にこれらの情報を迅速かつ的確に把握することは困難であることが想定される。また、委託募集を行う際、多人数の募集となり、一定地域の労働市場に影響を与えることも考えられる。

認定実習併用職業訓練の推進を図るため、承認中小事業主団体に限って委託募集の特例を認めるものであり、国としても、この募集が効果的に実施されるように援助する必要がある。

そこで、公共職業安定所は、訓練担当者の募集に従事する承認中小事業主団体に対し雇用情報等を提供するとともに、承認中小事業主団体が委託募集を行う場合に、当該募集が適切に行われることを担保するため、募集の方法、募集時期等の募集内容について公共職業安定所が指導することとしたものである。

解説

1　承認中小事業主団体

第二六条の六第二項第二号〈三四二ページ〉参照。

2　第二六条の七の規定について

委託募集の特例規定を設けている次の法律においても、本条と同様の規定を置いている。

① 地域雇用開発促進法（昭和六二年法律第二三号）
② 中小企業における労働力の確保及び良好な雇用の機会の創出のための雇用管理の改善の促進に関する法律（平成三年法律第五七号）
③ 育児休業、介護休業等育児又は家族介護を行う労働者の福祉に関する法律（平成三年法律第七六号）
④ 林業労働力の確保の促進に関する法律（平成八年法律第四五号）
⑤ 次世代育成支援対策推進法（平成一五年法律第一二〇号）

第六節　職業能力開発総合大学校

この節では、指導員訓練等を行うための職業能力開発総合大学校について規定している。

職業訓練の振興を図るためには、施設、設備の改善を図るとともに、優秀適格な職業訓練指導員の養成確保に関して十分な努力が払われなければならない。

職業能力開発総合大学校は、平成九年改正職業能力開発促進法において、改正前の職業能力開発大学校で行っていた職業訓練指導員の養成及び職業能力の開発・向上に関する調査・研究に加え、公共職業能力開発施設等における円滑な職業訓練の実施に資する先導的・中核的な職業訓練等、職業能力の開発・向上の促進に資するための業務を総合的に行うために新設されたものである。

なお、職業能力開発総合大学校は、昭和四四年制定職業訓練法では、法定職業訓練の体系のなかに位置づけられていたが、準則訓練を担当する者の養成及びその能力の向上のための訓練は、本来、一般の労働者に対する職業訓練とは性格を異にするものであるので、昭和五三年改正職業訓練法において、職業訓練大学校（現在の職業能力開発総合大学校）は、その性格づけを明らかにするため、一般の職業訓練及び職業訓練施設の体系と区分に、職業訓練指導員の体系のなかに位置づけられた。その後、平成四年改正職業能力開発促進法において、職業能力開発大学校とされ、平成九年の改正職業能力開発促進法で、公共職業訓練の高度化に伴う高度職業訓練の実施体制の整備をする必要があるとされたため、職業能力開発総合大学校が設けられたものである。

第二十七条　職業能力開発総合大学校は、公共職業訓練その他の職業訓練の円滑な実施その他職業能力の開発及び向上の促進に資するため、公共職業訓練及び認定職業訓練（以下「準則訓練[1]」という。）において訓練を担当する者（以下「職業訓練指導員[2]」という。）になろうとする者又は職業訓練指導員に対し、必要な技能及びこれに関する知識を付与することによつて、職業訓練指導員を養成し、又はその能力の向上に資するための訓練（以下「指導員訓練」という。）[3]、職業訓練のうち準則訓練の実施の円滑化に資するものとして厚生労働省令で定めるもの[4]並びに職業能力の開発及び向上に関する調査及び研究[5]を総合的に行うものとする。

２　職業能力開発総合大学校は、前項に規定する業務を行うほか、この法律の規定による職業能力の開発及び向上に関し必要な業務で厚生労働省令で定めるもの[6]を行うことができる。

３　国は、職業能力開発総合大学校を設置する。[7]

４　職業能力開発総合大学校でないものは、その名称中に職業能力開発総合大学校という文字を用いてはならない。

５　第十五条の七第二項及び第四項（第二号を除く。）、第十六条第三項（国が設置する公共職業能力開発施設に係る部分に限る。）及び第五項並びに第二十三条第三項及び第四項の規定は職業能力開発総合大学校について、第十九条から第二十二条までの規定は職業能力開発総合大学校において行う職業訓練について準用する。この場合において、第十五条の七第二項中「当該各号に規定する職業訓練」とあり、及び同条第四項中「第一項各号に規定する職業訓練」とあるのは「第二十七条第一項に規定する業務」と、第二十一条第一項及び第二十二条中「公共職業能力開発施設」とあるのは「職業能力開発総合大学校」と、第二十三条第三項及び第四項中「公共職業訓練を受ける」とあるのは「指導員訓練（第二十七条第一項に規定する指導員訓練をいう。）又は職業訓練を受ける」と読み替えるものとする。

趣旨

本条は、職業能力開発総合大学校の行う業務、設置、名称使用制限等について規定したものである。

第一項は、職業能力開発総合大学校は職業訓練指導員を養成し、又はその能力の向上に資するための訓練及び職業能力の開発及び向上に関する調査研究を行うことを主要な任務とすることを明らかにしている。

職業訓練の実効を確保するためには、施設、設備の充実にあわせて優れた職業訓練指導員の養成確保と資質の向上が図られなければならないが、このための唯一の機関として職業能力開発総合大学校が設置されている。指導員訓練の訓練課程としては、指導員養成訓練として指導員養成課程（指導力習得コース、訓練技法習得コース、訓練技法・技能等習得コース、実務経験者訓練技法習得コース、職種転換コース）及び高度養成課程（専門課程担当者養成コース、職業能力開発研究学域、応用課程担当者養成コース）が、指導員技能向上訓練として研修課程が設定されている（規則第三六条の五）。

職業能力開発総合大学校は、また、職業能力開発のための中枢的な機関として、職業能力開発全般にわたる理論的・実際的な調査研究を行うものである。この調査研究機能を飛躍的に拡充するため、昭和五三年四月、職業訓練大学校に職業訓練研究センターが付設され、平成一一年四月に能力開発研究センターと改称された。さらに、職業能力開発総合大学校に係る訓練課程の改正に伴い、平成二四年四月に基盤整備センターと改称されている。

第二項は、第一項の業務のほか、職業訓練その他この法律の規定による職業能力の開発及び向上に関し必要な業務で厚生労働省令で定めるものを行うことができることとしたものである。

第三項は、国が職業能力開発総合大学校を設置することとしたものである。

なお、現実には、国に代わって㈱高齢・障害・求職者雇用支援機構が設置しているものである。

職業能力開発総合大学校は、昭和三六年四月に中央職業訓練所として開設されたもので、失業保険法第二七条の二に規定する失業保険福祉施設として雇用促進事業団（現在の㈱高齢・障害・求職者雇用支援機構）が設置運営を行ってきたが、昭和四〇年に職業訓練大学校、平成五年四月に職業能力開発大学校、平成一一年に職業能力開発総合大学校と改称され、同一性をもって運営されてきているものである。現在、職業能力開発総合大学校は、雇用保険法第六三条第一項第二号の規定により能力開発事業として設置、運営されており、全国に一カ所、東京都小平市に設置されている。

第四項は、職業能力開発総合大学校でないものは、その名称中に職業能力開発総合大学校という文字を用いてはならないものとしたものである。これは、職業能力開発総合大学校としての内容を伴わないものが職業能力開発総合大学校という名称を乱用することによって、職業能力開発総合大学校の社会的評価が低落し、ひいては指導員訓練あるいは職業訓練に関する調査研究に対する誤った評価の生ずることを避けようとする趣旨である。

なお、本項に違反した場合には、罰則の適用がある（第一〇八条）。

第五項は、職業能力開発総合大学校は事業主、労働者等に情報・資料の提供等の援助を行うように努めるとともに、海外の開発途上地域における訓練担当者の訓練等の業務を行うことができること（第一五条の七第二項及び第四項の準用）、職業能力開発総合大学校の位置、名称その他運営について必要な事項は厚生労働省令で定めること（第一六条第三項の準用）、職業能力開発総合大学校の長は、職業訓練に関し高い識見を有する者でなければならないこと（第一六条第五項の準用）、職業能力開発総合大学校の長は公共職業安定所長との密接な連携の下に指導員訓練又は職業訓練を受ける求職者の就職の援助に関し必要な措置を講ずるように努めなければならないこと（第二三条第三項の準用）及び職業能力開発総合大学校の長は指導員訓練又は職業訓練を受ける求職者が職業能力の開発及び向上に関する目標を定めることに関し必要に応じて援助を行うよう努めなければならないこと（第二三条第四項の準用）並びに職業能力開発総合大学校で行う職業訓練については職業訓練の基準、教材、技能照査及び修了証書に関し、他の公共職業訓練と同様の扱いとすること（第一九条から第二二条までの準用）としたものである。

これは、職業能力開発総合大学校は公共職業能力開発施設ではないが、国が設置するとされていること等から公共職業能力開発施設について規定されている事項のうち、所要の規定を準用することとしたものである。

解説

① 準則訓練

公共職業訓練及び認定職業訓練を準則訓練と総称することとしたものである。

準則訓練の内容については第一九条〈二四二ページ〉参照。

② 職業訓練指導員

準則訓練において訓練を担当する者をいう。準則訓練のうち、普通課程及び短期課程（労働者の有する職業に必要な相当程度の技能及びこれに関する知識の程度に応じてその職業に必要な技能及びこれに関する知識を追加して習得させるためのものを除く。）の普通職業訓練を担当する場合には職業訓練指導員免許（第二八条〈四〇五ページ〉参照）が必要となるが、当該免許を必要とする普通職業訓練に係る教科につき当該免許を受けることができる者と同等以上の能力を有する者として厚生労働省令で定める者であれば、当該教科を担当する場合、免許を必要としない（第三〇条の二第二項）。

また、専門課程の高度職業訓練については、当該免許を受けることができる者と同等以上の能力を有する者のうち、相当程度の知識又は技能を有する者として厚生労働省令で定める者でなければならない（第三〇条の二第一項）。

なお、従来、向上訓練が職業訓練指導員免許を受けた者であることを要しないものとしていたことに鑑み、短期課程（労働者の有する職業に必要な相当程度の技能及びこれに関する知識の程度に応じてその職業に必要な技能及びこれに関する知識を追加して習得させるためのものに限る。）の普通職業訓練は当該免許を必要としないものである（第二八条第一項）。

③ 指導員訓練

職業訓練指導員は、公共職業訓練及び認定職業訓練において訓練を担当する者であるが、指導員訓練は、これら指導員を養成するための訓練と、指導員の資質の向上を図るための研修又は再訓練を含むものである。なお、職業能力開発総合大学校における第二七条の二第一項に基づく指導員訓練の各訓練課程の実施状況は次のとおりである。

訓練基準等は第二七条の二〔解説〕⑦〈三六五ページ〉参照。

(イ)　指導員養成訓練

(a)　指導員養成課程

①　指導力習得コース（規則第三六条の六、別表第八）

特定応用課程の高度職業訓練を受けている者に対して、普通職業訓練を担当するために必要な訓練技法のうち職業能力開発指導力を培うことを目的とする。訓練科は、規則第三八条第二項に定める免許職種に関する訓練科（機械指導科、電気指導科、電子情報指導科、建築指導科）である。

②　訓練技法習得コース（規則第三六条の六の二、別表第八の二）

応用課程又は特定応用課程の高度職業訓練を修了した者に対して普通職業訓練を担当するために必要な訓練技法を培うことを目的とする。訓練科は、規則第三八条第二項に定める免許職種に関する訓練科（機械指導科、電気指導科、電子情報指導科、建築指導科）である。

③　訓練技法・技能等習得コース（規則第三六条の六の三、別表第八の三）

学校教育法による大学（短期大学を除く。）において免許職種に関する学科を修めて卒業した者に対して普通職業訓練を担当するために必要な訓練技法並びに技能及び技術を培うことを目的とする。訓練科は、規則第三八条第三項に定める免許職種に関する訓練科（機械指導科、電気指導科、電子情報指導科、建築指導科）である。

④　実務経験者訓練技法習得コース（規則第三六条の六の四、別表第八の四）

職業訓練指導員試験を受けることができる者等に対して普通職業訓練を担当するために必要な訓練技法を培うことを目的とする。訓練科は、規則第三八条第四項に定める免許職種に関する訓練科（機械科、溶接科、電子科、電気科等）及び職業能力開発総合大学校の長が定める訓練科である。

⑤　職種転換コース（規則第三六条の六の五、別表第八の五）

職業訓練指導員免許を既に有している者等に対して他の免許職種に関する普通職業訓練を担当するために必要な技能及び技術を培うことを目的とする。訓練科は、規則第三八条第五項に定める免許職種に関する訓練科

（機械科、構造物鉄工科、コンピュータ制御科、メカトロニクス科等）である。

(b) 高度養成課程

① 専門課程担当者養成コース（規則第三六条の七、別表第九）

普通職業訓練において訓練を担当している者等に対して専門課程の高度職業訓練を担当するために必要な訓練技法を培うことを目的とする。訓練科は、高度指導科である。

② 職業能力開発研究学域（規則第三六条の七の二、別表第九の二）

特定応用課程の高度職業訓練を修了した者等に対して高度の専門性が求められる人材開発分野に関する研究能力を培うとともに、専門課程の高度職業訓練を指導するために必要な能力を培うことを目的とする。専攻科は、機械専攻、電気専攻、電子情報専攻、建築専攻である。

③ 応用課程担当者養成コース（規則第三六条の七の三、別表第九の三）

専門課程の高度職業訓練において訓練を担当している者等に対して応用課程の高度職業訓練を担当するために必要な訓練技法並びに技能及び技術を培うことを目的とする。訓練科は、応用研究科である。応用研究科には専攻分野に応じて数個の専攻を置くことを標準とする。

(ロ) 指導員技能向上訓練

(a) 研修課程（規則第三六条の一〇、別表第一〇）

職業訓練指導員を対象に、技能及び知識の補充又は追加を目的として、次のようなコースで訓練を行っている。

教科	教科の細目	設備	
		種別	名称
指導方法	職業訓練原理、教科指導法、訓練生の心理、生活指導、職業指	建物その	教室

	導、生産工学、安全衛生、職業訓練関係法規又は事例研究	他の工作物	視聴覚教室 実習場
専門学科	免許職種に係る専門知識の補充又は新たに開発された分野の追加	機械	免許職種に係る実習用機械類
実技	免許職種に係る技能の補充又は新たに開発された技能の追加	その他	免許職種に係る実習用器工具類及び計測器類

④　職業訓練のうち準則訓練の実施の円滑化に資するものとして厚生労働省令で定めるもの

職業能力開発総合大学校の業務は、指導員訓練の実施と職業能力開発に関する調査及び研究を行うことであるが、準則訓練の円滑化に資するものとして、規則第三六条の二で、指導員訓練及び職業能力開発に関する調査研究と密接な関連の下で、特定専門課程及び特定応用課程（両課程の一連を「総合課程」という。）の高度職業訓練を行うこととされている。

総合課程は、高等学校卒業者等を対象とし、職業訓練指導員等と成り得る高度技能人材を育成するための課程であり、現在のところ、次の四専攻が設置されている。

機械専攻　電気専攻　電子情報専攻　建築専攻

本課程を修了すると、学位授与機構による審査の合格者には「学士」の学位が授与される。

⑤　職業能力の開発及び向上に関する調査及び研究

技術革新の進展、高齢化社会の到来、女性労働者・ホワイトカラーの増大、サービス経済化等のなかでの職業能力開発を効果的に推進するための職業能力開発ニーズの把握、対象者の学歴、年齢等による訓練適応能力の解明、職業能力開発制度の在り方等基礎的分野の研究並びにこれらの研究を踏まえた教材の開発及び職業能力開発技法の開発をいう。

職業能力開発大学校にはこのための施設として昭和五三年四月から職業訓練研究センターが付設され、平成一一年四月に能力開発研究センターと改称された（平成二四年四月に基盤整備センターと改称）。

⑥　この法律の規定による職業能力の開発及び向上に関し必要な業務で厚生労働省令で定めるもの

職業能力開発総合大学校の業務は、指導員訓練の実施と職業能力開発に関する調査及び研究を行うことであるが、それ以外に職業能力開発に関し必要な業務として規則第三六条の三で、①短期課程の普通職業訓練並びに専門短期課程及び応用短期課程の高度職業訓練、②技能検定に関する援助、③その他職業能力の開発及び向上に関し必要な業務を行うことができることとされている。

①については、現在は該当する訓練は実施されていない。

②については、技能検定の実施に必要な施設、設備の貸与等を行うことをいう。

③については、職業訓練についての国際協力に関する業務として、開発途上国から職業訓練指導員、上級技能者、監督者等を受け入れて行う訓練等を行うほか、事業主等に対する援助、技能競技、社内検定等のために施設を利用させる等職業能力開発に関する必要業務をいう。

⑦　国は……設置する

本条第三項では、国は、職業能力開発総合大学校を設置するとされているが、第九六条により、国は、職業能力開発総合大学校の設置及び運営を雇用保険法第六三条に規定する能力開発事業として行うものとし、さらに同条第三項は、政府は能力開発事業の一部を㈱高齢・障害・求職者雇用支援機構に行わせるものとしている。一方、独立行政法人高齢・障害・求職者雇用支援機構法は、これを受けて第一四条第一項第七号において、㈱高齢・障害・求職者雇用支援機構の業務として職業能力開発総合大学校の設置及び運営を掲げている。これらの規定に基づき、国は職業能力開発総合大学校の設置及び運営を㈱高齢・障害・求職者雇用支援機構に行わせている。このように、現在は、㈱高齢・障害・求職者雇用支援機構が職業能力開発総合大学校の設置運営主体となっている。

なお、本条には管理運営に関しては明文の規定はないが、設置者が当然管理を行うべき趣旨と解される。

第七節　職業訓練指導員等

この節では、指導員訓練及び準則訓練のうちの普通職業訓練における職業訓練指導員に関し、その免許、試験、資格の特例等について規定している。

職業訓練の振興を図るためには、職業訓練指導員の養成確保が非常に重要である。

本法第二七条の二から第三〇条までは準則訓練を担当する職業訓練指導員について、第三〇条の二では職業訓練指導員資格の特例について規定したものである。

指導員訓練は、職業能力開発総合大学校と同様、昭和四四年制定職業訓練法では、法定職業訓練の体系のなかに位置づけられていたが、準則訓練を担当する者の養成及びその能力の向上のための訓練は、本来、一般の労働者に対する職業訓練とは性格を異にするものであるので、昭和五三年改正職業訓練法において、その性格づけを明らかにするため、一般の職業訓練及び職業訓練施設の体系と区分に、職業訓練指導員の体系のなかに位置づけられた。また、昭和六〇年改正職業能力開発促進法において、職業訓練の基準の弾力化に対応するため職業訓練指導員資格の特例の規定を定め、平成四年改正職業能力開発促進法において、技術革新の進展等に伴う多様な訓練の実施、新たな訓練科の設置等に円滑に対応していくため、職業訓練指導員免許を必要とする普通職業訓練に係る教科につき、当該免許を有する者と同等以上の能力を有する一定の者については、当該教科を担当できることとした。

さらに、平成九年改正職業能力開発促進法で、公共職業訓練の高度化に伴う高度職業訓練の整備が必要とされたため、平成一一年度から、応用課程の高度職業訓練を担当できる職業訓練指導員を養成するための指導員訓練の訓練課程として応用研究課程が創設され、平成二六年度から高度養成課程となった。

（指導員訓練の基準等）

第二十七条の二　指導員訓練[1]の訓練課程[2]の区分及び訓練課程ごとの教科[3]、訓練時間[4]、設備[5]その他の事項[6]に関する基準[7]については、厚生労働省令で定める。[8]

2　第二十二条及び第二十四条第一項から第三項までの規定は、指導員訓練について準用する。[9]この場合において、第二十二条中「公共職業能力開発施設の長」とあるのは「職業能力開発総合大学校の長及び第二十七条の二第二項において準用する第二十四条第一項の認定に係る第二十七条第一項に規定する指導員訓練を行う事業主等」と、第二十四条第一項及び第三項中「第十九条第一項」とあるのは「第二十七条の二第一項」と読み替えるものとする。

趣旨

本条は、指導員訓練の訓練課程及び基準を厚生労働省令で定めることとするとともに、指導員訓練の認定等について定めたものである。

第一項は、指導員訓練について、訓練課程の区分を厚生労働省令で定めることとするとともに、区分された訓練課程ごとの教科、訓練時間、設備等の訓練基準についても厚生労働省令で定めることとしたものである。

第二項は、修了証書の交付に関する第二二条の規定を職業能力開発総合大学校及び指導員訓練を行う事業主等について準用するとともに、職業訓練の認定の手続等に関する第二四条の規定を指導員訓練の認定に準用したものである。

指導員訓練の認定については、昭和四四年制定職業訓練法においては、指導員訓練も法定職業訓練の一つとしていたので、指導員訓練の認定も養成訓練等一般の職業訓練と同一の条であわせて規定していたが、昭和五三年改正職業訓練法では、指導員訓練を一般の職業訓練の体系から区分したため、それに伴い指導員訓練の認定についても、一般の職業訓練の認定とは区分して別の根拠規定を設けたものである。

なお、本項で第二四条（職業訓練の認定）の規定を準用したのは、指導員訓練が一般の職業訓練の体系とは異なるとはいえ、広い意味の職業訓練であり、指導員訓練の認定について第二四条の「認定職業訓練」の認定の手続等と特に差異を設ける必要性がないからである。

本項は、事業主等の行う指導員訓練に対する都道府県知事の認定制度について次のように規定しているものである。

① 都道府県知事は、事業主等の申請に基づき、当該事業主等の行う指導員訓練について、第二七条の二第一項の規定による指導員訓練の基準に適合するものであることの認定をすることができることとしたものである。ただし、当該事業主等が設備、指導能力等の面から見て当該指導員訓練を的確に遂行するに足りる能力を有しないと認めるときは、認定しないこととしている。

② 都道府県知事は、認定しようとする指導員訓練を受ける労働者が労働基準法第七〇条の規定に基づいて契約期間、危険有害業務の就業制限、坑内労働の禁止及び坑内業務の就業制限に関して特例の規定の適用を受けるべきもの又は労働安全衛生法第六一条第四項の規定に基づいてクレーン運転等の業務の就業制限に関して特例の規定の適用を受けるべきものであるときは、原則として都道府県労働局長の意見を聴いて認定することとしている。

③ 都道府県知事は、認定指導員訓練が指導員訓練の基準に適合しなくなったとき、又は事業主等が当該指導員訓練を行わなくなったとき、若しくは当該指導員訓練を的確に行う能力を有しなくなったと認めるときは、認定を取り消すことができることとしている。

なお、認定職業訓練については第二四条の〔解説〕〈三二二ページ〉参照。

解説

① 指導員訓練

第二七条〔解説〕③〈三五七ページ〉参照。

② 指導員訓練の訓練課程

第二七条〔解説〕③〈三五七ページ〉参照。

③ 教科

「教科」とは、所期の訓練目的を達成するために指導員訓練における訓練内容及び方法を系統的・組織的に示したものである。

教科は、学科と実技に大別される。

④ 訓練時間

「訓練時間」とは、指導員訓練を行う時間数をいう。

訓練時間は、総訓練時間及び教科ごとの訓練時間等が定められている。

⑤ 設備

「設備」とは、訓練の実施に必要な建物、装置機械器具等をいう。

⑥ その他の事項

指導員訓練の受講資格、訓練期間、一単位の訓練生数、試験等をいう。

本条〔解説〕⑧参照。

⑦ 基準

「基準」とは、一般的にはある事柄を判断するための尺度となるものをいうが、本条の基準は、指導員訓練の内容、実施の方法等の尺度であるとともに、本法第二七条の二第二項において準用する本法第二四条の規定による指導員訓練の認定の判断尺度となる。本条の基準は、具体的には教科、訓練期間、訓練時間、設備等について指導員訓練として必要な最低限又は標準的な尺度又は条件を示しているものである。

⑧　厚生労働省令で定める

規則第三六条の五において、指導員養成訓練として指導員養成課程（指導力習得コース、訓練技法習得コース、訓練技法・技能等習得コース、実務経験者訓練技法習得コース、職種転換コース）及び高度養成課程（専門課程担当者養成コース、職業能力開発研究学域、応用課程担当者養成コース）が、指導員技能向上訓練として研修課程が定められている（第二七条〔解説〕③〈三五七ページ〉参照）。

指導員訓練の各訓練課程の教科等に関する基準は、規則別表第八から第一〇にて、下記のとおり定められている。

規則別表第八（第三十六条の六関係）

指導力習得コースの指導員養成訓練の教科等に関する基準

一　教科

1　訓練の教科は、能力開発学科とする。

2　最低限必要とする科目は、次の表の教科の科目の欄に定めるとおりとする。

二　訓練の実施方法

次の各表の教科の科目又は訓練科ごとに通信の方法によつても行うことができることとする。この場合には、適切と認められる方法により、必要に応じて添削指導若しくは面接指導又はその両方を行うこと。

三　訓練期間

標準の訓練期間は、一年とする。

四　訓練時間

標準の総訓練時間は、百四十四時間とする。

五　設備

1　必要な設備は、次の表の設備の欄に定めるとおりとする。

2　1に定めるもののほか、職業能力開発総合大学校の設備の細目は、厚生労働大臣が別に定めるとおりとする。

六　その他

本コースの修了については、特定応用課程の高度職業訓練を修了することを要件とする。

教科の科目	訓練時間（単位は時間とする。）	設備 種別	設備 名称
能力開発学科 教科指導法 能力開発支援法	一四四	建物その他の工作物	大教室 教室 視聴覚教室
		機械	視聴覚機器
		その他	教材類

規則別表第八の二（第三十六条の六の二関係）

訓練技法習得コースの指導員養成訓練の教科等に関する基準

一　教科

1　訓練の教科は、能力開発学科及び能力開発実技とする。

2　訓練の教科ごとに最低限必要とする科目は、次の表の教科の科目の欄に定めるとおりとする。

二　訓練の実施方法

通信の方法によつても行うことができることとする。この場合には、適切と認められる方法により、必要に応じて添削指導若しくは面接指導又はその両方を行うこと。

三　訓練期間

標準の訓練期間は、六月とする。

四　訓練時間

標準の総訓練時間は、六百時間とする。ただし、訓練の教科ごとの標準の訓練時間は、次の表の訓練時間の欄に定めるとおりとする。

五　設備

1　訓練の教科ごとに必要な設備は、次の表の設備の欄に定めるとおりとする。

2　1に定めるもののほか、職業能力開発総合大学校の設備の細目は、厚生労働大臣が別に定めるとおりとする。

六　その他

本コースの修了については、普通職業訓練を担当するために必要な訓練技法を習得することを要件とする。

教科の科目	訓練時間（単位は時間とする。）	設備 種別	設備 名称
能力開発学科 職業訓練原理 教科指導法 教育心理学 教育訓練マネジメント キャリア形成支援	三六〇	建物その他の工作物	大教室 教室 視聴覚教室
		機械	視聴覚機器
		その他	教材類
能力開発実技 教科指導実践実習 教育訓練マネジメント実践実習	二四〇		

規則別表第八の三（第三十六条の六の三関係）

訓練技法・技能等習得コースの指導員養成訓練の教科等に関する基準

一　教科

1　訓練の教科は、訓練科共通の能力開発学科及び能力開発実技並びに訓練科ごとの専門学科及び専門実技とする。

2　訓練の教科ごとに最低限必要とする科目は、次の表の教科の科目の欄に定めるとおりとする。

二　訓練の実施方法
1　訓練の実施方法は、通信の方法によつても行うことができることとする。
2　通信の方法によつて行う場合は、適切と認められる方法により添削指導及び面接指導を行うこととする。
三　訓練期間
標準の訓練期間は、一年とする。
四　訓練時間
標準の総訓練時間は、千二百時間とする。ただし、訓練の教科ごとの標準の訓練時間は、次の表の訓練時間の欄に定めるとおりとする。
五　設備
1　訓練の教科ごとに必要な設備は、次の表の設備の欄に定めるとおりとする。
2　1に定めるもののほか、職業能力開発総合大学校の設備の細目は、厚生労働大臣が別に定めるとおりとする。
六　その他
本コースの修了については、普通職業訓練を担当するために必要な訓練技法並びに技能及び技術を習得することを要件とする。

(一)　能力開発学科及び能力開発実技

教科の科目	訓練時間（単位は時間とする。）	設備	
		種別	名称
能力開発学科	三六〇	建物その他の工作物	大教室
職業訓練原理			教室
教科指導法			視聴覚教室
教育心理学		機械	視聴覚機器
キャリア形成支援		その他	教材類
教育訓練マネジメント			

	能力開発実技 　教科指導実践実習 　教育訓練マネジメント実践実習	二四〇		

㈡　専門学科及び専門実技

訓練科	教科の科目	訓練時間（単位は時間とする。）	設備 種別	設備 名称
機械指導科	専門学科 　機械制御 　機械設計 　機械加工 　経営企画 　先端技術概論 　安全衛生管理 専門実技 　機械制御実習 　機械設計実習 　機械加工実習 　安全衛生作業法	合計六〇〇 一三二 四六八	建物その他の工作物 機械	教室 演習室 実習場 製図室 実験室 更衣室 倉庫 精密加工用機器類 生産加工用機器類 設計・生産システム用機器類 変形加工用機器類 接合用機器類 機械工作用機器類 計測用機器類 制御用機器類 情報処理用機器類 設計・製図用機器類 機械工学実験用機器類

			その他	精密工学実験用機器類
				作業用工具類
				工作用工具類
				製図用具類
				教材類
電気指導科		合計六〇〇	建物その他の工作物	教室
	専門学科	一三二		演習室
	電気設備			実習場
	自動制御			製図室
	機械工学			実験室
	経営企画			更衣室
	先端技術概論			倉庫
	安全衛生管理		機械	電力システム用機器類
	専門実技	四六八		電気機器用機器類
	電気設備実習			電設用機器類
	自動制御実習			電子機器用機器類
	機械工作実習			パワーエレクトロニクス用機器類
	安全衛生作業法			計測用機器類
				制御用機器類
				情報処理用機器類
				設計・製図用機器類
				電気工学実験用機器類
				通信用機器類
			その他	作業用工具類
				工作用工具類

				製図用具類
				教材類
電子情報指導科		合計六〇〇	建物その他の工作物	教室
	専門学科	一三二		演習室
	組込みシステム技術			実習場
	電子回路技術			実験室
	機械工学			更衣室
	経営企画			倉庫
	先端技術概論		機械	中央処理装置及び周辺装置
	安全衛生管理			通信用設備
	専門実技	四六八		電子機器工作用機器類
	組込みシステム実習			システム開発用機器類
	電子回路製作実習			計測用機器類
	機械工作実習			制御用機器類
	安全衛生作業法			通信用機器類
				信号処理・画像処理用機器類
				ネットワーク工学実習用機器類
				設計・製図用機器類
				電子工学実験用機器類
				電設用機器類
			その他	作業用工具類
				工作用工具類
				教材類
建築指導科		合計六〇〇	建物その他の工作物	教室
	専門学科	一三二		演習室

	構造計画			実習場
	建築施工			製図室
	建築構造			実験室
	経営企画			更衣室
	先端技術概論			倉庫
	安全衛生管理		機械	鉄筋コンクリート工事用機器類
専門実技	建築施工実習	四六八		各種躯体工事用機器類
	建築設計実習			木工事用機器類
	安全衛生作業法			測量用機器類
				設計・製図用機器類
				情報処理用機器類
				建築工学実験用機器類
			その他	作業用工具類
				工作用工具類
				製図用具類
				教材類

規則別表第八の四（第三十六条の六の四関係）

実務経験者訓練技法習得コースの指導員養成訓練の教科等に関する基準

一　教科

1　訓練の教科は、能力開発学科とする。

2　最低限必要とする科目は、次の表の教科の科目の欄に定めるとおりとする。

二　訓練の実施方法

1　訓練の実施方法は、通信の方法によつても行うことができることとする。

2　通信の方法によつて行う場合は、適切と認められる方法により添削指導及び面接指導を行うこととする。

三　訓練期間

標準の訓練期間は、一月以上一年未満の適切な期間とする。

四　訓練時間

標準の訓練時間は、次の表の訓練時間の欄に定めるとおりとする。

五　設備

1　必要な設備は、次の表の設備の欄に定めるとおりとする。

2　1に定めるもののほか、職業能力開発総合大学校の設備の細目は、厚生労働大臣が別に定めるとおりとする。

六　その他

本コースの修了については、職業能力開発総合大学校の長が定める科目を履修することを要件とする。

教科の科目	訓練時間（単位は時間とする。）	設備	
		種別	名称
能力開発学科		建物その他の工作物	大教室
職業能力開発指導法	一四〇		教室
訓練コーディネート法	一四〇		視聴覚教室
		機械	視聴覚機器
キャリアコンサルティング法	一四〇	その他	教材類

別表第八の五（第三十六条の六の五関係）

職種転換コースの指導員養成訓練の教科等に関する基準

一　教科

1　訓練の教科は、指導学科及び実務実習並びに専門学科及び実技とする。

2　訓練の教科ごとの最低限必要とする教科の科目は、次の各表の教科の科目の欄に定めるとおりとする。

一の二　訓練の実施方法

次の各表の教科の科目又は訓練科ごとに通信の方法によつても行うことができることとする。この場合には、適切と認められる方法により、必要に応じて添削指導若しくは面接指導又はその両方を行うこと。

二　訓練期間

法第二十八条第一項の免許を受けた者又は職業訓練指導員の業務に関し一年以上の実務経験を有する者（その受けようとする職種転換コースの訓練科に関し、二級の技能検定に合格した者でその後三年以上の実務経験を有するもの又はこれと同等以上の技能を有すると認められる者（以下この号及び次号において「二級技能検定合格者等」という。）を除く。次号において「職業訓練指導員等」という。）を対象とする訓練を行う場合の標準の訓練期間は、一年とし、二級技能検定合格者等を対象とする訓練を行う場合の標準の訓練期間は、六月とする。

三　訓練時間

1　職業訓練指導員等を対象とする訓練を行う場合の標準の総訓練時間は、千八百時間とし、二級技能検定合格者等を対象とする訓練を行う場合の標準の総訓練時間は、九百時間とする。

2　通信制訓練以外の職業訓練指導員等を対象とする訓練を行う場合の訓練の教科ごとの標準の訓練時間は、㈠の表の訓練時間の欄及び㈡の表の第一類の訓練時間の欄に定めるとおりとし、二級技能検定合格者等を対象とする訓練を行う場合の訓練の教科ごとの標準の訓練時間は、㈠の表の訓練時間の欄及び㈡の表の第二類の訓練時間の欄に定めるとおりとする。

3　通信制訓練の面接指導のための訓練時間は、次の各表の訓練時間の欄に定める学科の訓練時間の二十パーセントに相当する時間とする。

四　設備

1　訓練の教科ごとに必要な設備は、次の各表の設備の欄に定めるとおりとする。ただし、二級技能検定合格者等を対象とする訓練を行う場合の専門学科及び実技の教科に必要な設備は、教室及び教材類とする。

2　1に定めるもののほか、職業能力開発総合大学校の設備の基準の細目は、厚生労働大臣が別に定めるとおりとする。

㈠　指導学科及び実務実習

教科の科目	訓練時間（単位は時間とする。）	設備	
		種別	名称
指導学科	三八〇	建物その他の工作物	大教室
職業訓練原理			教室
教科指導法			視聴覚教室
教育心理学		機械	視聴覚機器
生活指導法		その他	教材類
職業指導			
実務実習			

㈡　専門学科及び実技

訓練科	教科の科目	第一類の訓練時間（単位は時間とする。）	第二類の訓練時間（単位は時間とする。）	設備	
				種別	名称
鋳造科		合計　一、四二〇	合計　五二〇	建物その他の工作物	教室
	専門学科	八二〇	五二〇		演習室
	鋳造工学				実習場
	熱処理工学				実験室
	安全工学				更衣室
	金属材料学				倉庫
	金属加工学			機械	精密加工用機器類
	材料力学				生産加工用機器類
	実技	六〇〇			変形加工用機器類

	鋳造基本作業 機械操作作業 測定作業 工具研削作業 安全衛生作業法			その他	計測用機器類 情報処理用機器類 熱処理用機器類 溶解炉 作業用工具類 鋳造用工具類 教材類
機械科	専門学科 計測制御工学 安全工学 材料力学 機械工作 数値制御 機械設計 実技 機械操作作業 測定作業 機械加工作業 設計作業 安全衛生作業法	合計　一、四二〇 八二〇 六〇〇	合計　五二〇 五二〇	建物その他の工作物	教室 演習室 実習場 製図室 実験室 更衣室 倉庫
				機械	精密加工用機器類 生産加工用機器類 変形加工用機器類 計測用機器類 制御用機器類 設計・生産システム用機器類 情報処理用機器類 設計・製図用機器類 精密工学実験用機器類 熱処理用機器類

				その他	作業用工具類 工作用工具類 製図用具類 教材類
塑性加工科	専門学科 塑性加工学 熱処理工学 安全工学 金属材料学 金属加工学 溶接工学 材料力学	合計　一、四二〇 八二〇	合計　五二〇 五二〇	建物その他の工作物	教室 演習室 実習場 実験室 更衣室 倉庫
				機械	精密加工用機器類 生産加工用機器類 変形加工用機器類 計測用機器類 情報処理用機器類 熱処理用機器類 溶接用機器類
	実技 機械操作作業 測定作業 板金基本作業 プレス加工作業 溶接作業 安全衛生作業法	六〇〇		その他	作業用工具類 けがき用工具類 板金用工具類 溶接用工具類 教材類
構造物鉄工科	専門学科 溶接工学	合計　一、四二〇 八二〇	合計　五二〇 五二〇	建物その他の工作物	教室 演習室 実習場

	安全工学				実験室
	構造力学				更衣室
	金属材料学				倉庫
	鉄骨工作			機械	溶接用機械類その他の接合用機器類
	実技	六〇〇			鉄工加工用機械類その他の機械工作用機器類
	溶接作業				計測用機器類
	鋼材加工作業				制御用機器類
	測定作業				情報処理用機器類
	機械操作作業			その他	作業用工具類
	安全衛生作業法				けがき用工具類
					鉄工加工用工具類
					溶接用工具類
					教材類
溶接科		合計　一、四二〇	合計　五二〇	建物その他の工作物	教室
	専門学科	八二〇	五二〇		演習室
	溶接工学				実習場
	安全工学				実験室
	溶接施工学				更衣室
	金属材料学				倉庫
	金属加工学			機械	溶接用機械類その他の接合用機器類
	材料力学				機械工作用機器類
	実技	六〇〇			計測用機器類
	ガス溶接作業				

	アーク溶接作業 機械操作作業 測定作業 安全衛生作業法			その他	情報処理用機器類 作業用工具類 溶接用工具類 教材類
電気科	専門学科 電力工学 電設工学 安全工学 電気基礎学 電気計測学 電気機器学 電子機器学 実技 電気機器作業 電気工学作業 計測・制御作業 工作作業 安全衛生作業法	合計　一、四二〇 八二〇 六〇〇	合計　五二〇 五二〇	建物その他の工作物	教室 演習室 実習場 製図室 実験室 更衣室 倉庫 通信用設備
				機械	電気機器工作用機器類 電設用機器類 電子機器工作用機器類 パワーエレクトロニクス用機器類 計測用機器類 制御用機器類 情報処理用機器類 設計・製図用機器類 電気工学実験用機器類 通信用機器類
				その他	作業用工具類 工作用工具類

電子科	
専門学科	電子工学 電気通信工学 安全工学 電気計測学 電子機器学 電気機器学
実技	回路図作成作業 電子機器作業 測定作業 電子応用作業 情報処理実習 安全衛生作業法
合計	一、四二〇
	八二〇
	六〇〇
合計	五二〇
	五二〇
建物その他の工作物	教室 演習室 実習場 製図室 実験室 更衣室 倉庫 中央処理装置及び周辺装置 通信用設備
機械	電子機器工作用機器類 電気機器工作用機器類 計測用機器類 制御用機器類 通信用機器類 半導体製品製造用機器類 設計・製図用機器類 電子工学実験用機器類 電設用機器類
その他	作業用工具類 工作用工具類 製図用具類
教材類	製図用具類

	コンピュータ制御科	電気工事科
	専門学科 制御工学 電子工学 電気工学 安全工学 電気計測学 システム設計 ソフトウェア 実技 コンピュータ操作基本作業 計測・制御作業 電子回路設計作業 プログラム設計作業 コンピュータ制御システム設計作業 安全衛生作業法	
	合計　一、四二〇 八二〇 六〇〇	合計　一、四二〇
	合計　五二〇 五二〇	合計　五二〇
	建物その他の工作物 機械 その他	建物その他の工作物
教材類	教室 演習室 実習場 製図室 実験室 更衣室 倉庫 中央処理装置及び周辺装置 通信用設備 電子機器工作用機器類 電気機器工作用機器類 計測用機器類 制御用機器類 通信用機器類 コンピュータ制御システム設計用機器類 設計・製図用機器類 電子工学実験用機器類 作業用工具類 工作用工具類 製図用具類 教材類	教室

	専門学科 電力工学 電設工学 電気基礎学 電気計測学 電気機器学 電気製図 電気工事 安全工学	八二〇	五二〇		演習室 実習場 製図室 実験室 更衣室 倉庫 通信用設備
				機械	電気機器工作用機器類 電設用機器類 電子機器工作用機器類 パワーエレクトロニクス用機器類 計測用機器類 制御用機器類 情報処理用機器類 設計・製図用機器類 電気工学実験用機器類 通信用機器類
	実技 電力設備作業 電気計測作業 電気機器作業 電気工事作業 安全衛生作業法	六〇〇			
				その他	電線接続用工具類 線及び工事用工具類 管工事用工具類 建柱用工具類 活線作業用工具類 製図用具類 教材類

自動車整備科	専門学科 自動車工学 原動機工学 安全工学 機械力学 整備法 機械設計 実技 運輸機械作業 接合作業 測定作業 安全衛生作業法	合計　一、四二〇 八二〇 六〇〇	合計　五二〇 五二〇	建物その他の工作物 教室 演習室 実習場 製図室 実験室 更衣室 倉庫 機械 運輸機械整備用機器類 冷凍空気調和機器整備用機器類 接合用機器類 機械工作用機器類 計測用機器類 制御用機器類 情報処理用機器類 設計・製図用機器類 機械工学実験用機器類 建設機械整備用機器類 その他 作業用工具類 加工用工具類 製図用具類 教材類
内燃機関科	専門学科 自動車工学	合計　一、四二〇 八二〇	合計　五二〇 五二〇	建物その他の工作物 教室 演習室 実習場

	建築科
原動機工学 熱工学 安全工学 材料力学 機械設計 実技 運輸機械作業 接合作業 測定作業 安全衛生作業法	専門学科 建築史及び意匠 安全工学 建築構造力学 建築構造
六〇〇	合計　一、四二〇 八二〇
	合計　五二〇 五二〇
機械 その他	建物その他の工作物
製図室 実験室 更衣室 倉庫 運輸機械整備用機器類 冷凍空気調和機器整備用機器類 接合用機器類 機械工作用機器類 計測用機器類 制御用機器類 情報処理用機器類 設計・製図用機器類 機械工学実験用機器類 建設機械整備用機器類 作業用工具類 加工用工具類 製図用具類 教材類	教室 演習室 実習場 製図室 実験室 更衣室

	配管科
建築設備 建築施工 建築設計 実技 建築施工作業 測量作業 建築設計作業 機械操作作業 安全衛生作業法	専門学科 溶接工学 安全工学 建築構造 配管設備 配管施工
六〇〇	合計　一、四二〇 八二〇
	合計　五二〇 五二〇
機械 その他	建物その他の工作物 機械
倉庫 鉄筋コンクリート工事用機器類 鉄骨工事用機器類 木工事用機器類 測量用機器類 設計・製図用機器類 情報処理用機器類 建築工学実験用機器類 計測用機器類 湿式仕上げ工事用機器類 乾式仕上げ工事用機器類 作業用工具類 工作用工具類 製図用具類 教材類	教室 演習室 実習場 実験室 更衣室 倉庫 管工作用機械類

	管工作 実技 配管基本作業 配管施工作業 溶接作業 機械操作作業 安全衛生作業法	六〇〇		その他	精密加工用機器類 生産加工用機器類 変形加工用機器類 計測用機器類 制御用機器類 情報処理用機器類 熱処理用機器類 作業用工具類 管工作用工具類 教材類
木工科	専門学科 工芸史及び意匠 安全工学 木材加工 木質材料 内装 木材製品設計 実技 木材加工基本作業 塗装作業 機械操作作業 測定作業 安全衛生作業法	合計　一、四二〇 八二〇 六〇〇	合計　五二〇 五二〇	建物その他の工作物	教室 演習室 実習場 実験室 更衣室 倉庫
				機械	木工用機械類 接着用機械類 デザイン用機器類 情報処理用機器類 計測用機器類
				その他	作業用工具類 乾燥用工具類 木工用工具類 接着用工具類

					教材類
メカトロニクス科	専門学科 機械工学 制御工学 電子工学 情報工学 生産工学 安全工学 機械設計 実技 メカトロニクス基本作業 測定作業 電子回路設計作業 機械操作作業 安全衛生作業法	合計　一、四二〇 八二〇 六〇〇	合計　五二〇 五二〇	建物その他の工作物 機械 その他	教室 演習室 実習場 製図室 実験室 更衣室 倉庫 中央処理装置及び周辺装置 通信用設備 メカトロニクス機器工作用機器類 制御用機器類 通信用機器類 設計・製図用機器類 メカトロニクス工学実験用機器類 機械工作用機器類 作業用工具類 工作用工具類 製図用具類 教材類
情報処理科	専門学科	合計　一、四二〇 八二〇	合計　五二〇 五二〇	建物その他の工作物	教室 演習室

	生産工学 電子計算機 システム設計 プログラム言語 経営数学 事務一般 実技 データ処理作業 プログラミング作業 情報処理実習 安全衛生作業法	六〇〇		実習場 実験室 更衣室 倉庫 中央処理装置及び周辺装置 電子計算機網用設備 通信用設備 機械 システム開発用機器類 情報伝送用機器類 通信用機器類 計測用機器類 情報工学実験用機器類 電子機器工作用機器類 その他 作業用工具類 工作用工具類 教材類
塗装科	専門学科 塗装工学 安全工学 工業化学 視覚意匠 高分子材料 表面処理	合計　一、四二〇 八二〇	合計　五二〇 五二〇	建物その他の工作物 教室 演習室 実習場 実験室 更衣室 倉庫 機械 塗装用機械類 デザイン用機器類

	実技 塗装基本作業 デザイン基本作業 特殊塗装作業 安全衛生作業法	六〇〇			情報処理用機器類 計測用機器類 加飾塗装用機器類
				その他	作業用工具類 塗装用工具類 教材類
デザイン科	専門学科 美術工芸史 生産工学 安全工学 デザイン 色彩及び造形 実技 材料加工基本作業 造形デザイン作業 安全衛生作業法	合計　一、四二〇 八二〇 六〇〇	合計　五二〇 五二〇	建物その他の工作物	教室 演習室 実習場 製図室 実験室 更衣室 倉庫
				機械	材料加工用機器類 工業デザイン用機器類 空間デザイン用機器類 視覚情報デザイン用機器類 画像処理用機器類 情報処理用機器類 設計・製図用機器類 造形工学実験用機器類 計測用機器類 加飾塗装用機器類
				その他	作業用工具類

					工作用工具類 製図用具類 教材類

規則別表第九（第三十六条の七関係）

専門課程担当者養成コースの指導員養成訓練の教科等に関する基準

一　教科

1　訓練の教科は、能力開発学科及び能力開発実技とする。

2　訓練の教科ごとに最低限必要とする科目は、次の表の教科の科目の欄に定めるとおりとする。

二　訓練の実施方法

1　訓練の実施方法は、通信の方法によつても行うことができることとする。

2　通信の方法によつて行う場合は、適切と認められる方法により添削指導及び面接指導を行うこととする。

三　訓練期間

標準の訓練期間は、一年未満の適切な期間とする。

四　訓練時間

標準の総訓練時間は、五百四十時間とする。ただし、訓練の教科ごとの標準の訓練時間は、次の表の訓練時間の欄に定めるとおりとする。

五　設備

1　教科ごとに必要な設備は、次の表の設備の欄に定めるとおりとする。

2　1に定めるもののほか、職業能力開発総合大学校の設備の細目は、厚生労働大臣が別に定めるとおりとする。

六　その他

本コースの修了については、専門課程の高度職業訓練を担当するために必要な訓練技法を習得することを要件とする。

教科の科目	訓練時間（単位は時間とする。）	設備 種別	設備 名称
能力開発学科 職業訓練原理 キャリア形成支援 教育訓練マネジメント	一〇八	建物その他の工作物 機械 その他	大教室 教室 視聴覚教室 視聴覚機器 教材類
能力開発実技 教科指導実践実習 教育訓練マネジメント実践実習 キャリア形成支援実践実習 職業訓練原理実践実習	四三二		

規則別表第九の二（第三十六条の七の二関係）

職業能力開発研究学域の指導員養成訓練の教科等に関する基準

一　教科

1　訓練の対象者に応じた訓練の教科ごとに最低限必要とする科目は、次に掲げるとおりとし、その内容は次の表の教科の科目の欄に定めるとおりとする。

イ　第三十六条の七の二第一号イからニまでに掲げる者が普通職業訓練を担当するために必要な各専攻科共通の能力開発学科及び能力開発実技

ロ　第三十六条の七の二第一号イからニまでに掲げる者が高度職業訓練を担当するために必要な各専攻科共通の能力開発学科及び能力開発実技

ハ　第三十六条の七の二第一号ハに掲げる者が普通職業訓練及び高度職業訓練を担当するために必要な各専攻科ごとの専

門学科及び専門実技

2　1に定めるもののほか、必要に応じ、それぞれの訓練の教科ごとに適切な科目を追加することができる。

二　訓練の実施方法

1　訓練の実施方法は、通信の方法によつても行うことができることとする。

2　通信の方法によつて行う場合は、適切と認められる方法により添削指導及び面接指導を行うこととする。

三　訓練期間

標準の訓練期間は、二年とし、短縮することはできないこととする。

四　訓練時間

1　標準の総訓練時間は、千七百四十時間とする。ただし、訓練の教科ごとの標準の訓練時間は、次の表の訓練時間の欄に定めるとおりとする。

2　職業能力開発総合大学校の長及び法第二十七条の二第二項において準用する法第二十四条第一項の認定に係る指導員訓練を行うものは、第三十六条の五の表の指導員養成訓練のうち、下欄に掲げる指導員養成課程を修了した者に対して職業能力開発研究学域の指導員養成訓練を行う場合には、その者が受けた指導員養成課程の教科の科目に応じて、当該職業能力開発研究学域の高度養成課程の指導員養成訓練の教科の科目を省略し、及び訓練時間を短縮することができる。

五　設備

1　教科ごとに必要な設備は、次の表の設備の欄に定めるとおりとする。

2　1に定めるもののほか、職業能力開発総合大学校の設備の細目は、厚生労働大臣が別に定めるとおりとする。

六　その他

本コースの修了については、第一号2の規定に関わらず、次の表のイからハまでに掲げる指導員訓練を履修し、専門課程の高度職業訓練を担当するために必要な能力を習得することを要件とする。

イ　普通職業訓練を担当するために必要な能力開発学科及び能力開発実技

教科の科目	訓練時間（単位は時間とする。）	設備 種別	設備 名称
能力開発学科	三六〇	建物その他の工作物	大教室
職業訓練原理			教室
教科指導法			視聴覚教室
教育心理学		機械	視聴覚機器
キャリア形成支援		その他	教材類
教育訓練マネジメント			
能力開発実技	二四〇		
教科指導実践実習			
教育訓練マネジメント実践実習			

ロ　高度職業訓練を担当するために必要な能力開発学科及び能力開発実技

教科の科目	訓練時間（単位は時間とする。）	設備 種別	設備 名称
能力開発学科	一〇八	建物その他の工作物	大教室
職業訓練原理			教室
キャリア形成支援			視聴覚教室
教育訓練マネジメント		機械	視聴覚機器
		その他	教材類
能力開発実技	四三二		
教科指導実践実習			

教育訓練マネジメント実践実習			
キャリア形成支援実践実習			
職業訓練原理実践実習			

ハ　各専攻科ごとの専門学科及び専門実技

専攻科	教科の科目	訓練時間（単位は時間とする。）	設備 種別	設備 名称
機械専攻		合計六〇〇	建物その他の工作物	教室 演習室 実習場 製図室 実験室 更衣室 倉庫
	専門学科 機械制御 機械設計 機械加工 経営企画 先端技術概論 安全衛生管理	一三二		
	専門実技 機械制御実習 機械設計実習 機械加工実習 安全衛生作業法	四六八	機械	精密加工用機器類 生産加工用機器類 設計・生産システム用機器類 変形加工用機器類 接合用機器類 機械工作用機器類 計測用機器類 制御用機器類 情報処理用機器類 設計・製図用機器類 機械工学実験用機器類

			その他	精密工学実験用機器類 作業用工具類 工作用工具類 製図用具類 教材類
電気専攻	専門学科 電気設備 自動制御 機械工学 経営企画 先端技術概論 安全衛生管理	合計六〇〇 一三二	建物その他の工作物	教室 演習室 実習場 製図室 実験室 更衣室 倉庫
	専門実技 電気設備実習 自動制御実習 機械工作実習 安全衛生作業法	四六八	機械	電力システム用機器類 電気機器用機器類 電設用機器類 電子機器用機器類 パワーエレクトロニクス用機器類 計測用機器類 制御用機器類 情報処理用機器類 設計・製図用機器類 電気工学実験用機器類 通信用機器類
			その他	作業用工具類 工作用工具類

				製図用具類 教材類
電子情報専攻	専門学科 組込みシステム技術 電子回路技術 機械工学 経営企画 先端技術概論 安全衛生管理 専門実技 組込みシステム実習 電子回路製作実習 機械工作実習 安全衛生作業法	合計六〇〇 一三二 四六八	建物その他の工作物 機械 その他	教室 演習室 実習場 実験室 更衣室 倉庫 中央処理装置及び周辺装置 通信用設備 電子機器工作用機器類 システム開発用機器類 計測用機器類 制御用機器類 通信用機器類 信号処理・画像処理用機器類 ネットワーク工学実習用機器類 設計・製図用機器類 電子工学実験用機器類 電設用機器類 作業用工具類 工作用工具類 教材類
建築専攻	専門学科	合計六〇〇 一三二	建物その他の工作物	教室 演習室

	構造計画 建築施工 建築構造 経営企画 先端技術概論 安全衛生管理			実習場 製図室 実験室 更衣室 倉庫
	専門実技 建築施工実習 建築設計実習 安全衛生作業法	四六八	機械	鉄筋コンクリート工事用機器類 各種躯体工事用機器類 木工事用機器類 測量用機器類 設計・製図用機器類 情報処理用機器類 建築工学実験用機器類
			その他	作業用工具類 工作用工具類 製図用具類 教材類

規則別表第九の三（第三十六条の七の三関係）

応用課程担当者養成コースの指導員養成訓練の教科等に関する基準

一　教科

1　応用研究科の教科については、次に掲げるものとする。

イ　各専攻分野共通の能力開発学科

ロ　各専攻分野ごとの専門実技

2　応用研究科の訓練の教科ごとに最低限必要とする科目は、次の表の教科の科目の欄に定めるとおりとする。

二　訓練の実施方法

1　訓練の実施方法は、通信の方法によつても行うことができることとする。
2　通信の方法によつて行う場合は、適切と認められる方法により添削指導及び面接指導を行うこととする。

三　訓練期間
標準の訓練期間は、一年とする。

四　訓練時間
総訓練時間は、八百時間以上とする。ただし、訓練の教科ごとの標準の訓練時間は、次の表の訓練時間の欄に定めるとおりとする。

五　設備
1　訓練の教科ごとに必要な設備は、次の表の設備の欄に定めるとおりとする。
2　1に定めるもののほか、職業能力開発総合大学校の設備の細目は、厚生労働大臣が別に定めるとおりとする。

六　その他
本コースの修了については、応用課程の高度職業訓練を担当するために必要な指導力及び訓練技法を習得することを要件とする。

イ　能力開発学科

教科の科目	訓練時間（単位は時間とする。）	設備	
		種別	名称
能力開発学科	一六八	建物その他の工作物	大教室
実践技能者養成法			教室
			視聴覚教室
		機械	視聴覚機器
		その他	教材類

ロ　各専攻分野ごとの専門実技

専攻分野	教科の科目	訓練時間（単位は時間とする。）	設備 種別	設備 名称
機械専攻	専門実技 統計解析実習 実践技術指導者実習 実践技術企業実習 課題製作特別実習 教材開発研究	六三二	建物その他の工作物	教室 演習室 実習場 製図室 実験室 更衣室 倉庫
			機械	精密加工用機器類 生産加工用機器類 設計・生産システム用機器類 変形加工用機器類 接合用機器類 機械工作用機器類 計測用機器類 制御用機器類 情報処理用機器類 設計・製図用機器類 機械工学実験用機器類 精密工学実験用機器類
			その他	作業用工具類 工作用工具類 製図用具類

				教材類
電気専攻	専門実技 統計解析実習 実践技術指導者実習 実践技術企業実習 課題製作特別実習 教材開発研究	六三二	建物その他の工作物	教室 演習室 実習場 製図室 実験室 更衣室 倉庫
			機械	電力システム用機器類 電気機器用機器類 電設用機器類 電子機器用機器類 パワーエレクトロニクス用機器類 計測用機器類 制御用機器類 情報処理用機器類 設計・製図用機器類 電気工学実験用機器類 通信用機器類
			その他	作業用工具類 工作用工具類 製図用具類 教材類
電子情報専攻	専門実技	六三二	建物その他の工作物	教室 演習室

	建築専攻
統計解析実習 実践技術指導者実習 実践技術企業実習 課題製作特別実習 教材開発研究	専門実技 統計解析実習 実践技術指導者実習 実践技術企業実習 課題製作特別実習
	六三二
機械 その他	建物その他の工作物
実習場 実験室 更衣室 倉庫 中央処理装置及び周辺装置 通信用設備 電子機器工作用機器類 システム開発用機器類 計測用機器類 制御用機器類 通信用機器類 信号処理・画像処理用機器類 ネットワーク工学実習用機器類 設計・製図用機器類 電子工学実験用機器類 電設用機器類 作業用工具類 工作用工具類 教材類	教室 演習室 実習場 製図室 実験室 更衣室

	教材開発研究		機械	倉庫
				鉄筋コンクリート工事用機器類
				各種躯体工事用機器類
				木工事用機器類
				測量用機器類
				設計・製図用機器類
				情報処理用機器類
				建築工学実験用機器類
			その他	作業用工具類
				工作用工具類
				製図用具類
				教材類

規則別表第十（第三十六条の十関係）

研修課程の指導員技術向上訓練の教科等に関する基準

一　教科

1　訓練の教科は、指導方法、専門学科又は実技とする。

2　各教科の細目は、次の表の教科の細目の欄に掲げるものの範囲内で当該訓練を受ける者の経歴及び技能の程度に応じて選定するものとする。

二　訓練時間

最少限必要とする訓練時間は、十二時間とする。

三　設備

必要な設備の標準は、次の表の設備の欄に定めるとおりとする。

教科	教科の細目
指導方法	職業訓練原理、教科指導法、訓練生の心理、生活指導、職業指導、生産工学、安全衛生、職業訓練関係法規又は事例研究
専門学科	免許職種に係る専門知識の補充又は新たに開発された分野の追加
実技	免許職種に係る技能の補充又は新たに開発された技能の追加

設備	
種別	名称
建物その他の工作物	教室 視聴覚教室 実習場
機械	免許職種に係る実習用機械類
その他	免許職種に係る実習用器工具類及び計測器類

⑨ 準用

修了証書については、本項で準用する第二二条の〔趣旨〕及び〔解説〕〈三〇八ページ〉参照。

なお、指導員訓練の修了証書については、規則第三六条の一二で次のように規定している。

（指導員訓練の修了証書）

第三十六条の十二　法第二十七条の二第二項において準用する法第二十二条の修了証書は、次の事項を記載したものでなければならない。

一　指導員訓練を修了した者の氏名及び生年月日

二　修了した訓練課程の種類及び訓練科の名称

三　修了証書を交付するものの氏名又は名称並びに認定に係る訓練にあつては修了証書を交付するものの住所又は所在地及び代表者又は当該訓練施設の長の氏名

四　修了証書を交付する年月日

また、指導員訓練の認定については、本項で準用する第二四条の〔趣旨〕及び〔解説〕〈三二二ページ〉参照。

なお、規則第三六条の一三で規則第三〇条から第三四条までの職業訓練の認定手続を指導員訓練の認定手続に準用することとしている。

（指導員訓練の認定）

第三十六条の十三　第三十条から第三十四条までの規定は、指導員訓練について準用する。この場合において、第三十条第一項中「法第二十四条第一項」とあるのは「法第二十七条の二第二項において準用する法第二十四条第一項」と、「職業訓練認定申請書（様式第四号）」とあるのは「厚生労働大臣が別に定める指導員訓練の認定に係る申請書」と、第三十一条第一項中「職業訓練認定申請書」とあるのは「厚生労働大臣が別に定める指導員訓練の認定に係る申請書」と、「構成員名簿（様式第五号）」とあるのは「厚生労働大臣が別に定める指導員訓練に係る構成員名簿」と、第三十二条中「法第二十四条第三項」とあるのは「法第二十七条の二第二項において準用する法第二十四条第三項」と読み替えるものとする。

（職業訓練指導員免許）

第二十八条　準則訓練[1)]のうち普通職業訓練[2)]（短期間の訓練課程で厚生労働省令で定めるものを除く。[3)]以下この項において同じ。）における職業訓練指導員[4)]は、都道府県知事の免許を受けた者[5)]（都道府県又は市町村が設置する公共職業能力開発施設の行う普通職業訓練における職業訓練指導員にあつては、厚生労働省令で定める基準[6)]に従い当該都道府県又は市町村の条例で定める者）でなければならない。[7)]

2　前項の免許（以下「職業訓練指導員免許」という。）は、厚生労働省令で定める職種ごとに[8)]行なう。

3　職業訓練指導員免許は、申請に基づき、[9)]次の各号のいずれかに該当する者に対して、免許証[10)]を交付して行なう。

一　指導員訓練[11)]のうち厚生労働省令で定める訓練課程を修了した者[12)]

二　第三十条第一項の職業訓練指導員試験に合格した者

三　職業訓練指導員の業務に関して前二号に掲げる者と同等以上の能力を有すると認められる者

4　前項第三号に掲げる者の範囲は、厚生労働省令で定める。[13)]
5　次の各号のいずれかに該当する者は、第三項の規定にかかわらず、職業訓練指導員免許を受けることができない。
一　心身の故障により職業訓練指導員の業務を適正に行うことができない者として厚生労働省令で定めるもの[14)]
二　禁錮以上の刑に処せられた者[15)]
三　職業訓練指導員免許の取消し[16)]を受け、当該取消しの日から二年を経過しない者

趣旨

本条は、準則訓練である普通課程の普通職業訓練及び短期課程の普通職業訓練を担当する職業訓練指導員の免許及びその資格要件について規定したものである。

第一項及び第二項は、準則訓練である普通課程の普通職業訓練及び短期課程（労働者の有する職業に必要な相当程度の技能及びこれに関する知識の程度に応じてその職業に必要な技能及びこれに関する知識を追加して習得させるためのものを除く。）の普通職業訓練については、都道府県知事の免許を受けた職業訓練指導員が全般にわたって責任を有する体制の下で行われるべきものであるとする趣旨であり、その免許は厚生労働省令で定める職種ごとに行うものとしたものである。

なお、都道府県又は市町村が行う普通職業訓練を担当する職業訓練指導員については、従来は国と同様に都道府県知事の免許を受けたものでなければならないとされていたが、地域主権戦略大綱（平成二二年六月二二日閣議決定）を

踏まえ、地方公共団体の自主性及び自立性を高めるため、平成二三年第二次地方分権一括法により、当該職業訓練指導員の資格に関する基準は、都道府県又は市町村の制定する条例に委任された。

第三項及び第四項は、職業訓練指導員免許の資格要件等を定めたもので、職業訓練指導員免許は、申請に基づき、指導員訓練の訓練課程の修了者、職業訓練指導員試験の合格者及び職業訓練指導員の業務に関してこれらと同等以上の能力を有すると認められる者に対して行うこととしたものである。

第五項は、職業訓練指導員免許の欠格事由を定めたもので、心身の故障により職業訓練指導員の業務を適正に行うことができない者として厚生労働省令で定めるもの、禁錮以上の刑に処せられた者、又は職業訓練指導員免許を取り消されて二年を経過しない者は、職業訓練指導員免許を受けることができないものとしたものである。

なお、職業訓練を行う者の資格については、国際労働機関（ＩＬＯ）の「人的資源の開発における職業指導及び職業訓練に関する勧告」（一九七五年第一五〇号）は、「職業訓練を行う者は、総合的な理論的及び実用的知識並びに関係のある技術分野又は職務に関するかなりの作業経験を有すべきであり、また、教育施設及び訓練施設において技術訓練及び教授法の訓練を受けた者であるべきである。」（X63(1)）としている。

解説

① 準則訓練

第二七条〔解説〕① 〈三五七ページ〉参照。

② 普通職業訓練

第一九条〈二四二ページ〉参照。

③ 短期間の訓練課程で厚生労働省令で定めるもの

規則第三六条の一四において「短期課程（労働者の有する職業に必要な相当程度の技能及びこれに関する知識の程度に応じてその職業に必要な技能及びこれに関する知識を追加して習得させるためのものに限る。）」とされており、

（　）内は、平成四年職業能力開発促進法改正前の向上訓練に相当する。

④　職業訓練指導員

準則訓練において訓練を担当する者をいう。第二七条②〈三五六ページ〉参照。

⑤　都道府県知事の免許

職業訓練指導員免許に関する事務は都道府県の自治事務である。

⑥　厚生労働省令で定める基準

都道府県又は市町村が、公共職業訓練のうち普通職業訓練における職業訓練指導員の資格に関する基準について条例を定めるに当たり従う基準について、規則第三六条の一五において、法第二八条第一項に規定する都道府県知事の免許を受けた者又は規則第四八条の三各号のいずれかに該当する者（職業訓練指導員免許を受けた者及び職業訓練指導員試験において学科試験のうち指導方法に合格した者以外の者にあっては、規則第三九条第一号の厚生労働大臣が指定する講習を修了した者に限る。）とされている。

なお、職業訓練の水準を維持するためには、職業訓練指導員の資格を設け、指導員が全般にわたって責任を有する体制の下で訓練を実施する必要があり、このため、当該資格の基準は地域の実情に応じた内容であることは許されるものの、国の基準とは異なる内容であることは、指導員による責任ある実施体制を確保する上で適当でないため、条例制定の基準については「従うべき基準」としている。

⑦　免許を受けた者……でなければならない

本項の趣旨から、準則訓練である普通課程の普通職業訓練及び短期課程（労働者の有する職業に必要な相当程度の技能及びこれに関する知識の程度に応じてその職業に必要な技能及びこれに関する知識を追加して習得させるためのものを除く。）の普通職業訓練は、都道府県知事の免許を受けている職業訓練指導員が全般にわたって責任を有する体制の下で行われているものでなければ、その職業訓練の内容が、法第一九条の規定による基準に適合していても正規の訓練とはみなされないものと解される。したがって、このような体制が整備されていれば、訓練の一部が免許を有しない者によって担当されていても、直ちに当該職業能力開発施設における職業訓練がすべて本条項に抵触することとなるものではない。

本項に抵触するものは、認定職業訓練であれば認定を取り消され、公共職業訓練であれば是正の勧告又は命令が出されることがある。

⑧ 厚生労働省令で定める職種ごとに

厚生労働省令で定める職種（免許職種）は、規則別表第一一の免許職種欄に園芸科等一一三職種が定められている（規則第三七条第一項）。この免許職種に応じて担当できる普通課程の普通職業訓練及び短期課程（労働者の有する職業に必要な相当程度の技能及びこれに関する知識の程度に応じてその職業に必要な技能及びこれに関する知識を追加して習得させるためのものを除く。）の普通職業訓練の訓練科は、それぞれ規則別表第一一の訓練科の欄に掲げる訓練科及び「これに相当する訓練科」となっている（規則第三七条第二項第一号）。

これには免許職種と訓練科が一致するものと、特定の免許職種については二以上の訓練科の訓練を担当できるものとがある。例えば、園芸科の免許を受けた者は、原則として園芸サービス系園芸科に係る訓練しか担当できないが、機械科の免許を受けた者は、機械系機械加工科、機械系精密加工科及び機械系機械製図科に係る訓練を担当できることとなっている。なお、「これに相当する訓練科」は、昭和六〇年一〇月から規則改正により追加したものであり、規則別表第二及び第四により行う訓練以外の訓練を実施する場合、規則別表第一一の訓練科以外の訓練科であっても、これに相当する訓練科であれば担当できることを明らかにするために規定したものである。

また、職業訓練指導員免許とその取得者が担当できる訓練科の範囲とは、規則別表第一一により対応させていたところであるが、昭和六〇年一〇月の改正により、規則別表第一一により対応させられている訓練科以外の訓練科にあっても相当する科目があればその科目については担当できることとされた（規則第三七条第二項第三号）。

さらに、平成五年四月の規則改正では、普通課程の普通職業訓練及び専門課程の高度職業訓練の訓練科について「訓練系・専攻科」制が導入された。それに伴い職業訓練指導員免許の取得者は、従来の範囲に加えて別表第一一に定める訓練科と同じ訓練系の訓練科の系基礎の教科を担当できることとなり、訓練施設における指導体制の一層の弾力化が図られることとなった（規則第三七条第二項第二号）。

なお、福祉工学科に係る職業訓練指導員免許を受けた者が担当することができる訓練は、障害者職業能力開発校の行う訓練のうち、次に掲げる訓練とされている（規則第三七条第三項）。

① 訓練生の身体的又は精神的な事情等に応じて定めた教科指導方法等に基づいて行う訓練

② 訓練生の身体的又は精神的な事情等に応じて改良した設備の使用に関する訓練

⑨ 申請に基づき

職業訓練指導員免許の申請は、規則第三八条（指導員訓練修了者）若しくは第三九条（同等以上の者）に規定する者に該当することを証する書面（規則附則第九条及びこれに基づいて定められた昭和四四年労働省告示第三八号に規定する者（経過措置として同等以上の能力を有すると認められる者）に該当することを証する書面を含む。）又は職業訓練指導員試験合格証書を添えた職業訓練指導員免許申請書（規則様式第八号）を、都道府県知事に提出して行われなければならない（規則第四〇条）。なお、この際、地方公共団体の条例で定める額の手数料（「地方公共団体の手数料の標準に関する政令（平成一二年政令第一六号。以下「標準令」という。）により、二、三〇〇円を標準額とする。）を納入することになっている。

⑩ 免許証

(イ) 免許証の交付

都道府県知事が、申請によって、職業訓練指導員免許を与えられる者に対し、これを証明するために交付する書面である。免許証の様式は、規則様式第九号によって定められている。

(ロ) 免許証の再交付

免許証を滅失し、若しくは損傷したとき、又は氏名を変更したときは免許証の再交付を申請できる。申請に当たっては、職業訓練指導員免許証再交付申請書（規則様式第一〇号）を免許を受けた都道府県知事に提出することを要し、免許証を損傷したときは損傷した免許証を、氏名を変更したときは免許証及び氏名を変更したことを証する書面を添付しなければならない（規則第四二条）。なお、免許証の再交付申請に当たっても、所定の手数料（標準令により二、〇〇〇円を標準額とする。）を納入しなければならない。

(ハ) 免許証の返納

職業訓練指導員で欠格事由に該当し、職業訓練指導員免許の取消しを受けた者は、取消しをした都道府県知事に免許証を返納しなければならない（規則第四三条第一項）。

⑪ 指導員訓練

第二七条〔解説〕③〈三五七ページ〉参照。

⑫ 厚生労働省令で定める訓練課程を修了した者

次の表の上欄に掲げる訓練課程の訓練科を修了した者が受けることができる免許職種は、それぞれ下欄に掲げられた免許職種である（規則第三八条）。

〔第二項〕

指導力習得コース及び訓練技法習得コースの訓練科	免許職種
機械指導科	機械科 （溶接科） （塑性加工科） （メカトロニクス科） （熱処理科）
電気指導科	電気科 電気工事科 （メカトロニクス科） （発変電科） （送配電科）

電子情報指導科	電子科 コンピュータ制御科 （情報処理科） （メカトロニクス科）
建築指導科	建築科 建設科 （防水科） （左官・タイル科） （配管科） （木工科）

〔第三項〕

訓練技法・技能等習得コースの訓練科	免許職種
機械指導科	機械科 （溶接科） （塑性加工科） （メカトロニクス科） （熱処理科）
電気指導科	電気科 （電気工事科） （メカトロニクス科） （発変電科） （送配電科）
電子情報指導科	電子科

	（コンピュータ制御科） （情報処理科） （メカトロニクス科）
建築指導科	建築科 （建設科） （防水科） （左官・タイル科） （配管科） （木工科）

［第四項］

実務経験者訓練技法習得コースの訓練科	免許職種
熱処理科	熱処理科
塑性加工科	塑性加工科
溶接科	溶接科
機械科	機械科
電子科	電子科
電気科	電気科
コンピュータ制御科	コンピュータ制御科
発変電科	発変電科
送配電科	送配電科
電気工事科	電気工事科

木工科	木工科
建築科	建築科
建設科	建設科
防水科	防水科
左官・タイル科	左官・タイル科
配管科	配管科
メカトロニクス科	メカトロニクス科
情報処理科	情報処理科

〔第五項〕

職種転換コースの訓練科	免許職種
鋳造科	鋳造科
塑性加工科	塑性加工科
溶接科	溶接科
構造物鉄工科	構造物鉄工科
機械科	機械科
電子科	電子科
電気科	電気科
コンピュータ制御科	コンピュータ制御科
電気工事科	電気工事科

自動車整備科	自動車整備科
内燃機関科	内燃機関科
木工科	木工科
建築科	建築科
配管科	配管科
塗装科	塗装科
デザイン科	デザイン科
メカトロニクス科	メカトロニクス科
情報処理科	情報処理科

⑬ **厚生労働省令で定める**

規則第三九条及び同附則第九条第一項に定められている。

(イ) 規則第三九条に定められている者

(a) 免許職種に関し、一級又は単一等級の技能検定に合格した者で、厚生労働大臣が指定する講習を修了したもの。この厚生労働大臣が指定する講習は、昭和四五年労働省告示第三九号により次のものが定められている。

科目	講習時間
職業訓練原理 教科指導法 労働安全衛生 訓練生の心理 生活指導	四八時間

(b)　免許職種に関する学科を修めた者で、看護、看護実習、家庭、家庭実習、情報、情報実習、農業、農業実習、工業、工業実習、商業、商業実習、水産、水産実習、福祉又は福祉実習の教科についての高等学校の教員の普通免許状（教育職員免許法（昭和二四年法律第一四七号）第四条第一項に定める普通免許状をいう。）を有するもの

(c)　免許職種に関し、旧職業訓練法（昭和三三年法律第一三三号）第七条第二項の職業訓練大学校における職業訓練指導員の訓練で、長期訓練又は短期訓練の課程を修了した者

(d)　旧職業訓練法第二四条第一項の職業訓練指導員試験に合格した者

(e)　職業能力開発研究学域の指導員養成訓練において別表第九の二第一号1に規定する科目を履修した者

(f)　指定講習受講資格者又は職業訓練において訓練を担当しようとする者若しくは担当している者であって、実務経験者訓練技法習得コースの指導員養成訓練において職業能力開発総合大学校の長が定める科目を履修したもの（職業訓練において訓練を担当しようとする者又は担当している者にあっては、職業訓練指導員試験の実技試験及び学科試験に合格した者と同等以上の技能及びこれに関する知識を有すると職業能力開発総合大学校の長が認めるものに限る。）

(ロ)　規則附則第九条第一項において、次のいずれかに該当する者であって、厚生労働大臣が指定する講習（(イ)の(a)の講習をいう。）を修了したものは、当分の間、職業訓練指導員免許を受ける資格を有するものとされている。

(a)　学校教育法による大学（短期大学を除く。）において免許職種に関する学科を修めて卒業し、その後当該免許職種に関し二年以上の実務の経験を有する者

(b)　学校教育法による短期大学又は高等専門学校において免許職種に関する学科を修めて卒業した者（専門職大学前期課程にあっては、修了した者）で、その後当該免許職種に関し四年以上の実務の経験を有する者

(c)　免許職種に相当する応用課程又は特定応用課程及び特定応用課程の高度職業訓練に係る訓練科に関して技能照査に合格し、その後当該免許職種に関し一年以上の実務の経験を有する者

(d)　免許職種に相当する専門課程及び特定専門課程の高度職業訓練（平成五年四月一日改正前の専門課程及び昭和六〇年一〇月一日改正前の専門訓練課程の養成訓練を含む。）に係る訓練科に関し、技能照査に合格し、その後当該免許職種に関し三年以上の実務の経験を有する者

(e)　厚生労働大臣が別に定めるところにより(b)から(d)までに掲げる者と同等以上の技能及びこれに関する知識を有すると認められる者

この別の定めは、昭和四四年労働省告示第三八号として、次のものが定められている。

①　免許職種に関し、専門課程の高度職業訓練のうち規則別表第六に定めるところにより行われるものを修了し、その後四年以上の実務の経験を有するもの

②　免許職種に相当する普通課程の普通職業訓練の訓練科の技能照査に合格した者で、その後当該免許職種に関し六年以上の実務の経験を有するもの

③　免許職種に関し、普通課程の普通職業訓練のうち規則別表第二に定めるところにより行われるものを修了し、その後七年以上の実務の経験を有するもの

④　免許職種に関し、短期課程の普通職業訓練のうち規則別表第四に定めるところにより行われ、訓練時間の基準が七〇〇時間以上のものを修了し、その後一〇年以上の実務の経験を有するもの

⑤　免許職種に関し、職業訓練法施行規則の一部を改正する省令（昭和五三年労働省令第三七号。以下「昭和五三年改正規則」という。）附則第二条第一項に規定する専修訓練課程の普通職業訓練を修了し、その後一〇年以上の実務の経験を有するもの

⑥　外国の学校であって学校教育法による大学（短期大学を除く。）と同等以上と認められるものにおいて免許職種に関する学科を修めて卒業し、その後当該免許職種に関し二年以上の実務の経験を有するもの

⑦　免許職種に関し、旧職業訓練法第一五条第一項若しくは同法第一六条第一項の認定を受けて行う職業訓練で訓練期間の基準が三年であるもの又は旧職業訓練法附則第五条第一項の規定による改正前の労働基準法第七一

条第一項の認可を受けて行われた技能者養成を修了し、その後七年以上の実務の経験を有する者

⑧　学校教育法による高等学校において免許職種に関する学科を修めて卒業し、その後当該免許職種に関し七年以上の実務の経験を有するもの

⑨　免許職種に関し、旧職業訓練法の規定により行われた専門的な技能に関する職業訓練で訓練期間及び訓練時間の基準がそれぞれ二年及び三、六〇〇時間であるもの又は旧職業訓練法の認定職業訓練で訓練期間の基準が二年であるものを修了し、その後八年以上の実務の経験を有するもの

⑩　免許職種に関し、旧職業訓練法の規定により行われた基礎的な技能に関する職業訓練で訓練期間及び訓練時間の基準がそれぞれ一年及び一、八〇〇時間であるもの又は旧職業訓練法附則第六条の規定による改正前の職業安定法第二七条の公共職業補導所の職業補導で補導期間及び補導時間の基準がそれぞれ一年及び一、八二四時間であるものを修了し、その後一〇年以上の実務の経験を有するもの

⑪　旧職業訓練法の施行前に失業保険法第二七条の二第一項の施設において行われた職業訓練で、訓練期間及び訓練時間の基準がそれぞれ一年及び一、八二四時間であるものを修了し、その後当該免許職種に関し一〇年以上の実務の経験を有するもの

⑫　職業訓練法施行規則の一部を改正する省令（昭和四八年労働省令第二号。以下「改正省令」という。）の施行の際現に改正省令による改正前の規則第二九条第一号に規定する都道府県が家事サービス職業訓練を行うために設置する施設において免許職種に関する当該職業訓練を担当している者

⑬　免許職種に相当する昭和五三年改正規則による改正前の規則第一条の特別高等訓練課程の養成訓練に係る訓練科に関し、技能照査に合格し、その後当該職種に関し三年以上の実務の経験を有するもの

⑭　免許職種に関し、昭和五三年改正規則による改正前の規則第一条の特別高等訓練課程の養成訓練を修了し、その後四年以上の実務の経験を有するもの

⑮　免許職種に相当する昭和五三年改正規則による改正前の規則第一条の高等訓練課程の養成訓練の訓練科の技

能照査に合格した者で、その後当該免許職種に関し六年以上の実務の経験を有するもの
⑯　免許職種に関し、昭和五三年改正規則による改正前の規則第一条の高等訓練課程の養成訓練を修了し、その後七年以上の実務の経験を有するもの
⑰　免許職種に関し、昭和五三年改正規則による改正前の規則第一条の専修訓練課程の養成訓練を修了し、その後一〇年以上の実務の経験を有するもの
⑱　厚生労働省人材開発統括官が①から⑰までに掲げる者と同等以上の技能を有すると認める者

なお、右の規則第三九条及び附則第九条第一項に規定されているもののうち、「免許職種に関する学科」とは、学科名、課程名の如何にかかわらず、履修した専攻科目及び実習の内容が、規則別表第一一の学科試験の科目の欄の「関連学科」の範囲のもの及び実技試験の科目の欄に掲げる科目とされている（昭四四・一〇・一　訓発第二四八号）。

また、「免許職種に関し……実務の経験」とは、規則別表第一一の実技試験の科目の欄に示す実務の経験をいい、実務は現場における作業のみならず管理監督、訓練及び研究の業務を含めるものとし、その経験年数は、該当する期間をすべて通算して差し支えないこととされている（昭四四・一〇・一　訓発第二四八号）。

⑭　**心身の故障により職業訓練指導員の業務を適正に行うことができない者として厚生労働省令で定めるもの**

精神の機能の障害により職業訓練指導員の業務を適正に行うに当たって必要な認知、判断及び意思疎通を適切に行うことができない者をいう（規則第四二条の二）。

⑮　**禁錮以上の刑に処せられた者**

懲役又は禁錮の刑罰に処せられた者をいい、執行猶予の言渡しがついていると否とを問わず、判決が確定した者で、刑の執行が終わるまでの期間や執行猶予期間中はもちろん刑の消滅に至るまでの間にある者をいう。

⑯　**職業訓練指導員免許の取消し**

第二九条〈四二一ページ〉参照。

【参考】規則別表第十一（第三十七条、第四十五条関係）

免許職種	訓練科	実技試験の科目	学科試験の科目
園芸科	園芸サービス系園芸科	園芸	一　指導方法（職業訓練原理、教科指導法、訓練生の心理、生活指導及び職業訓練関係法規からなる科目をいう。以下同じ。） 二　関連学科 1　系基礎学科 ①　植物（植物学　植物病理学　農薬） ②　土及び肥料（土　肥料） ③　農業機械及び施設（農業機械　農業施設　器工具） ④　安全衛生（安全管理　衛生管理） 2　専攻学科 ①　栽培法（生物工学　温室管理　栽培計画　栽培法　貯蔵法） ②　材料（園芸植物　園芸用材料）
造園科	園芸サービス系造園科	造園	一　指導方法 二　関連学科 1　系基礎学科 園芸科の系基礎学科の①から④までに掲げる科目 2　専攻学科 ①　造園法（庭園　造園計画及び設計　造園工事法　造園管理　造園機械　仕様及び積算） ②　材料（造園植物　造園用材料）

（以下　略）

（職業訓練指導員免許の取消し）

第二十九条　都道府県知事は、職業訓練指導員免許を受けた者が前条第五項第一号又は第二号に該当するに至つたときは、当該職業訓練指導員免許を取り消さなければならない。[1)]

2　都道府県知事は、職業訓練指導員免許を受けた者に職業訓練指導員としてふさわしくない非行[2)]があつたときは、当該職業訓練指導員免許を取り消すことができる。[3)]

趣旨

本条は、職業訓練指導員免許の取消し及びその手続について規定したものである。

職業訓練指導員免許の取消しは、特定の者の既得権を侵害することになるので、行政機関の恣意によることを避けるため、第一項においては絶対的取消し事由を、第二項においては相対的取消し事由を定めている。

なお、行政手続法（平成五年法律第八八号）が平成五年一一月一二日に公布され、平成六年一〇年一日から施行されたことに伴い、従来第三項として規定していた職業訓練指導員免許の取消しに係る聴聞規定が削除された。

解説

①　取り消さなければならない

職業訓練指導員が第二八条第五項の欠格事由に該当したときは、都道府県知事は裁量の余地なく、その免許の取消しを義務づけられている。

免許の取消しを受けた者は速やかに免許証を返納しなければならない（規則第四三条第一項）。また、免許を取り消した都道府県知事は、速やかにその旨を他の都道府県知事に通知することになっている（規則第四三条第二項）。

②　職業訓練指導員としてふさわしくない非行

いわゆる破廉恥罪に該当する行為、労働基準法の重大な違反行為及び児童福祉法に違反する虐待行為、暴行、脅迫、監禁又は卑わいな行為その他これに準ずる職業訓練指導員の行為としてふさわしくないものをいう（昭四四・一〇・一　訓発第二四八号）。

③　取り消すことができる

相対的取消し事由として規定されたもので情状を考慮して取消し処分が行われるが、恣意によることはもちろん許されない。

（職業訓練指導員試験）

第三十条　職業訓練指導員試験[1]は、厚生労働大臣が毎年定める職業訓練指導員試験に関する計画に従い、都道府県知事が行う。[2]

2　前項の職業訓練指導員試験（以下「職業訓練指導員試験」という。）は、実技試験[3]及び学科試験[4]によつて行なう。

3　職業訓練指導員試験を受けることができる者は、次の者とする。

一　第四十四条第一項の技能検定に合格した者[5]

二　厚生労働省令で定める実務の経験を有する者[6]

三　前二号に掲げる者と同等以上の能力を有すると認められる者[7]

4　前項第三号に掲げる者の範囲は、厚生労働省令で定める。[8]

5　都道府県知事は、厚生労働省令で定めるところにより、一定の資格を有する者に対して、第二項の実技試験又は学科試験の全部又は一部を免除[9)]することができる。

6　第二十八条第五項第二号又は第三号に該当する者は、職業訓練指導員試験を受けることができない。

趣旨

本条は、第二八条第三項第二号を受けて、職業訓練指導員試験について定めたものである。

第一項及び第二項は職業訓練指導員試験は、厚生労働大臣が毎年定める職業訓練指導員試験に関する計画に従い、都道府県知事が実技試験及び学科試験によって行うことを、第三項及び第四項は職業訓練指導員試験の受験資格を、第五項は一定の資格又は学歴を有する者に対する実技試験又は学科試験の全部又は一部の免除を、第六項は受験者の欠格事由を定めている。

職業訓練指導員試験は、職業訓練指導員となろうとする者が、職業訓練を担当するために必要な技能、専門的知識及び指導方法に関する能力を具備するか否かを試験を通じて実証せしめようとするものである。

一般的に、試験は選考のために行われる競争試験と一定の業務について適格性を判定するために行われる資格試験とがあるが、職業訓練指導員試験は後者の範ちゅうに属し、常に一定の試験水準によって行われるものである。

また、一般に試験には適格性を判定するための前提として通常受験資格ないし欠格事由が設けられているが、職業訓練指導員試験についてもこれが設けられている。

旧職業訓練法においては、欠格事由しか設けられていなかったが、本法においては優秀適格な職業訓練指導員を確保するとともに指導員試験を効率的に行うという観点から新たに受験資格を設けたものである。

解説

①　職業訓練指導員試験

職業訓練指導員試験は、規則別表第一一（第二八条【参考】〈四二〇ページ〉参照）に定められている実技試験及び学科試験の科目について、免許職種別に行われる（規則第四五条第一項）。

試験の実施に関しては、都道府県知事が実施期日、実施場所、受験申請書の提出期限その他試験に関し必要な事項を試験期日の二月前までに公示することになっている（規則第四五条第二項）。

試験は、免許職種に関する豊富な知識と高い技能を有し、体系づけられた職業訓練を担当し得るか否かを判定できる水準で行われ、実技試験並びに学科試験のうち指導方法並びに関連学科の系基礎学科及び専攻学科（統合職種にあっては、実技試験並びに学科試験のうち指導方法及び関連学科）のすべてについて、それぞれ六割以上の得点があり、かつ、学科試験の系基礎学科及び専攻学科（統合職種にあっては、関連学科）の科目のすべてについて、それぞれ五割以上の得点がある場合を合格とし、職業訓練指導員試験合格証書（規則様式第一二号）が都道府県知事より交付される。

なお、実技試験、学科試験のうち指導方法、学科試験のうち関連学科の系基礎学科又は学科試験のうち関連学科の専攻学科について、一定水準以上の得点力がある場合は、試験は一部合格とし、その後の職業訓練指導員試験において、当該科目に係る試験の一部免除を受けることができる（⑨参照）。

受験資格を有し、かつ欠格事由に該当しない者は誰でも試験を受けられるが、試験を受けようとする者は、職業訓練指導員試験受験申請書（規則様式第一一号）（本条第五項の免除を受けようとするときは、これに該当することを証する書面を添付）を都道府県知事に提出しなければならない（規則第四七条）。

受験申請書には、①禁錮以上の刑に処せられたことの有無、②職業訓練指導員免許取消しの有無、③申請者の写真等を記載又は貼り付けることとなっている。

その他受験申請書には、受験資格を有することを証する書面（履歴書等）を添付することを要する。

また、受験申請に当たっては、地方公共団体の条例によって、実技試験（標準令による標準額一万五、八〇〇円）、学科試験（標準令による標準額三、一〇〇円）別に手数料を納入しなければならない。

② 都道府県知事が行う

職業訓練指導員試験に関する事務は都道府県の自治事務なので、都道府県知事が職業訓練指導員試験を行うことになる。しかしながら、職業訓練指導員は、公共職業訓練及び認定職業訓練において訓練を担当するものであり、都道府県の区域を超えて通用する資格であること等を踏まえ、試験の実施職種を国が定め、試験の実施方法について国が一定の指針を示す必要があることから、都道府県は、厚生労働大臣が毎年定める職業訓練指導員試験に関する計画に従い、職業訓練指導員試験を実施しなければいけないものとされている。

③ 実技試験

実際の技能に関する試験であって、現場作業のうちいくつかの主要な要素作業を含む総合作業を試験課題として、制限時間を設けて受験者に作業させ、作業方法、作業速度、出来上がり等、技能程度を判定する。

試験の内容は、規則別表第一一（第二八条【参考】〈四二〇ページ〉参照）に免許職種別に試験科目を定めているが、例えば、園芸科は園芸となっている。

鉄鋼科等の免許職種については、その技能判定を実地作業に求め難い点を考慮し、口述試問方式等適切な方法によることもできることとしている（平五・四・二〇　能発第一〇七号）。

④ 学科試験

学科試験は、訓練生の指導能力等に関する「指導方法」及び実技の裏づけとなる理論として当該訓練科に必須の専門的知識に関する「関連学科の系基礎学科」及び「関連学科の専攻学科」について、体系的知識を有するか否かを判定する。

試験方法は、時間制限法による筆記試験とし、採点者の主観によって採点が左右されないようにするため選択式問題形式とする方針が採られている。

試験科目は、規則別表第一一に免許職種別に定められており、例えば、園芸科について見ると次のとおりである。

(イ) 指導方法（職業訓練原理、教科指導法、訓練生の心理、生活指導及び職業訓練関係法規）

(ロ) 関連学科

(a) 系基礎学科

(i) 植物（植物学　植物病理学　農薬）

(ii) 土及び肥料（土　肥料）

(iii) 農業機械及び施設（農業機械　農業施設　器工具）

(iv) 安全衛生（安全管理　衛生管理）

(b) 専攻学科

(i) 栽培法（生物工学　温室管理　栽培計画　栽培法　貯蔵法）

(ii) 材料（園芸植物　園芸用材料）

⑤ 技能検定に合格した者

技能検定合格者が受験することができる試験は、規則第四五条の二に定められており、その者が合格した規則別表第一一の二の上欄に掲げる検定職種に応じ、同表の下欄に掲げる免許職種に係る試験を受けることができるものとされている。その詳細は次の表に掲げるとおりである。

規則別表第十一の二

検定職種	免許職種
ビル設備管理	建築物設備管理科
園芸装飾	園芸科
造園	造園科 森林環境保全科
さく井	さく井科

金属溶解	鉄鋼科 鋳造科
鋳造 粉末冶金 ダイカスト	鋳造科
鍛造	鍛造科
金属熱処理 金属材料試験	熱処理科
機械加工 非接触除去加工 金型製作 仕上げ 機械検査 機械保全 油圧装置調整 テクニカルイラストレーション 機械・プラント製図	機械科
金属プレス加工 工場板金	塑性加工科
建築板金	塑性加工科 建築板金科
鉄工	塑性加工科

	造船科 構造物鉄工科 鉄道車両科
めつき アルミニウム陽極酸化処理	金属表面処理科
切削工具研削	機械科 製材機械科
電子回路接続 電子機器組立て 半導体製品製造	電子科
電気機器組立て シーケンス制御	電気科 メカトロニクス科
自動販売機調整	電子科 電気科
鉄道車両製造・整備	鉄道車両科
時計修理	時計科
光学機器製造	光学ガラス科 光学機器科
内燃機関組立て	自動車製造科 内燃機関科
縫製機械整備	縫製機械科
建設機械整備	建設機械科

農業機械整備	農業機械科
冷凍空気調和機器施工	冷凍空調機器科
染色	染色科
ニット製品製造	ニット科
婦人子供服製造	洋裁科
紳士服製造	洋服科
和裁	和裁科
寝具製作	寝具科
帆布製品製造	帆布製品科
布はく縫製	縫製科
機械木工 家具製作 建具製作	木工科
紙器・段ボール箱製造	紙器科
プリプレス 印刷	製版・印刷科
製本	製本科
プラスチック成形 強化プラスチック成形	プラスチック製品科
石材施工	石材科
パン製造 菓子製造	パン・菓子科
製麺	麺科
ハム・ソーセージ・ベーコン製造	食肉科
水産練り製品製造	水産物加工科
みそ製造 酒造	発酵科
建築大工 枠組壁建築 バルコニー施工	建築科 枠組壁建築科
かわらぶき	屋根科
とび	とび科
左官 タイル張り	左官・タイル科
築炉	築炉科
ブロック建築 エーエルシーパネル施工	ブロック建築科
畳製作	畳科
配管	配管科 住宅設備機器科

型枠施工 鉄筋施工 コンクリート圧送施工	建設科
防水施工	防水科
内装仕上げ施工	インテリア科 床仕上げ科
熱絶縁施工	熱絶縁科
カーテンウォール施工 ガラス施工	サッシ・ガラス施工科
サッシ施工	建築科 サッシ・ガラス施工科
ウェルポイント施工	さく井科 土木科
電気製図	電気科
化学分析	化学分析科 公害検査科
貴金属装身具製作	貴金属・宝石科
印章彫刻	印章彫刻科
表装	インテリア科 表具科
塗装 塗料調色	塗装科
広告美術仕上げ	広告美術科
義肢・装具製作	義肢装具科
工業包装	工業包装科
写真	写真科
調理	日本料理科 中国料理科 西洋料理科
ビルクリーニング	建築物衛生管理科
フラワー装飾	フラワー装飾科

なお、技能検定合格者については、一級又は単一等級合格者は、実技試験の全部及び学科試験のうち関連学科が、二級合格者は実技試験の全部がそれぞれ免除される（規則第四六条）。

⑥ 厚生労働省令で定める実務の経験を有する者

前述の技能検定合格者と同等程度の技能を有する実務経験者に受験資格を認めたものである。実務経験者の範囲は、規則第四五条の二第二項に定められており、その内容は次のとおりである。

①　第三六条の五の表の指導員養成訓練のうち、下欄に掲げる指導員養成課程又は第三六条の七の二に規定する職業能力開発研究学域の指導員養成訓練を修了し、既に職業訓練指導員免許を受けた者で、その後受けようとする免許職種に関し一年以上の実務の経験を有するもの

②　免許職種に関し、専門課程又は特定専門課程の高度職業訓練を修了し、その後一年以上の実務の経験を有するもの

③　免許職種に関し、普通課程の普通職業訓練（旧職業訓練法の規定により行われた専門的な技能に関する職業訓練及び認定職業訓練を含む。）を修了し、その後二年以上の実務の経験を有するもの

④　免許職種に関し、総訓練時間が七〇〇時間以上の短期課程の普通職業訓練を修了し、その後三年以上の実務の経験を有するもの

⑤　学校教育法による大学（短期大学を除く。）において免許職種に関する学科を修めて卒業し、その後当該免許職種に関し一年以上の実務の経験を有するもの

⑥　学校教育法による短期大学（同法による専門職大学の前期課程（以下「専門職大学前期課程」という。）を含む。）又は高等専門学校において免許職種に関する学科を修めて卒業した者（専門職大学前期課程にあっては、修了した者）、その後当該免許職種に関し二年以上の実務の経験を有するもの

⑦　学校教育法による高等学校又は中等教育学校の後期課程において免許職種に関する学科を修めて卒業し、その後当該免許職種に関し三年以上の実務の経験を有するもの

⑧　学校教育法による高等学校又は中等教育学校を卒業し、その後免許職種に関し五年以上の実務の経験を有する者

⑨　学校教育法による専修学校又は各種学校（修業年限が二年以上で、中学校を卒業したこと若しくは義務教育学校を卒業したこと若しくは中等教育学校の前期課程を修了したこと又はこれと同等以上の学力を有することを入学資格とするものに限る。）のうち厚生労働大臣が指定するものにおいて免許職種に関する学科を修めて卒業し、その後当該免許職種に関し四年（専修学校の専門課程において修業年限が二年のものを修めて卒業した者にあっては、三年、修業年限が三年以上のものを修

めて卒業した者にあっては、二年、専修学校の高等課程若しくは一般課程又は各種学校において修業年限が三年以上のものを修めて卒業した者にあっては、三年）以上の実務の経験を有する者

⑩　免許職種に関し、八年以上の実務の経験を有する者

⑪　厚生労働大臣が別に定めるところにより①から⑩までに掲げる者と同等以上の実務の経験を有すると認められる者

なお、⑨の厚生労働大臣が指定する専修学校及び各種学校は、昭和五四年労働省告示第一一二号によって定められている。

また、⑪の厚生労働大臣が別に定めるところにより①から⑩までに掲げる者と同等以上の実務の経験を有すると認められる者の範囲としては、昭和四五年労働省告示第一七号に次の者が定められている。

ⓐ　免許職種に関し、専修訓練課程の普通職業訓練（旧職業訓練法の規定により行われた基礎的な技能に関する職業訓練で総訓練時間が九〇〇時間以上のもの及び職業訓練法施行規則の一部を改正する省令附則第二条第一項に規定する専修訓練課程の普通職業訓練をいう。）を修了した者で、その後三年以上の実務の経験を有するもの

ⓑ　免許職種に関し、旧職業訓練法附則第五条第一項の規定による改正前の労働基準法第七一条第一項の認可を受けて行われた技能者養成を修了し、その後二年以上の実務経験を有するもの

ⓒ　免許職種に関し、旧職業訓練法附則第六条の規定による改正前の職業安定法第二七条の公共職業補導所の職業補導で補導期間及び補導時間の基準がそれぞれ一年及び一、八二四時間であるもの又は旧職業訓練法の施行前に失業保険法第二七条の二第一項の施設において行われた職業訓練で訓練期間及び訓練時間の基準がそれぞれ一年及び一、八二四時間であるものを修了し、その後三年以上の実務経験を有するもの

ⓓ　学校教育法による大学（短期大学を除く。）と同等以上と認められる外国の学校において免許職種に関する学科を修めて卒業し、その後当該免許職種に関し一年以上の実務経験を有するもの

ⓔ　学校教育法による短期大学と同等以上と認められる外国の学校において免許職種に関する学科を修めて卒業

し、その後当該免許職種に関し二年以上の実務経験を有するもの
ⓕ　学校教育法による高等学校の専攻科において免許職種に関する学科を修めて卒業し、その後当該職種に関し二年以上の実務経験を有するもの
ⓖ　学校教育法による高等学校と同等以上と認められる外国の学校において免許職種に関する学科を修めて卒業し、その後当該免許職種に関し三年以上の実務経験を有するもの
ⓗ　学校教育法による高等学校の別科において免許職種に関する学科を修めて修了し、その後当該免許職種に関し五年以上の実務経験を有するもの
ⓘ　学校教育法による高等学校と同等以上と認められる外国の学校を卒業し、その後当該免許職種に関し五年以上の実務経験を有するもの
ⓙ　国立工業教員養成所の設置等に関する臨時措置法（昭和三六年法律第八七号）による国立工業教員養成所において免許職種に関する学科を修めて修了し、その後当該免許職種に関し二年以上の実務経験を有するもの
ⓚ　高等学校卒業程度認定試験規則（平成一七年文部科学省令第一号）による試験に合格した者又は高等学校卒業程度認定審査規則（令和四年文部科学省令第一八号）による審査に合格した者で、その後免許職種に関し五年以上の実務経験を有するもの
ⓛ　免許職種に関し、法務省設置法（平成一一年法律第九三号）による刑務所若しくは少年刑務所における受刑者職業訓練（訓練期間及び訓練時間の基準がそれぞれ一年及び一、四〇〇時間以上であるもの）又は少年院法（昭和二三年法律第一六九号）による中等少年院若しくは特別少年院における職業補導（補導期間及び補導時間の基準がそれぞれ一年及び一、四〇〇時間以上であるもの）を修了し、その後五年以上の実務経験を有するもの
以上の者に加えて、昭和五三年改正法施行規則附則第五条により、昭和四四年規則による高等訓練課程、特別高等訓練課程又は専修訓練課程の養成訓練修了者は、昭和五三年規則による普通訓練課程、専門訓練課程又は専修訓練課程の養成訓練修了者とみなされることとされたため、次の者についても実務経験者の範囲に含まれるものとされた。

①　免許職種に関し、昭和四四年規則による特別高等訓練課程の養成訓練を修了し、その後一年以上の実務の経験を有する者

②　免許職種に関し、昭和四四年規則による高等訓練課程の養成訓練を修了し、その後二年以上の実務の経験を有する者

③　免許職種に関し、昭和四四年規則による専修訓練課程の養成訓練を修了し、その後三年以上の実務の経験を有する者

⑦　前二号に掲げる者と同等以上の能力を有すると認められる者

⑧参照。

⑧　厚生労働省令で定める

規則第四五条の二第三項に定めがあり、次のとおりである。

一　別表第一一に定める免許職種に関し、応用課程又は特定応用課程の高度職業訓練を修了した者

二　別表第一一の三の免許職種の欄に掲げる免許職種に関し、同表の受験することができる者の欄に該当する者

三　別表第一一に定める免許職種に関し、厚生労働大臣が別に定めるところにより前号に掲げる者と同等以上の能力を有すると認められる者

四　別表第一一に定める免許職種に関し、職業訓練指導員試験において実技試験に合格した者と同等以上の技能を有すると認められる者として厚生労働大臣が定める者

このうち、「二　別表第一一の三の免許職種の欄に掲げる免許職種に関し、同表の受験することができる者の欄に該当する者」については、次のとおりである。なお、この別表は、規則においては⑨で解説する試験の免除と同一の表になっているが、指導員試験の受験資格を取り出してみれば、次のとおりとなっている。

免許職種	受験することができる者
溶接科	労働安全衛生規則によるガス溶接作業主任者免許若しくは労働安全衛生法によるガス溶接技能講習の修了証を有する者又はボイラー及び圧力容器安全規則による特別ボイラー溶接士免許若しくは普通ボイラー溶接士免許を有する者
建設機械科	建設業法施行令による建設機械施工管理の技術検定の合格証明書（第二次検定に係るものに限る。）を有する者
冷凍空調機器科	高圧ガス保安法による第一種冷凍機械責任者、第二種冷凍機械責任者又は第三種冷凍機械責任者の免状を有する者
発変電科	電気事業法による第一種ボイラー・タービン主任技術者又は第二種ボイラー・タービン主任技術者の免状を有する者
電気科	電気事業法による第一種電気主任技術者、第二種電気主任技術者若しくは第三種電気主任技術者の免状を有する者、航空機製造事業法施行規則の一部を改正する省令による改正前の航空機製造事業法施行規則による電気機器国家試験の合格証を有する者又はエネルギーの使用の合理化及び非化石エネルギーへの転換等に関する法律によるエネルギー管理士免状を有する者（エネルギー管理士の試験及び免状の交付に関する規則第二九条の表の試験区分の欄に掲げる電気分野専門区分のエネルギー管理士試験に合格した者又は同規則別表第一の研修区分の欄に掲げる電気分野専門区分のエネルギー管理研修を修了した者に限る。）
送配電科	電気事業法による第一種電気主任技術者、第二種電気主任技術者又は第三種電気主任技術者の免状を有する者
電気工事科	電気事業法による第一種電気主任技術者、第二種電気主任技術者若しくは第三種電気主任技術者の免状を有する者、エネルギーの使用の合理化及び非化石エネルギーへの転換等に関する法律によるエネルギー管理士免状を有する者（エネルギー管理士の試験及び免状の交付に関する規則第二九条の表の試験区分の欄に掲げる電気分野専門区分のエネルギー管理士試験に合格した者又は同規則別

	表第一の研修区分の欄に掲げる電気分野専門区分のエネルギー管理研修を修了した者に限る。）、建設業法施行令による電気工事施工管理の技術検定の合格証明書（第二次検定に係るものに限る。）を有する者又は電気工事士法による第一種電気工事士の免状を有する者
電子科	電波法による第一級陸上無線技術士若しくは第二級陸上無線技術士若しくは第一級アマチュア無線技士若しくは第二級アマチュア無線技士の免許を有する者又は航空機製造事業法施行規則の一部を改正する省令による改正前の航空機製造事業法施行規則による電子機器国家試験の合格証を有する者
自動車整備科	自動車整備士技能検定規則による一級大型自動車整備士、一級小型自動車整備士、一級二輪自動車整備士、二級ガソリン自動車整備士、二級ジーゼル自動車整備士若しくは二級二輪自動車整備士、自動車整備士技能検定規則の一部を改正する省令による改正前の自動車整備士技能検定規則による一級四輪自動車整備士又は自動車整備士技能検定規則の一部を改正する省令による改正前の自動車整備士技能検定規則による二級三輪自動車整備士の技能検定の合格証書を有する者
自動車車体整備科	自動車整備士技能検定規則による一級大型自動車整備士、一級小型自動車整備士、二級ガソリン自動車整備士、二級ジーゼル自動車整備士若しくは自動車車体整備士、自動車整備士技能検定規則の一部を改正する省令による改正前の自動車整備士技能検定規則による一級四輪自動車整備士又は自動車整備士技能検定規則の一部を改正する省令による改正前の自動車整備士技能検定規則による二級三輪自動車整備士の技能検定の合格証書を有する者
航空機製造科	航空機製造事業法施行規則による航空機国家試験の合格証を有する者
航空機整備科	航空機製造事業法施行規則による航空機国家試験の合格証を有する者及び航空法による一等航空整備士若しくは二等航空整備士又は航空工場整備士の資格についての航空従事者技能証明書を有する者
建築科	建築士法による一級建築士又は二級建築士の免許を有する者
枠組壁建築科	建築士法による一級建築士又は二級建築士の免許を有する者

ブロック建築科	建築士法による一級建築士又は二級建築士の免許を有する者
防水科	建築士法による一級建築士又は二級建築士の免許を有する者
プレハブ建築科	建築士法による一級建築士又は二級建築士の免許を有する者
熱絶縁科	エネルギーの使用の合理化及び非化石エネルギーへの転換等に関する法律によるエネルギー管理士免状を有する者（エネルギー管理士の試験及び免状の交付に関する規則第二九条の表の試験区分の欄に掲げる熱分野専門区分のエネルギー管理士試験に合格した者又は同規則別表第一の研修区分の欄に掲げる熱分野専門区分のエネルギー管理研修を修了した者に限る。）
測量科	測量法による測量士又は測量士補の試験の合格証書を有する者
ボイラー科	ボイラー及び圧力容器安全規則による特級ボイラー技士若しくは一級ボイラー技士の免許を有する者、電気事業法によるボイラー・タービン主任技術者の免状を有する者又はエネルギーの使用の合理化及び非化石エネルギーへの転換等に関する法律によるエネルギー管理士免状を有する者（エネルギー管理士の試験及び免状の交付に関する規則第二九条の表の試験区分の欄に掲げる熱分野専門区分のエネルギー管理士試験に合格した者又は同規則別表第一の研修区分の欄に掲げる熱分野専門区分のエネルギー管理研修を修了した者に限る。）
電気通信科	電波法による第一級総合無線通信士、第二級総合無線通信士若しくは第三級総合無線通信士又は航空無線通信士の免許を有する者
臨床検査科	医師法による医師国家試験、歯科医師法による歯科医師国家試験又は獣医師法による獣医師国家試験の合格証書を有する者及び臨床検査技師等に関する法律による臨床検査技師の免許を有する者
事務科	公認会計士法による公認会計士試験の短答式による試験若しくは論文式による試験、公認会計士法の一部を改正する法律による改正前の公認会計士法による公認会計士試験の第二次試験若しくは第三次試験又は税理士法による税理士試験に合格したことを証する書面を有する者及び商工会議所法に基づいて商工会議所が行う簿記に関する一級の技能の検定の合格証明書を有する者
和裁科	商工会議所法に基づいて商工会議所が行う和裁に関する一級又は二級の技能の検定の合格証書を有

情報処理科	する者 情報処理の促進に関する法律施行規則によるシステムアーキテクト試験、ネットワークスペシャリスト試験、システム監査技術者試験若しくは応用情報技術者試験、情報処理技術者試験規則等の全部を改正する省令による改正前の情報処理技術者試験規則によるシステムアーキテクト試験、ネットワークスペシャリスト試験、システム監査技術者試験若しくは応用情報技術者試験、情報処理技術者試験規則の一部を改正する省令による改正前の情報処理技術者試験規則によるアプリケーションエンジニア試験、テクニカルエンジニア（ネットワーク）試験、システム監査技術者試験若しくは応用情報技術者試験、情報処理技術者試験規則等の一部を改正する省令による改正前の情報処理技術者試験規則によるアプリケーションエンジニア試験、テクニカルエンジニア（ネットワーク）試験、システム監査技術者試験若しくはソフトウェア開発技術者試験、情報処理技術者試験規則の一部を改正する省令による改正前の情報処理技術者試験規則によるシステム監査技術者試験、アプリケーションエンジニア試験、ネットワークスペシャリスト試験若しくは第一種情報処理技術者試験又は情報処理技術者試験規則の一部を改正する省令による改正前の情報処理技術者試験規則による情報処理システム監査技術者試験、特種情報処理技術者試験若しくはオンライン情報処理技術者試験の合格証書を有する者
建築物衛生管理科	建築物における衛生的環境の確保に関する法律による建築物環境衛生管理技術者の免状を有する者
介護サービス科	児童福祉法（昭和二二年法律第一六四号）による保育士登録証を有する者、保健師助産師看護師法（昭和二三年法律第二〇三号）による保健師、助産師、看護師若しくは准看護師の免許を有する者、教育職員免許法による養護教諭の免許状を有する者、理学療法士及び作業療法士法（昭和四〇年法律第一三七号）による理学療法士若しくは作業療法士の免許を有する者、社会福祉士及び介護福祉士法（昭和六二年法律第三〇号）による社会福祉士登録証若しくは介護福祉士登録証を有する者、精神保健福祉士法（平成九年法律第一三一号）による精神保健福祉士登録証を有する者又は就学前の子どもに関する教育、保育等の総合的な提供の推進に関する法律（平成一八年法律第七七号）による保育教諭の資格を有する者
港湾荷役科	労働安全衛生法による船内荷役作業主任者技能講習の修了証若しくは労働安全衛生規則による揚貨

	装置運転士免許又はクレーン等安全規則（昭和四七年労働省令第三四号）によるクレーン・デリック運転士免許（同令第二二四条の四の規定により取り扱うことのできる機械の種類を限定した免許を除く。以下この項において同じ。）若しくは移動式クレーン運転士免許を有する者

⑨ 免　除

職業訓練指導員試験は、本条第一項及び第二項の規定によって行われるのであるが、一定の資格を有する者に対しては試験の一部について受験を免除している。

一定の資格を有する者及びその者に係る免除の範囲については、次の表のとおり、規則第四六条に定められている。

免除を受けることができる者	免除の範囲
① 免許職種に関し、一級の技能検定又は単一等級の技能検定に合格した者	実技試験の全部及び学科試験のうち関連学科
② 免許職種に関し、二級の技能検定に合格した者	実技試験の全部
③ 職業訓練指導員免許を受けた者	学科試験のうち指導方法及び関連学科の系基礎学科（当該免許職種に係る職業訓練指導員試験に係る系基礎学科と同一の系基礎学科に限る。）
④ 免許職種に関し、職業訓練指導員試験において実技試験に合格した者	実技試験の全部
⑤ 職業訓練指導員試験において学科試験のうち指導方法に合格した者	学科試験のうち指導方法
⑥ 免許職種に関し、職業訓練指導員試験において学科試験のうち関連学科の系基礎学科又は専攻学科	学科試験のうち関連学科の系基礎学科又は専攻学科（フォークリフト科、建築物衛生管理科及び福祉工学科に係る職業訓練指

（フォークリフト科、建築物衛生管理科及び福祉工学科に係る職業訓練指導員試験にあっては、学科試験のうち関連学科）に合格した者	導員試験にあっては、学科試験のうち関連学科）
⑦　職業訓練指導員試験において学科試験のうち関連学科の系基礎学科に合格した者	学科試験のうち関連学科の系基礎学科（当該職業訓練指導員試験に係る系基礎学科と同一の系基礎学科に限る。）
⑧　免許職種に関し、実務経験者訓練技法習得コースの指導員養成訓練を修了し、職業訓練指導員試験において学科試験のうち指導方法に合格した者と同等以上の能力を有すると職業能力開発総合大学校の長が認める者であって、法第三〇条第三項に定める職業訓練指導員試験を受けることができるものに限る。	学科試験のうち指導方法
⑨　免許職種に関し、実務経験者訓練技法習得コースの指導員養成訓練を修了し、職業訓練指導員試験において学科試験のうち関連学科に合格した者と同等以上の能力を有すると職業能力開発総合大学校の長が認める者（法第三〇条第三項に定める職業訓練指導員試験を受けることができる者に限る。）	学科試験のうち関連学科
⑩　免許職種に関し、実務経験者訓練技法習得コースの指導員養成訓練を修了し、職業訓練指導員試験において実技試験に合格した者と同等以上の能力を有すると職業能力開発総合大学校の長が認める者（法第三〇条第三項に定める職業訓練指導員試験を受けることができる者に限る。）	実技試験の全部
⑪　免許職種に関し、応用課程又は特定応用課程の高度	学科試験のうち関連学科

職業訓練を修了した者	
⑫　免許職種に関し、専門課程又は特定専門課程の高度職業訓練を修了した者	学科試験のうち関連学科
⑬　学校教育法による大学又は高等専門学校において免許職種に関する学科を修めて卒業した者（当該学科を修めて専門職大学前期課程を修了した者を含む。）	学科試験のうち関連学科
⑭　別表第一一の三の免許職種の欄に掲げる免許職種について同表の試験の免除を受けることができる者の欄に掲げる者	別表第一一の三の免除の範囲の欄に掲げる試験
⑮　前条第三項第四号に規定する者	実技試験の全部

右の表のうち④⑤⑥及び⑦の「職業訓練指導員試験」には、他の都道府県知事が実施した試験も含まれるものとされている。さらに、旧職業訓練法による職業訓練指導員試験において実技試験に合格した者については、④による試験免除、旧職業訓練法によって職業訓練指導員試験において学科試験に合格した者については⑤⑥及び⑦による試験免除が行われる（昭和四四年職業訓練法施行規則附則第一〇条、昭和五〇年改正職業訓練法施行規則附則第六条及び平成五年改正職業能力開発促進法施行規則附則第一〇条）。

また、昭和四四年規則による特別高等訓練課程の養成訓練を修了した者についても、⑫による試験免除が行われる（昭和五三年改正職業訓練法施行規則附則第五条）。

また、前記の⑭の規則「別表第一一の三」の「試験の免除」については、次のものが定められている。

免許職種	試験の免除を受けることができる者	免除の範囲
溶接科	ボイラー及び圧力容器安全規則による特別ボイラー溶接士免許を有する者	実技試験の全部及び学科試験のうち関連学科

建設機械科	建設業法施行令による建設機械施工管理の一級の技術検定の合格証明書（第二次検定に係るものに限る。）を有する者	学科試験のうち関連学科
冷凍空調機器科	高圧ガス保安法による第一種冷凍機械責任者の免状を有する者	学科試験のうち関連学科
発変電科	電気事業法による第一種ボイラー・タービン主任技術者の免状を有する者	学科試験のうち関連学科
電気科	電気事業法による第一種電気主任技術者、第二種電気主任技術者若しくは第三種電気主任技術者の免状を有する者、昭和五四年省令による改正前の航空機製造事業法施行規則による電気機器国家試験の合格証を有する者又はエネルギーの使用の合理化及び非化石エネルギーへの転換等に関する法律によるエネルギー管理士免状を有する者	学科試験のうち関連学科
送配電科	電気事業法による第一種電気主任技術者、第二種電気主任技術者又は第三種電気主任技術者の免状を有する者	学科試験のうち関連学科
電気工事科	電気工事士法による第一種電気工事士の免状を有する者	実技試験のうち電気工事
	電気事業法による第一種電気主任技術者、第二種電気主任技術者若しくは第三種電気主任技術者の免状を有する者又はエネルギーの使用の合理化及び非化石エネルギーへの転換等に関する法律によるエネルギー管理士免状を有する者	学科試験のうち関連学科
電子科	電波法による第一級陸上無線技術士の免許を有する者	実技試験の全部及び学科試験のうち関連学科
	昭和四八年省令による改正前の航空機製造事業法施行規則による電子機器国家試験の合格証を有する者	学科試験のうち関連学科
自動車整備科	自動車整備士技能検定規則による一級大型自動車整備士、一級小型自	実技試験の全部及び学科

	動車整備士、一級二輪自動車整備士、二級ガソリン自動車整備士、二級ジーゼル自動車整備士若しくは二級二輪自動車整備士、平成一二年省令による改正前の自動車整備士技能検定規則による一級四輪自動車整備士又は昭和五三年省令による改正前の自動車整備士技能検定規則による二級三輪自動車整備士の技能検定の合格証書を有する者	試験のうち関連学科
自動車車体整備科	自動車整備士技能検定規則による一級大型自動車整備士、一級小型自動車整備士、二級ガソリン自動車整備士若しくは二級ジーゼル自動車整備士、平成一二年省令による改正前の自動車整備士技能検定規則による一級四輪自動車整備士又は昭和五三年省令による改正前の自動車整備士技能検定規則による二級三輪自動車整備士の技能検定の合格証書を有する者	実技試験のうち自動車整備（内燃機関を除く。）及び学科試験のうち関連学科（車枠及び車体整備法を除く。）
	自動車整備士技能検定規則による自動車車体整備士の技能検定の合格証書を有する者	実技試験の全部及び学科試験のうち関連学科
航空機製造科	航空機製造事業法施行規則による航空機国家試験の合格証を有する者	学科試験のうち関連学科
航空機整備科	航空機製造事業法施行規則による航空機国家試験合格証を有する者及び航空法による一等航空整備士若しくは二等航空整備士又は航空工場整備士の資格についての航空従事者技能証明書を有する者	航空機国家試験合格者については学科試験のうち関連学科、その他の者については実技試験の全部及び学科試験のうち関連学科
建築科	建築士法による一級建築士の免許を有する者	学科試験のうち関連学科
枠組壁建築科	建築士法による一級建築士の免許を有する者	学科試験のうち関連学科
ブロック建築科	建築士法による一級建築士の免許を有する者	学科試験のうち関連学科

防水科	建築士法による一級建築士の免許を有する者	学科試験のうち関連学科
プレハブ建築科	建築士法による一級建築士の免許を有する者	学科試験のうち関連学科
熱絶縁科	エネルギーの使用の合理化及び非化石エネルギーへの転換等に関する法律によるエネルギー管理士免状を有する者	学科試験のうち関連学科
測量科	測量法による測量士の試験の合格証書を有する者	実技試験の全部及び学科試験のうち関連学科
ボイラー科	ボイラー及び圧力容器安全規則による特級ボイラー技士の免許を有する者又は電気事業法によるボイラー・タービン主任技術者の免状を有する者	実技試験の全部及び学科試験のうち関連学科
	エネルギーの使用の合理化及び非化石エネルギーへの転換等に関する法律によるエネルギー管理士の免状を有する者	学科試験のうち関連学科
電気通信科	電波法による第一級総合無線通信士の免許を有する者	実技試験の全部及び学科試験のうち関連学科
臨床検査科	医師法による医師国家試験、歯科医師法による歯科医師国家試験又は獣医師法による獣医師国家試験の合格証書を有する者	実技試験の全部及び学科試験のうち関連学科
	臨床検査技師等に関する法律による臨床検査技師の免許を有する者	学科試験のうち関連学科
事務科	公認会計士法による公認会計士試験の短答式による試験若しくは論文式による試験、平成一五年法律による改正前の公認会計士法による公認会計士試験の第二次試験若しくは第三次試験又は税理士法による税理士試験に合格したことを証する書面を有する者	実技試験の全部及び学科試験のうち関連学科
	商工会議所法に基づいて商工会議所が行う簿記に関する一級の技能の検定の合格証明書を有する者	実技試験のうち簿記及び学科試験のうち簿記

和裁科	商工会議所法に基づいて商工会議所が行う和裁に関する一級又は二級の技能の検定の合格証書を有する者	実技試験の全部
情報処理科	情報処理の促進に関する法律施行規則によるシステムアーキテクト試験若しくはシステム監査技術者試験、平成二八年省令による改正前の情報処理技術者試験規則によるシステムアーキテクト試験若しくはシステム監査技術者試験、平成二一年省令による改正前の情報処理技術者試験規則によるアプリケーションエンジニア試験若しくはシステム監査技術者試験、平成一九年省令による改正前の情報処理技術者試験規則によるアプリケーションエンジニア試験若しくはシステム監査技術者試験、平成一二年省令による改正前の情報処理技術者試験規則によるシステム監査技術者試験若しくはアプリケーションエンジニア試験又は平成六年省令による改正前の情報処理技術者試験規則による情報処理システム監査技術者試験若しくは特種情報処理技術者試験の合格証書を有する者	学科試験のうち関連学科
建築物衛生管理科	建築物における衛生的環境の確保に関する法律による建築物環境衛生管理技術者の免状を有する者	学科試験のうち関連学科
介護サービス科	児童福祉法による保育士登録証を有する者であって、介護サービス科に関し七年以上の実務の経験を有し、かつ、社会福祉士及び介護福祉士法第四〇条第二項第五号の規定に該当するもの、保健師助産師看護師法による保健師、助産師若しくは看護師の免許を有する者、同法による准看護師の免許を有する者であって、介護サービス科に関し七年以上の実務の経験を有するもの、教育職員免許法による養護教諭の免許状を有する者であって、介護サービス科に関し七年以上の実務の経験を有するもの若しくは同号の規定に該当するもの、理学療法士及び	実技試験の全部及び学科試験のうち関連学科

	作業療法士法による理学療法士若しくは作業療法士の免許を有する者であって、同号の規定に該当するもの、社会福祉士及び介護福祉士法による社会福祉士登録証を有する者であって、同号の規定に該当するもの、同法による介護福祉士登録証を有する者、精神保健福祉士法による精神保健福祉士登録証を有する者であって、同号の規定に該当するもの又は就学前の子どもに関する教育、保育等の総合的な提供の推進に関する法律による保育教諭の資格を有する者であって、介護サービス科に関し七年以上の実務の経験を有し、かつ、同号の規定に該当するもの	
港湾荷役科	労働安全衛生法による船内荷役作業主任者技能講習の修了証を有する者であって、道路交通法による大型特殊自動車免許並びに労働安全衛生法による車両系建設機械（整地・運搬・積込み用及び掘削用）運転技能講習の修了証及び玉掛け技能講習の修了証を有する者	実技試験の全部及び学科試験のうち関連学科
	労働安全衛生規則による揚貨装置運転士免許、クレーン等安全規則によるクレーン・デリック運転士免許又は移動式クレーン運転士免許を有する者であって、労働安全衛生法による玉掛け技能講習の修了証を有する者	実技試験の全部

（職業訓練指導員資格の特例）

第三十条の二　準則訓練[1]のうち高度職業訓練（短期間の訓練課程で厚生労働省令で定めるもの[2]を除く。以下この項において同じ。）における職業訓練指導員は、当該訓練に係る教科につき、第二十八条第三項各号に掲げる者と同等以上の能力を有する者のうち、相当程度の知識又は技能を有する者として厚生労働省令で定める者[3)]（都道府県又は指定都市が設置する公共職業能力開発施設の行う高度職業訓練にあつては、厚生労働省令で定める基準[4)]を参酌して当該都道府県又は指定都市の条例で定める者）であつて、同条第五項各号のいずれかに該当する者[5)]以外の者でなければならない。

2　第二十八条第一項に規定する職業訓練（都道府県又は市町村が設置する公共職業能力開発施設の行うものを除く。）における職業訓練指導員については、当該職業訓練指導員が当該職業訓練に係る教科につき同条第三項各号に掲げる者と同等以上の能力を有する者として厚生労働省令で定める者[6)]（同条第五項各号のいずれかに該当する者を除く。）[7)]に該当するときは、当該教科に関しては、同条第一項の規定にかかわらず、職業訓練指導員免許を受けた者であることを要しない。

趣旨

本条は、職業訓練指導員資格制度の特例を設けたものである。

従来、職業訓練指導員の資格については免許制度により規制してきたが、技術革新の進展等社会経済情勢の変化に対応した的確な職業訓練を実施するためには、優れた資質の職業訓練指導員を確保する必要がある。このため、本法において、新たに職業訓練指導員の資格について特例を設けたものである。

第一項は、専門課程及び応用課程の職業訓練指導員の資格について定めたものである。

職業能力開発短期大学校及び職業能力開発大学校における専門課程の高度職業訓練は、高等学校卒業者等を対象として二年間の訓練を行い、高度の専門的知識及び技能を付与することにより、技術全般にわたる理解力と適応性豊かな実践技術者の育成を目的としている。

職業能力開発大学校における応用課程の高度職業訓練は、専門課程の高度職業訓練修了者等を対象として二年間の訓練を行い、高度の専門的かつ応用的知識及び技能を付与することにより、将来の生産技術及び生産管理部門のリーダーとなる人材の育成を目的としている。

これら訓練目標を達成するためには、担当訓練科の技能の範囲全般にわたる知識及び技能を有することを条件とする免許制度ではなく、当該専攻分野について、より高度な専門的（応用課程については、専門的かつ応用的）知識又は技術を有する者を担当職業訓練指導員とする必要がある。このため、専門課程又は応用課程を担当する職業訓練指導員については、現行の職業訓練指導員免許の水準より高い水準の資格基準を厚生労働省令で定め、体制の整備を図ることとしたものである。

なお、地方自治体が行う専門課程及び応用課程における職業訓練指導員の資格に関する基準については、従来は国と同様の基準であったが、地域主権戦略大綱（平成二二年六月二二日閣議決定）を踏まえ、地方公共団体の自主性及び自立性を高めるため、平成二三年第二次地方分権一括法により、当該基準は、地方自治体の制定する条例に委任された。また、専門課程又は応用課程を行う地方自治体は、職業能力開発短期大学校及び職業能力開発大学校が設置することのできる都道府県に限られていたが、第四次地方分権一括法（平成二六年法律第五一号）により、地方自治法に規定する指定都市についても職業能力開発短期大学校及び職業能力開発大学校を設置することができることとされた。

第二項は、職業訓練指導員免許を必要とする普通職業訓練に係る教科につき、当該教科を担当できる者の資格の特例を設けたものである。

すなわち、技術革新の進展等に伴う多様な内容の訓練の実施、新たな訓練科の設置等に円滑に対応する必要がある。このため、職業訓練指導員について、免許制度を基本としつつ、職業訓練の教科を担当できる者の範囲を定め、特例として多様な人材を活用できることとし、弾力的な職業訓練の推進を図ろうとするものである。

なお、都道府県又は市町村が設置する公共職業能力開発施設における職業訓練指導員については、都道府県又は市町村が条例で定める者となることから、当該特例の適用から外れている。

解説

1　準則訓練

第二七条〔解説〕1〈三五七ページ〉参照。

2　短期間の訓練課程で厚生労働省令で定めるもの

規則第四八条の二第一項により、専門短期課程及び応用短期課程の高度職業訓練とされている（第二七条〔解説〕2〈三五七ページ〉参照）。

3　厚生労働省令で定める者

専門課程の高度職業訓練については、規則第四八条の二第二項において、次のいずれかに該当する者とされている。

① 第三六条の五の表の指導員養成訓練のうち、下欄に掲げる高度養成課程の指導員養成訓練を修了した者であって、教育訓練に関し適切に指導することができる能力を有すると認められるもの

② 博士若しくは修士の学位（外国において授与されたこれに該当する学位を含む。）を有する者又は研究上の業績がこれらの者に準ずる者であって、教育訓練に関し適切に指導することができる能力を有すると認められるもの

③ 学校教育法による大学（短期大学を含む。以下同じ。）又は職業能力開発総合大学校、職業能力開発大学校若しくは職業能力開発短期大学校において、教授又はこれに相当する職員としての経歴を有する者

④ 学校教育法による大学又は職業能力開発総合大学校、職業能力開発大学校若しくは職業能力開発短期大学校において、准教授、専任講師又はこれに相当する職員としての経歴を有する者

⑤ 学校教育法による大学又は職業能力開発総合大学校、職業能力開発大学校若しくは職業能力開発短期大学校において、助教又はこれに相当する職員としての経歴を有する者であって、研究上の能力又は教育訓練に関し適切に指導することができる能力を有すると認められるもの

⑥　学校教育法による大学又は職業能力開発総合大学校、職業能力開発大学校若しくは職業能力開発短期大学校において、三年以上、助手又はこれに相当する職員としての経歴を有する者であって、研究上の能力又は教育訓練に関し適切に指導することができる能力を有すると認められるもの

⑦　研究所、試験所等に五年以上在職し、研究上の業績があり、かつ、教育訓練に関し適切に指導することができる能力を有すると認められる者

⑧　三年以上、教育訓練に関する指導の経験を有する者であって、優れた技能又は専門的な知識を有すると認められるもの

⑨　一〇年以上（学士の学位（外国において授与されたこれに該当する学位及び学校教育法第一〇四条第二項に規定する文部科学大臣の定める学位（同法による専門職大学を卒業した者に対して授与されるものに限る。）を含む。）を有する者にあっては、五年以上）の実務の経験を有する者であって、教育訓練に関し適切に指導することができる能力を有すると認められるもの

なお、規則第一二条において、専門課程の高度職業訓練の訓練科にあっては、次のいずれかに掲げる者を一名以上配置するものとされていることに留意する必要がある。

ⓐ　前記①若しくは②若しくは③に該当する者又は④に該当する者で研究上の能力又は教育訓練に関し適切に指導することができる能力を有すると認められるもの

ⓑ　研究所、試験所等に一〇年以上在職し、研究上の業績があり、かつ、教育訓練に関し適切に指導することができる能力を有すると認められる者

ⓒ　厚生労働大臣が定める職業訓練施設において指導の経験を有する者であって、特に優れた技能又は専門的な知識を有すると認められるもの

また、応用課程の高度職業訓練については、規則第四八条の二第三項において、次のいずれかに該当する者とされている。

① 応用課程担当者養成コースの指導員養成訓練を修了した者であって、教育訓練に関し適切に指導することができる能力を有すると認められるもの
② 博士若しくは修士の学位を有する者又は研究上の業績がこれらの者に準ずる者であって、教育訓練に関し適切に指導することができる能力を有すると認められるもの
③ 職業能力開発総合大学校又は職業能力開発大学校において、教授又はこれに相当する職員としての経歴を有する者
④ 学校教育法による大学又は職業能力開発短期大学校において、教授又はこれに相当する職員としての経歴を有する者であって、教育訓練に関し適切に指導することができる能力を有すると認められるもの
⑤ 職業能力開発総合大学校又は職業能力開発大学校において、准教授、専任講師又はこれらに相当する職員としての経歴を有する者
⑥ 学校教育法による大学又は職業能力開発短期大学校において、准教授、専任講師又はこれらに相当する職員としての経歴を有する者であって、教育訓練に関し適切に指導することができる能力を有すると認められるもの
⑦ 学校教育法による大学又は職業能力開発総合大学校、職業能力開発大学校若しくは職業能力開発短期大学校において、助教又はこれに相当する職員としての経歴を有する者であって、教育訓練に関し適切に指導することができる能力を有すると認められるもの
⑧ 学校教育法による大学又は職業能力開発総合大学校、職業能力開発大学校若しくは職業能力開発短期大学校において、三年以上、助手又はこれに相当する職員としての経歴を有する者であって、教育訓練に関し適切に指導することができる能力を有すると認められるもの
⑨ 研究所、試験所等に五年以上在職し、研究上の業績があり、かつ、教育訓練に関し適切に指導することができる能力を有すると認められる者
⑩ 三年以上、教育訓練に関する指導の経験を有する者であって、優れた技能又は専門的な知識を有すると認められ

るもの

⑪　一〇年以上（専門課程担当者養成コースの指導員養成訓練を修了した者又は学士の学位を有する者にあっては、五年以上）の実務の経験を有する者であって、教育訓練に関し適切に指導することができる能力を有すると認められるもの

なお、規則第一四条において、応用課程の高度職業訓練科にあっては、次のいずれかに掲げる者を一名以上配置するものとされていることに留意する必要がある。

ⓐ　前記①③若しくは④に該当する者又は②に該当する者で博士の学位（外国において授与されたこれに該当する学位を含む。）を有するもの

ⓑ　研究所、試験所等に一〇年以上在職し、研究上の業績があり、かつ、教育訓練に関し適切に指導することができる能力を有すると認められる者

ⓒ　厚生労働大臣が定める職業訓練施設において指導の経験を有する者であって、特に優れた技能又は専門的な知識を有すると認められるもの

④　厚生労働省令で定める基準

規則第四八条の二の二において、専門課程の高度職業訓練については規則第四八条の二第二項各号のいずれかに該当する者とし、応用課程の高度職業訓練については同条第三項各号のいずれかに該当する者とされている。

当該基準は、平成二三年第二次地方分権一括法により、地方自治体が行う専門課程及び応用課程における職業訓練指導員の資格に関する基準の制定が、地方自治体が定める条例に委任されたことに伴い、従来の基準については条例制定の際に「参酌すべき基準」として位置づけられたものである。

⑤　いずれかに該当する者

職業訓練指導員免許を受けることができないこととされている、①心身の故障により職業訓練指導員の業務を適正に行うことができない者、②禁錮以上の刑に処せられた者及び、③職業訓練指導員免許の取消しを受け、当該取消しの日から二年を経過しない者をいう（第二八条〔解説〕⑭から⑯まで〈四一九ページ〉参照）。

⑥ 厚生労働省令で定める者

規則第四八条の三において、次の者とされている。

① 法第二八条第一項に規定する職業訓練に係る教科（以下「教科」という。）に関し、応用課程又は特定応用課程の高度職業訓練を修了した者で、その後一年以上の実務の経験を有するもの

② 教科に関し、専門課程又は特定専門課程の高度職業訓練を修了した者で、その後三年以上の実務の経験を有するもの

③ 教科に関し、学校教育法による大学を卒業した者で、その後四年以上の実務の経験を有するもの

④ 教科に関し、学校教育法による短期大学又は高等専門学校を卒業した者（専門職大学前期課程にあっては、修了した者）で、その後五年以上の実務の経験を有するもの

⑤ 教科に関し、規則第四六条の規定により職業訓練指導員試験の免除を受けることができる者

⑥ ①から⑤までに掲げる者と同等以上の能力を有すると認められる者として厚生労働大臣が別に定める者

具体的には、第三〇条〔解説〕⑨〈四三八ページ〉参照。

⑥の「厚生労働大臣が別に定める者」は、平成五年労働省告示第六号により次の者とされている。

(i) 教科に関し、外国の学校であって大学（短期大学を除く。）と同等以上と認められるものを卒業した者で、その後四年以上の実務の経験を有するもの

(ii) 教科に関し、外国の学校であって短期大学と同等以上と認められるものを卒業した者で、その後五年以上の実務の経験を有するもの

(iii) 厚生労働省人材開発統括官が(i)及び(ii)に掲げる者と同等以上の能力を有すると認める者

ⓐ 実技の教科に関し、普通課程の普通職業訓練を修了した者で、その後五年以上の実務の経験を有するもの

ⓑ 実技の教科に関し、短期課程の普通職業訓練であって総訓練時間が七〇〇時間以上のものを修了した者で、その後六年以上の実務の経験を有するもの

⑦　いずれかに該当する者

本条〔解説〕⑤参照。

第八節　キャリアコンサルタント

本節は、平成二七年の改正により、労働者の主体的な職業生活設計や職業能力開発等に関する相談等の支援を行う者として「キャリアコンサルタント」を法律上の資格として位置づけ、試験その他の必要な規定を定めたものである。

労働者が主体的な職業生活設計や職業能力の開発及び向上を効果的に行うためには、それらに係る専門的な知識を有し、労働者に対する助言等について一定の技能を有した者による支援が必要である。これまで、こうした支援を行う専門的な人材の養成は、平成二七年度までキャリア形成促進助成金の支給対象として厚生労働省が指定した一〇機関が実施する標準レベルのキャリアコンサルタント能力評価試験合格者等を対象に進められてきた。産業構造の変化、技術革新の進展等により、事業主等が行う職業能力開発に依存するだけでなく、労働者自身の主体的な職業生活設計や職業能力開発の必要性が高まるなか、職業生活設計等を支援するキャリアコンサルタントの重要性が広く認識され、その活用が進んできている一方で、その支援内容の明確な定義や法定された資格がなく、守秘義務等についても担保されていない状態にあった。そこで、専門的な知識・技能を有した者として公証できる資格を確立し、これを計画的に養成するため、キャリアコンサルタント資格を法律上に位置づけることとしたものである。

具体的には、業務（第三〇条の三）、キャリアコンサルタント試験（第三〇条の四）、キャリアコンサルタント試験の事務を担う登録試験機関の登録の要件等（第三〇条の五から第三〇条の一八まで）、キャリアコンサルタントの登録（第三〇条の一九から第三〇条の二三まで）、キャリアコンサルタントの登録の事務を担う指定登録機関の指定の基準等（第三〇条の二四から第三〇条の二六まで）、キャリアコンサルタントの義務（第三〇条の二七）、名称独占（第三〇条の二八）

等を規定している。

（業務）

第三十条の三　キャリアコンサルタント[1]は、キャリアコンサルタントの名称を用いて、キャリアコンサルティング[2]を行うことを業とする。

趣旨

本条は、労働者が主体的な職業生活設計や職業能力の開発及び向上を効果的に行うため、労働者の主体的な職業生活設計や職業能力開発等に関する相談等を行う者として「キャリアコンサルタント」を法律上の資格として位置づける前提として、キャリアコンサルタントが行う業務の内容を明らかにする必要があることから、その業の内容を規定したものである。

解説

1　キャリアコンサルタント

キャリアコンサルタントは、キャリアコンサルティングを行う専門人材であり、職業選択等に当たっての支援を求める労働者や当該専門人材の活用を検討する事業主等が専門人材であることが明示的に認識できるよう、キャリアコンサルタントの名称を用いて、業としてキャリアコンサルティングを行うことができる者である。

2　キャリアコンサルティング

第二条〔解説〕11〈一〇八ページ〉参照。

（キャリアコンサルタント試験）

第三十条の四　キャリアコンサルタント試験は、厚生労働大臣が行う。[1)]

2　前項のキャリアコンサルタント試験（以下この節において「キャリアコンサルタント試験」という。）は、学科試験及び実技試験[2)]によつて行う。

3　次の各号のいずれかに該当する者でなければ、キャリアコンサルタント試験を受けることができない。

一　キャリアコンサルティングに必要な知識及び技能に関する講習で厚生労働省令で定めるもの[3)]の課程を修了した者

二　厚生労働省令で定める実務の経験を有する者[4)]

三　前二号に掲げる者と同等以上の能力を有すると認められる者として厚生労働省令で定めるもの[5)]

4　厚生労働大臣は、厚生労働省令で定める資格を有する者に対し、第二項の学科試験又は実技試験の全部又は一部を免除[6)]することができる。

趣旨

本条は、キャリアコンサルタント試験について規定したものである。すなわち、キャリアコンサルタントを国家資格として位置づけるに当たり、キャリアコンサルタントの専門的な知識・技能の水準が一定以上であることを担保するため、当該資格取得に必要な試験としてキャリアコンサルタント試験を厚生労働大臣が実施するものとし、その試験方法、受験資格及び試験の免除について定めている。

第一項は、キャリアコンサルタント試験は、厚生労働大臣が行うこととしたものである。

第二項は、キャリアコンサルタント試験は、学科試験及び実技試験によって行うことを規定している。

第三項は、キャリアコンサルタント試験の受験資格を定めている。第一号は、キャリアコンサルティングに必要な知識及び技能に関する講習で厚生労働省令で定めるものの課程を修了した者、第二号は、一定の期間の実務経験を積んだ者、第三号は、第一号及び第二号に定められた者と同等以上の能力を有すると認められる者が受験資格を有する旨を規定したものである。

これは、キャリアコンサルティングを実施するに当たり必要な知識・技能については、キャリアコンサルタント試験で確認する一方で、短時間の試験だけでは確認できない知識・技能を一定の時間をかけて習得する必要があることから、講習の受講を受験資格の基本としつつ、実務経験等を考慮し、同等程度の知識・技能があると認められる者についても受験資格を与えるものである。

解説

① 厚生労働大臣が行う

国家資格として位置づけることから、キャリアコンサルタント試験は、厚生労働大臣が行うこととしたものである。

② 学科試験及び実技試験

「学科試験」は、キャリアコンサルティングに関連する各理論だけでなく、職業能力開発促進法その他の労働関係法規や社会保障制度等に関する理解を確認し、「実技試験」は、ロールプレイング等により自己理解支援や意思決定支援等のキャリアコンサルティングの実務に必要な基本的スキルを確認するための試験である。

なお、技能検定キャリアコンサルティング職種、平成二七年度まで民間団体において実施されていた標準レベルのキャリアコンサルタント能力評価試験のいずれも学科試験及び実技試験によって行われている。

③ キャリアコンサルティングに必要な知識及び技能に関する講習で厚生労働省令で定めるもの

規則第四八条の四第一項により、次に掲げる基準に適合するものであることについて、厚生労働大臣の認定を受けた講習とされている。

① 規則別表第一一の三の二の上欄に掲げる科目及び同表の中欄に掲げる範囲に応じ、その時間数が同表の下欄に掲げる時間数以上であること。

② 講習を実施する者の職員、講習の実施の方法その他の事項についての講習の実施に関する計画が講習の適正かつ確実な実施のために適切なものであること。

③ 講習を実施する者が前号の講習の実施に関する計画の適正かつ確実な実施に必要な経理的及び技術的な基礎を有すること。

規則別表第十一の三の二（第四十八条の四第一項関係）

一　講習の実施方法

1　この表の科目又は範囲ごとに通信の方法によつても行うことができることとする。この場合には、適切と認められる方法により添削指導を行うこととする。

2　全体の半分以上を通学の方法又は通信の方法（映像及び音声の送受信により相手の状態を相互に認識しながら講義又は演習をする方法に限る。以下この2において「オンライン講習」という。）によつて行い、いずれの科目においても当該科目の全てが通信の方法（オンライン講習を除く。）によらないこととする。

二　知識及び技能の修得の確認

講義及び演習は、修得することが求められている知識及び技能の修得がなされていることを確認する内容を含むこととする。

三　教材

科目に応じた適切な内容の教材を用いることとする。

四 講師等

1 教科の科目に応じ当該科目を効果的に指導できる知識、技能及び経験を有する者とする。

2 演習は、講師のほか、講師の補助者を配置する。

五 講習を受ける者の数

講義は三十人以下、演習は二十人以下とする。

科目	範囲	時間（単位は時間とする。）講義	演習	合計
キャリアコンサルティングの社会的意義	一 社会及び経済の動向並びにキャリア形成支援の必要性の理解	二	○	二
	二 キャリアコンサルティングの役割の理解			
キャリアコンサルティングを行うために必要な知識	一 キャリアに関する理論	三	○	三五
	二 カウンセリングに関する理論	三		
	三 職業能力の開発（リカレント教育を含む。）の知識	五		
	四 企業におけるキャリア形成支援の知識	五		
	五 労働市場の知識	二		
	六 労働政策及び労働関係法令並びに社会保障制度の知識	四		
	七 学校教育制度及びキャリア教育の知識	二		
	八 メンタルヘルスの知識	四		
	九 中高年齢期を展望するライフステージ及び発達課題の知識	四		

	十　人生の転機の知識	一		
	十一　個人の多様な特性の知識	二		
キャリアコンサルティングを行うために必要な技能	一　基本的な技能 1　カウンセリングの技能 2　グループアプローチの技能 3　キャリアシート（法第十五条の四第一項に規定する職務経歴等記録書を含む。）の作成指導及び活用の技能 4　相談過程全体の進行の管理に関する技能	六	六〇	七六
	二　相談過程において必要な技能 1　相談場面の設定 2　自己理解の支援 3　仕事の理解の支援 4　自己啓発の支援 5　意思決定の支援 6　方策の実行の支援 7　新たな仕事への適応の支援 8　相談過程の総括	一〇		
キャリアコンサルタントの倫理と行動	一　キャリア形成及びキャリアコンサルティングに関する教育並びに普及活動	二	一〇	二七
	二　環境への働きかけの認識及び実践	三		
	三　ネットワークの認識及び実践 1　ネットワークの重要性の認識及び形成 2　専門機関への紹介及び専門家への照会	四		

	四　自己研鑽《さん》及びキャリアコンサルティングに関する指導を受ける必要性の認識	三
	五　キャリアコンサルタントとしての倫理と姿勢	五
その他	一　その他キャリアコンサルティングに関する科目	一〇
合計		一五〇

④　厚生労働省令で定める実務の経験を有する者

規則第四八条の四第二項により、次のいずれかに該当する者とされている。

①　労働者の職業の選択に関する相談に関し三年以上の実務の経験を有する者

②　労働者の職業生活設計に関する相談に関し三年以上の実務の経験を有する者

③　労働者の職業能力の開発及び向上に関する相談に関し三年以上の実務の経験を有する者

この①から③までの実務の経験は、次の考え方を踏まえ個別に判断することとされている。

○キャリアコンサルティングによる支援対象者が、「労働者」であること（現在就業している者、現在仕事を探している求職者（ハローワーク等の職業紹介機関に求職の申込みを行っている者、学卒就職希望者等）を含む。）。

○キャリアコンサルティングが一対一で行われるもの、又はこれに準ずるもの（少人数グループワークの運営）であること（情報提供にとどまるもの、授業・訓練の運営そのもの等は含まない。）。

⑤　前二号に掲げる者と同等以上の能力を有すると認められる者として厚生労働省令で定めるもの

規則第四八条の四第三項により、次のいずれかに該当する者とされている。

①　キャリアコンサルティングに関し、一級又は二級の技能検定において学科試験又は実技試験に合格した者

②　④及び①と同等以上の能力を有すると認められる者として厚生労働大臣が定める者

なお、④及び①と同等以上の能力を有すると認められる者として厚生労働大臣が定める者は、労働者の職業の選

択、職業生活設計又は職業能力の開発及び向上に関する相談に関し三年以上の実務の経験を有する者をいうものである。

⑥ **学科試験又は実技試験の全部又は一部を免除**

キャリアコンサルティングに必要な知識又は技能を有していると確認できる資格を有する者については、改めて試験を行う必要性は乏しいことから、厚生労働省令で定める資格を有する者に対しては、学科試験及び実技試験の全部又は一部を免除することができることとしたものである。

厚生労働省令で定める資格を有する者は、規則第四八条の五により次の者とされており、その者に対して、本法第三〇条の四第二項の学科試験及び実技試験のうち、それぞれ次に定める試験を免除することとされている。

① キャリアコンサルティングに関し、一級又は二級の技能検定において学科試験に合格した者　学科試験

② キャリアコンサルティングに関し、一級又は二級の技能検定において実技試験に合格した者　実技試験

（登録試験機関の登録）

第三十条の五　厚生労働大臣は、厚生労働大臣の登録[1]を受けた法人（以下「登録試験機関」という。）に、キャリアコンサルタント試験の実施に関する業務（以下「資格試験業務[2]」という。）を行わせることができる。

2　前項の登録を受けようとする者は、厚生労働省令で定めるところにより、次に掲げる事項を記載した申請書を厚生労働大臣に提出しなければならない。

一　名称及び住所並びに代表者の氏名

二　資格試験業務を行う事業所の所在地

三　前二号に掲げるもののほか、厚生労働省令で定める事項[3)]

３　厚生労働大臣は、第一項の規定により登録試験機関に資格試験業務を行わせるときは、資格試験業務を行わないものとする。

趣旨

本条は、キャリアコンサルタント試験の実施に関する事務について、一定の要件を満たした法人であって厚生労働大臣の登録を受けた法人（登録試験機関）に行わせることができることを規定したものである。

解説

①　登　録

キャリアコンサルタント試験の実施は、登録試験機関制度によるものとした。これは、キャリアコンサルタント試験の実施について、民間機関に行わせることができることとすることで、能率的な実施を図るとともに、一定の試験水準を担保した上で複数の機関による当該事務の実施を可能とすることで、全国で必要な試験機会を確保する趣旨のものである。

②　資格試験業務

資格試験業務は、試験業務規程に基づいて行われる。試験業務規程については、第三〇条の九〔解説〕①〈四七〇ページ〉参照。なお、第四七条に規定する技能検定の試験業務との混同を避ける観点から、キャリアコンサルタント試験の業務を「資格試験業務」とし、技能検定の業務を「技能検定試験業務」と略称を置くこととしたものである。

③　厚生労働省令で定める事項

規則第四八条の六により、登録試験機関の登録の申請を行う者は、所定の申請書に必要書類を添えて、厚生労働大臣に提出しなければならないこととされている。

（欠格条項）

第三十条の六　厚生労働大臣は、前条第二項の規定により登録の申請を行う者（以下この条及び次条において「申請者」という。）が、次の各号のいずれかに該当するときは、登録をしてはならない。

一　この法律又はこの法律に基づく命令に違反し、罰金以上の刑に処せられ、その執行を終わり、又は執行を受けることがなくなつた日から二年を経過しない者

二　第三十条の十五の規定により登録を取り消され、その取消しの日から二年を経過しない者

三　申請者の役員のうちに第一号に該当する者がある者

四　申請者の役員のうちに第三十条の十二第一項の規定による命令により解任され、その解任の日から起算して二年を経過しない者がある者

趣旨

国家資格としての適正性・公正性・透明性を確保するため、登録試験機関の登録に係る欠格条項として、本法上の特定の地位を付与するにふさわしくないものとして、第一号は、本法令に違反し、罰金以上の刑に処せられ、その執行後二年を経過しない者、第二号は、登録試験機関の登録を取り消されてから二年を経過しない者、第三号は、役員

に第一号に該当する者がある者、第四号は、役員に厚生労働大臣の解任命令を受け、解任の日から二年を経過しない者がある者は、登録をしてはならないものとしたものである。

（登録の要件等）

第三十条の七　厚生労働大臣は、申請者が次の各号のいずれにも適合していると認めるときは、その登録をしなければならない。この場合において、登録に関して必要な手続は、厚生労働省令で定める。

一　次に掲げる科目について試験を行うこと。

イ　この法律その他関係法令[1]に関する科目

ロ　キャリアコンサルティングの理論に関する科目[2]

ハ　キャリアコンサルティングの実務に関する科目[3]

ニ　その他厚生労働省令で定める科目[4]

二　次に掲げる条件のいずれかに適合する知識経験を有する試験委員が試験の問題の作成及び採点を行うこと。

イ　学校教育法による大学において心理学、社会学若しくは経営学に関する科目を担当する教授若しくは准教授の職にあり、又はこれらの職にあつた者

ロ　キャリアコンサルティングに五年以上従事した経験を有する者

ハ　イ又はロに掲げる者と同等以上の知識及び経験を有する者

三　資格試験業務の信頼性の確保のための次に掲げる措置がとられていること。

イ　資格試験業務に関する規程（試験に関する秘密の保持に関することを含む。以下「試験業務規程」という。）に従い資格試験業務の管理を行う専任の部門を置くこと。

ロ　イに掲げるもののほか、資格試験業務の信頼性を確保するための措置として厚生労働省令で定めるもの[5)]

四　債務超過の状態にないこと。

2　第三十条の五第一項の登録は、登録試験機関登録簿に次に掲げる事項を記載してするものとする。

一　登録年月日及び登録番号

二　第三十条の五第二項各号に掲げる事項

趣旨

本条は、第三〇条の五第一項を受けて、登録試験機関の登録の要件等について規定したものである。

第一項は、登録試験機関の登録に際して、厚生労働大臣は申請者が必要な要件を満たした場合にはその登録をしなければならないこと、また、キャリアコンサルタント試験の水準を確保するため、登録の要件として、試験の科目、試験問題を作成する試験委員、実施機関の体制、財政基盤について定めている。

第二項は、登録の具体的な手続内容として、登録試験機関登録簿に登録年月日等を記載することを規定したものである。

解説

① この法律その他関係法令

キャリアコンサルティングに当たって必要な関係法令の知識として、本法のほか、職業安定法等の労働関係法規や社会保障制度関係法規が挙げられる。

② キャリアコンサルティングの理論に関する科目

具体的には、心理学、社会学、経営学のうち、相談に際して必要なカウンセリング理論や社会における職業分類等に関する事項、企業における雇用管理の仕組み、代表的な人事労務管理の理論等が挙げられる。

③ キャリアコンサルティングの実務に関する科目

具体的には、理論的な裏打ちを持った知識をキャリアコンサルティングの実践に生かすための技能や、実務的に把握しておくべき連携先の機関などに関する知識が挙げられる。

④ その他厚生労働省令で定める科目

規則第四八条の七により、本条第一項第一号ニの厚生労働省令で定める試験科目は、次に掲げる科目とする。

① キャリアコンサルティングの社会的意義に関する科目
② キャリアコンサルタントの倫理と行動に関する科目

⑤ 資格試験業務の信頼性を確保するための措置として厚生労働省令で定めるもの

規則第四八条の八により、次に掲げるものとされている。

① 試験に関する不正行為を防止するための措置を講じること。
② 終了した試験の問題及び当該試験の合格基準を公表すること。
③ 資格試験業務の実施に関する計画として、次の各号のいずれにも適合する計画を定めていること。
(i) 資格試験業務を適正かつ確実に実施するために必要な職員の確保について定められていること。

(ii)　資格試験業務を適正かつ確実に実施するために必要な事務所その他の設備の確保について定められていること。
(iii)　資格試験業務に係る経理が、他の業務に係る経理と区分して整理されることとされていること。
④　前号の資格試験業務の実施に関する計画の適正かつ確実な実施に必要な経理的及び技術的な基礎を有し、かつ、次のいずれにも該当すること。
(i)　全国的な規模で継続して毎年一回以上法第三〇条の四第一項のキャリアコンサルタント試験を実施できる資産及び能力を有すること。
(ii)　法第三〇条の四第二項の実技試験における評価基準の調整その他客観的な評価ができるよう必要な措置を講じること。
(iii)　資格試験業務以外の業務を行っている場合には、その業務を行うことによって資格試験業務が不公正になるおそれがないよう必要な措置を講じること。

（登録事項等の変更の届出）

第三十条の八　登録試験機関は、前条第二項第二号に掲げる事項を変更しようとするときは、変更しようとする日の二週間前までに、その旨を厚生労働大臣に届け出なければならない。[1)]

2　登録試験機関は、役員又は試験委員を選任し、又は解任したときは、遅滞なく、その旨を厚生労働大臣に届け出なければならない。[2)]

趣旨

本条は、登録試験機関の登録事項、役員及び試験委員の変更に係る届出について定めたものである。

第一項は、登録試験機関登録簿に記載する届出事項については、受験者その他利害関係人にとって重要な情報であることに鑑み、第三〇条の一八の規定により、厚生労働大臣は官報公示を行うこととしていることから、変更しようとする日の二週間前までの事前届出を求めるものである。

第二項は、役員又は試験委員の選任及び解任について、役員は、登録試験機関の欠格条項において役員の要件も存在し、また、登録試験機関の行う資格試験業務について直接ないしは間接に影響を与えることが想定され、資格試験業務の信頼性の確保の観点に支障が生じる可能性もあることから、また、試験委員については、第三〇条の七に規定する登録試験機関の要件の一部ともなっていることから、届出を義務づけるものである。

解説

1　前条第二項第二号に掲げる事項を変更しようとするときは、……厚生労働大臣に届け出なければならない

登録試験機関が、第三〇条の五第二項各号に掲げる事項を変更しようとするときは、変更しようとする日の二週間前までに、規則第四八条の九第一項により、次に掲げる事項を記載した届出書を厚生労働大臣に提出しなければならない。

①　変更しようとする事項

②　変更しようとする年月日

③　変更の理由

2　役員又は試験委員を選任し、又は解任したときは、……厚生労働大臣に届け出なければならない

登録試験機関は、本条第二項の規定による届出をしようとするときは、規則第四八条の九第二項により、次に掲げる事項を記載した届出書を厚生労働大臣に提出しなければならない。
① 選任又は解任された役員又は試験委員の氏名
② 選任又は解任の年月日
③ 選任又は解任の理由
④ 選任の場合にあっては、選任された者の略歴
⑤ 役員の選任の場合にあっては、当該役員が法第三〇条の六第一号に該当しない者であることを誓約する書面
⑥ 試験委員の選任又は解任の場合にあっては、法第三〇条の七第一項第一号に掲げる科目について、試験委員により問題の作成及び採点が行われるものであることを証する書類

（試験業務規程）

第三十条の九　登録試験機関は、試験業務規程[1)]を定め、資格試験業務の開始前に、厚生労働大臣の認可を受けなければならない。これを変更しようとするときも、同様とする。

2　試験業務規程には、資格試験業務の実施方法、試験に関する料金その他の厚生労働省令で定める事項[2)]を定めなければならない。

3　厚生労働大臣は、第一項の認可をした試験業務規程が試験の適正かつ確実な実施上不適当となつたと認めるとき[3)]は、登録試験機関に対し、その試験業務規程を変更すべきことを命ずることができる。

趣旨

本条は、試験業務規程について定めたものである。

試験業務規程は、資格試験業務の実施方法をはじめ、資格試験業務の実施に当たって必要な事項を定めた規程であり、第一項は、キャリアコンサルタント試験を実施する機関間の均一な水準を確保するため、試験業務規程を厚生労働大臣の認可制とし、第二項は、試験業務規程で定めなければならない事項を規定している。

また、第三項は、資格試験業務の適正性を確保するため、厚生労働大臣は、認可した試験業務規程が資格試験業務の適正かつ確実な実施上不適当となったと認めるときは、登録試験機関に対して、その変更を命令することができることとしたものである。

解説

1 試験業務規程

第三〇条の七第一項第三号の規定により、登録試験機関は、試験業務規程に従い資格試験業務の管理を行うこととなっている。試験業務規程の認可を受けようとするときは、規則第四八条の一〇により、登録試験機関は、所定の申請書（様式第一二号の三）に試験業務規程を添えて、厚生労働大臣に提出しなければならないこととされている。試験業務規程の変更の認可を受けようとするときも、登録試験機関は、所定の申請書（様式第一二号の四）に試験業務規程（変更に係る部分に限る。）を添えて、厚生労働大臣に提出しなければならないこととされている。

2 厚生労働省令で定める事項

規則第四八条の一一により、次に掲げるものとされている。

① 資格試験業務を行う時間及び休日に関する事項

② 資格試験業務を行う場所及び試験地に関する事項

③　資格試験業務の実施の方法に関する事項
④　資格試験業務の信頼性を確保するための措置に関する事項
⑤　試験の受験の申込みに関する事項
⑥　試験の受験手数料の額及びその収納の方法に関する事項
⑦　試験の問題の作成及び試験の合否判定の方法に関する事項
⑧　終了した試験の問題及び試験の合格基準の公表に関する事項
⑨　試験の合格証明書の交付及び再交付に関する事項
⑩　試験委員の選任及び解任に関する事項
⑪　資格試験業務に関する秘密の保持に関する事項
⑫　不正受験者の処分に関する事項
⑬　資格試験業務に関する帳簿及び書類の管理に関する事項
⑭　法第三〇条の一一第一項に規定する財務諸表等の備付け及び閲覧等の方法に関する事項
⑮　その他資格試験業務の実施に関し必要な事項

③　試験業務規程が試験の適正かつ確実な実施上不適当となつたと認めるとき

試験業務規程の認可の時点では問題となっていなかったが、社会経済情勢を含めた周辺事情の変化に伴い、試験業務規程の変更が必要になる状況を想定している。例えば、登録試験機関Aが全国で試験実施しているなかにあって、登録試験機関になろうとするB機関が地域限定で試験実施を行おうとする場合には、国全体として受験機会が確保されていることから問題がなかったものが、A機関の試験業務の廃止に伴い、B機関に対して、国全体の受験機会の確保のために試験実施場所の拡大等を求める必要が生じる場合や、科学技術の進歩等に伴い、それまで想定していなかった不正手段が発生し得るような状況変化が生じた場合に、試験の実施方法について変更する必要が生じる場合等が考えられる。

（資格試験業務の休廃止）

第三十条の十　登録試験機関は、厚生労働大臣の許可[1]を受けなければ、資格試験業務の全部又は一部を休止し、又は廃止してはならない。

趣旨

キャリアコンサルタント試験は、国家試験であることから、登録試験機関の資格試験業務の休廃止は厚生労働大臣の許可制としたものである。

解説

1 厚生労働大臣の許可

登録試験機関は、本条の許可を受けようとするときは、規則第四八条の一二により、所定の申請書（様式第一二号の五）を厚生労働大臣に提出しなければならない。

（財務諸表等の備付け及び閲覧等）

第三十条の十一　登録試験機関は、毎事業年度経過後三月以内に、その事業年度の財産目録、貸借対照表及び損益計算書又は収支計算書並びに事業報告書（これらの作成に代えて電磁的記録（電子的方式、磁気的方式その他の人の知覚によつては認識することができない方式で作られる記録であつて、電子計算機による情報処理の用に供されるものをいう。以下この条において同じ。）の作成がされている場合における当該電磁的記録を含む。次項及び第百五条の二において「財務諸表等」という。）を作成し、五年間、その事務所に備えて置かなければならない。

2　キャリアコンサルタント試験を受けようとする者その他の利害関係人[1)]は、登録試験機関の業務時間内は、いつでも、次に掲げる請求をすることができる。ただし、第二号又は第四号の請求をするには、登録試験機関の定めた費用を支払わなければならない。

一　財務諸表等が書面をもつて作成されているときは、当該書面の閲覧又は謄写の請求

二　前号の書面の謄本又は抄本の請求

三　財務諸表等が電磁的記録をもつて作成されているときは、当該電磁的記録に記録された事項を厚生労働省令で定める方法[2)]により表示したものの閲覧又は謄写の請求

四　前号の電磁的記録に記録された事項を電磁的方法（電子情報処理組織を使用する方法その他の情報通信の技術を利用する方法であつて厚生労働省令で定めるもの[3)]をいう。）により提供することの請求又は当該事項を記載した書面の交付の請求

趣旨

本条は、資格試験業務の透明性を確保するため、登録試験機関に対して財務諸表等の作成・保存義務を課し、キャリアコンサルタント試験を受けようとする者その他利害関係人は、その閲覧又は謄写の請求等を行い得ることを規定したものである。

解説

① 利害関係人

登録試験機関と法律上の利害関係を有する者のことをいう。

② 厚生労働省令で定める方法

規則第四八条の一三第一項により、当該電磁的記録に記録された事項を紙面又は出力装置の映像面に表示する方法とされている。

③ 電子情報処理組織を使用する……厚生労働省令で定めるもの

規則第四八条の一三第二項により、次に掲げるもののうち、登録試験機関が定めるものとされている。

① 送信者の使用に係る電子計算機（入出力装置を含む。以下同じ。）と受信者の使用に係る電子計算機とを電気通信回線で接続した電子情報処理組織を使用する方法であって、当該電気通信回線を通じて情報が送信され、受信者の使用に係る電子計算機に備えられたファイルに当該情報が記録されるもの

② 磁気ディスク、シー・ディー・ロムその他これに準ずる方法により一定の事項を確実に記録しておくことができる物をもって調製するファイルに情報を記録したものを交付する方法

（解任命令）

第三十条の十二　厚生労働大臣は、登録試験機関の役員又は試験委員が、この法律、この法律に基づく命令若しくは処分若しくは試験業務規程に違反する行為をしたとき、又は資格試験業務の実施に関し著しく不適当な行為をしたときは、登録試験機関に対し、当該役員又は試験委員の解任を命ずることができる。

2　前項の規定による命令により試験委員の職を解任され、解任の日から二年を経過しない者は、試験委員となることができない。

趣旨

本条は登録試験機関の役員及び試験委員に対する解任命令について定めたものである。

第一項は、試験業務の適正性を確保するため、登録試験機関の役員又は試験委員が、この法律等に違反する行為をしたとき、又は資格試験業務の実施に関し著しく不適当な行為をしたときは、解任を命ずることが必要であることから、役員又は試験委員の解任命令を規定したものである。

第二項は、試験委員の職を解任され、解任の日から二年を経過しない者が国家資格の試験の試験委員となることはふさわしくないことから、試験委員となることができないことを規定したものである。

（**秘密保持義務等**）

第三十条の十三　登録試験機関の役員若しくは職員（試験委員を含む。次項において同じ。）又はこれらの職にあつた者は、資格試験業務に関して知り得た秘密を漏らしてはならない。

2　資格試験業務に従事する登録試験機関の役員及び職員は、刑法（明治四十年法律第四十五号）その他の罰則の適用については、法令により公務に従事する職員とみなす。

趣旨

本条は、登録試験機関の秘密保持義務について規定したものである。

第一項は、登録試験機関は、厚生労働大臣の委任を受けて、国家試験であるキャリアコンサルタント試験に係る試験問題の作成及び採点という高度に秘密保持を要する業務に携わることから、キャリアコンサルタント試験全体に対する信頼性を確保するため、登録試験機関の役員・職員・試験委員又はこれらの職にあった者に対して、当該業務に関して知り得た秘密を他に漏えいすることを禁止したものである。

第二項は、登録試験機関の役職員については、刑法その他の法令の罰則の適用について、公務に従事する者として取り扱うこととしたものである。

なお、本条第一項に違反した者は、六月以下の懲役又は三〇万円以下の罰金に処せられる（第一〇〇条第四号）。

（**適合命令等**）

第三十条の十四　厚生労働大臣は、登録試験機関が第三十条の七第一項各号のいずれかに適合しなくなつたと認めるときは、当該登録試験機関に対し、これらの規定に適合するため必要な措置をとるべきことを命ずることができる。

2　厚生労働大臣は、前項に定めるもののほか、資格試験業務の適正な実施を確保するため必要があると認めるときは、登録試験機関に対し、資格試験業務に関し監督上必要な命令をすることができる。

趣旨

本条は、登録試験機関に対する適合命令等について規定したものである。

第一項は、登録試験機関が第三〇条の七第一項各号に定める登録の要件のいずれかに適合しなくなったと認める場合に、直ちに登録を取り消すと社会的な混乱が生じる可能性があることから、適合するための必要な措置を講ずるよう命ずることができることとしたものである。

第二項は、資格試験業務の適正な実施を確保するため、必要があると認めるときは、監督上必要な命令をすることができることとしたものである。

なお、本条の命令に違反する場合は、第三〇条の一五の取消事由に該当することとなる。

（登録の取消し等）

第三十条の十五　厚生労働大臣は、登録試験機関が第三十条の六各号（第二号を除く。）のいずれかに該当するに至つたときは、その登録を取り消さなければならない。

2　厚生労働大臣は、登録試験機関が次の各号のいずれかに該当するときは、当該登録試験機関に対し、その登録を取り消し、又は期間を定めて資格試験業務の全部若しくは一部の停止を命ずることができる。

一　不正の手段により第三十条の五第一項の登録を受けたとき。

二　第三十条の九第一項の認可を受けた試験業務規程によらないで資格試験業務を行つたとき。

三　第三十条の九第三項、第三十条の十二第一項又は前条の規定による命令に違反したとき。

四　第三十条の十、第三十条の十一第一項又は次条の規定に違反したとき。
五　正当な理由がないのに第三十条の十一第二項の規定による請求を拒んだとき。

趣旨

本条は、登録試験機関の登録の取消し及び資格試験業務の停止命令について定めたものである。
第一項は、登録試験機関が第三〇条の六に定める登録に係る欠格条項に該当する場合には、登録試験機関の地位を与えるにふさわしくないものであることから、当該登録を取り消さなければならないこととしたものである。
第二項は、キャリアコンサルタント試験全体に対する信頼性を確保するため、登録試験機関が不正の手段により登録を受けたときや本法に規定する義務又は適合命令等に違反したときは、登録の取消し又は一定期間の資格試験業務の停止を命ずることができることとしたものである。

（帳簿の記載）

第三十条の十六　登録試験機関は、帳簿を備え、資格試験業務に関し厚生労働省令で定める事項[1)]を記載し、これを保存しなければならない。

趣旨

本条は、登録試験機関に対し、資格試験業務の適正性を事後的にも確認し得るよう、資格試験業務に関し厚生労働省令で定める事項を記載した帳簿の保存義務を課すものである。

解説

①厚生労働省令で定める事項

規則第四八条の一四により、次のものとされている。

① 試験年月日
② 試験地
③ 受験者の受験番号、氏名、生年月日、住所及び合否の別
④ ③の受験者の試験の合格年月日

前記①から④までの事項が、電子計算機に備えられたファイル又は磁気ディスク等に記録され、必要に応じ登録試験機関において電子計算機その他の機器を用いて明確に紙面に表示されるときは、当該記録をもって帳簿への記載に代えることができることとされている。加えて、登録試験機関は、帳簿を、資格試験業務の全部を廃止するまで保存しなければならないこととされている。

その他、登録試験機関は、次に掲げる書類を備え、試験を実施した日から三年間保存しなければならないこととされている。

① 試験の受験申込書及び添付書類
② 終了した試験の問題及び答案用紙

（報告等）

第三十条の十七　厚生労働大臣は、資格試験業務の適正な実施を確保するため必要があると認めるとき

は、登録試験機関に対して資格試験業務に関し必要な報告を求め、又はその職員に、登録試験機関の事務所に立ち入り、資格試験業務の状況若しくは帳簿、書類その他の物件を検査させることができる。

2　前項の規定により立入検査をする職員は、その身分を示す証票[1)]を携帯し、関係者に提示しなければならない。

3　第一項の規定による立入検査の権限は、犯罪捜査のために認められたものと解釈してはならない。

趣旨

本条は、登録試験機関に対する適切な監督が行われるよう、厚生労働大臣は、必要があると認めるときは、登録試験機関に対して資格試験業務に関し必要な報告を求め、資格試験業務の状況若しくは帳簿、書類その他の物件を検査させることができることとしたものである。

解説

1　その身分を示す証票

規則第四八条の一五により、様式第一二号の六によるものとされている。

（公示）

第三十条の十八　厚生労働大臣は、次に掲げる場合には、その旨を官報に公示しなければならない。[1)]

一　第三十条の五第一項の登録をしたとき。
二　第三十条の八第一項の規定による届出があつたとき。
三　第三十条の十の許可をしたとき。
四　第三十条の十五の規定により登録を取り消したとき。
五　第三十条の十五第二項の規定により資格試験業務の全部又は一部の停止の命令をしたとき。

趣旨

キャリアコンサルタント試験の受験を促進するため、登録試験機関の登録をはじめ、キャリアコンサルタント試験を受験しようとする者などが認知しておくべ事項については、官報に公示しなければならないこととしたものである。

解説

1　官報に公示しなければならない

公示しなければならない場合は、以下のとおりである。

①　登録試験機関に係る登録をしたとき
②　登録試験機関から登録試験機関登録簿の登録事項の変更届出があったとき
③　資格試験業務の休廃止の許可をしたとき
④　登録試験機関の登録を取消したとき

⑤　登録試験機関に対し、資格試験業務の全部若しくは一部の停止を命じたとき

（キャリアコンサルタントの登録）

第三十条の十九　キャリアコンサルタント試験に合格した者は、厚生労働省に備えるキャリアコンサルタント名簿に、氏名、事務所の所在地その他厚生労働省令で定める事項[1]の登録[2]を受けて、キャリアコンサルタントとなることができる。

2　次の各号のいずれかに該当する者は、前項の登録を受けることができない。[3]

一　心身の故障によりキャリアコンサルタントの業務を適正に行うことができない者として厚生労働省令で定めるもの

二　この法律又はこの法律に基づく命令に違反し、罰金以上の刑に処せられ、その執行を終わり、又は執行を受けることがなくなつた日から二年を経過しない者

三　この法律及びこの法律に基づく命令以外の法令に違反し、禁錮以上の刑に処せられ、その執行を終わり、又は執行を受けることがなくなつた日から二年を経過しない者[4]

四　第三十条の二十二第二項の規定により登録を取り消され、その取消しの日から二年を経過しない者

3　第一項の登録は、五年ごとにその更新[5]を受けなければ、その期間の経過によつて、その効力を失う。

4　前項の更新に関し必要な事項[6]は、厚生労働省令で定める。

趣旨

本条は、キャリアコンサルタントの登録について定めている。

第一項は、キャリアコンサルタント試験に合格した者の活動地域、分量等を把握することは労働政策上重要であることから、キャリアコンサルタント試験に合格した者は、厚生労働省に備える名簿に氏名・事務所の所在地その他厚生労働省令で定める事項の登録を受けて、キャリアコンサルタントとなることができることとしたものである。

第二項は、当該登録を受けることができない者を定めている。

第三項は、キャリアコンサルタントの質を継続的に保つため、登録は、五年ごとの更新制としたものである。

第四項は、更新について必要な事項は厚生労働省令で定めることとしたものである。

解説

① 氏名、事務所の所在地その他厚生労働省令で定める事項

規則第四八条の一六第一項により、生年月日、性別、住所、事務所の名称とされている。

② 登　録

規則第四八条の一六第二項により、登録を受けようとする者は、所定の申請書（様式第一二号の七）を厚生労働大臣に提出しなければならない。

③ 次の各号のいずれかに該当する者は、前項の登録を受けることができない

心身の故障によりキャリアコンサルタントの業務を適正に行うことができない者として厚生労働省令で定めるもの

や本法令の違反者など、キャリアコンサルタントとなるに相応しくない者として規定する類型に該当する者については、登録を受けることができないこととしたものである。

このうち、「心身の故障によりキャリアコンサルタントの業務を適正に行うことができない者として厚生労働省令で定めるもの」とは、規則第四八条の一六第四項により、精神の機能の障害によりキャリアコンサルタントの業務を適正に行うに当たって必要な認知、判断及び意思疎通を適切に行うことができない者とされている。

④　この法律及びこの法律に基づく命令以外の法令……二年を経過しない者

登録試験機関の欠格事由については、第三〇条の六の規定において、本法又は本法に基づく命令違反による刑の執行等から二年経過しない者を規定している一方で、キャリアコンサルタント個人の登録に係る欠格条項としては、本法又は本法に基づく命令違反による罰金刑とともに、その他の法令違反による禁錮刑以上の執行等から二年経過しない者も規定している。

これは、キャリアコンサルタント個人については、労働者に対する相談、指導を行う立場であり、その信頼性が特に求められるものであることから、他法令の規定であっても禁錮刑以上の執行等から二年を経過しない者は、登録に相応しくないものと判断しているものである。

⑤　更　新

キャリアコンサルタントの登録の更新を受けようとする者は、規則第四八条の一八により、登録の有効期間満了の日の九〇日前から三〇日前までの間に所定の申請書（様式第一二号の八）に規則第四八条の一七第一項に規定する講習の修了証（同条第三項又は第四項の規定の適用を受ける者にあっては、これに代わるべき書面）を添えて、厚生労働大臣に提出しなければならない。

⑥　更新に関し必要な事項

規則第四八条の一七第一項により、キャリアコンサルタントの登録の更新を受けようとする者は、キャリアコンサルタント登録証の有効期間が満了する日の五年前から同日までの間に、次の各号に掲げる講習ごと当該各号に定める時間以上の講習を受けなければならないこととされている。

① 労働関係法令その他キャリアコンサルティングを適正に実施するために必要な知識の維持を図るための講習（知識講習）として別に厚生労働省令で定めるところにより厚生労働大臣が指定するもの　八時間

② キャリアコンサルティングを適正に実施するために必要な技能の維持を図るための講習（技能講習）として別に厚生労働省令で定めるところにより厚生労働大臣が指定するもの　三〇時間

「別に厚生労働省令で定めるところにより」としては、職業能力開発促進法施行規則第四八条の一七第一項第一号及び第二号に規定する講習の指定に関する省令（平成二八年厚生労働省令第三一号）において、知識講習は別表の第一号下欄に掲げる科目について、技能講習は別表の第二号下欄に掲げる科目のうち技能講習を受けようとする者がキャリアコンサルタントとしての経験に応じ選択する科目について、それぞれ行うこととされている。

更新講習の区分	科目
一　知識講習	一　職業能力の開発（リカレント教育を含む。）の知識 二　企業におけるキャリア形成支援の知識 三　労働市場の知識 四　労働政策及び労働関係法令並びに社会保障制度の知識 五　学校教育制度及びキャリア教育の知識 六　メンタルヘルスの知識 七　中高年齢期を展望するライフステージ及び発達課題の知識 八　個人の多様な特性の知識 九　その他前各号の内容に準じてキャリアコンサルティングを適正に実施するために維持を図ることが必要な知識
二　技能講習	一　キャリアコンサルティングに関する基本的な技能 1　カウンセリングの技能

2　グループアプローチの技能 3　キャリアシート（職業能力開発促進法第一五条の四第一項に規定する職務経歴等記録書を含む。）の作成指導及び活用の技能 4　相談過程全体の進行の管理に関する技能 二　相談過程において必要な技能 1　相談場面の設定 2　自己理解の支援 3　仕事の理解の支援 4　自己啓発の支援 5　意思決定の支援 6　方策の実行の支援 7　新たな仕事への適応の支援 8　相談過程の総括

その他、講習の指定の基準として次のものを掲げている。

①　知識講習にあっては講義により、技能講習にあっては講義又は演習により行うこと。

②　技能講習にあっては、その半分以上の時間を通学の方法又は通信の方法（映像及び音声の送受信により相手の状態を相互に認識しながら講義又は演習をする方法に限る。）により行うこと。

③　更新講習は、修得することが求められる知識又は技能の修得がなされていることを確認する内容を含むこと。

④　講師は、別表の下欄に掲げる科目について効果的に指導できる知識、技能及び経験を有する者であること。

⑤　演習にあっては、④の講師のほか、講師の補助者を配置すること。

⑥　別表の下欄に掲げる科目に応じた適切な内容の教材を用いること。

⑦　技能講習を受ける者の数は、原則として講義により行う場合にあっては三〇人以下、演習により行う場合にあっては二〇人以下であること。

⑧　更新講習を実施する者の職員、講習の実施の方法その他の事項についての講習の実施に関する計画が講習の適正かつ確実な実施のために適切なものであること。
⑨　更新講習を実施する者が⑧の講習の実施に関する計画の適正かつ確実な実施に必要な経理的及び技術的な基礎を有すること。
⑩　更新講習を受ける者に、当該更新講習の指定を申請した者（指定申請者）又はその関係者が雇用する者その他指定申請者又はその関係者と密接な関係を有する者以外の者を含むこととされていること。
なお、指定申請者が講習を受ける者の範囲を制限する場合は、他の指定基準のいずれにも適合しており、かつ、その範囲の制限に合理的な理由がある場合は指定を行うことができることとされている。

講習の受講に関しては、規則第四八条の一七第二項から第四項までにより、以下のとおり免除等の規定が設けられている。
①　キャリアコンサルティングに関し、一級の技能検定に合格しているキャリアコンサルタントにより行われるキャリアコンサルティングの実務に関する指導又はキャリアコンサルティングの実務は、一〇時間以内に限り技能講習とみなす。
②　キャリアコンサルティングに関し、一級又は二級の技能検定に合格した者に対しては、当該合格の日から五年以内に第三〇条の一九第三項の更新を受けようとする際にその者が受けるべき規則第四八条の一七第一項の講習を免除する。
③　キャリアコンサルティングに関し、一級の技能検定に合格した者に対しては、技能講習を免除する。
また、規則第四八条の一七第五項により、キャリアコンサルタント試験に合格した日から五年を経過した日以降にキャリアコンサルタントの登録を受けようとする者については、以上の規定が準用されることとされている。

（キャリアコンサルタント登録証）

第三十条の二十　厚生労働大臣は、キャリアコンサルタントの登録をしたときは、申請者に前条第一項に規定する事項を記載したキャリアコンサルタント登録証[1)]（次条第二項において「登録証」という。）を交付する。

趣旨

第三〇条の一九第一項の登録を受けた者は、第三〇条の二八の規定により名称独占が付与されることとなるため、キャリアコンサルタントであることを対外的に証明することができるようキャリアコンサルタント登録証の交付を行うこととしたものである。

解説

1 登録証

規則第四八条の一九により、登録証は、様式第一二号の九によるものとされている。

（登録事項の変更の届出等）

第三十条の二十一　キャリアコンサルタントは、第三十条の十九第一項に規定する事項に変更があつたときは、遅滞なく、その旨を厚生労働大臣に届け出なければならない。[1)]

2　キャリアコンサルタントは、前項の規定による届出をするときは、当該届出に登録証を添えて提出し、その訂正を受けなければならない。

趣旨

本条は、キャリアコンサルタントの登録事項に変更があった場合の届出について規定している。

第一項は、キャリアコンサルタントの活動地域、分量等を把握する労働政策的観点から、登録事項に変更があった場合に、届出の義務を課したものである。

第二項は、キャリアコンサルタントは、登録事項の変更について対外的に証明することができるよう、登録事項に変更があった際には、登録証の訂正を受けなければならないこととしたものである。

解説

① キャリアコンサルタントは、法第三十条の十九第一項に規定する事項に変更があつたときは、……厚生労働大臣に届け出なければならない

キャリアコンサルタントは、第三〇条の一九に規定する事項（氏名、事務所の所在地、生年月日、性別、住所、事務所の名称）に変更があった場合には、キャリアコンサルタント登録事項変更届出書（様式第一二号の一〇）を、氏名の変更を届け出る場合にあっては戸籍謄本若しくは戸籍抄本又はこれらに代わる書面及び登録証を添え、これを厚生労働大臣に提出しなければならない（規則第四八条の二〇第一項）。

（登録の取消し等）

第三十条の二十二　厚生労働大臣は、キャリアコンサルタントが第三十条の十九第二項第一号から第三号までのいずれかに該当するに至つたときは、その登録を取り消さなければならない。

２　厚生労働大臣は、キャリアコンサルタントが第三十条の二十七の規定に違反したときは、その登録を取り消し、又は期間を定めてキャリアコンサルタントの名称の使用の停止を命ずることができる。

趣旨

本条は、キャリアコンサルタント全体の信用を保持するため、キャリアコンサルタントの登録の取消し及び名称の使用停止命令について規定している。

第一項は、キャリアコンサルタントが登録にふさわしくない者として規定する第三〇条の一九第二項第一号から第三号までのいずれかの欠格事由に該当するに至ったときは、その登録は取り消さなければならないものとしたものである。

第二項は、キャリアコンサルタントが第三〇条の二七に定める信用失墜・守秘義務違反をしたときは、その登録を取り消し、又は期間を定めてキャリアコンサルタントの名称の使用停止を命ずることができることとしたものである。

解説

厚生労働大臣は、本条の規定により、キャリアコンサルタントの登録を取り消し、又はキャリアコンサルタントの名称の使用の停止を命じたときは、理由を付し、その旨を登録の取消し又は名称の使用の停止の処分を受けた者に通知しなければならない（規則第四八条の二二第一項）。また、キャリアコンサルタントの登録を取り消された者は、遅滞なく、登録証を厚生労働大臣に返納しなければならない（同条第二項）。

（登録の消除）

第三十条の二十三　厚生労働大臣は、キャリアコンサルタントの登録がその効力を失つたときは、その登録を消除しなければならない。

趣旨

本条は、更新期間の満了等によりキャリアコンサルタントの登録がその効力を失ったときは、厚生労働大臣は、その登録を消除しなければならないことを規定している。当該消除により、第三〇条の一九第三項の更新制と相まって、キャリアコンサルタントの実働数を行政が継続的に把握することが可能となるものである。

（指定登録機関の指定）

第三十条の二十四　厚生労働大臣は、厚生労働大臣の指定[1]する者（以下「指定登録機関」という。）に、キャリアコンサルタントの登録の実施に関する事務（以下「登録事務」という。）を行わせることができる。

2　前項の指定は、登録事務を行おうとする者の申請[2]により行う。

3　指定登録機関が登録事務を行う場合における第三十条の十九第一項、第三十条の二十、第三十条の二十一第一項及び前条の規定の適用については、第三十条の十九第一項中「厚生労働省に」とあるのは「指定登録機関に」と、第三十条の二十、第三十条の二十一第一項及び前条中「厚生労働大臣」とあるのは「指定登録機関」とする。[3)]

趣旨

本条は、第三〇条の一九に規定するキャリアコンサルタントの登録に係る事務について、当該事務を行おうとする者の申請に基づき、厚生労働大臣が指定する法人（指定登録機関）に行わせることができることとし、必要な読替規定を定めたものである。

解説

① 指定

登録事務については、取り扱う情報の重複の排除や漏えい・拡散の防止等の観点から、統一的な情報の管理や提供等を必要とする事務であることから、その実施機関については、厚生労働大臣の指定制としたものである。

② 申請

規則第四八条の二四により、本条第二項の規定により指定の申請を行う者は、所定の申請書（様式第一二号の一二）に次に掲げる書類を添えて、厚生労働大臣に提出しなければならない。

① 定款又は寄附行為及び登記事項証明書
② 申請の日の属する事業年度の直前の事業年度における財産目録及び貸借対照表（申請の日の属する事業年度に設立された法人にあっては、その設立時における財産目録）
③ 申請の日の属する事業年度における事業計画書及び収支予算書
④ 会計の監査の結果を記載した書類

⑤　申請に関する意思の決定を証する書類
⑥　役員の氏名及び略歴を記載した書類
⑦　登録事務以外の業務を行おうとするときは、その業務の種類及び概要を記載した書類
⑧　登録事務の実施に関する計画を記載した書類
⑨　指定を受けようとする者が法第三〇条の二六の規定により準用する法第三〇条の六各号のいずれにも該当しない法人であることを誓約する書面

③　指定登録機関が登録事務を行う場合における……とする

第三〇条の二四第三項において適用する規定は、以下のとおりである。

(イ)　第三〇条の一九第一項（キャリアコンサルタントの登録）

キャリアコンサルタント試験に合格した者は、指定登録機関に備えるキャリアコンサルタント名簿に、氏名、事務所の所在地等の登録を受けて、キャリアコンサルタントとなることができる。

(ロ)　第三〇条の二〇（キャリアコンサルタント登録証）

指定登録機関は、キャリアコンサルタントの登録をしたときは、申請者にキャリアコンサルタント登録証を交付する。

(ハ)　第三〇条の二一第一項（登録事項の変更の届出）

キャリアコンサルタントは、登録事項に変更があった時は、遅滞なく、その旨を指定登録機関に届け出なければならない。

(ニ)　第三〇条の二三（登録の消除）

指定登録機関は、キャリアコンサルタントの登録がその効力を失ったときは、その登録を消除しなければならない。

（指定の基準）

第三十条の二十五　厚生労働大臣は、他に指定を受けた者がなく、かつ、前条第二項の申請が次の各号のいずれにも適合していると認めるときでなければ、指定をしてはならない。

一　職員、設備、登録事務の実施の方法その他の事項についての登録事務の実施に関する計画が、登録事務の適正かつ確実な実施のために適切なものであること。

二　前号の登録事務の実施に関する計画の適正かつ確実な実施に必要な経理的及び技術的な基礎を有するものであること。

三　営利を目的としない法人であること。

趣旨

本条は、指定登録機関の指定基準について定めたものである。登録事務は、取り扱う情報の重複の排除や漏えい・拡散の防止のため、統一的な情報の管理や提供等を必要とする事務であり、全国で一の機関が実施する必要があることから、その指定の基準に際しては、他に指定を受けた者がないことを規定するとともに、第一号から第三号までの適正な事務の実施のために必要な要件を規定したものである。

（指定登録機関の指定等についての準用）

第三十条の二十六　第三十条の五第三項、第三十条の六、第三十条の八第二項、第三十条の九、第三十条の十、第三十条の十二第一項及び第三十条の十三から第三十条の十八まで（第三十条の十五第二項第五号及び第三十条の十八第二号を除く。）の規定は、第三十条の二十四第一項の指定、指定登録機関及び登録事務について準用する。この場合において、第三十条の五第三項中「第一項」とあるのは「第三十条の二十四第一項」と、第三十条の六中「前条第二項」とあるのは「第三十条の二十四第二項」と、第三十条の八第二項中「役員又は試験委員」とあるのは「役員」と、第三十条の九第一項中「試験業務規程」とあるのは「登録事務に関する規程（以下「登録事務規程」という。）」と、同条第二項中「試験業務規程」とあるのは「登録事務規程」と、「実施方法、試験に関する料金」とあるのは「実施方法」と、同条第三項中「試験業務規程」とあるのは「登録事務規程」と、「試験の」とあるのは「登録事務の」と、第三十条の十二第一項中「役員又は試験委員」とあるのは「役員」と、「試験業務規程」とあるのは「登録事務規程」と、第三十条の十三第一項中「職員（試験委員を含む。次項において同じ。）」とあるのは「職員」と、第三十条の十四第一項中「第三十条の七第一項各号」とあるのは「第三十条の二十五各号」と、第三十条の十五第二項第一号中「第三十条の五第一項」とあるのは「第三十条の二十四第一項」と、同項第二号中「試験業務規程」とあるのは「登録事務規程」と、同項第四号中「第三十条の十、第三十条の十一第一項」とあるのは「第三十条の十」と、第三十条の十八第一号中「第三十条の五第一項」とあるのは「第三十条の二十四第一項」と読み替えるものとする。

趣旨

指定登録機関の指定等については、登録試験機関に係る規定の一部を準用することとしたものである。すなわち、指定登録機関に登録事務を行わせるときには、厚生労働大臣は登録事務を行わないこととすること（第三〇条の五第三項の準用）、欠格条項に該当する者は指定してはならないこととすること（第三〇条の六の準用）、役員の選任及び解任の届出、登録事務規程の認可、登録事務の休廃止の許可について登録試験機関と同様の取扱いとすること（第三〇条の八第二項、第三〇条の九、第三〇条の一〇、第三〇条の一二第一項の準用）、指定登録機関の役職員に対して秘密保持義務を課し、罰則の適用について公務に従事する職員とみなすこと（第三〇条の一三の準用）、指定登録機関に対する適合命令等の命令、指定の取消し及び登録事務の停止命令、帳簿の備付け、報告及び立入検査並びに届出事項に係る公示について登録試験機関と同様の取扱いとすること（第三〇条の一四から第三〇条の一八まで）としたものである。

なお、第三〇条の二六の規定による読替えでは、第三〇条の九の規定による「試験業務規程」を「登録事務規程」と読み替えた上で、当該規程に基づいて定めるべき事項についても所要の読替えを行っている。

その際、試験業務規程において定めるべき「試験に関する料金」を「登録に関する料金」と読み替えることはせず、この料金に係る文言を削る読替えを行うこととしている。

これは、登録試験機関における試験の料金は、当該機関が複数存在することによる受験者の選択可能性の観点から、その料金設定について各機関の定める規程に委ねることとした一方で、指定登録機関における登録の料金は、国で一の機関であることから選択可能性がないことを踏まえ、その料金設定については、指定登録機関の定める規程に委ねることとはしないことが適当であるからである。なお、本法第九七条に基づく施行令第六条により、登録の手数料は、八、〇〇〇円とされている。

（義務）

第三十条の二十七　キャリアコンサルタントは、キャリアコンサルタントの信用を傷つけ、又はキャリアコンサルタント全体の不名誉となるような行為をしてはならない。

2　キャリアコンサルタントは、その業務に関して知り得た秘密を漏らし、又は盗用してはならない。キャリアコンサルタントでなくなつた後においても、同様とする。

趣旨

本条は、キャリアコンサルタントの義務について規定したものである。

第一項は、キャリアコンサルタント全体の信用を保持するため、キャリアコンサルタントの信用を傷つけ、又はキャリアコンサルタント全体の不名誉となる行為を禁止し、第二項は、守秘義務を課したものである。

（名称の使用制限）

第三十条の二十八　キャリアコンサルタントでない者は、キャリアコンサルタント又はこれに紛らわしい名称[1)]を用いてはならない。

趣旨

キャリアコンサルタントには、労働者の生涯にわたる主体的な職業生活設計等に関する相談・援助や、その一環として当該相談の結果等を職務経歴等記録書に記載することを期待するものである。

その際、労働者の視点からは、専門的な助言を求めるのに適切な者を選定するに際に、事業主等の職務経歴等記録書を活用した労働者に対する支援等を行う者の視点からは、職務経歴等記録書に記載された内容をどういった立場の者が記載したものであるかを判別する際に、キャリアコンサルティングに関する専門的な知識・技能を有した者が明確でなければ、社会的な混乱を招くおそれがある。

このため、こうした社会的な混乱を避ける観点から必要最小限度の規制として、キャリアコンサルタントに名称独占を付与することとしたものである。

解説

① キャリアコンサルタント又はこれに紛らわしい名称

キャリアコンサルタントという名称以外にも、キャリアコンサルタントと紛らわしい名称の使用も想定されることから、キャリアコンサルタントでない者は、キャリアコンサルタント又はこれに紛らわしい名称を用いてはならないこととしたものである。

キャリアコンサルタント又はこれに紛らわしい名称とは、例えば「キャリア・コンサルタント」「キャリアコンサルタント○○（キャリアコンサルタント専門士等）」「○○キャリアコン（標準キャリアコン等）」「キャリアコンサル」等が挙げられる。

（厚生労働省令への委任）

第三十条の二十九　この節に定めるもののほか、キャリアコンサルタント試験、キャリアコンサルタントの登録その他この節の規定の施行に関し必要な事項は、厚生労働省令で定める。

趣旨

キャリアコンサルタント試験、キャリアコンサルタントの登録その他この節の規定の施行に関し必要な事項は、厚生労働省令で定めることとしたものである。

第四章　職業訓練法人

本章は、認定職業訓練を行うことを主たる目的とする職業訓練法人について、その設立の法的根拠、人格等、業務、登記、設立の手続等、成立の時期等、役員、規約、総会、解散、清算、行政官庁の監督等について定めたものである。

すなわち、認定職業訓練は、第一三条に定められているように、事業主、事業主団体、民法法人、法人である労働組合等が行い得るものであるが、これらは、いずれも認定職業訓練を主たる目的とするものではない。認定職業訓練の永続性とその実施のための責任体制を明確にして、認定職業訓練の推進と国、都道府県等からの援助・助成を強化するためには、認定職業訓練を行うことを主たる目的とする法人を設立するための制度がぜひ必要である。このため、職業訓練法人制度が導入されたものである。

本章は、公益法人制度改革に伴い、一般社団法人及び一般財団法人に関する法律及び公益社団法人及び公益財団法人の認定等に関する法律の施行に伴う関係法律の整備等に関する法律（平成一八年法律第五〇号）が施行（平成二〇年一二月一日）され、民法等の一部改正が行われたことを受けて、本法で準用していた改正前の民法等の規定の内容を書き下ろした規定が大幅に追加された。

（職業訓練法人）

第三十一条　認定職業訓練を行なう社団又は財団[1)]は、この法律の規定により職業訓練法人とすることができる。

趣旨

本条は、職業訓練法人の設立の根拠規定である。

すなわち、認定職業訓練を行おうとする社団又は財団、あるいは、従来から認定職業訓練を行っている社団又は財団が、この章に定める諸規定によって職業訓練法人となることができる旨を明らかにしたものである。

解説

① 認定職業訓練を行なう社団又は財団

認定職業訓練（第二四条第三項参照）を行おうとする社団又は財団、あるいは、認定職業訓練を従来から行っている社団又は財団をいう。

なお、社団とは、個人又は法人を構成員とする団体で、構成員から独立して、それ自体、社会上の一単位を成しているものであり、財団とは、特定の目的に寄附された財産を中心とし、これを運営する組織を有するものである。

（人格等）

第三十二条　職業訓練法人は、法人[1]とする。

2　職業訓練法人でないものは、その名称中に職業訓練法人という文字を用いてはならない。

趣旨

本条は、職業訓練法人の法人格及びその名称の使用制限について定めたものである。

第一項は、職業訓練法人は、法人すなわち法律上の人格が付与されることを規定したものである。

第二項は、職業訓練法人は、この法律に規定する手続を経て設立され、この法律に規定する業務を行うものとして法人格を有するものであるから、職業訓練法人という文字が濫用されることは、職業訓練法人の制度の社会的意義を減殺するおそれがあり、好ましくないので、これを禁止することとしている。

第二項の規定に違反した法人その他の団体、及び個人については、第一〇八条において、一〇万円以下の過料が科せられることとなっている。

なお、職業訓練法人は、その業務が法律に定められており、職業訓練の推進を行う公益性の強い法人であることから、職業訓練法人に係る税制上の取扱いについては、次のとおり種々の優遇措置が設けられている。

(イ)　法人税の取扱い

法人税は、法人の所得等に対して課せられる国税であるが、職業訓練法人を法人税法(昭和四〇年法律第三四号)別表第二に掲げる公益法人等とし、収益事業から生じた所得以外の所得に対しては非課税としている。すなわち、法人税の課税の扱いは、

①　各事業年度の所得のうち収益事業から生じた所得以外の所得については、各事業年度の所得に対する法人税を課さない(法人税法第六条)

②　収益事業に属する資産のうちからその収益事業以外の事業のために支出した金額は、政令で定めるところにより計算した全額内で寄附金として損金算入が認められる(法人税法第三七条第五項)

③　課税所得については、税率が一九パーセントに軽減される(法人税法第六六条第三項)とされている。

なお、収益事業の範囲は、法人税法第二条第一三号に規定されており、販売業、製造業その他政令で定める事業で、継続して事業場を設けて営まれるものをいう。

(ロ)　所得税の取扱い

法人又は人格のない社団等については、法人税の課税対象となっているが、特定の所得については所得税が課税される。すなわち、所得税法第一七四条は、内国法人に係る所得税の課税標準として、①日本国内において支払を受ける公債、社債、預貯金の利子等、②日本国内において支払を受ける利益又は利息の配当、剰余金の分配等、③日本国内において支払を受ける匿名組合契約に基づく利益の分配、④馬主である法人が受ける競馬の賞金で金銭により支払われるもの、等を規定し、これらの所得については所得税を課することとしている。しかし、職業訓練法人は公共的性格をもつ法人であるので、所得税法第一一条の規定による同法別表第一に掲げる公共法人等とし、一般の法人等には課せられる前記の所得についても所得税を課さないこととされている。

(ハ)　登録免許税法の取扱い

登録免許税は、不動産、船舶等の登記、登録、特許、免許、許可、認可、認定、指定及び技能証明（以下「登記等」という。）について課することとされている。

認定職業訓練の振興のため、中小企業を主体とする職業訓練法人が直接認定職業訓練の用に供する建物及び土地の取得登記については非課税とされている。

非課税とされる職業訓練法人は、①第二条に規定する求職者に対する認定職業訓練を行うこと、訓練の施設を他の事業主等の行う認定職業訓練のために使用させること又は委託を受けて他の事業主等に代わって認定職業訓練を行うことをその業務の全部又は一部とする職業訓練法人（中小企業団体の組織に関する法律（昭和三二年法律第一八五号）第五条に規定する中小企業者以外の者が社員の三分の一を超えるものを除く。）であり、かつ②定款又は寄附行為において、当該職業訓練法人が解散した場合に、その残余財産が国、地方公共団体、㈱高齢・障害・求職者雇用支援機構又は他の職業訓練法人に帰属する旨の定めがあるものである（登録免許税法第四条第二項（別表第三の一三）、同施行令

第二七条第一号及び第二号)。

非課税とされる建物、土地の登記は、昭和五二年五月一日以後に受けるものである(登録免許税法の一部を改正する法律(昭和五二年法律第一一号)附則第二項)。

(二) 地方税法の取扱い

(a) 事業税

事業税は、法人の行う事業及び個人の行う法令で定める事業に対し、法人にあっては所得又は収入金額、個人にあっては所得を課税標準として事務所又は事業所所在の都道府県において、その法人又は個人に課するもの(地方税法第七二条の二及び同法第七二条の三参照)であり、職業訓練法人については、収益事業から生じた所得以外の所得は非課税としている。すなわち、事業税の課税の取扱いは、

① 各事業年度の所得のうち収益事業から生じた所得以外の所得については各事業年度の所得に対する事業税を課さない(地方税法第七二条の五)

② 課税所得については、一般法人と同様に年四〇〇万円以下の所得の金額に対して三・五パーセント、四〇〇万円を超え八〇〇万円以下の所得の金額について五・三パーセント、八〇〇万円を超える所得の金額について七パーセントの税率が課せられる(地方税法第七二条の二四の七)とされている。

(b) 不動産取得税の取扱い

不動産取得税は、有償・無償を問わず、また、売買、贈与、交換等その原因を問わず不動産の取得に対して課せられる都道府県税である。納税義務者は、不動産の取得者であり、不動産とは地方税法上土地及び家屋をいうものとされている。

職業訓練を行うには、土地、教室、実習場等の多くの不動産を必要とするが、民間の職業訓練の振興を図るため、中小企業を主体とする職業訓練法人が直接職業訓練の用に供する不動産を取得した場合には不動産取得税を

非課税としている。

不動産取得税が非課税とされる職業訓練法人は、求職者に対する職業訓練を行うこと、法第二四条第三項に規定する認定職業訓練のための施設を他の同条第一項に規定する事業主等の行う職業訓練のために使用させること又は委託を受けて他の同項に規定する事業主等に係る労働者に対する職業訓練を行うことをその業務の全部又は一部とする職業訓練法人（社団のものは構成員の三分の二以上が、中小企業団体の組織に関する法律第五条に規定する中小企業者であること）（地方税法第七三条の四第一項第三号及び地方税法施行令第三六条の四）である。

(c)　特別土地保有税

一定規模以上の土地の所有又は取得に対して、土地の所有者又は取得者に対して、市町村が課するものであり（地方税法第五八五条及び第五八六条第一項）、(b)の不動産取得税が課せられないこととされた職業訓練法人が所有する土地又は取得した土地については特別土地保有税が課せられないこととされている（地方税法第五八六条第二項第二九号）。

解説

①　法人

自然人以外で、法律上権利義務の主体となることを認められた社団、財団などをいう。法人は、民法又は特別の法律上の規定に基づいてのみ設立することができる（民法第三三条参照）。

職業訓練法人は、職業能力開発促進法の規定に基づいて、認定職業訓練を行う社団及び財団について認められるものである。

法人の本質については、法人擬制説、法人実在説、法人否認説等の学説があるが、要するに法人は、社会的な諸活動を営む団体を、取引その他の社会関係上、独立した一個の人格として取り扱う法律的概念であるといえよう。

法人の設立については、特許主義、許可主義、認可主義、準則主義、自由設立主義等の立法政策があり、一般社団法人及び一般財団法人は認可主義、会社は準則主義である。職業訓練法人は、認可主義を採っている（第三六条、第四二条参照）。

法人の活動は、例えば、一般社団法人及び一般財団法人について見ると、一般社団法人は、代表理事その他の代表者がその職務を行うについて第三者に加えた損害を賠償する責任を負う（一般社団法人及び一般財団法人に関する法律（平成一八年法律第四八号）第七八条など）とされて、法人の行為能力及び不法行為能力が規定されている。職業訓練法人においてもその行為能力については、本法第三三条において業務の範囲を定めており、同条に規定する業務以外の業務を行った場合には第一〇七条第一号による罰則の適用がある。

（業務）

第三十三条　職業訓練法人は、認定職業訓練[1]を行うほか、次の業務の全部又は一部を行うことができる。

一　職業訓練[2]に関する情報及び資料の提供を行うこと。

二　職業訓練に関する調査及び研究を行うこと。

三　前二号に掲げるもののほか、職業訓練その他この法律の規定による職業能力の開発及び向上に関し必要な業務[3]を行うこと。

趣旨

本条は、職業訓練法人の業務を定めて、職業訓練法人の行為能力の範囲について規定したものである。

すなわち、職業訓練法人は、認定職業訓練を行うことを主たる目的として設立されるものであるから〔第三一条〈五〇〇ページ〉参照〕、認定職業訓練を行うことは当然であるが、そのほかに、職業訓練を振興し、推進するため、職業訓練に関する情報及び資料の提供〔第一号〕、職業訓練に関する調査研究〔第二号〕、その他この法律の規定による職業能力の開発及び向上に関して必要な一切の業務〔第三号〕を行うことができるものとしている。

ただし、従たる業務である第一号から第三号に掲げる業務は必ずしも行わなくてよい。職業訓練法人が、正当な理由がないのに一年以上主たる業務である認定職業訓練を行わないときは、都道府県知事は、その設立認可を取り消すことができる〔第四一条第一号〕。

また、これらの業務の遂行上、職業訓練法人の運営が、法令や定款若しくは寄附行為に違反したり、客観的に見て著しく不当であると認められる場合であって、その改善が期待できないときは、都道府県知事は、その設立認可を取り消すことができる〔第四一条第二号〕。

なお、職業訓練法人が、本条に規定する業務以外の業務を行った場合には、その違反行為をした職業訓練法人の役員は、二〇万円以下の過料に処せられる〔第一〇七条第一号〕。

解説

①　認定職業訓練

第二四条〔趣旨〕〈三二〇ページ〉参照。

②　職業訓練

第一条〔解説〕②〈九九ページ〉参照。

③　この法律の規定による職業能力の開発及び向上に関し必要な業務

職業能力の開発及び向上を図る上で必要な業務をいう。訓練生に対する福利厚生、職業訓練指導員の研修、職業訓練用教科書の発行、教材の作成、職業能力の開発に関する調査研究などは、その一例である。

（登記）

第三十四条　職業訓練法人は、政令で定めるところ[1]により、登記しなければならない。

2　前項の規定により登記しなければならない事項は、登記の後でなければ、これをもつて第三者に対抗することができない。

趣旨

本条は、職業訓練法人の登記について定めたものである。すなわち、法人については、その存在、組織等について世間に周知させ、法人と取引する者に損失をもたらさないようにするため、登記又は登録させるのが通常の立法例であり、職業訓練法人もこれにならったものである。

第一項は、職業訓練法人は、政令すなわち組合等登記令（昭和三九年政令第二九号）の規定により、①目的及び業務、②名称、③事務所の所在地、④代表者の氏名、住所及び資格、⑤存続期間又は解散の事由を定めたときはその期間又は事由、⑥資産の総額、⑦設置する職業訓練施設の名称を、また、これらに変更があったときはその変更について、また、代表者の職務執行停止、解散、清算の結了、代理人の選任のときはこれらについてそれぞれ登記をしなければならないことを規定している。本項の規定に違反した職業訓練法人の発起人、役員又は清算人は、二〇万円以下の過料に処せられる（第一〇七条第二号）。

第二項は、前項の規定による登記事項は、登記の後初めて第三者に対抗できることを定めたものであり、一般の立法例にならって登記によって対抗要件の効果を生じさせることとしている。

なお、職業訓練法人の設立については、登記は、単に第三者に対する対抗要件ではなく、職業訓練法人の成立要件とされている（第三七条第一項）。

解説

① 政令で定めるところ

組合等登記令（昭和三九年政令第二九号）の定めるものをいう。同政令は、登記事項、登記事由、登記の手続などについて定めている（本条〔趣旨〕参照）。

（設立等）

第三十五条　職業訓練法人は、都道府県知事[1]の認可を受けなければ、設立することができない。

2　職業訓練法人は、社団[2]であるものにあつては定款[3]で、財団[4]であるものにあつては寄附行為[5]で、次の事項を定めなければならない。

一　目的[6]

二　名称[7]

三　認定職業訓練のための施設[8]を設置する場合には、その位置及び名称

四　主たる事務所の所在地[9]

五　社団である職業訓練法人にあつては、社員の資格に関する事項[10]

六　社団である職業訓練法人にあつては、会議に関する事項[11]

七　役員に関する事項[12]

八　会計に関する事項[13]
九　解散に関する事項[14]
十　定款又は寄附行為の変更に関する事項[15]
十一　公告の方法[16]

3　職業訓練法人の設立当時の役員は、定款又は寄附行為で定めなければならない。

4　財団である職業訓練法人を設立しようとする者が、その名称、事務所の所在地又は役員に関する事項を定めないで死亡したときは、都道府県知事は、利害関係人[17]の請求により又は職権で、これを定めなければならない。

5　この章に定めるもののほか、職業訓練法人の設立の認可の申請に関し必要な事項[18]は、厚生労働省令で定める。[19]

趣旨

本条は、職業訓練法人の設立の手続に関する事項として、設立認可、定款又は寄附行為の必要的記載事項、設立当時の役員、設立者が死亡した場合の取扱いその他設立認可の申請に関し必要な事項について定めたものである。

第一項は、職業訓練法人は、都道府県知事の認可を受けて初めて設立することができることとし、設立に関し認可主義を採ることとしている。

許可主義は、許可を与えるかどうかを主務官庁の自由裁量に委ねるものであって、その設立の自由は相当に制限される一方、認可主義においては、法律の定める要件を備えていれば必ず認可を与えなければならないものと通常解されている。

第二項は、職業訓練法人は、第一に、社団の場合には定款を、財団の場合には寄附行為を作成しなければならないこと、第二に、定款又は寄附行為の必要的記載事項として、職業訓練法人の組織及び運営の基本的な事項、すなわち、目的、名称、認定職業訓練のための施設を設置する場合にはその位置及び名称、主たる事務所の所在地、社団である職業訓練法人の場合には社員の資格に関する事項及び会議に関する事項、役員に関する事項、会計に関する事項、解散に関する事項、定款又は寄附行為の変更に関する事項並びに公告の方法を定めたものである。

第三項は、設立当時の役員については、通常、定款又は寄附行為の作成時に定まっているものであり、また、職業訓練法人の発展の成否に特に重要な責任を有する者であるので、定款又は寄附行為にその氏名を記載しなければならないこととしている。

第四項は、財団である職業訓練法人の設立者が生前処分による寄附行為を行って「目的」と「資産」に関する定めをしたにもかかわらず、他の事項を定めないで死亡した場合について、死者の意思を尊重して都道府県知事が利害関係人の請求又は職権により、寄附行為を補完して財団法人の設立を完成させ得ることを規定している。

なお、本項は、一般社団法人及び一般財団法人に関する法律及び公益社団法人及び公益財団法人の認定等に関する法律の施行に伴う関係法律の整備等に関する法律（平成一八年法律第五〇号）第三八条の規定による改正前の民法（以下「旧民法」という。）第四〇条の規定の内容を書き下ろしたものである。

第五項は、本条や第四三条など本章に定められている規定以外に、申請手続など職業訓練法人の設立認可の申請に関し必要な技術的な事項は、厚生労働省令の定めるところに委ねることとしたものである。

解　説

① 都道府県知事

職業訓練法人の主たる事務所の所在地を管轄する都道府県知事と解される。

規則第四九条では設立認可の申請先を主たる事務所の所在地を管轄する都道府県知事として、この旨を明らかにしている。

② 社　団

第三一条〔解説〕① 〈五〇一ページ〉参照。

③ 定　款

通常、社団法人の組織、運営等基本的事項に関する規程又はこれを記載した書面をいう（一般社団法人及び一般財団法人に関する法律第一〇条から第一四条まで参照）。定款は、設立認可の申請の際、申請書に添付して管轄都道府県知事に提出すべきこととされている（規則第四九条）。定款の変更に関する事項は、あらかじめ定款中に定めておかなくてはならない（本条第二項第一〇号）。

また、定款の変更は、都道府県知事の認可を受けて初めて、その効力が生ずることとされている（第三九条第一項）。

④ 財　団

第三一条〔解説〕① 〈五〇一ページ〉参照。

⑤ 寄附行為

二義があり、第一は、財団法人を設立する行為をいい、公共的な利益を図ることを目的としての財産の提供、法人の組織、運営等の基本的事項に関する規程の作成を主要な内容とする。第二は、第一の意義による寄附行為において作成される財団法人の基本規程又はこれを記載した書面をいう（一般社団法人及び一般財団法人に関する法律第一五二条から第一五六条まで参照）。

本条の寄附行為は、後者である。この意味での寄附行為についても、定款と同様に、設立認可の申請の際においても申請書に添付して管轄都道府県知事に提出すべきこと（規則第四九条）、その変更に関する事項をあらかじめ寄附行為中に定めておくべきこと（本条第二項第一〇号）及びその変更は都道府県知事の認可を受けて初めてその効力を生ずること（第三九条第一項）が定められている。

なお、第四三条において、一般社団法人及び一般財団法人に関する法律第一五八条及び第一六四条の規定が準用されて、生前処分による寄附行為、遺言による寄附行為について規定している。

⑥ 目　的

個々の職業訓練法人が第三三条に規定する業務を行う目的をいう。

⑦ 名　称

職業訓練法人の名称については、職業訓練法人という文字を用いる権利が与えられている（第三二条第二項）。

⑧ 認定職業訓練のための施設

認定職業訓練を行うことは、職業訓練法人の主たる業務である。このため職業訓練法人は、職業訓練施設として職業能力開発校、職業能力開発短期大学校、職業能力開発大学校又は職業能力開発促進センターを設置することができる（第二五条及び規則第三五条）。

⑨ 主たる事務所の所在地

第四三条において準用されている一般社団法人及び一般財団法人に関する法律第四条の規定によって、職業訓練法人の住所は主たる事務所の所在地にあるものとされている。

⑩ 社員の資格に関する事項

「社員」とは、社団である法人の構成員をいう。社員の資格に関する事項としては、社員の資格を有し得る範囲や要件、資格を取得するための手続、資格の喪失の要件、資格の喪失（脱退又は除名）の手続などがある。

なお、第三七条の二第二項の規定によって社員名簿を備えておかなければならない義務が課せられている。

⑪ 会議に関する事項

総会、理事会などの会議の種類、会議の構成員、招集、議題、議事運営、議決の方法等がこれに該当する。なお、社団である職業訓練法人の総会については、第三八条の二から第三八条の八までにおいて、通常総会の開催義務、臨時総会の招集権又は招集請求権、総会の招集方法、総会の決議を要する事項、決議し得る事項及び表決権について規定している。

⑫　**役員に関する事項**

役員の種類、職務、人員、選出方法、代理に関する事項等がこれに該当する。

なお、第三七条の三から第三七条の一〇までの規定において、理事の設置、意思決定の方法、理事の代表権とその制限、仮理事、監事の設置、その職務等について規定している。

⑬　**会計に関する事項**

会計年度、会計主任者、会費その他収入に関する事項、予算の決定、支出行為や支出対象の範囲などの支出に関する事項、決算の承認、会計上の記帳等がこれに該当する。なお、第三七条の二第一項の規定によって財産目録の作成及び備付け義務が定められている。

⑭　**解散に関する事項**

解散の理由、解散に関する議決方法等がこれに該当する。

なお、第四〇条において、解散の理由、解散に関する都道府県知事の認可、解散決議、都道府県知事への届出について規定している。

第四〇条の二から第四二条の九までにおいては、職業訓練法人の破産、残余財産の帰属、清算法人、清算人、法人の解散及び清算に関する監督などについて規定している。

⑮　**定款又は寄附行為の変更に関する事項**

定款又は寄附行為の変更し得る範囲、手続などをいう。なお、第三九条において、定款又は寄附行為の変更の認可又は届出について定められている。

⑯　**公告の方法**

掲示板への掲示、特定の新聞への掲載等の公告の方法をいう。また、公告の手続、公告掲載手続等も含まれる。

⑰ **利害関係人**

その法人の設立について法律上の利害関係を有する者のことをいう。

⑱ **職業訓練法人の設立の認可の申請に関し必要な事項**

設立の認可の申請に必要な書類、申請書の様式及び提出部数などが、これに該当する。

⑲ **厚生労働省令で定める**

規則第四九条において、設立認可申請の際、申請書に添付して管轄都道府県知事に提出しなければならない書面は次のとおりとされている。

(1) 定款又は寄附行為

(2) 役員就任予定者の就任承諾書

(3) 次の事項を記載した書面

① 設立者の氏名、住所及び履歴（法人その他の団体が設立者であるときは、その名称、代表者の氏名及び主たる事務所の所在地）

② 設立代表者を定めたときは、その氏名及び設立代表者としての権限についての証明

③ 認定を受けようとする職業訓練及び訓練課程の種類、訓練科の名称並びにその訓練生の数

④ 認定職業訓練のための施設を設置する場合は、その施設及び設備の概要並びに施設の長の氏名及び履歴

⑤ 設立時の財産の目録及びその権利関係

⑥ 設立後二年間の業務計画及び予算

⑦ 役員予定者の履歴

規則第五五条において申請書の提出部数は二通と定められている。

（設立の認可）

第三十六条　都道府県知事は、前条第一項の認可の申請があつた場合には、次の各号のいずれかに該当する場合を除き、設立の認可をしなければならない。

一　当該申請に係る社団又は財団の定款又は寄附行為の内容[1]が法令に違反するとき。[2]

二　当該申請に係る社団又は財団がその業務を行なうために必要な経営的基盤[3]を欠く等当該業務を的確に遂行することができる能力を有しないと認められるとき。

趣旨

本条は、職業訓練法人の設立認可の準則について定めたものである。

すなわち、都道府県知事は、職業訓練法人の設立認可の申請があった場合には、設立認可申請書に添付して提出されている社団又は財団の定款又は寄附行為の内容が、本法その他の法令に違反するものであるか、あるいは、当該社団又は財団がその業務を行うために必要な資力がなかったり、資力はあるが、職業訓練指導員その他の人材が不足していたりするといった必要な経営的基盤を欠く等定款又は寄附行為に記載されている業務を的確に遂行することができる能力を有しないと客観的に認められるときを除いて、設立の認可をしなければならないとされている。

解説

①　社団又は財団

第三一条〔解説〕①〈五〇一ページ〉参照。

②　定款又は寄附行為の内容が法令に違反するとき

定款又は寄附行為の必要的記載事項は前条第二項によって定められているが、これ以外の事項も定款又は寄附行為に記載してよい。これらの事項を含めて、定款又は寄附行為は当該社団又は財団の根本規程であるので、その内容が法令に違反しているときは、都道府県知事は設立認可をしなくてよい。ここに、法令とは、本法とこれに基づく政令、省令その他の労働関係法令のほか、すべての法律及び命令をいう。例えば、本法は定款の必要的記載事項を定めるほか、職業訓練法人の組織、業務等に関する基本的事項についての規定を設けているが、これらに違反した内容をもった認可申請は本条項を根拠に認められないこととなろう。

また、その他の法令では、例えば、学校教育法第一三五条に違反して「高等学校」の名称を用いるもの等も本条項を根拠として認められないこととなろう。

③　業務を行なうために必要な経営的基盤

職業訓練法人の業務運営に必要な経済的・技術的・管理能力的諸側面上の基盤をいう。特に、職業訓練法人の主要業務は、認定職業訓練の実施であるので、これを実施し得る資力及び設備機械、職業訓練指導員、訓練生の確保等が、経営的基盤の主要な内容となる。

（**成立の時期等**）

第三十七条　職業訓練法人は、主たる事務所の所在地において設立の登記[1)]をすることによつて成立する。

2　職業訓練法人は、成立の日から二週間以内[2)]に、その旨を都道府県知事に届け出なければならない。[3)]

趣旨

本条は、職業訓練法人の成立の時期及び都道府県知事への成立の届出について定めたものである。

第一項は、他の多くの立法例にならって、職業訓練法人の成立の時期を、主たる事務所の所在地において設立登記をした日と定め、職業訓練法人との取引関係等の明確化を図ったものである。

第二項は、職業訓練法人の成立したときの届出義務及びその期限を定めたものである。

職業訓練法人の成立の届出は、登記事項証明書を添付した届出書一通を管轄都道府県知事に提出して行わなければならない（規則第五〇条、第五五条参照）。

解説

①　設立の登記

第三四条第一項の規定に基づき、組合等登記令（昭和三九年政令第二九号）で定めるところによる。

②　成立の日から二週間以内

職業訓練法人は、設立の登記をすることによって成立するのであるから、成立の日は、設立の登記をした日である。

また、二週間の期間の計算は、民法第一四〇条の規定によるべきであろう。すなわち、成立の日は算入せず、その翌日から起算して二週間目の日までに届け出ればよい。換言すれば、届出の最終日は、二週間後の同曜日である。

③　都道府県知事に届け出なければならない

届出に当たっては、登記事項証明書を添えなければならないこととされている（規則第五〇条）。

（財産目録及び社員名簿）

第三十七条の二　職業訓練法人は、成立の時及び毎年一月から三月までの間に財産目録[1]を作成し、常にこれをその主たる事務所に備え置かなければならない。ただし、特に事業年度を設けるものは、成立の時及び毎事業年度の終了の時に財産目録を作成しなければならない。

2　社団である職業訓練法人は、社員名簿[2]を備え置き、社員の変更があるごとに必要な変更を加えなければならない。

趣旨

本条は、職業訓練法人の財産目録及び社員名簿の作成及び備置きについて定めたものである。

職業訓練法人は、設立の時及び毎年最初の三カ月内に財産目録を作成し、常にこれを事務所に備え置かなければならない。ただし、特に事業年度を設けるものは、設立の時及びその年度末においてこれを作成しなければならない（要するに、事業年度を四月一日から翌年三月三一日までとしているような場合には、三月三一日の財産目録を翌事業年度の最初の三カ月以内、すなわち六月末までにつくらなければならないことになる。）。

その趣旨は、法人の財産状態を明確にし、第三者に対しそれを容易に知る機会を与えること、設立者、理事、社員などの個人財産と法人財産との混同を防ぐことにある。

また、社団である職業訓練法人は、社員名簿を備え置き、社員の変更あるごとに訂正しなければならない。法人がいかなる社員によって構成されているかを第三者に明示する趣旨である。

本条は、旧民法第五一条の規定の内容を書き下ろしたものである。なお、第一項の規定に違反して、財産目録を備えて置かない役員又は清算人は、二〇万円以下の過料に処せられる（本法第一〇七条第四号）。

解説

① **財産目録**
法人の総財産の種類、数量を記載する書面であり、制度の趣旨から考えて、財産状態を十分に明らかにすべく明細な記載が必要であるが、記載形式について特別の定めはない。

② **社員名簿**
総社員の名簿のことをいう。

（理事）
第三十七条の三　職業訓練法人には、一人又は二人以上の理事を置かなければならない。
２　理事が二人以上ある場合において、定款又は寄附行為に別段の定めがないときは、職業訓練法人の事務は、理事の過半数で決する。

趣旨

本条は、職業訓練法人の理事について定めたものである。
第一項は、職業訓練法人には一人又は数人の理事を置かなければならないこととし、理事を必要機関としている。すなわち、法律関係の簡明と法的安全を図るためには、常設の事務執行、代表機関を置くのが最も適当ということである。

第二項は、事務執行の方法として、理事が数人ある場合であって、定款又は寄附行為に別段の規定のないときは、職業訓練法人の事務は、理事の過半数をもってこれを決することとしている。実際上の便宜を図るため多数決原理を採用している一方、個別の法人の事情にも配慮し、定款又は寄附行為によって多数決原理と異なる方法を定めることも可能としている。

本条は、旧民法第五二条の規定の内容を書き下ろしたものである。

（職業訓練法人の代表）

第三十七条の四　理事は、職業訓練法人のすべての事務について、職業訓練法人を代表する。ただし、定款の規定又は寄附行為の趣旨に反することはできず、また、社団である職業訓練法人にあつては総会の決議に従わなければならない。

趣旨

本条は、職業訓練法人における理事の代表権について規定したものである。

すなわち、理事の代表権は包括的代表権であるので、個々の事務や法律行為ではなく法人の事務と認められるもの一切に及ぶとされている。理事が数人ある場合の代表権の帰属主体については、理事全員に共同的に帰属するという説と個々の理事に帰属するという説があるが、実際上は、定款、寄附行為により理事のうち特定の者（理事長、会長）のみに代表権を与える例が多い。しかし、理事の代表行為も法人事務の執行であるため、定款、寄附行為又は社団である職業訓練法人にあっては社員総会の決議によって、理事の代表権を制限し得るとしている。

本条は、旧民法第五三条の規定の内容を書き下ろしたものである。

（理事の代表権の制限）

第三十七条の五　理事の代表権に加えた制限は、善意の第三者[1]に対抗することができない。[2]

趣旨

本条は、職業訓練法人の理事の代表権の制限について定めたものである。

すなわち、第三七条の四ただし書により、理事の包括的な代表権を定款・寄附行為又は社団にあっては社員総会の決議によって制限した場合、理事が法人に対しその制限を遵守すべき義務を負うということになり、理事がこの制限を超えて代表行為をしたときは、その義務違反行為につき法人に対し責任を負う必要がある。

その場合に、法人が当該行為が理事の代表権に加えた制限を超えてなされた行為であることを理由に、その行為の効果が法人に及ばないことを第三者に向かって主張することができるか否かについては、相手方の善意・悪意を区別し、代表権の制限あることを知らずに取引をした者（善意の相手方）に対しては代表権の制限を主張することができないが、その制限あることを知って取引した者（悪意の相手方）に対しては、その取引の効果は法人に及ばない（無効）と主張することができると定めている。

本条は、旧民法第五四条の規定の内容を書き下ろしたものである。

解説

① 第三者

理事が職業訓練法人を代表してした法律行為の相手方のことをいう。職業訓練法人の被用者、社員も法人との間で独立の法律行為をする場合には、第三者となる。

② 対抗することができない

第三者に対する関係において代表権の制限が効力を生じないということ。制限を超えてなされた理事の法律行為の効果は職業訓練法人にも及び、法人はこれに拘束されることになる。半面、職業訓練法人はその行為に基づいて権利を取得することになる。

（理事の代理行為の委任）

第三十七条の六　理事は、定款、寄附行為又は総会の決議によつて禁止されていないときに限り、特定の行為の代理を他人に委任することができる。[1)]

趣旨

本条は、職業訓練法人の理事の代理行為の委任について規定したものである。

すなわち、理事は、定款、寄附行為又は総会の決議によって禁止されていないときに限って、他人をして自己に代わって特定の行為をさせることができるものとした。

本条は、旧民法第五五条の規定の内容を書き下ろしたものである。

解説

① 特定の行為

職業訓練法人が特定の人を特に信任して理事とし、これにその事務を執行させようとした趣旨を踏まえ、包括的な再委任を許さず、一個又は数個の特定の行為を個別的に指定してこれを代理させることとしている。

（仮理事）

第三十七条の七　理事が欠けた場合[1]において、事務が遅滞することにより損害を生ずるおそれがあるときは、都道府県知事は、利害関係人の請求により又は職権で、仮理事を選任しなければならない。

趣旨

本条は、仮理事について規定したものである。

すなわち、理事が欠けたとき、緊急に処理すべき事務が生じたり、第三者より法人に対し一定の期間内に意思表示をなすべき必要が生じたりするような場合、その事務を執行し又は意思表示を受領すべき理事がいないため、法人及び第三者にとって少なからざる損害を生ず得るおそれがある。そこで、このような不都合が生ずるのを避けるため、都道府県知事は、利害関係人の請求により又は職権で仮理事を選任することができるものとし、その仮理事に緊急の事務を処理し第三者より意思表示を受領させることとした。

本条は、旧民法第五六条の規定の内容を書き下ろしたものである。

解説

① 理事が欠けた場合

必要な理事が欠けた場合のことをいう。理事全員が欠けた場合ばかりでなく、定款、寄附行為で定員が定められているときに欠員を生じたような場合も含まれる。ただし、意思表示の受領の場合には、他に代表権を有する理事がありさえすれば必要な理事が欠けたことにはならないから、単に欠員が生じたというだけでは「理事が欠けた場合」には当たらない。

（利益相反行為）

第三十七条の八　職業訓練法人と理事との利益が相反する事項[1]については、理事は、代表権を有しない。この場合においては、都道府県知事は、利害関係人[2]の請求により又は職権で、特別代理人を選任しなければならない。

趣旨

本条は、職業訓練法人と理事との利益相反行為について規定したものである。

すなわち、職業訓練法人と理事の間で利害が相反する事項については、理事に代表権を与えず、都道府県知事の選任する特別代理人が法人を代理すべきものとして、理事の権限濫用から法人を保護するとともに、取引の便を図ることとしている。

本条は、旧民法第五七条の規定の内容を書き下ろしたものである。

解説

① 職業訓練法人と理事との利益が相反する事項

代表的なものは、理事が一面では個人の資格で、一面では職業訓練法人の理事の資格で法人との間で法律行為をする場合である。

例えば、法人から財産を譲り受け、法人に対し自己の財産を譲渡し、又は、法人から金銭の貸付けを受けるような場合である。

② 利害関係人

利益相反行為について法律上の利害関係を有する者のことをいう。

（監事）

第三十七条の九　職業訓練法人には、定款、寄附行為又は総会の決議で、一人又は二人以上の監事を置くことができる。

趣旨

本条は、職業訓練法人の監事について規定したものである。

職業訓練法人の理事は包括的な権限を有する機関であるから、その濫用の危険も大きいと言わざるを得ないが、社団法人においては、社員は理事を信頼してこれにその事務一切の執行を委ね、また財団法人においては、そのような社員すらも存在しない。

このため本条は、理事の事務執行を監査する機関として、定款、寄附行為又は総会決議によって監事を置くことができるものとした。

本条は、旧民法第五八条の規定の内容を書き下ろしたものである。

（監事の職務）

第三十七条の十　監事の職務は、次のとおりとする。

一　職業訓練法人の財産の状況を監査すること。

二　理事の業務の執行の状況を監査すること。

三　財産の状況又は業務の執行について、法令、定款若しくは寄附行為に違反し、又は著しく不当な事項[1)]があると認めるときは、総会又は都道府県知事に報告をすること。

四　前号の報告をするため必要があるときは、総会を招集すること。

趣旨

本条は、職業訓練法人の監事の職務について規定したものである。

すなわち、監事の職務権限は理事の事務執行を監査することであるが、本条は、そのうち主なものを列挙している。

第一号では、職業訓練法人の財産の状況を監査することとされているが、法人の会計帳簿及び書類を閲覧するだけでなく、法人の現金、有価証券、債券、不動産その他の財産及び債務の現在高を検査、確認し、必要があれば、理事に対し会計、財産の状況について報告を求めることも含まれると解される。

第二号では、理事の業務の執行の状況を監査することとされているが、監査の対象は、内部的事務執行のみならず、対外的事務執行（代表行為）にも及ぶ。また、その事務執行が形式的に権限の範囲内で適法になされているか否かだけでなく、実質的に見て法人の公益目的に合致しているか否かの点まで監査すべきと解される。

第三号及び第四号は、監事の監査権限の行使を実行せしめるために認められているものである。不正事実を発見しない限り、総会若しくは厚生労働省に報告することを要しない。

本条は、旧民法第五九条の規定の内容を書き下ろしたものである。

解説

1 不当な事項

理事の職権濫用行為のような不正の事実であるが、実質的に見て法人の公益目的に反するような行為もこれに含まれると解される。

（**監事の兼職の禁止**）

第三十八条　職業訓練法人に監事[1)]を置いた場合には、監事は、職業訓練法人の理事[2)]又は職員[3)]を兼ねてはならない。

趣旨

本条は、職業訓練法人の監事が、同一の職業訓練法人の理事又は職員と兼職することを禁じたものである。すなわち、職業訓練法人に監事を置くか否かは当該職業訓練法人の定めるところによることとしている（第三七条の九）が、監事を置いた場合には、職業訓練法人の会計及び業務を監査するという職務に鑑みて、同一の職業訓練法人の理事又は職員との兼職を禁止して、不正の発生を予防しようとするものである。

解説

1 監事

第三七条の九及び第三七条の一〇の〔趣旨〕〈五二六・五二七ページ〉参照。

2 理事

第三七条の三及び第三七条の四の〔趣旨〕〈五二〇・五二一ページ〉参照。

3 職員

職業訓練法人の業務に従事する者で、理事及び監事以外の者をいう。

（**通常総会**）

第三十八条の二　社団である職業訓練法人の理事は、少なくとも毎年一回[1]、社員の通常総会を開かなければならない。

趣旨

本条は、社団である職業訓練法人の社員総会のうち通常総会の開催について規定したものである。

そもそも、社員総会は、社団である職業訓練法人の構成員である社員によって構成され、法人の最高機関であり、同時に必須の機関でもある。

社団においては、社員がその支配的要素であるから、社団の内部的生活も対外的活動も、社員の意思に従って決定されることが要求される。全社員によって構成される社員総会が社団の必須かつ最高の機関であるとされるのも、このためである。

社団である職業訓練法人の事務は、定款によって特に理事その他の機関の権限事項とされたものを除いて、すべて社員総会の決議に基づいて行われ（第三八条の五）、理事は原則として社員総会の決議に従って事務を執行することを要し（第三七条の四ただし書）、さらに社団法人の存立自体も社員総会の決議にかかっている（第四〇条第三項）とされている。

本条は、旧民法第六〇条の規定の内容を書き下ろしたものである。

解説

1　少なくとも毎年一回

社員は平常はその事務執行を理事に一任しているので、定期的に理事からその事務執行の報告を受け、また監事から監査結果の報告を受けるとともに、重要事項について決議することによって社団としての意思を決定する機会をもつ必要があるため、少なくとも毎年一回は通常総会を開くこととしている。

（臨時総会）

第三十八条の三　社団である職業訓練法人の理事は、必要があると認めるとき[1]は、いつでも臨時総会を招集することができる。

2　総社員の五分の一以上から総会の目的である事項を示して請求があつたときは、理事は、臨時総会を招集しなければならない。ただし、総社員の五分の一の割合については、定款でこれと異なる割合を定めることができる。

趣旨

本条は、社団である職業訓練法人の臨時総会の招集について規定したものである。

そもそも、臨時総会は、臨時の必要に応じて開かれる社員総会であるが、招集の時期が通常総会と異なるだけで、その他の点ではこれと何ら異なるところはない。決議し得る事項も通常総会と全く同様である。臨時総会を招集すべき場合として規定しているのは、①理事が必要ありと認めたとき（第一項）、②一定数の社員から請求があったとき（第二項）、③監事が必要な報告をするために招集するとき（第三七条の一〇第四号）の三つである。

第一項は、理事は臨時総会を招集する権限を有する旨規定しているが、必要と認められる事態が生じた場合には、理事は臨時総会招集の義務をも負うと解される。

第二項は、総社員の五分の一以上の者から総会招集の請求があったときには、理事は臨時総会を招集しなければならないと定めている。

理事が第一項の臨時招集を怠っている場合に、各社員に総会招集を請求する権利を認めると、これを濫用されるおそれがある一方、社員がこれを黙過せざるを得ないとすれば、社団ひいては社員の利益が不当に害されることにもつながることから、少数社員権の保護を図ろうという趣旨である。

本条は、旧民法第六一条の規定の内容を書き下ろしたものである。

解説

① 必要があると認めるとき

総会を招集するのは理事が必要ありと認めたときである。「必要がある」とは、「社団である職業訓練法人の利益のために必要である」と解されるべきであり、個々の社員の利益のために必要なときはこれに含まれない。

（総会の招集）

第三十八条の四　総会の招集の通知は、その総会の日より少なくとも五日前[1]に、その総会の目的である事項[2]を示し、定款で定めた方法に従つてしなければならない。

趣旨

本条は、社団である職業訓練法人の総会の招集について規定したものである。

すなわち、社員総会は、会議を開くことによってのみ活動することができる機関であり、適法に招集された総会（会議）においてのみ、社団の機関としての社員総会は有効にその意思を決定することができる。ただし、招集手続がなされなかった場合でも、全社員が出席して総会を開くことに同意したときには、例外的に総会として有効な意思決定（決議）をすることができると解される。

本条は、旧民法第六二条の規定の内容を書き下ろしたものである。

解説

① 総会の日より少なくとも五日前

社員に会議の目的である事項について調査、検討するための時間的余裕を与えるために、招集の通知は総会の日の少なくとも五日前にしなければならない。総会の日の少なくとも五日前に「招集をなす」とは、招集通知を発することであるのか、それとも通知が社員に到達することであるのか必ずしも明らかではないが、到達主義をとると到達の時期が区々となって極めて不便であるから、通説は通知を発することであると解している。

② 目的である事項

社員に対し会議に出席して表決権を行使することについて十分に準備をする機会を与えるとともに、会議の目的の軽重によってこれに出席すべきか否かを決定させようとする趣旨である。「目的である事項」とは、決議の対象となる事項、すなわち議題又は議事日程であって、議案（決議案）まで含むものではないと解されている。

（社団である職業訓練法人の事務の執行）

第三十八条の五　社団である職業訓練法人の事務は、定款で理事その他の役員に委任したものを除き、すべて総会の決議によつて行う。[1)]

趣旨

本条は、社団である職業訓練法人の事務の執行について規定したものである。

すなわち、社員総会は、定款によって他の機関の権限に属するものとされた事項でない限り、法人の一切の事務を決議の形式によって決定する権限を有する。特に定款変更及び解散のような法人運営の基本に関する事項については、総会の専属的権限に属し、定款をもってしてもこれを理事その他の機関の権限事項とすることはできない。

本条は、旧民法第六三条の規定の内容を書き下ろしたものである。

解説

① 決議によって行う

内部的意思決定のみによって効力を生ずる事項については、総会の決議によって直ちに効力を生ずる。一方、契約等の対外関係を伴う事務の執行（代表行為）は理事の権限に属するところであるため（第三七条の四）、総会の決議は理事への指示に過ぎず、理事が対外的な合意をするまでその契約等は成立しない。

また、事務執行についての内部的意思を決定することであって、総会自らが法人の事務を執行することではない。

（総会の決議事項）

第三十八条の六　総会においては、第三十八条の四の規定によりあらかじめ通知をした事項についてのみ、決議をすることができる。ただし、定款に別段の定めがあるときは、この限りでない。

趣旨

本条は、総会の決議事項の範囲について規定したものである。

すなわち、本条の趣旨は、招集の通知に「総会の目的である事項」を示さなければならないとする第三八条の四の規定と同一であって、これを実効せしめようとするものである。

ただし、いかなる種類・規模の法人においても、あらかじめ通知した事項でなければ決議できないとすることは不便であるため、ただし書において、定款によって別段の定めをできることとした。

本条は、旧民法第六四条の規定の内容を書き下ろしたものである。


（社員の表決権）

第三十八条の七　各社員[1)]の表決権[2)]は、平等とする。

2　総会に出席しない社員は、書面で、又は代理人によつて表決をすることができる。

3　前二項の規定は、定款に別段の定めがある場合には、適用しない。

趣旨

本条は、社員の表決権について規定したものである。

そもそも、社団である職業訓練法人の社員は、法人の存立の基礎をなす構成員であり、社員と法人との間には一定の法律関係があり、その法律関係が社員たる地位又は社員たる資格である。また、法律関係は、社員と法人との間にある権利義務という諸関係を全体として含む包括的なものである。

第一項は、表決権は平等であると定め、一人一個とされている。

第二項は、書面又は代理人による表決権の行使を可能とした。社員自らが総会に出席して意見を表明するのが本来であるが、たまたま出席できない社員が表決権を行使できなくなってしまうのを避けるという趣旨である。

第三項は、書面又は代理人による表決権の行使について、定款に別段の定めがある場合には、適用しないとした。これは、定款をもって書面又は代理人による表決権の行使について禁止又は一定の制限をし得るという趣旨である。
本条は、旧民法第六五条の規定の内容を書き下ろしたものである。

解説

①　社　員

定款によって制限される場合を除いて、自然人は無制限に社員となり得るが、法人もまた一般社団法人、一般財団法人、公法人、営利法人その他いずれの法人も社員となり得る。

②　表決権

社員総会において社員が決議に加わり得る権利であり、権利のうち最も重要なものである。

（表決権のない場合）

第三十八条の八　社団である職業訓練法人と特定の社員との関係[1)]について議決をする場合には、その社員は、表決権を有しない。

趣旨

本条は、社員の表決権が制限される場合について規定したものである。
そもそも、社団である職業訓練法人の構成員たる社員は総会のすべての決議事項について利害関係を有するものであり、表決権の行使に際し社員としての立場から利害得失を考慮することは、当然のことである。

しかし、社員が特定の決議事項について、社員としての立場とは別に、純個人的立場において利害関係を有する場合には、その個人的立場から表決権を行使する可能性があり、必ずしも公正な表決権の行使を期待できない。本条は、このような事項について、社員は決議に加わることができないとして、決議の公正を期することとした。

本条は、旧民法第六六条の規定の内容を書き下ろしたものである。

解説

⑴ 特定の社員との関係

社団である職業訓練法人と社員との関係に関連するもの一切の事項を意味するものではなく、社員が社団の構成員としての立場以外の個人的立場から利害関係を有する事項のことをいう。

（定款又は寄附行為の変更）

第三十九条　定款又は寄附行為の変更（第三十五条第二項第四号に掲げる事項その他の厚生労働省令で定める事項[1]に係るものを除く。）は、都道府県知事の認可[2]を受けなければ、その効力を生じない。

2　第三十六条の規定は、前項の認可について準用する。

3　職業訓練法人は、第一項の厚生労働省令で定める事項に係る定款又は寄附行為の変更をしたときは、遅滞なくその旨を都道府県知事に届け出なければならない。[3]

趣旨

本条は、職業訓練法人の定款又は寄附行為の変更について定めたものである。

第一項は、変更の効力は都道府県知事の認可をまって生ずることを規定している。

第二項は、この都道府県知事の認可は、職業訓練法人の設立認可と同一の準則によって行われるべきことを規定している。

すなわち、定款又は寄附行為の変更については、当該定款又は寄附行為の変更の内容が法令に違反するか、あるいは、当該定款又は寄附行為の変更に関し、職業訓練法人が、その業務を行うために必要な経営基盤を欠くなど当該業務を的確に遂行するに足る能力を有しないと認められるときを除いて、認可をしなければならないこととしている（第三六条〔趣旨〕〈五一六ページ〉参照）。

第三項は、職業訓練法人の定款又は寄附行為の変更のうち、職業訓練法人自身の判断に委ねて差し支えないものについては、その判断を尊重し、届出制に改めることとしたものである。

解説

❶ 厚生労働省令で定める事項

規則第五〇条の二の規定により、①主たる事務所の所在地、及び②公告の方法とされている。

❷ 都道府県知事の認可

認可の申請に当たっては、①変更の内容及び理由、②定款又は寄附行為に定められた変更に関する手続を経たことの証明に関する事項を記載した書面を添えて、申請書を提出しなければならない（規則第五一条第一項）。

なお、新たに認定職業訓練のための施設を設置しようとする場合は、①②のほか、③当該職業訓練及び訓練課程の種類、訓練科の名称並びにその訓練生の数、④当該施設及び設備の概要並びにその施設の長となるべき者の氏名及び履歴、⑤定款又は寄附行為の変更後二年間の業務計画及びこれに伴う予算に関する事項を記載した書面を、職業訓練に関する情報及び資料の提供、職業訓練に関する調査及び研究に関する業務その他職業能力の開発及び向上に関し必要な業務を行おうとする場合は、①②のほか、⑤に関する事項を記載した書面を添えて、申請書を提出しなければならない（規則第五一条第二項）。

③ 届け出なければならない

この届出は、変更の内容及び理由を記載した書面及び定款又は寄附行為に定められた変更に関する手続を経たことを証明する書面を添えた届出書を管轄都道府県知事に提出して行わなければならないこととされている（規則第五一条第三項）。

（職業訓練法人の業務の監督）

第三十九条の二　職業訓練法人の業務は、都道府県知事の監督に属する。

2　都道府県知事は、職権で、いつでも職業訓練法人の業務及び財産の状況を検査することができる。

趣旨

本条は、職業訓練法人の業務の監督について規定したものである。

すなわち、職業訓練法人は、職業訓練の推進を担う公益性の強い法人であり、その業務の状況は、関係者の利害に影響するところが大であるから、これに対し何らかの監督を加えることが必要である。

第一項は、職業訓練法人の業務は、都道府県知事の監督に属すると定めているが、その趣旨は、監事による監査や社員総会による監視の機能を補完して監督機能を十分なものにすることにある。

第二項は、都道府県知事は、職権で、いつでも職業訓練法人の業務及び財産の状況を検査することができると定めている。

本条は、旧民法第六七条の規定の内容を書き下ろしたものである。

（解散）

第四十条　職業訓練法人は、次の理由によつて解散する。

一　定款又は寄附行為で定めた解散理由の発生

二　目的とする事業の成功の不能[1]

三　社団である職業訓練法人にあつては、総会の決議

四　社団である職業訓練法人にあつては、社員の欠亡[2]

五　破産[3]手続開始の決定

六　設立の認可の取消し[4]

2　前項第二号に掲げる理由による解散は、都道府県知事の認可[5]を受けなければ、その効力を生じない。

3　社団である職業訓練法人は、総社員の四分の三以上の賛成がなければ、解散の決議をすることができない。ただし、定款に別段の定めがあるときは、この限りでない。

4　第一項第一号、第三号又は第四号に掲げる理由により職業訓練法人が解散したときは、清算人[6]は、都道府県知事にその旨を届け出なければならない。[7]

趣旨

本条は、職業訓練法人の解散の理由及び解散の手続等を定め、恣意的な解散の生ずることを予防している。

第一項は、職業訓練法人の解散の理由として、①定款又は寄附行為に定めた解散理由の発生（第三五条第二項第一〇号〈五一〇ページ〉参照）、②目的とする事業の成就の不能、③社団である職業訓練法人の場合には、総会の議決又は社員の欠亡、④破産手続開始の決定及び⑤設立認可の取消しを定めたものであり、これ以外の理由による解散はなし得ない。

第二項は、職業訓練法人の目的とする事業の成功の不能による解散については、職業訓練法人の恣意的な判断によって認定職業訓練の継続性が失われ、あるいは訓練生の身分が不当に犯されないようにするため、都道府県知事の認可を待ってその効力を生ぜしめることとしている。

第三項は、社員総会での解散に係る総会の決議について、総社員の四分の三以上の承諾を条件としているが、個別の法人の事情にも配慮し、ただし書において、定款に別段の定めをし得るとしている。

なお、本項は、旧民法第六九条の規定の内容を書き下ろしたものである。

第四項は、解散理由の発生を監督官庁である都道府県知事が了知していることが必要であるので、比較的了知の容易な破産及び都道府県知事の行政処分に係るものを除き、都道府県知事に対する届出義務を課することとしている。

解説

① 目的とする事業の成功の不能

職業訓練法人の目的とする事業が不可能となることをいう。例えば、職業訓練の施設、設備が地震、火事等により滅失等の損害を被り、財政的に施設、設備を復旧して職業訓練を行うことが客観的に不可能な場合などがこれに該当する。

② **社員の欠亡**
社団は、社員が一名以上いることがその性質上の前提であり、死亡、脱退等で社員が一人も存在しなくなることをいう。

③ **破　産**
第四〇条の二〔趣旨〕〈次ページ〉参照。

④ **設立の認可の取消し**
第四一条〔趣旨〕〈五四四ページ〉参照。

⑤ **都道府県知事の認可**
認可の申請に当たっては、解散の理由の詳細、財産目録及び残余財産の帰属に関する事項を記載した書面を添えて、申請書二通を都道府県知事に提出することとされている（規則第五二条及び第五五条）。

⑥ **清算人**
第四一条の三から第四一条の八までの〔趣旨〕〈五四六～五五一ページ〉参照。

⑦ **都道府県知事にその旨を届け出なければならない**
届出に当たっては、解散の理由の詳細、財産目録及び残余財産の帰属に関する事項を記載した書面並びに定款又は寄附行為に定められた解散に関する手続を経たことを証明する書面を添えて、届出書一通を提出することとされている（規則第五三条及び第五五条）。

（**職業訓練法人についての破産手続の開始**）
第四十条の二　職業訓練法人がその債務につきその財産をもつて完済することができなくなつた場合には、裁判所は、理事若しくは債権者の申立てにより又は職権で、破産手続開始の決定をする。

２　前項に規定する場合には、理事は、直ちに破産手続開始の申立てをしなければならない。

趣旨

本条は、職業訓練法人についての破産手続の開始について規定したものである。すなわち、職業訓練法人にあっては、主として財産が信用の基礎をなすばかりでなく、債務超過の法人を存続させておくと第三者の損害を拡大させるおそれがある。第一項は、負債が資産を上回る債務超過である場合について、裁判所が理事若しくは債権者の申立てによって又は職権で、破産手続開始の決定をすると定めている。第二項は、債務超過である場合には、理事は直ちに破産手続開始の申立てをしなければならないと定めている。本条は、旧民法第七〇条の規定の内容を書き下ろしたものである。

（設立の認可の取消し）

第四十一条　都道府県知事は、職業訓練法人が次の各号のいずれかに該当する場合には、その設立の認可を取り消すことができる。

一　正当な理由[1)]がないのに一年以上認定職業訓練を行わないとき。

二　その運営が法令[2)]若しくは定款若しくは寄附行為に違反し、又は著しく不当であると認められる場合においてその改善を期待することができないとき。[3)]

趣旨

本条は、職業訓練法人の設立の認可の取消しに関する準則を定めたものである。

すなわち、職業訓練法人が違法若しくは不当な状況にある場合には、場合によっては、その設立認可を取り消す必要があるが、職業訓練法人の存在を安定的にするため、認可を取り消すことのできる場合は、①職業訓練法人の主たる業務である認定職業訓練を正当な理由なしに一年以上も実施しないとき、及び②その業務の運営が、職業能力開発促進法その他の法令や職業訓練法人の根本規程である定款若しくは寄附行為に違反したり、著しく不当な状態にあると客観的に認められる場合であって、その改善が期待できないとき、の二つの場合に限定している。

解説

① 正当な理由

一年以上認定職業訓練を実施することが困難であることを十分に正当づけるに足る理由であることが必要である。一例を挙げれば、天災地変のために、職業訓練を開始することができない場合などは「正当な理由」に該当する。

② 法令

第三六条〔解説〕②〈五一七ページ〉参照。

③ 著しく不当であると認められる場合においてその改善を期待することができないとき

職業訓練法人の業務運営が、直ちに法令や定款若しくは寄附行為に違反はしないが、そのまま放置すると、法令違反の結果を来し、あるいは善良な社会の秩序や習慣を乱すことが明らかであり、行政官庁の是正勧告にもかかわらず、これを改める見込みのないときなどがこれに該当する。例えば、労働基準法第六二条（危険有害業務の就業制限）によって満一八歳に満たない年少者を危険有害業務に就業させることは禁止されているが、このような職種について年少者の職業訓練を行う場合などが考えられる。すなわち、事業場とは別人格の職業訓練法人がその施設で訓練を行っている限りにおいては労働基準法の適用はなく、直ちに違法とは言い難いが、訓練を修了して就業した場合には、労働基準法違反の結果を来すこととなることが明らかであるから、このような職業訓練の実施は著しく不当であるということができよう。

（清算中の職業訓練法人の能力）

第四十一条の二　解散した職業訓練法人は、清算の目的の範囲内において、その清算の結了に至るまではなお存続するものとみなす。

趣旨

本条は、清算中の職業訓練法人の能力について規定したものである。すなわち、解散した職業訓練法人は、清算の目的の範囲内において、その清算の結了に至るまではなお存続するものとみなすと定めている。これは、法人の存続理由が消滅し、法人の目的遂行のための活動が中止され（解散）、清算手続に入ったとしても、その法人は目的遂行のための積極的な活動を中止するだけであって、清算手続が終了するまで、なおそこには一定限度の法人の活動が存続しているからである。

本条は、旧民法第七三条の規定の内容を書き下ろしたものである。

（清算人）

第四十一条の三　職業訓練法人が解散したときは、破産手続開始の決定による解散の場合を除き、理事がその清算人となる。ただし、定款若しくは寄附行為に別段の定めがあるとき、又は総会において理事以外の者を選任したときは、この限りでない。

趣旨

本条は、清算人について規定したものである。

すなわち、職業訓練法人が解散したときは、理事がその清算人となると定めている。これは、法人が解散後も清算法人としてなお存続するのと同様に、社員総会、理事、監事などすべての機関もまた、解散後も存続するということである。

また、破産法の規定において破産管財人が選任されることとされているため、破産手続開始の決定による解散の場合を除くとしている。

さらに、ただし書において、定款若しくは寄附行為又は社員総会において理事以外の者を清算人と定めることもなし得るとしている。

本条は、旧民法第七四条の規定の内容を書き下ろしたものである。

（裁判所による清算人の選任）

第四十一条の四　前条の規定により清算人となる者がないとき、又は清算人が欠けたため損害を生ずるおそれがあるときは、裁判所は、利害関係人[1)]若しくは検察官の請求により又は職権で、清算人を選任することができる。

趣旨

本条は、裁判所による清算人の選任について規定したものである。

すなわち、第四一条の三では清算人になる者について規定しているが、該当する者が死亡・辞任などの理由で存在せず、定款、寄附行為又は総会の決議によっても定めていないとき、裁判所は、利害関係人若しくは検察官の請求により又は職権で、清算人を選任することができると定めている。

また、清算人が欠け、なおかつそのために損害を生ずるおそれがあるときにも、裁判所が清算人を選任できると定めているが、清算人が欠けただけの場合は、通常、理事の選任と同様の方法によって清算人を選任することとなる。

本条は、旧民法第七五条の規定の内容を書き下ろしたものである。

解説

① 利害関係人

清算人が選任されることについての法律上の利害関係を有する者のことをいう。債権者、帰属権利者が主なものである。

（清算人の解任）

第四十一条の五　重要な事由[1]があるときは、裁判所は、利害関係人若しくは検察官の請求により又は職権で、清算人を解任することができる。

趣旨

本条は、清算人の解任について規定したものである。

すなわち、裁判所は法人の清算について監督する権限を有する（第四二条の二）ことから、その監督権に基づいて、重要な事由があるときは清算人を解任することができると定めている。

本条は、旧民法第七六条の規定の内容を書き下ろしたものである。

解説

① 重要な事由

清算人が、職権を濫用して不正行為を行い、利害関係人に対し著しく不公平な処置をした場合、清算人としての義務に著しく違反するなどした場合、又は、清算人となった理事が、理事であったときに公益を害すべき行為を行い法人の設立許可が取り消された場合など、清算人たる地位にあるに堪えない重大な理由があるときをいう。

（清算人の届出）

第四十一条の六　清算中に就職した清算人は、その氏名及び住所を都道府県知事に届け出なければならない。

趣旨

本条は、清算人の届出について規定したものである。

すなわち、法人が解散したときは、清算人はその氏名・住所を都道府県知事に届け出なければならないと定めている。

本条は、旧民法第七七条第二項の規定の内容を書き下ろしたものである。

（清算人の職務及び権限）

第四十一条の七　清算人の職務は、次のとおりとする。

一　現務の結了

二　債権の取立て及び債務の弁済

三　残余財産[1)]の引渡し

2　清算人は、前項各号に掲げる職務を行うために必要な一切の行為をすることができる。

趣旨

本条は、清算人の職務及び権限について規定したものである。

すなわち、清算人は清算法人の事務執行、代表機関であって、解散前の法人の理事に相当するので、その主な職務と権限が定められている。

第一号は、現務の結了を定めている。これは、解散当時すでに着手していたがいまだ完結されていない事務について、これを完結させるということであり、解散前に締結されていまだ履行されていなかった契約を履行することなどを意味すると解される。

第二号は、債権の取立て及び債務の弁済を定めている。債権の取立ては、清算手続の主な目的である債権者の満足、残余財産の帰属の前提となるものであるから、本来の意味の取立てだけでなく、債権的財産を清算目的に適するように物権的財産に変形する一切の行為を含むと解される。一方、債務の弁済については、清算人に特別な義務を課している（第四一条の八から第四一条の一〇まで）。これは、清算手続の最も主要な目的は債務の弁済にあることを踏まえ、法人の債務の確定と債権者の法人に対する債権の確保のためである。

第三号は、第四二条に規定される者に対し、残余財産を引き渡すことを定めている。

本条は、旧民法第七八条の規定の内容を書き下ろしたものである。

解説

① 残余財産

債務の弁済を完了した後に残存した積極財産のことをいう。

（債権の申出の催告等）

第四十一条の八　清算人は、その就職の日から二月以内に、少なくとも三回の公告をもつて、債権者に対し、一定の期間内にその債権の申出をすべき旨の催告をしなければならない。この場合において、その期間は、二月を下ることができない。

2　前項の公告には、債権者がその期間内に申出をしないときは清算から除斥されるべき旨を付記しなければならない。ただし、清算人は、知れている債権者[1)]を除斥することができない。

3　清算人は、知れている債権者には、各別にその申出の催告をしなければならない。

4　第一項の公告は、官報に掲載してする。

趣旨

本条は、債権の申出の催告等について規定したものである。すなわち、本条は、債権者の利益を保護するとともに、清算事務をできる限り早期に結了させるために、清算事務のうち債務の弁済（第四一条の七）に必要な手続を定めた。

第一項は、清算人は、就職の日から二カ月以内に、少なくとも三回の除斥公告をしなければならないと定めている。就職の日から二カ月以内としているのは、清算人に財産の現況を調査するための時間的余裕を与えるためであるが、三回の除斥公告すべてが二カ月以内にされることと解されている。また、清算人が二カ月以内に除斥公告することを怠り、または不正の公告をしたときは二〇万円以下の過料に処せられる（第一〇七条第七号）。

第二項は、債権者がその期間内に申出をしないときは清算から除斥されるべき旨を付記しなければならない、と定めている。つまり、除斥公告の記載内容は、二カ月以上の一定期間内に債権の請求をなすべき旨の催告と、その期間内に申出をしないときはその債権は清算より除斥される旨の警告である。また、ただし書においては、知れている債権者を除斥することができない、と定めている。

第三項は、知れている債権者には、各別にその申出の催告をしなければならない、と定めている。

第四項は、除斥公告の方法を官報に掲載する旨を定めている。

本条は、旧民法第七九条の規定の内容を書き下ろしたものである。

解説

① 知れている債権者

帳簿その他の資料から法人に対して債権を有していることを清算人が知っている者及び法人に対して債権を有する旨を主張している者のことをいう。

（期間経過後の債権の申出）

第四十一条の九　前条第一項の期間の経過後に申出をした債権者は、職業訓練法人の債務が完済された後まだ権利の帰属すべき者に引き渡されていない財産に対してのみ、請求をすることができる。

趣旨

本条は、債権申出期間経過後の債権の申出について規定したものである。

すなわち、知れている債権者及び期間内に請求の申出をした債権者に対して債務を完済したのち、なお帰属権利者に引き渡されていない残余財産があるときは、期間後に申し出た債権者もこれに対しては、請求することができる、と定めている。債権者が債権申出期間内に請求の申出をしなかったときは、その債権は清算から除斥されるが、これは早期の清算結了のためやむを得ない措置であり、期間経過後に請求の申出をした債権者でも直ちに権利を失うものとはしないという趣旨である。

本条は、旧民法第八〇条の規定の内容を書き下ろしたものである。

（清算中の職業訓練法人についての破産手続の開始）

第四十一条の十　清算中に職業訓練法人の財産がその債務を完済するのに足りないことが明らかになったときは、清算人は、直ちに破産手続開始の申立てをし、その旨を公告しなければならない。

2　清算人は、清算中の職業訓練法人が破産手続開始の決定を受けた場合において、破産管財人にその事務を引き継いだときは、その任務を終了したものとする。

3　前項に規定する場合において、清算中の職業訓練法人が既に債権者に支払い、又は権利の帰属すべき者に引き渡したものがあるときは、破産管財人は、これを取り戻すことができる。

4　第一項の規定による公告は、官報に掲載してする。

趣旨

本条は、清算中の職業訓練法人の破産手続の開始について規定したものである。

すなわち、当初は、破産以外の事由によって法人が解散したときでも、清算手続中に債務超過が判明することはあり得る。このような場合に、各債権者はその債権の全額の弁済を受けることができないから、直ちに、より厳格な清算手続である破産手続に切り替えて公平に各債権を保護する必要がある。

第一項は、清算中に債務超過の事実を発見したとき、清算人は直ちに破産手続開始決定の申立てをなすべきと定めている。

第二項は、破産手続開始決定がなされ、破産財団に関する事務を破産管財人に引き継いだとき、清算人の任務は終了する、と定めている。

第三項は、第二項の場合において、すでに支払を受けた債権者、財産の引渡しを受けた帰属権利者からこれを取り戻して、各債権者間に公平な分配をなすべきものとした。

第四項は、破産公告の方法を官報に掲載する旨を定めている。

本条は、旧民法第八一条の規定の内容を書き下ろしたものである。

（残余財産の帰属）

第四十二条　解散した職業訓練法人の残余財産[1]は、定款又は寄附行為で定めるところにより、その帰属すべき者に帰属する。この場合において、社団である職業訓練法人に係る出資者[2]に帰属すべき残余財産の額は、当該出資者の出資額を限度とする。

2　社団である職業訓練法人の残余財産のうち、前項の規定により処分されないものは、清算人が総社員の同意を得、かつ、都道府県知事の認可[3]を受けて定めた者に帰属させる。

3　財団である職業訓練法人の残余財産のうち、第一項の規定により処分されないものは、清算人が都道府県知事の認可[3]を受けて、他の職業訓練の事業を行う者に帰属させる。

4　前二項の規定により処分されない残余財産は、都道府県に帰属する。

趣旨

本条は、解散した職業訓練法人の残余財産の帰属について規定している。

第一項は、解散した職業訓練法人の残余財産の帰属は、第一には、定款又は寄附行為の定める個人又は法人に帰属することとし、かつ、清算所得に対する法人税の非課税（職業訓練法人の収益事業から生じた所得以外の所得に対しては法人税を課さないこととされている。）に関する脱法行為を予防しようという税法上の観点から、出資者に帰属させる場合には、出資者の出資額を最高限とすることとしている。

第二項は、社団である職業訓練法人の残余財産のうち、第一項の規定によって処分されないものは、清算人が総社員の同意を得、さらに都道府県知事の認可を受けて定めた個人又は法人に帰属させることとし、恣意的に財産配分をさせないように配慮している。

第三項は、財団である職業訓練法人の残余財産のうち、第一項の規定によって処分されないものは、清算人が都道府県知事の認可を受けて定めた他の職業訓練事業を行う法人又は事業主に帰属させることとし、認定職業訓練に寄附した設立者の意思が継続して実現されるように配慮している。

第四項は、第二項又は第三項の規定によっても処分されない残余財産は都道府県に帰属することとしている。

なお、第二項又は第三項の規定に違反して都道府県知事の認可を受けないで残余財産を処分したときには、その違反行為をした清算人は、二〇万円以下の過料に処せられる（第一〇七条第八号）。

解説

① 残余財産

清算の過程において債権、債務の整理をした後に残る積極財産をいう（第四一条の七〔趣旨〕〈五四九ページ〉参照）。

② 出資

清算を完了するまでは、すべて清算中の法人に属する。

③ 都道府県知事の認可

社団法人の事業に必要な資本として、金銭その他の財産を出捐することをいう。

認可の申請に当たっては、残余財産及びその帰属すべき者、社団である職業訓練法人にあっては、残余財産の帰属について総社員の同意を得たことの証明に関する事項を記載した書面を添えて、申請書二通を提出しなければならない（規則第五四条及び第五五条）。

（裁判所による監督）

第四十二条の二　職業訓練法人の清算は、裁判所の監督に属する。

2　裁判所は、職権で、いつでも前項の監督に必要な検査をすることができる。

3　職業訓練法人の清算を監督する裁判所は、職業訓練法人の業務を監督する都道府県知事に対し、意見を求め、又は調査を嘱託することができる。

4　前項に規定する都道府県知事は、同項に規定する裁判所に対し、意見を述べることができる。

趣旨

本条は、裁判所による監督について規定したものである。

すなわち、清算事務は利害関係人の利害に直接関わりのある事項であり、利害関係人の利益を保護するため、清算事務が不正不当に処理されることのないよう監督を行う必要がある。法人の業務は主務官庁である都道府県知事の監督に属するが、解散及び清算が特に裁判所の監督に属するとされたのは、清算事務が専ら利害関係人の利益の公平な保護を目的とするところから、裁判所の監督に属させるほうがより適当であるという趣旨である。

第一項は、職業訓練法人の清算は、裁判所の監督に属する、と定めている。

第二項は、裁判所は、職権で、いつでも前項の監督に必要な検査をすることができる、と定めている。

第三項は、職業訓練法人の清算を監督する裁判所は、職業訓練法人の業務を監督する都道府県知事に対し、意見を求め、又は調査を嘱託することができる、と定めている。

第四項は、前項に規定する都道府県知事は、同項に規定する裁判所に対し、意見を述べることができる、と定めている。

本条第一項及び第二項は旧民法第八二条の規定の内容を書き下ろしたものである。


（清算結了の届出）

第四十二条の三　清算が結了したときは、清算人は、その旨を都道府県知事に届け出なければならない。

趣旨

本条は、清算結了の届出について規定したものである。

すなわち、清算が結了したときは、清算人は、その旨を都道府県知事に届け出なければならない、と定めている。

職業訓練法人は、主務官庁である都道府県知事の許可によって設立されたものであるから、清算手続が完結して法人が消滅する際には、その旨を主務官庁である都道府県知事に届け出るのが当然であるとして設けられたものである。

本条は、旧民法第八三条の規定の内容を書き下ろしたものである。

（清算の監督等に関する事件の管轄）

第四十二条の四　職業訓練法人の清算の監督及び清算人に関する事件は、その主たる事務所の所在地を管轄する地方裁判所の管轄に属する。

趣旨

本条は、清算の監督等に関する事件の管轄について規定したものである。

すなわち、職業訓練法人の清算の監督及び清算人に関する事件（第四二条の二）について、その管轄裁判所を法人の主たる事務所の所在地を管轄する地方裁判所と定めている。

なお、本条は、一般社団法人及び一般財団法人に関する法律及び公益社団法人及び公益財団法人の認定等に関する法律の施行に伴う関係法律の整備等に関する法律（平成一八年法律第五〇号）第一五三条の規定による改正前の非訟事件手続法（以下「旧非訟事件手続法」という。）第三五条第二項及び第三六条の規定の内容を書き下ろしたものである。

（不服申立ての制限）

第四十二条の五　清算人の選任の裁判に対しては、不服を申し立てることができない。

趣旨

本条は、不服申立ての制限について規定したものである。

すなわち、清算人の選任についてなした裁判所の命令に対しては、不服申立てができないと定めている。清算に対する裁判所の監督を徹底させ、また速やかに清算を遂行せしめようという趣旨である。

本条は、旧非訟事件手続法第三七条の規定の内容を書き下ろしたものである。

（裁判所の選任する清算人の報酬）

第四十二条の六　裁判所は、第四十一条の四の規定により清算人を選任した場合には、職業訓練法人が当該清算人に対して支払う報酬の額を定めることができる。この場合においては、裁判所は、当該清算人及び監事の陳述を聴かなければならない。

趣旨

本条は、裁判所の選任する清算人の報酬について規定したものである。

すなわち、裁判所が清算人を選任した場合（第四一条の四）の報酬について定めている。また、監事の陳述を聞くこととされているが、これは、監事については、法人の解散後も依然その地位にあり、清算事務の執行を監督するものであるということからである。

本条は、旧非訟事件手続法第三八条の規定の内容を書き下ろしたものである。

第四十二条の七　削除

本条では、旧非訟事件手続法第三九条の規定の内容を書き下ろし、清算人の解任（第四一条の五）及び清算人の報酬の額（第四二条の六）に係る裁判について、即時抗告ができると定めていた。

非訟事件手続法（平成二三年法律第五一号）が新たに制定され、同法において即時抗告の規定が設けられることに伴い、職業能力開発促進法に当該規定を置く必要がなくなったため、非訟事件手続法及び家事事件手続法の施行に伴う関係法律の整備等に関する法律（平成二三年法律第五三号）により削除された。

（検査役の選任）

第四十二条の八　裁判所は、職業訓練法人の清算の監督に必要な調査をさせるため、検査役を選任することができる。

2　第四十二条の五及び第四十二条の六の規定は、前項の規定により裁判所が検査役を選任した場合について準用する。この場合において、同条中「清算人及び監事」とあるのは、「職業訓練法人及び検査役」と読み替えるものとする。

趣旨

本条は、検査役の選任について規定したものである。

そもそも、裁判所はいつでも職権をもって職業訓練法人の解散及び清算の監督に必要な検査を行うことができる（第四二条の二第二項）と規定されており、その検査は裁判所が直接行うことができるものでもある。

第一項は、裁判所は、検査人を選任して、監督のために必要な検査を行わせることができると定めている。

第二項は、第一項の規定により検査役が選任された場合に、第四二条の五（不服申立ての制限）及び第四二条の六（裁判所の選任する清算人の報酬）の規定を準用する旨を定めている。
本条は、旧非訟事件手続法第四〇条の規定の内容を書き下ろしたものである。

（都道府県の執行機関による厚生労働大臣の事務の処理）

第四十二条の九　厚生労働大臣は、政令で定めるところにより、[1] 職業訓練法人に対する監督上の命令又は設立の認可の取消しについて、都道府県の執行機関に対し指示をすることができる。

趣旨

本条は、都道府県の執行機関による厚生労働大臣の事務の処理について規定したものである。すなわち、主務官庁である厚生労働大臣は、政令で定めることで、職業訓練法人に対する監督上の命令又は設立の認可の取消しについて、都道府県の執行機関に対し指示をすることができると定めている。
本条は、旧民法第八四条の二第二項の規定の内容を書き下ろしたものである。

解説

① 政令で定めるところにより

職業能力開発促進法施行令第一条では、次のように定めている。

（都道府県知事に対する厚生労働大臣の指示）

第一条　厚生労働大臣は、都道府県知事が職業能力開発促進法（以下「法」という。）第四十一条の規定による職業訓練法人の設立の認可を取り消す処分又は法第三十九条の二第一項の規定による職業訓練法人の業務の停止を命ずる処分をしないことが著しく公益を害するおそれがあると認めるときは、当該都道府県知事に対し、これらの規定による処分をすべきことを指示することができる。

（準用）

第四十三条　一般社団法人及び一般財団法人に関する法律（平成十八年法律第四十八号）第四条、第七十八条、第百五十八条及び第百六十四条の規定は、職業訓練法人について準用する。

趣旨

本条は、職業訓練法人の住所、代表者の損害賠償責任、贈与又は遺贈、財産の帰属について一般社団法人及び一般財団法人に関する法律の規定を準用することとしたものである。

すなわち、これらの準用によって定められた規定は、次のとおりである。

(a)　一般社団法人及び一般財団法人に関する法律第四条（住所）の規定の準用

職業訓練法人の住所は、その主たる事務所の所在地にあるものとする。

(b)　一般社団法人及び一般財団法人に関する法律第七八条（代表者の行為についての損害賠償責任）の規定の準用

職業訓練法人は、代表理事その他の代表者がその職務を行うについて第三者に加えた損害を賠償する責任を負う。

(c)　一般社団法人及び一般財団法人に関する法律第一五八条（贈与又は遺贈に関する規定の準用）の規定の準用

①　生前の処分で財産の拠出をするときは、その性質に反しない限り、民法の贈与に関する規定を準用する。

②　遺言で財産の拠出をするときは、その性質に反しない限り、民法の遺贈に関する規定を準用する。

(d)　一般社団法人及び一般財団法人に関する法律第一六四条（財産の帰属時期）の規定の準用

①　生前の処分で財産の拠出をしたときは、当該財産は、職業訓練法人の成立の時から当該職業訓練法人に帰属する。

②　遺言で財産の拠出をしたときは、当該財産は、遺言が効力を生じた時から職業訓練法人に帰属したものとみなす。

第五章　職業能力検定

本章は、職業能力の評価・見える化により労働者の技能の向上とその経済的・社会的地位の向上を図ることを目的として行われる職業能力検定について定めている。

第一節では、厚生労働大臣が実施する職業能力検定である技能検定について、第二節では、事業主その他の関係者が実施する職業能力検定や事業主団体などの関係者が実施する職業能力検定等について補則として規定している。

職業能力検定は、国の実施するものから、業界団体、個別の事業主が実施するものまで、求められる職業能力の性質に応じ、様々な実施主体や仕組みのなかで推進されてきた。しかし、産業構造の変化や様々な職務での対人要素の拡大等に伴い、求められる職業能力が変化していくなか、職業能力評価制度の一層の充実が必要となった。

こうした背景から、平成二七年改正により、技能検定だけでなく、事業主や事業主団体などの関係者が実施する職業能力検定について、厚生労働大臣が望ましい基準を定めることとし、その客観性・公正性等を向上させることで、我が国全体の職業能力評価制度の質の向上を図るため、技能検定も含めた職業能力検定について章立てされたものである。

第一節　技能検定

この節は、職業能力検定のうち国家検定である技能検定について定めており、具体的には、第四四条は厚生労働大臣の行う技能検定について、第四五条は受検資格について、第四六条及び第四七条は技能検定の実施について、第四八条は指定試験機関に対する報告聴取等について、第四九条は合格証書について、第五〇条は合格者の名称について規定している。

近年のサービス経済化・国際化、技術革新の進展、高齢化社会への移行等のなかで、我が国が安定した経済成長を遂げていくためには、技能労働者が経済活動において大きな役割を果たしていくことが不可欠である。

特に、最近の我が国の産業界においては、マイクロエレクトロニクスに代表される生産技術の著しい進展が見られ、それに対応する労働者の技能の向上を図ることが必要となってきている。

他方、伝統産業を支える技能について、これを将来にわたって存続させることにより、豊かな文化生活をもたらすとともに、伝統産業に従事する労働者の地位の向上を図り、ひいては、我が国産業の発展に寄与することができる。

しかし、労働者の技能の向上を図るには、職業訓練を強力に推進するとともに、その習得及び向上した技能を判定し、社会的に公証することが必要であり、このために技能検定制度が設けられているものである。

なお、我が国において昭和一六年当時、旧機械技術者検定令に基づいて行われた検定及びこれと前後して国家総動員法に基づき国民職業能力検査規則によって行われた検査は、本法に規定する技能検定とは目的を異にする。前者は機械工作又は金属加工を行う工場労働者に対して、現場技術者として必要な能力を有するかどうかを判定するための検定であり、後者は国家総動員法に基づく国民職業能力申告令により機械技術者、電気技術者、採鉱夫、鍛工、旋盤工、仕上工等主として軍需産業上必要と認められる一三四職種についての国民の職業能力に関する申告制度が実施され、その際、職業能力の程度の決定が申告のみによることが不適当と認められる場合に行われた技能検査であるが、これらは戦時労務需給の円滑化を目的としたものであった。

（技能検定）

第四十四条　技能検定1)は、厚生労働大臣が、厚生労働省令で定める職種2)（以下この条において「検定職

種」という。）ごとに、厚生労働省令で定める等級に区分して行う。[3] ただし、検定職種のうち、等級に区分することが適当でない職種として厚生労働省令で定めるもの[4]については、等級に区分しないで行うことができる。

2　前項の技能検定（以下この章において「技能検定」という。）の合格に必要な技能及びこれに関する知識の程度[5]は、検定職種ごとに、厚生労働省令で定める。

3　技能検定は、実技試験[6]及び学科試験[7]によつて行う。

4　実技試験の実施方法[8]は、検定職種ごとに、厚生労働省令で定める。

趣旨

第一項は、技能検定は、厚生労働大臣が厚生労働省令で定める職種ごとに厚生労働省令で定める等級に区分して行うこと、ただし、等級に区分することが適当でない職種として厚生労働省令で定めるものについては、等級に区分しないで行うことができること、第二項は、技能検定の合格に必要な技能及びこれに関する知識の程度は、検定職種ごとに厚生労働省令で定めること、第三項は、技能検定は、実技試験及び学科試験によって行うこと、第四項は、技能検定の実施方法は、検定職種ごとに厚生労働省令で定めることについて規定している。

解説

①　技能検定

技能検定は、技能及びこれに関する知識について一定の基準を設け、労働者の技能がその基準に達しているか否かを判定する制度として、旧職業訓練法（昭和三三年法律第一三三号）により創設されたものである。技能検定は、その合格者に相応の称号を付与することにより、合格した労働者に対する企業の内外の評価が高まることを期待し、これにより労働者の技能習得意欲を増進させ、ひいては労働者の技能の向上を図ろうとするものである。したがって、技能検定は、一定の事業を行うことあるいは一定の職務に就くことを許可するための前提として行われる試験等とはその性格を異にする。

さらに、技能検定制度を、技術の進歩、労働者の再就職に必要な技能の水準等を考慮しつつ労働者の技能等の程度を適切に検定できる制度とするためには、技能検定試験について、民間機関の協力を一層求める必要があることから、平成一三年改正において、民間機関に行わせる業務を拡大し、合格の決定を除く試験業務の全部又は一部を民間機関に行わせることができるように改めた。また、試験業務を行うことができる民間機関の範囲についても、従来の「事業主又は事業主団体」から、「事業主団体若しくはその連合団体又は一般社団法人若しくは一般財団法人、法人である労働組合その他の営利を目的としない法人」に拡大した。

技能検定は厚生労働大臣が行う国家検定であるが、技能検定の実施に当たっては、後述するようにその業務の一部を都道府県知事、中央職業能力開発協会、都道府県職業能力開発協会及び指定試験機関に行わせることにしている。

② 厚生労働省令で定める職種

技能検定は、職業能力開発促進法の体系のうちで行われているものであるから、本来職業訓練の実施されている全職種について行うことが望ましいが、多数の職種のすべてについて直ちに技能検定を行うことは困難であるので、社会的にその必要度の高いと認められるものから順次行われている。

技能検定を実施する職種は、職業能力開発促進法施行規則（昭和四四年労働省令第二四号）第六〇条による別表第一一の三の三において、現在次の一三二職種が規定されている。なお、当該職種については、技能検定の創設当時は、安定的な制度設計の観点から政令により定められていたが、産業活動の変化が加速している状況を踏まえ、社会経済の変化に即応した機動的な改廃が行えるよう、平成二七年改正により厚生労働省令に委任されている。

技能検定職種一覧（一三二職種）（令和六年八月二九日現在）

ウェブデザイン
キャリアコンサルティング
ピアノ調律
ファイナンシャル・プランニング
眼鏡作製
知的財産管理
金融窓口サービス
ブライダルコーディネート
接客販売
着付け
ホテル・マネジメント
レストランサービス
フィットネスクラブ・マネジメント
ビル設備管理
園芸装飾
造園
林業
さく井
金属溶解
鋳造
鍛造
金属熱処理
粉末冶金
機械加工
非接触除去加工
金型製作
金属プレス加工
鉄工
建築板金
工場板金
めっき
アルミニウム陽極酸化処理
溶射
金属ばね製造
ロープ加工
仕上げ
切削工具研削
機械検査
ダイカスト
機械保全
電子回路接続
電子機器組立て
電気機器組立て
シーケンス制御
半導体製品製造
プリント配線板製造
自動販売機調整
産業車両整備
鉄道車両製造・整備
時計修理
光学機器製造
内燃機関組立て
空気圧装置組立て
油圧装置調整
縫製機械整備
建設機械整備
農業機械整備
冷凍空気調和機器施工
染色
ニット製品製造
婦人子供服製造
紳士服製造
和裁
寝具製作
帆布製品製造
布はく縫製
機械木工
家具製作
建具製作
紙器・段ボール箱製造
プリプレス
印刷
製本
プラスチック成形
強化プラスチック成形
石材施工
パン製造
菓子製造
製麺
ハム・ソーセージ・ベーコン製造
水産練り製品製造
みそ製造
酒造
情報配線施工
建築大工

枠組壁建築
かわらぶき
とび
左官
築炉
ブロック建築
エーエルシーパネル施工
タイル張り
畳製作
配管
厨《ちゅう》房設備施工
型枠施工
鉄筋施工
コンクリート圧送施工
防水施工
樹脂接着剤注入施工
内装仕上げ施工
熱絶縁施工
カーテンウォール施工
サッシ施工
自動ドア施工
バルコニー施工
ガラス施工
ウェルポイント施工
テクニカルイラストレーション
機械・プラント製図
電気製図
化学分析
金属材料試験
貴金属装身具製作
ガラス用フィルム施工
印章彫刻
表装
塗装
路面標示施工
塗料調色
広告美術仕上げ
義肢・装具製作
舞台機構調整
工業包装
写真
調理
ビルクリーニング
ハウスクリーニング
産業洗浄
商品装飾展示
フラワー装飾

③　厚生労働省令で定める等級に区分して行う

技能検定の等級は、技能労働者の従事する職務の主要な段階によって弾力的に定めることとしており、現在定められている等級としては、特級、一級、二級、三級又は基礎級がある（規則第六一条第一項）。このうち一二一職種については、一級、二級等の等級に区分され（規則別表第一一の四）、一一職種については等級を区分しないものとされている（規則第六一条第三項）。

④　等級に区分することが適当でない職種として厚生労働省令で定めるもの

検定職種のうち、等級に区分することが適当でないものを単一等級といい、現在、規則第六一条第三項において、溶射、電子回路接続、製麺、枠組壁建築、エーエルシーパネル施工、バルコニー施工、路面標示施工、塗料調色、調理、ハウスクリーニング、産業洗浄の一一職種が定められている。

職業訓練法が制定された昭和三三年度当初において検定職種はすべて一級及び二級に分類されていたが、検定職種のなかには技能の上下の幅が比較的狭く、また、検定技術上の制約があるものも見られること等から、昭和五三年度の法改正の際に、等級に区分せず単一等級で技能検定を実施することが適当な職種を設けることとしたものである。

⑤ 技能検定……の合格に必要な技能及びこれに関する知識の程度

技能検定の合格に必要な技能及びこれに関する知識の程度は次の表のとおりである（規則第六二条）。

特級の技能検定	検定職種ごとの管理者又は監督者が通常有すべき技能及びこれに関する知識の程度
一級の技能検定	検定職種ごとの上級の技能労働者が通常有すべき技能及びこれに関する知識の程度
二級の技能検定	検定職種ごとの中級の技能労働者が通常有すべき技能及びこれに関する知識の程度
三級の技能検定	検定職種ごとの初級の技能労働者が通常有すべき技能及びこれに関する知識の程度
基礎級の技能検定	検定職種ごとの基本的な業務を遂行するために必要な基礎的な技能及びこれに関する知識の程度
単一等級の技能検定	検定職種ごとの上級の技能労働者が通常有すべき技能及びこれに関する知識の程度

実技試験及び学科試験の試験科目のうち、特級については規則別表第一一の五、一級については同別表第一二、二級については同別表第一三、三級については同別表第一三の二、基礎級については同別表第一三の三、単一等級については同別表第一三の四に定められており、これらは厚生労働大臣が中央職業能力開発協会に試験問題及び試験実施要領を作成させる基準であるばかりでなく、一般に技能労働者の技能の水準を判断する目安として活用することができ、また、技能検定受検希望者の指針としても利用される。

⑥ 実技試験

実技試験は、実際に作業等を行わせてその技能を検定するための試験である。

試験問題は、指定試験機関が作成するものを除き、原則として中央職業能力開発協会が作成するものであり、厚生労働大臣が定める技能検定実施計画に基づいて毎年原則としてあらかじめ公表することとされている。

⑦ 学科試験

学科試験は、単に学問的な知識を試験するものではなく、労働者が生産現場において実際に作業を行った経験から得られる知識及びその作業を行うに当たって当然知っておかなければならない関係法規その他の知識について行うものである。

⑧ 実技試験の実施方法

技能検定は、従来、ものづくり分野を中心として整備されてきたが、雇用吸収力の高い対人サービス分野等を中心に対象分野の拡大が求められるようになった。その際、実技試験の実施方法として、ものづくり分野のように課題物を作成するといった方式の試験ではなく、ロールプレイなどの手法により多様な顧客ニーズに即応した能力発揮を検定する方式の実技試験が適切となる職種もあることから、平成二七年改正により、第四項を追加し、実技試験の実施方法について厚生労働省令において類型化・明確化することとしたものである。

具体的には、実技試験の実施方法として、製作等作業試験（受検者に材料等の提供等を行い、実際に物の製作、組立て、調整等の作業を行わせる試験）、判断等試験（受検者に対象物又は現場の状態、状況等を原材料、標本、模型、写真、ビデオ等を用いて提示し、判断、判別、測定等を行わせる試験）、計画立案等作業試験（受検者に現場における実際的な課題等を紙面等を用いて表、グラフ、図面、文章等によって提示し、計画立案、計算、予測等の作業を行わせる試験）、実地試験（疑似的な現場の状況等を設定し、ロールプレイ等の実地動作又は口述を行わせる試験）の四つの方法に類型化し、技能検定職種ごとに規則別表第一一の四の二において定めている（規則第六二条の二）。

（受検資格）

第四十五条　技能検定を受けることができる者は、次の者とする。

一　厚生労働省令で定める準則訓練を修了した者[1)]

二　厚生労働省令で定める実務の経験を有する者[2)]

三　前二号に掲げる者に準ずる者で、厚生労働省令で定めるもの[3)]

趣旨

本条は、技能検定の受検資格を定めたものである。

第一号は、準則訓練を修了した者、第二号は、一定の期間の実務経験を積んだ者、第三号は、第一号及び第二号に定められた者に準ずる者が受検資格を有する旨を規定したものである。

技能検定は職業訓練と密接な関連の下で行われるべきであるという基本理念を踏まえ、準則訓練を修了した者を技能検定の受検資格の対象者とするとともに、自己啓発等多様な形態での職業能力開発を図るため実務の経験を有する者及びこれらに準ずる者についても受検の機会を与えるよう規定したものである。

解説

①　厚生労働省令で定める準則訓練を修了した者

各等級の受検資格については、訓練の目的、内容等を考慮し、次のとおり規定されている。

以下受検資格における「検定職種に関し」及び「検定職種に関し……実務の経験を有する」者については③(ヘ)参照。

なお、以下受検資格における普通課程の普通職業訓練には、昭和四四年制定職業訓練法の規定により行われた専門的な技能に関する職業訓練及び認定職業訓練が含まれる（規則第四五条の二第二項第三号）。

(イ)　一級の技能検定の受検資格（規則第六四条の二第一項）

(a)　検定職種に関し、応用課程の高度職業訓練を修了した者（当該検定職種に関し、当該訓練を修了した後一年以上の実

務の経験を有する者に限る。）（同項第一号）

(b)　検定職種に関し、専門課程の高度職業訓練を修了した者（当該検定職種に関し、当該訓練を修了した後三年以上の実務の経験を有する者、二級の技能検定に合格した者で当該技能検定に合格した後一年以上の実務の経験を有するもの又は三級の技能検定に合格した者で当該技能検定に合格した後二年以上の実務の経験を有するものに限る。）（同項第二号）

(c)　検定職種に関し、普通課程の普通職業訓練を修了した者（当該検定職種に関し、当該訓練を修了した後五年（総訓練時間が二、八〇〇時間以上の訓練を修了した者にあっては、四年）以上の実務の経験を有する者に限る。）（同項第三号）

(d)　検定職種に関し、短期課程の普通職業訓練であって総訓練時間が七〇〇時間以上のものを修了した者（当該検定職種に関し、当該訓練を修了した後六年以上の実務の経験を有する者に限る。）（同項第四号）

(ロ)　二級の技能検定の受検資格（規則第六四条の三第一項）

(a)　検定職種に関し、応用課程又は専門課程の高度職業訓練を修了した者（同項第一号）

(b)　検定職種に関し、普通課程の普通職業訓練を修了した者（同項第二号）

(c)　検定職種に関し、短期課程の普通職業訓練であって総訓練時間が七〇〇時間以上のものを修了した者（同項第三号）

(ハ)　三級の技能検定の受検資格（規則第六四条の四第一項）

(a)　検定職種に関し、応用課程又は専門課程の高度職業訓練を修了した者（同項第一号）

(b)　検定職種に関し、普通課程の普通職業訓練を修了した者（同項第二号）

(c)　検定職種に関し、短期課程の普通職業訓練を修了した者（同項第三号）

(ニ)　基礎級の技能検定の受検資格（規則第六四条の五第一項）

(a)　検定職種に関し、応用課程又は専門課程の高度職業訓練を修了した者（同項第一号）

(b)　検定職種に関し、普通課程の普通職業訓練を修了した者（同項第二号）

(c)　検定職種に関し、短期課程の普通職業訓練を修了した者（同項第三号）

(ホ)　単一等級の技能検定の受検資格（規則第六四条の六第一項）

(a)　検定職種に関し、応用課程又は専門課程の高度職業訓練を修了した者（同項第一号）

(b)　検定職種に関し、普通課程の普通職業訓練を修了した者（総訓練時間が二、八〇〇時間未満の訓練を修了した者にあっては、当該検定職種に関し、当該訓練を修了した後一年以上の実務の経験を有する者に限る。）（同項第二号）

(c)　検定職種に関し、短期課程の普通職業訓練であって総訓練時間が七〇〇時間以上のものを修了した者（当該検定職種に関し、当該訓練を修了した後一年以上の実務の経験を有する者に限る。）（同項第三号）

②　厚生労働省令で定める実務の経験を有する者

以下受検資格における「検定職種に関し」、「検定職種に関し……実務の経験を有する」者及び「検定職種に関する学科」については③(ヘ)参照。

以下受検資格における「学校教育法による」「大学」、「専修学校」、「短期大学」、「高等専門学校」、「高等学校」、「中等教育学校の後期課程」及び「各種学校」については③(ト)参照。

(イ)　特級の技能検定の受検資格（規則第六四条）

検定職種に関し、一級の技能検定に合格した者で、その後五年以上の実務の経験を有するものとされている。

(ロ)　一級の技能検定の受検資格（規則第六四条の二第二項）

特定応用課程の高度職業訓練若しくは指導員養成課程の指導員養成訓練又は特定専門課程の高度職業訓練を修了した者、職業訓練指導員免許を受けた者、二級又は三級の技能検定に合格した者、職業教育を修めて卒業した者及び実務経験のみの者について規定されている。

(a)　検定職種に関し、特定応用課程の高度職業訓練又は規則第三六条の五の表の指導員養成訓練のうち、下欄に掲げる指導員養成課程の指導員養成訓練を修了した者で、その後一年以上の実務の経験を有するもの（同項第一号）

(b)　検定職種に関し、特定専門課程の高度職業訓練を修了した者で、その後三年（二級の技能検定に合格した者にあっては当該技能検定に合格した後一年、三級の技能検定に合格した者にあっては当該技能検定に合格した後二年）以上の

実務の経験を有するもの（同項第一の二号）

(c)　規則別表第一一の二の下欄に掲げる免許職種に係る職業訓練指導員免許を受けた者で、その後当該免許職種に応ずる同表の上欄に掲げる検定職種（その検定職種が二以上あるときは、いずれか一の検定職種）に関し一年以上の実務の経験を有するもの（同項第二号）

(d)　検定職種に関し、二級の技能検定に合格した者で、その後二年以上の実務の経験を有するもの（同項第三号）

(e)　検定職種に関し、三級の技能検定に合格した者で、その後四年以上の実務の経験を有するもの（同項第四号）

(f)　学校教育法による大学又は専修学校（学校教育法施行規則（昭和二二年文部省令第一一号）第一五五条第一項第五号に規定する文部科学大臣が指定するものに限る。）において検定職種に関する学科を修めて卒業した者で、その後当該検定職種に関し四年以上の実務の経験を有するもの（同項第五号）

(g)　学校教育法による短期大学、高等専門学校又は専修学校（同法第一三二条に規定する専門課程に限る。）において検定職種に関する学科を修めて卒業した者（専門職大学前期課程にあっては、修了した者）で、その後当該検定職種に関し五年以上の実務の経験を有するもの（同項第六号）

(h)　学校教育法による高等学校、中等教育学校の後期課程又は専修学校（学校教育法施行規則第一五〇条第三号に規定する文部科学大臣が指定するものに限る。）において検定職種に関する学科を修めて卒業した者で、その後当該検定職種に関し六年以上の実務の経験を有するもの（同項第七号）

(i)　学校教育法による専修学校（(f)から(h)までに規定するものを除く。）又は各種学校（授業時数が八〇〇時間以上のものに限る。）のうち厚生労働大臣が指定するものにおいて検定職種に関する学科を修めて卒業した者で、その後当該検定職種に関し六年（授業時数が一、六〇〇時間以上三、二〇〇時間未満のものを修めて卒業した者にあっては五年、授業時数が三、二〇〇時間以上のものを修めて卒業した者にあっては四年）以上の実務の経験を有するもの（同項第八号）

(j)　検定職種に関し七年以上の実務の経験を有する者（同項第九号）

(ハ)　二級の技能検定の受検資格（規則第六四条の三第二項）
検定職種に関し二年以上の実務の経験を有する者とされている。

(ニ)　三級の技能検定の受検資格（規則第六四条の四第二項）
検定職種に関し実務の経験を有する者とされている。

(ホ)　基礎級の技能検定の受検資格（規則第六四条の五第二項）
検定職種に関し実務の経験を有する者とされている。

(ヘ)　単一等級の技能検定の受検資格（規則第六四条の六第二項）
職業教育を修めて卒業した者及び実務経験のみの者について規定されている。

(a)　学校教育法による高等学校、中等教育学校の後期課程又は専修学校（学校教育法施行規則第一五〇条第三号に規定する文部科学大臣が指定するものに限る。）において検定職種に関する学科を修めて卒業した者で、その後当該検定職種に関し一年以上の実務の経験を有するもの（同項第一号）

(b)　学校教育法による専修学校（(a)及び③(ホ)(d)に規定するものを除く。）又は各種学校（授業時数が八〇〇時間以上のものに限る。）のうち厚生労働大臣が指定するものにおいて検定職種に関する学科を修めて卒業した者で、その後当該検定職種に関し一年以上の実務の経験を有するもの（同項第二号）

(c)　検定職種に関し三年以上の実務の経験を有する者（同項第三号）

③　前二号に掲げる者に準ずる者で、厚生労働省令で定めるもの

以下受検資格における「検定職種に関し」、「検定職種に関し……実務の経験を有する」者及び「検定職種に関する学科」については(ヘ)参照。

以下受検資格における「学校教育法による」「大学」、「専修学校」、「短期大学」、「高等専門学校」、「高等学校」、「中等教育学校の後期課程」及び「各種学校」については(ト)参照。

なお、以下受検資格における「同等以上の技能及びこれに関する知識を有すると認められる者」は、具体的には、昭和四五年労働省告示第一八号（技能検定の受検資格を定める件）に定められている。

(イ)　一級の技能検定の受検資格（規則第六四条の二第三項）

(a)　高度養成課程の指導員養成訓練を修了した者等について規定されている。

検定職種に関し、規則第三六条の五の表の指導員養成訓練のうち、下欄に掲げる高度養成課程の指導員養成訓練を修了した者（同項第一号）

(b)　1(イ)、2(ロ)及び(a)に掲げる者と同等以上の技能及びこれに関する知識を有すると認められる者として厚生労働大臣が定める者（同項第二号）

(ロ)　二級の技能検定の受検資格（規則第六四条の三第三項）

三級の技能検定に合格した者、特定応用課程若しくは特定専門課程の高度職業訓練又は指導員養成課程若しくは高度養成課程の指導員養成訓練を修了した者、職業教育を修めて卒業した者等について規定されている。

(a)　検定職種に関し、三級の技能検定に合格した者（同項第一号）

(b)　検定職種に関し、特定応用課程又は特定専門課程の高度職業訓練を修了した者（同項第一の二号）

(c)　検定職種に関し、規則第三六条の五の表の指導員養成訓練のうち、下欄に掲げる指導員養成課程又は高度養成課程の指導員養成訓練を修了した者（同項第二号）

(d)　学校教育法による大学、短期大学、高等専門学校、高等学校、中等教育学校の後期課程、専修学校（同法第一三二条に規定する専門課程、学校教育法施行規則第一五〇条第三号若しくは第一五五条第一項第五号に規定する文部科学大臣が指定するもの又は厚生労働大臣が指定するものに限る。）又は各種学校（授業時数が八〇〇時間以上のものであって、厚生労働大臣が指定するものに限る。）において検定職種に関する学科を修めて卒業した者（当該学科を修めて専門職大学前期課程を修了した者を含む。）（同項第三号）

(e)　1(ロ)、2(ハ)及び(b)から(d)までに掲げる者と同等以上の技能及びこれに関する知識を有すると認められる者として厚生労働大臣が定める者（同項第四号）

(ハ)　三級の技能検定の受検資格（規則第六四条の四第三項）

応用課程若しくは専門課程の高度職業訓練又は普通課程若しくは短期課程の普通職業訓練を受けている者、特定応用課程又は特定専門課程の高度職業訓練を修了した者又は受けている者、指導員養成課程又は高度養成課程の指導員養成訓練を修了した者又は受けている者、職業教育を修めて卒業した者等について規定されている。

(a)　検定職種に関し、応用課程又は専門課程の高度職業訓練を受けている者（同項第一号）

(b)　検定職種に関し、普通課程の普通職業訓練を受けている者（同項第二号）

(c)　検定職種に関し、短期課程の普通職業訓練を受けている者（同項第三号）

(d)　検定職種に関し、特定応用課程又は特定専門課程の高度職業訓練を修了した者（同項第三の二号）

(e)　検定職種に関し、特定応用課程又は特定専門課程の高度職業訓練を受けている者（同項第三の三号）

(f)　検定職種に関し、規則第三六条の五の表の指導員養成訓練のうち、下欄に掲げる指導員養成課程又は高度養成課程の指導員養成訓練を修了した者（同項第四号）

(g)　検定職種に関し、規則第三六条の五の表の指導員養成訓練のうち、下欄に掲げる指導員養成課程又は高度養成課程の指導員養成訓練を受けている者（同項第五号）

(h)　学校教育法による大学、短期大学、高等専門学校、高等学校、中等教育学校の後期課程、専修学校又は各種学校において検定職種に関する学科を修めて卒業した者（当該学科を修めて専門職大学前期課程を修了した者を含む。）（同項第六号）

(i)　学校教育法による大学、短期大学、高等専門学校、高等学校、中等教育学校の後期課程、専修学校又は各種学校において検定職種に関する学科に在学する者（同項第七号）

(j)　①(ハ)、②(ニ)及び(a)から(i)までに掲げる者と同等以上の技能及びこれに関する知識を有すると認められる者として厚生労働大臣が定める者（同項第八号）

(ニ)　基礎級の技能検定の受検資格（規則第六四条の五第三項）

応用課程若しくは専門課程の高度職業訓練又は普通課程若しくは短期課程の普通職業訓練を受けている者、特定応用課程又は特定専門課程の高度職業訓練を修了した者又は受けている者、指導員養成課程又は高度養成課程を修了した者又は受けている者、職業教育を修めて卒業した者等について規定されている。

(a) 検定職種に関し、応用課程又は専門課程の高度職業訓練を受けている者（同項第一号）
(b) 検定職種に関し、普通課程の普通職業訓練を受けている者（同項第二号）
(c) 検定職種に関し、短期課程の普通職業訓練を受けている者（同項第三号）
(d) 検定職種に関し、特定応用課程又は特定専門課程の高度職業訓練を修了した者（同項第三の二号）
(e) 検定職種に関し、特定応用課程又は特定専門課程の高度職業訓練を受けている者（同項第三の三号）
(f) 検定職種に関し、規則第三六条の五の表の指導員養成訓練のうち、下欄に掲げる指導員養成課程又は高度養成課程の指導員養成訓練を修了した者（同項第四号）
(g) 検定職種に関し、規則第三六条の五の表の指導員養成訓練のうち、下欄に掲げる指導員養成課程又は高度養成課程を受けている者（同項第五号）
(h) 学校教育法による大学、短期大学、高等専門学校、高等学校、中等教育学校の後期課程、専修学校又は各種学校において検定職種に関する学科を修めて卒業した者（当該学科を修めて専門職大学前期課程を修了した者を含む。）（同項第六号）
(i) 学校教育法による大学、短期大学、高等専門学校、高等学校、中等教育学校の後期課程、専修学校又は各種学校において検定職種に関する学科に在学する者（同項第七号）
(j) ①(ニ)、②(ホ)及び(a)から(i)までに掲げる者と同等以上の技能及びこれに関する知識を有すると認められる者として厚生労働大臣が定める者（同項第八号）

(ホ) 単一等級の技能検定の受検資格（規則第六四条の六第三項）
特定応用課程若しくは特定専門課程の高度職業訓練又は指導員養成課程若しくは高度養成課程の指導員養成訓練

を修了した者、職業訓練指導員免許を受けた者、職業教育を修めて卒業した者等について規定されている。

(a)　検定職種に関し、特定応用課程又は特定専門課程の高度職業訓練を修了した者（同項第一号）

(b)　検定職種に関し、規則第三六条の五の表の指導員養成訓練のうち、下欄に掲げる指導員養成課程又は高度養成課程の指導員養成訓練を修了した者（同項第一の二号）

(c)　規則別表第一一の二の上欄に掲げる検定職種に関し、同表の下欄に掲げる免許職種に係る職業訓練指導員免許を受けた者（同項第二号）

(d)　学校教育法による大学、短期大学、高等専門学校、専修学校（同法第一三二条に規定する専門課程、学校教育法施行規則第一五五条第一項第五号に規定する文部科学大臣が指定するもの又は授業時数が三、二〇〇時間以上のもののうち厚生労働大臣が指定するものに限る。）又は各種学校（授業時数が三、二〇〇時間以上のもののうち厚生労働大臣が指定するものに限る。）において検定職種に関する学科を修めて卒業した者（当該学科を修めて専門職大学前期課程を修了した者を含む。）（同項第三号）

(e)　1(ホ)、2(ヘ)及び(a)(b)から(d)までに掲げる者と同等以上の技能及びこれに関する知識を有すると認められる者として厚生労働大臣が定める者（同項第四号）

(ヘ)　「検定職種に関し」及び「検定職種に関する学科」とは、修了した準則訓練の訓練科又は卒業した「大学」、「短期大学」、「高等専門学校」、「高等学校」、「中等教育学校の後期課程」、「専修学校」、又は「各種学校」の学科の内容に対応し、それに相当する検定職種という意味であり、それぞれの訓練科又は学科と検定職種との個別具体的な対応関係については解釈に委ねられている（平一六・四・一　能発第〇四〇一〇〇一号）。

「実務の経験を有する者」とは、実務経験のみで、何らの職業訓練又は職業教育を受けていない者である。

「検定職種に関し……実務の経験を有する」については、検定職種ごとの主要な技能の内容をおおむね包含する実務（管理監督、訓練、教育及び研究に関する業務を含む。）の経験及び入職後に当該検定職種に関する訓練又は教育を受けた経験として取り扱われている。

(ト)　技能検定と職業教育との連携を図るため、学校教育法による大学、短期大学、高等専門学校、高等学校、中等教育学校の後期課程、専修学校又は各種学校を卒業した者について、それぞれの職業教育の目的、内容等と検定職種との関連度に応じ、受検資格が規定されている。

(チ)　受検資格の特例

以上にかかわらず、規則別表第一一の三の四に掲げる職種の技能検定に係る受検資格については、指定試験機関が定めることができるものとする（規則第六四条の七第一項）。

指定試験機関は、受検資格を定めたとき及び変更しようとするときは、厚生労働大臣の承認を受け（規則第六四条の七第四項）、受検資格を公示しなければならない（規則第六四条の七第五項）。

（技能検定の実施）

第四十六条　厚生労働大臣は、毎年、技能検定の実施計画[1)]を定め、これを関係者に周知させなければならない。

2　都道府県知事は、前項に規定する計画に従い、第四十四条第三項の実技試験及び学科試験（以下「技能検定試験」という。）の実施その他技能検定に関する業務で、政令で定めるもの[2)]を行うものとする。

3　厚生労働大臣は、技能検定試験に係る試験問題及び試験実施要領の作成並びに技能検定試験の実施に関する技術的指導その他技能検定試験に関する業務の一部[3)]を中央職業能力開発協会に行わせることができる。

4　都道府県知事は、技能検定試験の実施その他技能検定試験に関する業務の一部[4)]を都道府県職業能力開発協会に行わせることができる。

趣旨

本条は、技能検定の実施について規定したものである。

第一項は、厚生労働大臣は、毎年技能検定の実施計画を定め、都道府県、職業能力開発協会その他の関係者に周知させることとしたものであり、第二項は、技能検定に関する厚生労働大臣の権限のうち、技能検定の実施その他技能検定に関する政令で定める業務を都道府県知事に委任することとしたもの、第三項は、技能検定に関する厚生労働大臣の権限のうち技能検定試験の試験問題及び試験実施要領の作成、技能検定試験の実施に関する技術的指導等を中央職業能力開発協会に行わせることができることとしたもの、第四項は、都道府県知事は、厚生労働大臣から委任された技能検定試験の実施その他技能検定試験に関する業務の一部を都道府県職業能力開発協会に行わせることができることとしたものである。

すなわち、本条は、厚生労働大臣が行う技能検定の業務の一部を前述のとおり委任し、能率的な実施を図ろうとする趣旨のものである。

この結果、厚生労働大臣が自ら行う業務は、新しい検定職種の設定に係る試行検定及び技能検定の試験科目及びその範囲の作成並びに実施計画の策定等となっている。

解説

①　技能検定の実施計画

実施計画は、毎年、どのような職種及び等級について、どのような日程で技能検定を行うかあらかじめ都道府県、職業能力開発協会及びその他の関係者に周知し、必要な準備を進め、円滑に技能検定が実施されることを期待して定めているものであり、毎年、厚生労働省告示として官報に公示される。

(イ)　技能検定の実施公示

都道府県知事は、技能検定の実施職種、実施期日、実施場所、技能検定受検申請書の提出期限その他技能検定の実施に必要な事項を、あらかじめ公示しなければならないこととされている（規則第六六条第三項）。

都道府県知事は、厚生労働大臣が定める技能検定実施計画に基づき、都道府県技能検定実施計画を策定するとともに、当該都道府県で行う技能検定の実施職種、実施期日、実施場所、受検申請書の受付期間等を定め、公報により技能検定実施公示を行い、技能検定受検希望者等に周知しなければならない。どの職種について検定を行うかについては、当該都道府県が、その地域における産業の動向、受検の状況等を参酌して、都道府県知事が決定している。

(ロ)　問題の公表等

実技試験は、設備のある試験場の確保、材料の調達等に長期間の準備が必要であるため、試験問題を原則としてあらかじめ受検者に知らせることにしている。したがって、実技試験については、問題公表の日が全国統一されることが必要であるが、試験の実施については、試験場及び材料等の確保に伴い、適宜、都道府県が定めることにしている。

学科試験は、あらかじめ問題を公表せず、全国統一した期日に試験を行う。

2 政令で定めるもの

都道府県知事に行わせる業務として、次のものが規定されている（令第二条）。

①　技能検定試験の実施に関すること。

②　法第四九条の合格証書の作成（厚生労働省令で定める等級として、二級、三級、基礎級に係る合格証書の作成に限る。）並びに交付及び再交付に関すること。すなわち、特級、一級及び単一等級の技能検定の合格証書は厚生労働大臣が作

成して都道府県知事が交付し、二級、三級、基礎級の技能検定の合格証書は都道府県知事が作成し、かつ、交付する（規則第六七条）。また、合格証書の再交付についても同様である。

③　①②に掲げる業務に附帯する業務

都道府県技能検定実施計画の策定、公示等がある。

3　技能検定試験に関する業務の一部

(イ)　現在、中央職業能力開発協会に行わせる業務として、次のものがある。

(a)　法第四四条第三項の技能検定の実技試験及び学科試験に係る試験問題並びに試験実施要領（採点基準を含む。）の作成に関すること。

(b)　(a)の技能検定の実技試験及び学科試験の実施に関する技術的指導に関すること。

なお、試験問題及び試験実施要領の作成に関する業務その他技能検定試験の実施に係る技術的な事項に関する業務については、法第六七条の規定により、中央技能検定委員に行わせるものとされている。

(ロ)　技能検定の試験問題等の作成

中央職業能力開発協会が、技能検定の実技試験及び学科試験に係る試験問題及び試験実施要領を作成したときは、当該試験問題及び試験実施要領について厚生労働大臣の認定を受けなければならない（規則第六三条第一項）。

(ハ)　試験問題等の作成の事務手続

中央職業能力開発協会は、厚生労働大臣が毎年定める技能検定の実施計画に定める検定職種について、人材開発統括官が示す技能検定試験の試験科目及びその範囲並びにその細目その他基本的事項に基づいて試験問題等を作成することとなっている。

(ニ)　水準調整会議の開催

技能検定が全国同一水準で実施されるようにするため、中央職業能力開発協会は、いわゆる水準調整会議を開催し、都道府県職業能力開発協会職員その他関係者を招集して試験問題等を説明することとしている。

なお、この会議は、検定実施上の秘密事項を扱うので、招集された者以外は出席することができない取扱いとなっている。

④　技能検定試験に関する業務の一部

現在、都道府県職業能力開発協会に行わせる業務の一部については、各都道府県知事が定め、都道府県の公報等によって告示している。

なお、法第八六条の規定により、当該業務のうち技能の程度の評価に係る事項その他の技術的な事項については、都道府県技能検定委員に行わせるものとされている。

(イ)　技能検定試験の方法

技能検定試験は、③(ロ)の厚生労働大臣の認定を受けた試験問題及び試験実施要領を用いて行うものとされている（規則第六三条の二）。

技能検定試験は、全国同一水準で実施する国家検定であるから中央職業能力開発協会が作成して厚生労働大臣の認定を受けた試験問題及び試験実施要領を用いて行うものであり、他の機関が任意に作成した試験問題等を使用してはならないものである。

(ロ)　受検の申請等

技能検定を受けようとする者は、様式第一三号により作成した技能検定受検申請書（受検地の都道府県知事（指定試験機関が技能検定試験業務を行う場合にあっては、指定試験機関）が別に様式を定める場合にはその様式により作成したもの））を受検地の都道府県知事（指定試験機関が技能検定試験業務を行う場合にあっては、指定試験機関）に提出しなければならないこととされている（規則第六六条第一項）。

受検地は、技能検定を受けようとする者が自由に選択することができる。

次に、法第四六条第四項の規定に基づいて都道府県職業能力開発協会が技能検定試験を実施する場合は、受検申請書は、当該都道府県職業能力開発協会を経由して提出しなければならないこととされている（規則第六六条第二項)。

(ハ)　試験の合格通知

都道府県知事(都道府県職業能力開発協会が技能検定試験を実施する場合には都道府県職業能力開発協会とし、指定試験機関が技能検定試験業務を行う場合には指定試験機関とする。)は、技能検定の実技試験又は学科試験のいずれか一方に合格した者に、書面でその旨を通知しなければならないこととされている(規則第七〇条)。なお、試験の合格通知は、試験の免除(ホ参照)の適用を受けるに当たって重要な書面になるものである。

(ニ)　試験の停止等

都道府県知事(都道府県職業能力開発協会が技能検定試験を実施する場合には都道府県職業能力開発協会とし、指定試験機関が技能検定試験業務を行う場合には指定試験機関とする。)は、技能検定の実技試験又は学科試験に関して不正の行為があったときは、当該不正行為を行った者に対して、その試験を停止し、又はその試験の合格の決定を取り消すものとされている(規則第七一条第一項)。

また、都道府県職業能力開発協会又は指定試験機関がこの試験の停止又は合格の取消しを行った場合は、その旨を遅滞なく都道府県職業能力開発協会にあっては管轄都道府県知事に、指定試験機関にあっては厚生労働大臣に報告しなければならないこととされている(規則第七一条第二項)。

(ホ)　試験の免除

一定の資格を有する者は、技能検定の実技試験又は学科試験の全部又は一部の免除を受けることができる(規則第六五条)。当該資格の内容等を考慮し、次のとおり規定されている。なお、職業訓練指導員免許について、旧法の職業訓練指導員免許を受けた者は、昭和四四年制定職業訓練法附則第六条の規定により同法の職業訓練指導員の免許を受けた者とみなされている。

以下免除における「検定職種に相当する免許職種」、「検定職種に相当する……訓練科」、「的確に行われたと認められる技能照査に合格した」者及び「的確に行われたと認められる修了時の試験に合格した者」については(g)参照。

「実務の経験を有する」については、第四五条〔解説〕3(へ)〈五八〇ページ〉参照。

なお、以下免除における「厚生労働大臣が別に定める」は、具体的には、昭和四四年労働省告示第三七号（技能検定の実技試験又は学科試験の免除を受けることができる者及び免除の範囲を定める件）に定められている。

(a) 特級の技能検定試験の免除（規則第六五条第一項）

(i) 特級の技能検定において実技試験に合格した者は、同一の検定職種に係る特級の技能検定の実技試験の全部の免除を受けることができる。ただし、当該合格した実技試験が行われた日の翌日から起算して五年を経過した日の属する年の翌年（その日が一月一日から三月三一日までの間のいずれかの日である場合にあっては、その日の属する年）の三月三一日までの間に行われたものに限る。

(ii) 特級の技能検定において学科試験に合格した者は、同一の検定職種に係る特級の技能検定の学科試験の全部の免除を受けることができる。ただし、当該合格した学科試験が行われた日の翌日から起算して五年を経過した日の属する年の翌年（その日が一月一日から三月三一日までの間のいずれかの日である場合にあっては、その日の属する年）の三月三一日までの間に行われたものに限る。

(iii) 当該検定職種に相当する応用課程又は特定応用課程及び特定専門課程の高度職業訓練に係る訓練科に関し、的確に行われたと認められる技能照査に合格した後、当該検定職種に関し五年以上の実務の経験を有する者は、特級の技能検定の学科試験の全部の免除を受けることができる。

(b) 一級の技能検定試験の免除（規則第六五条第二項）

(i) 一級の技能検定に合格した者は、同一の検定職種に係る一級の技能検定の学科試験の全部の免除を受けることができる。

(ii) 一級の技能検定において実技試験に合格した者は、同一の検定職種に係る一級の技能検定の実技試験の全部（受検者が実技試験の試験科目を選択することとしている検定職種に係る場合にあっては、当該合格した実技試験において選択した試験科目と同一の試験科目を選択して技能検定試験を受けようとするときに限る。）の免除を受けることができる。

(iii)　一級の技能検定において学科試験に合格した者は、同一の検定職種に係る一級の技能検定の学科試験の全部（受検者が学科試験の試験科目を選択することとしている検定職種に係る場合にあっては、当該合格した学科試験において選択した試験科目と同一の試験科目を選択して技能検定試験を受けようとするときに限る。）の免除を受けることができる。

(iv)　当該検定職種に相当する免許職種に関し、職業訓練指導員試験に合格した者又は職業訓練指導員免許を受けた者は、一級の技能検定の学科試験の全部の免除を受けることができる。

(v)　厚生労働大臣が別に定める他の法令の規定による検定若しくは試験に合格した者又は免許を受けた者は、厚生労働大臣が別に定める一級の技能検定の実技試験又は学科試験の全部又は一部の免除を受けることができる。

(vi)　当該検定職種に相当する応用課程又は特定応用課程及び特定専門課程の高度職業訓練に係る訓練科に関し、的確に行われたと認められる技能照査に合格した後、当該検定職種に関し二年以上の実務の経験を有する者は、一級の技能検定の学科試験の全部の免除を受けることができる。

(vii)　当該検定職種に相当する専門課程の高度職業訓練に係る訓練科に関し、的確に行われたと認められる技能照査に合格した後、当該検定職種に関し四年以上の実務の経験を有する者は、一級の技能検定の学科試験の全部の免除を受けることができる。

(viii)　当該検定職種に相当する訓練科に関し、一級技能士コースの短期課程の普通職業訓練（規則別表第五第一号に定めるところにより行われるものに限る。）の的確に行われたと認められる修了時の試験に合格した者で、当該訓練を修了したものは、一級の技能検定の学科試験の全部の免除を受けることができる。

(ix)　厚生労働大臣が別に定めるところにより一級の技能検定において実技試験に合格した者と同等以上の技能及

びこれに関する知識を有すると認めた者は、厚生労働大臣が別に定める一級の技能検定の実技試験の全部の免除を受けることができる。

(x) 厚生労働大臣が別に定めるところにより一級の技能検定において学科試験に合格した者と同等以上の技能及びこれに関する知識を有すると認めた者は、厚生労働大臣が別に定める一級の技能検定の学科試験の全部の免除を受けることができる。

(c) 二級の技能検定試験の免除（規則第六五条第三項）

(i) 一級又は二級の技能検定に合格した者は、同一の検定職種に係る二級の技能検定の学科試験の全部の免除を受けることができる。

(ii) 一級又は二級の技能検定において実技試験に合格した者は、同一の検定職種に係る二級の技能検定の実技試験の全部（受検者が実技試験の試験科目を選択することとしている検定職種に係る場合にあっては、当該合格した実技試験において選択した試験科目と同一の試験科目（一級の技能検定において実技試験に合格した者にあっては、当該合格した実技試験において選択した試験科目に相当する試験科目）を選択して技能検定試験を受けようとするときに限る。）の免除を受けることができる。

(iii) 一級又は二級の技能検定において学科試験に合格した者は、同一の検定職種に係る二級の技能検定の学科試験の全部（受検者が学科試験の試験科目を選択することとしている検定職種に係る場合にあっては、当該合格した学科試験において選択した試験科目と同一の試験科目（一級の技能検定において学科試験に合格した者にあっては、当該合格した学科試験において選択した試験科目に相当する試験科目）を選択して技能検定試験を受けようとするときに限る。）の免除を受けることができる。

(iv) 当該検定職種に相当する免許職種に関し、職業訓練指導員試験に合格した者又は職業訓練指導員免許を受けた者は、二級の技能検定の学科試験の全部の免除を受けることができる。

(v) 厚生労働大臣が別に定める他の法令の規定による検定若しくは試験に合格した者又は免許を受けた者は、厚生労働大臣が別に定める二級の技能検定の実技試験又は学科試験の全部又は一部の免除を受けることができる。

(vi) 当該検定職種に相当する訓練科に関し、的確に行われたと認められる技能照査に合格した者は、二級の技能検定の学科試験の全部の免除を受けることができる。

(vii) 当該検定職種に相当する訓練科に関し、一級技能士コース又は二級技能士コースの短期課程の普通職業訓練（規則別表第五第一号又は第二号に定めるところにより行われるものに限る。）の的確に行われたと認められる修了時の試験に合格した者で、当該訓練を修了したものは、二級の技能検定の学科試験の全部の免除を受けることができる。

(viii) 厚生労働大臣が別に定めるところにより二級の技能検定において実技試験に合格した者と同等以上の技能及びこれに関する知識を有すると認めた者は、厚生労働大臣が別に定める二級の技能検定の実技試験の全部の免除を受けることができる。

(ix) 厚生労働大臣が別に定めるところにより二級の技能検定において学科試験に合格した者と同等以上の技能及びこれに関する知識を有すると認めた者は、厚生労働大臣が別に定める二級の技能検定の学科試験の全部の免除を受けることができる。

(d) 三級の技能検定試験の免除（規則第六五条第四項）

(i) 一級、二級又は三級の技能検定に合格した者は、同一の検定職種に係る三級の技能検定の学科試験の全部の免除を受けることができる。

(ii) 一級、二級又は三級の技能検定において実技試験に合格した者は、同一の検定職種に係る三級の技能検定の実技試験の全部（受検者が実技試験の試験科目を選択することとしている検定職種に係る場合にあっては、当該合格した実技試験において選択した試験科目と同一の試験科目（二級又は二級の技能検定において実技試験に合格した者にあっては、当該合格した実技試験において選択した試験科目に相当する試験科目）を選択して技能検定試験を受けようとするときに限る。）の免除を受けることができる。

(iii)　一級、二級又は三級の技能検定において学科試験に合格した者は、同一の検定職種に係る三級の技能検定の学科試験の全部（受検者が学科試験の試験科目を選択することとしている検定職種に係る場合にあつては、当該合格した学科試験において選択した試験科目と同一の試験科目（一級又は二級の技能検定において学科試験に合格した者にあつては、当該合格した学科試験において選択した試験科目に相当する試験科目）を選択して技能検定試験を受けようとするときに限る。）の免除を受けることができる。

(iv)　当該検定職種に相当する免許職種に関し、職業訓練指導員試験に合格した者又は職業訓練指導員免許を受けた者は、三級の技能検定の学科試験の全部の免除を受けることができる。

(v)　厚生労働大臣が別に定める他の法令の規定による検定若しくは試験に合格した者又は免許を受けた者は、厚生労働大臣が別に定める三級の技能検定の実技試験又は学科試験の全部又は一部の免除を受けることができる。

(vi)　当該検定職種に相当する訓練科に関し、的確に行われたと認められる技能照査に合格した者は、三級の技能検定の学科試験の全部の免除を受けることができる。

(vii)　当該検定職種に相当する訓練科に関し、一級技能士コース又は二級技能士コースの短期課程の普通職業訓練（規則別表第五第一号又は第二号に定めるところにより行われるものに限る。）の的確に行われたと認められる修了時の試験に合格した者で、当該訓練を修了したものは、三級の技能検定の学科試験の全部の免除を受けることができる。

(viii)　厚生労働大臣が別に定めるところにより三級の技能検定において実技試験に合格した者と同等以上の技能及びこれに関する知識を有すると認めた者は、厚生労働大臣が別に定める三級の技能検定の実技試験の全部の免除を受けることができる。

(ix)　厚生労働大臣が別に定めるところにより三級の技能検定において学科試験に合格した者と同等以上の技能及

びこれに関する知識を有すると認めた者は、厚生労働大臣が別に定める三級の技能検定の学科試験の全部の免除を受けることができる。

(e)　基礎級の技能検定試験の免除（規則第六五条第五項）

(i)　一級、二級、三級又は基礎級の技能検定に合格した者は、同一の検定職種に係る基礎級の技能検定の学科試験の全部の免除を受けることができる。

(ii)　一級、二級、三級又は基礎級の技能検定において実技試験に合格した者は、同一の検定職種に係る基礎級の技能検定の実技試験の全部の免除を受けることができる。

(iii)　一級、二級、三級又は基礎級の技能検定において学科試験に合格した者は、同一の検定職種に係る基礎級の技能検定の学科試験の全部の免除を受けることができる。

(iv)　当該検定職種に相当する免許職種に関し、職業訓練指導員試験に合格した者又は職業訓練指導員免許を受けた者は、基礎級の技能検定の学科試験の全部の免除を受けることができる。

(v)　厚生労働大臣が別に定める他の法令の規定による検定若しくは試験に合格した者又は免許を受けた者は、厚生労働大臣が別に定める基礎級の技能検定の実技試験又は学科試験の全部又は一部の免除を受けることができる。

(vi)　当該検定職種に相当する訓練科に関し、的確に行われたと認められる技能照査に合格した者は、基礎級の技能検定の学科試験の全部の免除を受けることができる。

(vii)　当該検定職種に相当する訓練科に関し、一級技能士コース又は二級技能士コースの短期課程の普通職業訓練（規則別表第五第一号又は第二号に定めるところにより行われるものに限る。）の的確に行われたと認められる修了時の試験に合格した者で、当該訓練を修了したものは、基礎級の技能検定の学科試験の全部の免除を受けることができる。

(viii)　厚生労働大臣が別に定めるところにより基礎級の技能検定において実技試験に合格した者と同等以上の技能

及びこれに関する知識を有すると認めた者は、厚生労働大臣が別に定める基礎級の技能検定の実技試験の全部の免除を受けることができる。

(ix)　厚生労働大臣が別に定めるところにより基礎級の技能検定において学科試験に合格した者と同等以上の技能及びこれに関する知識を有すると認めた者は、厚生労働大臣が別に定める基礎級の技能検定の学科試験の全部の免除を受けることができる。

(f)　単一等級の技能検定試験の免除（規則第六五条第六項）

(i)　単一等級の技能検定に合格した者は、同一の検定職種に係る単一等級の技能検定の学科試験の全部の免除を受けることができる。

(ii)　単一等級の技能検定において実技試験に合格した者は、同一の検定職種に係る単一等級の技能検定の実技試験の全部（受検者が実技試験の試験科目を選択することとしている検定職種に係る場合にあっては、当該合格した実技試験において選択した試験科目と同一の試験科目を選択して技能検定試験を受けようとするときに限る。）の免除を受けることができる。

(iii)　単一等級の技能検定において学科試験に合格した者は、同一の検定職種に係る単一等級の技能検定の学科試験の全部（受検者が学科試験の試験科目を選択することとしている検定職種に係る場合にあっては、当該合格した学科試験において選択した試験科目と同一の試験科目を選択して技能検定試験を受けようとするときに限る。）の免除を受けることができる。

(iv)　当該検定職種に相当する免許職種に関し、職業訓練指導員試験に合格した者又は職業訓練指導員免許を受けた者は、単一等級の技能検定の学科試験の全部の免除を受けることができる。

(v)　厚生労働大臣が別に定める他の法令の規定による検定若しくは試験に合格した者又は免許を受けた者は、厚生労働大臣が別に定める単一等級の技能検定の実技試験又は学科試験の全部又は一部の免除を受けることができる。

(vi)　当該検定職種に相当する応用課程又は特定応用課程及び特定専門課程の高度職業訓練に係る訓練科に関し、的確に行われたと認められる技能照査に合格した者は、単一等級の技能検定の学科試験の全部の免除を受けることができる。

(vii)　当該検定職種に相当する専門課程の高度職業訓練に係る訓練科に関し、的確に行われたと認められる技能照査に合格した後、当該検定職種に関し一年以上の実務の経験を有する者は、単一等級の技能検定の学科試験の全部の免除を受けることができる。

なお、「的確に行われたと認められる技能照査」については(b)(viii)参照。

(viii)　当該検定職種に相当する普通課程の普通職業訓練に係る訓練科に関し、的確に行われたと認められる技能照査に合格した後、当該検定職種に関し二年（総訓練時間が二、八〇〇時間以上の訓練を修了した者にあっては一年）以上の実務の経験を有する者は、単一等級の技能検定の学科試験の全部の免除を受けることができる。

(ix)　当該検定職種に相当する訓練科に関し、単一等級技能士コースの短期課程の普通職業訓練（規則別表第五第三号に定めるところにより行われるものに限る。）の的確に行われたと認められる修了時の試験に合格した者で、当該訓練を修了したものは、単一等級の技能検定の学科試験の全部の免除を受けることができる。

(x)　厚生労働大臣が別に定めるところにより単一等級の技能検定において実技試験に合格した者と同等以上の技能及びこれに関する知識を有すると認めた者は、厚生労働大臣が別に定める単一等級の技能検定の実技試験の全部の免除を受けることができる。

(xi)　厚生労働大臣が別に定めるところにより単一等級の技能検定において学科試験に合格した者と同等以上の技能及びこれに関する知識を有すると認めた者は、厚生労働大臣が別に定める単一等級の技能検定の学科試験の全部の免除を受けることができる。

(g)　検定職種に相当する免許職種及び訓練科

「検定職種に相当する免許職種」及び「検定職種に相当する訓練科」とは、修了した準則訓練の訓練科又は合格した職業訓練指導員試験若しくは職業訓練指導員免許の免許職種の内容に対応し、それに相当する検定職種という意味であり、それぞれの免許職種又は訓練科との個別具体的な対応関係については解釈に委ねられている（平一六・四・一　能発第〇四〇一〇〇一号）。

なお、「的確に行われたと認められる技能照査に合格した者」とは、公共職業能力開発施設の行う技能照査に合格した者及び技能照査の合格証書に、規則第三五条の三第二項の規定に基づき、都道府県知事がその旨の証明を行ったものの交付を受けている者をいい、また、「的確に行われたと認められる修了時の試験に合格した者」とは、公共職業能力開発施設の行う修了時試験に合格した者及び所定の技能士コースの短期課程の普通職業訓練の修了証書に都道府県知事がその旨の証明を行ったものの交付を受けている者をいう。

(へ)　試験の免除の特例

以上にかかわらず、規則別表第一一の三の四に掲げる職種の技能検定に係る試験の免除の基準については、指定試験機関が定めることができるものとする（規則第六五条の二第一項）。

指定試験機関は、試験の免除の基準を定めたとき及び変更するときは、厚生労働大臣の承認を受け（規則第六五条の二第五項）、試験の免除の基準を公示しなければならない（規則第六五条の二第六項）。

第四十七条　厚生労働大臣は、厚生労働省令で定めるところにより、事業主の団体若しくはその連合団体又は一般社団法人若しくは一般財団法人、法人である労働組合その他の営利を目的としない法人であつて、次の各号のいずれにも適合していると認めるものとしてその指定[1)]する者（以下「指定試験機関」という。）に、技能検定試験[2)]に関する業務のうち、前条第二項の規定により都道府県知事が行う

もの以外のもの（合格の決定に関するものを除く。以下この条及び第九十六条の二において「技能検定試験業務」[3]という。）の全部又は一部を行わせることができる。

一　職員、設備、技能検定試験業務の実施の方法その他の事項についての技能検定試験業務の実施に関する計画が、技能検定試験業務の適正かつ確実な実施のために適切なものであること。

二　前号の技能検定試験業務の実施に関する計画の適正かつ確実な実施に必要な経理的及び技術的な基礎を有するものであること。

2　指定試験機関の役員若しくは職員又はこれらの職にあつた者は、技能検定試験業務に関して知り得た秘密を漏らしてはならない。[4]

3　技能検定試験業務に従事する指定試験機関の役員及び職員は、刑法その他の罰則の適用については、法令により公務に従事する職員とみなす。

4　厚生労働大臣は、指定試験機関が次の各号のいずれかに該当するときは、その指定を取り消し、又は期間を定めて技能検定試験業務の全部若しくは一部の停止を命ずることができる。

一　第一項各号の要件を満たさなくなつたと認められるとき。

二　不正な手段により第一項の規定による指定を受けたとき。

趣旨

平成一三年の職業能力開発促進法改正により、指定試験機関制度が創設された。改正前は、調理職種及びビルクリーニング職種について指定事業主団体が試験業務の一部を行ってきたが、技能検定試験に関する業務を行わせることができる民間試験機関の範囲及び当該民間試験機関に行わせることができる業務の範囲の拡大を通じて、職業能力評価制度を整備することとしたものである。

改正前の法第六四条第五項に基づく指定事業主団体制度においては、厚生労働大臣が特に必要と認めた場合の特例的措置として、試験業務を指定事業主団体に行わせることとしていたところであるが、改正後の法第四七条第一項に基づく指定試験機関制度においては、法において指定の基準を定めるとともに、指定試験機関になろうとする者の申請に基づき指定する方式に改めたところである。

ただし、平成一三年改正時の際には、新たな検定職種の導入に当たって、施行令の改正を行う必要があった。施行令については、法改正に伴い、改正前の別表を別表第一に改めるとともに、新たに都道府県知事が行うもの以外の職種（すなわち指定試験機関に試験業務を行わせることのできる職種）を別表第二に掲げることとした（平成二七年改正により検定職種は厚生労働省令で定めることとし、規則第六〇条第一項による別表第一一の三の三で施行令の別表第一を、規則第六〇条第二項により別表第一一の三の四で施行令の別表第二を掲げている）。

なお、従来自治事務として都道府県知事が行っている技能検定試験に係る業務については、指定試験機関に行わせることはせず、省令において、職種を区分し、都道府県知事が行う試験業務とそれ以外の試験業務とを区分することとしたところである。

解説

⑴ 指定

厚生労働大臣は指定試験機関を指定し、技能検定試験に関する業務の全部又は一部を指定試験機関に行わせることができることとしたことに伴い、次に掲げる事項に係る規定の整備を行った（規則第六三条の三から第六三条の一四まで）。

①　申請に基づく指定試験機関の指定
②　指定試験機関の指定の欠格事由
③　指定試験機関の指定の申請書及び添付書類
④　指定試験機関の指定の基準
⑤　指定試験機関による試験業務規程の作成及び厚生労働大臣による承認
⑥　指定試験機関の試験業務の休廃止の許可
⑦　指定試験機関による事業計画及び収支予算の作成及び厚生労働大臣による承認
⑧　指定試験機関による指定試験機関技能検定委員の選任及び解任並びに厚生労働大臣に対する届出
⑨　厚生労働大臣による指定試験機関に対する勧告及び指定の取消し
⑩　指定試験機関による厚生労働大臣に対する試験結果の報告及び帳簿の保存
⑪　指定試験機関の試験業務の休廃止、停止等の場合の厚生労働大臣による試験業務の実施
⑫　指定試験機関の試験業務の休廃止の許可等の公示
⑬　指定試験機関の名称等の変更の届出

2　技能検定試験

指定試験機関が行う技能検定試験は、厚生労働大臣の認定を受けた試験科目及びその範囲及び試験実施要領を用いて行うものとした。

(イ)　指定試験機関の行う技能検定試験の受検資格の特例（規則第六四条の七）

技能検定の受検資格については、原則、規則第六四条から第六四条の六までに定められているが、指定試験機関

の行う技能検定試験については、指定試験機関が受検資格を定めることができることとするとともに、指定試験機関は、受検資格を定めた場合には、厚生労働大臣の承認を受けなければならないこととした。

(ロ)　指定試験機関の行う技能検定試験の免除の特例（規則第六五条の二）

技能検定試験の免除については、原則、規則第六五条に定められているが、指定試験機関の技能検定に係る試験の免除の基準については、指定試験機関が定めることができるものとしたことに伴い、指定試験機関は、試験の免除の基準を定めたときは、厚生労働大臣の承認を受けなければならないこととした。

(ハ)　指定試験機関の行う技能検定試験の受検の申請、実施職種、期日等の公示（規則第六六条第一項及び第三項（規則第六六条第一項による読み替え））

指定試験機関が試験業務を行う場合にあっては、技能検定を受けようとする者は、当該指定試験機関が定める技能検定受検申請書を指定試験機関に提出しなければならない。

指定試験機関は、技能検定の実施職種、実施期日等の必要な事項をあらかじめ公示しなければならない。

(ニ)　指定試験機関が技能検定試験を行う職種の合格証書（規則第六八条第二項及び第六九条第二項）

指定試験機関の行う技能検定試験の合格証書のうち、二級以下のものは、当該指定試験機関が当該指定試験機関の名称を記して交付するものとした。

また、合格証書再交付については、指定試験機関が技能検定試験業務を行う場合にあっては、申請しようとする者は技能検定合格証書再交付申請書を指定試験機関に提出しなければならない。

(ホ)　指定試験機関を指定する省令の制定

平成一三年改正前の法第六四条第五項及び改正前の規則第六二条の二において、厚生労働大臣は、その指定する事業主団体等に技能検定試験に関する業務を行わせることができるとされ、「労働大臣が指定する職種及び労働大臣が指定する事業主の団体を定める件」（昭和五七年労働省告示第九七号。以下「九七号告示」という。）により、㈳調理技術技能センター及び㈳全国ビルメンテナンス協会を指定していたが、「公益法人に対する検査等の委託等に関する基準」（平成八年九月二〇日閣議決定）により、「委託等を受ける公益法人は、法律又はこれに基づく政令（当面の間、法律に基づく省令も含む。以下「法令」という。）に基づいて指定すること」とされたことから、九七号告示を廃止するとともに、改正後の法第四七条第一項に基づく指定を行うため、新たに「職業能力開発促進法第四十七条第一項に規定する指定試験機関を指定する省令」（平成一三年厚生労働省令第二〇四号。以下「指定省令」という。）を定め、調理については㈳調理技術技能センターを、ビルクリーニングについては㈳全国ビルメンテナンス協会を指定試験機関に指定した。さらに、平成一四年四月、新たに指定試験機関に行わせる四職種が追加されたことに伴い、指定省令を全部改正し、「職業能力開発促進法第四十七条第一項に規定する指定試験機関の指定に関する省令」（平成一四年厚生労働省令第七七号）を定め、指定試験機関を掲げることとした。

(ヘ)　関係告示の一部改正

(a)　技能士章規程（昭和四一年労働省告示第五三号）の一部改正

改正前の技能士章規程第一条の規定に基づき、基礎一級及び基礎二級を除く技能検定に合格した者に対して厚生労働大臣が技能士章を交付していたが、民間機関の活力を活用して技能検定制度の整備を図るという法の改正の趣旨から、指定試験機関が行う技能検定に合格した者に対しては厚生労働大臣は技能士章を交付しないこととし、指定試験機関が当該検定職種に合格した者に技能士章を交付することができることを明確化した。

③　技能検定試験業務

指定試験機関に試験科目及びその範囲の設定を行わせることができることとしたことに伴い、試験問題の作成等について次のとおり定めた。

(イ)　指定試験機関が試験科目及びその範囲を設定したとき及び試験実施要領を作成したときは厚生労働大臣の認定を受けなければならないこととした。また、指定試験機関が作成する試験問題については厚生労働大臣の認定を要しないこととした（規則第六三条第一項）。

(ロ)　指定試験機関は、(イ)の認定を受けたときは、その内容の周知を図るため、公示しなければならない（規則第六三条第二項）。

なお、公示の方法としては、官報に掲載する又はインターネット・ホームページに掲載する等の方法がある。

④　知り得た秘密を漏らしてはならない

法第四七条第二項において指定試験機関の技能検定試験業務の実施及び役員等の秘密保持義務について規定されたことに伴い、改正前の規則第六二条の四に規定されていた指定事業主団体に関する秘密保持義務規定を削除した。

（報告等）

第四十八条　厚生労働大臣は、必要があると認めるときは、指定試験機関に対してその業務に関し必要な報告を求め、又はその職員に、指定試験機関の事務所に立ち入り、業務の状況若しくは帳簿、書類その他の物件を検査させることができる。

2　前項の規定により立入検査をする職員は、その身分を示す証票[1)]を携帯し、関係者に提示しなければならない。

3　第一項の規定による立入検査の権限は、犯罪捜査のために認められたものと解釈してはならない。

趣旨

本条は、厚生労働大臣は、必要があると認めるときは、指定試験機関に対して必要な報告を求め、又は事務所に立ち入り、業務の状況若しくは帳簿、書類その他の物件を検査させることができることとしたものである。

解説

1 証　票

立入検査をする職員がその身分を示す証票については、規則第七八条第一項により、様式第一七号によるものとされている。

（合格証書）

第四十九条　技能検定に合格した者[1]には、厚生労働省令で定めるところ[2]により、合格証書を交付する。

趣旨

本条は、技能検定に合格した者には、合格証書を交付する旨を規定したものである。

解説

1 合格した者

(イ) 合否の基準

技能検定試験の合否の基準は、厚生労働大臣が定めることとしている。

なお、合否の基準は、検定職種ごとに定められている。

(ロ) 合格者

実技試験及び学科試験の双方に合格した者（規則第六五条の規定により試験の免除を受ける者を含む。）を技能検定に合格した者としており、その合否の決定については、都道府県知事（指定試験機関が試験業務を行う場合にあっては、厚生労働大臣）が行っている。

なお、実技試験及び学科試験の合否の判定については、都道府県職業能力開発協会が都道府県知事の委任に基づいて行っており（指定試験機関が試験業務を行う場合にあっては、当該団体が行う。）、合格者には、合格の通知をしている。

2 厚生労働省令で定める

(イ) 合格証書（規則第六八条）

特級、一級及び単一等級の技能検定に係る合格証書の様式は、様式第一四号に定められている。

二級、三級、基礎級の技能検定に係る合格証書は、次の①から⑤までに掲げる事項を記載し、都道府県知事名（規則別表第一一の三の三に掲げる職種（規則別表第一一の三の四に掲げる職種を除く。）の技能検定に係るものに限る。）又は指定試験機関の名称（規則別表第一一の三の四に掲げる職種の技能検定に係るものに限る。）を記して押印しなければならない。

① 合格証書の番号
② 合格した技能検定の等級、職種及び実技試験の試験科目
③ 技能士の名称
④ 合格した者の氏名及び生年月日
⑤ 合格証書を交付する年月日

(ロ) 合格証書の作成及び交付

合格証書は、施行令第二条第二号及び規則第六七条に定めるところにより、特級、一級及び単一等級の技能検定の合格証書は厚生労働大臣が、二級、三級、基礎級の技能検定の合格証書は都道府県知事がそれぞれ作成する（第四六条〔解説〕2②〈五八三ページ〉参照）。

平成一三年改正による指定試験機関制度の創設に伴い、指定試験機関の行う技能検定試験の合格証書のうち、二級以下のものは、当該指定試験機関が当該指定試験機関の名称を記して交付するものとした。

(ハ)　合格証書の再交付

合格証書の交付を受けた者は、合格証書を滅失し、若しくは損傷したとき、又は氏名を変更したときは、合格証書の再交付を申請することができる。

この再交付の申請は、規則第六九条（様式第一六号）による技能検定合格証書再交付申請書（指定試験機関が技能検定試験業務を行う場合にあつては、当該指定試験機関が定める様式により作成したもの）を都道府県知事（指定試験機関が技能検定試験業務を行う場合にあつては、指定試験機関）に提出して行わなければならない。

この場合、当該申請が合格証書を損傷したことによるものであるときは合格証書を、氏名を変更したことによるものであるときは合格証書及び氏名を変更したことを証する書面を添えなければならない（規則第六九条）。

技能検定の合格者に対しては、合格証書は何らの申請行為を要しないで交付されるが、再交付の場合は、申請に基づいて交付することとされている。

なお、旧職業訓練法（昭和三三年法律第一三三号）に基づいて交付された合格証明書は、本法の合格証書と同一の性格のものであるから、本条の合格証書と同様に取り扱うことにしている。

（合格者の名称）

第五十条　技能検定に合格した者は、技能士[1)]と称することができる。

2　技能検定に合格した者は、前項の規定により技能士と称するときは、その合格した技能検定に係る職種及び等級（当該技能検定が等級に区分しないで行われたものである場合にあつては、職種）を表示[2)]してするものとし、合格していない技能検定に係る職種又は等級を表示してはならない。

3　厚生労働大臣は、技能士が前項の規定に違反して合格していない技能検定の職種又は等級を表示した場合には、二年以内の期間を定めて技能士の名称の使用の停止を命ずることができる。
4　技能士でない者は、技能士という名称を用いてはならない。[3)]

趣旨

本条は、技能検定に合格した者に技能士の称号を付与する等の措置を規定したものである。

第二項は、技能検定に合格した者が技能士と証するときは、その合格した技能検定に係る職種及び等級（単一等級の場合は職種のみ）を表示してするものとし、合格していない技能検定に係る職種又は等級を表示してはならないことを定めたものである。

第三項は、技能士が第二項の規定に違反した場合には、厚生労働大臣が、二年以内の期間を定めて技能士の名称の使用停止を命ずることができることを定めたものである。

第四項は、技能士の名称の使用制限を定めたものである。「技能士」の称号は、国として、技能検定に合格した者の技能を評価し、この評価を公に証明しようとするものであって、技能士がその技能に誇りをもち、さらに技能の錬磨に励むことを期待して設けた制度である。

したがって、技能士でない者が技能士という名称を用いた場合、国家検定の目的をそこなうことになるので、その使用を禁止するものである。

なお、第三項の規定により技能士の名称の使用の停止を命ぜられた期間中に技能士の名称を使用した者、又は第四項の規定に違反した者は、三〇万円以下の罰金に処せられることとされた（第一〇二条第七号）。また、第四項の規定については、従来、過料であったものが、平成一三年改正において、罰金刑へ強化が図られたものである（第一〇二条第八号)。

解説

① 技能士

技能士の名称とは、例えば「○○技能士」あるいは「○○技能士○○」などと使用した場合にもこれに該当するものである。ただし、技能検定に合格した技能士を対象とした「技能士会」あるいは「技能士の友」等の名称は、本条の趣旨からこれに該当しないものである。

② 合格した技能検定に係る職種及び等級……を表示

平成一三年改正において、法第五〇条第二項を追加し、技能士と称するときは、合格した技能検定に係る職種及び等級を表示してするものとされた。これに伴い、改正前の規則第七二条（技能士の名称）及び関連別表を削除した。

これにより、改正前の規則第七二条の関連別表（別表第一四の三、別表第一五、別表第一六及び別表第一七）において、例えば機械加工職種において「一級機械技能士」等、検定職種名と異なる技能士名称を定めていたものについて、改正法施行後は「一級機械加工技能士」等、検定職種名を冠した技能士名称となるが、経過措置により、平成一三年九月三〇日までに技能検定に合格した者が称することができる名称については、なお従前の例によることとした。

なお、法第五〇条第二項においては、技能士と称するときの職種及び等級の表記順を定めていないところであるが、従来の技能士の名称との整合性を図るため、都道府県知事又は指定試験機関が合格証書を交付する場合には、等級（ただし、単一等級を除く。）、職種の順に表記して技能士の名称とするものとする。

③ 技能士でない者は、技能士という名称を用いてはならない

技能士の名称は、労働者の職業能力の水準を客観的に表示し、評価する手段として広く用いられており、具体的には、労働者の募集条件の客観的な表示方法として、また、応募労働者の職業能力の客観的な評価方法として用いられるほか、社内における配置、昇進及び報酬その他の処遇決定の際にも、公平性を確保できる基準として用いられてい

るところである。

あわせて、技能士の名称は、企業内外における労働者の社会的・経済的地位を示すものとして、また、労働者の職業能力開発の目標としての重要性も有している。

さらに、近年においては、労働移動の増大等の下で、特に、労働者の募集、採用に当たっての職業能力の表示の的確性が強く求められるようになってきている。

例えば、企業における事業転換が激しくなっているなかで、新たな技能等に対応できる即戦力の確保が、経営上極めて重要な事項となっているが、必要な労働者の募集、採用に当たって、応募者が技能士の名称を詐称した場合は、必要な能力のない労働者の採用という直接の不利益のみならず、他の応募者のなかの適材が不採用となり、その者の雇用の安定がそこなわれるほか、企業も必要な人材を確保する機会を逸し、経営への重大な影響を与えることもあり得るものである。

特に中小企業においては、応募者の職業能力を迅速、的確に判断する手段に乏しいことから、職業能力表示の適正さを確保していくことが重要であり、さらには、技能士の名称の表示が、労働者の募集、採用に当たって、信頼に足るものであるとの認識を社会的に普及し、定着させることにより、社会全体としての円滑な再就職及び雇用の安定を達成していくことも極めて重要である。

したがって、技能士の名称の信頼性を十分確保することを通じて、円滑な再就職及び雇用の安定を図り、さらには、求める職業能力を有する労働者の採用を容易にすることによる企業の効果的な事業遂行を図るという社会的要請に法制度として的確に応えていくことが不可欠であり、その手段として、技能士の名称独占を認めているものである。

なお、技能検定の合格者に対しては、技能士としての誇りと自覚をもたせるとともに、社会一般の技能士に対する認識と評価を高めることを目的として、昭和四一年労働省告示第五三号（技能士章規程）に基づき、厚生労働大臣が技能士章を交付することにしている。現在は、基礎級を除く技能検定に合格した者に技能士章が交付されているが、このうち指定試験機関が行う技能検定に合格した者に対しては、指定試験機関が技能士章を交付することができることとされている。

第二節　補　則

本節は、職業能力検定に係る補則を定めており、第五〇条の二は職業能力検定に関する基準の整備について、第五一条は厚生労働省令への委任について規定している。

（職業能力検定に関する基準の整備）

第五十条の二　厚生労働大臣は、職業能力検定（技能検定を除く。以下この条において同じ。）の振興を図るため、事業主その他の関係者が職業能力検定を適正に実施するために必要な事項に関する基準を定めるものとする。

趣旨

本条は、平成二七年改正により、事業主や事業主団体などの関係者が自主的に実施する職業能力検定について、客観性・公正性・安定性を向上させるために、厚生労働大臣が望ましい基準を定めることとしたものである。

当該規定に基づき、「職業能力検定を適正に実施するために必要な事項に関する基準（平成二八年厚生労働省告示第九八号）」及び「職業能力検定認定規程」（昭和五九年労働省告示第八八号）が定められており、認定基準は次のとおりである。
① 職業能力検定が直接営利を目的とするものでないこと。
② 職業能力検定を実施する者が職業能力検定の適正かつ確実な実施に必要な経理的及び技術的な基礎を有するものであること。
③ 職業能力検定の公正な運営のための組織が確立されており、かつ、職業能力検定に当たる者の選任の方法が適切かつ公正であること。
④ 職業能力検定が職業に必要な労働者の技能及びこれに関する知識の評価に係る客観的かつ公正な基準に基づくものであること。
⑤ 職業能力検定が職業に必要な労働者の技能及びこれに関する知識を適正に評価するために必要な試験その他の評価方法を有するものであり、かつ、職業能力検定の実施の方法が適切かつ公正であること。
また、規則第七一条の二第一項に規定する事業主等の行う職業能力検定の認定に関しては、「職業能力検定認定規程」（昭和五九年労働省告示第八八号）が定められている。

職業能力検定認定制度は、事業主又は事業主の団体若しくはその連合団体が実施する検定のうち、一定の基準を満たすものを厚生労働大臣が認定する制度であり、認定基準は、次のとおりである。
① 職業能力検定が直接営利を目的とするものでないこと。
② 職業能力検定を実施する者が職業能力検定の適正かつ確実な実施に必要な経理的及び技術的な基礎を有するものであること。
③ 職業能力検定の公正な運営のための組織が確立されており、かつ、職業能力検定に当たる者の選任の方法が適切かつ公正であること。
④ 職業能力検定が職業に必要な労働者の技能及びこれに関する知識の評価に係る客観的かつ公正な基準に基づくものであること。

⑤　職業能力検定が職業に必要な労働者の技能及びこれに関する知識を適正に評価するために必要な試験その他の評価方法を有するものであり、かつ、職業能力検定の実施の方法が適切かつ公正であること。
⑥　技能振興上奨励すべきものであること。
⑦　職業能力検定が、労働者の有する職業能力に対する社会的評価の向上に資すると認められるものであること。
⑧　職業能力検定が、職業能力開発促進法第四四条の規定に基づき厚生労働大臣が行う技能検定を補完するものであること。
⑨　職業能力検定学科試験及び実技試験で行われるものであること。
⑩　職業能力検定が、いずれの対象職種についても原則として毎年一回以上実施されること。
⑪　職業能力検定の実施に関する計画として、次のいずれにも適合する計画を定めていること。
⑫　職業能力検定の合格者に称号を付す場合にあっては、検定の対象職種その他に照らして、称号が適切なものであること。
⑬　職業能力検定を実施する者が、職業能力検定を実施するにふさわしい者であること。

厚生労働大臣は、事業主又は事業主の団体若しくはその連合団体（以下この条において「事業主等」という。）からの申請に基づき、当該事業主等の行う職業能力検定について、これらの基準に適合するものである旨の認定を行うことができる（規則第七一条の二）。認定する職業能力検定には、職業能力検定を実施する事業主等が雇用する労働者（事業主の団体又はその連合体にあっては、その構成員である事業主が雇用する労働者。以下同じ。）のみを対象とする社内検定及び職業能力検定を実施する事業主等が雇用する労働者以外の者（当該事業主等が雇用する労働者以外の労働者のほか、求職者、学生、フリーランス等）を含めて対象とする団体等検定がある。

（厚生労働省令への委任）

第五十一条　この章に定めるもののほか、職業能力検定に関して必要な事項は、厚生労働省令で定める。

趣旨

本条は、第五章に規定するもののほか、職業能力検定に関して必要な事項は厚生労働省令で定めることとしたものである。

第六章　職業能力開発協会

この章は、職業能力開発の促進を図ることを目的とする民間の指導団体として中央に設立される中央職業能力開発協会及び都道府県に設立される都道府県職業能力開発協会について規定したものである。

昭和四四年職業訓練法により、職業訓練に関する団体については職業訓練法人、職業訓練法人連合会及び職業訓練法人中央会制度が導入され、技能検定に関する団体については、中央には技能検定試験に係る試験問題等の作成に当たる中央技能検定協会が、都道府県には技能検定試験の実施に当たる都道府県技能検定協会がそれぞれ設立された。

昭和五三年改正職業訓練法により、これらの団体は統合することとされ、中央においては職業訓練法人中央会（現実には、これに代わるものとして㈳全国共同職業訓練中央会が設立されていた。）と中央技能検定協会、都道府県においては職業訓練法人連合会と都道府県技能検定協会を統合した中央職業能力開発協会及び都道府県職業能力開発協会が設立されることとされたものである。

従来の団体を職業能力開発協会に統合することとしたのは、今後、生涯能力開発体制を確立する上で、民間における職業訓練の飛躍的振興を図ることが重要課題となっており、そのためには、事業主等が幅広く連携し自主的かつ積極的に職業訓練を推進する体制を確立する必要があること、また、公共・民間が一体となって職業訓練を推進する上で国等の施策に呼応し、きめ細かな浸透を図るためにも強力な民間の指導的団体を育成強化していく必要があること、さらに、職業訓練の推進と技能の評価は相互に密接な関連の下に行われるべきであるところから、それらに関する団体は一体であることがより適当なものであるからである。

職業能力開発協会への統合により、事業主等に対する指導援助機能を強化し、民間における職業能力開発推進の中核団体として発展することが期待されている。

第一節　中央職業能力開発協会

この節は、職業能力の開発及び向上の促進を図ることを目的として中央に設立される中央職業能力開発協会について規定している。

すなわち、第五二条は中央職業能力開発協会の目的について、第五三条は中央職業能力開発協会の人格及び名称使用制限について、第五四条は中央職業能力開発協会の数について、第五五条は業務について、第五六条は会員の資格について、第五七条は加入について、第五八条は会費について、第五九条は設立の発起人について、第六〇条は創立総会について、第六一条は設立の認可について、第六二条は定款の必要的記載事項について、第六三条は役員の数及び職務について、第六四条は役員の任免及び任期について、第六五条は会長及び理事長の代表権の制限について、第六六条は参与について、第六七条は中央技能検定委員について、第六八条は決算関係書類の提出及び備付け等について、第六九条は総会について、第七〇条は解散の理由及び手続について、第七一条は清算人について、第七二条は財産の処分等について、第七三条は決算関係書類の厚生労働大臣への提出について、第七四条は中央職業能力開発協会に対する厚生労働大臣の報告の要求及び立入検査について、第七五条は中央職業能力開発協会に対する厚生労働大臣の勧告及び処分について、第七六条は中央職業能力開発協会に対する助成について、第七七条は中央職業能力開発協会の役員等の秘密保持義務について、第七八条は中央職業能力開発協会の登記、設立、管理、運営、解散及び清算に関する本法並びに一般社団法人及び一般財団法人に関する法律の規定の準用について規定している。

（中央協会の目的）

第五十二条　中央職業能力開発協会（以下「中央協会」という。）は、職業能力の開発及び向上の促進の基本理念[1]の具現に資するため、都道府県職業能力開発協会の健全な発展を図るとともに、国及び都道府県と密接な連携の下に第五条第一項に規定する職業能力の開発[2]（第五十五条第一項において単に「職業能力の開発」という。）の促進を図ることを目的とする。

趣旨

本条は、中央職業能力開発協会の目的について規定したものである。

すなわち、中央職業能力開発協会は、職業能力の開発及び向上の促進の基本理念の具現に資するため、都道府県職業能力開発協会の健全な発展を図るとともに、国及び都道府県との密接な連携の下に職業能力の開発の促進を図ることを目的とするものである。したがって、中央職業能力開発協会は、職業能力の開発及び向上のための民間における中核的指導団体であり、都道府県職業能力開発協会の上部団体としての性格を有するとともに、国及び都道府県の施策をさらに浸透させ、生涯能力開発の促進のための活動を行うものであり、準公共的団体たる性格を帯びるものである。

中央職業能力開発協会の運営は、かかる性格に基づき、国及び都道府県との密接な連携の下に、自主的・積極的かつ総合的なものとして行われなければならないものである。

なお、中央職業能力開発協会は、以下「中央協会」と略称する。

解説

①　職業能力の開発及び向上の促進の基本理念

第三条〔解説〕④〈一一一ページ〉参照。

②　都道府県職業能力開発協会の健全な発展を図る

中央協会は、自ら、職業能力の開発の促進を図るほか、都道府県職業能力開発協会の上部団体として都道府県職業能力開発協会を指導・育成していくことを主要な任務とするものである。このため、都道府県職業能力開発協会は、すべて中央協会の会員となるものとされ（第五七条第一項）、中央協会は、都道府県職業能力開発協会の行う職業訓練、職業能力検定その他職業能力の開発に関する業務についての指導及び連絡を行うものとされている（第五五条第一項第一号）。

（人格等）

第五十三条　中央協会は、法人[1]とする。

2　中央協会でないものは、その名称中に中央職業能力開発協会という文字を用いてはならない。

趣旨

本条は、中央協会の人格及び名称について規定したものである。すなわち、第一項は、中央協会は法人という人格が付与されることを定め、第二項は、中央協会が職業能力の開発の促進のための公共的性格を有する業務並びに厚生労働大臣の委任を受けて国家検定である技能検定試験に関する業務を行うものであることから、中央職業能力開発協会という名称の使用制限を定めている。

なお、第二項の規定に違反したものは、一〇万円以下の過料に処せられる（第一〇八条）。また、中央協会は、公共性の強い法人であるので、税制上各種の優遇措置が定められている。

(イ)　法人税の取扱い

法人税では、職業訓練法人の場合と同様に、中央協会を法人税法別表第二第一号に掲げる公益法人等とし、収益事業から生じた所得以外の所得に対しては非課税とする等の措置を講ずることとしており、法人税の取扱いは次のとおりである。

(a)　各事業年度の所得のうち収益事業から生じた所得以外の所得については、各事業年度の所得に対する法人税を課さない（法人税法第六条）。

(b)　収益事業に属する資産のうちからその収益事業以外の事業のために支出した金額は、損金算入限度内で寄附金として損金算入が認められる（法人税法第三七条第五項）。

(c)　課税所得については、税率が一九パーセントに軽減される（法人税法第六六条第三項）。

(ロ)　所得税の取扱い

所得税についても職業訓練法人の場合と同様に、所得税法第一一条の規定による同法別表第一第一号に掲げる公共法人とし、一般の法人等には課せられる次の所得であって、日本国内において支払を受けるものについても非課税とされている（所得税法第一七四条）。

①　公社債、預貯金の利子等

②　利益の配当、剰余金の分配等

③　定期積金に係る契約に基づく給付補塡金

④　定期積金等（定期積金のほか、一定の期間を定め、その中途又は満了の時において一定の金額の給付を行うことを約して、当該期間内において受け入れる掛金）に係る契約に基づく給付補塡金

⑤　抵当証券に記載された債権の元本及び利息の支払等に関する事項を含む契約により支払われる利息

⑥　貴金属等の物品の買入れ及び売戻しに関する契約で、その契約で定められた期日に、定められた金額で、その物品を売り戻す旨の定めがあるものに基づく利益

⑦　外国通貨で表示された預貯金で、その元本及び利子をあらかじめ定めた率により円換算して支払うこととされている差益

⑧　保険料又は掛金を一時に支払うこと等とされている生命保険、損害保険その他共済の契約のうち、保険期間等が五年以下のもの及び保険期間等が五年を超えるものでその保険期間等の初日から五年以内に解約されたものに基づく差益

⑨　匿名組合契約に基づく利益の分配

⑩　馬主である法人が受ける競馬の賞金で金銭により支払われるもの

(ハ)　地方税法の取扱い

事業税について、職業訓練法人の場合と同じ取扱いであり、収益事業以外の所得については非課税とされる。課税所得の税率も職業訓練法人の場合と同じである（地方税法第七二条の五第一項第二号）。

解説

①　法人

法人一般の意義については第三二条〔解説〕①〈五〇五ページ〉参照。

中央協会は、第七八条において準用されている第三四条及び組合等登記令により、厚生労働大臣の設立の認可の日から二週間以内に、主たる事務所の所在地において、①目的及び業務、②名称、③事務所の所在場所、④代表権を有する者の氏名、住所及び資格、⑤存続期間又は解散の事由を定めたときは、その期間又は事由並びに⑥設置する職業訓練施設の名称を登記しなければならない（同令第二条）。登記事項の変更、事務所の移転、解散等の場合も同様であ

る（同令第三条、第四条、第七条等）。

（数）

第五十四条　中央協会は、全国を通じて一個とする。

趣旨

本条は、中央協会が都道府県職業能力開発協会の上部団体としての性格を有し、全国的な立場から職業能力の開発の促進に関する業務を行うものであることから、全国を通じ一個設立されることとしたものである。

（業務）

第五十五条[1]　中央協会は、第五十二条の目的を達成するため、次の業務を行うものとする。

一　会員の行う職業訓練、職業能力検定その他職業能力の開発に関する業務についての指導及び連絡を行うこと。

二　事業主等の行う職業訓練に従事する者[2]及び都道府県技能検定委員[3]の研修[4]を行うこと。

三　職業訓練、職業能力検定その他職業能力の開発に関する情報及び資料の提供並びに広報を行うこと。

四　職業訓練、職業能力検定その他職業能力の開発に関する調査及び研究を行うこと。

五　職業訓練、職業能力検定その他職業能力の開発に関する国際協力[5]を行うこと。

六　前各号に掲げるもののほか、職業能力の開発の促進に関し必要な業務[6]を行うこと。

2　中央協会は、前項各号に掲げる業務のほか、第四十六条第三項[7]の規定による技能検定試験[8]に関する業務を行うものとする。

趣旨

本条は、中央協会が行う業務について規定したものである。中央協会の行う業務は、自主的に行うこととされるものと、法律による委任に基づき行うこととされるものとがあり、両者は項を区分して規定されている。

第一項は、会員（第五六条〈六二一ページ〉参照）の行う職業訓練、職業能力検定その他職業能力の開発に関する業務についての指導及び連絡、事業主等の行う職業訓練に従事する者及び都道府県技能検定委員の研修、職業訓練、職業能力検定その他職業能力の開発に関する情報及び資料の提供並びに広報、職業訓練、職業能力検定その他職業能力の開発に関する調査及び研究、職業訓練、職業能力検定その他職業能力の開発に関する国際協力並びにこれらのほか職業能力の開発の促進に関し必要な業務を行うこととしたものである。

第二項は、中央協会は、厚生労働大臣の委任を受けて、技能検定試験に係る試験問題及び試験実施要領の作成並びに技能検定試験の実施に関する技術的指導その他技能検定試験に関する業務の一部を行うこととしたものである。

なお、本条の規定に違反して、本条に規定する業務以外の業務を行った場合には、中央協会の発起人又は役員は、二〇万円以下の過料に処せられる（第一〇六条第一号）。

解説

①　会　員

中央協会の会員の資格を有するものは、①都道府県職業能力開発協会、②職業訓練及び職業能力検定の推進のための活動を行う全国的な団体、③その他定款で定めるものである（第五六条）。

②　職業訓練に従事する者

職業訓練指導員免許を有する者に限らず、職業訓練を担当する者、職業訓練の実施計画を作成する者等、広く職業訓練関係の業務に従事する者をいう。

③　都道府県技能検定委員

第八六条〈六七二ページ〉参照。

④　研　修

職業訓練に従事する者に対しては、生産技術の進歩等に対応させるために技能及び知識を付与し、又はその有する技能及び知識をより完全にするために補習させること並びに職業訓練の指導技法を付与すること等の活動を広く指すものであり、指導員訓練よりも広い内容のものである。なお、この研修が指導員訓練又は職業訓練の基準に合致していれば、その旨の認定を受けることができる。

都道府県技能検定委員に対しては、技能検定が円滑に実施されるよう、技能検定の試験問題、採点基準等について理解を深めるための活動をいう。

⑤　国際協力

例えば、職業訓練及び職業能力検定に関する開発途上国に対する援助のほか、国際的な職業訓練、技能評価、技能競技に関する協力等が考えられる。

⑥　必要な業務

自ら認定職業訓練を行うこと（第一三条〈一八八ページ〉参照）、会員の認定職業訓練を行うために必要な施設、設備の設置、会員への貸与、技能向上のための講習会の開催、技能尊重の気運の醸成等、職業能力の開発を促進する上で必要な業務は、一切これに含まれる。

⑦ **第四十六条第三項の規定**

厚生労働大臣は、技能検定試験に係る試験問題及び試験実施要領の作成並びに技能検定試験の実施に関する技術的指導その他技能検定試験に関する業務の一部を中央協会に行わせることができるとする規定である。この規定に基づき、中央協会に行わせることとされている業務については、第四六条〔解説〕③〈五八四ページ〉参照。

⑧ **技能検定試験**

第四四条〔解説〕①〈五六六ページ〉参照。

（会員の資格）

第五十六条　中央協会の会員の資格を有するものは、次のものとする。

一　都道府県職業能力開発協会 1)

二　職業訓練及び職業能力検定の推進のための活動 2) を行う全国的な団体 3)

三　前二号に掲げるもののほか、定款で定めるもの 4)

趣旨

本条は、中央協会の会員の資格について定めたものである。都道府県職業能力開発協会は、設立と同時に自動的にすべて会員となることとされており（第五七条第一項）、また、中央協会は、本条第二号及び第三号に掲げるものの加入について、正当な理由がないのに、拒んだり、不当な条件をつけてはならないこととされている（第五七条第二項）。

解説

①　都道府県職業能力開発協会

第七九条〈六六〇ページ〉以下参照。

②　職業訓練及び職業能力検定の推進のための活動

例えば、職業訓練の実施のほか、職業訓練に関する連絡、相談、助成、情報や資料の提供、広報、調査研究及び技能検定委員の推せん、技能検定試験への協力その他技能競技大会の実施等職業訓練及び技能検定の実施、援助等の活動をいう。なお、職業訓練の推進のための活動とは、認定職業訓練に関するものだけでなく、広く労働者の職業能力の開発向上に資する多様な活動をいうものである。

③　全国的な団体

全国的な規模で組織されている事業主の団体であれば、その構成の態様、法人格の有無を問わない。

④　定款で定めるもの

中央協会の業務の推進に資すると認められるものを定めるべきものであり、団体だけでなく、個人を定めることも許されると解される。

（加入）

第五十七条　都道府県職業能力開発協会は、すべて[1]中央協会の会員となる。

2　中央協会は、前条第二号又は第三号に掲げるものが中央協会に加入しようとするときは、正当な理由[2]がないのに、その加入を拒み、又はその加入について不当な条件[3]をつけてはならない。

趣旨

本条は、中央協会への加入について規定したものである。

第一項は、都道府県職業能力開発協会はすべて自動的に中央協会の会員となることを定めており、第二項は、中央協会は、都道府県職業能力開発協会以外で会員の資格を有する者に対し、その加入について不当な取扱いをしてはならないことを定めている。

なお、第二項の規定に違反した場合には、中央協会の発起人又は役員は、二〇万円以下の過料に処せられる（第一〇六条第二号）。

解説

① すべて

都道府県職業能力開発協会は、職業能力の開発の促進のための業務並びに技能検定試験の実施の業務を行うが、これらについて中央協会と相互に密接に連携してその業務を行うことが肝要であるので、都道府県職業能力開発協会はすべて中央協会の会員となることとしたものである。

② 正当な理由

例えば、加入しようとする団体の運営が法令、定款又は寄附行為に違反しており、設立認可の取消しの可能性が大きいなど、会員の資格が不安定な状態にあること、加入希望者の経理状況が著しく悪く会費の納入等会員としての責務を果たすことが著しく困難であると認められること等は、正当な理由となるものと考えられる。

③ 不当な条件

例えば、会費額上での理由のない差別、不平等かつ恣意的な入会金の徴収などはこれに該当する。

（会費）

第五十八条　中央協会は、定款で定めるところにより、会員[1)]から会費を徴収することができる。

趣旨

本条は、中央協会の会費について規定したものであり、中央協会は、定款で定めるところにより、会員から会費を徴収することができるとしている。

解説

① 会員

都道府県職業能力開発協会並びに第五六条第二号及び第三号に掲げる会員の資格を有するもので中央協会に加入の申込みをし、中央協会会長の承諾を受けたものである（第五六条〈六二一ページ〉参照）。

（発起人）

第五十九条　中央協会を設立するには、五以上の都道府県職業能力開発協会が発起人[1)]となることを要する。

趣旨

本条は、中央協会を設立する場合の発起人について規定したものであり、中央協会の設立に当たっては、都道府県職業能力開発協会が中心となる必要があるので、設立発起人には、少なくとも五以上の都道府県職業能力開発協会が含まれなければならないとしたものである。

なお、本条は、都道府県職業能力開発協会以外のものが設立発起人となることを妨げるものではない。

解説

① 発起人

中央協会の設立を発起する者である。

発起人は、定款を作成し、これを創立総会の日時及び場所とともに会議の開催日の少なくとも二週間前までに公告して、創立総会を開かなければならず（第六〇条第一項）、また、創立総会の終了後遅滞なく厚生労働大臣から設立の認可を受けなければならない（第六一条）こととされている。

（創立総会）

第六十条　発起人は、定款[1]を作成し、これを会議の日時及び場所とともに会議の開催日の少なくとも二週間前までに[2]公告して、創立総会を開かなければならない。

2　定款の承認その他設立に必要な事項[3]の決定は、創立総会の議決によらなければならない。

3　創立総会の議事は、会員の資格を有するもの[4]で、その創立総会の開催日までに発起人に対して会員となる旨を申し出たものの二分の一以上が出席[5]して、その出席者の議決権[6]の三分の二以上の多数で決する。

趣旨

本条は、中央協会の創立総会の招集、議決事項、表決方法などについて規定したものである。

第一項は、発起人は、創立総会に先立って、定款を作成すること、定款並びに会議の日時及び場所を創立総会開催日の少なくとも二週間前までに公告して創立総会を招集すべきことを定めたものである。

第二項は、定款の承認その他設立に必要な事項は、創立総会の議決に基づかなければならないことを定めている。

第三項は、創立総会の議事は、中央協会の基礎を決定するものであるから、創立総会の開催日までに加入申込みを行った会員資格保有者の二分の一以上の出席があり、その出席者の議決権の三分の二以上の多数で決定することとしている。

解説

①　定　款

第六二条〈六二九ページ〉参照。

②　会議の開催日の少なくとも二週間前まで

期間の計算は、民法第一四〇条の規定を準用すべきであろう。すなわち、会議開催日の前日を起算日とし、逆に計算して二週間前までであるから、会議開催日と公告との間に少なくとも二週間の日にちが存在することが必要である。

③ その他設立に必要な事項

設立当時において帰属すべき財産の目録並びに設立後の業務計画及びこれに伴う予算などは、これに該当する。

④ 会員の資格を有するもの

第五六条〈六二一ページ〉参照。

⑤ 会員となる旨を申し出たものの二分の一以上が出席

第七八条において準用されている第三八条の七第二項の規定によって定款に別段の定めをしない限り、書面（委任状など）又は代理人による出席が認められている。

⑥ 議決権

第七八条において準用されている第三八条の七及び第三八条の八の規定によって、定款に別段の定めがない限り、各会員の表決権は平等、すなわち一人が一票を有すること、出席できない会員は、書面又は代理による表決のできること、また、除名などのように中央協会とある会員との関係について議決をする場合には、当該会員は表決権を有しないこと等が定められている。

（設立の認可）

第六十一条　発起人は、創立総会[1)]の終了後遅滞なく、定款及び厚生労働省令で定める事項[2)]を記載した書面を厚生労働大臣に提出して、設立の認可を受けなければならない。

趣旨

本条は、中央協会の設立について認可主義をとること及びその設立認可申請の手続について規定したものである。すなわち、発起人は、創立総会の終了後遅滞なく所定の書類を厚生労働大臣に提出して設立の認可を受けなければならないこととされている。

なお、中央協会は、厚生労働大臣の設立の認可を受けた後、主たる事務所の所在地において設立の登記をすることによって成立することとされている（第七八条において準用されている第三七条〈五一七ページ〉参照）。

解説

① 創立総会

中央協会を設立するために、発起人が招集し、開催日までに発起人に対して会員となる旨を申し出たものが出席して、定款の承認その他設立に必要な事項の決定を行う会議である（第六〇条〈六二五ページ〉参照）。

② 厚生労働省令で定める事項

厚生労働省令で定める事項は、①発起人の氏名及び住所（法人その他の団体にあっては、その名称、代表者の氏名及び主たる事務所の所在地）、②定款並びに創立総会の会議の日時及び場所についての公告に関する事項、③創立総会の議事の経過、並びに④会員となる旨の申出をしたものの氏名及び住所（法人その他の団体にあっては、その名称、代表者の氏名及び主たる事務所の所在地）と定められている（規則第七二条第一項）。

なお、届出に当たっては、登記事項証明書を届出書に添えなければならない（規則第七二条第二項）。

（定款）

第六十二条　中央協会の定款には、次の事項を記載しなければならない。

一　目的[1]
二　名称[2]
三　主たる事務所の所在地[3]
四　業務に関する事項[4]
五　会員の資格に関する事項[5]
六　会議に関する事項[6]
七　役員に関する事項[7]
八　参与に関する事項[8]
九　中央技能検定委員に関する事項[9]
十　会計に関する事項[10]
十一　会費に関する事項[11]
十二　事業年度[12]
十三　解散に関する事項[13]
十四　定款の変更に関する事項[14]
十五　公告の方法[15]

2　定款の変更[16]は、厚生労働大臣の認可[17]を受けなければ、その効力を生じない。

趣旨

本条は、第一項において、中央協会の定款の必要的記載事項を定め、第二項において、定款変更の効力発生の要件として厚生労働大臣の認可を受けることを定めたものである。

解説

①　目　的

中央協会設立の目的である（第五二条〈六一四ページ〉参照）。

②　名　称

中央協会の名称である（第五三条第二項〈六一五ページ〉参照）。

③　主たる事務所の所在地

第七八条の規定により準用されている一般社団法人及び一般財団法人に関する法律第四条の規定により、中央協会の住所は主たる事務所の所在地にあるものとされている。

④　業務に関する事項

中央協会が行う業務である（第五五条〈六一八ページ〉参照）。

⑤　会員の資格に関する事項

会員（第五六条参照）の資格を有するものの範囲や要件、資格を取得するための手続、資格喪失の要件、資格の喪失（脱退又は除名）の手続などがある。

⑥　**会議に関する事項**
総会、理事会等の会議の種類、会議の構成員、招集、議事運営等の手続をいう。

⑦　**役員に関する事項**
役員の種類、職務、人員、選出方法、代理、任期に関する事項等をいう。

なお、役員の種類、職務、人員、代理については第六三条、選出方法、任期については第六四条に規定されている。

⑧　**参与に関する事項**
参与の資格、委嘱の手続、委嘱の期間、参与する事項等をいう。

なお、参与については、第六六条において設置、職務、委嘱について規定されている。

⑨　**中央技能検定委員に関する事項**
中央技能検定委員の資格、職務、選任手続、任期等の事項をいう。

なお、中央技能検定委員については、第六七条に職務、資格について規定がなされている。

⑩　**会計に関する事項**
会計年度、収支予算の作成、会計書類の作成等の事項をいう。

⑪　**会費に関する事項**
会費の額及びその算定方法、納入等の事項をいう。

⑫　**事業年度**
事業の行われる年度であり、会計年度と同じ期間が定められるべきである。

⑬　**解散に関する事項**
解散の理由、解散の手続等の事項をいう。

なお、解散については第六九条第三項第三号及び第四項並びに第七〇条に解散の理由及び総会の議決並びに厚生労働大臣の認可について規定がなされている。

⑭　**定款の変更に関する事項**

定款の変更の手続に関する事項等をいう。

なお、定款の変更については、第六九条第三項第一号及び第四項に総会の議決について規定されている。

⑮　**公告の方法**

広く一般に知らせる方法であって、掲示板への掲示、特定の新聞への掲載等の公告方法、公告の手続等をいう。

⑯　**定款の変更**

定款の変更は総会の議決を経なければならず、このことに係る総会の議事は、総会員の二分の一以上が出席して、その出席者の議決権の三分の二以上の多数で決する（第六九条第三項第一号及び第四項ただし書）。

なお、第一項の必要的記載事項だけでなく、任意的記載事項も定款に記載された以上は定款事項であり、その変更については定款変更の手続が必要である。

⑰　**厚生労働大臣の認可**

定款変更の認可の申請は、①変更の内容及び理由、並びに②変更の議決をした総会の議事の経過を記載した書面を添えた申請書二通を厚生労働大臣に提出して行わなければならない（規則第七三条及び第七六条の二）。

（役員）

第六十三条　中央協会に、役員として、会長一人、理事長一人、理事五人以内及び監事二人以内を置く。

2　中央協会に、役員として、前項の理事及び監事のほか、定款で定めるところにより、非常勤の理事及び監事を置くことができる。

3　会長は、中央協会を代表し[1]、その業務を総理する。

4　理事長は、中央協会を代表し、定款で定めるところにより、会長を補佐して中央協会の業務を掌理し、会長に事故[2]があるときはその職務を代理[3]し、会長が欠員のときはその職務を行う。

5　理事は、定款で定めるところにより、会長及び理事長を補佐して中央協会の業務を掌理し、会長及び理事長に事故があるときはその職務を代理[3]し、会長及び理事長が欠員のときはその職務を行う。

6　監事は、中央協会の業務及び経理[4]の状況を監査する。

7　監事は、監査の結果に基づき、必要があると認めるときは、会長又は厚生労働大臣に意見を提出することができる。

8　監事は、会長、理事長、理事又は中央協会の職員を兼ねてはならない。

趣旨

本条は、中央協会の役員の種類、その職務等役員に関する事項について規定したものである。

第一項は、中央協会に、役員として会長一人、理事長一人、理事五人以内及び監事二人以内を置くこととしている。

この場合、同項の理事及び監事は、第二項の規定からみて常勤のものであると解される。

第二項は、中央協会に、第一項の役員のほかに、定款で定めるところにより、非常勤の理事及び監事を置くことができることとしたものである。

第三項から第六項までは、役員の職務について規定しており、会長は中央協会を代表し、その業務を総理し、理事長は中央協会を代表し、定款で定めるところにより、会長を補佐して中央協会の業務を掌理し、会長に事故があるときはその職務を代理し、会長が欠員のときはその職務を行い、理事は会長及び理事長を補佐して業務を掌理するほか、会長及び理事長に事故があるときはその職務を代理し、会長及び理事長が欠員のときはその職務を行うこと、監事は中央協会の業務及び経理の監査を行うこととしている。したがって、原則として、理事は、代表機関としての性格をもたない。

第七項は、監査の結果を中央協会の適正な運営に反映させるため、必要があると認めるときは、監事は会長又は厚生労働大臣に意見を提出することができることとしたものである。

第八項は、監事の職務に鑑みて、中央協会の会長、理事長、理事又は職員との兼職を禁止し、不正の発生を予防しようとするものである。

なお、会長及び理事長の代表権には、第六五条による制限が課せられることがある。

解説

① 代　表

その者の行為が、法律上、法人の行為となる関係をいう。

すなわち、会長の行為は、中央協会の目的及び業務の範囲内にある場合には、中央協会の行った行為としての法律上の効力をもつ。

② 事　故

病気、長期出張などによる不在の場合等、会長がその職務を果たし得ない場合をいう。

③ 職務を代理

「職務を代理」するとは、会長の職務を会長に代わって行うことをいい、本条の場合、理事長及び理事は、会長に事故がある場合は会長の名において法律行為を行い、法人に直接権利義務を取得させることとなるものである。

④ 経　理

会計上の事務処理をいう。

（役員の任免及び任期）

第六十四条　役員は、定款で定めるところ[1]により、総会において選任し、又は解任する。ただし、設立当時の役員は、創立総会において選任する。

2　前項の規定による役員の選任は、厚生労働大臣の認可[2]を受けなければ、その効力を生じない。

3　会長及び理事長の任期は、四年以内において定款で定める期間[3]とし、理事及び監事の任期は、二年以内において定款で定める期間とする。ただし、設立当時の会長及び理事長の任期は、二年以内において創立総会で定める期間とし、設立当時の理事及び監事の任期は、一年以内において創立総会で定める期間とする。

4　役員は、再任されることができる。

趣旨

本条は、中央協会の役員の任免及び任期について規定したものである。

第一項は、役員の選任及び解任は総会において行うことを定めている。

第二項は、厚生労働大臣の認可を、役員選任の効力発生要件にしている。中央協会は職業能力の開発の促進に関する業務及び国家検定である技能検定試験に係る試験問題の作成等に当たるものであり、その性格からいっても、また、その業務の内容からいっても、公共的役割を果たすものとして円滑に運営されることが肝要であるので、それを担保するために厚生労働大臣による認可の制度が定められたものである。

第三項及び第四項は、役員の任期について定めている。

解説

① 定款で定めるところ

役員の選任・解任の方法は、中央協会において自主的に定めるところによることとしたものである。

② 厚生労働大臣の認可

役員選任の認可の申請は、①役員となるべき者の氏名、住所及び履歴、及び②役員となるべき者の選任の議決をした総会の議事の経過を記載した書面、並びに役員となるべき者の就任の承諾を証する書面を添えた申請書二通を、厚生労働大臣に提出して行わなければならない（規則第七四条及び第七六条の二）。

③ 定款で定める期間

役員の任期は中央協会の自主的に定めるところによることとしたものである。

（代表権の制限）

第六十五条　中央協会と会長又は理事長との利益が相反する事項については、会長及び理事長は、代表権を有しない。この場合には、定款で定めるところ[1]により、監事が中央協会を代表[2]する。

趣旨

本条は、中央協会と会長又は理事長との利益相反事項について会長及び理事長の代表権の制限を定めたものである。

すなわち、中央協会と会長又は理事長との利益が相反する事項については、不正を予防して、中央協会の利益を守るため、会長及び理事長の代表権を否認し、定款に定めるところによって、監事に代表権を与えることとしている。

解説

① 定款で定めるところ

監事が複数置かれている場合、それぞれの監事が単独に代表することとするか、一人のものに代表権を集中させて他の監事には代表権をもたせないこととするか、などについて定めるものである。

② 代表

その者の行為が、法律上、法人の行為となる関係をいう。すなわち、監事の行為は、中央協会の目的及び業務の範囲内にある場合には、中央協会の行った行為としての法律上の効力をもつ。

（参与）

第六十六条　中央協会に、参与を置く。

2　参与は、中央協会の業務の運営に関する重要な事項に参与する。1)

3　参与は、職業訓練又は職業能力検定に関し学識経験のある者のうちから、会長が委嘱する。

4　前三項に定めるもののほか、参与に関し必要な事項は、定款で定める。

趣旨

本条は、中央協会に参与を置くこと、その他参与に関する事項を定めたものである。

第一項は、中央協会に参与を置くことを規定したものである。

第二項は、参与の参与する事項は、中央協会の業務の運営に関する重要な事項であることとし、第三項は、参与は、職業訓練又は職業能力検定に関し学識経験者に委嘱することとし、第四項は、参与の委嘱手続、任期その他参与に関し必要な事項は定款で定めることとしたものである。

中央協会がその目的に沿って適切かつ円滑に業務の運営を行うためには、幅広く各界各層の意見を取り入れ、業務の運営に反映させることが望ましいことであり、このため参与を置くこととしたものである。

解説

① 参与する

参画する意味であって、中央協会の業務の運営に関する重要事項について相談に応じ、調査審議し、意見を述べること等が考えられる。

（中央技能検定委員）

第六十七条　中央協会は、第五十五条第二項の規定により技能検定試験に係る試験問題及び試験実施要領の作成に関する業務その他技能検定試験の実施に係る技術的な事項[1]に関する業務を行う場合には、中央技能検定委員に行わせなければならない。[2]

２　中央協会は、中央技能検定委員を選任しようとするときは、厚生労働省令で定めるところ[3]により、厚生労働省令で定める要件[4]を備える者のうちから選任[5]しなければならない。

趣旨

本条は、中央技能検定委員の職務及び選任について規定したものである。

第一項は、中央協会は、技能検定試験に係る試験問題及び試験実施要領の作成に関する業務その他技能検定試験の実施に係る技術的な事項を行う場合には、中央技能検定委員に行わせなければならないこととしたものである。

第二項は、中央技能検定委員の選任手続及び資格要件を規定したものである。

中央技能検定委員は、検定職種に係る専門家であり、技能検定試験の試験問題及び試験実施要領の作成等の業務を行い、全国的に試験問題の水準を定めることとされる。

解説

① 技術的な事項

技能検定試験に係る試験問題及び試験実施要領の作成等に関する業務のうち専門的な知識及び技能を必要とする事項をいう。

② 行わせなければならない

試験問題及び試験実施要領の作成等は、技術的かつ専門的な事項であり、国家検定としての全国統一的な水準を保持することが必要であるので、中央技能検定委員以外には行わせてはならないこととしたものである。

③ 厚生労働省令で定めるところ

中央協会は、中央技能検定委員を選任しようとするときは、あらかじめ、当該選任しようとする者の氏名、略歴及び担当する検定職種を厚生労働大臣に届け出なければならない（規則第七四条の二第一項）。

④　厚生労働省令で定める要件

厚生労働省令で定める要件は、技能検定に関し高い識見を有する者であって、当該職種について専門的な技能、技術又は学識経験を有するものであることである（規則第七四条の二第二項）。

なお、専門的な技能、技術又は学識経験を有する者としては、例えば次のような者が考えられる。

① 当該検定職種の特級、一級又は単一等級の技能検定に合格した者であって、当該検定職種に関し実務の経験又は教育訓練を行った経験を通算一五年以上有する者

② 事業所等において、当該検定職種に関する管理部門、製造部門、技術部門若しくは教育訓練部門の課長級以上の地位にある者又はこれらの地位にあった者

③ 短期大学（高等専門学校及び旧専門学校を含む。）以上の学校、応用課程若しくは専門課程の高度職業訓練（旧養成訓練を含む。）、特定応用課程若しくは特定専門課程の高度職業訓練又は指導員養成課程若しくは高度養成長課程の指導員養成訓練（旧指導員訓練を含む。）において、当該検定職種に関する学科を修めて卒業又は修了し、その後当該検定職種に関し一〇年以上の学識経験（学校又は職業能力開発校（旧職業訓練校を含む。）において教育又は訓練を行った経験を含む。）を有する者

⑤　選　任

中央技能検定委員は、④の要件を満たす者のうちから適格者を選任するものであり、任免、任期については定款で定められる（第六二条〔解説〕⑨〈六三一ページ〉参照）。

（決算関係書類の提出及び備付け等）

第六十八条　会長は、通常総会[1]の開催日の一週間前までに、[2]事業報告書、貸借対照表、収支決算書及び

財産目録（以下「決算関係書類」という。）を監事に提出し、かつ、これらを主たる事務所に備えて置かなければならない。

2　会長は、監事[3)]の意見書を添えて決算関係書類を通常総会に提出し、その承認を求めなければならない。

3　前項の監事の意見書については、これに記載すべき事項を記録した電磁的記録（電子的方式、磁気的方式その他人の知覚によつては認識することができない方式で作られる記録であつて、電子計算機による情報処理の用に供されるものとして厚生労働省令で定めるもの[4)]をいう。）の添付をもつて、当該監事の意見書の添付に代えることができる。この場合において、会長は、当該監事の意見書を添付したものとみなす。

趣旨

本条は、中央協会の会計を健全に運営するために、会長の決算関係書類の提出及び備付け等の義務について規定している。

第一項は、会長は、通常総会の開催日の一週間前までに、あらかじめ、決算関係書類を監事に提出すると同時に、主たる事務所に備えて会員の閲覧に供しなければならないこととしている。

第二項は、会長は、監事の意見書を添えて決算関係書類を通常総会に提出してその承認を求めなければならないこととしている。

第三項は、第二項の監事の意見書は、これに記載すべき事項を記録した電磁的記録をもって代えられることとしている。

この承認を受けた決算関係書類は、通常総会終了後一月以内に、厚生労働大臣に提出しなければならない（第七三条）。

なお、第一項の規定に違反して、決算関係書類を所定の時期に、所定の場所に備えて置かないときや、その記載内容に不備、不実な点があるときは、その違反行為をした中央協会の役員は、二〇万円以下の過料に処せられる（第一〇六条第三号）。

解説

①　通常総会

第六九条参照。

②　開催日の一週間前までに

開催日と事業報告書等の提出日との間に少なくとも一週間の日にちが存在することが必要である。

③　監　事

第六三条第六項、第七項及び第八項〈六三三ページ〉参照。

④　厚生労働省令で定めるもの

厚生労働省令で定めるものは、会長の使用に係る電子計算機に備えられたファイル又は電磁的記録媒体をもって調製するファイルに、書面に記載すべき事項を記録したものとされている（厚生労働省の所管する法令の規定に基づく民間事業者等が行う書面の保存等における情報通信の技術の利用に関する省令第一三条）。

（総会）

第六十九条　会長は、定款で定めるところ[1]により、毎事業年度一回、通常総会を招集しなければならない。

2　会長は、必要があると認めるときは、臨時総会を招集することができる。

3　次の事項は、総会の議決を経なければならない。

一　定款の変更

二　事業計画及び収支予算の決定又は変更

三　解散

四　会員の除名

五　前各号に掲げるもののほか、定款で定める事項

4　総会の議事は、総会員の二分の一以上が出席[2]して、その出席者の議決権[3]の過半数で決する。ただし、前項第一号、第三号及び第四号に掲げる事項に係る議事は、総会員の二分の一以上が出席して、その出席者の議決権の三分の二以上の多数で決する。

趣旨

本条は、中央協会の総会の招集、必要的議決事項並びに総会の議決方法について規定したものである。

第一項は、会長は、毎年一回、通常総会を招集する義務があることを定めたものであり、第二項は、会長は、必要

に応じ、臨時総会を招集することができることとしたものである。

なお、第七八条においては第三八条の三第二項を準用して、会員の五分の一（定款によって増減可能）以上の請求がある場合には、会長に臨時総会を招集する義務が課せられている。

第三項は、定款の変更、事業計画及び収支予算の決定又は変更、解散、会員の除名その他定款で定める事項は、総会の必要的議決事項としたものである。

第四項は、総会の議事は、総会員の半数以上が出席して、かつ、定款の変更、解散及び会員の除名についてはその議決権の三分の二以上の多数により、その他の議事については議決権の過半数により決することとしている。

なお、第七八条で第三八条の四、第三八条の六から第三八条の八までの規定を準用して、総会の招集手続、決議事項、表決権等について規定している。

解説

①　定款で定めるところ

招集の時期、方法等が定められる。

②　総会員の二分の一以上が出席

第六〇条〔解説〕⑤〈六二七ページ〉参照。

③　議決権

第六〇条〔解説〕⑥〈六二七ページ〉参照。

（解散）

第七十条　中央協会は、次の理由によつて解散する。

一　総会の議決[1]
二　破産手続開始の決定[2]
三　設立の認可の取消し[3]
2　前項第一号に掲げる理由による解散は、厚生労働大臣の認可[4]を受けなければ、その効力を生じない。

趣旨

本条は、中央協会の解散について規定したものである。

第一項は、中央協会の解散の理由を定めている。

第二項は、総会の議決による解散の場合には、中央協会が職業能力の開発の促進に関する業務並びに国家検定である技能検定の業務の一部を行う国の代行機関又は準公共的機関としての性格を有するものであることに鑑み、中央協会の恣意による解散の行われることのないよう、厚生労働大臣の認可を受けなければならないものとしている。

解説

① 総会の議決

中央協会の解散に係る総会の議事は、総会員の二分の一以上が出席し、その出席者の議決権の三分の二以上の多数で決しなければならないものとされている（第六九条）。

② 破産手続開始の決定

破産法（平成一六年法律第七五号）によるほか、第七八条において第四〇条の二及び第四一条の一〇の破産手続の開始に関する規定が準用されている（第七八条〔趣旨〕〈六五五ページ〉参照）。

③　設立の認可の取消し

第七五条〔解説〕③〈六五二ページ〉参照。

④　厚生労働大臣の認可

総会の議決による解散に係る認可の申請は、解散の議決をした総会の議事の経過を記載した書面を添えた申請書二通を厚生労働大臣に提出して行わなければならない（規則第七五条及び第七六条の二参照）。

（清算人）

第七十一条　清算人は、前条第一項第一号に掲げる理由による解散の場合には総会において選任し、同項第三号に掲げる理由による解散の場合には厚生労働大臣が選任する。

趣旨

本条は、中央協会の解散の場合の清算人の選任について、総会で解散の議決をしたために解散する場合には総会で、また、厚生労働大臣が認可の取消しをしたために解散する場合には厚生労働大臣がそれぞれ選任するものと定めている。清算人を総会で選任することは、総会が団体の最高意思決定機関であることからすれば、団体の自主性を尊重しつつ選任の公正さを担保しようとしたものと考えられる。しかし、認可の取消しの場合の清算人の選任権を厚生労働大臣に留保したことは、中央協会の業務の公共的性格に鑑み、特にその選任に公正、的確さを要求したものと解されよう。

なお、破産の場合は、破産法の規定するところに従って裁判所の選任する破産管財人が清算業務を行う。

（財産の処分等）

第七十二条　清算人は、財産処分の方法を定め、総会の議決を経て厚生労働大臣の認可[1)]を受けなければならない。ただし、総会が議決をしないとき、又はすることができないときは、総会の議決を経ることを要しない。

2　前項の規定により清算人が財産処分の方法を定める場合には、残余財産[2)]は、職業訓練又は職業能力検定の推進について中央協会と類似の活動を行う団体に帰属させるものとしなければならない。

3　前項に規定する団体がない場合には、当該残余財産は、国に帰属する。

趣旨

本条は、中央協会の解散の場合の財産処分の方法について規定したものである。

第一項は、財産処分の手続について定め、第二項及び第三項は、残余財産の帰属について定めている。

本条第一項の規定に違反して、厚生労働大臣の認可を受けないで財産を処分した清算人は二〇万円以下の過料に処せられる（第一〇六条第四号）。

解説

① 厚生労働大臣の認可

財産処分の方法の認可の申請は、①財産処分の方法及び理由、②総会が財産処分の方法の議決をした場合には、その総会の議事の経過、③総会が財産処分の方法の議決をせず、又はすることができない場合には、その理由を記載した書面を添えた申請書二通を厚生労働大臣に提出して行わなければならない（規則第七六条及び第七六条の二）。

②　残余財産

清算の過程において債権、債務の整理をした後に残る積極的財産をいう（第四二条〔趣旨〕〈五五四ページ〉参照）。清算が完了するまでは、すべて清算中の法人に属する。

（決算関係書類の提出）

第七十三条　中央協会は、毎事業年度、通常総会[1]の終了の日から一月以内に、決算関係書類[2]を厚生労働大臣に提出しなければならない。

２　中央協会は、前項の規定により決算関係書類を厚生労働大臣に提出するときは、当該事業年度の決算関係書類に関する監事の意見書を添付しなければならない。

趣旨

本条は、監督官庁である厚生労働大臣に対する中央協会の決算関係書類の提出義務を定めたものである。

ちなみに、これらの書類については、中央協会会長は、事業報告書を、通常総会の開催日の一週間前までに監事に提出し、かつ、これを主たる事務所に備えて置かなければならない。

また、監事の意見書を添えてこれらの書類を通常総会に提出し、その承認を求めなければならないものとされている（第六八条〈六四〇ページ〉参照）。

第二項は、中央協会は、決算関係書類を厚生労働大臣に提出するときは、決算関係書類に関する監事の意見書を添付しなければならないこととしたものである。

なお、本条の規定に違反した場合には、その違反行為をした中央協会の役員は、二〇万円以下の過料に処せられる（第一〇六条第五号）。

また、事業報告書、貸借対照表、収支決算書又は財産目録に記載すべき事項を記載しなかった場合又は不実の記載をした場合には、その違反行為をした中央協会の役員は二〇万円以下の過料に処せられる（第一〇六条第一一号）。

解説

① 通常総会

中央協会会長は、毎事業年度一回、通常総会を開かなければならないものとされている（第六九条第一項）。

② 決算関係書類

事業報告書、貸借対照表、収支決算書及び財産目録である。

（報告等）

第七十四条　厚生労働大臣は、必要があると認めるときは、中央協会に対してその業務に関し必要な報告をさせ、又はその職員に、中央協会の事務所に立ち入り、業務の状況若しくは帳簿、書類その他の物件を検査させることができる。

2　前項の規定により立入検査をする職員は、その身分を示す証票[1)]を携帯し、関係者[2)]に提示しなければならない。

3　第一項の規定による立入検査の権限は、犯罪捜査のために認められたものと解釈してはならない。3)

趣旨

本条は、中央協会の厚生労働大臣に対する報告及び厚生労働大臣による中央協会の検査について規定したものである。

本条第一項の規定による厚生労働大臣の報告命令に対して、報告をしない者若しくは虚偽の報告をした者又は本項の規定による立入検査を拒んだ者、妨げた者若しくは忌避した者は、三〇万円以下の罰金に処せられる（第一〇三条）。

また、いわゆる両罰規定も設けられている（第一〇四条）。

解説

①　身分を示す証票

立入検査をする職員が携帯しなければならない証票の様式は、規則第七八条第二項において、様式第一八号によるものと定められている。

②　関係者

立入検査を行う中央協会における役員又は職員をいう。

③　犯罪捜査のために認められたものと解釈してはならない

本条の立入検査は、厚生労働大臣が、中央協会の監督官庁として、行政上の必要性に基づき実施するものであり、犯罪捜査のために行うものではない。

犯罪捜査は、憲法第三五条の規定するところにより司法官憲の発する令状を必要とし、刑事訴訟法（昭和二三年法律第一三一号）に定める手続によらなければならない。本条の立入検査については、これに対する妨害行為を行う者には罰則の適用があるので、事実上「令状」なくして犯罪捜査のための捜索及び押収等が行われることのないよう確認的に規定したものである。

（勧告等）

第七十五条　厚生労働大臣は、中央協会の運営が法令若しくは定款に違反し、又は不当であると認めるときは、中央協会に対して、これを是正すべきことを勧告し、及びその勧告によつてもなお改善されない場合には、次の各号のいずれかに掲げる処分をすることができる。[1)]

一　業務[2)]の全部又は一部の停止を命ずること。

二　設立の認可を取り消すこと。[3)]

趣旨

本条は、中央協会の運営に対する厚生労働大臣の勧告及び処分の権限を規定したものである。

中央協会は、職業能力の開発の促進に関する業務及び厚生労働大臣の委任を受けて、国家検定である技能検定試験に係る試験問題等の作成に当たる団体であり、その運営は適正に行われなければならないことから、監督官庁である厚生労働大臣の勧告及び処分の権限を定めたものである。

なお、第一号の命令に違反した中央協会の役員は、二〇万円以下の過料に処せられる（第一〇六条第六号）。

解説

① 処分をすることができる

厚生労働大臣の中央協会に対する処分の権限を規定したものである。行政処分は慎重でなければならないが、是正勧告を行ってもなお改善されない場合は、第一号又は第二号に規定する処分を行うべきものと解される。

② 業務

第五五条〈六一八ページ〉参照。

③ 設立の認可を取り消すこと

中央協会の設立に当たっては、厚生労働大臣の認可を受けなければならないものと定められており（第六一条）、中央協会は、設立の認可の取消しによって当然に解散することになる（第七〇条第一項第三号）。

（中央協会に対する助成）

第七十六条　国は、中央協会に対して、その業務に関し必要な助成を行うことができる。

趣旨

国は、中央協会に対して、財政面において必要な助成を行うことができることとし、中央協会が行う職業能力開発事業の推進を期するものである。

本条による中央協会に対する助成は、第九六条により雇用保険法の能力開発事業として行われることとされ、中央職業能力開発協会費補助金及び指定試験機関費補助金が交付される（雇用保険法第六三条第一項第一号、第七号及び第九号並びに同法施行規則第一三四条、第一三五条及び第一三七条）。

（中央協会の役員等の秘密保持義務等）

第七十七条　中央協会の役員[1]若しくは職員[2]（中央技能検定委員[3]を含む。）又はこれらの職にあつた者は、第五十五条第二項の規定により中央協会が行う技能検定試験に関する業務に係る職務に関して知り得た秘密[4]を漏らし、又は盗用してはならない。

2　第五十五条第二項の規定により中央協会が行う技能検定試験に関する業務に従事する中央協会の役員及び職員は、刑法その他の罰則の適用については、法令により公務に従事する職員とみなす。

趣旨

本条は、中央協会の役員等の秘密保持義務について規定したものである。

第一項は、中央協会は、厚生労働大臣の委任を受けて、国家検定である技能検定試験に係る試験問題及び試験実施要領の作成という高度に秘密保持を要する業務に携わるので、その役職員又はこれらの職にあった者に対して、職務に関して知り得た秘密を他に漏えいし、又は職務以外の目的に不正に用いることを禁止したものである。

第二項は、中央協会の役職員のうち国家検定である技能検定試験に係る試験問題及び試験実施要領の作成に関する業務に携わる者については、刑法その他の法令の罰則の適用について、公務に従事する者として取り扱うこととしたものである。

なお、本条第一項に違反した者は、六月以下の懲役又は三〇万円以下の罰金に処せられる（第一〇〇条第五号）。

解説

① 役員

第六三条の役員である。すなわち、会長、理事長、理事及び監事であり、常勤、非常勤の別を問わない。

② 職員

常勤職員はもちろん、技能検定委員等の非常勤職員及びアルバイト等の臨時職員をも含む。

③ 中央技能検定委員

第六七条〈六三八ページ〉参照。

中央技能検定委員は、直接技能検定に関する業務の主要な部分を担当するものであり、秘密保持義務を免れることがあってはならないものであるところ、その身分については、非常勤職員であるのが通例と考えられるが、なお、疑義を生ずる場合もあり得るので、念のため、職員に含むものとして扱うこととしたものである。

④ 職務に関して知り得た秘密

当該職務執行上知り得た秘密をいう。何が秘密であるかについては特に規定はない。しかし、中央協会が国の技能検定に関する業務を代行する機関であることに鑑み、上司の命令によって秘密とする事項であることを定められたものに限らず、社会通念上、保護すべき、個人又は法人の秘密を包含するものと解される。

なお、検定秘とされているもののうち、主なものに、実技試験及び学科試験の試験問題（公表されたものを除く。）並びに実技試験実施要領がある。

（準用）

第七十八条　第三十四条の規定は中央協会の登記について、第三十七条、第三十七条の七、第三十八条の三第二項、第三十八条の四及び第三十八条の六から第三十八条の八まで並びに一般社団法人及び一般財団法人に関する法律第四条及び第七十八条の規定は中央協会の設立、管理及び運営について、第四十条の二、第四十一条の二、第四十一条の四、第四十一条の五、第四十一条の七から第四十一条の十まで及び第四十二条の二から第四十二条の八までの規定は中央協会の解散及び清算について、それぞれ準用する。この場合において、第三十七条第二項、第三十七条の七及び第四十二条の三中「都道府県知事」とあるのは「厚生労働大臣」と、第四十一条の四中「前条」とあるのは「第七十一条」と、第四十二条の二第三項中「職業訓練法人の業務を監督する都道府県知事」とあるのは「厚生労働大臣」と、同条第四項中「前項に規定する都道府県知事は、同項」とあるのは「厚生労働大臣は、前項」と読み替えるものとする。

趣旨

本条は、中央協会の登記、設立、管理、運営、解散及び清算について、本法の職業訓練法人に関する規定並びに一般社団法人及び一般財団法人に関する法律の一般社団法人に関する規定を準用することとしたものであり、本条後段は、以上の準用規定に必要な読替規定を設けたものである。

(イ)　中央協会の登記

第三四条（登記）の規定の準用

第三四条〔趣旨〕〈五〇八ページ〉参照。なお、この規定に違反して登記をしなかった中央協会の発起人又は役員は、二〇万円以下の過料に処せられる（第一〇六条第七号）。

(ロ) 中央協会の設立、管理及び運営

(a) 第三七条（成立の時期等）の規定の準用

中央協会の厚生労働大臣に対する設立の届出について定めている。

なお、第三七条〔解説〕①②〈五一八ページ〉参照。ただし、厚生労働大臣に対する成立の申請書は二通とされている（規則第七六条の二参照）。

(b) 第三七条の七（仮理事）の規定の準用

第三七条の七は、第三七条の七〔趣旨〕〈五二四ページ〉参照。

なお、同条中「都道府県知事」とあるのは、「厚生労働大臣」と読み替えることとされている。

(c) 第三八条の三（臨時総会）第二項の規定の準用

第三八条の三〔趣旨〕〈五三一ページ〉参照。

(d) 第三八条の四（総会の招集）の規定の準用

第三八条の四〔趣旨〕〈五三二ページ〉参照。

(e) 第三八条の六（総会の決議事項）の規定の準用

第三八条の六〔趣旨〕〈五三四ページ〉参照。

(f) 第三八条の七（社員の表決権）の規定の準用

第三八条の七〔趣旨〕〈五三五ページ〉参照。

(g) 第三八条の八（表決権のない場合）の規定の準用

第三八条の八〔趣旨〕〈五三六ページ〉参照。

(h)　一般社団法人及び一般財団法人に関する法律第四条（住所）の規定の準用

中央協会の住所は、その主たる事務所の所在地にあるものとしている。

(i)　一般社団法人及び一般財団法人に関する法律第七八条（代表者の行為についての損害賠償責任）の規定の準用

第四三条〔趣旨〕〈五六二ページ〉参照。

なお、中央協会にあっては、代表機関は会長とし、会長に事故があるときは理事長が会長の職務を代理し、会長及び理事長に事故があるときは理事が会長の職務を代理し、会長及び理事長が欠員のときは理事が会長の職務を行う（第六三条第三項から第五項まで）ものとしている。

したがって、準用されている一般社団法人及び一般財団法人に関する法律第七八条の規定中「理事」とあるのは一次的には「会長」と置き替えて読むことが必要である。

(ハ)　中央協会の解散及び清算

(a)　第四〇条の二（職業訓練法人についての破産手続の開始）の規定の準用

第四〇条の二〔趣旨〕〈五四三ページ〉参照。また、中央協会にあっては、会長が代表機関となっている（(ロ)(i)なお書き参照）ことから、「理事」とあるのは一次的には「会長」と置き替えて読む必要がある。

なお、第二項の規定に違反して破産手続開始の申立てをしなかった会長又は清算人は、二〇万円以下の過料に処せられる（第一〇六条第八号）。

(b)　第四一条の二（清算中の職業訓練法人の能力）の規定の準用

第四一条の二〔趣旨〕〈五四五ページ〉参照。

(c)　第四一条の四（裁判所による清算人の選任）の規定の準用

第四一条の四〔趣旨〕〈五四七ページ〉参照。

なお、第四一条の四中「前条」とあるのは「第七一条」と読み替えることとされている。

(d)　第四一条の五（清算人の解任）の規定の準用

第四一条の五は、清算人の解任に関する規定であり、重要な事由のあるときは、裁判所は、利害関係人若しくは検察官の請求により、又は職権をもって、清算人を解任することができることを定めている。

(e) 第四一条の七（清算人の職務及び権限）の規定の準用

第四一条の七〔趣旨〕〈五四九ページ〉参照。

(f) 第四一条の八（債権の申出の催告等）の規定の準用

第四一条の八〔趣旨〕〈五五一ページ〉参照。なお、第一項の規定に違反して債権申出の催告の公告をせず、又は不正の公告をした清算人は、二〇万円以下の過料に処せられる（第一〇六条第九号）。

(g) 第四一条の九（期間経過後の債権の申出）の規定の準用

第四一条の九〔趣旨〕〈五五二ページ〉参照。

(h) 第四一条の一〇（清算中の職業訓練法人についての破産手続の開始）の規定の準用

第四一条の一〇〔趣旨〕〈五五三ページ〉参照。なお、第一項の規定に違反して破産手続開始の申立てをせず、又はその公告をせず、若しくは不正の公告をした清算人は二〇万円以下の過料に処せられる（第一〇六条第八号及び第九号）。

(i) 第四二条の二（裁判所による監督）の規定の準用

第四二条の二〔趣旨〕〈五五六ページ〉参照。なお、第二項の規定による裁判所の検査を妨げた清算人は、二〇万円以下の過料に処せられる（第一〇六条第一〇号）。

(j) 第四二条の三（清算結了の届出）の規定の準用

第四二条の三〔趣旨〕〈五五七ページ〉参照。なお、同条中「都道府県知事」とあるのは、「厚生労働大臣」と読み替えることとされている。

(k) 第四二条の四（清算の監督等に関する事件の管轄）の規定の準用

法人の清算の監督及び清算人に関する事件は、その主たる事務所の所在地の地方裁判所の管轄とすることを定めている。

(l)　第四二条の五（不服申立ての制限）の規定の準用

清算人の選任の裁判に対しては不服の申立てができないことを定めている。

(m)　第四二条の六（裁判所の選任する清算人の報酬）の規定の準用

第四二条の六〔趣旨〕〈五五九ページ〉参照。

(n)　第四二条の八（検査役の選任）の規定の準用

裁判所は、法人の清算の監督に必要な検査をさせるため、検査役を選任することができることを定めている。

第二節　都道府県職業能力開発協会

この節は、都道府県において、事業主等の行う職業訓練、職業能力検定その他職業能力の開発に関する業務について指導及び連絡等の業務を行う都道府県職業能力開発協会について規定している。

すなわち、第七九条は都道府県職業能力開発協会の目的について、第八〇条は人格及び名称使用制限について、第八一条は数及び地区について、第八二条は業務について、第八三条は会員の資格等について、第八四条は設立発起人について、第八五条は役員等について、第八六条は都道府県技能検定委員について、第八七条は都道府県職業能力開発協会に対する助成について、第八八条は国及び都道府県の援助について、第八九条は都道府県職業能力開発協会の役員等の秘密保持義務について、第九〇条は都道府県職業能力開発協会の登記、設立、管理、運営、解散及び清算に関する準用について規定している。

（都道府県協会の目的）

第七十九条　都道府県職業能力開発協会（以下「都道府県協会」という。）は、職業能力の開発及び向上の促進の基本理念[1]の具現に資するため、都道府県の区域内[2]において、当該都道府県と密接な連携の下に第五条第一項に規定する職業能力の開発（以下単に「職業能力の開発」という。）の促進を図ることを目的とする。

趣旨

本条は、都道府県職業能力開発協会の目的について規定したものである。すなわち、都道府県職業能力開発協会は、職業能力の開発及び向上の促進の基本理念の具現に資するため、都道府県と密接な連携の下に、職業能力の開発の促進を図ることを目的とするものである。

都道府県職業能力開発協会は、都道府県における職業能力の開発の促進のための民間における指導的団体であり、国及び都道府県の施策をさらに浸透させ、生涯職業能力開発促進のための活動を行うものであり、準公共的団体たる性格を帯びるものである。

都道府県職業能力開発協会の運営は、かかる性格に基づき、国及び都道府県との密接な連携の下に、自主的・積極的かつ、総合的なものとして行われなければならないものである。

なお、都道府県職業能力開発協会は、以下「都道府県協会」と略称する。

解説

① 職業能力の開発及び向上の促進の基本理念

第三条〔解説〕④〈一二一ページ〉参照。

② 都道府県の区域内

都道府県協会は、都道府県と密接な連携の下に業務を行うものであるので、都道府県ごとに一個だけ設立される（第八一条参照）。

（人格等）

第八十条　都道府県協会は、法人[1]とする。

2　都道府県協会でないものは、その名称中に都道府県名を冠した[2]職業能力開発協会という文字を用いてはならない。

趣旨

本条は、都道府県協会の人格及び名称について規定したものである。すなわち、第一項は、都道府県協会は法人という法律上の人格が付与されることを定め、第二項は、都道府県協会が都道府県知事の委任を受けて、職業能力の開発の促進のための公共的性格を有する業務並びに国家検定である技能検定試験の実施に当たるものであることから、都道府県名を冠した職業能力開発協会という名称の使用制限を定めている。

なお、第二項の規定に違反したものは、一〇万円以下の過料に処せられる（第一〇八条）。

また、都道府県協会は、公共的性格を有する法人であるので、税制上各種の優遇措置が定められている（第三二条〔趣旨〕及び第五三条〔趣旨〕〈五〇二・六一五ページ〉参照）。

都道府県協会は、中央協会と税制上の取扱いは全く同様である。

(イ)　法人税の取扱い

(a)　法人税では、都道府県協会を法人税法別表第二第一号に掲げる公益法人等とし、収益事業から生じた所得以外の所得については、各事業年度の所得に対する法人税を課さない（法人税法第六条）。

(b)　収益事業に属する資産のうちからその収益事業以外の事業のために支出した金額は、損金算入限度内で寄附金として損金算入が認められる（法人税法第三七条第五項）。

(c)　課税所得については、税率が一九パーセントに軽減される（法人税法第六六条第三項）。

(ロ)　所得税の取扱い

所得税についても職業訓練法人及び中央協会の場合と同様に、所得税法第一一条の規定による同法別表第一第一号に掲げる公共法人とし、一般の法人等には課せられる次の所得であって、日本国内において支払を受けるものについても非課税とされている（所得税法第一七四条）。

①　公社債、預貯金の利子等

②　利益の配当、剰余金の分配等

③　定期積金に係る契約に基づく給付補塡金

④　定期積金等（定期積金のほか、一定の期間を定め、その中途又は満了の時において一定の金額の給付を行うことを約して、当該期間内において受け入れる掛金）に係る契約に基づく給付補塡金

⑤　抵当証券に記載された債権の元本及び利息の支払等に関する事項を含む契約により支払われる利息

⑥　貴金属等の物品の買入れ及び売戻しに関する契約で、その契約で定められた期日に、定められた金額で、その

物品を売り戻す旨の定めがあるものに基づく利益

⑦ 外国通貨で表示された預貯金で、その元本及び利子をあらかじめ定めた率により円換算して支払うこととされている差益

⑧ 保険料又は掛金を一時に支払うこと等とされている生命保険、損害保険その他共済の契約のうち、保険期間等が五年以下のもの及び保険期間等が五年を超えるものでその保険期間等の初日から五年以内に解約されたものに基づく差益

⑨ 匿名組合契約に基づく利益の分配

⑩ 馬主である法人が受ける競馬の賞金で金銭により支払われるもの

(ハ) 地方税法の取扱い

(a) 事業税

職業訓練法人及び中央協会の場合と同じ取扱いであり、収益事業以外の所得については非課税とされる。課税所得の税率も職業訓練法人及び中央協会の場合と同じである（地方税法第七二条の五第一項第二号）。

(b) 不動産取得税

都道府県協会がその職業訓練施設において直接職業訓練の用に供する不動産（土地及び家屋）については不動産取得税を課さないこととしている（地方税法第七三条の四第一項第三号）。

(c) 特別土地保有税

不動産取得税が課されないこととされる土地又はその取得については特別土地保有税が非課税とされるのも職業訓練法人の場合と同様である（地方税法第五八六条第二項第二九号）。課税所得の税率も職業訓練法人の場合と同様である。

解説

① 法人

法人については、第三二条〔解説〕①〈五〇五ページ〉参照。

本法は、法人である都道府県協会の設立について、都道府県知事による認可を要件としている（第九〇条において準用されている第六一条）。

都道府県協会は、第九〇条において準用されている第三四条及び組合等登記令により、都道府県知事の認可の日から二週間以内に、主たる事務所の所在地において、①目的及び業務、②名称、③事務所の所在場所、④代表権を有する者の氏名、住所及び資格、⑤存続期間又は解散の事由を定めたときは、その期間又は事由、⑥設置する職業訓練施設の名称、並びに⑦地区を登記しなければならない（同令第二条）。事務所の移転、登記事項の変更、解散等の場合も同様である（同令第三条、第四条、第七条等）。

② 都道府県名を冠した

都道府県名をかぶせた名称であり、例えば、東京都については「東京都職業能力開発協会」などの名称がこれに当たる。

（数等）

第八十一条　都道府県協会は、都道府県ごとに一個とし、その地区[1)]は、都道府県の区域による。

趣旨

本条は、都道府県協会が民間の指導的団体として、各都道府県ごとに統一的業務処理を行う体制となるよう、都道府県ごとに一個だけ設立することとし、その地区も都道府県知事の管轄する行政区画と同一としたものである。

解説

① 地区

都道府県協会が業務を行う対象の範囲を画する地区（いわば管轄区域）である。本条は、この地区を一般の行政区画として都道府県の区域とするものである。これは、都道府県の策定する都道府県職業能力開発計画の対象とする地区とも合致するものである。

（業務）

第八十二条　都道府県協会は、第七十九条の目的を達成するため、次の業務を行うものとする。

一　会員[1)]の行う職業訓練、職業能力検定その他職業能力の開発に関する業務についての指導及び連絡を行うこと。

二　職業訓練及び職業能力検定に関する技術的事項[2)]について事業主、労働者等に対して、相談に応じ、並びに必要な指導及び援助を行うこと。

三　事業主、労働者等に対して、技能労働者に関する情報の提供等を行うこと。

四　事業主等の行う職業訓練でその地区内において行われるものに従事する者[3)]の研修[4)]を行うこと。

五　その地区内における職業訓練、職業能力検定その他職業能力の開発に関する情報及び資料の提供並びに広報を行うこと。

六　その地区内における職業訓練、職業能力検定その他職業能力の開発に関する調査及び研究を行うこと。

七　職業訓練、職業能力検定その他職業能力の開発に関する国際協力[5)]でその地区内において行われるものについての相談その他の援助を行うこと。

八　前各号に掲げるもののほか、その地区内における職業能力の開発の促進に関し必要な業務[6)]を行うこと。

2　都道府県協会は、前項各号に掲げる業務のほか、第四十六条第四項の規定[7)]による技能検定試験に関する業務[8)]を行うものとする。

趣旨

本条は、都道府県協会が行う業務について規定したものである。都道府県協会の行う業務は、自主的に行うこととされるものと、法律による委任に基づき行うこととされるものがあり、両者は項を区分して規定されている。

第一項は、会員の行う職業訓練、職業能力検定その他職業能力の開発に関する業務についての指導及び連絡、職業訓練及び職業能力検定に関する技術的事項について事業主、労働者等に対する相談及び必要な指導援助、事業主、労働者等に対する技能労働者に関する情報の提供等、事業主等の行う職業訓練でその地区内において行われるものに従事する者の研修、その地区内における職業訓練、職業能力検定その他職業能力の開発に関する情報及び資料の提供並びに広報、その地区内における職業訓練、職業能力検定その他職業能力の開発に関する調査及び研究、職業訓練、職業能力検定その他職業能力の開発に関する国際協力でその地区内において行われるものについての相談その他の援助、その他その地区内における職業能力の開発の促進に関し必要な業務を行うこととしたものである。

第二項は、都道府県知事の委任を受けて、技能検定の実施その他技能検定試験に関する業務を行うこととしたものである。

都道府県協会は、会員のためだけの団体ではなく、準公共的性格を有する団体として、これらの業務を広く地域内の職業能力の開発の促進のために行うものであり、会員外の事業主等に対しても啓蒙、指導、援助、相談活動を行うものである。

なお、本条の規定に違反して、本条に規定する業務以外の業務を行った場合には、都道府県協会の役員は、二〇万円以下の過料に処せられる（第一〇六条第一号）。

解説

① 会員

都道府県協会の会員の資格を有するものは、①都道府県協会の地区内に事務所を有する事業主等で、職業訓練又は職業能力検定を行うもの、②都道府県協会の地区内において職業訓練又は職業能力検定の推進のための活動を行うもので、定款で定めるもの、③その他定款で定めるものである（第八三条第一項）。

② 技術的事項

訓練科の設定、教材の採用、設備の選択、訓練技法、資格の取得方法等職業訓練の実施その他職業能力の開発に関する専門的な事項をいう。

③ 従事する者

第五五条〔解説〕②〈六二〇ページ〉参照。

④　**研　修**

第五五条〔解説〕④〈六二〇ページ〉参照。

⑤　**国際協力**

例えば、中央職業能力開発協会と連携の下に都道府県レベルで外国からの研修生受入れについての指導援助を行うこと等が考えられる（第五五条〔解説〕⑤〈六二〇ページ〉参照）。

⑥　**必要な業務**

第五五条〔解説〕⑥〈六二〇ページ〉参照。

⑦　**第四十六条第四項の規定**

都道府県知事の委任を受けて、都道府県協会は、技能検定試験の実施その他技能検定試験に関する業務を行うこととされている（第四六条〔解説〕④〈五八五ページ〉参照）。

⑧　**技能検定試験に関する業務**

第四六条〔解説〕④〈五八五ページ〉参照。

（**会員の資格等**）

第八十三条　都道府県協会の会員の資格を有するものは、次のものとする。

一　都道府県協会の地区内に事務所を有する事業主等[1]で、職業訓練又は職業能力検定を行うもの

二　都道府県協会の地区内において職業訓練又は職業能力検定の推進のための活動[2]を行うもので、定款で定めるもの

三　前二号に掲げるもののほか、定款で定めるもの[3)]

2　都道府県協会は、前項各号に掲げるものが都道府県協会に加入しようとするときは、正当な理由[4)]がないのに、その加入を拒み、又はその加入について不当な条件[5)]を付けてはならない。

趣旨

本条は、都道府県協会の会員の資格を定めるとともに、加入についての不当な取扱いを禁じたものである。

第一項は、都道府県協会の会員の資格について定めており、会員の資格を有するものは、都道府県協会の地区内に事務所を有する事業主等で、職業訓練を行うもの（第一号）、都道府県協会の地区内において職業訓練又は職業能力検定の推進のための活動を行うもので、定款で定めるもの（第二号）、その他定款で定めるもの（第三号）とされている。

第二項は、都道府県協会が、会員資格を有するものの加入について、正当な理由なく拒み、不当な条件を付けることを禁じている。

解説

① 事業主等

第一三条の事業主等、すなわち、事業主、事業主の団体若しくはその連合団体、職業訓練法人、一般社団法人又は一般財団法人、法人である労働組合その他の営利を目的としない法人で、職業訓練を行い、若しくは行おうとするものをいう。

② 職業訓練又は職業能力検定の推進のための活動

職業訓練の実施のほか職業訓練に関する連絡、相談、助成、情報や資料の提供、広報、調査研究及び技能検定委員の推せん、技能検定試験への協力その他技能競技大会の実施等職業訓練及び技能検定の実施、援助等の活動をいう。なお、職業訓練の推進のための活動とは、認定職業訓練に関するものだけでなく、広く労働者の職業能力の開発向上に資する職業訓練のための多様な活動をいうものである。

③　定款で定めるもの

都道府県協会の業務の推進に資すると認められるものを定めるべきものであり、団体だけでなく個人を定めることもできると解される。

④　正当な理由

第五七条〔解説〕②〈六二三ページ〉参照。

⑤　不当な条件

第五七条〔解説〕③〈六二四ページ〉参照。

（**発起人**）

第八十四条　都道府県協会を設立するには、その会員になろうとする五以上のものが発起人[1)]となることを要する。

趣旨

本条は、都道府県協会を設立する場合の発起人の数について規定したものである。

解説

① 発起人

都道府県協会の設立を発起する者である。発起人は、定款を作成し、これを創立総会の日時及び場所とともに会議の開催日の少なくとも二週間前までに公告して、創立総会を開かなければならず（第九〇条において準用されている第六〇条第一項）、また、創立総会の終了後遅滞なく都道府県知事に設立の認可を申請しなければならない（第九〇条において準用されている第六一条）。

（役員等）

第八十五条　都道府県協会に、役員[1]として、会長[2]一人、理事[3]三人以内及び監事[4]一人を置く。

2　都道府県協会に、役員として、前項の理事及び監事のほか、定款で定めるところにより、非常勤の理事及び監事を置くことができる。

3　都道府県協会に、参与[5]を置く。

趣旨

本条は、都道府県協会の役員等の種類及びその数について規定しているが、都道府県協会は都道府県の補助金を受けてその業務を行うものであることから、特に役員の数について制限をしたものである。

第一項は、都道府県協会に、役員として、会長一人、理事三人以内及び監事一人を置くこととしている。ここでいう理事及び監事は、常勤のものを指すものである。

第二項は、都道府県協会に、第一項の役員のほかに、定款で定めるところにより、非常勤の理事及び監事を置くことができることとしたものである。

なお、役員の選任、解任については、第九〇条において第六四条の規定が準用されている。

第三項は、都道府県協会に参与を置くこととしている。

解説

①　役　員

第六三条の〔趣旨〕〈六二三ページ〉参照。

②　会　長

第六三条の〔解説〕①〈六二四ページ〉参照。

③　理　事

第六三条の〔解説〕③〈六二四ページ〉参照。

④　監　事

監事の業務として、第六三条の〔解説〕④〈六二五ページ〉参照。

⑤　参　与

第六六条参照。

（**都道府県技能検定委員**）

第八十六条　都道府県協会は、第八十二条第二項の規定により技能検定試験の実施に関する業務を行う場合には、当該業務のうち技能の程度の評価に係る事項その他の技術的な事項[1]については、都道府県技能検定委員に行わせなければならない。[2]

2　都道府県協会は、都道府県技能検定委員を選任しようとするときは、厚生労働省令[3]で定めるところにより、厚生労働省令で定める要件を備える者のうちから選任[4]しなければならない。

趣旨

本条は、都道府県技能検定委員の職務及び資格について規定したものである。

第一項は、都道府県協会は、技能検定試験の実施に関する業務のうち技能の程度の評価に係る事項その他の技術的な事項は、都道府県技能検定委員に行わせなければならないこととしたものである。

第二項は、都道府県技能検定委員の選任手続及び資格要件を厚生労働省令で定めることとしている。

解説

① 技術的な事項

実技試験の実施及び実技試験場における指導監督、採点等をいう。

② 行わせなければならない

第六七条〔解説〕② 〈六三九ページ〉参照。

③ 厚生労働省令

規則第七四条の三により、中央技能検定委員の選任手続及び資格要件の規定が準用されている〈第六七条〔解説〕③

④〈六三九・六四〇ページ〉参照)。

④ **選　任**

第六七条〔解説〕⑤〈六四〇ページ〉参照。

(都道府県協会に対する助成)

第八十七条　都道府県は、都道府県協会に対して、その業務に関し必要な助成を行うことができる。

2　国は、前項に規定する助成を行う都道府県に対して、これに要する経費について補助[1)]することができる。

趣旨

本条は、都道府県協会に対する助成について規定したものである。

第一項は、都道府県は、都道府県協会に対して、その業務において必要な助成を行うことができることとし、その発展を期することとしたものである。

第二項は、国は前項の助成を行う都道府県に対してその助成に要する経費について補助することとしたものである。

本条による国の補助は、雇用保険法による能力開発事業として行われ、都道府県職業能力開発協会費補助金が交付される(雇用保険法第六三条第一項第一号、第七号及び第九号並びに同法施行規則第一三四条及び第一三六条)。

解説

①　補　助

本条に基づく補助は、第九六条の規定により、雇用保険法による能力開発事業として行われる。すなわち、都道府県協会の業務のうち、職業訓練の推進に関する業務については雇用保険法第六三条第一項第一号、技能検定の推進に関する業務については同法第六三条第一項第七号の助成がなされ、両者と技能検定試験に関する経費の補助をあわせて都道府県職業能力開発協会費補助金が交付される（雇用保険法施行規則第一三四条及び第一三六条）。

（国等の援助）

第八十八条　国及び都道府県は、公共職業能力開発施設その他の適当な施設を都道府県協会に使用させる等の便益を提供するように努めなければならない。

趣旨

本条は、都道府県協会の業務に対する国及び都道府県の援助について規定したものである。都道府県協会の業務である職業能力の開発の促進に関する業務並びに技能検定試験の実施に当たっては、職業訓練・研修等の実施及び技能検定の試験場としての施設が必要であるので、国及び都道府県は、その設置する公共職業能力開発施設、その他の適当な施設を都道府県協会に使用させる等の便益を提供するように努めなければならないこととしたものである。

（都道府県協会の役員等の秘密保持義務等）

第八十九条　都道府県協会の役員[1]若しくは職員[2]（都道府県技能検定委員[3]を含む。）又はこれらの職にあった者は、第八十二条第二項の規定により都道府県協会が行う技能検定試験に関する業務に係る職務に関して知り得た秘密[4]を漏らし、又は盗用してはならない。

2　第八十二条第二項の規定により都道府県協会が行う技能検定試験に関する業務に従事する都道府県協会の役員及び職員は、刑法その他の罰則の適用については、法令により公務に従事する職員とみなす。

趣旨

本条は、都道府県協会の役員等の秘密保持義務について規定したものである。

第一項は、都道府県協会は、都道府県知事の委任を受けて、国家検定である技能検定の実施という高度に秘密保持を要する業務に携わるので、その役職員又はこれらの職にあった者に対して、職務に関して知り得た秘密を他に漏えいし、又は職務以外の目的に不正に用いることを禁止したものである。

第二項は、都道府県協会の役職員のうち国家検定である技能検定の実施に関する業務に携わる者については、刑法その他の法令の罰則の適用について、公務に従事する者として取り扱うこととしたものである。

なお、本条第一項に違反した者は、六月以下の懲役又は三〇万円以下の罰金に処せられる（第一〇〇条第五号）。

解説

①　役　員

会長、理事及び監事であり、常勤、非常勤の別を問わない（第九〇条において準用される第六三条）。

②　職　員

第七七条〔解説〕②〈六五四ページ〉参照。

③　都道府県技能検定委員

第八六条〈六七二ページ〉参照。

④　職務に関して知り得た秘密

第七七条〔解説〕④〈六五四ページ〉参照。

（準用等）

第九十条　第三十四条の規定は都道府県協会の登記について、第三十七条、第三十七条の七、第三十八条の三第二項、第三十八条の四、第三十八条の六から第三十八条の八まで、第五十八条、第六十条から第六十二条まで、第六十三条第三項、第五項（理事長に係る部分を除く。）、第六項及び第八項（理事長に係る部分を除く。）、第六十四条、第六十五条（理事長に係る部分を除く。）、第六十六条第二項から第四項まで、第六十八条、第六十九条並びに第七十三条から第七十五条まで並びに一般社団法人及び一般財団法人に関する法律第四条及び第七十八条の規定は都道府県協会の設立、管理及び運営について、第四十条の二、第四十一条の二、第四十一条の四、第四十一条の五、第四十一条の七から第四十一条の十まで、第四十二条の二から第四十二条の八まで、第七十条から第七十二条まで及び第七十五条の規定は都道府県協会の解散及び清算について、それぞれ準用する。この場合において、第四十一条の四中「前条」とあるのは「第九十条第一項において準用する第七十一条」と、第六十一条、第六十二条第二項、第六十四条第二項、第七十条第二項、第七十一条、第七十二条第一項、第七十三条、第七十四条第一項及び第七十五条中「厚生労働大臣」とあるのは「都道府県知事」と、第六十二条第一項第九号中「中央技能検定委員」とあるのは「都道府県技能検定委員」と、第七十二条第三項中「国」とあるのは「都道府県」と読み替えるものとする。

2　厚生労働大臣は、都道府県協会の運営が法令若しくは定款に違反し、又は不当であると認めるときは、都道府県知事に対し、都道府県協会に対してこれを是正すべきことを勧告するよう指示することができる。

3　厚生労働大臣は、第一項において準用する第七十五条に規定する場合において、都道府県知事に対し、同条各号のいずれかに掲げる処分をするよう指示することができる。

趣旨

本条第一項は、都道府県協会の登記、設立、管理及び運営並びに解散及び清算について、本法の職業訓練法人に関する規定及び中央職業能力開発協会に関する規定並びに一般社団法人及び一般財団法人に関する法律の一般社団法人に関する規定を準用することとしたものであり、本条第一項後段は、以上の準用規定に必要な読替規定を設けたものである。

なお、本条第一項中、検査拒否等、報告等、財産の処分等、業務停止命令、登記、決算関係書類の提出及び備付け等の規定並びに解散及び清算に関する規定に違反した場合には、罰則の適用がある（第一〇三条、第一〇四条、第一〇六条第三号から第一〇号まで）。

(イ)　都道府県協会の登記

第三四条（登記）の規定の準用

第七八条〔趣旨〕(イ)〈六五五ページ〉参照。

(ロ)　都道府県協会の設立、管理及び運営

(a)　第三七条（成立の時期等）、第三七条の七（仮理事）、第三八条の三（臨時総会）第二項、第三八条の四（総会の招集）、第三八条の六（総会の決議事項）、第三八条の七（社員の表決権）及び第三八条の八（表決権のない場合）の規定の準用

第七八条〔趣旨〕(ロ)(a)から(g)まで〈六五六ページ〉参照。

(b)　第五八条（会費）の規定の準用

都道府県協会は、定款で定めるところにより、会員から会費を徴収することができるとする規定である。

(c)　第六〇条（創立総会）の規定の準用

創立総会の手続を定めた規定の準用である。

(d)　第六一条（設立の認可）の規定の準用

発起人は、創立総会の終了後遅滞なく、定款及び厚生労働省令で定める事項を記載した書面を都道府県知事に提出して、設立の認可を受けなければならないとする規定である。

(e)　第六二条（定款）の規定の準用

都道府県協会の定款の必要的記載事項を定めた規定及び定款の変更は都道府県知事の認可を受けなければ効力

を生じないことを定めた規定である。

(f)　第六三条第三項、第五項（理事長に係る部分を除く。）、第六項及び第八項（理事長に係る部分を除く。）の規定の準用

役員の職務の規定の準用である。

(g)　第六四条（役員の任免及び任期）の規定の準用

都道府県協会の役員の選任及び解任の手続、役員の選任の効力発生要件としての都道府県知事の認可、並びに役員の任期について定めた規定である。

(h)　第六五条（理事長に係る部分を除く。）（代表権の制限）の規定の準用

会長と都道府県協会の利益相反事項についての代表権の制限に関する規定である。

(i)　第六六条第二項から第四項まで（参与）の規定の準用

参与の職務等に関する規定の準用である。

(j)　第六八条（決算関係書類の提出及び備付け等）の規定の準用

会長の決算関係書類の提出及び備付けの規定の準用である。

(k)　第六九条（総会）の規定の準用

総会の手続等の規定の準用である。

(l)　第七三条（決算関係書類の提出）の規定の準用

都道府県協会は、毎事業年度、通常総会の終了の日から一月以内に、事業報告書、貸借対照表、収支決算書及び財産目録を都道府県知事に提出しなければならないとする規定である。なお、この規定に違反した都道府県協会の役員は、二〇万円以下の過料に処せられる（第一〇六条第五号）。

(m)　第七四条（報告等）の規定の準用

都道府県知事の都道府県協会に対する報告、命令及び立入検査の権限、立入検査証等に関する規定である。

第七四条〈六四九ページ〉参照。

(n)　なお、立入検査証の様式は、規則第七八条第二項において定められている。

第七五条（勧告等）の規定の準用

都道府県知事の勧告及び処分の権限を規定したものである。

第七五条〈六五一ページ〉参照。

(o)　一般社団法人及び一般財団法人に関する法律第四条（住所）及び第七八条（代表者の行為についての損害賠償責任）の規定の準用

第七八条〔趣旨〕(ロ)(h)及び(i)〈六五七ページ〉参照。

(ハ)　都道府県協会の解散及び清算

(a)　第四〇条の二（職業訓練法人についての破産手続の開始）、第四一条の二（清算中の職業訓練法人の能力）、第四一条の四（裁判所による清算人の選任）、第四一条の五（清算人の解任）、第四一条の七（清算人の職務及び権限）、第四一条の八（債権の申出の催告等）、第四一条の九（期間経過後の債権の申出）、第四一条の一〇（清算中の職業訓練法人についての破産手続の開始）、第四二条の二（裁判所による監督）、第四二条の三（清算結了の届出）、四二条の四（清算の監督等に関する事件の管轄）、第四二条の五（不服申立ての制限）、第四二条の六（裁判所の選任する清算人の報酬）及び第四二条の八（検査役の選任）の規定の準用

第七八条〔趣旨〕(ハ)(a)から(n)まで〈六五七～六五九ページ〉参照。

(b)　第七〇条（解散）の規定の準用

都道府県協会は、総会の議決、破産又は設立の認可の取消しによって解散することを定め、総会の議決による解散の場合には、都道府県知事による認可を受けなければならないものとした規定である。

(c)　第七一条（清算人）の規定の準用

清算人は、総会の議決による解散の場合には総会において選任し、設立の認可の取消しによる解散の場合には

都道府県知事が選任するものとする規定である。なお、破産による解散の場合には、破産法の規定に従って、破産管財人が清算事務を行うこととなる。

(d)　第七二条（財産の処分等）の規定の準用

財産処分の方法の決定手続及び残余財産の帰属に関する規定である。

(e)　第七五条（勧告等）の規定の準用

都道府県知事は、都道府県協会の運営が法令や定款に違反し、又は不当であると認めるときは、是正勧告を行い、なお改善されない場合には業務の全部又は一部の取消しを命じ、設立の認可を取り消すことができることとした規定である。

第七章　雑　則

この章は、都道府県に置く審議会等、職業訓練に準ずる訓練の実施、厚生労働大臣の都道府県に対する助言及び勧告権、都道府県が設置する職業能力開発施設の経費の負担、交付金、職業能力開発促進法に基づく施策と雇用保険法に基づく能力開発事業との関係、登録試験機関等がした処分等に係る審査請求、技能検定に関する手数料、厚生労働大臣及び都道府県知事の認定職業訓練実施事業主等からの報告徴取、厚生労働大臣の権限の都道府県労働局長への委任等について定めたものである。

（都道府県に置く審議会等）

第九十一条　都道府県は、都道府県職業能力開発計画その他職業能力の開発に関する重要事項[1)]を調査審議させるため、条例で、審議会その他の合議制の機関を置くことができる。[2)]

2　前項に規定するもののほか、同項の審議会その他の合議制の機関に関し必要な事項[3)]は、条例で定める。

趣旨

本条は、都道府県に置く審議会等について定めたものである。すなわち、都道府県職業能力開発計画その他職業能力の開発に関する重要事項を調査審議させるため、条例で審議会その他の合議制の機関を、都道府県の附属機関として設置することができることとしている。

都道府県は、旧職業訓練法においては、任意設置の機関として、都道府県職業訓練審議会について規定していたが、都道府県職業能力開発計画の策定、都道府県及び市町村が設置することのできる公共職業能力開発施設の種類の拡大、都道府県職業能力開発計画の実施を担保するための都道府県知事の勧告権の強化等都道府県知事の法律上の権限が増大したほか、都道府県における職業能力開発行政の重要性が増大したことに鑑み、都道府県職業能力開発審議会を都道府県が必ず置かなければならない附属機関としたものである。

その後、平成一一年七月のいわゆる「地方分権一括法」により、本条による審議機関の設置に関する都道府県の裁量範囲の拡大を行った。すなわち、都道府県は、本条に規定する事項を審議する機関を他の審議会等と独立して設置する必要はなくなり、例えば、関連する他の政策課題に関する調査審議をあわせ行う機関として設置することができることとなった。また、これに伴い、本条に規定する事項を審議する合議制の機関である限り、当該合議制の機関の名称として「職業能力開発審議会」という名称を必ずしも使用する必要はないものとなった。

さらに、平成一八年改正では、「事務、事業の在り方に関する意見」（平成一四年一〇月三〇日地方分権改革推進会議）を踏まえ、本条の審議会等の合議制の機関について、必置規制を改め、都道府県が独自の判断で設置できるものとしたところである。

第一項は、都道府県は、審議会その他の合議制の機関を置くことができるとする規定である。

第二項は、都道府県が設置する審議会等に関し、必要な事項は条例で定めるべきことを明らかにしたものである。

解説

①　重要事項

都道府県職業能力開発計画の策定のほか、公共職業能力開発施設の運営、事業主等の行う職業能力の開発に対する援助、技能検定の実施等に係る基本方針等都道府県の職業能力の開発及び向上に関する基本的な問題等をいうものである。

②　条例で……できる

〔趣旨〕で述べたとおり、平成一八年改正において、都道府県における審議会の必置義務を廃止して、都道府県独自の判断で、条例に基づいて審議会等を設置できることとした。

③　必要な事項

審議会その他の合議制の機関について、その所掌事務、組織、委員の任期、特別委員、会長、会議等審議会の設置、運営に関し必要な諸事項をいう。

（職業訓練等に準ずる訓練の実施）

第九十二条　公共職業能力開発施設、職業能力開発総合大学校及び職業訓練法人は、その業務の遂行に支障のない範囲内で、その行う職業訓練又は指導員訓練に準ずる訓練を次に掲げる者に対し行うことができる。

一　労働者を雇用しないで事業を行うことを常態とする者

二　家内労働法（昭和四十五年法律第六十号）第二条第二項に規定する家内労働者1)

三　出入国管理及び難民認定法（昭和二十六年政令第三百十九号）別表第一の四の表の留学又は研修の在留資格[2]をもつて在留する者

四　前三号に掲げる者以外の者で厚生労働省令で定めるもの[3]

趣旨

本条は、公共職業能力開発施設、職業能力開発総合大学校及び職業訓練法人による職業訓練等に準ずる訓練の実施について規定したものである。

すなわち、公共職業能力開発施設等は、国内の労働者に対して職業訓練又は指導員訓練を行うためのものであるが、今日、これらの施設等のノウハウを活かして外国人研修生等労働者以外の者を受け入れることが重要な政策課題となっていることから、本来業務に支障のない限りにおいて、労働者以外の者に対して職業訓練等に準ずる訓練を実施することができる旨を特に明記したものである。

なお、各号は、労働者以外の者のうち、特に主要なものを列記したものである。

解説

① 家内労働法……に規定する家内労働者

「家内労働法に規定する家内労働者」とは、物品の製造、加工等若しくは販売又はこれらの請負を業とする者等から、主として労働の対償を得るために、その業務の目的物たる物品（物品の半製品、部品、附属品又は原材料を含む。）について委託を受けて、物品の製造又は加工等に従事する者であって、その業務について同居の親族以外の者を使用しないことを常態とするものをいう。

② 出入国管理及び難民認定法……留学又は研修の在留資格

留学の在留資格で本邦においてできる活動は、「本邦の大学、高等専門学校、高等学校（中等教育学校の後期課程を含む。）若しくは特別支援学校の高等部、中学校（義務教育学校の後期課程及び中等教育学校の前期課程を含む。）若しくは特別支援学校の中学部、小学校（義務教育学校の前期課程を含む。）若しくは特別支援学校の小学部、専修学校若しくは各種学校又は設備及び編制に関してこれらに準ずる機関において教育を受ける活動」とされる。また、研修の在留資格で本邦においてできる活動は、「本邦の公私の機関により受け入れられて行う技能等を修得する活動（二の表の技能実習の項の下欄第一号及びこの表の留学の項の下欄に掲げる活動を除く。）※」とされている（出入国管理及び難民認定法別表第一の四）。

※「二の表の技能実習の項の下欄第一号」とは、次のイ又はロのいずれかに該当する活動をいう。

(イ) 技能実習法第八条第一項の認定（技能実習法第一一条第一項の規定による変更の認定があったときは、その変更後のもの。以下同じ。）を受けた技能実習法第八条第一項に規定する技能実習計画（技能実習法第二条第二項第一号に規定する第一号企業単独型技能実習に係るものに限る。）に基づいて、講習を受け、及び技能、技術又は知識（以下「技能等」という。）に係る業務に従事する活動

(ロ) 技能実習法第八条第一項の認定を受けた同項に規定する技能実習計画（技能実習法第二条第四項第一号に規定する第一号団体監理型技能実習に係るものに限る。）に基づいて、講習を受け、及び技能等に係る業務に従事する活動

また、「この表の留学の項の下欄に掲げる活動」とは、右記「留学」の在留資格で本邦においてできる活動をいう。

職業能力開発総合大学校、職業能力開発大学校及び職業能力開発短期大学校へ入校する外国人には、留学の在留資格が付与される。

また、職業能力開発校へ入校する外国人に対しては研修の在留資格が付与され得る。

③ 厚生労働省令で定める

現在のところ、当該厚生労働省令は定められていない。

（厚生労働大臣の助言及び勧告）

第九十三条　厚生労働大臣は、この法律の目的を達成するため必要があると認めるときは、都道府県に対して、公共職業能力開発施設[1]の設置及び運営、第十五条の二第一項及び第二項の規定による援助[2]その他職業能力の開発に関する事項[3]について助言[4]及び勧告[5]をすることができる。

趣旨

本条は、厚生労働大臣の都道府県に対する助言及び勧告について定めたものである。

すなわち、この法律の目的を達成するため必要がある場合には、厚生労働大臣は、都道府県に対して職業能力開発校等の設置及び運営、事業主等に関する援助その他職業能力の開発に関する事項について助言及び勧告をすることができるとされている。

地方公共団体に対する国の関与は、地方自治法においてもその担任する事務の運営その他の事項について適切と認める技術的な助言若しくは勧告をし、又は当該助言若しくは勧告をするため若しくは普通地方公共団体の事務の適正な処理に関する情報を提供するため必要な資料の提出を求めることができる（地方自治法第二四五条の四第一項）程度にとどめている。本条は、地方自治法とも平仄を合わせて都道府県の自治性を尊重しながら職業能力開発行政を全国統一的に行うことができるよう、都道府県が行う職業能力開発校等公共職業能力開発施設の設置運営、事業主等の講ずる措置に関する援助その他職業能力の開発に関する事項に関して、国が必要な助言及び勧告をし、職業能力の開発の円滑かつ適正な促進を図ろうとする趣旨である。

なお、職業訓練に関して㈱高齢・障害・求職者雇用支援機構に対する厚生労働大臣及び都道府県知事の権限は、独立行政法人通則法及び独立行政法人高齢・障害・求職者雇用支援機構法に定められている。すなわち、厚生労働大臣は、三年以上五年以下の期間において㈱高齢・障害・求職者雇用支援機構が達成すべき業務運営に関する目標（以下「中期目標」という。）を定め、これを㈱高齢・障害・求職者雇用支援機構に指示するとともに、中期目標の期間の終了時において、㈱高齢・障害・求職者雇用支援機構の業務を継続させる必要性、組織の在り方その他その組織及び業務の全般にわたる検討を行い、その結果に基づき、所要の措置を講ずるほか、㈱高齢・障害・求職者雇用支援機構に対し、その業務に関し報告させ、検査することができることとされている（独立行政法人通則法第二九条、第三五条及び第六四条）。

また、都道府県知事は、当該都道府県の区域内において行われる職業訓練の推進のために必要があるときは、㈱高齢・障害・求職者雇用支援機構に対して、職業能力開発促進センター等の運営その他職業訓練の実施に関する事項について、報告を求め、及び必要な要請をすることができることとされている（独立行政法人高齢・障害・求職者雇用支援機構法第二一条）。

公共職業訓練は、関係地域の実情に十分対応して実施されることが肝要であり、㈱高齢・障害・求職者雇用支援機構の設置する職業能力開発施設においても関係都道府県の実情に十分対応した運営が確保されるべきである。特に、当該都道府県の区域内において行われる職業能力の開発に関する基本となるべき計画（都道府県職業能力開発計画）を策定し、その推進を図ることとされているところであり、㈱高齢・障害・求職者雇用支援機構は、これらの視点からの関係都道府県知事の要請等に十分配慮すべきものである。

解　説

❶ 公共職業能力開発施設

国、都道府県、市町村及び㈱高齢・障害・求職者雇用支援機構が職業訓練を行うために設置する職業能力開発校、職業能力開発短期大学校、職業能力開発大学校、職業能力開発促進センター及び障害者職業能力開発校である（第一六条)。

② 第十五条の二第一項及び第二項の規定による援助

第一五条の二〔解説〕〈二〇〇ページ〉参照。

③ その他職業能力の開発に関する事項

都道府県職業能力開発計画に関する事項、都道府県に置く審議会等に関する事項、都道府県職業能力開発協会に関する事項その他都道府県が職業能力の開発に関して行う業務をいうものである。

④ 助　言

ある者に対して、他の者が一定の行為をなすべきことを進言することをいい、非権力的な関与の一態様である。本条においては、厚生労働大臣が都道府県知事に対して適当と認める行為又は措置を実施するように促し、又はこれを実施するについて必要な事項を示すこと、あるいは不適切であると認める行為又は措置を実施しないように注意することなどがこれに当たる。

⑤ 勧　告

ある事柄を申し出て、その申出に沿って相手方が措置を採るべきことを勧め、又は促す行為である。勧告は、助言より強い権限であって、勧告を受けた場合は、勧告を尊重しなければならないものと通常解されている。しかし、これも相手方を拘束する効力は認められない。

(職業訓練施設の経費の負担)

第九十四条　国は、政令[1]で定めるところにより、都道府県が設置する職業能力開発校及び障害者職業能力開発校[2]の施設及び設備に要する経費の一部を負担する。[3]

趣旨

本条は、国が、都道府県が設置する職業能力開発校及び障害者職業能力開発校の施設及び設備に要する経費の一部を負担することを規定したものである。

地方公共団体が行う事務のうち、国の利害にも関係のあるものについて、その経費に充てることを条件として、国が一定の金額を補助する補助金の制度が行われているところである。地方財政法は、地方公共団体が法令に基づいて実施しなければならない事務であって、国と地方公共団体相互の利害に関係がある事務のうち、その円滑な運営を期するためには、なお、国が進んで経費を負担する必要があるものとして職業能力開発校及び障害者職業能力開発校の施設及び設備に要する経費を挙げている（第一〇条第二〇号）。

さらに、同法第一一条は、この国が負担すべき経費の種目、算定基準及び国と地方公共団体とが負担すべき割合は、法律又は政令で定めなければならないとしているため、本項では、これらに関する事項の規定を政令に委任しているのである。したがって、政令には、国が負担する経費は、職業能力開発校又は障害者職業能力開発校の施設、又は設備に要する経費であること、これらの経費は、法第一九条第一項の職業訓練の基準を基礎として算定されること、及び各経費の種目について二分の一の割合で負担されること、国の負担は、厚生労働大臣が職業能力開発校又は障害者職業能力開発校の設置又は運営が厚生労働大臣が策定する職業能力開発基本計画に適合すると認める場合に行うことが規定されている（令第三条）。

この負担金は、地方財政法第二五条により法令の定めるところに従い使用されなければならないこととされ、これに違反して使用された場合は、その部分について、国は負担金の全部又は一部を交付せず又はその返還を命ずることができることとされている。また、この負担金は、補助金等に係る予算の執行の適正化に関する法律（昭和三〇年法律第一七九号）に規定する補助金等として、その適用を受けるものである。

解説

①　政　令

施行令第三条である（③参照）。

②　障害者職業能力開発校

本法第一六条第二項の規定により、都道府県が厚生労働大臣の認可を受けて設置する障害者職業能力開発校である。国が設置し都道府県にその運営を委託しているものは、ここには含まれていない。

③　経費の一部を負担する

負担の対象となる経費としては、現在、施行令第三条に次のとおり定められている。

（経費の負担）

第三条　法第九十四条の規定による国の負担は、各年度において、職業能力開発校又は障害者職業能力開発校の施設又は設備に要する経費のうち次の各号に掲げるものに係る当該各号に定める額の合算額から厚生労働大臣が定める収入金の額に相当する額を控除した額（当該職業能力開発施設の施設又は設備に関し補助金があるときは、当該控除した額から厚生労働大臣が定める額を控除した額）の二分の一について行う。

一　法第十九条第一項の職業訓練の基準により必要な建物の新設、増設又は改設に要する経費　建物の構造、所在地による地域差等を考慮して厚生労働大臣が定める一平方メートル当たりの建設単価（その建設単価が当該建物の新設、増設又は改設に係る一平方メートル当たりの建設単価を超えるときは、当該建物の新設、増設又は改設に係る建設単価とする。）に、厚生労働大臣が定める範囲内の建物の新設、増設又は改設に係る延べ平方メートル数を乗じて得た額

二　法第十九条第一項の職業訓練の基準により必要な機械器具その他の設備の新設、増設又は改設に要する経費　職業能力開発校又は障害者職業能力開発校において行われる職業訓練の種類、規模等を考慮して厚生労働大臣が定める基準に従つて算定した額（その額が当該経費につき現に要した金額を超えるときは、当該金額とする。）

2　前項の国の負担は、厚生労働大臣が職業能力開発校又は障害者職業能力開発校の設置又は運営が法第五条第一項に規定す

る職業能力開発基本計画に適合すると認める場合に行う。

ここで、「負担」とは、債務、経費、費用等の金銭的給付義務を負う意味であるが、国と地方公共団体との間の財政的関係においては、「負担」と「補助」は区別され、本来地方公共団体が経費を支弁すべきものについて、国が奨励その他の意味で、任意的にその財源の一部を助成する場合には、原則として「補助」といい、経費の性質上国及び地方公共団体の双方が経費を出すべきものについては、「負担」の語を用いる例が多い。本法の「負担」もこの用法に従っているものと解される。

しかし、法律に「負担することができる」「補助しなければならない」と規定されている場合もあり、その経済的効果は同一であるので、補助金等に係る予算の執行の適正化に関する法律は、強いてこれらを区別せず、ともに補助金等として同一の取扱いをしている。

（交付金）

第九十五条　国は、前条に定めるもののほか、同条に規定する職業能力開発校及び障害者職業能力開発校の運営に要する経費[1]の財源に充てるため、都道府県に対し、交付金[2]を交付する。

2　厚生労働大臣は、前項の規定による交付金の交付については、各都道府県の雇用労働者数及び求職者数（中学校、義務教育学校、高等学校又は中等教育学校を卒業して就職する者の数を含む。）を基礎[3]とし、職業訓練を緊急に行うことの必要性その他各都道府県における前条に規定する職業能力開発校及び障害者職業能力開発校の運営に関する特別の事情[4]を考慮して、政令で定める基準[5]に従つて決定しなければならない。

趣旨

我が国における職業訓練は、国及び都道府県の間における役割分担の上に成り立っている。

すなわち、国は、職業能力開発大学校、職業能力開発短期大学校及び職業能力開発促進センターを設置し、離転職者の早期再就職のための訓練及び技術革新の最先端を担う労働者の育成のための訓練を行うとともに、全国的なレベルで通用する特に高度な技能を有する労働者を養成するため高卒者等に対して原則二年間の訓練を行っている。

これに対し、都道府県は、地域の基礎的な訓練ニーズを充足するため職業能力開発校を設置し、普通職業訓練を総合的に実施している。

公共職業訓練は、こうした連携体制の下に国及び都道府県が、それぞれの分野において責務を果たすことにより円滑に推進されるべきものである。

ところで、都道府県の行う職業訓練を見ると、新規学卒者、在職労働者から離転職者に至るまで幅広い訓練を行っていることからも明らかなとおり、①当該都道府県内において必要な技能労働者の養成確保を図るという側面と、②都道府県の区域を超え、雇用対策の一環として労働力の需給調整を図るとともに労働者の雇用の安定を図るという側面をあわせ有している。したがって、都道府県の行う職業訓練は、都道府県と国の双方が利害関係を有するものである。このため、都道府県が行う職業訓練に要する経費についても、国及び都道府県がいわば割り勘的に必要経費を折半して負担すべきものである。

こうした点に鑑み、従来、都道府県の行う職業訓練に要する経費、すなわち、運営費及び施設設備費については、国は政令で定めるところによりその経費の一部を負担することとされ、政令においては運営費及び施設設備費の二分の一について負担することとされていた。

昭和六〇年の職業能力開発促進法への移行により、都道府県が設置する職業能力開発校及び障害者職業能力開発校の運営に要する経費については、従来の負担金としてではなく、交付金として交付することとされた。この「交付金」は、補助率、補助対象等について細かな制約がないため、都道府県は、訓練施設の運営のために使用するのであれば、自主的な判断に基づいて使用することができるという性格の補助方式である。

昭和六〇年度から都道府県に対する補助方式を「負担金」から「交付金」方式に改めたのは、次のような趣旨によるものである。

すなわち、職業能力開発促進法への移行に際して、職業訓練の基準の改正、職業訓練指導員免許の弾力化等を行い、全体として職業訓練が社会経済情勢に的確に対応できるようにしたところである。こうした改正の趣旨を十分活かし、実効あるものとするためには、都道府県が、その実情に応じて職業能力開発校及び障害者職業能力開発校を自主的かつ弾力的に運営できるようにする必要がある。このためには、従来のような積上げ方式の負担金ではその目的が達せられないため、交付金としたものである。

なお、交付金とされた運営費の大半は、職業訓練指導員の給与に要する経費であり、これは、都道府県に対する人件費補助の一種であったため、臨時行政調査会第三次答申（昭和五七年七月三〇日）により、次のような指摘がなされており、交付金化は、こうした臨調答申の指摘をも勘案したものである。

すなわち、臨調答申によれば、「地方公務員に対する人件費補助は、補助対象職員が担当する事務・事業の円滑な実施を確保するための必要な措置について検討を加え、二年以内に、原則として一般財源措置に移行するとともに、新規の人件費補助は、今後、原則として行わないこととすること。」とされていた。

しかし、この答申どおりに、一般財源化すれば、

① その財源が、必ずしも職業訓練のために使用されるとは限らず、都道府県によっては職業訓練の規模が著しく縮小されるおそれがあり、我が国として必要な技能労働者の育成確保ができなくなること

② 離転職者が特定地域に多発した場合などにも、就職促進のための機動的な職業訓練の実施が困難になることといった問題があった。

このため、㋑量的に必要な職業訓練が行われること、㋺大量雇用変動など緊急時に必要な職業訓練が的確に行われ

ることを担保する必要があり、こうした点に配慮するためには交付金化が適切であった。

なお、職業能力開発校及び障害者職業能力開発校の運営に係る交付金は、細部にわたる使途の制限がなく、都道府県の裁量による弾力的な支出が可能であることから、一般財源的性格を有するものであり、臨調答申の趣旨に十分合致するものである。

解説

①　運営に要する経費

運営費としては、職業訓練指導員その他の職員の給与に要する経費、学科及び実技の訓練のために必要な教材費、設備の維持管理に要する経費などがこれに該当する。

②　交付金

従来の都道府県の設置する職業能力開発施設の運営費に対する補助方式は定率補助方式であり、政令で定めるところにより、職業能力開発施設の運営に要する経費を個別に積み上げた額に対し二分の一を乗じて得た額を補助するものであった。

これに対して、交付金は定額補助方式を採っており、国が補助する経費の額は都道府県の職業能力開発施設の運営費に対する支出を直接の基礎とせず、事業の必要性の観点から算定し、都道府県がこれを財源の一部に充当することによって職業能力開発施設の運営を行うものであり、都道府県の支出は国の補助額に対応する一定の支出を法律上義務づけられていないものである。

しかし、この交付金化は、職業能力開発施設の自主的かつ弾力的な運営を図ることを目的として補助方式を変更したものであり、従来の事業内容を変更するものではない。また、職業能力開発施設の運営は、都道府県における職業能力開発の基本的な業務であるので、基本的には現行の都道府県の財源措置が維持されるべきものである。したがって、都道府県が裏負担を行うために必要な経費についても地方交付税交付金として従来どおり措置された。

なお、法第九五条の交付金は、補助金等に係る予算の執行の適正化に関する法律施行令第二条第二〇号の規定により、補助金等とする給付金として指定されている。

③ 基　礎

都道府県の設置する職業能力開発施設の運営に要する交付金については、まず、「各都道府県の雇用労働者数及び求職者数（中学校、義務教育学校、高等学校又は中等教育学校を卒業して就職する者の数を含む。）を基礎」として決定することとされている。

これは、都道府県の行う職業訓練が、普通職業訓練であることに鑑み、都道府県の行う職業訓練に対する基礎的な訓練ニーズを客観的な指標として把握するものとして、これらの者の数を基礎とすることとしたものである。

すなわち、主として在職者に対する訓練については、この訓練の主たる対象となっている雇用労働者の数を指標とすれば、当該都道府県における基礎的な訓練ニーズを把握できる。なお、雇用労働者数については、国勢調査を利用して把握することとしている。

主として離職者に対する訓練については、この訓練の主たる対象となっている求職者数を指標とすれば、当該都道府県における基礎的な訓練ニーズを把握できる。この求職者数は、公共職業安定所における求職者数により求めるものとされている。

また、中卒者等に対して行われる職業訓練については、この訓練の主たる対象者となっている「新たに中学校等を卒業した者であって、高等学校等へ進学しないで就職しようとする者」の数を指標とし、高卒者等に対して行われる職業訓練については「新たに高等学校等を卒業した者であって大学等へ進学しないで就職しようとする者」の数を指標として、当該都道府県における基礎的な訓練ニーズを把握するものとされている。学卒求職者数は学校基本調査によるものとしている。

④ 特別の事情

職業訓練は、国及び都道府県の双方に関係のある業務として、地域の産業及び住民のニーズを満たすとともに、再就職の促進に資するという性格をもっているため、大量に離職者が発生し、緊急に職業訓練を実施するなど特別の事情が発生した場合には、こうした事情を的確に反映して機動的な職業訓練を行う必要がある。

そのためには、こうした特別の事情により行われる職業訓練についても必要経費が都道府県に交付されるよう配慮する必要がある。このため、交付金総額の二〇パーセントは、特別の事情を基準として交付されている。

この場合に考慮される特別の事情としては、①多数の離転職者の発生、技能労働者の著しい不足等により緊急に職業訓練を実施する必要性、②障害者その他の就職が特に困難な労働者に対する職業訓練を実施する必要性等の職業に関する教育訓練施設の分布状況等が考慮される。

⑤　政令で定める基準

施行令では次のように定められている。

（交付金の交付基準）

第四条　法第九十五条第二項の政令で定める基準は、第一号及び第二号の規定により各都道府県に割り当てられた額から雇用保険法施行令（昭和五十年政令第二十五号）第十四条（第四項を除く。）の規定により当該都道府県に交付される同条第一項の交付金の額に相当する額を控除した額に、第三号の規定により当該都道府県に割り当てられた額を加算した額を交付することとする。

一　法第九十五条第一項の交付金の予算総額に雇用保険法施行令第十四条第一項の交付金の予算総額を加算した額（以下この条において「交付金総額」という。）の十分の二に相当する額に、各都道府県の法第二条第一項に規定する雇用労働者の数（以下この条において「雇用労働者数」という。）が全国の雇用労働者数に占める割合を乗じて得た額を割り当てる。

二　交付金総額の十分の六に相当する額を、次に定めるところにより、各都道府県の法第九十五条第二項に規定する求職者数（以下この条において単に「求職者数」という。）に基づいて割り当てる。

イ　交付金総額の十分の三に相当する額に、各都道府県の求職者数から中学校、義務教育学校、高等学校又は中等教育学校を卒業して就職する者の数（以下この条において「学卒就職者数」という。）を控除した数（以下この号において「一般求職者数」という。）が全国の一般求職者数に占める割合を乗じて得た額を割り当てる。

ロ　交付金総額の十分の三に相当する額に、各都道府県の学卒就職者数が全国の学卒就職者数に占める割合を乗じて得た額を割り当てる。

三　交付金総額の十分の二に相当する額を、厚生労働大臣が定めるところにより、次に掲げる事情に対応した職業能力開発校又は障害者職業能力開発校の運営を行うための経費を要する都道府県に割り当てる。

イ　多数の離職者の発生、技能労働者の著しい不足等により緊急に職業訓練を実施する必要があると認められること。

ロ　イに掲げるもののほか、障害者その他の就職が特に困難な労働者に対する職業訓練を実施する必要性、他の職業に関する教育訓練施設の分布状況等の特別の事情

2　前項の場合において、第一号又は第二号に規定する都道府県に該当する都道府県があるときは、同項の規定の適用については、次に定めるところによる。

一　前項第一号及び第二号の規定により当該都道府県に割り当てられた額が、交付金総額の十分の八に相当する額に当該都道府県の訓練生の割合（当該都道府県の設置する職業能力開発校及び障害者職業能力開発校の行う職業訓練を受ける労働者の延べ人数がすべての都道府県の設置する職業能力開発校及び障害者職業能力開発校の行う職業訓練を受ける労働者の延べ人数に占める割合をいう。以下この号及び次号において同じ。）を乗じて得た額の十分の十三に相当する額を超える都道府県については、当該十分の十三に相当する額を、同項第一号及び第二号の規定により当該都道府県に割り当てられた額とする。

二　前項第一号及び第二号の規定により当該都道府県に割り当てられた額が、交付金総額の十分の八に相当する額に当該都道府県の訓練生の割合を乗じて得た額の十分の七に相当する額に満たない都道府県については、当該十分の七に相当する額を、同項第一号及び第二号の規定により当該都道府県に割り当てられた額とする。

三　前項第三号中「交付金総額の十分の二」とあるのは、「交付金総額から前二号の規定により各都道府県に割り当てられた額の総額を控除した額」とする。

3　第一項第一号の雇用労働者数、同項第二号の求職者数及び学卒就職者数並びに前項第一号の職業訓練を受ける労働者の延べ人数は、厚生労働大臣が定める算定方法により、算定するものとする。この場合において、同号の職業訓練を受ける労働者の延べ人数に係る算定方法は、その受ける職業訓練の訓練期間その他の事情を考慮して定めるものとする。

（雇用保険法との関係）

第九十六条　国による公共職業能力開発施設[1]（障害者職業能力開発校を除く。[2]）及び職業能力開発総合大学校の設置及び運営、[3]第十五条の七第一項ただし書に規定する職業訓練の実施、[4]技能検定の実施に要する経費の負担並びに[5]第十五条の二第一項及び第二項（障害者職業能力開発校に係る部分を除く。）、第十五条の三、[6]第七十六条[7]及び第八十七条第二項[8]の規定による助成等は、雇用保険法（昭和四十九年法律第百十六号）第六十三条に規定する能力開発事業として行う。[9]

趣旨

本条は、国による公共職業能力開発施設（障害者職業能力開発校を除く。）及び職業能力開発総合大学校の設置及び運営、第一五条の七第一項ただし書に規定する職業訓練の実施、技能検定の実施に要する経費の負担、事業主等に対する援助及び助成等並びに職業能力開発協会に対する助成等は、雇用保険法による能力開発事業として行うこととし、雇用保険法との関係を明らかにしたものである。すなわち、職業能力開発促進法に基づいて行われる施策について、その財源を明確にし、計画的な拡充推進を図るとともに、それが雇用保険法に基づく能力開発事業と直結して行われ、総合的な職業能力開発行政の推進が図られるようにしたものであり、能力開発事業は、本条に規定する事業について職業能力開発促進法の目的の実現に資するよう実施されるべきものである。

これらの事業の一部は㈱高齢・障害・求職者雇用支援機構に行わせることとされている（雇用保険法第六三条第三項）。

なお、能力開発事業は、本条により実施されるものに限定されるのではなく、能力開発事業として独自に行われるものがあるのは言うまでもない。

解説

① 国による公共職業能力開発施設（……の設置及び運営）

設置及び運営される公共職業能力開発施設は、障害者職業能力開発校を除くと、職業能力開発短期大学校、職業能力開発大学校及び職業能力開発促進センターであり（第一六条）、いずれも（独）高齢・障害・求職者雇用支援機構が設置、運営している（雇用保険法第六三条第一項第二号及び第三項並びに独立行政法人高齢・障害・求職者雇用支援機構法第一四条第一項第七号）。

② 障害者職業能力開発校を除く

障害者職業能力開発校の設置及び運営に要する経費は、雇用保険以外の財源（一般会計又は労災勘定）によって賄うことが適当であるので、能力開発事業として行わないこととしたものである。なお、国が設置した障害者職業能力開発校は、厚生労働省令で定めるものを除き、都道府県にその運営が委託されており（第一六条第四項）、その運営費については、障害者職業能力開発校運営委託費が交付されている。

③ 国による……職業能力開発総合大学校の設置及び運営

職業能力開発総合大学校は（独）高齢・障害・求職者雇用支援機構が設置、運営している（雇用保険法第六三条第一項第二号及び第三項並びに独立行政法人高齢・障害・求職者雇用支援機構法第一四条第一項第七号）。

④ 国による……第十五条の七第一項ただし書に規定する職業訓練の実施

雇用保険法第六三条第一項第二号及び独立行政法人高齢・障害・求職者雇用支援機構法第一四条第一項第七号参照。

⑤ 国による……技能検定の実施に要する経費の負担

雇用保険法第六三条第一項第七号参照。

⑥　第十五条の三（……の規定による助成等）

第一五条の三の規定により能力開発事業として行われる助成等については、同条〔解説〕〈二〇五ページ〉参照。

⑦　第七十六条（……の規定による助成等）

中央協会が第五五条第一項の規定に基づいて行う職業能力の開発の促進に関する業務に要する経費について中央職業能力開発協会費補助金が交付される（雇用保険法第六三条第一項第一号及び第七号並びに雇用保険法施行規則第一三四条及び第一三五条）。

⑧　第八十七条第二項（の規定による助成等）

都道府県協会が第八二条第一項の規定に基づいて行う職業能力の開発の促進に関する業務について補助を行う都道府県に対して都道府県職業能力開発協会費補助金が交付される（雇用保険法第六三条第一項第一号及び第七号並びに雇用保険法施行規則第一三四条及び第一三六条）。

⑨　能力開発事業として行う

能力開発事業の財源をもって行われることを明らかにしたものである。

なお、本条に規定されている事業について能力開発事業以外により実施することを禁ずる趣旨ではない。

（登録試験機関等がした処分等に係る審査請求）

第九十六条の二　登録試験機関が行う資格試験業務に係る処分若しくはその不作為、指定登録機関が行う登録事務に係る処分若しくはその不作為又は指定試験機関が行う技能検定試験業務に係る処分若しくはその不作為については、厚生労働大臣に対し、審査請求をすることができる。この場合において、厚生労働大臣は、行政不服審査法（平成二十六年法律第六十八号）第二十五条第二項及び第三項、第四十六条第一項及び第二項、第四十七条並びに第四十九条第三項の規定の適用については、登録試験機関、指定登録機関又は指定試験機関の上級行政庁とみなす。[1)]

趣旨

本条は、キャリアコンサルタント試験の試験業務を行う登録試験機関及びキャリアコンサルタントの登録事務を行う指定登録機関並びに技能検定の試験業務を行う指定試験機関がした処分又はその不作為については、厚生労働大臣に対して審査請求をすることができることとしたものである。

解説

1 上級行政庁とみなす

登録試験機関、指定登録機関及び指定試験機関（以下「登録試験機関等」という。）が行う事務については、一義的には厚生労働大臣の行う事務であり、本法の規定に基づき、その一部又は全部を行っているが、行政不服審査法上、厚生労働大臣はこれらの機関の上級行政庁には当たらないことから、厚生労働大臣に対して審査請求を行うことはできず、また、登録試験機関等が行う処分等に対し、厚生労働大臣は執行停止などの措置を講ずることができないこととなる。

このため、登録試験機関等がした処分等に係る審査請求については、厚生労働大臣に対して行うことができる旨を規定し、行政不服審査法による処分の執行停止等に係る措置に係る規定の適用について、上級行政庁とみなすこととする。

（手数料）

第九十七条　第三十条の四第一項のキャリアコンサルタント試験を受けようとする者、第三十条の十九第一項の登録を受けようとする者、第三十条の二十の登録証の再交付若しくは訂正を受けようとする者、第四十四条第一項の技能検定を受けようとする者又は第四十九条の合格証書の再交付を受けようとする者は、政令[1]で定めるところにより、手数料[2]を納付しなければならない。

2　都道府県は、地方自治法第二百二十七条の規定に基づき技能検定試験に係る手数料を徴収する場合においては、第四十六条第四項の規定により都道府県協会が行う技能検定試験を受けようとする者に、条例で定めるところにより、当該手数料を当該都道府県協会へ納めさせ、その収入とすることができる。

趣旨

本条は、キャリアコンサルタント試験の受験、キャリアコンサルタントの登録、キャリアコンサルタント登録証の再交付・訂正、技能検定の受検及び技能検定合格証書の再交付に関する手数料について規定したもので、この手数料の額その他については、政令で定めることとしたものである。

キャリアコンサルタント試験、キャリアコンサルタントの登録、キャリアコンサルタント登録証の再交付・訂正については、施行令に手数料に関する規定がある。その手数料の金額は、キャリアコンサルタント試験については、実技試験にあっては三万五、四〇〇円を、学科試験にあっては一万一、四〇〇円を超えない範囲で厚生労働大臣が定めるもの、キャリアコンサルタントの登録については八、〇〇〇円、キャリアコンサルタント登録証の再交付・訂正については二、〇〇〇円としている。また、登録試験機関が行うキャリアコンサルタント試験を受けようとする場合は登録試験機関に、指定登録機関が行う登録又はキャリアコンサルタント登録証の再交付・訂正を受けようとする場合は指定登録機関に、それぞれ手数料を納付することとしている（令第五条及び第六条）。

技能検定試験のうち、指定試験機関が行うものについては、施行令に手数料に関する規定がある。すなわち、手数料は試験機関に納付しなければならず、その手数料の金額は、実技試験にあっては三万五、四〇〇円を、学科試験にあっては一万一、四〇〇円を超えない範囲で厚生労働大臣が定めるものとしている（令第七条）。

また、地方公共団体の手数料の標準に関する政令（平成一二年政令第一六号）において、職業訓練指導員免許等の手数料の標準が次のとおり定められている。

① 職業訓練指導員免許　二、三〇〇円
② 職業訓練指導員免許証再交付手数料　二、〇〇〇円
③ 職業訓練指導員試験手数料
　実技試験　一万五、八〇〇円
　学科試験　三、一〇〇円
④ 技能検定試験手数料
　実技試験　一万八、二〇〇円
　学科試験　三、一〇〇円
⑤ 技能検定合格証書再交付手数料　二、〇〇〇円

解説

1 政令

職業能力開発促進法施行令（昭和四四年政令第二五八号）及び地方公共団体の手数料の標準に関する政令（平成一二年政令第一六号）である（本条〔趣旨〕参照）。

② 手数料

手数料は、国、地方公共団体又はこれらの機関が、他人のために行う公の役務に対し、その費用を償うため、又は報償として徴収する料金である。

（報告）

第九十八条　厚生労働大臣又は都道府県知事は、この法律の目的を達成するために必要な限度において、[1]認定職業訓練（第二十七条の二第二項において準用する第二十四条第一項の認定に係る指導員訓練を含む。以下同じ。）を実施する事業主等に対して、その行う認定職業訓練に関する事項[2]について報告を求めることができる。

趣旨

本条は、厚生労働大臣又は都道府県知事が、この法律の目的を達成するため必要な限度で、認定職業訓練を行う事業主、事業主の団体、職業訓練法人等に対し、認定職業訓練に関する事項について報告を求めることができることを規定したものである。

すなわち、厚生労働大臣は、職業能力の開発に関する基本となるべき職業能力開発基本計画を、また、都道府県は、職業能力開発基本計画に基づき、当該都道府県の区域内で行われる職業能力の開発に関する都道府県職業能力開発計画を策定することとされているが、これら職業能力の開発に関する計画の策定に当たっては、事業主等の行う職業能力開発の実情を十分考慮することが必要であるとともに、また、職業能力開発行政の運営に当たっては常に事業主等の行う職業能力開発の状況等を十分把握しておく必要がある。

例えば、職業訓練に関する基準の設定、認定職業訓練に対する職業訓練指導員の派遣、教材等必要な資料の提供、公共職業能力開発施設を使用させる等の便益提供等の援助を行う場合にも、事業主等の行う認定職業訓練の実施状況を知悉している必要がある。

したがって、本条は、この法律の目的を達成するために必要な限度で、認定職業訓練を行う事業主から報告を求めることができることとしたものであるが、報告徴取に当たっては事業主に過重の負担を課し、又は干渉になるおそれのないよう留意することが必要である。

解説

① この法律の目的を達成するために必要な限度において

厚生労働大臣又は都道府県知事は、認定職業訓練を行う事業主等から報告を求める場合には、職業能力の開発について必要な場合に限りその必要とする事項について報告を求めることができる趣旨であり、他の目的のために報告を求め、あるいは必要以上に事業主等の行う職業訓練に干渉することとなるような報告の徴取は、行うべきでない。

② 認定職業訓練に関する事項

法第二四条の認定を受けている職業訓練に関係のある一切の事項が含まれる。規則第三五条の四は、本条を根拠として次の規定を設けているが、これに限定されず、必要に応じて報告を徴することができる。

（**認定職業訓練実施状況報告**）

第三十五条の四　認定職業訓練を行なうものは、認定職業訓練実施状況報告書（様式第六号）を毎年五月三十一日までに管轄都道府県知事に提出しなければならない。

（権限の委任）

第九十八条の二　この法律に定める厚生労働大臣の権限は、厚生労働省令で定めるところにより[1]、その一部を都道府県労働局長に委任することができる。

趣旨

本法に定める厚生労働大臣の権限は、厚生労働省令で定めるところにより、その一部を都道府県労働局長に委任することができることとしたものである。

解説

① 厚生労働省令で定めるところにより

規則第八一条により、次のように定められている。

（権限の委任）

第八十一条　法第九十八条の二の規定により、法第二十六条の三第三項（法第二十六条の四第三項において準用する場合を含む。）及び第二十六条の四第二項に規定する厚生労働大臣の権限は、所轄都道府県労働局長に委任する。ただし、同項に規定する権限にあつては、厚生労働大臣が自らその権限を行うことを妨げない。

すなわち、①実習併用職業訓練の実施計画の認定及び当該認定に係る実施計画を変更するときの認定（第二六条の三第三項、法第二六条の四第三項）、②実習併用職業訓練の実施計画の認定の取消（第二六条の四第二項）に係る厚生労働大臣の権限は、所轄都道府県労働局長に委任することとされている。

（厚生労働省令への委任）

第九十九条　この法律に定めるもののほか、この法律の実施のための手続その他この法律の施行に関し必要な事項は、厚生労働省令で定める。

趣旨

本法の実施のための手続その他本法の施行に関し必要な事項については、厚生労働省令に委任することとしたものである。

第八章　罰　則

本章においては、公共職業能力開発施設の名称、職業能力開発総合大学校の名称、職業訓練法人の名称、キャリアコンサルタントの名称、技能士の名称及び職業能力開発協会の名称についての使用制限の規定や職業能力開発協会の監督等に関する規定の実効性を確保するため、これらの規定に違反した者に関し、所要の罰則を定めており、一三カ条から成っている。

本章の罰則は、いずれも行政罰を定めたものであるが、第九九条の二から第一〇四条までは刑罰を定めたものであるのに対して、第一〇五条から第一〇八条までは秩序罰である過料を定めたものである。なお、第一〇四条は、いわゆる両罰規定について規定している。

第九十九条の二　第二十六条の六第五項において準用する職業安定法第四十一条第二項の規定による業務の停止の命令に違反して、訓練担当者の募集に従事した者又は第三十条の二十七第二項の規定に違反した者は、一年以下の懲役又は百万円以下の罰金に処する。

趣旨

本条は、職業安定法第四一条第二項の規定による業務の停止命令に違反して、訓練担当者の募集に従事した者は、一年以下の懲役又は一〇〇万円以下の罰金に処することとしたものである（同法第六四条第八号参照）。また、守秘義務に違反して、キャリアコンサルタントの業務に関して知り得た秘密を漏らし、又は盗用したキャリアコンサルタント（キャリアコンサルタントであった者を含む。）についても、一年以下の懲役又は一〇〇万円以下の罰金に処することとしたものである。

第九十九条の三　第十五条第三項の規定に違反して秘密を漏らした者は、一年以下の懲役又は五十万円以下の罰金に処する。

趣旨

本条は、第一五条に規定する協議会の事務に従事する者又は従事していた者で、正当な理由なく、協議会の事務に関して知り得た秘密を漏らした者は、一年以下の懲役又は五〇万円以下の罰金に処することとしたものである。当該協議会においては、訓練修了者へのヒアリング等個別事例を取り扱うことも想定していることから、協議会の事務に従事する者又は従事していた者に対し守秘義務を課すこととしているが、この守秘義務について罰則をもって実効性を担保するものである。

第百条　次の各号のいずれかに該当する者は、六月以下の懲役又は三十万円以下の罰金に処する。

一　第二十六条の六第四項の規定による届出をしないで、訓練担当者の募集に従事した者

二　第二十六条の六第五項において準用する職業安定法第三十七条第二項の規定による指示に従わなかつた者

三　第二十六条の六第五項において準用する職業安定法第三十九条又は第四十条の規定に違反した者

四　第三十条の十三第一項（第三十条の二十六において準用する場合を含む。）又は第四十七条第二項の規定に違反して秘密を漏らした者

五　第七十七条第一項又は第八十九条第一項の規定に違反して秘密を漏らし、又は盗用した者

趣旨

本条は、承認中小企業主団体が、届出をせずに訓練担当者の募集に従事した場合、募集時期、募集人員、募集地域その他募集に関する事項に関する厚生労働大臣による指示に従わなかった場合、労働者の募集に係る報酬受領の禁止又は報酬の供与の禁止に違反した場合又は登録試験機関、指定登録機関、指定試験機関、中央職業能力開発協会及び都道府県職業能力開発協会の役員若しくは職員（試験委員及び技能検定委員を含む。）あるいは以前これらの職にあった者が、その職務に関して知り得た秘密を漏らした場合若しくはこれを盗用した場合は、六カ月以下の懲役又は三〇万円以下の罰金に処することとしたものである（第七七条〔解説〕④〈六五四ページ〉及び第八九条〔解説〕④〈六七七ペー

ジ〉参照)。

第百条の二　次の各号のいずれかに掲げる違反があつた場合には、その違反行為をした登録試験機関又は指定登録機関の役員又は職員は、三十万円以下の罰金に処する。

一　第三十条の十（第三十条の二十六において準用する場合を含む。）の許可を受けないで資格試験業務又は登録事務の全部を廃止したとき。

二　第三十条の十六（第三十条の二十六において準用する場合を含む。）の規定に違反して資格試験業務又は登録事務に関する帳簿を備えず、帳簿に記載せず、若しくは帳簿に虚偽[1)]の記載をし、又は帳簿を保存しなかつたとき。

三　第三十条の十七第一項（第三十条の二十六において準用する場合を含む。以下この号において同じ。）の規定による報告をせず、若しくは虚偽[1)]の報告をし、又は同項の規定による検査[2)]を拒み、妨げ、若しくは忌避[3)]したとき。

趣旨

本条は、登録試験機関及び指定試験機関が、厚生労働大臣の許可を受けないで資格試験業務又は登録事務の全部を廃止した場合、資格試験業務又は登録事務に関する帳簿を備えず、帳簿に記載せず、若しくは帳簿に虚偽の記載をし、又は帳簿を保存しなかった場合又は第三〇条の一七第一項に基づく報告をせず、若しくは虚偽の報告をし、又は同項の規定による検査を拒み、妨げ、若しくは忌避した場合に、違反行為をした登録試験機関又は指定登録機関の役員又は職員は、三〇万円以下の罰金に処することとしたものである。

解説

① 虚　偽

真実又は真正でないことをいう。背任や会計上の不正を粉飾する場合などはこれに当たる。

② 同項の規定による検査

第三〇条の一七第一項（第三〇条の二六において準用する場合を含む。）の規定に基づき、厚生労働大臣が、必要によりその職員に、登録試験機関又は指定登録機関の事務所に立ち入らせて行わしめる業務状況等の検査をいう。

③ 忌　避

行政庁の職員が立入検査等の職権を行使する場合に、その職務の執行に対する妨害行為として「拒み、妨げ」る行為と並べて罰則中に規定されることが多い。

その趣旨は、職務の執行を妨げる行為を網羅する意味で書かれ、「拒み、妨げ」との区別は明確でないが、強いて区別すれば「拒み、妨げ」が積極的妨害行為を想定できるのに対して、「忌避」は消極的に避ける行為が想定され得るということができる。

第百一条　第四十八条第一項の規定による報告をせず、若しくは虚偽[1]の報告をし、又は同項の規定による検査[2]を拒み、妨げ、若しくは忌避[3]した場合には、その違反行為をした指定試験機関の役員又は職員

は、三十万円以下の罰金に処する。

趣旨

本条は、厚生労働大臣の求めに応じて報告をせず、若しくは虚偽の報告をし、又は検査を拒み、妨げ、若しくは忌避した指定試験機関の役員又は職員は、三〇万円以下の罰金に処することとしたものである。

解説

① 虚偽

真実又は真正でないことをいう。背任や会計上の不正を粉飾する場合などはこれに当たる。

② 同項の規定による検査

第四八条第一項の規定に基づき、厚生労働大臣が、必要によりその職員に、指定試験機関の事務所に立ち入らせて行わしめる業務状況等の検査をいう。

③ 忌避

行政庁の職員が立入検査等の職権を行使する場合に、その職務の執行に対する妨害行為として「拒み、妨げ」る行為と並べて罰則中に規定されることが多い。

その趣旨は、職務の執行を妨げる行為を網羅する意味で書かれ、「拒み、妨げ」との区別は明確でないが、強いて区別すれば「拒み、妨げ」が積極的妨害行為を想定できるのに対して、「忌避」は消極的に避ける行為が想定され得るということができる。

第百二条　次の各号のいずれかに該当する者は、三十万円以下の罰金に処する。

一　第二十六条の五第二項の規定に違反した者

二　第二十六条の六第五項において準用する職業安定法第五十条第一項の規定による報告をせず、又は虚偽の報告をした者

三　第二十六条の六第五項において準用する職業安定法第五十条第二項の規定による立入り若しくは検査を拒み、妨げ、若しくは忌避し、又は質問に対して答弁をせず、若しくは虚偽の陳述をした者

四　第二十六条の六第五項において準用する職業安定法第五十一条第一項の規定に違反して秘密を漏らした者

五　第三十条の二十二第二項の規定によりキャリアコンサルタントの名称の使用の停止を命ぜられた者で、当該停止を命ぜられた期間中に、キャリアコンサルタントの名称を使用したもの

六　第三十条の二十八の規定に違反した者

七　第五十条第三項の規定により技能士の名称の使用の停止を命ぜられた者で、当該停止を命ぜられた期間中[1]に、技能士の名称を使用したもの

八　第五十条第四項の規定に違反した者[2]

趣旨

本条は、認定事業主（第二六条の四第一項〈三三八ページ〉参照）でない者で実習併用職業訓練計画の認定を受けている旨の表示をした者、訓練担当者の募集に係る報告をせず、若しくは虚偽の報告をした者、訓練担当者の募集を行う事務所等の立入検査を拒否等した者、訓練担当者の募集に従事する者（従事していた者を含む。）で守秘義務に違反した者、キャリアコンサルタントの名称の使用停止を命じられた期間中にキャリアコンサルタントの名称を使用したもの、キャリアコンサルタントでない者でキャリアコンサルタント若しくはこれに紛らわしい名称を使用したもの、技能士の名称の使用停止を命ぜられた期間中に技能士の名称を使用した者又は技能士でない者で技能士の名称を使用したものは、三〇万円以下の罰金に処することとしたものである。

解説

① 当該停止を命ぜられた期間

第五〇条第三項により、技能士が同条第二項の規定に違反して、合格していない技能検定の職種又は等級を表示した場合に、厚生労働大臣が技能士の名称の使用停止を命じることができる二年以内の期間をいう。

② 技能士でない者で技能士の名称を使用した者

「技能士」の称号は、国として、技能検定に合格した者の技能を評価し、この評価を公に証明しようとするものであって、技能士がその技能に誇りをもち、さらに技能の訓練に励むことを期待するものである。このため、技能の名称に対する信頼性を確保することが必要であるため、技能士でない者が技能士の名称を用いた場合には、過料に処せられることとされていた。

しかし、平成一三年改正において、今後、労働力の移動が活発化するなかで、労働者の円滑な再就職の促進に資するものとして技能検定制度の役割がますます重要となることに伴い、雇用対策法（現：労働施策の総合的な推進並びに労働者の雇用の安定及び職業生活の充実等に関する法律）において円滑な再就職を促進するために必要な技能評価の基準として技能検定制度を位置づけるとともに、技能士の名称の濫用によって、こうした役割が阻害されないよう、技能士の名称の詐称について、重い罰則をもって臨むこととしたものである。

第百三条　第七十四条第一項（第九十条第一項において準用する場合[1]を含む。以下この条において同じ。）の規定による報告をせず、若しくは虚偽[2]の報告をし、又は第七十四条第一項の規定による検査[3]を拒み、妨げ、若しくは忌避[4]した場合には、その違反行為をした中央協会又は都道府県協会の役員又は職員は、三十万円以下の罰金に処する。

趣旨

本条は、中央職業能力開発協会若しくは都道府県職業能力開発協会に対する厚生労働大臣若しくは都道府県知事の報告命令についての違反又は立入検査拒否等についての罰則を設けたものである。

すなわち、中央職業能力開発協会又は都道府県職業能力開発協会に対する厚生労働大臣若しくは都道府県知事の業務に関する報告命令に違反した者又は厚生労働大臣若しくは都道府県知事の指揮命令する職員による業務状況等についての立入検査を拒否する等の行為をした者は、三〇万円以下の罰金に処することとしたものである。

解説

① **第九十条第一項において準用する場合**

第九〇条第一項においては、厚生労働大臣の中央職業能力開発協会に対する報告命令及び立入検査の権限を定めた第七四条第一項を都道府県職業能力開発協会に準用することにより、都道府県知事の都道府県職業能力開発協会に対する報告命令及び立入検査の権限を規定している。

② **虚　偽**

第一〇一条〔解説〕①〈七一五ページ〉参照。

③ **第七十四条第一項の規定による検査**

第七四条第一項及びこの規定を準用する第九〇条第一項の規定に基づいて厚生労働大臣又は都道府県知事が、必要によりその職員にこれらの協会の事務所に立ち入らせて行わしめる業務状況等の検査をいう。

④ **忌　避**

第一〇一条〔解説〕③〈七一五ページ〉参照。

第百四条　法人の代表者[1)]又は法人若しくは人の代理人、使用人その他の従業者[2)]が、その法人又は人の業務に関し、第九十九条の二、第百条第一号から第三号まで、第百二条第一号から第四号まで又は前条の違反行為をしたときは、行為者を罰するほか、その法人又は人に対しても、各本条の罰金刑[3)]を科する。

趣旨

本条は、第九九条の二から第一〇三条までの違反行為をした場合には、行為者を処罰するほかに、その背後にひかえている法人又は人を処罰する旨を規定した、いわゆる両罰規定である。

すなわち、刑法犯においては犯罪行為の主体と受刑主体とは同一である行為者責任の原則によって貫かれているが、行政犯においては現実に違反行為をした者と一定の関係がある者（法人を含む。）をも処罰する旨規定する場合が多い。これがいわゆる両罰規定といわれるものであって、現行法における両罰規定はいずれも違反行為が法人又は人の代表、代理等として行われた場合に行為者のほかにその法人又は人に対しても罰を科する旨規定している。これは、自然人以外に独立の法人格を認められている法人や法人格のない団体、組織等の代表者等の非違行為を規制して、法人その他の団体組織による違反行為を防止しようとするものである。

解説

① 代表者

中央職業能力開発協会においては第六三条第三項において、また、都道府県職業能力開発協会においては同項を準用する第九〇条第一項の規定により、通常の場合においては、いずれも代表者は会長と定められている。

② 代理人、使用人その他の従業者

「代理人」は、委任契約等により代理行為を行うすべての者をいい、また、「使用人その他の従業者」は、代理行為を行い得る立場にある者、一般の雇用関係にある労働者その他法人の業務に従事する者を広く概括的にいうものである。

③ 各本条の罰金刑

第九九条の二に定める「一年以下の懲役又は百万円以下の罰金」、第一〇〇条第一号から第三号までに定める「六

月以下の懲役又は三十万円以下の罰金」並びに第一〇二条第一号から第四号まで及び前条に定める「三十万円以下の罰金」の刑をいう。

第百五条　第三十条の十五第二項（第三十条の二十六において準用する場合を含む。）又は第四十七条第四項の規定による厚生労働大臣の命令に違反した場合には、その違反行為をした登録試験機関、指定登録機関又は指定試験機関の役員は、五十万円以下の過料に処する。

趣旨

本条は、厚生労働大臣による業務停止命令に違反した登録試験機関、指定登録機関又は指定試験機関の役員は、五〇万円以下の過料に処することとしたものである。

第百五条の二　第三十条の十一第一項の規定に違反して財務諸表等を備えて置かず、財務諸表等に記載すべき事項を記載せず、若しくは虚偽[1]の記載をし、又は正当な理由がないのに同条第二項各号の規定による請求を拒んだ場合には、その違反行為をした登録試験機関の役員又は職員は、二十万円以下の過料に処する。

趣旨

本条は、登録試験機関が財務諸表等を備えて置かず、財務諸表等に記載すべき事項を記載せず、若しくは虚偽の記載をし、又は正当な理由がないのに第三〇条の一一第二項各号の規定による請求を拒んだ場合、その違反行為をした登録試験機関の役員又は職員は、二〇万円以下の過料に処するものである。

解説

① 虚偽

第百条の二〔解説〕①〈七一四ページ〉参照。

第百六条　次の各号のいずれかに該当する場合には、その違反行為をした中央協会又は都道府県協会の発起人、役員又は清算人[1]は、二十万円以下の過料に処する。

一　第五十五条又は第八十二条に規定する業務以外の業務を行つたとき。

二　第五十七条第二項又は第八十三条第二項の規定に違反したとき。

三　第六十八条第一項（第九十条第一項において準用する場合を含む。以下この号において同じ。）の規定に違反して、第六十八条第一項に規定する書類を備えて置かないとき。

四　第七十二条第一項（第九十条第一項において準用する場合を含む。）の認可を受けないで財産を処分したとき。

五　第七十三条（第九十条第一項において準用する場合を含む。）の規定に違反したとき。
六　第七十五条第一号（第九十条第一項において準用する場合を含む。）の規定による厚生労働大臣の命令に違反したとき。
七　第七十八条又は第九十条第一項において準用する第三十四条第一項の規定に違反したとき。
八　第七十八条又は第九十条第一項において準用する第四十条の二第二項又は第四十一条の十第一項の規定に違反して、破産手続[2)]開始の申立てをしなかつたとき。
九　第七十八条又は第九十条第一項において準用する第四十一条の八第一項又は第四十一条の十第一項の規定による公告をせず、又は不正の公告をしたとき。
十　第七十八条又は第九十条第一項において準用する第四十二条の二第二項の規定による裁判所の検査を妨げたとき。
十一　事業報告書、貸借対照表、収支決算書又は財産目録に記載すべき事項[3)]を記載せず、又は不実の記載をしたとき。

趣旨

本条は、第一〇〇条、第一〇一条及び第一〇三条に規定するものを除き、中央職業能力開発協会及び都道府県職業能力開発協会の発起人、役員又は清算人についての罰則を網羅的に規定したものである。

すなわち、中央職業能力開発協会又は都道府県職業能力開発協会の発起人、役員又は清算人が、法定業務以外の業務を行い（第一号）、会員の資格を有するものの加入を不当に拒み、又は加入について不当な条件をつけ（第二号）、決算関係書類を主たる事務所に備えて置かず（第三号）、清算時に必要な監督官公庁の認可を受けずに財産を処分し（第四号）、決算関係書類を所定期間内に監督官公庁に提出せず（第五号）、監督官公庁の業務停止命令に従わず（第六号）、所定の登記をせず（第七号）、破産手続開始の場合又は清算中の破産手続開始の場合に破産手続開始の申立てをせず（第八号）、清算時における債権申出の催告の公告若しくは清算中の破産手続開始の場合における破産手続開始の申立ての公告をせず、又は不正の公告をし（第九号）、清算の場合における裁判所の検査を妨げ（第一〇号）、決算関係書類に記載すべき事項を記載せず、又は不実の記載をした（第一一号）ときは、その発起人、役員又は清算人は、二〇万円以下の過料に処することとしたものである。

解説

① 中央協会又は都道府県協会の発起人、役員又は清算人

発起人については第五九条及び第八四条を、役員については第六三条（第九〇条において準用される場合を含む。）及び第八五条を、清算人については第七一条（第九〇条において準用される場合を含む。）を参照。

② 破産手続

破産手続については破産法（平成一六年法律第七五号）に規定されており、債務者が支払不能（支払能力を欠き、弁済期にある債務につき一般的かつ継続的に弁済することができない状態）にある場合（債務者が法人である場合は、支払不能又は債務超過（債務について財産をもって完済することができない状態）にある場合）において、債権者又は債務者による申立てに基づき、裁判所が決定し、破産手続が開始されることとなる。

第七八条又は第九〇条第一項において準用する第四〇条の二及び第四一条の一〇においては、中央職業能力開発協会又は都道府県職業能力開発協会が債務超過に陥った場合に役員又は清算人は破産手続開始の申立てを行わなければならないこととしており、これを行政罰によって強制することとしたものである。

③　**事業報告書……に記載すべき事項**

事業報告書、貸借対照表、収支決算書及び財産目録のいわゆる決算関係書類に記載すべき事項については、本法においては規定が置かれていない。しかしながら、これらの決算関係書類は社会通念としてそれと認められるものでなければならない。したがって、これらの決算関係書類に記載すべき事項とは、社会通念に従って判断されるべきものである。

第百七条　次の各号のいずれかに該当する場合には、その違反行為をした職業訓練法人の役員又は清算人[1]は、二十万円以下の過料に処する。

一　第三十三条又は第九十二条に規定する業務以外の業務を行つたとき。

二　第三十四条第一項の規定に違反したとき。

三　第三十九条第三項の規定による届出をせず、又は虚偽の届出をしたとき。

四　第三十七条の二第一項の規定に違反して、財産目録を備えて置かないとき。

五　第三十九条の二第二項又は第四十二条の二第二項の規定による都道府県知事又は裁判所の検査を妨げたとき。

六　第四十条の二第二項又は第四十一条の十第一項の規定に違反して、破産手続[2]開始の申立てをしなかつたとき。

七　第四十一条の八第一項又は第四十一条の十第一項の規定による公告をせず、又は不正の公告をしたとき。

八　第四十二条第二項又は第三項の認可を受けないで残余財産を処分したとき。

九　財産目録に記載すべき事項[3]を記載せず、又は不実の記載をしたとき。

趣旨

本条は、職業訓練法人の役員又は清算人についての罰則を網羅的に規定したものである。

すなわち、職業訓練法人の役員又は清算人が、法定業務以外の業務を行い（第一号）、所定の登記をせず（第二号）、軽微な定款又は寄附行為の変更をしたときその届出をせず又は虚偽の届出をし（第三号）、財産目録を職業訓練法人の事務所に備えて置かず（第四号）、業務及び財産についての都道府県知事の検査又は清算についての裁判所の検査を妨げ（第五号）、破産手続開始の場合又は清算中の破産手続開始の場合に破産手続開始の申立てをせず（第六号）、清算時における債権申出の催告の公告若しくは清算中の破産手続開始の場合における破産宣告の請求の公告をせず、又は不正の公告をし（第七号）、清算時に必要な監督官公庁の認可を受けずに残余財産を処分し（第八号）、財産目録に記載すべき事項を記載せず、又は不実の記載をした（第九号）ときは、その役員又は清算人は、二〇万円以下の過料に処することとしたものである。

解説

① 職業訓練法人の役員又は清算人

職業訓練法人の役員及び清算人については、第四章の規定を参照のこと。

② 破産手続

前条〔解説〕②〈七二四ページ〉参照。

③ 記載すべき事項

前条〔解説〕③〈七二五ページ〉参照。

第百八条　第十七条、第二十七条第四項、第三十二条第二項、第五十三条第二項又は第八十条第二項の規定に違反したもの（法人その他の団体[1]であるときは、その代表者）は、十万円以下の過料に処する。

趣旨

本条は、本法に規定する各種の名称使用制限の規定に違反した場合の罰則を定めたものである。

すなわち、公共職業能力開発施設でないものがその名称中に職業能力開発校、職業能力開発短期大学校、職業能力開発大学校、職業能力開発促進センター又は障害者職業能力開発校という文字を用い（第一七条違反）、職業能力開発総合大学校でないものがその名称中に職業能力開発総合大学校という文字を用い（第二七条第四項違反）、職業訓練法人でないものがその名称中に職業訓練法人という文字を用い（第三二条第二項違反）、中央職業能力開発協会でないものがその名称中に中央職業能力開発協会という文字を用い（第五三条第二項違反）、都道府県職業能力開発協会でないものがその名称中に都道府県名を冠した職業能力開発協会という文字を用いた場合（第八〇条第二項違反）は、当該文字又は名称を用いた者（法人その他の団体である場合には、これらの団体の代表者）は一〇万円以下の過料に処することとしたものである。

解説

①　法人その他の団体

法人格を有する団体及び法人格のない社団、財団等をいう。

附　則

一　附　則（昭和四四年法律第六四号）（関係法律の改正に関する部分を除く。）（抄）

（施行期日）

第一条　この法律（以下「新法」という。）は、昭和四十四年十月一日から施行する。ただし、第六章の規定、第百三条から第百六条までの規定及び第百八条の規定（第六十七条第二項及び第八十七条第二項に係る部分に限る。）並びに附則第八条第一項の規定は、公布の日から施行する。[1)]

趣旨

本条は、昭和四四年制定職業訓練法の施行期日について定めたものである。

すなわち、昭和四四年制定職業訓練法は、原則として昭和四四年一〇月一日から施行されたが、技能検定協会に関する規定並びにこれらの規定に係る罰則及び技能検定協会の名称使用制限の経過措置は、同法の全面施行に先立って技能検定協会の設立の準備を行う必要があるため、公布の日から施行することとされた。なお、昭和五三年改正職業訓練法においては、技能検定協会に関する規定は廃止された。

解説

① 公布の日

昭和四四年制定職業訓練法は、昭和四四年七月一八日に、法律第六四号として公布された。なお、「公布」とは、一定の事項を社会に公示することをいい、法律、政令、省令及び告示の公布は、官報をもって行われる。

（法律の廃止）

第二条　職業訓練法（昭和三十三年法律第百三十三号）は、廃止する。

趣旨

本条は、昭和四四年制定職業訓練法の施行に伴い、従前の職業訓練法を廃止することを定めたものである。

（技能照査に関する経過措置）

第三条　新法第十二条第一項の規定は、昭和四十五年四月一日以後に高等訓練課程の養成訓練[1]を修了する者について適用する。

趣旨

本条は、新たな制度である技能照査は、昭和四四年制定職業訓練法施行後に、高等訓練課程の養成訓練を、その訓練期間の相当部分について受けた者に限って行うべきであるという趣旨の下に、昭和四五年四月一日以後に高等訓練課程の養成訓練を修了した者から適用することとしたものである。

解説

① 高等訓練課程の養成訓練

昭和五三年改正職業訓練法においては、高等訓練課程は廃止され、それに相当する普通訓練課程が設けられた。なお、普通訓練課程の名称は、昭和六〇年一〇月一日から普通課程とされた。

（公共職業訓練施設に関する経過措置）

第四条　附則第二条の規定による廃止前の職業訓練法（以下「旧法」という。）第五条から第八条までの規定による一般職業訓練所、総合職業訓練所、職業訓練大学校又は身体障害者職業訓練所は、それぞれ新法第十五条から第十八条までの規定による専修職業訓練校、高等職業訓練校、職業訓練大学校又は身体障害者職業訓練校となるものとする。

2　新法第十九条第一項の規定により都道府県又は市町村が設置した高等職業訓練校は、新法第十六条第一項各号に掲げる業務のほか、当分の間、新法第十五条第一項第一号に掲げる業務を行なうことができる。

3　新法の施行の際現になされている旧法第八条第二項の規定による委託は、新法第十八条第二項の規定による委託とみなす。

趣旨

本条は、旧職業訓練法による都道府県立の一般職業訓練所、雇用促進事業団立の総合職業訓練所及び職業訓練大学校並びに国立の身体障害者職業訓練所は、それぞれ、昭和四四年制定職業訓練法による都道府県立の専修職業訓練校、雇用促進事業団立の高等職業訓練校及び職業訓練大学校並びに国立の身体障害者職業訓練校となり、同一性をもって存続するものとすることとし、都道府県又は市町村が労働大臣の認可を受けて設置する高等職業訓練校が、専修職業訓練校から切り換えられる場合には、高等職業訓練校としての業務のほか、当分の間、専修訓練課程の養成訓練を引き続いて行うことができることとするとともに、昭和四四年制定職業訓練法施行の際現になされている旧職業訓練法による国の設置した身体障害者職業訓練所の運営の都道府県への委託は、昭和四四年制定職業訓練法による委託とみなすこととしたものである。

（認定職業訓練に関する経過措置）

第五条　新法の施行の際現になされている旧法第十二条第一項の認可（市町村に係る認可を除く。）又は旧法第十五条第一項若しくは第十六条第一項の認定は、高等訓練課程の養成訓練[1)]に係る新法第二十四条第一項の認定とみなす。

趣旨

本条は、昭和四四年制定職業訓練法施行の際現に行われている民法の規定に基づく法人、法人である労働組合その他の非営利法人の行う職業訓練についての旧職業訓練法の規定による労働大臣の認可又は事業内職業訓練についての認定は、高等訓練課程の養成訓練に係る昭和四四年制定職業訓練法の認定とみなすこととしたものである。

解説

① 高等訓練課程の養成訓練

本法附則第三条〔解説〕①〈七三一ページ〉参照。

（職業訓練指導員免許に関する経過措置）

第六条 旧法第二十二条第一項の免許を受けた者は、新法第二十八条第一項の免許を受けた者とみなす。

2 旧法第二十三条第一項又は第二項の規定による免許の取消しは、新法第二十九条第一項又は第二項の規定による免許の取消しとみなす。

趣旨

本条は、旧職業訓練法の規定による職業訓練指導員免許及びその取消しは、昭和四四年制定職業訓練法の規定による職業訓練指導員免許及びその取消しとみなすこととし、職業訓練指導員制度の同一性、連続性を確保したものである。

（技能検定に関する経過措置）

第七条 新法の施行の際現に旧法第二十五条第一項の技能検定を受けている者に係る当該技能検定については、なお従前の例による。

2　旧法第二十五条第一項の技能検定（前項の規定に基づく技能検定を含む。）に合格した者は、新法第六十二条第一項の技能検定に合格した者とみなす。

趣旨

本条は、昭和四四年制定職業訓練法施行の際現に旧職業訓練法の規定による技能検定を受けている者に係る技能検定の実施については、従前の例によることとするとともに、旧職業訓練法の規定による技能検定の合格者は、昭和四四年制定職業訓練法の規定による技能検定の合格者とみなすこととしたものである。

（職業訓練審議会に関する経過措置）

第九条　旧法第三十条又は第三十二条の規定による中央職業訓練審議会又は都道府県職業訓練審議会は、それぞれ新法第九十五条又は第九十七条の規定による中央職業訓練審議会又は都道府県職業訓練審議会となるものとする。

趣旨

本条は、旧職業訓練法の規定により設置された中央職業訓練審議会又は都道府県職業訓練審議会は、それぞれ昭和四四年制定職業訓練法により設置された中央職業訓練審議会又は都道府県職業訓練審議会となり、同一性をもって存続するものとすることを定めたものである。

二　附　則（昭和五三年法律第四〇号）（抄）

（施行期日）

第一条　この法律は、昭和五十三年十月一日から施行する。ただし、第二十四条、第三十二条、第四十四条から第六十一条まで、第六十四条、第六十七条、第六十九条、第七十条、第七十一条及び第七十三条の改正規定、同条の次に一条を加える改正規定、第七十五条及び第七十六条の改正規定、第七十七条の次に五条を加える改正規定、第八十条、第八十四条から第八十六条まで、第八十七条、第八十九条、第九十条及び第九十二条の改正規定、同条の次に二条を加える改正規定、第九十三条の次に一条を加える改正規定、第九十四条、第百三条、第百四条、第百六条及び第百七条の改正規定並びに第百八条の改正規定（「第二十二条」を「第十四条第二項、第二十七条第四項」に改める部分を除く。）並びに次条第二項、附則第十条第二項及び第二十条から第二十三条までの規定並びに附則第二十四条の規定（労働省設置法（昭和二十四年法律第百六十二号）第十条の二第三号の改正規定を除く。）は、昭和五十四年四月一日から施行する。

趣旨

本条は、昭和五三年改正職業訓練法（以下「改正法」という。）の施行期日について定めたものである。

すなわち、改正法は、原則として昭和五三年一〇月一日から施行されるが、職業能力開発協会に関する規定及び職業能力開発協会の設立に伴い廃止されることとなる職業訓練法人連合会、職業訓練法人中央会、中央技能検定協会及び都道府県技能検定協会に関する規定並びにこれらの規定に係る罰則及び職業能力開発協会の名称使用制限の経過措置は、職業能力開発協会の設立の準備を行う必要があるため、昭和五四年四月一日から施行することとしたものである。

（名称の使用制限に関する経過措置）

第二条　この法律の施行の際現にその名称中に職業訓練校という文字を用いているものについては、改正後の職業訓練法（以下「新法」という。）第十四条第二項の規定は、この法律の施行後六月間[1]は、適用しない。

2　職業訓練法第六十七条第二項の改正規定及び同法第八十七条第二項の改正規定の施行の際現にその名称中に中央職業能力開発協会又は都道府県名を冠した職業能力開発協会という文字を用いているものについては、新法第六十七条第二項又は第八十七条第二項の規定は、職業訓練法第六十七条第二項の改正規定及び同法第八十七条第二項の改正規定の施行後六月間[2]は、適用しない。

趣旨

本条は、職業訓練校、中央職業能力開発協会及び都道府県職業能力開発協会に係る名称使用制限に関する諸規定の経過措置を定めている。

すなわち、これらの規定に違反した者に対しては罰則（第一〇八条〈七二七ページ〉参照）の適用があるので、改正法施行の際現にこれらの名称を用いているものが、改正法施行後直ちにこれらの規定違反として罰せられることのないように名称変更の措置を採るための時間的な猶予を与えようとするものである。

第一項は、改正法の施行の際現にその名称中に「職業訓練校」という文字を用いているものについては、これらの名称使用制限に関する改正法の規定は、改正法の施行後六カ月間は、適用しないこととしたものである。

第二項は、改正法の施行の際現にその名称中に「中央職業能力開発協会」又は都道府県名を冠した「職業能力開発協会」という文字を用いているものについては、これらの名称使用制限に関する改正法の規定の適用を、改正法の施行後六カ月間猶予する旨を定めたものである。

解説

① この法律の施行後六月間
昭和五三年一〇月一日から昭和五四年三月三一日までの六カ月間をいう。

② 職業訓練法第六十七条第二項の改正規定及び同法第八十七条第二項の改正規定の施行後六月間
昭和五四年四月一日から同年九月三〇日までの六カ月間をいう。

（公共職業訓練施設に関する経過措置）
第三条　この法律の施行の際現に改正前の職業訓練法（以下「旧法」という。）第十五条第二項又は第十九条第一項の規定により都道府県又は市町村が設置している専修職業訓練校及び高等職業訓練校は、新法第十四条第一項第一号に掲げる職業訓練校となるものとする。
２　この法律の施行の際現に旧法第十八条第二項の規定によりされている委託は、新法第十五条第五項の規定により都道府県にされている委託とみなす。

趣旨

本条は、昭和四四年制定職業訓練法により都道府県又は市町村が設置している専修職業訓練校及び高等職業訓練校は、改正法による職業訓練校となるものとし、昭和四四年制定職業訓練法による国の設置した身体障害者職業訓練校の運営の都道府県への委託は、改正法による委託とみなすこととしたものである。

（**都道府県職業能力開発協会の設立準備行為**）

第四条　都道府県職業能力開発協会の会員になろうとするもの[1]は、昭和五十四年四月一日前においても、定款の作成[2]、創立総会の開催[3]、設立の認可の申請[4]その他都道府県職業能力開発協会の設立に必要な行為[5]をすることができる。

趣旨

本条は、都道府県職業能力開発協会の会員になろうとするものは、職業能力開発協会に関する規定についての施行期日である昭和五四年四月一日前においても、都道府県職業能力開発協会の設立に必要な行為をすることができることとしたものである。本条は、中央職業能力開発協会の設立のためには、五以上の都道府県職業能力開発協会が発起人となることを要する（第八四条）ことから、円滑かつ迅速に都道府県職業能力開発協会の設立が行われるようにする趣旨である。

本条に基づき行うことができる設立準備行為の範囲は、設立の認可の申請までであり、改正法の施行前に都道府県知事の設立の認可、登記等を除きほとんどの設立行為を終了することができるものである。なお、本条に基づく設立準備行為の内容は、都道府県知事が認可をする際に審査対象となるものであり、発起人、創立総会、設立の認可の申請の手続等に関する法の規定に沿ったものでなければならないものである。

解説

1 都道府県職業能力開発協会の会員になろうとするもの

都道府県職業能力開発協会の会員の資格を有するものは、①都道府県職業能力開発協会の地区内に事務所を有する事業主等で、職業訓練又は職業能力検定を行うもの、②都道府県職業能力開発協会の地区内において職業訓練又は職業能力検定の推進のための活動を行うもので、定款で定めるもの、③その他定款で定めるものとされており（第八三条）、都道府県職業能力開発協会の設立のためには、これらのものの五以上が発起人となることを要することとされている（第八四条）。

2 定款の作成

本法第九〇条において準用される第六二条〔解説〕1から15まで〈六三〇～六三二ページ〉参照。

3 創立総会の開催

本法第九〇条において準用される第六〇条〔解説〕〈六二六ページ〉参照。

4 設立の認可の申請

本法第九〇条において準用される第六一条の〔解説〕〈六二八ページ〉参照。

5 その他都道府県職業能力開発協会の設立に必要な行為

都道府県職業能力開発協会の設立準備行為として例示された定款の作成、創立総会の開催、設立の認可の申請以外の行為で、これらの行為に附帯する設立のための準備の行為をいう。

具体的には、会員の募集、主たる事務所及び従たる事務所の設置、設立のための広報・宣伝、関係団体及び官公庁との連絡調整等が考えられる。

（職業訓練法人連合会等に関する経過措置）

第五条　職業訓練法第四十四条から第六十一条までの改正規定、同法第六十七条第一項の改正規定及び同法第八十七条第一項の改正規定（以下「法人に関する改正規定」という。）の施行の際現に存する職業訓練法人連合会及び職業訓練法人中央会、中央技能検定協会並びに都道府県技能検定協会（これらの法人であつて、清算中のものを含む。）については、旧法は、法人に関する改正規定の施行後も、なおその効力を有する。[1)]

2　前項の規定によりなお効力を有することとされた旧法は、同項に規定する職業訓練法人連合会及び職業訓練法人中央会、中央技能検定協会並びに都道府県技能検定協会について、次条第四項に規定する解散等[2)]によるその消滅の時に、失効するもの[3)]とする。

3　中央職業能力開発協会が成立した時に現に存する職業訓練法人連合会及び都道府県技能検定協会については、当該都道府県の区域内において都道府県職業能力開発協会が成立するまでの間、都道府県職業能力開発協会とみなして、新法第七十条及び第七十一条第一項の規定[4)]を適用する。

趣旨

本条は、職業能力開発協会に関する規定の施行の際現に存する職業訓練法人連合会等について、同規定の施行後の法律の適用関係について規定したものである。

第一項は、昭和五四年四月一日に現に存する職業訓練法人連合会等については、昭和四四年制定職業訓練法は、同日以後も、なおその効力を有することを規定している。

第二項は、職業訓練法人連合会等の解散等によるその消滅のときに、なお効力を有することとされた昭和四四年制定職業訓練法は失効するものとすることを規定したものである。

第三項は、当該都道府県の区域内に新たに都道府県職業能力開発協会が成立するまでの間は、当該都道府県の区域内に現に存する職業訓練法人連合会及び都道府県技能検定協会が、中央職業能力開発協会の会員となる旨規定したものである。

解説

① 旧法は……なおその効力を有する

昭和五四年四月一日から職業能力開発協会に関する規定が施行され、職業訓練法人連合会及び都道府県技能検定協会は都道府県職業能力開発協会に、職業訓練法人中央会及び中央技能検定協会は中央職業能力開発協会にそれぞれ整理統合されることとされている。

しかし、これら団体の整理統合には、なお時間を要することも予想され、その場合には、従前の団体に引き続き活動を行わせることが適当である。

このため、昭和五四年四月一日以降現に存する職業訓練法人連合会等に限ってその活動の根拠となるそれらに関する改正前の規定の効力を残し、適用することとしたものである。したがって、職業訓練法人連合会等が昭和五三年改正法の施行後においてなお存する場合には、従前と同様の規制を受けることとなるものであるが、新たに職業訓練法人連合会等の設立が許されることはないものである。

なお、職業訓練法人連合会等の存続が許される期間については、昭和五三年改正法附則第六条〈七四三ページ〉及び第七条〈七四五ページ〉参照。

② 次条第四項に規定する解散等

昭和五三年改正法施行後に存する職業訓練法人連合会等は、自主的に解散するほか次のとおり自発的に解散することとされており、ここにいう「解散等」とは、これらすべてを指すものである。

① 中央職業能力開発協会の成立の時には職業訓練法人中央会及び中央技能検定協会は解散する（昭和五三年改正法附則第六条第四項）。

② 都道府県職業能力開発協会の成立の時には当該都道府県における職業訓練法人連合会及び都道府県技能検定協会は解散する（昭和五三年改正法附則第八条第三項）。

③ 昭和五三年改正法の施行の日から、職業訓練法人中央会及び中央技能検定協会にあっては一年、職業訓練法人連合会及び都道府県技能検定協会にあっては二年を経過した時に解散する（昭和五三年改正法附則第七条及び第八条第三項）。

③ 失効する

効力を失うこと、つまり何ら法律の改正手続及び公示手続を要せずに自動的に従来有効とされた法律の強制力を失うことをいう。

本項にあっては、現に職業訓練法人連合会等が存する間、暫定的に有効とされた職業訓練法人連合会等に関する昭和四四年制定法の規定が職業訓練法人連合会等の解散等による消滅と同時に効力を失うこととなる。

昭和五三年改正法第七〇条では、中央職業能力開発協会の会員の資格を定め、その一として都道府県職業能力開発協会を掲げている。

④ 第七十一条第一項の規定

昭和五三年改正職業訓練法第七一条第一項では、都道府県職業能力開発協会は、すべて中央職業能力開発協会の会員となることを規定している。

したがって、当該都道府県の区域内において都道府県職業能力開発協会が成立するまでの間は、職業訓練法人連合会及び都道府県技能検定協会は、すべて中央職業能力開発協会の会員となるものである。

第六条　職業訓練法人中央会又は中央技能検定協会は、法人に関する改正規定の施行の日から起算して一年を経過する日までの間[1]において、総会の議決を経て、中央職業能力開発協会の発起人に対し、その一切の権利及び義務を中央職業能力開発協会が承継[2]すべき旨を申し出ることができる。

2　前項の議決については、旧法第五十六条第四項ただし書（旧法第八十六条において準用する場合を含む。）の規定による議決の例[3]による。

3　中央職業能力開発協会の発起人は、第一項の規定による申出があつたときは、遅滞なく、労働大臣に申請してその認可を受けなければならない。

4　前項の認可があつたときは、職業訓練法人中央会又は中央技能検定協会の一切の権利及び義務は、中央職業能力開発協会の成立の時において中央職業能力開発協会に承継されるものとし、職業訓練法人中央会又は中央技能検定協会は、その時において解散するものとする。[4]この場合においては、旧法及び他の法令の規定中法人の解散及び清算に関する規定は、適用しない。[5]

5　前項の規定により職業訓練法人中央会又は中央技能検定協会が解散した場合における解散の登記については、政令で定める。[6]

趣旨

本条は、職業訓練法人中央会又は中央技能検定協会から中央職業能力開発協会への権利及び義務の承継の手続並びにそれに伴う職業訓練法人中央会又は中央技能検定協会の解散について規定したものである。

第一項及び第二項は、職業訓練法人中央会又は中央技能検定協会は、昭和五四年四月一日から起算して一年を経過する日までの間において、総会の特別議決を経て、中央職業能力開発協会の発起人に対し、その一切の権利及び義務を中央職業能力開発協会が承継すべき旨を申し出ることができることを規定している。

第三項は、中央職業能力開発協会の発起人は、権利及び義務の承継に関する申出が職業訓練法人中央会又は中央技能検定協会からあったときは、労働大臣に申請してその認可を受けなければならないことを規定したものである。

第四項及び第五項は、職業訓練法人中央会又は中央技能検定協会の権利及び義務は、中央職業能力開発協会の成立の時において中央職業能力開発協会に承継され、職業訓練法人中央会又は中央技能検定協会は、その時において解散することとするとともに、この解散並びに解散に伴う清算及び登記に関し所要の規定を設けることとしたものである。

解説

① 一年を経過する日までの間

昭和五四年四月一日から昭和五五年三月三一日までの間をいう。

② 承　継

職業訓練法人中央会又は中央技能検定協会が有する不動産、動産及び債権上の権利の取得、基本財産及び運用財産を含む物的財産の譲受け、債権上の義務の履行、職員との契約上の関係の引継ぎその他一切の法律上の地位の移転を中央職業能力開発協会が吸収して引き受けることをいう。

③ 旧法第五十六条第四項ただし書……の規定による議決の例

昭和四四年制定職業訓練法第五六条第四項ただし書は、総会の特別議決について「総会員の二分の一以上が出席して、その出席者の議決権の三分の二以上の多数で決する」旨規定している。

④ その時において解散するものとする

職業訓練法人中央会又は中央技能検定協会は、その整理統合団体である中央職業能力開発協会の成立の時と同時に特に総会における解散の議決なしに当然に解散するものである。

⑤ 旧法及び他の法令……適用しない

職業訓練法人中央会又は中央技能検定協会によるその一切の権利及び義務を中央職業能力開発協会が承継すべき旨の申出に対する認可を労働大臣が行った場合には、解散団体は新設団体に何ら清算手続を要せず吸収されるところとなる。

解散の議決に関する手続については、その必要がないことは④に解説したとおりである。したがって、この場合には、昭和四四年制定職業訓練法及び他の法令の規定中法人の解散及び清算に関する規定は、適用する必要がない。

⑥ 政令で定める

昭和五三年改正政令附則第三条第一項により、職業訓練法人中央会又は中央技能検定協会が本条の事由により解散したときは、労働大臣は、遅滞なく、その解散の登記を登記所に嘱託しなければならないこととされている。

第七条　法人に関する改正規定の施行の日から起算して一年を経過した時[1]に現に存する職業訓練法人中央会又は中央技能検定協会は、旧法第五十七条第一項又は第七十八条第一項の規定[2]にかかわらず、その時に解散[3]する。この場合における解散及び清算については、旧法第五十七条第一項第三号又は第七十八条第一項第三号に掲げる理由によつて解散した職業訓練法人中央会又は中央技能検定協会の解散及び清算の例[4]による。

趣旨

本条は、昭和五四年四月一日から起算して一年を経過したときに職業訓練法人中央会又は中央技能検定協会は解散することとし、この場合における解散及び清算の手続については、昭和四四年制定職業訓練法において職業訓練法人中央会又は中央技能検定協会が設立の認可の取消しを受けた場合の解散及び清算の例によるものであることを規定したものである。

したがって、職業訓練法人中央会及び中央技能検定協会は、一年以内に中央職業能力開発協会に統合しない場合には、自動的に消滅することとなる。

解説

① 法人に関する……一年を経過した時

昭和五五年四月一日をいう。

② 旧法第五十七条第一項又は第七十八条第一項の規定

昭和四四年制定職業訓練法第五七条第一項又は第七八条第一項の規定は、職業訓練法人中央会又は中央技能検定協会の解散事由として、総会の議決、破産又は設立の認可の取消しを掲げている。

③ その時に解散

昭和五五年四月一日に解散することをいう。

④ 旧法第五十七条第一項第三号……の解散及び清算の例

職業訓練法人中央会又は中央技能検定協会が昭和五五年四月一日に当然に解散する場合には、その解散及び清算の手続は、職業訓練法人中央会又は中央技能検定協会が設立の認可の取消処分を労働大臣から受けた場合と同様とすることとし、昭和四四年制定職業訓練法の各規定及び同法で準用する民法、非訟事件手続法の諸規定の定めるところに昭和四四年制定職業訓練法第七九条の例によりその清算人は労働大臣が選任することとなる。

よらなければならないこととしたものである。なお、中央技能検定協会がこのような事由により解散する場合には、

第八条　職業訓練法人連合会又は都道府県技能検定協会は、法人に関する改正規定の施行の日から起算して二年を経過する日までの間において、[1] 総会の議決を経て、都道府県職業能力開発協会の発起人（附則第四条の規定により都道府県職業能力開発協会の設立に必要な行為をするものを含む。）[2] に対し、その一切の権利及び義務を都道府県職業能力開発協会が承継すべき旨を申し出ることができる。

2　前項の議決については、旧法第五十六条第四項ただし書（旧法第九十四条において準用する場合を含む。）の規定による議決の例による。

3　附則第六条第三項から第五項まで及び前条の規定は、職業訓練法人連合会又は都道府県技能検定協会について準用する。[3] この場合において、附則第六条第三項中「中央職業能力開発協会の発起人」とあるのは「都道府県職業能力開発協会の発起人（附則第四条の規定により都道府県職業能力開発協会の設立に必要な行為をするものを含む。）」と、「第一項」とあるのは「附則第八条第一項」と、「労働大臣」とあるのは「都道府県知事」と、同条第四項中「中央職業能力開発協会」とあるのは「都道府県職業能力開発協会」と、前条中「一年」とあるのは「二年」と、「第七十八条第一項」とあるのは「第九十四条において準用する旧法第七十八条第一項」と、「第七十八条第一項第三号」とあるのは「第九十四条において準用する旧法第七十八条第一項第三号」と読み替えるものとする。

趣旨

本条は、職業訓練法人連合会又は都道府県技能検定協会から都道府県職業能力開発協会への権利及び義務の承継の手続並びに職業訓練法人連合会又は都道府県技能検定協会の解散等について第六条及び第七条の職業訓練法人中央会又は中央技能検定協会における場合に準じて規定したものである。

第一項及び第二項は、職業訓練法人連合会又は都道府県技能検定協会は、昭和五四年四月一日から二年を経過する日までの間において、総会の特別議決を経て、都道府県職業能力開発協会の発起人等に対し、その一切の権利及び義務を都道府県職業能力開発協会が承継すべき旨を申し出ることができることを規定している。

第三項は、職業訓練法人中央会及び中央技能検定協会に関する経過措置を準用することにより、①都道府県職業能力開発協会の発起人は、職業訓練法人連合会又は都道府県技能検定協会から権利及び義務の承継に関する申出があったときは、都道府県知事に申請してその認可を受けなければならないこと、②都道府県知事の認可があったときにおける職業訓練法人連合会又は都道府県技能検定協会の権利及び義務は、都道府県職業能力開発協会の成立の時において都道府県職業能力開発協会に承継されるものとし、職業訓練法人連合会又は都道府県技能検定協会はその時において解散すること、③この解散並びに解散に伴う清算及び登記に関し所要の規定を設けること、④昭和五四年四月一日から起算して二年を経過したときに現に存する職業訓練法人連合会又は都道府県技能検定協会はその時において当然に解散すること、⑤この解散及び清算の手続は、認可の取消しによる解散の例によるものとすることを規定している。

解説

① 法人に関する……二年を経過する日までの間

昭和五六年四月一日をいう。

② 附則第四条……設立に必要な行為をするもの

昭和五三年改正法附則第四条〔解説〕⑤〈七三九ページ〉参照。

③ 準用する

(イ) 附則第六条第三項の準用

職業訓練法人連合会又は都道府県技能検定協会から、都道府県職業能力開発協会の発起人（その設立準備行為をする者を含む。）に対し、その一切の権利及び義務を都道府県職業能力開発協会に承継すべき旨の申出があったときは、都道府県職業能力開発協会の発起人（その設立準備行為をする者を含む。）は、遅滞なく、労働大臣に申請してその認可を受けなければならない。

(ロ) 附則第六条第四項及び第五項の準用

(イ)による認可があったときは、職業訓練法人連合会又は都道府県技能検定協会の一切の権利及び義務は、都道府県職業能力開発協会の成立の時において都道府県職業能力開発協会に承継される。

職業訓練法人連合会又は都道府県技能検定協会は、都道府県職業能力開発協会の成立の時において自動的に解散する。

この場合において、昭和四四年制定職業訓練法及び他の法令の解散及び清算に関する規定は適用しない。解散の登記については、政令で定める。

なお、昭和五三年改正政令附則第三条第二項により、職業訓練法人連合会又は都道府県技能検定協会が本条の事由により解散したときは、都道府県知事は、遅滞なく、その解散の登記を登記所に嘱託しなければならないこととされている。

(ハ) 附則第七条の準用

職業訓練法人連合会又は都道府県技能検定協会が、昭和五六年四月一日においてなお都道府県職業能力開発協会に統合しないまま存続している場合には、その時に自動的に解散することとなる。

この場合の解散及び清算の手続については、昭和四四年制定職業訓練法において職業訓練法人連合会及び都道府県技能検定協会が設立の認可の取消しを受けた場合の解散及び清算の例による。

（政令への委任）

第九条　この附則に定めるもののほか、この法律の施行に関して必要な経過措置は、政令で定める。

趣旨

本条は、改正法の附則に定める経過措置に関する規定のほか、改正法の施行に関して必要な経過措置は、政令で定めることとしたものであるが、本条を根拠条文とした政令はまだ制定されていない。

（罰則に関する経過措置）

第十条　この法律の各改正規定の施行前（附則第五条第一項に規定する職業訓練法人連合会及び職業訓練法人中央会、中央技能検定協会並びに都道府県技能検定協会については、同項の規定によりなお効力を有することとされる旧法の同条第二項に規定する失効前）にした行為に対する罰則の適用については、それぞれなお従前の例による。

2　職業訓練法第百三条の改正規定の施行前（附則第五条第一項に規定する中央技能検定協会及び都道府県技能検定協会については、同項の規定によりなお効力を有することとされる旧法の同条第二項に規定する失効前）に中央技能検定協会又は都道府県技能検定協会の役員又は職員の職にあつた者が職業訓練法第百三条の改正規定の施行後（附則第五条第一項に規定する中央技能検定協会及び都道府県技能検定協会については、同項の規定によりなお効力を有することとされる旧法の同条第二項に規定する失効後）にした旧法第八十五条（旧法第九十四条において準用する場合を含む。）の規定に違反する行為に対する罰則の適用についても、前項と同様とする。

趣旨

本条は、改正法の制定に伴う昭和四四年制定職業訓練法の規定に基づく罰則の適用に関する経過措置について規定したものである。

第一項は、一部改正法による各改正規定の施行前（職業訓練法人連合会及び職業訓練法人中央会、中央技能検定協会並びに都道府県技能検定協会については、昭和五三年改正法附則の経過措置によりなお効力を有することとされるまでの間）にした行為に対する罰則の適用については、なお昭和四四年制定職業訓練法の規定によることを規定している。

第二項は、中央技能検定協会又は都道府県技能検定協会の役員又は職員の職にあった者が昭和五三年改正法の施行後に行った昭和四四年制定職業訓練法第八五条又は同法第九四条において準用する同法第八五条の規定（職務に関して知り得た秘密を保持する義務）に違反する行為に対する罰則の適用については、なお従前の罰則に係る規定を適用することを規定している。

三　附　則（昭和六〇年法律第五六号）（抄）

（施行期日）

第一条　この法律は、昭和六十年十月一日から施行する。ただし、第二条及び第九十九条の改正規定、同条を第九十八条の二とし、同条の次に一条を加える改正規定並びに附則第六条、附則第十条、附則第十五条及び附則第二十四条の規定は、公布の日から施行する。

趣旨

この法律の施行期日について規定したものであり、職業訓練施設の経費に対する補助に関する規定は公布の日から施行し、その他の規定は昭和六〇年一〇月一日から施行することとしたものである。

（職業訓練計画に関する経過措置）

第二条　この法律の施行の際現に改正前の第五条又は第六条の規定により策定されている職業訓練基本計画又は都道府県職業訓練計画は、それぞれ改正後の第五条又は第六条の規定により策定された職業能力開発基本計画又は都道府県職業能力開発計画とみなす。

趣旨

この法律の施行の際現に策定されている職業訓練基本計画及び都道府県職業訓練計画について、所要の経過措置を規定したものである。

第三次職業訓練計画は、その計画期間が昭和五六年度から昭和六〇年度までとされており、本法の施行は昭和六〇年一〇月一日であるところから、昭和六〇年一〇月一日から昭和六一年三月三一日までの間は、第三次の職業訓練計画が職業能力開発計画とみなされることとなる。

（**認定職業訓練に関する経過措置**）

第三条　この法律の施行前に改正前の第二十四条第一項の規定によりされた認定は、改正後の第二十四条第一項の規定によりされた認定とみなす。

趣旨

この法律の施行前に事業主等の行う職業訓練に対して都道府県知事が行った認定について、所要の経過措置を規定したものである。

したがって、職業訓練法第二四条第一項の規定により認定を受けて職業訓練を行う事業主は、改めて、認定を受け直す必要はない。

（**定款又は寄附行為の変更に関する経過措置**）

第四条　この法律の施行前に改正後の第三十九条第一項の労働省令で定める事項に係る定款又は寄附行為の変更について行われた改正前の第三十九条第一項の認可の申請は、改正後の第三十九条第三項の届出とみなす。

2　この法律の施行前に行われた前項に規定する定款又は寄附行為の変更（同項に規定する申請が行われたものを除く。）は、改正後の第三十九条第三項の規定の適用については、この法律の施行の日に行われたものとみなす。

趣旨

職業訓練法人の定款又は寄附行為の変更事項のうち労働省令で定める事項について届出制としたことに伴い、所要の経過措置を規定したものである。

したがって、職業訓練法人は、すでに認可の申請をしている場合には、改めて届出をする必要はない。

（**職業訓練審議会に関する経過措置**）

第五条　改正前の第九十五条又は第九十七条の規定による中央職業訓練審議会又は都道府県職業訓練審議会は、それぞれ改正後の第九十五条又は第九十七条の規定による中央職業能力開発審議会又は都道府県職業能力開発審議会となるものとする。

趣旨

この法律による改正前の中央職業訓練審議会及び都道府県職業訓練審議会について、所要の経過措置を規定したものである。

したがって、職業訓練審議会の委員についても改めて任命し直す必要はない。

（職業訓練施設の経費の負担等に関する経過措置）

第六条　改正後の第九十九条の規定は、昭和六十年度の予算に係る交付金から適用し、昭和五十九年度以前の年度の予算に係る改正前の第九十九条の規定に基づく負担金については、なお従前の例による。

趣旨

国の都道府県に対する交付金の交付については、昭和六〇年度予算から適用することとするなど、職業訓練施設の経費の負担等について所要の経過措置を規定したものである。

（その他の経過措置の政令への委任）

第七条　この附則に定めるもののほか、この法律の施行に関して必要な経過措置は、政令で定める。

趣旨

この附則に規定するもののほか、この法律の施行に伴い必要な経過措置は、政令で定めることとしたものである。なお現在、この政令は定められていない。

（罰則に関する経過措置）

第八条　この法律の施行前にした行為に対する罰則の適用については、なお従前の例による。

趣旨

この法律の施行前にした行為に対する罰則の適用については、なお従前の例によることとしたものである。

四　附　則（平成四年法律第六七号）（抄）

（施行期日）

第一条　この法律は、平成五年四月一日から施行する。ただし、次の各号に掲げる規定は、当該各号に定める日から施行する。

一　目次の改正規定（「第九十八条」を「第九十七条の二」に改める部分に限る。）、第十五条の次に四条、節名及び一条を加える改正規定中第十五条の次に四条を加える部分（第十五条の五に係る部分に限る。）、第九十八条の前に一条を加える改正規定並びに第百七条第一号の改正規定並びに附則第四条の規定　公布の日

二　第百三条及び第百四条の改正規定、第百六条の改正規定、第百七条の改正規定（「五万円」を「二十万円」に改める部分に限る。）並びに第百八条の改正規定　公布の日から起算して一月を経過した日

趣旨

この法律の施行期日について規定したものであり、①職業能力開発に関する広報啓発等、②職業訓練等に準ずる訓練の実施に関する規定等は公布の日から、罰則の改正に関する規定は公布の日から起算して一月を経過した日から、その他の規定は平成五年四月一日から施行することとしたものである。

（公共職業訓練施設に関する経過措置）

第二条　この法律の施行の際現に改正前の職業能力開発促進法（次項において「旧法」という。）第十六条第一項又は第二項の規定により国、都道府県又は市町村が設置している職業訓練校、職業訓練短期大学校、技能開発センター又は障害者職業訓練校は、それぞれ改正後の職業能力開発促進法（以下「新法」という。）第十五条の六第一項に掲げる職業能力開発校、職業能力開発短期大学校、職業能力開発促進センター又は障害者職業能力開発校となるものとする。

2　この法律の施行の際現にされている旧法第十六条第六項の規定による委託は、新法第十六条第四項の規定による委託とみなす。

趣旨

第一項は、改正前の職業能力開発促進法（以下「旧法」という。）による職業訓練校、職業訓練短期大学校、技能開発センター又は障害者職業訓練校は、改正後の職業能力開発促進法（以下「新法」という。）による職業能力開発校、職業能力開発短期大学校、職業能力開発促進センター又は障害者職業能力開発校となるものとすることとしたものである。

第二項は、旧法による国の設置した障害者職業訓練校の運営の都道府県への委託は、新法による委託とみなすこととしたものである。

（名称の使用制限に関する経過措置）

第三条　この法律の施行の際現にその名称中に、職業能力開発校、職業能力開発短期大学校、職業能力開発促進センター、障害者職業能力開発校又は職業能力開発大学校という文字を用いているものについては、新法第十七条又は第二十七条第四項の規定は、この法律の施行後六月間は、適用しない。

趣旨

この法律の施行の際現にその名称中に、「職業能力開発校」、「職業能力開発短期大学校」、「障害者職業能力開発校」又は「職業能力開発大学校」という文字を用いているものについての所要の経過措置を規定したものである。

（職業訓練等に準ずる訓練の実施に関する経過措置）

第四条　附則第一条第一号に定める日からこの法律の施行の日（次項において「施行日」という。）の前日までの間における新法第九十七条の二の規定の適用については、「公共職業能力開発施設、職業能力開発大学校」とあるのは、「公共職業訓練施設、職業訓練大学校」とする。

趣旨

本条は、職業訓練等に準ずる訓練の実施に関する規定の施行の日（公布の日）からこの法律の施行の日（平成五年四月一日）の前日までの間における当該規定の適用については、「公共職業能力開発施設、職業能力開発大学校」とあるのは「公共職業訓練施設、職業訓練大学校」とすることとしたものである。

（その他の経過措置の政令への委任）

第五条　この附則に定めるもののほか、この法律の施行に関して必要な経過措置は、政令で定める。

趣旨

本条は、この附則に定めるもののほか、この法律の施行に関して必要な経過措置は、政令で定めることとしたものである。

（罰則に関する経過措置）

第六条　この法律（附則第一条各号に規定する規定については、当該規定）の施行前にした行為に対する罰則の適用については、なお従前の例による。

趣旨

この法律（附則第一条各号に規定する規定については、当該規定）の施行前にした行為に対する罰則の適用については、なお従前の例によることとしたものである。

五　附　則（平成九年法律第四五号）（抄）

（施行期日）

第一条　この法律は、公布の日から起算して三月を超えない範囲内において政令で定める日[1)]から施行する。ただし、第一条中職業能力開発促進法（以下「能開法」という。）の目次、第十五条の六第一項、第十六条第一項及び第二項、第十七条、第二十五条、第五節の節名並びに第二十七条の改正規定、能開法第二十七条の次に節名を付する改正規定並びに能開法第二十七条の二第二項、第九十七条の二及び第九十九条の二の改正規定、第二条の規定（雇用促進事業団法第十九条第一項第一号及び第二号の改正規定に限る。）並びに次条から附則第四条まで、附則第六条から第八条まで及び第十条から第十六条までの規定、附則第十七条の規定（雇用保険法（昭和四十九年法律第百十六号）第六十三条第一項第四号中「第十条第二項」を「第十条の二第二項」に改める部分を除く。）並びに附則第十八条から第二十三条までの規定は、平成十一年四月一日から施行する。

趣旨

この法律の施行日について規定したものであり、職業能力開発短期大学校、職業能力開発大学校及び職業能力開発総合大学校に関する規定については平成一一年四月一日から、その他の規定（労働者の自発的な職業能力の開発・向上の促進等に係る規定）については公布の日（平成九年五月九日）から起算して三月を超えない範囲内において政令で定める日から施行することとしたものである。

解説

① 公布の日から起算して三月を超えない範囲内において政令で定める日

職業能力開発促進法及び雇用促進事業団法の一部を改正する法律の施行期日を定める政令（平成九年政令第二二四号）により、平成九年七月一日と定められた。

（職業能力開発短期大学校に関する経過措置）

第二条　第一条中能開法第十五条の六第一項の改正規定の施行の際現に第一条の規定による改正前の職業能力開発促進法（以下「旧能開法」という。）第十六条第一項又は第二項の規定により国又は都道府県が設置している職業能力開発短期大学校は、政令で定めるところにより、第一条の規定による改正後の職業能力開発促進法（以下「新能開法」という。）第十五条の六第一項第二号に掲げる職業能力開発短期大学校又は同項第三号に掲げる職業能力開発大学校となるものとする。

趣旨

職業能力開発短期大学校及び職業能力開発大学校に係る規定の施行の際現に改正前の職業能力開発促進法（以下「旧能開法」という。）の規定により国又は都道府県が設置している職業能力開発短期大学校は、政令で定めるところにより、改正後の職業能力開発促進法（以下「新能開法」という。）に掲げる職業能力開発短期大学校又は職業能力開発大学校となるものとしたものである。

（職業能力開発大学校に関する経過措置）

第三条　第一条中能開法第二十七条の改正規定の施行の際現に旧能開法第二十七条第三項の規定により国が設置している職業能力開発大学校は、新能開法第二十七条第一項に規定する職業能力開発総合大学校となるものとする。

趣旨

職業能力開発総合大学校に係る規定の施行の際現に旧能開法の規定により国が設置している職業能力開発大学校は、新能開法に規定する職業能力開発総合大学校となることとしたものである。

（名称の使用制限に関する経過措置）

第四条　第一条中能開法第二十七条の改正規定の施行の際現にその名称中に職業能力開発総合大学校という文字を用いているものについては、新能開法第二十七条第四項の規定は、第一条中能開法第二十七条の改正規定の施行後六月間は、適用しない。

趣旨

職業能力開発総合大学校に係る規定の施行の際現にその名称中に「職業能力開発総合大学校」という文字を用いて

いるものについての所要の経過措置を規定したものである。

（政令への委任）

第五条　この附則に定めるもののほか、この法律の施行に関して必要な経過措置は、政令で定める。

趣旨

この附則に定めるもののほか、この法律の施行に関して必要な経過措置は、政令で定めることとしたものである。

（罰則に関する経過措置）

第六条　附則第一条ただし書に規定する規定の施行前にした行為に対する罰則の適用については、なお従前の例による。

趣旨

附則第一条ただし書に規定する規定の施行前にした行為に対する罰則の適用については、なお従前の例によることとしたものである。

六　附　則（平成一三年法律第三五号）（抄）

（施行期日）

第一条　この法律は、平成十三年十月一日から施行する。ただし、第一条及び第六条の規定並びに次条（第二項後段を除く。）及び附則第六条の規定、附則第十一条の規定（社会保険労務士法（昭和四十三年法律第八十九号）別表第一第二十号の十三の改正規定を除く。）並びに附則第十二条の規定は、同年六月三十日から施行する。

趣旨

本条は、この法律の施行期日について規定したものであり、職業能力開発促進法の一部改正については平成一三年一〇月から施行することとしたものである。

（罰則に関する経過措置）

第六条　この法律（附則第一条ただし書に規定する規定については、当該規定。以下同じ。）の施行前にした行為並びに附則第二条第三項及び第四条第一項の規定によりなお従前の例によることとされる場合におけるこの法律の施行後にした行為に対する罰則の適用については、なお従前の例による。

趣旨

本条は、この法律の施行に伴う罰則の適用について所要の経過措置を規定したものである。

七　附　則（平成一八年法律第八一号）（抄）

（施行期日）

第一条　この法律は、平成十八年十月一日から施行する。

趣旨

本条は、この法律の施行期日について規定したものであり、職業能力開発促進法の一部改正については平成一八年一〇月から施行することとしたものである。

（検討）

第三条　政府は、この法律の施行後五年を経過した場合において、この法律による改正後の職業能力開発促進法及び中小企業労働力確保法の規定について、その施行の状況を勘案しつつ検討を加え、その結果に基づいて必要な措置を講ずるものとする。

趣旨

本条は、この法律の施行後五年を経過した場合において、政府は、職業能力開発促進法及び中小企業労働力確保法の規定について、その施行の状況を勘案しつつ検討を加え、その結果に基づいて必要な措置を講ずることとしたものである。

今般の改正においては、職業能力開発促進法においては、実習併用職業訓練の厚生労働大臣による認定制度、中小企業から委託を受けて認定実習併用職業訓練に係る訓練担当者の募集を行う中小事業主団体等についての厚生労働大臣による承認制度を設けることとしている。

また、中小企業労働力確保法においては、改善計画の認定を受けた中小企業者から委託を受けて労働者の募集を行う事業協同組合等について、厚生労働大臣による承認制度を設けることとしている。

これらの制度の創設に当たって、規制改革・民間開放推進三か年計画（改定）（平成一七年三月二五日閣議決定）において、「規制の新設に当たっては、原則として当該規制を一定期間経過後に廃止を含め見直すこととする。法律により新たな制度を創設して規制の新設を行うものについては、各府省は、その趣旨・目的等に照らして適当としないものを除き、当該法律に一定期間経過後当該規制の見直しを行う旨の条項を盛り込むものとする。」とされている趣旨を踏まえ、見直し条項を設けることとしたものである。

なお、改正後の職業能力開発促進法第五条に規定する厚生労働大臣が定める職業能力開発基本計画を策定する際、その計画期間を五年としており、当該計画の見直しに合わせて職業能力開発の在り方について検討していること、改正後の中小企業労働力確保法第四条に規定する改善計画については、運用上、計画の実施期間をおおむね五年間以内としていることを踏まえ、検討期間を五年としたものである。

八　附　則（平成二七年法律第七二号）（抄）

（施行期日）

第一条　この法律は、平成二十七年十月一日から施行する。ただし、次の各号に掲げる規定は、当該各号に定める日から施行する。

一　附則第三条、第四条及び第十九条の規定　公布の日

二　（略）

三　第三条の規定、第四条中職業安定法第二十六条第三項の改正規定及び同法第三十三条の二の改正規定（「（昭和四十四年法律第六十四号）」を削る部分に限る。）、第五条の規定（職業能力開発促進法の目次の改正規定（「第十五条の五」を「第十五条の六」に、「第十五条の六」を「第十五条の七」に改める部分に限る。）、同法第三条の二の次に一条を加える改正規定、同法第九条、第十条の二第二項第一号、第十五条の二第一項第八号及び第十五条の三の改正規定、同法第十五条の七に一項を加える改正規定、同法第十五条の七を同法第十五条の八とし、同法第十五条の六を同法第十五条の七とする改正規定、同法第三章第二節中第十五条の五を第十五条の六とし、第十五条の四を第十五条の五とする改正規定、同法第十五条の三の次に一条を加える改正規定、同法第十六条第四項の改正規定、同法第二十七条第五項の改正規定（「第十五条の六第二項」を「第十五条の七第二項」に改める部分に限る。）並びに同法第九十六条の改正規定を除く。）並びに附則第五条、第六条及び

第九条の規定　平成二十八年四月一日

趣旨

本条は、この法律の施行期日について規定したものであり、職業能力開発促進法の一部改正については、キャリアコンサルタントの登録制度及び技能検定に関する改正部分を除き、平成二七年一〇月一日から施行することとし、当該改正部分については制度の準備・周知期間を考慮し、平成二八年四月一日から施行することとしたものである。

（検討）

第二条　政府は、この法律の施行後五年を目途として、この法律による改正後のそれぞれの法律の規定について、その施行の状況等を勘案しつつ検討を加え、必要があると認めるときは、その結果に基づいて必要な措置を講ずるものとする。

趣旨

本条は、この法律の施行後五年を目途として、政府はこの法律による改正後の各法律の規定について、その施行の状況等を勘案しつつ検討を加え、必要があると認めるときは、その結果に基づいて必要な措置を講ずることとしたものである。

（準備行為）

第四条　第五条の規定による改正後の職業能力開発促進法（次項、次条及び附則第六条において「改正後能開法」という。）第三十条の五第一項の登録を受けようとする者は、附則第一条第三号に掲げる規定の施行前においても、その申請を行うことができる。

2　改正後能開法第三十条の二十四第一項の指定を受けようとする者は、附則第一条第三号に掲げる規定の施行前においても、その申請を行うことができる。

趣旨

本条は、施行後の円滑な試験事務の実施、登録事務の実施のために、登録試験機関の登録を受けようとする者又は指定登録機関の指定を受けようとする者は、施行前においても登録又は指定の申請を行うことができることとしたものである。

（職業能力開発促進法の一部改正に伴う経過措置）

第五条　附則第一条第三号に掲げる規定の施行の際現にキャリアコンサルタント又はこれに紛らわしい名称を用いている者については、改正後能開法第三十条の二十八の規定は、同号に掲げる規定の施行後六月間は、適用しない。

趣旨

本条は、施行の際にキャリアコンサルタント又はこれに紛らわしい名称を用いている者が有する利益に鑑み、本法のキャリアコンサルタントとなるまで又は用いる名称の変更までの一定の期間を与えるために、施行後六カ月間はキャリアコンサルタントの名称の使用制限の規定を適用しないこととしたものである。

（職業能力開発促進法の一部改正に伴う調整規定）

第六条　附則第一条第三号に掲げる規定の施行の日が行政不服審査法（平成二十六年法律第六十八号）の施行の日前である場合には、同日の前日までの間における改正後能開法第九十六条の二の規定の適用については、同条中「審査請求」とあるのは、「行政不服審査法（昭和三十七年法律第百六十号）による審査請求」とし、同条後段の規定は、適用しない。

趣旨

本条は、本法第九六条の二の規定は行政不服審査法の施行を前提とした規定であるため、同法の施行日の前日までの間の読替えについて措置したものである。

（罰則に関する経過措置）

第十八条　この法律（附則第一条第二号及び第三号に掲げる規定にあっては、当該規定）の施行前にした行為に対する罰則の適用については、なお従前の例による。

趣旨

本条は、この法律の施行に伴う罰則の適用について所要の経過措置を規定したものである。

（政令への委任）

第十九条　この附則に定めるもののほか、この法律の施行に関し必要な経過措置は、政令で定める。

趣旨

本条は、この法律の施行に関し必要な経過措置について、政令に委任したものである。

なお、当該規定に基づき政令で定められた経過措置はない。

九　附　則（令和四年法律第一二号）（抄）

（施行期日）

第一条　この法律は、令和四年四月一日から施行する。ただし、次の各号に掲げる規定は、当該各号に定める日から施行する。

一　第二条中職業安定法第三十二条及び第三十二条の十一第一項の改正規定並びに附則第二十八条の規定　公布の日

二　（略）

三　第一条中雇用保険法第十条の四第二項及び第五十八条第一項の改正規定、第二条の規定（第一号に掲げる改正規定並びに職業安定法の目次の改正規定（「第四十八条」を「第四十七条の三」に改める部分に限る。）、同法第五条の二第一項の改正規定及び同法第四章中第四十八条の前に一条を加える改正規定を除く。）並びに第三条の規定（職業能力開発促進法第十条の三第一号の改正規定、同条に一項を加える改正規定、同法第十五条の二第一項の改正規定及び同法第十八条に一項を加える改正規定を除く。）並びに次条並びに附則第五条、第六条及び第十条の規定、附則第十一条中国家公務員退職手当法第十条第十項の改正規定、附則第十四条中青少年の雇用の促進等に関する法律（昭和四十五年法律第九十八号）第四条第二項及び第十八条の改正規定並びに同法第三十三条の改正規定（「、第十一条中「公共職業安定所」とあるのは「地方運輸局」と、「厚生労働省令」とあるのは「国土交通省令」と、「職業安定法第五条の五第一項」とあるのは「船員職業安定法第十五条第一項」と」を削る部分を除く。）並びに附則第十五条から第二十二条まで、第二十四条、第二十五条及び第二十七条の規定　令和四年十月一日

趣旨

本条は、この法律の施行期日について規定したものであり、職業能力開発促進法の一部改正については、キャリアコンサルティングの機会の確保、国、都道府県及び市町村による職業訓練の実施に当たっての配慮規定の追加については、令和四年四月一日から施行することとし、訓練コースの設定や検証等について関係者間で協議する都道府県単位の協議会に関する規定の新設、都道府県労働局長への厚生労働大臣権限の委任の規定の新設、協議会の事務に関する守秘義務に係る罰則の規定の新設については、令和四年一〇月一日から施行することとしたものである。

（政令への委任）

第二十八条　この附則に定めるもののほか、この法律の施行に伴い必要な経過措置は、政令で定める。

趣旨

本条は、この法律の施行に関し必要な経過措置について、政令に委任したものである。
なお、当該規定に基づき政令で定められた経過措置はない。

事　項　索　引

事　　項	

事　　項	

改訂９版
職業能力開発促進法
―労働法コンメンタール８―

昭和46年５月10日　初　　版印刷発行
昭和54年４月17日　新 訂 版（改訂２版）印刷発行
昭和61年７月30日　改　　題（改訂３版）印刷発行
平成６年10月30日　改 訂 版（改訂４版）印刷発行
平成10年３月６日　改訂新版（改訂５版）印刷発行
平成14年３月22日　新 訂 版（改訂６版）印刷発行
平成20年12月25日　改 訂 版（改訂７版）印刷発行
平成29年11月９日　改訂８版印刷発行
令和７年３月10日　改訂９版印刷発行

定価（本体９,500円＋税10％）

編　者　一般財団法人 労務行政研究所

発行所　株式会社 **労務行政**
〒141-0031　東京都品川区西五反田3-6-21
住友不動産西五反田ビル３Ｆ
電話(03)3491-1231 FAX(03)3491-1299

印刷・製本　日本フィニッシュ株式会社

ISBN978-4-8452-5391-3

訂正が出ました場合、下記URLでお知らせします。
https://www.rosei.jp/store/book/teisei